U0689667

全本全注全译丛书

中华经典名著

陈曦　周旻　等◎注
陈曦　王珏　王晓东　周旻◎译
韩兆琦◎审阅

史　记 十

列传

中华书局

史记卷一百一十四

东越列传第五十四

【释名】

《东越列传》是《史记》中"民族列传"之一,记述了东瓯与闽越两个小王国的历史。

全篇分为三部分。第一部分写东瓯、闽越两个小国的来历。第二部分写闽越击东瓯,东瓯迁往江淮之间,小国之名义取消。第三部分写闽越击南越,由于汉朝的干预,馀善杀闽越王,闽越分立越繇王与东越王;后东越因反汉被汉朝消灭,其民也被迁往江淮一带。

闽越王无诸及越东海王摇者①,其先皆越王句践之后也②,姓驺氏③。秦已并天下,皆废为君长④,以其地为闽中郡⑤。及诸侯畔秦,无诸、摇率越归鄱阳令吴芮⑥,所谓鄱君者也⑦,从诸侯灭秦。当是之时,项籍主命,弗王⑧,以故不附楚。汉击项籍⑨,无诸、摇率越人佐汉。汉五年,复立无诸为闽越王,王闽中故地,都东冶。孝惠三年⑩,举高帝时越功,曰闽君摇功多,其民便附⑪,乃立摇为东海王,都东瓯⑫,世俗号为东瓯王⑬。

【注释】

①闽越：小国名，在今福建境内。东海：小国名，都城东瓯，即今浙江温州。

②句践：春秋末期越国国君，前496—前465年在位，都会稽（今浙江绍兴），详见《越世家》。

③姓驺氏：《集解》曰："驺，一作'骆'。"梁玉绳曰："《史记》作'驺'误。"后有将军"驺力"，知作"驺"不误。

④皆废为君长：王骏图曰："秦并天下，改其地为闽中郡，废去无诸、摇两人王号，而降为君长之爵，使之治一乡一邑之地，如官吏然，非必封予之也。盖亦以蛮治蛮，因地制宜之道。"盖越在秦灭六国以前，一直是一支独立的力量。

⑤闽中郡：秦郡名，治所相当今浙江宁海及福建省。

⑥鄱阳：秦县名，在今江西鄱阳东北。

⑦鄱君：也写作"番君"，时人对吴芮的敬称，秦汉时多称某县县令为"某公"或"某君"，如称刘邦为"沛公"，称刘邦部将夏侯婴为"滕公"。

⑧弗王：指没有分封无诸与摇为王，而他们所跟从的吴芮，则被封了衡山王，都邾（今湖北黄冈北）。

⑨汉击项籍：指刘邦打攻项羽。

⑩孝惠，指汉惠帝，名盈，刘邦之子，吕后所生，前194—前188年在位。

⑪便附：以统治为便而归附之。

⑫东瓯：即今浙江温州。

⑬世俗号为东瓯王：梁玉绳引《史记考异》曰："《封禅书》越人勇之言'东瓯王敬鬼，寿至百六十岁'者，即东海王摇也。"

【译文】

闽越王无诸和越东海王摇，他们的祖先都是越王句践的后代，姓驺。

秦吞并天下后,都把他们废为君长,把他们的地方设为闽中郡。等到诸侯反秦时,无诸、摇率领越人归附鄱阳县令吴芮,就是被称为鄱君的那个人,跟随诸侯灭掉了秦国。在这个时候,项羽号令诸侯,没封无诸、摇为王,因此无诸与摇都没有归附楚。待至高祖攻打项羽时,无诸与摇率领越人辅助高祖。汉五年,高祖复立无诸为闽越王,统治闽中郡故地,建都东冶。汉惠帝三年,列举高祖时越人之功,认为闽君摇的功劳最多,其民众也乐意归附,于是立摇为东海王,建都东瓯,世俗称之为东瓯王。

后数世①,至孝景三年②,吴王濞反③,欲从闽越,闽越未肯行,独东瓯从吴。及吴破④,东瓯受汉购⑤,杀吴王丹徒⑥,以故皆得不诛,归国。

【注释】

①后数世:谓东海王下传数世,详情不得而知。

②孝景三年:前154年。孝景,即汉景帝,名启,汉文帝之子,前156—前141年在位。

③吴王濞反:即吴楚七国之乱。事见《吴王濞列传》。

④吴破:吴楚七国之乱被太尉周亚夫等所平定。

⑤受汉购:接受汉王朝的悬赏。

⑥丹徒,汉县名,治所在今江苏镇江东南。当时东瓯的军队驻扎丹徒,吴王兵败往投,东瓯王接受汉朝指令,将吴王濞骗杀。详见《吴王濞列传》。

【译文】

几代之后,到汉景帝三年,吴王刘濞造反,想让闽越随他起事,闽越王不肯随行,只有东瓯王跟随吴王背叛汉朝。等吴王失败后,东瓯王被汉朝收买,在丹徒杀死了吴王刘濞,因此东瓯王没有被诛杀,又回到东海国。

吴王子子驹亡走闽越，怨东瓯杀其父，常劝闽越击东瓯。至建元三年①，闽越发兵围东瓯。东瓯食尽，困，且降，乃使人告急天子。天子问太尉田蚡，蚡对曰："越人相攻击，固其常，又数反覆，不足以烦中国往救也。自秦时弃弗属②。"于是中大夫庄助诘蚡曰③："特患力弗能救，德弗能覆④；诚能，何故弃之？且秦举咸阳而弃之⑤，何乃越也！今小国以穷困来告急天子，天子弗振⑥，彼当安所告愬⑦？又何以子万国乎⑧？"上曰："太尉未足与计⑨。吾初即位，不欲出虎符发兵郡国⑩。"乃遣庄助以节发兵会稽⑪。会稽太守欲距不为发兵⑫，助乃斩一司马⑬，谕意指，遂发兵浮海救东瓯。未至，闽越引兵而去。东瓯请举国徙中国，乃悉举众来⑭，处江淮之间⑮。

【注释】

①建元三年：前138年。

②弃弗属：即放弃不要。属，连，统领。按，秦时在今江苏、浙江一带设会稽郡，在今福建一带设闽中郡，对其地域非"弃弗属"。

③中大夫：皇帝身边的侍从官员，掌议论，上属郎中令。庄助：东汉人。因避明帝（刘庄）讳，改为"严助"，以文章、辞令著名，《汉书》有传。

④德弗能覆：仁德不能覆盖。此处指化育、统治。

⑤咸阳：秦国都城，在今陕西咸阳市东北。

⑥振：拯救。

⑦彼当安可告愬：他们还能到哪里求告呢？王叔岷曰："'当'、'尚'古通。"《魏公子列传》有"公子当何面目立天下乎"。愬，同"诉"，求告。

⑧子万国：视万国如子。子，此处即"统治""享有"意。凌稚隆引罗洪先曰："庄助言词剀切，天子竟遣助发兵，得御夷之体。"

⑨太尉未足与计：不值得和太尉商讨事情。梁玉绳曰："两称'太尉'，《通鉴考异》以为误。考蚡以建元元年为太尉，二年免，并省太尉官。是时乃建元三年，蚡以列侯家居，莫非问丞相许昌否？或谓蚡曾为太尉，以故官呼之，亦未确。"

⑩不欲出虎符发兵郡国：意谓不想向其他郡县与诸侯国调集兵员。虎符，古代天子派将领调兵所持的信物。《汉书补注·严助传》王先谦引沈钦韩曰："以铜为符，铸虎为饰，中分之，颁其右而藏其左，起军旅时，则出以合中外之契。"

⑪节：旌节，皇帝使者出行时所持的信物。陈直曰："汉节分铜、竹两种，见于袁盎、苏武传者则为竹节，出土者只有铜节，两种性质现不易区别。"

⑫欲距不为发兵：胡三省曰："欲距者，以其无虎符也。"距，通"拒"，拒绝。

⑬司马：指会稽军中的执法官。

⑭乃悉举众来：《集解》引徐广曰："年表云：'东瓯王广武侯望，率其众四万余人来降。'"

⑮处江淮之间：《集解》引徐广曰："家庐江郡。"按，庐江郡的治所在今安徽庐江县西南。泷川引丁谦曰："江淮间，盖扬州、淮安等地。"依丁谦说，则在今江苏境内的长江以北，淮河以南。

【译文】

吴王濞的儿子刘子驹逃亡到闽越，怨恨东瓯王诱杀了他的父亲，常劝说闽越王去攻打东瓯王。到汉武帝建元三年，闽越出动军队包围东瓯。东瓯城粮食吃光了，处于困境，马上要投降了，便派人向汉天子告急。武帝询问太尉田蚡对此事的意见，田蚡回答说："越人互相攻打是经常的事，其态度又反复无常，不值得烦扰中原前去救援。从秦时他们就不是中原的属国。"于是中大夫庄助质问田蚡说:"只担心力量不足救援不了他们,恩德浅薄不能覆盖他们;如果真有力量救他们,怎能放弃不管呢?况且当时秦国连整个咸阳都抛弃了,更何况越地呢!如今弱小的国家因为危难向天子告急,天子不去救他们,他们还能到哪里去诉苦求救呢?天子又怎能保护天下万国呢?"武帝说:"不值得和太尉商讨天下大事。我刚刚即位,不想以虎符调动郡国的军队前往。"于是就派庄助持符节到会稽郡就近征发军队。会稽太守想抗命不给调兵,庄助于是斩了会稽郡的一个司马官,向他们申明了武帝的口谕,会稽太守于是发兵渡海解救东瓯。汉军还没到达,闽越军就撤兵走了。东瓯请求全国迁徙中原,于是就全部举众而来,将东瓯人迁到了江淮一带居住。

　　至建元六年①,闽越击南越。南越守天子约②,不敢擅发兵击,而以闻。上遣大行王恢出豫章③,大农韩安国出会稽④,皆为将军。兵未逾岭⑤,闽越王郢发兵距险⑥。其弟馀善乃与相、宗族谋曰:"王以擅发兵击南越,不请,故天子兵来诛。今汉兵众强,今即幸胜之,后来益多,终灭国而止。今杀王以谢天子。天子听,罢兵,固一国完;不听,乃力战;不胜,即亡入海。"皆曰"善"。即铋杀王⑦,使使奉其头致大行。大行曰:"所为来者诛王。今王头至,谢罪,不战而耘⑧,利莫大焉。"乃以便宜案兵告大农军⑨,而使使奉王头驰报天子。诏罢两将兵,曰:"郢等首恶,独无诸孙繇君丑不与谋焉⑩。"乃使郎中将立丑为越繇王⑪,奉闽越先祭祀。

【注释】

①建元六年:前135年。

②南越守天子约:详见《南越列传》,此时的南越王为赵佗之孙赵眜。

③大行：职官名，即大行令，也称典客，"九卿"之一，主管少数民族
　　事务。王恢：汉武帝时的著名武将，后因设谋马邑以袭匈奴未成
　　被杀，参见《匈奴列传》《韩长孺列传》。豫章：汉郡名，治所即今
　　江西南昌。
④大农：职官名，即大农令，也称大司农，"九卿"之一。韩安国：字
　　长孺，汉景帝与汉武帝前期的名臣，后来官至御史大夫，事见《韩
　　长孺列传》。
⑤岭：应指今江西东部与福建西北部之间相隔的大山，即武夷山。
⑥闽越王郢：此或即"无诸"之子，然史文无明确交代。
⑦枞（cōng）：用矛戟撞刺。
⑧不战而耘：不战而祸除。《索隐》曰："耘，除也。"按，《汉书》作"不
　　战而陨"。陨，落，谓其王之头已落。
⑨以便宜案兵：根据现有的具体情况遂按兵不再前进。案，通"按"。
⑩无诸孙繇（yáo）君丑：此处言繇君丑为无诸之孙，史文无明确交
　　代其父何人。繇君丑，繇地的封君，名丑。繇，地名，方位不详。
⑪郎中将：据《汉书·百官公卿表》"郎中有车、户、骑三将，秩皆比
　　千石"，盖即统领皇帝之侍从"郎中"者，上属郎中令。立丑为越
　　繇王：徐孚远曰："是时不立馀善而更立丑者，欲其内相斗，因乱而
　　取之也。"

【译文】

　　到建元六年，闽越进攻南越。南越遵守汉天子的约定，不敢擅自发
兵还击闽越，向汉天子上奏情况。武帝遣大行王恢从豫章出兵，大农令
韩安国从会稽出兵，他们两人都被任命为将军。他们的军队还未越过南
岭，闽越王郢已经发兵把守好了险要之地对抗汉军。闽越王郢的弟弟馀
善就和相国及宗族商量说："大王擅自发兵攻打南越，未向天子请示，所
以天子派兵讨伐。现在汉朝兵多马强，我们即使侥幸战胜了他们，汉朝
之后也会派来更多的军队，直到最终消灭我们为止。现在我们杀死大王

向天子谢罪吧。天子能听从我们的要求停止战争，固然就能保全我们的国家；如果天子不听我们的，我们就奋力一战；如不能取胜，就逃入大海。"大家都说"好"。于是他们就用矛戟将闽越王郢刺死，派使臣提着闽越王郢的人头献给大行令王恢。王恢说："我军此行的目的就是讨伐闽越王。现在你们带来他的人头请罪，没有用兵就消除了祸患，还能有比这更好的吗？"便停止了军事行动，并把情况告知大农将军韩安国，而遣使臣携带闽越王的人头急驰长安报告天子。天子下诏两将军罢兵，说："闽越王郢是作恶首犯，唯独无诸孙繇君丑没有参与阴谋。"于是便派了郎中将立丑为越繇王，奉行对闽越先王祭祀之礼。

　　馀善已杀郢，威行于国，国民多属，窃自立为王。繇王不能矫其众持正①。天子闻之，为馀善不足复兴师，曰："馀善数与郢谋乱，而后首诛郢，师得不劳。"因立馀善为东越王②，与繇王并处。至元鼎五年③，南越反，东越王馀善上书，请以卒八千人从楼船将军击吕嘉等。兵至揭阳④，以海风波为解，不行，持两端，阴使南越。及汉破番禺⑤，不至。是时楼船将军杨仆使使上书，愿便引兵击东越。上曰士卒劳倦，不许，罢兵，令诸校屯豫章梅领待命⑥。

【注释】

①不能矫其众持正：文字较生涩，《汉书》简化为"不能治"三字。
　矫其众，指使国人改向归己。矫，改变。持正，控制国内局面。

②东越王：其都城在何处，史文无明确交代。

③元鼎五年：前112年。

④揭阳：汉县名，治所在今广东揭阳西北。

⑤番禺（pān yú）：今广州市，当时南越的都城。

⑥诸校:犹言诸部。当时一个将军统领几个"部"的人马,而该部的长官即为"校尉"。梅领:同"梅岭"。今谭其骧《历史地图集》标之于江西广昌西,在武夷山侧,与闽越隔山相对。

【译文】

餘善杀死郢以后,威震全国,国中百姓多半都归附他,他暗中自立为王。繇王丑不能使国民持正不邪。天子得知后,认为不值得为餘善的事再兴师动众,说:"餘善多次与郢阴谋作乱,后来又带头诛杀了郢,使汉军得以避免征战之苦。"便立餘善为东越王,与繇王并处。到了元鼎五年,南越谋反,东越王餘善上书,请求率八千士兵跟随楼船将军攻打吕嘉等。他的军队到达揭阳,又以海上风大浪高为借口,不再前行,采取骑墙观望的态度,暗中派人联系南越。等汉军攻破番禺后,东越王的军队还没有到。这时楼船将军杨仆派使者上书,希望顺便带兵攻打东越。天子说士卒劳累疲倦,没有批准楼船将军的请求。于是罢兵,命令各部驻扎在豫章梅岭待命。

元鼎六年秋①,餘善闻楼船请诛之,汉兵临境②,且往,乃遂反,发兵距汉道③。号将军驺力等为"吞汉将军",入白沙、武林、梅岭④,杀汉三校尉。是时汉使大农张成、故山州侯齿将屯⑤,弗敢击,却就便处,皆坐畏懦诛。餘善刻"武帝"玺自立⑥,诈其民,为妄言。天子遣横海将军韩说出句章⑦,浮海从东方往;楼船将军杨仆出武林;中尉王温舒出梅岭⑧;越侯为戈船、下濑将军⑨,出若邪、白沙⑩。元封元年冬⑪,咸入东越⑫。东越素发兵距险⑬,使徇北将军守武林⑭,败楼船军数校尉,杀长吏⑮。楼船将军军率钱唐辕终古斩徇北将军⑯,为御儿侯⑰。

【注释】

①元鼎六年：前111年。

②汉兵临境：即指驻兵梅岭。

③距汉道：在汉兵东行的通道上设防，堵塞汉兵东下。

④白沙：汉邑名，在今江西南昌东北，其地有白沙水，王骏图曰："白沙为入闽之水道也。"武林：汉邑名，在今江西余干北。

⑤大农张成：据《汉书·百官公卿表》，张成于元鼎六年任大农令，其他事迹不详。故山州侯齿：刘齿，城阳王刘章之孙。因其前已因酎金失侯，故称"故山州侯"。刘齿于元鼎五年坐酎金失侯，见《建元以来王子侯者年表》。将屯：统领在梅岭一带驻扎的诸校兵马。

⑥刻"武帝"玺：即自称"武帝"，与南越王赵佗自称"武帝"相同。

⑦句章：汉县名，治所在今浙江宁波西北。

⑧中尉：职官名。掌京师治安。王温舒：当时有名的酷吏，事见《酷吏列传》。梁玉绳曰："《将相年表》与《汉书·武纪》韩说、王温舒皆出会稽，杨仆出豫章。此说（王温舒）出梅岭，必有误。"

⑨越侯：越人被封为侯者，《南越列传》称"故归义越侯二人"。戈船、下濑将军：据《汉书·武帝纪》，为戈船将军者名严，为下濑将军者姓名失记。戈船，《南越列传》、《集解》引徐广曰："越人于水中负人船，又有蛟龙之害，故置戈于船下。"

⑩出若邪、白沙：盖戈船、下濑二将分别率水军由不同方向进入闽越。若邪、白沙，皆溪水名。若邪溪在今浙江绍兴南。白沙见前注。

⑪元封元年冬：前110的年初，当时以"十月"为岁首。

⑫咸入东越：陈仁锡曰："太史公叙武帝北伐胡，南讨越，每书某将军出某地者，盖见当时用兵制胜之方在于分道并进，使敌人备多而力分也。"

⑬素：通"夙"，预先。

⑭徇北将军:越军官名,史失其姓名。守武林:抵御由武林方向所来
　　之汉兵。

⑮长吏:指汉军中的一些中下级军官。

⑯楼船将军军率钱唐辕终古:楼船将军杨仆属下的小头领钱唐人辕
　　终古。底本原作"楼船将军率钱唐辕终古",误。此处"军"应重
　　出,作"楼船将军军率"。军率,军中的小头领。《汉书》"率"字
　　作"卒",意思相近。钱唐,汉县名,治所在今杭州西。

⑰御儿侯:封地御儿,《正义》曰:"'御'字今作'语'。语儿乡在苏
　　州嘉兴县南七十里。"

【译文】

　　元鼎六年秋,馀善听说楼船将军请求出兵打东越,当汉军已进逼东
越边境时,他非常恐慌,于是起兵造反,发兵据守汉军的东行之路来抵
抗。馀善加封将军驺力等为"吞汉将军",攻入白沙、武林、梅岭,杀死汉
军三个校尉。这时汉派大农令张成、原山州侯刘齿率兵屯驻在那里,但
他们不敢去进攻东越的军队,退到了安全地带,结果都因懦弱畏敌被杀。
这时馀善刻"武帝"印玺自立为皇帝,欺诈百姓,口出狂言。武帝派横海
将军韩说由句章出兵,渡海从东边进军;楼船将军杨仆从武林出兵;中尉
王温舒从梅岭出兵;任命两位越人的列侯担任戈船将军和下濑将军,从若
邪、白沙出兵。元封元年冬天,各路兵马都攻入东越。东越预先发兵据守
险关要塞,又派徇北将军坚守武林,打败了楼船将军的数名校尉,杀死了长
吏。楼船将军部下的小军官钱唐人辕终古杀了徇北将军,被封为御儿侯。

　　自兵未往,故越衍侯吴阳前在汉①,汉使归谕馀善,馀
善弗听。及横海将军先至,越衍侯吴阳以其邑七百人反,攻
越军于汉阳②。从建成侯敖③,与其率从繇王居股谋曰:"馀
善首恶,劫守吾属。今汉兵至,众强,计杀馀善,自归诸将,

倪幸得脱^④。"乃遂俱杀馀善,以其众降横海将军,故封繇王居股为东成侯^⑤,万户;封建成侯敖为开陵侯^⑥;封越衍侯吴阳为北石侯^⑦;封横海将军说为案道侯^⑧;封横海校尉福为缭萦侯^⑨。福者,成阳共王子^⑩,故为海常侯^⑪,坐法失侯^⑫。奋从军无功^⑬,以宗室故侯。诸将皆无成功,莫封^⑭。东越将多军^⑮,汉兵至,弃其军降,封为无锡侯^⑯。于是天子曰:"东越狭多阻,闽越悍,数反覆。"诏军吏皆将其民徙处江淮间,东越地遂虚^⑰。

【注释】

①自兵未往,故越衍侯吴阳前在汉:底本将此处的"自兵未往"四字留在上段末尾,不通,今移至此段首。

②汉阳:古城名,在今福建浦城北。

③建成侯敖:《汉书》作"故粤建成侯敖",也是越人在越曾经被封为侯者。师古曰:"《功臣表》云:'开陵侯建成',而此传云名'敖',疑表误。"

④倪幸得脱:或者还倪幸能够免罪。倪,同"倘",或者。

⑤东成侯:封地东成,在今安徽滁州定远东南。

⑥开陵侯:封地开陵,当在今安徽境内。

⑦北石侯:封地北石,在今河南开封兰考东。

⑧案道侯:封地案道,具体方位不详,《汉书·高惠高后文功臣表》王先谦补注以为是"齐郡之县,今地无考";梁玉绳以为是封号名。

⑨横海校尉福:横海将军部下的校尉刘福,城阳景王刘章之孙。事见《吕太后本纪》《齐悼惠王世家》。缭萦:钱穆以为"在琅邪、东莱之间"。

⑩成阳共王:即刘喜,城阳景王刘章之子。成阳,应依《齐悼惠王世

家》统一作"城阳",汉代诸侯国名,国都即今山东莒县。

⑪海常侯:封地海常,《索隐》曰:"在琅邪。"刘福以城阳共王之子,
于元朔四年被封为海常侯。

⑫坐法失侯:据《建元以来王子侯者年表》:刘福于元鼎五年"坐酎
金国除"。

⑬奋从军无功:底本原作"旧从军,无功","旧"字不成文理,泷川
曰:"枫、三本、毛本'旧'作'奋'。"张文虎曰:"作'奋'似胜。"
奋,起,挺身而出。今据此改。

⑭诸将皆无成功,莫封:楼船将军杨仆在讨伐南越的过程中问题甚
多,司马迁于此只字不见,于杨仆盖已笔下留情。详见《南越列
传》《朝鲜列传》。

⑮多军:姓多名军。

⑯无锡侯:封地无锡,即今江苏无锡。

⑰"于是天子曰"几句:底本标点此数句为:"天子曰东越狭多阻,
闽越悍,数反覆,诏军吏皆将其民徙处江淮间。东越地遂虚。"不
当。东越狭多阻,此东越指东瓯,已于二十七年前被迁往"江淮
间";狭多阻,地势偏狭,交通阻塞。东越地遂虚,此"东越"乃统
"东瓯""闽越"两部而言,其地即今浙江省南部与福建全省。至
此,东越遂被全部强制搬迁。

【译文】

早在讨伐东越的大兵未出动之前,原越衍侯吴阳正在汉朝,朝廷派
他回到闽越去劝说馀善罢兵,馀善不听。等到横海将军韩说率兵先行到
达时,越衍侯吴阳率封地七百人反戈,在汉阳攻击东越的军队。他随建
成侯敖及部下与繇王居股商量说:"馀善首先作乱,胁迫我们跟随他。如
今汉兵到了,兵多势强。如果我们设计杀死馀善,自愿投降横海将军,或
许能侥幸逃脱罪责。"于是合力杀死馀善,率领部下投降横海将军。因
此,朝廷封繇王居股为东成侯,食邑一万户;封建成侯敖为开陵侯;封越

衍侯吴阳为北石侯；封横海将军韩说为案道侯；封横海校尉刘福为缭嫈侯。刘福是成阳共王刘喜的儿子，原为海常侯，因犯法失掉侯位。从前从军出征也未立功，以宗室的缘故被封侯。其余诸将都无战功，所以都没受封赏。东越的将领多军，在汉军到来时，弃军投降，被封为无锡侯。于是武帝说："东越之地狭窄多险，闽越地区的人比较强悍，屡次反复无常。"于是下令让军吏都将东越的百姓全部迁到江淮间居住。东越一带就空无人烟了。

太史公曰：越虽蛮夷，其先岂尝有大功德于民哉，何其久也！历数代常为君王，句践一称伯①。然馀善至大逆，灭国迁众，其先苗裔繇王居股等犹尚封为万户侯②，由此知越世世为公侯矣。盖禹之余烈也③。

【注释】

①句践一称伯：句践还一度成为霸主。伯，通"霸"。句践灭吴称霸，事见《越王句践世家》《吴太伯世家》。

②然馀善至大逆，灭国迁众，其先苗裔繇王居股等犹尚封为万户侯：按现在语法，句首"然"字应移至"其"字之上读。其先苗裔，其先祖的嫡系子孙。

③盖禹之余烈也：这大概就是由于其先祖大禹所积的德吧。泷川曰："史公以'越世世为公侯'为'禹之余烈'，与《项羽本纪》、《陈杞世家》、《越世家》、《黥布传》论赞，其义相贯。"

【译文】

太史公说：越国虽然是蛮夷，但他们的祖先难道是对百姓有过大功德吗？不然怎么会传世这么久远呢！经历几代常为君王，到句践时还一度称霸于世。然而馀善竟然做出大逆不道的事，导致国家灭亡，百姓被迁徙,他祖先的后裔繇王居股等还能被封为万户侯,由此可知越人世代都有为公侯的。这大概是大禹功业的余荫吧。

【集评】

曾国藩曰:"庄助发郡国之兵,不从田蚡计;杨仆、韩说等之三道并进,居股、多军之封侯,俱足发明武帝之英风俊采,特不于赞中揭出耳。"(《求阙斋读书录》)

蒙文通曰:"瓯、闽之封王虽皆在汉代,而闽、瓯之名则早见于周世。《周官》之《职方》、《司隶》、《象胥》、《山海经·内经》、《逸周书·王会》皆著其名。"(《越史丛考》)

【评论】

东瓯与闽越的主体民族都是古越族,他们的君主原来都是越王句践的封君。汉初闽越王、东海王先后被封,东海王又称东瓯王。辖地大体上是以瓯江流域为中心,以北为台州,以西为丽水,其他至福建东北的部分地区。闽越王则据有闽地的绝大部分及沿海诸岛屿,如台湾、澎湖等。

司马迁在《东越列传》中说东瓯与闽越的君长是越王句践的后代,而在《越王句践世家》中说句践是大禹的后裔,于是东瓯与闽越也都是炎黄子孙,与汉人是兄弟了。这是司马迁进步民族观的体现,在《史记》中是一以贯之的。

作品对闽越的反复无常和好战给予了批评,而对庄助怂恿武帝出兵的行为也进行了含蓄的讥讽,《平准书》中有所谓"严助、朱买臣等招来东瓯,事两越,江淮之间萧然烦费矣",就是指此而言。另外在《汲郑列传》中写到汲黯对有关闽越的问题时说:"东越相攻,上使黯往视之。不至,至吴而还,报曰:'越人相攻,固其俗然,不足以辱天子之使。'"所谓"东越"即指东瓯与闽越两国。汲黯认为这些周边小国之间的矛盾斗争,根本不值得大汉王朝去干预过问,这表现了汲黯、其实也就是司马迁本人对汉武帝对周边少数民族用兵的态度。

本篇与《南越列传》《朝鲜列传》《大宛列传》等篇所写的历史过程不同,在其他篇里都不同程度地抨击了汉武帝的扩张主义思想,揭露了汉王朝将领的怯懦自私,以及他们在战场上的无能与所遭受的损失之惨重等等。本篇所写东越地区两个小国矛盾的解决都不是靠着艰苦的战斗冲杀,都没有损失汉王朝多少兵力。第一次是闽越进攻东瓯,汉王朝派兵救东瓯,闽越的军队撤走,东瓯人请求搬到汉王朝的境内去住。于是东瓯人的问题就这样解决了。第二次是闽越人发兵进攻南越,南越向汉王朝求援,汉王朝派兵两路进攻闽越。汉军尚未翻越武夷山,闽越国内发生政变,闽越王郢之弟馀善杀了闽越王郢,送其人头给汉军的将领王恢,于是汉王朝改立了一个名"丑"的亲汉的贵族为越繇王,两路汉军未入敌境,第二次问题的即告解决。第三次是上次杀死闽越王郢的馀善据功自大,擅自称王,与越繇王并立于国中。后来馀善又扬言愿帮着汉王朝打南越,到时却又不出兵,相反又与南越相勾结,在其国内竟肆无忌惮地自称"武帝",于是汉王朝发兵三路进攻东越。汉军攻入闽越境内,闽越人纷纷起义,故越衍侯吴阳、建成侯敖与繇王居股等起兵杀死馀善,引兵投归了汉之横海将军韩说。形势很快平定,由于东越地区的反复无常且又地形险阻,于是汉王朝下令让汉军押解着这个地区的黎民百姓通通迁到了汉王朝境内的江淮之间,这就是第三次问题的解决。

在平定东越的过程中,只有楼船将军杨仆遭遇了失败,被东越军"败数校尉,杀长史"。这个杨仆在平定南越的过程中就有很多劣迹,汉武帝在他这次受命时就曾严厉地指出了他的五条大罪,并警告他:"今东越深入,将军能率众以掩过不?"结果他不仅未能掩过,还造成了新的损失。司马迁写他的部下一个名叫辕终古的小军官杀死了东越的徇北将军,算是给他找补回一点面子。

本篇以下文字有重要调整。

底本云:"楼船将军率钱唐辕终古斩徇北将军,为御儿侯。自兵未往。"将"自兵未往"四个字放在此段末尾,不知何意。按,"自兵未往"四个字是表示时间的,用作前置词以引起要追叙的在此以前所发生的事情。相当于古代历史书通常所用的"先是"二字。这四个字不应放在段末,应移至下段的开头,以引起将要追叙的故事。在本文里,它要追述的事情是:早在讨伐东越的大兵尚未派出前,汉王朝就派了当时住在汉朝的东越人吴阳,让他回到东越去劝说馀善及早投降汉朝,结果馀善不听。现将此四字下移至下一段开头,作"自兵未往,故越衍侯吴阳前在汉,汉使归谕馀善,馀善弗听"云云。

又,"楼船将军率钱唐辕终古斩徇北将军,为御儿侯"中,主语不明,斩了徇北将军、被封为御儿侯的到底是楼船将军杨仆呢? 还是楼船将军的部下辕终古呢? 给人造成疑惑的是"率"字,它让人理解为是"楼船将军"率领着辕终古杀了徇北将军,因此被封为御儿侯的就是楼船将军杨仆。其实原意并不如此。《汉书》的原文于此作"楼船军卒钱唐辕终古斩徇北将军,为御儿侯",意思很明确,是辕终古斩了徇北将军,被封侯。此句当重出"军"字,"楼船将军军率"即杨仆部下的小军官,意思与《汉书》"楼船军卒"相近。此数句当作:"楼船将军军率钱唐辕终古斩徇北将军,为御儿侯。"

史记卷一百一十五

朝鲜列传第五十五

【释名】

《朝鲜列传》是《史记》"民族列传"之一,主要记述了燕人卫满于汉初在朝鲜自立为王,约定为汉王朝的藩属之臣,传国三世,至武帝时被消灭,朝鲜被设为四个郡的过程。

全篇分为两部分。第一部分写朝鲜国的前代历史,卫满称王,以及汉代初期的朝汉关系。第二部分写卫满之孙右渠破坏与汉的约定,与汉对立,被汉朝所灭的经过。篇末论赞对朝鲜王右渠的负固反汉与汉朝的讨灭朝鲜,都进行了批评,而以批评汉王朝为主。

朝鲜王满者①,故燕人也②。自始全燕时③,尝略属真番、朝鲜④,为置吏,筑鄣塞⑤。秦灭燕,属辽东外徼⑥。汉兴,为其远,难守,复修辽东故塞⑦,至浿水为界⑧,属燕⑨。燕王卢绾反,入匈奴⑩,满亡命,聚党千余人,魋结蛮夷服而东走出塞⑪,渡浿水,居秦故空地上下鄣⑫,稍役属真番、朝鲜蛮夷及故燕、齐亡命者王之,都王险⑬。

【注释】

①朝鲜王满：朝鲜王姓卫名满。

②燕：西周以来的诸侯国，也作"匽"，始封之君为武王之弟召公姬
　奭。始封时都城在今北京西南琉璃河，后改都于蓟县（今北京）。
　历西周、春秋、战国，至秦王嬴政二十五年（前222）被秦国所灭。

③全燕时：指燕国最强盛的时期，即燕昭王（前311—前279年在
　位）时代。按，《汉书》之《邹阳传》有"全赵"，《枚乘传》有"全
　秦"，与此"全燕"用字相同。

④略属：攻击使其臣属。真番：古代小国，约今朝鲜之黄海北道与黄
　海南道的部分地区。朝鲜：古国，国都王险，在今朝鲜平壤西南。

⑤筑鄣塞：指在真番、朝鲜周围帮助两国修筑城堡等防卫工事。鄣
　塞，城堡。

⑥辽东外徼（jiào）：辽东郡的界外管区。秦朝的辽东治所襄平，即
　今辽宁辽阳。徼，边界上的栅栏，这里指秦朝在燕国基础上所筑
　的长城。

⑦辽东故塞：辽东郡东部旧国境。按，秦时辽东郡的东境北起今辽宁
　铁岭，东南行，经本溪、丹东东面，过鸭绿江至今清川江入海处。

⑧浿（pèi）水：即今朝鲜国之清川江。

⑨属燕：意谓辽东郡边界以内属燕，而真番、朝鲜在水以南，此时已
　不属燕国。燕，此指汉初诸侯国，国都蓟县（即今北京）。

⑩燕王卢绾反，入匈奴：事在高祖十二年（前195）。卢绾原是刘邦
　的亲信，高祖五年被封为燕王，后与陈豨串连谋反，失败后逃入匈
　奴，事见《韩信卢绾列传》。

⑪魋（chuí）结：将头发盘在头顶，上尖如椎，当时少数民族男子的
　一种发式。魋，通"椎"。

⑫秦故空地上下鄣：即上文所说"全燕时"在真番、朝鲜周围所筑，
　汉代建国后嫌其太远而放弃的那些"障塞"。"空"指无人管辖，

并非指空无人居。上下鄣,《索隐》引《汉书·地理志》曰:"乐浪
郡有云鄣。"乐浪郡在今平壤东南部。

⑬王险:即今平壤。《后汉书·东夷传》曰:"昔武王封箕子于朝鲜,
其后四十余世,至朝鲜侯准,自称王。汉初大乱,燕、齐、赵人往避
地者数万口,而燕人卫满击破准而自王朝鲜。"

【译文】

朝鲜王卫满原来是燕国人。从燕国全盛的时候开始,曾占领真番、
朝鲜为属地,设置官吏,修筑边防要塞。秦国灭掉燕国之后,朝鲜属于辽
东郡外围地区。汉朝建立以后,因为其地理位置遥远,难以防守,又修筑
辽东原来的关塞,以浿水作为边界,界内领土属于燕国。燕王卢绾造反
后,逃往匈奴,卫满成为亡命之徒,聚集了党徒千余人,将头发盘在头顶,
身穿蛮夷的服装,向东逃出边塞,渡过浿水,定居在秦朝以前无人管辖地
区的上下城堡处,渐渐地役使真番、朝鲜这些蛮夷之民以及以前燕国、齐
国的逃亡者,在那里称王,并在王险建立国都。

　　会孝惠、高后时天下初定①,辽东太守即约满为外臣,
保塞外蛮夷②,无使盗边;诸蛮夷君长欲入见天子,勿得禁
止。以闻,上许之,以故满得兵威财物侵降其旁小邑③,真
番、临屯皆来服属④,方数千里。

【注释】

①孝惠、高后时:孝惠帝刘盈,刘邦之子,前194—前188年在位。高
后,即吕后,刘邦之妻,前187—前180年执政。

②保:团聚,统领。

③兵威财物:《汉书》作"以兵威财物",较此顺畅。意谓以"兵威"
震慑,以"财物"利诱,二者兼施。侵降:郭嵩焘曰:"'侵'字承

'兵威'言,'降'字承'财物'言。"

④临屯:部落名,当时居住在今朝鲜咸镜南道及江原北道一带。

【译文】

正逢汉惠帝、吕后时期,天下刚刚安定,辽东太守便约定卫满作为汉朝的外臣,让其保卫塞外的蛮夷之民,不要让他们侵盗边境;各个蛮夷的君长如果想要入京朝见天子,不能阻止他们。辽东太守将此事上奏,皇上同意了他的请求,因此,卫满便仗着兵威财物掠夺降服周边的小城邑,真番、临屯全都来臣服归属,朝鲜的土地方圆达到数千里。

传子至孙右渠①,所诱汉亡人滋多,又未尝入见;真番旁众国欲上书见天子,又拥阏不通②。元封二年,汉使涉何谯谕右渠③,终不肯奉诏。何去至界上,临浿水,使御刺杀送何者朝鲜裨王长④,即渡,驰入塞⑤,遂归报天子曰"杀朝鲜将"。上为其名美,即不诘⑥,拜何为辽东东部都尉⑦。朝鲜怨何,发兵袭攻杀何⑧。

【注释】

①传子至孙右渠:师古曰:"满死传子,子死传孙,右渠者,其孙名也。"

②拥阏:通"壅厄",阻塞,阻挡。阏,通"遏"。

③涉何:姓涉名何。谯(qiào)谕:责备,警告。谯,通"诮",责备。

④使御刺杀送何者朝鲜裨(pí)王长:御,车夫,也可泛指仆从。中井曰:"涉何之从者。"裨王长,师古曰:"长者,裨王名也。"裨王,小王,偏裨之王。

⑤即渡,驰入塞:渡过水,进了长城。当时水之北即古燕之长城,也即当时辽东郡与朝鲜的边境。

⑥上为其名美,即不诘:《索隐》曰:"有杀将之名。"不诘,不问,不责怪。

⑦拜何为辽东东部都尉:锺惺曰:"边吏朦胧免罪,要功开衅生事,从来如此。且以'诱谕'往,而以'杀将'报,已失使指;况所杀非其将,罪可胜诛乎?"辽东东部都尉,辽东郡东部驻军的长官。

⑧发兵袭攻杀何:吴见思曰:"写使者生事,天子好名,朝鲜倔强报怨,三事合并写。"按,连用"袭""攻""杀"三词,足见朝鲜反应之迅捷。

【译文】

　　等到朝鲜王位传到卫满的孙子右渠的时候,引诱汉朝逃亡之人的数量越来越多,国王也未曾入汉朝朝见;真番附近的众多国家想要上书朝见天子,又因为右渠的阻挠而不能实现。元封二年,汉朝的使节涉何警告右渠,但是他最终还是不肯接受汉朝的诏命。涉何离开后走到边界的时候,在浿水边上,让车夫杀了前来送自己的名叫长的朝鲜小王,然后立即渡河,驱车进入了边塞,于是回到朝廷报告天子说"我杀了朝鲜的将军"。武帝认为他有杀死朝鲜将军的美名,就不追究他的过失,任命他为辽东东部都尉。朝鲜怨恨涉何,便发兵袭击辽东,杀死了涉何。

　　天子募罪人击朝鲜①。其秋,遣楼船将军杨仆从齐浮渤海②,兵五万人,左将军荀彘出辽东③:讨右渠。右渠发兵距险④。左将军卒正多率辽东兵先纵⑤,败散,多还走,坐法斩。楼船将军将齐兵七千人先至王险。右渠城守,窥知楼船军少,即出城击楼船,楼船军败散走。将军杨仆失其众,遁山中十余日,稍求收散卒,复聚。左将军击朝鲜浿水西军⑥,未能破自前⑦。

【注释】

①募罪人:招募罪犯,愿去者可免其罪。

②楼船将军：职官名。列将军（杂号将军）之一。以所率为楼船（战舰），故以为名号。杨仆：西汉将领。宜阳（今河南宜阳北）人。初以五大夫入仕，迁主爵都尉。汉武帝时，任楼船将军击南越，建大功，于元鼎六年（前111）封将梁侯。元封四年（前107），与左将军荀彘共击朝鲜，以临阵畏懦罪免为庶人，国除。从齐浮渤海：当时齐国已由诸侯国改设齐郡。此处"齐"泛指齐地，而汉军从水路出发实际上是从今山东威海、烟台一带出发。渤海，今黄海，因从齐浮海至朝鲜，不必经由今之渤海。

③左将军：职官名。重号将军之一。汉置，位比上卿，金印紫绶，掌领兵及征伐之事，为皇帝最高级武官之一，不常设。荀彘：西汉将领。太原广武（今山西代县）人。善御，官侍中、校尉，数从大将军卫青出击匈奴，事见《卫将军骠骑列传》。

④距险：凭险塞以抗汉军。

⑤左将军卒正多：荀彘部下的"卒正"名多，史失其姓。卒正，职官名。即卒长。周置，秦汉沿称。《周礼·地官·小司徒》言周时军队编制："五人为伍，五伍为两，四两为卒。"故一卒为百人，长官称卒长。先纵：先自率兵出击。

⑥洌水西军：驻守洌水之西，即抗拒汉军的最前沿军队。

⑦未能破自前：语辞较生涩，《汉书》削"自前"二字。

【译文】

　　武帝招募被赦免的罪犯去攻打朝鲜。秋天的时候，派楼船将军杨仆从齐地出发渡过渤海，带领了五万士卒；派左将军荀彘从辽东郡出兵：兵分两路讨伐右渠。右渠发兵据守险要地形。左将军手下名叫多的卒正率领辽东兵首先发动攻击，战败后部队溃散，卒正多转身逃跑了，因触犯了军法被处斩。楼船将军杨仆带领齐兵七千人先到达王险。右渠在城池之上防守，窥察到楼船将军的人数较少，立即出城攻击楼船将军，楼船将军的军队四散逃走。将军杨仆失散了他的部众，在山中藏了十多天，之后渐渐收拢逃散的士卒，又将军队聚集起来。左将军荀彘率兵攻击朝鲜浿水以西的军队，未能攻破战线前进一步。

天子为两将未有利，乃使卫山因兵威往谕右渠[1]。右渠见使者，顿首谢："愿降，恐两将诈杀臣；今见信节[2]，请服降。"遣太子入谢，献马五千匹，及馈军粮[3]。人众万余，持兵，方渡浿水，使者及左将军疑其为变，谓太子已服降，宜命人毋持兵。太子亦疑使者左将军诈杀之，遂不渡浿水，复引归。山还报天子，天子诛山[4]。

【注释】

[1]卫山：事迹不详。因兵威：仗恃两位将军的军队威势临朝鲜之境。因，凭藉，仗恃。

[2]信节：皇帝使者的符节印信。

[3]馈军粮：给荀彘、杨仆两军供应粮饷。馈，赠，供应。

[4]天子诛山：指武帝杀了卫山。按，因接受朝鲜投降不成诛卫山，与之前因伐匈奴不成诛王恢、因对闽越失利诛张成等一样，可见汉武帝法令严酷。

【译文】

汉武帝因为两位将军作战不利，就派遣卫山以兵威前往谕示右渠。右渠王会见使者卫山，叩头道歉说："我愿意投降，但担心两位将军使用诡计杀死我；如今见到了信节，请接受我们的归降。"右渠王于是派遣太子入朝谢罪，进献马匹五千匹，并给朝鲜的汉军馈赠军粮。太子出行的时候有士卒一万多人持兵器护卫，刚要渡浿水，使者卫山和左将军怀疑朝鲜有阴谋，说太子既然已经降服，应该命令士卒不要持有兵器。太子也怀疑使者和左将军想用诡计杀死自己，于是不愿意渡浿水，又带领部众回去了。卫山回去后将这一情况报告给了天子,天子诛杀了卫山。

左将军破浿水上军,乃前,至城下,围其西北。楼船亦往会,居城南。右渠遂坚守城,数月未能下。左将军素侍中①,幸,将燕代卒②,悍,乘胜,军多骄③。楼船将齐卒,入海,固已多败亡;其先与右渠战,困辱亡卒,卒皆恐,将心惭,其围右渠,常持和节④。左将军急击之,朝鲜大臣乃阴使人私约降楼船⑤,往来言,尚未肯决。左将军数与楼船期战,楼船欲急就其约⑥,不会;左将军亦使人求间郤降下朝鲜,朝鲜不肯,心附楼船⑦:以故两将不相能。左将军心意楼船前有失军罪⑧,今与朝鲜私善而又不降,疑其有反计,未敢发。天子曰:"将率不能,前乃使卫山谕降右渠,右渠遣太子,山使不能剸决⑨,与左将军计相误,卒沮约⑩。今两将围城,又乖异,以故久不决。"使济南太守公孙遂往正之⑪,有便宜得以从事⑫。

【注释】

①素侍中:向来为武帝侍从官,在宫廷服务。

②将燕代卒:统领的是从燕国、代郡征调来的士兵。代,汉朝的郡国名。此时为郡,治所即今河北蔚县东北之代王城。

③军多骄:荀彘有五万人,杨仆仅七千人,故荀彘一方的兵将多骄。

④持和节:希望通过谈判解决问题。

⑤朝鲜大臣乃阴使人私约降楼船:底本原作"朝鲜大臣乃阴间使人私约降楼船"。"阴""间"意即"暗中""私下"之意,重叠使用者少见,二字应削其一,今削"间"字。

⑥急就其约:赶紧实现让朝鲜向自己投降的约定。

⑦朝鲜不肯,心附楼船:谓朝鲜人不肯归附荀彘,而欲归附杨仆。杨仆是想效法伏波南越之战的以和善取胜,而朝鲜为挑起两将之间的矛盾,也故意更加"心附"杨仆。

⑧心意:心中猜疑。意,猜疑。

⑨山使不能划(zhuān)决:卫山作为朝廷的使者,没有当机立断的能力。划,同"专"。

⑩卒沮约:终于破坏了让朝鲜人投降的事情。沮,瓦解,毁坏。

⑪济南:汉郡名,治所东平陵,今山东章丘西北。正:裁决,分辨其是非曲直。

⑫有便宜得以从事:即授予其临时处置权。

【译文】

这个时候,左将军荀彘打败了朝鲜的浿水守军,向前逼近,兵临城下,包围了城池的西北面。楼船将军也带领军队前往汇合,驻扎在城池南面。右渠王于是坚守城池,汉军攻打了几个月都未能攻下。左将军荀彘平时在宫中侍奉皇上,深受宠幸,他所率领的燕、代地区的士卒十分强悍,取胜之后,军士更加骄横。楼船将军带领齐兵渡海而来,本来就已死伤甚众;之前与右渠作战,兵败受辱,士卒伤亡很多,都很害怕,楼船将军内心也很惭愧,因此他包围右渠时,常抱有讲和的态度。左将军加紧进攻时,朝鲜大臣就暗中派人秘密与楼船将军谈判投降之事,使者往来多次,尚未最终确定。左将军多次与楼船将军约定朝鲜决战的日期,楼船将军想尽快实现朝鲜投降的约定,没有和左将军汇合;左将军也派人找机会让朝鲜投降,朝鲜不同意,一心想要归附楼船将军:因此两位将军不能协同作战。左将军心里猜疑楼船将军前有损失军队的罪责,如今又与朝鲜私下交好,而朝鲜又不投降,便怀疑楼船将军有谋反的计划,只是未敢付诸实施。武帝得知后说:"将领之间互不配合,之前就派遣卫山谕示招降右渠王,右渠王派遣了太子朝见,卫山作为使者不能果断处置,与左将军一起谋划又犯了错误，最终导致和约不能达成。如今两位将军围攻城池，又互相不团结，因此久攻不下。"于是派遣济南太守公孙遂前往朝鲜，让他裁决两位将军的是非，并给予其临时行事的权力。

　　遂至，左将军曰："朝鲜当下久矣，不下者有状①。"言楼船数期不会，具以素所意告遂，曰："今如此不取，恐为大害。非独楼船，又且与朝鲜共灭吾军。"遂亦以为然，而以节召楼船将军入左将军营计事，即命左将军麾下执捕楼船将军，并其军，以报天子。天子诛遂②。

【注释】

①有状：有原因，有情况。

②天子诛遂：按，汉武帝可谓有识见、有决断，绝无姑息。《汉书》作"天子许遂"，盖大误。

【译文】

　　公孙遂到达朝鲜后，左将军说："朝鲜本来早就应该被攻下来了，之所以没有攻打下来是有原因的。"他说与楼船将军屡次约定他都不来汇合，并详细地把自己一直以来的疑虑告诉了公孙遂，说："现在这样还不抓捕他，恐怕要酿成大祸。不仅仅是楼船将军要造反，而且他还将联合朝鲜军队一起消灭我们的军队。"公孙遂也认同他的看法，因此用符节召楼船将军到左将军的军营商量事情。楼船将军到达后，公孙遂就命令左将军麾下的人抓捕了楼船将军，并把他的军队合并到左将军手下，然后将处置情况报告给武帝。武帝因其处置不当，处死了公孙遂。

　　左将军已并两军，即急击朝鲜。朝鲜相路人、相韩阴、尼谿相参、将军王唊相与谋曰①："始欲降楼船，楼船今执，独左将军并将,战益急,恐不能与②,王又不肯降。"阴、唊、路人皆亡降汉。路人道死。元封三年夏③,尼谿相参乃使人杀朝鲜王右渠来降。王险城未下,故右渠之大臣成巳又反,复攻吏。左将军使右渠子长降、相路人之子最告谕其民④,诛成巳,以故遂定朝鲜,为四郡⑤。封参为潜清侯⑥,阴为荻苴侯⑦,唊为平州侯⑧,长为几侯⑨。最以父死颇有功,为温阳侯⑩。

【注释】

①朝鲜相路人:朝鲜的国相姓路名人。尼谿相参:尼谿相名参,"尼谿"意思不详,有人说是地名。将军王唊(jiá):将军姓王名唊。

②恐不能与:王念孙曰:"'与'犹'敌'也,古者谓'相敌'曰'与'。"

③元封三年:前108年。

④右渠子长降:右渠的儿子名叫"长降"。据《建元以来侯者年表》,此人叫"张各"。路人之子最:路人的儿子名叫"最"。

⑤四郡:即真番郡(约今三八线两侧的西部地区)、临屯郡(约今三八线两侧的东部地区)、玄菟郡(约今朝鲜的东北部地区)、乐浪郡(约今朝鲜的西北部地区)。

⑥潜清侯:封地为潜清,《集解》引韦昭曰:"属齐。"

⑦荻苴侯:封地为荻苴,《集解》引韦昭曰:"属勃海。"

⑧平州侯:封地为平州,《集解》引韦昭曰:"属梁父。"

⑨几侯:封地为几,《集解》引韦昭曰:"属河东。"

⑩温阳侯:《建元以来侯者年表》作"涅阳侯"。涅阳,《集解》引韦昭曰:"属齐。"

【译文】

左将军合并了两支军队,就加紧进攻朝鲜。朝鲜的国相路人、韩阴、尼谿相参、将军王唊共同商议说:"一开始我们想要投降楼船将军,楼船将军现在被拘捕,只有左将军率领两支军队,加紧进攻我们,恐怕我们不能坚持太久,大王又不肯投降。"于是韩阴、王唊、路人全都逃亡投降了汉朝。路人死在了路上。元封三年夏天,尼谿相参就派人杀死了朝鲜王右渠来投降。因为王险城没有被攻下,所以右渠王的大臣成已又造反了,并攻击不随他造反的朝鲜官吏。左将军让右渠王的儿子长降、国相路人的儿子最告谕百姓,并诛杀了成已,因此最终平定朝鲜,并将其分为四个郡。册封尼谿参为澅清侯,韩阴为荻苴侯,王唊为平州侯,长降为几侯。最因为其父亲路人有功先死,被封为温阳侯。

　　左将军征至,坐争功相嫉,乖计①,弃市。楼船将军亦坐兵至洌口②,当待左将军,擅先纵,失亡多③,当诛,赎为庶人④。

【注释】

①乖计:出悖谬离间的主意。乖,悖谬。

②洌口:即今朝鲜殷栗县,在平壤西南临海。

③擅先纵,失亡多:郭嵩焘曰:"前叙左将军卒正先纵,而此复云楼船将军先纵,盖楼船兵至洌口当筹会围之策,不应遽至王险邀功也。两将军所以相啮,其源正在坐此,于此见武帝之明。"

④当诛,赎为庶人:梁玉绳曰:"此与《汉传》同,而《汉表》云'坐为将军击朝鲜,畏懦,入竹二万箇赎,完为城旦'。罪状与此不同,入竹赎罪亦奇。"史珥曰:"争功相嫉,荀彘固不能无罪,然力战克敌,功亦足以相方,卒坐弃市而败亡;失期之杨仆反得以赎论,何哉?"吴见思曰:"左将军诛死,楼船赎为庶人,误国妒功,卒致两败,可为为将不和之戒。"

【译文】

左将军出征归来后,因其与楼船将军在战场争功,互相嫉妒,谋划失当,被处以弃市之刑。楼船将军也因为军队到达洌口后,应当等候左将军一起进攻而没有等,擅自抢先攻击敌人,致使伤亡众多而被治罪,罪当处死,他用金钱赎罪为平民百姓。

　　太史公曰:右渠负固[①],国以绝祀。涉何诬功[②],为兵发首[③]。楼船将狭[④],及难离咎[⑤]。悔失番禺[⑥],乃反见疑。荀彘争劳,与遂皆诛。两军俱辱,将率莫侯矣[⑦]。

【注释】

①负固:谓负隅抵抗汉军。负,依托,凭藉。

②诬功:谎报"杀将"之功。

③为兵发首:为朝鲜战争的始作俑者。

④将狭:《集解》引徐广曰:"言其所将卒狭少。"王骏图曰:"言楼船之将,度量狭小。"

⑤及难离咎:指被朝鲜打败。及难,遭受灾难。离咎,陷入祸患。离,同"罹",陷入。

⑥悔失番禺:指楼船将军汲取自己在番禺之战的教训,一心想招诱朝鲜投降。凌稚隆引余有丁曰:"楼船前力攻番禺,反驱降者入伏波营,故此欲独降之为己功也。"

⑦将率莫侯矣:黄震曰:"朝鲜居秦故空地,本无预中国事也。涉何为武帝生事其国,汉卒盛兵以灭之,定其国为四郡,汉固贪矣。"王骏图曰:"史公此赞与南越尉佗传赞皆四字用韵,盖已开范氏之先声,愈觉《索隐·述赞》之无谓矣。"

【译文】

　　太史公说:右渠依仗山河险固负隅顽抗,最终导致国破身死。涉何谎报功劳,导致两国交战。楼船将军心胸狭窄,遭受危难陷入祸殃。汲取攻打番禺的教训一心招降朝鲜,反而被怀疑有造反之心。荀彘因为争功,和公孙遂皆被斩杀。征讨朝鲜的两支军队都遭受困辱,他们的主将没有一个因战功而封侯。

【集评】

郭嵩焘曰:"《后汉书·朝鲜传》:'朝鲜自周封箕子,传国四十余世,至朝鲜侯准始称王。汉初,其国大乱,燕人卫满击破准而自王。'史公于《宋微子世家》虽云'武王封微子于朝鲜而不臣也',但不详其后世,于朝鲜立国原始又复阙如,班史仍之,遂令朝鲜与真番分合之际,皆不能明。"(《史记札记》)

吴见思曰:"传中只伐朝鲜一事,俱用对写法:涉何使,卫山使;卫山诛,公孙遂诛;使者疑,太子疑;左将军乘胜骄悍,楼船困辱恐惭;楼船和,左将军战;以致楼船疑,左将军亦疑。节节相配,段段相生,极得递换脱卸之妙。"(《史记论文》)

【评论】

《朝鲜列传》可以说是《史记》所有民族列传中批评汉武帝无理扩张最为旗帜鲜明的一篇。汉初卫满在朝鲜称王时,"辽东太守即约满为外臣,保塞外蛮夷,无使盗边;诸蛮夷君长欲入见天子,勿得禁止。以闻,上许之,以故满得兵威财物侵降其旁小邑,真番、临屯皆来服属,方数千里"。这种关系本来是很好的。卫满的孙子朝鲜王右渠虽然有违反约定、与汉对立的错误,但汉使涉何刺杀朝鲜使者,还谎称说杀了朝鲜将军,严重破坏了朝汉关系,汉武帝不仅不惩处他,反而认为"名美",让他做了辽东东部的都尉,应该说是汉朝挑起了事端。迨至朝鲜攻杀了涉何,于是武帝遂又大张旗鼓地进行讨伐,其性质显然是非正义的。黄震说:"朝鲜居秦故空地,本无预中国事也。涉何为武帝生事其国,汉卒盛兵以灭之,定其国为四郡,汉固贪矣。"(《黄氏日钞》)司马迁毫不含糊地谴责了这种战争。

　　武帝虽然最后打赢了这场战争,但参与战争的汉朝将军、使者,如涉何、杨仆、荀彘、卫山、公孙遂,都是偏狭无能、勾心斗角,不论是人品还是才干,没有一个不令人生厌,他们的结局也都或死或贬,没有一个有好下场。在文末的"太史公曰"中,司马迁用"两军俱辱"概括了汉军将帅在这场战争中的表现,这也可以看出司马迁对这场战争及其参与者的极度反感与严厉批判。

　　如同《南越列传》里汉使者与南越王、樛太后摆出了"鸿门宴"却错失了杀吕嘉的良机,本篇中的使者卫山与左将军荀彘受降失败,也失去了以较小的代价结束这场战争的机会。在右渠已经同意和解,并已派出太子携带贡品前来"入谢"时,由于卫山与荀彘的处理失当,双方互不信任,遂使停战的机会化为泡影。为此,汉武帝处决了卫山是理所当然的。俗话说:"受降如受战",如果当事人没有足够的谋略与勇敢,那是万万不行的。试比较一下霍去病接受匈奴浑邪王率部投降的动人情景:"骠骑既渡河,与浑邪王众相望。浑邪王裨将见汉军而多欲不降者,颇遁去。骠骑乃驰入与浑邪王相见,斩其欲亡者八千人,遂独遣浑邪王乘传先诣行在所,尽将其众渡河,降者数万,号称十万。"这其中的"骠骑乃驰入与浑邪王相见"是最关键的,表现了霍去病非凡的胆略、勇气,与他那种无比坚决、果断的威猛与尊严,如果卫山、荀彘能有霍去病一半的胆略勇决,也不至于重起战端,劳民伤财,丧师辱国。伐朝鲜与伐南越两场战争,是汉王朝最无理的非正义战争,而其中所显露出的将帅、官员的自私、腐败与怯懦,也是其他各场战争中所未见者。

　　这篇文章的写作方法之巧妙吴见思用了"节节相配,段段相生"来形容。如写涉何之使,即对以卫山出使;写卫山被诛,即对以公孙遂被诛;写使者之疑,即对以太子之疑;写杨仆之疑,即对以荀彘之疑,这都是正对者。其反对者,如荀彘之乘胜骄悍与杨仆之困辱恐惭,杨仆之欲和与荀彘之欲战等。曾国藩则说:"《朝鲜列传》事绪繁多,叙次明晰,柳子厚所称之'洁'也。"这是我们在阅读时需要仔细体会的。

　　关于朝鲜的建国与卫满为王之前的历史，本文记述太过简略，现选几种重要文献略述于此，以供参考。

　　班固《汉书·地理志》："殷道衰，箕子去之朝鲜，教其民以礼义，田蚕织作。乐浪、朝鲜民犯禁八条：相杀以当时偿杀，相伤以谷偿，相盗者男没入为其家奴，女子为婢，欲自赎者人五十万。虽免为民，俗犹羞之。嫁娶无所雠，是以其民终不相盗，无门户之闭，妇人贞信不淫辟。其田民饮食以笾豆，都邑颇放效吏及内郡贾人，往往以杯器食……可贵哉，仁贤之化也。"

　　《三国志·东夷传》注引《魏略》曰："昔箕子之后朝鲜侯见周衰，燕自尊为王，欲东略地，朝鲜侯亦自称为王，欲兴兵逆击燕以尊周室。其大夫礼谏之，乃止。使礼西说燕，燕止之，不攻。后子孙稍骄虐，燕乃遣将秦开攻其西方，取地二千余里，至满番汗（今朝鲜清川江之入海口北岸）为界，朝鲜遂弱。及秦并天下，使蒙恬筑长城，到辽东，时朝鲜王否立，畏秦袭之，略服属秦，不肯朝会。否死，其子准立。二十余年而陈、项起，天下乱，燕、齐、赵民愁苦，稍稍亡往准，准乃置之于西方。及汉以卢绾为燕王，朝鲜与燕界于水（今清川江）。及绾反，入匈奴，燕人卫满亡命为胡服，东渡水诣准降，说准求居西界，收中国亡命为朝鲜藩屏。准信宠之，拜为博士，赐以圭，封之百里，令守西边。满诱亡党，众稍多，乃诈遣人告准，言汉兵十道至，求入宿卫，遂还攻准。准与满战，不敌也。"

　　王叔岷引《朝鲜实录》之《英宗实录》："'朝鲜'之称见于中国史者，以有仙水，故曰'朝鲜'。载于东史，则曰'东表日先明'，故曰'朝鲜'。"又曰："唐尧戊辰岁，神人降于檀木之下，国人立为君，都平壤，号檀君，是为'前朝鲜'；周武王克商，封箕子于此地，是为'朝鲜'。逮四十一代孙准时，有燕人卫满亡命，聚党千人，来夺准地，都于王险城（即平壤府），是为'卫满朝鲜'。"

西南夷列传第五十六

【释名】

西南夷，是立足于巴、蜀二郡而言，实际分为西夷与南夷两部分。南夷主要指牂柯、夜郎一带，在今贵州西部；西夷指滇、昆明、邛都、筰都、白马一带，大致包括今云南的滇池区域、洱海区域，四川西部的西昌地区、凉山彝族自治州、雅安地区、阿坝藏族自治州及甘肃东南的武都地区。

《西南夷列传》主要记述了上述地区各少数民族的地理分布、社会组织、风俗习惯，以及汉武帝开拓西南夷的全过程。全篇分为四部分。第一部分总述巴、蜀二郡境外以西、以南的各少数民族的分布形势。第二部分写楚将庄蹻率军入滇，以及秦朝一度置吏西南夷的情形。第三部分写汉武帝第一次通西南夷，因环境恶劣、百姓不附、匈奴未平等客观条件不利而中途停止。第四部分写汉武帝平定西南夷，在西南夷设郡置吏的经过。篇末论赞总括楚国对西南夷地区的影响，以及西南夷最终被汉平定设郡。

南夷君长以什数，夜郎最大①；其西靡莫之属以什数②，滇最大③；自滇以北君长以什数，邛都最大④：此皆魋结⑤，耕田，有邑聚⑥。其外西自同师以东⑦，北至楪榆⑧，名为嶲、昆明⑨，皆编发⑩，随畜迁徙，毋常处，毋君长，地方可数千里。自嶲以东北，君长以什数，徙、筰都最大⑪；自筰以东北，君长以什数，冉、駹最大⑫。其俗或土箸⑬，或移徙，在蜀之西⑭。自冉、駹以东北，君长以什数，白马最大⑮，皆氐类也⑯。此皆巴、蜀西南外蛮夷也⑰。

【注释】

①南夷君长以什数，夜郎最大：底本原作"西南夷君长以什数，夜郎最大"。李笠曰："'南'上本无'西'字，此以南、西、北分写，故云'南夷长以夜郎为最大，其西靡莫之属滇最大，自滇以北邛都最大'。若总言'西南'，安得以夜郎属之？下文云'独置南夷夜郎'，亦可证夜郎属南夷。《汉书》正作'南夷君长以十数，夜郎最大。'"今据此削"西"字。夜郎，古民族名。古国名。或称南夷。战国至秦汉时主要分布在今贵州（除去东北部）、广西西北部、云南东部及四川南部边缘地带。

②靡莫：古民族名。分布在今云南会泽一带。

③滇：古国名，约在今云南昆明东南、滇池附近地区。凌稚隆曰："韩昌黎《送廖道士序》、柳柳州《游黄溪记》二文发端，多效此法。"

④邛都：古民族名。西夷之一种。分布在今四川西昌地区。从事农业。

⑤魋（chuí）结：通"椎髻"，头发纠结成一撮似椎，故名。"髻""结"二字同源。古人常用以指少数民族男人发式。

⑥有邑聚：有村落，住房子。以与游牧民族相区分。

⑦同师：地名，诸说不一，大略靠近云南西部边境。

⑧楪（yè）榆：地名，也作"叶榆"，即今云南大理西北的喜州。

⑨嶲（xī）：古民族名。西夷的一种。分布在今云南保山以东、北至大理境内。昆明：古民族名，约在今云南楚雄以西，保山以东，洱海以南。

⑩编发：梳着发辫，这里指男人发式。

⑪徙：也作"斯""斯榆""徙榆"，古民族名，约今四川雅安地区。笮
（zuó）都：古民族名，约今四川汉源一带。按，徙与笮都大都属氐
羌族群。

⑫冉、駹（máng）：古民族名，约当今四川松潘以南，茂县以北。冉、
駹区域大都属于氐羌族群。

⑬土箸：也作"土著"，指有固定处所的居民。

⑭蜀：汉郡名，治所即今四川成都。

⑮白马：古民族名。古代氐族的一支。分布在今甘肃武都、文、成诸
县境。《正义》引《括地志》曰："陇右成州、武州，皆白马氐，其豪
族杨氏居成州仇池山上。"

⑯氐：氐羌族群的一支，主要活动在今甘肃东南一带。

⑰巴：汉郡名，治所在今重庆西北。

【译文】

南夷的君长有几十个，其中以夜郎为最大；他们的西边靡莫一类也
有十几个君长，其中以滇为最大；滇的北边又有几十个君长，其中以邛都
为最大：这些部落都梳着椎形的发髻，耕种田地，有聚居在一起的城镇和
村落。这些部落以外，西边从同师往东，直到北边的楪榆，名叫嶲、昆明，
这些部族都梳发辫，随着放牧的牲畜到处迁徙，没有固定的居住之地，也
没有君长，他们活动的地方大约有几千里。从嶲往东北去，也有几十个
君长，其中以徙和笮都为最大；从笮往东北，又有几十个君长，其中以冉、
駹为最大。他们的风俗，有的是土著之民，有的是移徙之民，都在蜀郡的
西边。从冉、駹往东北去，还有几十个君长，其中以白马为最大，他们都
属于氐羌族群。这些都是巴郡、蜀郡西南以外的蛮夷。

　　始楚威王时①，使将军庄蹻将兵循江上②，略巴、黔中以
西③。庄蹻者，故楚庄王苗裔也④。蹻至滇池，方三百里，旁
平地，肥饶数千里，以兵威定属楚。欲归报，会秦击夺楚巴、

黔中郡⑤，道塞不通，因还，以其众王滇，变服，从其俗以长之。秦时常頞略通五尺道⑥，诸此国颇置吏焉⑦。十余岁，秦灭。及汉兴，皆弃此国而关蜀故徼⑧。巴、蜀民或窃出商贾⑨，取其笮马、僰僮、髦牛⑩，以此巴、蜀殷富。

【注释】

①楚威王：名商，战国中期的楚国诸侯，前339—前329年在位。

②使将军庄蹻将兵循江上：《华阳国志》认为此事的当事人为"庄豪"，并以为是溯"沅江"而上。庄蹻，战国时楚国将领。一作"庄豪"。楚威王（《华阳国志》作"顷襄王"）时，率兵夺取巴、黔中以西地区，经且兰（今贵州贵阳附近）、夜郎（今贵州桐梓东），直到滇（今云南滇池附近），欲归报楚王，适值秦已夺取巴、黔中，与楚的交通断绝，于是在滇称王，变服饰，从其俗。按，关于庄蹻其人，众人的说法不一，《吕氏春秋》高诱注认为是"楚成王时大盗"；《史记·索隐》《韩非子·喻老》认为是楚庄王时大盗；《后汉书·南蛮西南夷列传》认为是楚顷襄王（前298—前263年在位）时人。当代历史学家钱穆、杨宽等人皆取《后汉书》的说法。

③略：攻取。巴：原为古代小国名，都城在今重庆北，前316年被秦所灭，改设巴郡。黔中：古地区名，相当于今湖南西部、贵州东北部和重庆东南部一带。该地区原属楚，前277年被秦国所占，设黔中郡，治所即今湖南常德。

④楚庄王：春秋时楚国君主，前613—前591年在位，有名的"春秋五霸"之一。

⑤秦击夺楚巴、黔中郡：事在楚顷襄王二十二年（前277）。按，楚国本无巴郡，仅楚之黔中郡中有部分地区与秦之巴郡相连。

⑥常頞（àn）：人名，事迹不详。祁庆富《西南夷》以为常頞是秦国

的地方官吏,当时可能任蜀郡郡守。略通:开拓地盘,修路以通之。五尺道:师古曰:"其处险厄,故道才广五尺。"按,五尺道自今四川宜宾,经云南昭通,南达曲靖。祁庆富以为"五尺道"即"僰(bó)道",秦孝文王时蜀守李冰即修筑此道,自成都经乐山至宜宾。至常,以宜宾为起点,把道路继续向南延伸。

⑦诸此国:夜郎、滇、靡莫诸部落。

⑧关蜀故徼(jiào):底本原作"开蜀故徼"。王念孙曰:"开,应依《汉书》作'关'。"即关闭巴、蜀南侧的旧国境,而将秦时已"设吏"的夜郎、滇池一带都抛弃了。徼,边境上栅栏,也指边境线。

⑨窃出商贾:偷偷越过国境到云南、贵州一带做买卖。

⑩笮马:笮都一带出产的马。僰(bó)僮:从僰道(今四川宜宾一带)贩卖来的小奴隶。髦牛:同"旄牛"。《货殖列传》云:"(巴蜀)南御滇僰,僰僮;西近邛笮,笮马、旄牛。"

【译文】

当初楚威王在世时,派将军庄蹻率领军队沿着长江而上,攻取了巴郡和黔中郡以西的地方。庄蹻,本是楚庄王的后代。庄蹻到了滇池,池水方圆三百里,周围又都是大平原,肥沃广阔几千里,于是就以武力占领下来,让它们归属了楚国。他正打算回国向楚王报告,正赶上秦国攻打并夺取了楚国巴郡、黔中郡,道路被阻隔而不能通过,便又回到滇池,带领着他的部下在滇称王了。他们改换了服装,顺从当地习俗做了他们的君长。秦朝时常颇曾开拓了五尺栈道,并在这些国家设置了一些官吏。十几年以后,秦朝就灭亡了。到汉朝兴起后,把这些部落都放弃了,而且关闭了旧时蜀郡的边境线。巴郡和蜀郡百姓中有些人偷着出境做买卖,换取笮国的马、僰国的僮仆与牦牛,因此巴、蜀两郡特别富有。

建元六年①,大行王恢击东越②,东越杀王郢以报③。恢因兵威使番阳令唐蒙风指晓南越④。南越食蒙蜀枸酱⑤,蒙问所从来,曰:"道西北牂柯⑥,牂柯江广数里⑦,出番禺城下⑧。"蒙归至长安,问蜀贾人,贾人曰:"独蜀出枸酱,多持窃出市夜郎。夜郎者,临牂柯江,江广百余步,足以行船。南越以财物役属夜郎,西至同师,然亦不能臣使也。"蒙乃上书说上曰:"南越王黄屋左纛⑨,地东西万余里,名为外臣,实一州主也。今以长沙、豫章往⑩,水道多绝,难行。窃闻夜郎所有精兵,可得十余万,浮船牂柯江,出其不意,此制越一奇也。诚以汉之强,巴、蜀之饶,通夜郎道⑪,为置吏,易甚。"上许之。乃拜蒙为郎中将⑫,将千人,食重万余人⑬,从巴符关入⑭,遂见夜郎侯多同⑮。蒙厚赐,喻以威德,约为置吏,使其子为令。夜郎旁小邑皆贪汉缯帛,以为汉道险,终不能有也,乃且听蒙约。还报,乃以为犍为郡⑯。发巴、蜀卒治道,自僰道指牂柯江⑰。蜀人司马相如亦言西夷邛、笮可置郡⑱。使相如以郎中将往喻,皆如南夷,为置一都尉,十余县,属蜀⑲。

【注释】

①建元六年:前135年。

②大行:即大行令,也称典客,职官名,主管少数民族事务。东越:此"东越"实指"闽越",当时建立在今福建的少数民族政权,汉代建国以来为汉属国,当时的闽越王名郢。

③东越杀王郢以报:当时闽越王进攻南越(都番禺,即今广州),南越也是汉属国。南越向汉请救,朝廷派王恢、韩安国率兵击闽越。闽越王郢之弟余善杀其兄降汉,朝廷于是罢兵,详见《东越列传》。

④番阳:汉县名,治所在今江西鄱阳东北。晓南越:让南越知道汉朝
　的厉害。

⑤南越食蒙蜀枸(jǔ)酱:按,此时的南越王为赵佗之孙赵眜,事见
　《南越列传》。枸,果树名,果实味酸,可以为酱。

⑥牂柯(zāng kē):郡名。汉武帝元鼎六年(前111)置,治且兰(今
　贵州凯里西北)。辖境相当今贵州大部,广西西北部和云南东部
　地区。

⑦牂柯江:古水名。亦"牂柯水"。即今云南、贵州境内北盘江及其
　下游流经广西、广东之红水河、黔江、浔江和西江。

⑧出:流经。番禺(pān yú):即今广州,当时南越国都城。

⑨黄屋左纛(dào):指皇帝的车驾。黄屋,古代帝王所乘之车的车
　盖,以黄缯为盖里,故名。因亦用以指帝王车。左纛,古代帝王车
　上用旄牛尾或雉尾制成的装饰物叫做纛,因设在车衡的左边,故
　称"左纛"。

⑩长沙:汉代诸侯国,长沙国都城临湘,即今湖南长沙。豫章:汉郡
　名,治所即今江西南昌。

⑪夜郎道:由蜀郡经由夜郎,前往番禺的通道。

⑫郎中将:官名。秦、西汉初郎中之长官,秩比千石。按,据《汉
　书·百官公卿表》:"郎中有车、户、骑三将,秩比千石;中郎有五
　官、左、右三将,秩皆比二千石。"

⑬食重:运送食物及各种物资。《索隐》曰:"食重,食货辎重车也。"

⑭从巴符关入:底本原作"从巴蜀筰关入"。王念孙《读书杂
　志·西南夷两粤朝鲜传》以为"蜀"字衍文,"巴筰关"应作"巴
　符关",且引《水经注》"符县""符关"为证曰:"县故巴夷之地,汉
　武帝建元六年'以唐蒙为中郎将,从万人出巴符关'者也。是符
　关即在符县,而县为故巴夷之地,故曰'巴符关'也。汉之符县,
　在今泸州合江西。今合江南有符关,仍汉旧名也。若'筰'地,则

在蜀之西，不与'巴'相接，不得言'巴筰关'矣。《史记》作'巴
蜀筰关'，于义尤不可通，盖因上文'巴蜀'而衍。旧本《北堂书
钞·政术部十四》引《汉书》，正作'巴符关'。"今据此改。

⑮夜郎侯多同：夜郎侯，名多同。

⑯乃以为犍（qián）为郡：建元六年（前135）在夜郎及其北部地区
设犍为郡。犍为郡初治鳖县（今四川合江），其后改治僰道。陈
直曰："两汉铜器、石刻、印章、封泥、虎符（西安段氏藏有犍为太
守虎符），'犍为'皆作'楗为'，其字从'木'不从'牛'。"

⑰自僰道指牂柯江：意即从今宜宾直通夜郎。《水经·道水注》云：
"唐蒙凿石开阁以通南中，迄于建宁二千余里，山道广丈许，深二
三丈，其辇凿之迹犹存。"

⑱司马相如：汉代大辞赋家，成都人，事见《司马相如列传》。西夷
邛、筰：属于"西夷"的邛都、筰都一带。

⑲为置一都尉，十余县，属蜀：意即在邛都、筰都一带设了十多个
县，派一个都尉进行管理，都上属蜀郡。都尉，职官名，战国时始
置，秦汉沿置。为高级将领之下的中级武官，地位略低于校尉。
汉景帝时改地方郡尉为都尉，辅佐郡守并掌全郡军事。郭嵩焘
曰："置都尉于定筰。"定筰，汉县名，即今四川盐源。

【译文】

汉武帝建元六年，大行令王恢攻打东越，东越杀死闽越王郢向朝廷
请罪。这时王恢就借着兵威，派了番阳县令唐蒙把朝廷的意图暗示南越
王，要他们好好地服从汉朝。南越王拿蜀郡出产的枸酱招待唐蒙吃，唐
蒙问从哪里来的，南越人说："取道西北牂柯江而来，牂柯江宽度有几里，
流过番禺城下。"唐蒙回到长安后，询问蜀郡的商人，商人们也说："只有
蜀郡出产枸酱，很多人拿着它偷偷到夜郎去卖。夜郎紧靠牂柯江，江面
宽一百多步，完全可以行船。南越人用财物收买夜郎人，想让夜郎人归
附，向西到过同师，但他们也不能使夜郎人称臣。"唐蒙于是就上书劝武

帝说："南越王乘坐黄屋左纛车,地盘东西长达一万多里,名义上称汉朝的外臣,实际上是一州霸主。现在如果由长沙、豫章南下攻打南越,水道纵横,很难通行。我私下听说夜郎的所有精兵,可以有十多万,如果他们乘船沿牂柯江而下,出其不意,这是制服南越的一个奇计。凭着汉朝的强大,巴、蜀二郡的富饶,如果我们打通了由夜郎通往番禺的道路,给那里设郡县、置官吏,会非常容易。"武帝同意了他的建议,就任命唐蒙为郎中将,率领一千大军,以及负责粮食辎重的人员一万多人,从巴符关进入夜郎,于是见到了夜郎侯多同。唐蒙给了他很多赏赐,又用汉王朝的武威和恩德开导他,约定给他们设置官吏,答应让多同的儿子做夜郎的县令。夜郎旁边的小部落都贪图汉朝的丝帛织品,认为汉朝离这里山高路远,终究也管不了他们,于是就姑且接受了唐蒙的盟约。唐蒙回来禀报,汉朝就决定把这一带改设为犍为郡。这以后就调遣巴、蜀两郡的兵士修筑道路,从僰直修到牂柯江。蜀郡人司马相如也说可以在西夷的邛都、筰都设立郡县。于是朝廷就又派司马相如为郎中将前去西夷,明白地告诉他们,朝廷将按对待南夷一样的方式对待他们,为他们设置一个都尉,十多个县,归蜀郡管理。

　　当是时,巴蜀四郡通西南夷道①,戍转相饷②。数岁,道不通,士罢饿离湿③,死者甚众;西南夷又数反,发兵兴击④,耗费无功⑤。上患之,使公孙弘往视问焉。还对,言其不便⑥。及弘为御史大夫,是时方筑朔方以据河逐胡⑦,弘因数言西南夷害,可且罢,专力事匈奴⑧。上罢西夷,独置南夷夜郎两县一都尉⑨,稍令犍为自葆就⑩。

【注释】

①巴蜀四郡通西南夷道:汉王朝管理西南夷,其前沿阵地为巴、蜀地

区，如征徭役等，巴、蜀皆首当其冲。巴蜀四郡，巴郡（治所在今重庆北）、蜀郡（治所即今成都）、广汉郡（治所在今四川金堂东南）、汉中郡（治所在今陕西安康西北）。

②戍转相饷：派兵驻守与运送粮食供应前方所需。饷，供应粮食。

③罢饿：疲惫饥饿。罢，通"疲"。离湿：遭受湿气的熏蒸。离，同"罹"，遭受。

④兴：也称"军兴"，紧急军事动员。

⑤秏费：耗费。秏，同"耗"。

⑥还对，言其不便：公孙弘受命视察通西南夷后，言通西南夷之举劳民伤财，于国事不利。

⑦筑朔方：在朔方郡（治所在今内蒙古乌拉特前旗东南）筑城以抗匈奴。据《汉书·武帝纪》，元朔二年（前127）卫青等收复河南（今内蒙古河套一带），置朔方、五原郡；元朔三年，将军苏建主管修筑朔方城。

⑧专力事匈奴：据《平津侯主父列传》，当时汉朝既在北方打击匈奴，又要在朝鲜设置沧海郡，又要在西南筑路通西南夷，朝臣进行廷辩，御史大夫公孙弘主张暂时"罢西南夷、沧海，而专奉朔方"，汉武帝答应了。

⑨两县：一为夜郎县，另一县失考。夜郎都尉的驻地即今贵州关岭。

⑩稍令犍为自葆就：让犍为郡自力更生逐步谋求生存与发展。稍，逐渐。王念孙曰："葆就，犹保聚也。"

【译文】

正在这个时候，巴郡、蜀郡、广汉郡、汉中郡开通西南夷的道路，戍边的士卒、运送物资和军粮的人很多。过了几年，道路也没修通，士卒疲惫饥饿和遭受潮湿而死的很多；西南夷又屡次造反，汉朝紧急动员发兵镇压，结果耗费巨大却无成果。皇上忧虑此事，于是就派公孙弘前去视察。公孙弘回来后禀告皇上，声称对国事不利。等到公孙弘做了御史大夫，当时朝廷正修筑朔方郡城,以便凭借黄河驱逐匈奴,公孙弘乘机屡次陈说开发西南夷的害处,建议立即停止开发西南夷这种无益劳动,集中力量对付匈奴。武帝只好下令停止对西夷的活动,只在南夷夜郎设置两县一都尉,命令犍为郡自力更生,并逐渐完善自己的郡县体制。

及元狩元年①,博望侯张骞使大夏来②,言居大夏时见蜀布、邛竹杖,使问所从来,曰"从东南身毒国③,可数千里,得蜀贾人市"。或闻邛西可二千里有身毒国④。骞因盛言大夏在汉西南,慕中国,患匈奴隔其道⑤,诚通蜀,身毒国道便近,有利无害。于是天子乃令王然于、柏始昌、吕越人等⑥,使间出西夷西,指求身毒国⑦。至滇,滇王尝羌乃留⑧,为求道西十余辈。岁余,皆闭昆明⑨,莫能通身毒国。

【注释】

①元狩元年:前122年。

②博望侯张骞:张骞因通使西域,被封为博望侯,事见《大宛列传》与《卫将军骠骑列传》。使大夏:指通使西域。大夏,当时西域国家,其地约当今阿富汗北部地区。

③身毒国:也称"天竺",即今印度。

④邛西可二千里:邛都以西大约二千里。

⑤患匈奴隔其道:如果大夏经由北路(即所谓"丝绸之路")与中国相通,则必须经过当时被匈奴占领的地区,其间有匈奴人作梗。

⑥王然于、柏始昌、吕越人:皆汉武帝时期的使者。据《司马相如列传》,王然于、吕越人曾于元光六年(前129)作为司马相如的副使出使西夷,在西夷的邛都、筰都一带设县、设都尉。

⑦指求:目标明确地寻求。指,指名,指向。

⑧滇王尝羌：滇王名曰尝羌。《集解》引徐广曰："'尝'一作'赏'。"
按，《汉书》作"当羌"。乃留：指安排王然于等在滇国住下来。

⑨皆闭昆明：意即都被昆明所阻拦。闭，堵塞，杜绝。

【译文】

待到汉武帝元狩元年，博望侯张骞出使大夏回来，又说起他在大夏见到过蜀郡的布帛和邛县的竹杖，当时曾让人询问这些东西是从哪里来的，他们说"是来自东南方的身毒国，离着大夏大约有几千里，是从蜀郡商人手中买的"。又听说邛县以西大约两千里的地方有个身毒国。张骞乘机大谈大夏在汉朝西南方，仰慕中国，忧虑匈奴阻隔他们与中国的交通，假若能开通蜀地的道路，身毒国的路既方便又近，对汉朝有利无害。于是武帝就命令王然于、柏始昌、吕越人等，派他们通过蜀郡以西的少数民族地区，目标明确地去寻找身毒国。当他们到达滇国时，滇王尝羌就让他们先留下来，而自己派了十多批人替他们去向西探路。过了一年多，寻路的人们全被昆明国所阻拦，没人能通往身毒国。

滇王与汉使者言曰："汉孰与我大？"及夜郎侯亦然①。以道不通故，各自以为一州主，不知汉广大。使者还，因盛言滇大国，足事亲附。天子注意焉②。

【注释】

①及夜郎侯亦然：滇王与夜郎侯都曾问汉使"汉孰与我大"，后世有成语"夜郎自大"。

②注意：留心。

【译文】

滇王同汉朝使者说道："汉朝和我国相比，哪个大？"使者们到达夜郎那里夜郎侯也这样问过。因为道路不通的缘故，各自认为是一方之主，所以他们根本不知道汉朝的广大。汉朝的使者回京后，便极力陈说滇是个大国,值得和他们搞好关系让他们归附。天子也开始留心滇国了。

及至南越反①,上使驰义侯因犍为发南夷兵②。且兰君恐远行,旁国虏其老弱③,乃与其众反,杀使者及犍为太守④。汉乃发巴蜀罪人当击南越者八校尉击破之⑤。会越已破,汉八校尉不下⑥,即引兵还,行诛且兰⑦。已平且兰,遂平南夷为牂柯郡⑧。夜郎侯始倚南越,南越已灭,会还诛反者,夜郎遂入朝。上以为夜郎王⑨。

【注释】

①南越反:指元鼎五年(前112)南越丞相吕嘉杀南越王与汉使反汉,详见《南越列传》。

②驰义侯:原南越人,名遗,因归汉,被封为驰义侯。因犍为发南夷兵:借助于犍为郡(治所宜宾)的行政势力,向南夷诸国、诸部落征调兵员。

③且(jū)兰君恐远行,旁国虏其老弱:师古曰:"恐发兵与汉行后,其国空虚,而旁国来寇抄,取其老弱也。"且兰君,"南夷"地区且兰部落的头领。且兰,具体地理位置说法不一,大体在今贵州中部。

④杀使者及犍为太守:梁玉绳曰:"所杀使者,即驰义侯。"且兰君杀了汉使者及犍为太守,故战争遂不可避免。

⑤发巴蜀罪人当击南越者八校尉击破之:此句意谓汉代有八个校尉率领着巴蜀诸郡的罪人经过"南夷"地区东下,本来是去平叛南越,现在让他们转头去打且兰。句中"当"字,底本原作"尝",不通。南化、枫、三本与《汉书》皆作"当",今据此改。发巴蜀罪人,秦汉时凡有征伐徭役,总是首先征调罪人。八校尉,陈直曰:"汉称城门、中垒、屯骑、步兵、越骑、长水、射声、虎贲为八校尉,

名为保卫京师,亦可遣派兵士远征。"

⑥会越已破,汉八校尉不下:当时受命讨伐南越的将领有伏波将军路博德、楼船将军杨仆,与率领巴蜀罪人的八校尉。结果没等八校尉的部众东下,路博德与杨仆两路水军就已把南越平定了,八校尉的部众就无须再东下了。

⑦行诛且兰:底本原作"行诛头兰",乃司马迁行文错误。《索隐》谓"即且兰也","头兰"应作"且兰"。行,因,顺势。且兰抗命不肯出兵,又杀了汉使与犍为太守,理应首先致讨;且兰属于"南夷",八校尉回师亦离其地不远,故可说是"行诛"。今据此改。

⑧已平且兰,遂平南夷为牂柯郡:底本原作"已平头兰,遂平南夷为牂柯郡"。今据改。牂柯郡,治所在今贵州黄平西南,旧时且兰之首府。按,汉于武帝元鼎六年(前111)在南夷地区设牂柯郡。

⑨上以为夜郎王:即通常所谓"因其俗以治之",夜郎国有如一县,上属汉朝犍为郡。

【译文】

等到南越造反时,皇上派驰义侯借助犍为郡的名义调遣南夷的军队。且兰君担心他的军队远行后,旁边的部落会乘虚而入掳掠他们的老弱百姓,于是就和他的部下一起造反,杀了汉朝使者和犍为郡的太守。汉朝于是调动原来准备派去征讨南越的八校尉率领巴蜀的罪犯去攻打且兰。刚好南越已被攻破,汉朝这八个校尉就没再南下,就引兵回来顺路灭掉了且兰。且兰被灭以后,接着就平定了整个南夷地区,设置了牂柯郡。夜郎侯开始依靠南越,南越被消灭后,正赶上汉军回来诛杀反叛者,夜郎侯于是入京朝见皇上。武帝封他为夜郎王。

　　南越破后①,及汉诛且兰、邛君②,并杀筰侯③,冉駹皆振恐,请臣置吏④。乃以邛都为越巂郡⑤,筰都为沈犁郡⑥,冉、駹为汶山郡⑦,广汉西白马为武都郡。

【注释】

①南越破后：南越丞相吕嘉反汉被灭，武帝元鼎六年（前111），汉在南越地区设南海、苍梧、郁林、合浦等九郡。

②邛君：邛都一带的氏羌族系君长。

③笮侯：笮都一带的氏羌族系君长。

④请臣置吏：请求归汉为臣，请朝廷在其地设郡县，置官吏。

⑤以邛都为越巂（xī）郡：越巂郡的治所即邛都。

⑥笮都为沈犁郡：沈犁郡的治所即笮都。

⑦冉、駹为汶山郡：在冉、駹部落的居住区设立汶山郡，治所汶江（今四川茂县城北）。

【译文】

　　南越被灭之后，加上汉朝又诛灭了且兰、邛君，同时杀了笮侯，冉、駹等地的头领们都大为震惊，他们纷纷向汉朝请求称臣，为他们设置官吏。汉朝就在邛都一带设置越巂郡，在笮都一带设置沈犂郡，在冉、駹一带设置汶山郡，在广汉以西的白马一带设置武都郡。

　　上使王然于以越破及诛南夷兵威风喻滇王入朝①。滇王者，其众数万人，其旁东北有劳浸、靡莫②，皆同姓相扶③，未肯听。劳浸、靡莫数侵犯使者吏卒。元封二年，天子发巴、蜀兵击灭劳浸、靡莫④，以兵临滇。滇王始首善⑤，以故弗诛。滇王离难西南夷，举国降⑥，请置吏入朝。于是以为益州郡⑦，赐滇王王印⑧，复长其民⑨。西南夷君长以百数，独夜郎、滇受王印。滇小邑，最宠焉。

【注释】

①滇王：少数民族部落名，其都城在今云南滇池之东南侧，今昆明之

　　东南方。

②劳浸：少数民族部落名，有说其地在今云南宜良东。

③同姓相扶：同一族姓，相互扶持。

④天子发巴、蜀兵击灭劳浸、靡莫：此次率巴蜀兵击灭劳浸、靡莫的
　　将领为郭昌、卫广。《汉书·武帝纪》："遣将军郭昌、中郎将卫广
　　发巴蜀兵平西南夷未服者，以为益州郡。"

⑤始首善：最早带头与汉朝交好，如前协助王然于、柏始昌等寻求通
　　身毒之道等。

⑥滇王离难西南夷，举国降：二句难解。《汉书》作"滇王离西夷，滇
　　举国降"。据上下文意，此处可大致理解为滇王举国归附汉王朝。

⑦益州郡：约当今云南滇池、洱海一带，治所地处滇池之东南侧。

⑧赐滇王王印：据云南晋宁石寨山滇王墓之发掘报告称，在石寨山六
　　号墓发现金印一方，刻有篆书"滇王之印"四字，与此记载相合。

⑨复长其民：使其仍为滇国臣民之君长，统治他的百姓，地位如同一
　　县，上属汉朝益州郡。此与前平定夜郎，使其君为"夜郎王"的情
　　况相同，皆"因其故俗而治之"。

【译文】

　　武帝又派王然于凭借破南越及诛杀南夷君长的兵威去劝导滇王进
京朝贡。当时滇王有军队数万人，他们的东北方有劳浸、靡莫等部落，这
些部落都与滇王同姓，他们相互依靠，不肯听从劝告。劳浸、靡莫等部落
还多次派人去袭击汉朝使者和吏卒。元封二年，武帝又调动巴郡和蜀郡
的军队攻打并消灭了劳浸和靡莫，大军逼近滇国。因为滇王是首先与汉
朝交好的，所以汉朝不打算用武力消灭他。滇王于是离开西南夷，率领
全国向汉朝投降，请求为他们设置官吏，并进京朝见天子。于是汉朝就
在滇国一带建立了益州郡，并赐给滇王王印，仍然让他统治他的百姓。
西南夷地区的君长有一百多个，唯独夜郎和滇国的君长得到了汉朝授予
的王印。滇虽然是个小城邑，却最受汉朝宠幸。

太史公曰：楚之先岂有天禄哉？在周为文王师，封楚①。及周之衰②，地称五千里。秦灭诸侯，唯楚苗裔尚有滇王③。汉诛西南夷，国多灭矣，唯滇复为宠王④。然南夷之端，见枸酱番禺，大夏杖邛竹⑤。西夷后揃⑥，剽分二方⑦，卒为七郡⑧。

【注释】

① 在周为文王师，封楚：冈白驹曰："《楚世家》熊通云'吾先鬻熊为文王师，成王举我先公，乃以子男田令居楚'是也。"

② 及周之衰：等到周朝衰败的时候。指春秋、战国时代。

③ 唯楚苗裔尚有滇王：即前文之所谓庄王滇。

④ 唯滇复为宠王：即前文所谓"滇王始首善，以故弗诛"；"滇王离难西南夷，举国降"，汉"赐滇王王印，复长其民"云云。泷川曰："以滇复为宠王为祖先余烈，其义与《东越传》赞相贯。"

⑤ "然南夷之端"三句：讽刺唐蒙、张骞之造端生事与汉武帝之贪婪扩张。见枸酱番禺，指唐蒙在番禺吃到蜀郡枸酱，回来鼓动汉武帝通西南夷事。大夏杖邛竹，指张骞在大夏见到蜀郡出产的邛竹杖，因而鼓动汉武帝再度通西南夷事。

⑥ 揃（jiǎn）：翦灭，削平。

⑦ 剽分二方：西夷被分设为四郡，是由于邛都、笮都不服汉管而被诛灭。二方，即指邛都与笮都。

⑧ 七郡：指越嶲、牂柯、汶山、武都、益州、沈犁、犍为。

【译文】

太史公说：楚国的祖先难道有老天爷的保佑吗？在周朝时，他们的先祖当了周文王的老师，被封在楚地。等到周朝衰微之时，楚国领土号称五千里。秦朝消灭了各国后，只有楚国的后代还在当着滇王。汉朝讨伐西南夷,西南夷的部落多数都被消灭了,只有滇王又受到汉天子的宠爱。然而平定南夷的开始,是唐蒙在番禺见到了枸酱,张骞在大夏看到了邛竹杖。西夷后来被分割,分成西、南两方,最后被汉朝分设为七个郡。

【集评】

李景星曰:"《西南夷传》是最有结构文字,总起总结,中间分叙。盖此项夷人,约分两类:曰夜郎、曰滇、曰邛,此三国及其余各国地与汉近,多因汉俗,是为一类;曰昆明、曰笮、曰冉駹、曰白马,此四国及其余各国地与汉远,多异汉俗,是为一类。传之起首,如青天霹雳,如平地奇峰,突兀得势;入后步步照应,有破竹之妙。中间写其地理,于僻处见曲折;写其物产,于细处见风致。起以夜郎、滇为前提,末以夜郎、滇为后结;起连用'以什数',末总结'以百数',篇如节,节如句,无隙可蹈,无懈可击,极精极密,又极遒紧,后来韩退之、柳柳州、白乐天最喜仿此。"(《史记评议》)

陈子龙曰:"先言巴蜀殷富之故,可见外夷贵于贸易,不必以兵威诛击也。"(《史记评林》引)

【评论】

汉武帝开拓西南夷,从历史发展来说,对于中国统一的多民族国家的形成有着巨大贡献,对于当地的发展也有很大促进作用。而且在设郡置吏的过程中,汉武帝也注意任用当地首领,做到将正规政府机构和直接统治与本土首领统治相结合,对于减轻朝廷与地方土著矛盾、确立中央统治地位、提高统治效力都有很大好处,这是很高明的策略。

然而通西南夷在当时却给老百姓带来了极大困扰,本来"殷富"的巴蜀地区被搞得民生疲弊。篇中说:"巴蜀四郡通西南夷道,戍转相馈。数岁,道不通,士罢饿离湿,死者甚众;西南夷又数反,发兵兴击,耗费无功。"《平准书》说:"汉通西南夷道,作者数万人,千里负担馈粮,率十余钟致一石,散币于邛僰以集之。数岁道不通,蛮夷因以数攻,吏发兵诛之。悉巴蜀租赋不足以更之。"司马迁一向主张各民族应该友好相处,彼此相安无事,反对恃强凌弱,无端侵犯掠夺,他看到通西南夷的劳民伤财,认为这主要是唐蒙、司马相如、张骞等"兴利"之臣投合汉武帝的扩张欲望造成的,因此他对汉武帝和唐蒙等人都持批评态度。应该说,从爱惜民生的角度来看,司马迁是对的,但是汉武帝、唐蒙等人沟通中原与西南夷的努力,不应该被全盘否定。通西南夷与伐南越、伐朝鲜的无理侵犯性质是不同的,它应当被看作一种中原人向外的探索。从唐蒙、张骞等作为臣子的角度看,他们为国家、为皇帝的事业尽忠竭虑也不应该被批评。唐蒙是由于出使南越,在广州吃到了成都出产的枸酱,因而判断出可以由成都经由贵州而直达广州;而张骞则是由于出使大夏(今阿富汗),在大夏见到了成都出产的布与邛崃出产的竹杖,于是他判断从成都、邛崃可以经过云南而直达身毒(今印度)。于是他们大胆地向汉武帝提出了开发西南夷的建议。因为一旦开发了西南夷,既可以沿牂柯江顺流而下,直取广州,灭南越;又可以经过云南、通过印度,而从南线西达大夏与大宛。我们现在来看汉武帝通西南夷,可以说其对困难程度考虑不周,在方法措施上有问题,在时机选择上不合适,但不能否定唐蒙等人的开拓精神和为国忠心,不能否定汉武帝决策的正确,不能否定通西南夷的历史意义。

司马迁笔下的庄蹻,和《南越列传》中的尉佗、《朝鲜列传》中的卫满情况相似,他"以其众王滇,变服,从其俗,以长之",自己入乡随俗,主动融入当地民族,而不是以救世主的姿态高高在上地去改造当地民族,要人家来认同、服从自己。司马迁对于庄蹻、尉佗、卫满的这种行为是非常赞赏的,这是一种进步的民族观,也是一种博大胸襟的直接体现。

本篇的写作方法也颇有可观。西南地区各少数民族情况极其复杂,而本篇却能将他们的地理分布、社会风俗、发展历史都叙述得条理清楚,这主要应归因于两点,一是由于司马迁曾亲自到过这一地区,二是因为他具有出色的叙事才能。梁启超在他的《作文教学法》里说:"类概或类从法者,所记述的对象不能有所偏重,然而又不能遍举。于是把他分类,每类挈出要领,把所有资料随类分隶,这种模范作品,最可学的是《史记·西南夷列传》。这篇传叙的川边、川南、云南、贵州一带氐羌苗蛮诸种族,情形异常复杂,虽在今日,尚且很难理清头绪。太史公却能用极简净的笔法把形势写得了如指掌。他把它们分为三大部,用土著、游牧及头发的装束等等做识别,每一大部中复分为若干小部,每小部举出一个或两个部落为代表,代表之特殊地位固然见出,其他散部落亦并不罣漏。到下文虽然专记几个代表国,如滇、夜郎等的事情,然已显出这些事情与西南夷全体的关系,这是详略繁简的最好标准。"李景星也说《西南夷列传》是"最有结构文字",且其"写其地理,于僻处见曲折;写其物产,于细处见风致",从谋篇布局到细部描写,都"无懈可击"。

本篇以下文字标点有重要改动。

底本云:"会越已破,汉八校尉不下,即引兵还,行诛头兰。头兰,隔滇道者也。已平头兰,遂平南夷为牂柯郡。"梁玉绳曰:"三称'头兰',即上文'且兰',小国名也,后为县。《汉书》皆作'且兰',疑'头'字非。"按,梁说是。抗命不肯出兵,并杀汉使与犍为太守者是"且兰",理应首先致讨。且兰属于"南夷",据谭其骧《历史地图集》,且兰的位置在今贵州黄平西南。八校尉回师亦离其地不远,故可曰"行诛且兰"。《索隐》于此有所谓"即且兰也",其理解是正确的。至于说"头兰",乃"隔滇道者也",其地应在"南夷"之西侧,似应在夜郎与滇国之间。此地非八校尉回师之所经,不可能被其"行诛"。此八字与"且兰"无关。《汉书》于此作"行诛隔滇道者且兰",说诛"且兰"是对的,但说且兰"隔滇道",又系沿用《史记》之误。文中第一、第三两"头兰"字皆应作"且兰";"头兰,常隔滇道者也",此八字与"且兰"事无关,应削。此数句当作:"会越已破,汉八校尉不下,即引兵还,行诛且兰。已平且兰,遂平南夷为牂柯郡。"

司马相如列传第五十七

【释名】

《司马相如列传》记述了西汉著名辞赋家司马相如的家庭生活、文学活动以及他在官场上的进退升沉。本篇可分为六个部分：第一部分描述了司马相如娶卓文君的故事；第二部分写司马相如因进《上林赋》而得到汉武帝赏识，被任为郎；第三部分写司马相如在为郎时奉使巴、蜀以责备唐蒙，后拜中郎将，略定西南夷，期间创作了《喻巴蜀檄》《难蜀父老》；第四部分写司马相如二次为郎时创作《谏猎疏》《哀二世赋》、担任孝文园令时创作《大人赋》。第五部分写司马相如晚年病免家居，临死前尚写《封禅文》的情景。篇末的"太史公曰"是第六部分，写了司马迁对司马相如辞赋的评价。

司马相如者，蜀郡成都人也①，字长卿②。少时好读书，学击剑③，故其亲名之曰犬子④。相如既学⑤，慕蔺相如之为人，更名相如。以赀为郎⑥，事孝景帝，为武骑常侍⑦，非其好也。会景帝不好辞赋，是时梁孝王来朝⑧，从游说之士齐人邹阳、淮阴枚乘、吴庄忌夫子之徒⑨，相如见而说之，因病免，客游梁。梁孝王令与诸生同舍⑩，相如得与诸生游士居，数岁,乃著《子虚之赋》⑪。

【注释】

①蜀郡:汉郡名,治所即今四川成都。

②长（zhǎng）:指排行老大。

③击剑:《索隐》曰:"《吕氏春秋·剑技》云'持短入长,倏忽纵横之术也'。"王先谦引沈钦韩曰:"学击剑,学击刺之法也。"

④名之曰犬子:《索隐》引孟康曰:"爱而字之也。"泷川有所谓"'剑'、'犬'音相近"故以为名。

⑤相如既学:梁玉绳曰:"《蜀志》秦宓云:'文翁遣相如东受七经,还教吏民。'宓此语与《汉书·地理志》所谓'文翁倡其教,相如为之师'者正合。史公但采辞赋,而遗其明经化俗之大端何也?"既学,学业完成。

⑥以赀为郎:凭着家资富厚为郎官。赀,通"资"。郎,官名。亦称郎官,郎吏。古时君王侍从官之通称。

⑦武骑常侍:职官名。亦作常侍骑、骑常侍、郎骑常侍。为常骑马随从天子左右之郎官。

⑧梁孝王:汉文帝之子,汉景帝之弟,名武,封为梁王。事见《梁孝王世家》。梁国国都睢阳,在今河南商丘城东南。

⑨邹阳:两汉文学家、纵横家,事见《鲁仲连邹阳列传》。枚乘:西汉官吏与辞赋家,著有《七发》及《说吴王》《再说吴王》等文。事见《吴王濞列传》。吴庄忌:姓庄名忌,西汉纵横家与辞赋家,作品有《哀时命》。东汉时为避汉明帝讳,改称"严忌"。吴,西汉诸侯国名,国都广陵,即今江苏扬州。

⑩诸生:诸位先生。指邹阳、庄忌、枚乘等人。同舍:住在一起,指享受同等待遇。

⑪《子虚之赋》:即《子虚赋》,司马相如的代表作。

【译文】

　　司马相如是蜀郡成都人,字长卿。少年时喜欢读书,并学过剑术,所以他的父母给他起名叫犬子。司马相如完成学业以后,因为敬慕蔺相如的为人,所以自己也改名叫相如。后来他靠着家中的丰厚财产,入朝做了郎官,侍奉孝景帝,做武骑常侍,但这个官职不是他的兴趣所在。孝景帝不喜欢辞赋,这时梁孝王进京朝见,他身边带着齐人邹阳、淮阴人枚乘、吴人庄忌等一些游说之士。司马相如一见很喜欢这些人,便推说有病辞了官职,去梁孝王那里做了门客。梁孝王让他和那些文人们同住,司马相如能够跟那些文人、游说之士住在一起,相处了好几年,于是写了《子虚赋》。

　　会梁孝王卒,相如归,而家贫①,无以自业②。素与临邛令王吉相善③,吉曰:"长卿久宦游不遂④,而来过我⑤。"于是相如往,舍都亭⑥。临邛令缪为恭敬⑦,日往朝相如⑧。相如初尚见之,后称病,使从者谢吉,吉愈益谨肃。临邛中多富人,而卓王孙家僮八百人⑨,程郑亦数百人⑩,二人乃相谓曰:"令有贵客,为具召之⑪。"并召令。令既至,卓氏客以百数。至日中,谒司马长卿⑫,长卿谢病不能往,临邛令不敢尝食,自往迎相如。相如不得已,强往⑬,一坐尽倾。酒酣,临邛令前奏琴曰⑭:"窃闻长卿好之,愿以自娱⑮。"相如辞谢,为鼓一再行⑯。是时卓王孙有女文君新寡,好音,故相如缪与令相重⑰,而以琴心挑之⑱。相如之临邛,从车骑,雍容闲雅甚都⑲;及饮卓氏,弄琴,文君窃从户窥之,心悦而好之,恐不得当也⑳。既罢,相如乃使人重赐文君侍者通殷勤㉑。文君夜亡奔相如㉒,相如乃与驰归成都。家居徒四壁立。卓王孙大怒曰："女至不材^㉓，我不忍杀，不分一钱也。"人或谓王孙，王孙终不听。文君久之不乐，曰："长卿第俱如临邛^㉔，从昆弟假贷犹足为生，何至自苦如此！"相如与俱之临邛，尽卖其车骑，买一酒舍酤酒^㉕，而令文君当炉^㉖。相如身自着犊鼻裈^㉗，与保庸杂作^㉘，涤器于市中^㉙。卓王孙闻而耻之，为杜门不出。昆弟诸公更谓王孙曰^㉚："有一男两女，所不足者非财也。今文君已失身于司马长卿，长卿故倦游^㉛，虽贫，其人材足依也，且又令客，独奈何相辱如此！"卓王孙不得已，分予文君僮百人，钱百万，及其嫁时衣被财物。文君乃与相如归成都，买田宅，为富人^㉜。

【注释】

①家贫：司马相如原本"以赀为郎"，下文亦称其赴临邛"从车骑，雍容闲雅甚都"，今云"家贫，无以自业"；下文又称"家居徒四壁立"，可见司马迁行文前后不统一。

②无以自业：没有谋取生计的手段。

③素：平时。临邛令：临邛县县令。临邛，汉县名，治所即今四川邛崃。

④宦游不遂：指外出求官不顺利。

⑤过：前来，到。

⑥都亭：县城的客馆，也称"传舍"。按，秦、汉时期十里一亭，以供过往吏员住宿。都城之内亦有"亭"，称"都亭"，即"传舍"或"客馆"。《后汉书•皇后纪》李贤注："凡言'都亭'者，并城内亭也。"

⑦缪（miù）：假装。

⑧朝：恭敬进见。汉代以前，"朝"字可用于拜见帝王或官僚、长者。

⑨卓王孙：西汉富商。临邛（今四川邛崃）人。其先祖为赵国人，秦

灭赵后迁至蜀。以冶铁致巨富，家有僮仆八百人。其事见于《货殖列传》。

⑩程郑：西汉富商。原山东（今太行山以东一带）迁虏，以经营冶铸致富，常经商于南越地区。后居蜀郡临邛（今四川邛崃），家僮数百，与卓王孙俱为当地巨富。

⑪为具：设筵，备办酒食。也称"治具""置具""供具"。具，原指盛放酒肴之具，后用以指酒食。

⑫谒：通报请求。

⑬相如不得已，强往：此处《汉书》作"相如为不欲往"。更佳。"为"即"伪"，假装。

⑭奏：进，奉上。

⑮愿以自娱：王先谦引周寿昌曰："不敢云'娱客'，故以'自娱'为言。"

⑯鼓：弹奏。一再行：《索隐》曰："谓一两曲。"师古曰："'行'谓'曲'、'引'也，古乐府《长歌行》、《短歌行》，此其义也。"

⑰相重：互相敬重。

⑱以琴心挑之：师古曰："寄心于琴声，以挑动之也。"《索隐》曰："其诗曰：'凤兮凤兮归故乡，游遨四海求其皇。有一艳女在此堂，室迩人遐毒我肠，何由交接为鸳鸯。'又曰：'凤兮凤兮从皇栖，得托子尾永为妃。交情通体必和谐，中夜相从别有谁？'"泷川引中井曰："'缪与令相重'谓琴歌寓悦慕之意阳若指令者，而阴挑文君也。其歌今不传，《索隐》所引是后人之伪作。"

⑲雍容闲雅：从容大方，举止文雅。闲，通"娴"。甚都：很漂亮。师古曰："都，闲美之称也。《诗经·郑风·有女同车》之篇曰：'洵美且都'；《山有扶苏》之篇又云：'不见子都'。则知'都'者，美也。"

⑳当：对，相配。

㉑通殷勤：表达深厚真挚的情意。

㉒亡奔相如：偷偷跑到司马相如那里。王先谦引钱大昭曰："《西京

杂记》：‘文君姣好，眉色如望远山，脸际常若芙蓉，肌肤柔滑如脂。十七而寡，为人放诞风流，故悦长卿之才而越礼焉。’”

㉓至，极，特别。不材：没出息。

㉔第俱如临邛：尽管大胆地回到临邛去。第，但，尽管。

㉕酤（gū）酒：卖酒。“酤”字有买、卖二义，这里指卖。

㉖当炉：亦作“当垆”，给顾客打酒。师古曰：“卖酒之处累土为卢，以居酒瓮，四边隆起，其一面高，形如锻炉，故名炉耳。”按，《汉书·赵广汉传》注有所谓“卢所以居罂”；《食货志下》注有所谓“卢者卖酒之区也”云云，可以与此相参证。

㉗犊鼻裈（kūn）：犹今之围裙，因其形如犊鼻，故名。王先谦曰：“但以蔽前，反系于后，而无裤裆，即吾楚所谓‘围裙’是也。”

㉘保庸：也称“庸保”，也可单称“庸”或“保”，指受雇佣的仆役。

㉙涤器：洗涮酒器。按，今四川邛崃有“文君公园”，园内有“文君井”，相传即当年“文君当垆，相如涤器”时所用之井。

㉚昆弟：兄弟。诸公：《集解》引郭璞曰：“父行也。”谓诸多年老长者。更：交替，轮番。

㉛倦游：谓相如贫居无聊，乃因其厌倦游宦。故不为官，非无为官之才。《集解》引郭璞曰：“厌游宦也。”王先谦曰：“谓游宦病免而归耳，言其曾为官也。”

㉜买田宅，为富人：钱大昭引《西京杂记》曰：“司马相如初与文君还成都，居贫愁懑，以所著鹔鹴裘就市人阳昌贳酒，与文君为欢。既而文君抱颈而泣曰：‘我生平富足，今乃以衣裘贳酒！’遂相与谋于临邛卖酒，相如亲著犊鼻裈涤器，以耻王孙。王孙果以为病，乃厚给文君，文君遂为富人。”

【译文】

后来赶上梁孝王死了，司马相如回到家乡成都，这时他的家境贫穷，没有自谋生计的手段。司马相如和临邛县的县令王吉素有交情，王吉说:"你在外面游荡了这么多年也没当上一官半职,不如就到我这里来吧。"于是司马相如就去了临邛,住在临邛城内的客馆里。临邛令故意做出对司马相如十分恭敬的样子,每天去看他。司马相如开始还出来会见王吉,后来便推托自己有病,打发随从谢绝王吉,但却对司马相如越来越恭敬。临邛县里富人很多,有位叫卓王孙的奴仆就有八百人,此外程郑家的奴仆也有几百个。这二人于是商量说:"县令有贵宾,我们应该设宴招待他一回。"他们同时也邀请了县令。临邛县令到了卓家,卓家请了一百多位客人。到中午时,卓王孙派人去请司马相如,司马相如推说有病不能来,临邛县令不敢动筷子,亲自去接司马相如。司马相如没办法,只好勉强来了,一入座,满屋的人都为他倾倒。等到大家喝得正高兴的时候,临邛县令向前奉上一张琴,说:"我私下听说您喜好弹琴,请演奏一曲为自己助兴。"司马相如推辞了一番,然后弹了一两首曲子。这时卓王孙有个女儿卓文君刚死了丈夫,守寡在家,她喜爱音乐,所以司马相如抚琴表面上假装与县令王吉互相敬重,其实是想通过弹琴来勾引卓文君。司马相如来临邛时,带了不少车马,表现得雍容华贵,气度不凡;等来到卓家参加宴会,弹琴,卓文君偷偷从门缝里一看,心里非常喜欢,只怕配不上他。宴会结束以后,司马相如就派人厚厚地赏赐了卓文君的奴婢,让她们代为转达自己的深厚情意。卓文君当晚就跑到司马相如那里,司马相如就带着她迅速回成都了。司马相如家里贫穷,除了四面墙,什么都没有。卓王孙大怒说:"这个女儿真是没出息极了,我不忍心杀她,但我也不会给她一文钱。"有人劝卓王孙,但卓王孙始终不听。过了很久之后,卓文君心中不乐,说:"我们只管到临邛去,即使向兄弟们借点钱也还能维持生活,何必在这里自苦呢?"司马相如就和卓文君一起到临邛,他们把车马全部卖掉,在市集上买下一个小酒舍卖酒,让卓文君站在柜台旁打酒。司马相如则自己系着围裙,和那些伙计们一起干活,在街上刷盘子洗碗。卓王孙听说后觉得羞耻,因此闭门不出。这时他那些弟兄辈和长辈就轮流来劝他说:"你只有一个儿子两个女儿,你缺的不是钱财。现在文君已经嫁给司马相如了,司马相如之所以没做官,是因为他厌倦官场,不是他无能。他目前虽然贫穷,但人品是靠得住的,况且他又是咱们县令的朋友,你怎么能让他们受这样的委屈呢!"卓王孙不得已,分给卓文君一百个奴仆,一百万钱,以及她出嫁时的衣服被褥等财物。卓文君就带着这些人了财物和司马相如又回到成都,在成都买了一些土地房屋,做起富人来了。

　　居久之,蜀人杨得意为狗监①,侍上。上读《子虚赋》而善之,曰:"朕独不得与此人同时哉②!"得意曰:"臣邑人司马相如自言为此赋③。"上惊,乃召问相如。相如曰:"有是。然此乃诸侯之事,未足观也。请为天子游猎赋,赋成奏之。"上许,令尚书给笔札④。相如以"子虚"⑤,虚言也,为楚称;"乌有先生"者⑥,乌有此事也,为齐难;"无是公"者⑦,无是人也,明天子之义。故空借此三人为辞,以推天子诸侯之苑囿⑧。其卒章归之于节俭⑨,因以风谏⑩。奏之天子,天子大说⑪。其辞曰:

【注释】

①狗监:职官名,主管天子田猎之犬。

②朕独不得与此人同时哉:汉武帝原本以为《子虚赋》为古人所作,故有如此感叹。

③邑人:同乡。杨得意与司马相如皆为蜀郡人。

④尚书:官名。战国时始置,或称主书、掌书,为诸侯主管文书。秦代于少府内设尚书,有令、丞,掌通章奏。汉承秦制,武帝时置尚书四员,成帝时加一为五,一人为仆射,四人为四曹,成为官廷内政治机构,权力逐渐扩大。给:提供。笔札:当时的书写工具。

⑤子虚:赋中虚拟的人物。

⑥乌有:同"无有"。乌,此通"无"。

⑦无是公:也写作"亡是公"。亡,同"无"。

⑧苑囿:蓄养动物,以供帝王贵族狩猎的场所。

⑨卒章:作品的最后部分。

⑩风谏:即讽谏,以婉言隐语相劝谏。《上林赋》结尾有"于是酒中乐酣,天子芒然而思,似若有亡"云云之"曲终奏雅",即所谓"风谏"。泷川曰:"《子虚》、《上林》原是一时作,合则一,分则二,相如使乡人奏其上篇以求召见耳,正是才子狡狯手段。"

⑪奏之天子,天子大说:王先谦引王念孙曰:"下'其辞曰'三字乃总承上文言之,忽插此二句则语意中断矣。"

【译文】

过了很久,蜀郡人杨得意在京城给皇帝管理猎犬,服侍武帝。武帝读了《子虚赋》大为赞赏,说:"我不能和写这篇赋的人生活在同一个时代,真是遗憾啊!"杨得意说:"我老乡司马相如自己说这篇赋是他写的。"武帝很吃惊,就把司马相如找来问。司马相如说:"确实是我写的。但这一篇写的还只是诸侯的事,还不值得您看。我还可以给天子写一篇打猎的赋,写完了献给您。"武帝答应了,派主管文书档案的人给他送去了书写工具。司马相如在赋里设置了"子虚"这一人物,所谓"子虚",意思就是虚设的,让他来夸说楚国的排场;又安排了"乌有先生"这一人物,所谓"乌有"就是没有这回事,让他来夸耀齐国贬斥楚国;还安排了"无是公"这一人物,所谓"无是公"就是没有这个人,让他代表天子的立场,对子虚、乌有二人的言论加以裁决。所以全文虚借这三个人的对话,来夸耀天子和诸侯们的游猎活动。在赋的最后归结到节俭上来,借以达到劝谏皇帝不要奢侈的目的。这篇文章献给武帝后,武帝非常高兴。赋文说:

　　楚使子虚使于齐,齐王悉发境内之士,备车骑之众,与使者出田①。田罢,子虚过诧乌有先生②,而无是公在焉。坐定,乌有先生问曰:"今日田乐乎?"子虚曰:"乐。""获多乎?"曰:"少。""然则何乐?"曰:"仆乐齐王之欲夸仆以车骑之众③,而仆对以云梦之事也④。"曰:"可得闻乎?"

【注释】

①田:同"畋",打猎。

②诧:夸耀。

③夸仆:向我夸耀。仆,自称的谦词。

④云梦之事:指楚王在云梦泽的狩猎。云梦,楚国著名的大泽。相传在今湖北中部,跨越长江南北。北为云,南为梦,方圆八九百里,后堙为平地,今不复存。

【译文】

　　楚国派子虚出使到齐国,齐王调遣境内所有的士兵,准备了很多车马,和使者一同出外打猎。打猎结束后,子虚拜访乌有先生,向他夸耀一番,当时无是公也在那里。他们坐定后,乌有先生问道:"今天打猎快乐吗?"子虚说:"快乐。"又问:"所获猎物多吗?"回答:"不多。"乌有先生诘问:"既然如此,打猎还有什么快乐呢?"子虚答道:"我感到高兴的是齐王想向我夸耀其车马众多,而我却用楚王猎游云梦泽的盛况来回答他。"乌有先生问:"能说出来让我听听吗?"

　　子虚曰:"可。王驾车千乘,选徒万骑①,田于海滨。列卒满泽,罘冈弥山②,揜兔辚鹿③,射麋脚麟④。骛于盐浦⑤,割鲜染轮⑥。射中获多,矜而自功。顾谓仆曰：'楚亦有平原广泽游猎之地饶乐若此者乎？楚王之猎何与寡人？'仆下车对曰：'臣，楚国之鄙人也⑦，幸得宿卫十有余年⑧，时从出游，游于后园⑨，览于有无，然犹未能遍睹也，又恶足以言其外泽者乎⑩！'齐王曰：'虽然，略以子之所闻见而言之。'

【注释】

①选徒：经过选拔的精壮士兵。

②罘（fú）罔：泛指捕捉禽兽的罗网。弥山：满山。

③揜：覆盖、捕取。轔：车轮，这里指用车轮碾轧。

④脚麟：捕捉大母鹿。脚，用如动词，谓掎其脚而获之。《索隐》引韦昭曰："谓持其一脚也。"师古引《说文》云："麟，大牝鹿也。"

⑤骛（wù）：奔驰。盐浦：盐滩，此指齐国的海边。

⑥割鲜染轮：因割生肉而血染车轮，盛言射获之多。鲜，生肉，活禽兽。

⑦鄙人：指地位低下之人。鄙，边野之地。

⑧宿卫：在宫中值宿警卫。

⑨后园：宫廷后花园。

⑩外泽：宫廷外的薮泽、猎场，与上述"后园"相对而言。

【译文】

　　子虚回答："可以。齐王动用了上千辆车子，选拔了上万名骑兵，在海滨打猎。士卒布满草泽，捕兽的罗网遍布山上，罗网罩住野兔，车轮碾死大鹿，箭射麋鹿，捕捉大母鹿。车骑驰骋在海滨盐滩，被宰杀禽兽的鲜血染红了车轮。弓箭射中禽兽，获得很多猎物，齐王骄傲地向人夸耀其功劳。他回头对我说：'楚国是否也有这样供人游猎的平原广泽之地，使人获得如此之多的快乐？楚王打猎和我相比怎么样？'我下车回答说：'微臣是楚国的鄙陋之人，有幸能在楚国的宫禁中执勤十多年，时常随楚王出猎，在王宫的后园游猎，想看看楚王的后苑中到底有些什么，然而未能看遍，又怎能谈论宫廷之外的大泽胜景呢？'齐王说：'虽然这么说，还是把你的所见所闻简略地说说吧。'

仆对曰："唯唯①。臣闻楚有七泽②，尝见其一，未睹其余也。臣之所见，盖特其小小者耳，名曰云梦。云梦者，方九百里，其中有山焉。其山则盘纡茀郁③，隆崇嵂崒④；岑岩参差⑤，日月蔽亏；交错纠纷，上干青云；罢池陂陁⑥，下属江河⑦。其土则丹青赭垩⑧，雌黄白坿⑨，锡碧金银，众色炫耀，照烂龙鳞。其石则赤玉玫瑰⑩，琳瑉琨珸⑪，瑊玏玄厉⑫，瑌石武夫⑬。其东则有蕙圃衡兰⑭，芷若射干⑮，穹穷昌蒲⑯，江离麋芜⑰，诸蔗猼且⑱。其南则有平原广泽，登降陁靡⑲，案衍坛曼⑳，缘以大江，限以巫山㉑。其高燥则生葴菥苞荔㉒，薛莎青薠㉔。其卑湿则生藏莨蒹葭㉔，东蔷雕胡㉕，莲藕菰芦㉖，菴䕡轩芋㉗，众物居之，不可胜图。其西则有涌泉清池，激水推移；外发芙蓉菱华㉘，内隐巨石白沙。其中则有神龟蛟鼍㉙，玳瑁鳖鼋㉚。其北则有阴林巨树，楩楠豫章㉛，桂椒木兰㉜，蘖离朱杨㉝，楂梸梬栗㉞，橘柚芬芳。其上则有赤猨蠷蝚㉟，鹓雏孔鸾㊱，腾远射干㊲。其下则有白虎玄豹，蟃蜒貙犴㊳，兕象野犀，穷奇獌狿㊴。

【注释】

①唯唯：恭应之辞。

②楚有七泽：此但夸而言之，不必如实推求。

③盘纡：回旋盘曲。弗（fú）郁：山势曲折不通的样子。

④隆崇嵂崒（lǜ zú）：山峰耸起的样子。

⑤岑岩：高耸的山峰。

⑥罢池陂陀（pō tuó）：山形倾斜而下的样子。李善注引郭璞曰："'罢池陂陀'，言旁颓也。"

⑦属：连。

⑧丹青赭垩（zhě è）：可作染料的四种土。丹，朱砂，可作红染料。青，石青，可作青颜料。赭，红黄色的土。垩，白色土。

⑨雌黄：又名石黄，可制黄颜料。白坿（fú）：即白石英。

⑩赤玉：赤色的玉，一名赤瑾。玫瑰：紫色的玉石。

⑪琳：玉名。瑉（mín）：一种似玉之石。琨珸：也作"昆吾"，原为山名，出美石，因以为美石名。

⑫瑊玏（xiān lè）：石之次玉者。玄厉：黑石，可用以磨刀。

⑬瑌（ruǎn）石武夫：师古引张揖曰："皆石之次玉者。'瑌石'白者如冰，半有赤色，'武夫'白地赤采。"

⑭蕙圃：指香草丛生之园圃。衡兰：杜蘅和兰草。

⑮芷若射（yè）干：指白芷、杜若、射干，皆为香草名。

⑯穹穷昌蒲：两种香草名。根皆可入药。

⑰江离麋芜：皆水生香草名。

⑱诸蔗：即甘蔗。猼（pò）且：《汉书》作"巴且"，有谓指襄荷，也有谓即芭蕉。

⑲登降：犹言升降，或上下。陁（yǐ）靡：山势倾斜绵延貌。

⑳案衍：渐次下平。衍，下平貌。坛曼：平坦宽广。

㉑巫山：一名阳台山，在今湖北汉阳境内，不是指四川的巫山。

㉒葴（zhēn）蓻苞荔：四种草名。葴，即马蓝。蓻，似燕麦。苞，即席草，与茅相类，可织席。荔，形似蒲而小，根可以制刷子。

㉓薛莎：二草名。薛，赖蒿。莎，又名香附子，根可入药。青薠：似莎

而大者。

㉔藏莨（zàng làng）：俗名狗尾巴草。蒹葭（jiān jiā）：即芦苇。

㉕东蔷（qiáng）：似蓬草，实如葵子，十一月熟。子色青黑，可食。雕胡：即菰米，今称茭白。可食。

㉖菰芦：即今之葫芦。

㉗菴䕡：蒿一类的草。轩芋：一名蔓于。

㉘芙蓉：莲花。菱华：菱花。

㉙神龟：龟为四灵之一，古以龟壳卜问吉凶，故称龟为神龟。蛟鼍（tuó）：指鲛鱼与鼍鱼。鼍，俗名猪婆龙，又名扬子鳄。

㉚玳瑁（dài mào）：海产动物，形似龟，甲片可作装饰品，亦可入药。鳖鼋（yuán）：二者相似，大者为鼋，通称之甲鱼，俗名团鱼。小者为鳖。

㉛楩楠（pián nán）：二树名。"楩"即黄楩木，楠即楠木。豫章：二树名，"豫"即枕木，"章"乃樟木，二树相似，故常并称。

㉜桂椒：指桂花树和花椒树。木兰：树名。又名杜兰、松兰，状似楠树，皮辛香似桂，可食。或为今之肉桂。

㉝蘗（bò）离：二树名。蘗，俗称黄蘗，亦作"黄柏"。离，即山梨。朱杨：一种落叶乔木。师古曰："赤茎柳也，生水边。"

㉞楂（zhā）梸樗（yǐng）栗：四种树名。楂，即今之铁梨。梸，同"梨"。樗，羊枣，也称黑枣。栗，即今之栗树。也有谓"樗栗"指一种树，即丁香柿。

㉟赤猨蠷猱（jué náo）：两种猿类动物。猨，通"猿"；蠷猱，即猕猴。

㊱鹓雏（yuān chú）：传说中的与鸾凤同类的鸟。孔鸾：孔雀与翠鸾。

㊲腾远：猿猴类动物，极善腾跳远纵故名。射（yè）干：动物名。形似狐而小，能缘木而行。

㊳蟃蜒（wàn yàn）：大兽，似狸。貙犴（chū hàn）：猛兽名，似狸而大。也有谓为大虎。

㉟兕象野犀，穷奇獌狿：《汉书》《文选》皆无此八字。

【译文】

　　我回答说："遵命。微臣听说楚国有七个大泽，我曾经见过其中的一个，其余的没见过。我所见到的这个，大概只是其中极小的一个罢了，名叫云梦。云梦泽方圆九百里，其中有山。山势盘曲回桓，曲折阴幽，高峻险绝；山峰峭立，参差不齐，日月被山全部或部分遮蔽；高峰如林，交错纷列，冲天而上，与青云相接；山麓绵延，连接江岸。云梦之土有朱砂、石青、赤土、白垩、雌黄、白石英，锡矿、碧玉、金银，众多色彩光彩耀目，灿烂如同龙鳞。云梦之石有赤玉、玫瑰宝石、琳、瑉、琨珸、瑊玏、玄厉、瑻石、武夫石。云梦之东是香草丛生的花圃，其中有杜衡、白芷、杜若、射干、穹穷、菖蒲，江离、麋芜、甘蔗、芭蕉。云梦之南有平原大泽，地势由高而低，连绵倾斜。有的低洼，有的平坦，沿着长江，直到巫山为界。在那高峻干燥的地方，生长着马蓝、燕麦、苞草、荔草、艾蒿、莎草和青薠。在那低凹潮湿的地方，长有狗尾巴草、芦苇、东蔷、菰米、莲花、荷藕、葫芦、菴草、菰草，众物杂居，不胜其计。云梦之西则有涌泉清池，泉流与池水相激，荡漾推移；芙蓉、菱花竞相在水面上开放，巨石、白沙沉隐在水面下。深水之中，有神龟、蛟蛇、瑇龙、玳瑁、鳖和鼍。云梦之北，则有阴林巨树，黄楩木、楠木、枕木、樟木，桂树、花椒、木兰、黄蘗、山梨、赤茎柳、铁梨、梨树、羊枣、栗，橘、柚，发出香气。树上有赤猿、猕猴、鹓雏、孔雀、鸾鸟，善跳的猴子和射干。树下有白虎、黑豹，蟃蜒、狐犴，雌犀牛、大象、野犀牛，穷奇、獌狿。

　　"于是乃使专诸之伦①，手格此兽②。楚王乃驾驯驳之驷③，乘雕玉之舆，靡鱼须之桡旃④，曳明月之珠旗，建干将之雄戟⑤，左乌嗥之雕弓⑥，右夏服之劲箭⑦；阳子骖乘⑧，纤阿为御⑨；案节未舒⑩，即陵狡兽⑪，辚邛邛⑫，蹴距虚⑬，轶野马而辕騊駼⑭，乘遗风而射游骐⑮。倏眒凄浰⑯，雷动熛至⑰，星流霆击⑱；弓不虚发，中必决眦⑲，洞胸达腋⑳，绝乎心系㉑，获若雨兽㉒，掩草蔽地。于是楚王乃弭节裴回㉓，翱翔容与㉔，览乎阴林，观壮士之暴怒㉕，与猛兽之恐惧，徼𪨐受诎㉖，殚睹众物之变态㉗。

【注释】

①专诸之伦：专诸之类的人。专诸，春秋时著名刺客，吴国勇士，曾为公子光刺杀吴王僚，后用以泛称勇士。伦，类，辈。

②手格：空手搏击。

③驯：谓经过教练使之驯服。驳：毛色斑驳的马。驷：四马共驾一车。此指车驾。

④靡：挥动。鱼须之桡旃（náo zhān）：以鱼须为旗杆装饰物的大旗。桡旃，曲柄旗。

⑤干将：春秋时善铸剑者，吴国人。与欧冶子同师。尝与妻莫邪铸剑二枚，阳曰干将，阴曰莫邪，锋利无比，献之吴王，吴王阖闾得而宝之。后因以干将、莫邪为利剑的代称。戟：古兵器，合戈矛为一体，可刺可击。

⑥左：谓楚王左边佩带。乌嗥：同"乌号"，良弓名。

⑦夏服：相传夏后氏的盛箭器具。服，通"箙"，箭袋。

⑧阳子：古之善御者，一说指善相马之孙阳，字伯乐；一说指仙人阳陵子。骖乘：即陪乘护卫。古时乘车，尊者左，御者正中，护卫在右。

⑨纤阿：师古引郭璞以为古之善御者，《集解》引《汉书音义》以为月神的车夫。

⑩案节：控制车马行走的速度节奏。未舒：未挥鞭驱马。

⑪陵：通"凌"，威逼。狡兽：轻捷矫健之兽。

⑫辚(lín)邛邛：车轧邛邛。邛邛，一种似马而色青的野兽名。

⑬蹴(cù)：践踏。距虚：似骡而小的野兽名。

⑭轶(yì)：超越。辁(wèi)駒駼(táo tú)：以车轴头撞击。辁，踢，践踏。駒駼，北方生长的一种良马。

⑮遗风：千里马名，言其速度比风速快。游骐：似马的一种迅猛之兽。

⑯倏眒(shēn)凄浰(liàn)：形容车马之快。倏眒、凄浰，皆指迅疾之状。

⑰雷动熛(biāo)至：比喻车马之声疾至。熛，迸飞的火焰。

⑱霆击：比喻威猛。

⑲决眦(zì)：目眶绽裂。

⑳洞胸达腋：穿胸而过，自腋而出。

㉑绝乎心系：断其心脏的要害之处。心系，连接心脏的血脉经络。

㉒雨兽：如下雨般多的野兽。

㉓弭节：犹曰"案节""低节"，即案辔徐行，放慢速度。节，策，马鞭。裴回：徐徐前行的样子。

㉔翱翔：意同"徘徊"。容与：安逸自得。

㉕暴怒：指勇士与禽兽格斗时的振奋情态。

㉖徼䶢受诎：师古曰："言兽有倦极者，要而取之；力尽者，受而有之。"诎，疲。

㉗殚睹：尽观。殚，尽。

【译文】

　　"于是楚王就派专诸一类的勇士，徒手格杀猛兽。楚王就驾着训练有素的杂毛骊马，乘坐着用雕刻的玉装饰的车子，挥动以鱼须为旗杆装饰物的曲柄旗，舞动用明珠装点的旗帜，擎起锋利无敌的利戟，左佩雕饰精美的良弓，右挎夏后氏箭囊盛装的强劲之箭；善于相马的阳子做陪乘，擅长驾车的纤阿做御者；按辔节行，尚未驰骋，就已经威凌矫健的兽群，碾邛邛，踏距虚，侵突野马，突袭陶駼，乘坐千里马,射猎出游野骋。逐猎的车马真神速,犹如迅雷疾飙,又似星流电射;弓不虚发,中比破眦,穿胸膛直达腋部,断绝血管,心脏停息,获兽多如雨洒,掩盖草地。于是楚王就按辔缓行,停鞭徘徊,安逸自得,游览于阴林中,观看勇士格兽时的狂怒,目睹猛兽临危时的惊惧,对精疲力竭的野兽加以拦截,对力竭难行之兽则收取之,得以见识鸟兽挣扎的各种情态。

　　"于是郑女曼姬①,被阿锡②,揄纻缟③,杂纤罗④,垂雾縠⑤;襞积褰绉⑥,纡徐委曲⑦,郁桡溪谷⑧;衯衯裶裶⑨,扬袘恤削⑩,蜚纤垂髾⑪,扶与猗靡⑫,噏呷萃蔡⑬,下摩兰蕙⑭,上拂羽盖⑮,错翡翠之威蕤⑯,缪绕玉绥⑰;缥乎忽忽⑱,若神仙之仿佛。

【注释】

①郑女:美女的代称。曼姬:美女。

②被(pī):同"披"。阿锡(xī):细布。阿,细缯。锡,细布。

③揄(yú):拖曳。纻缟(zhù gǎo):指麻布衣与绢帛服。

④纤罗:轻薄的绫罗。

⑤垂:也指"身披"。雾縠(hú):像薄雾一样的丝织品。

⑥襞(bì)积:衣褶。褰(qiān)绉:蹙缩,指衣裙上褶子密而且多。

⑦纡徐委曲:言衣衫的褶痕柔和优美。

⑧郁桡溪谷:谓衣裙褶痕深曲如溪谷。郁桡,深曲的样子。

⑨衯衯(fēn)裶裶(fēi):皆衣衫长大美好的样子。

⑩扬袘(yì)恤削:师古曰:"扬,举也;袘,曳也。或举或曳,则恤削然见其降杀之美也。"恤削,裁制整齐的样子。

⑪蜚纤:指飘飞的上衣饰物。蜚,通"飞"。纤,古代妇女的一种衣

饰。《集解》引郭璞曰："纤:结衣饰。"垂髾:古时妇女衣上的装饰,形如燕尾。高步瀛《文选李注义疏》引郭嵩焘曰："盖缀双带于衣之前,饰其下为垂丝。"

⑫扶与猗靡:衣裙随风摆动的样子。"扶与"和"猗靡"同义,皆谓郑女曼姬衣服合体、身姿婀娜。

⑬噏(xī)呷萃蔡:皆象声词,形容"郑女曼姬"行走时衣服发出的摩擦声。

⑭下摩兰蕙:谓"郑女曼姬"的衣裙下拂地上的香草。摩,此处指拂。

⑮羽盖:饰以羽毛的车盖。

⑯错:杂错,用如动词,极言其多。翡翠:两种不同颜色的鸟羽。翡鸟之羽深红,翠鸟之羽墨绿。因其色泽鲜美,以为饰物。威蕤(ruí):此指女子头上饰物色彩鲜艳的样子。

⑰缪绕:缠绕,披戴。缪,通"缭"。玉绥(suí):用玉缀饰的璎珞。也有说"玉绥"是用玉装饰的绳索,人挽以登车。

⑱缥乎忽忽:谓众女子的柔媚轻捷之态。

【译文】

　　"于是颜色姣好、皮肤细润的郑国美女,披着细缯和细布衣裳,拖着麻布和素娟的裳裙,缀着各色的罗绮,垂挂着薄雾一样的轻纱;裙幅的褶痕和衣服的纹理,线条婉曲多姿,犹如深邃的豁谷;长长的衣服,扬起衣裙的下缘时,整齐如刀削,飘摆的长带,犹如垂下的燕尾;衣服合身而体态婀娜,行走时还发出衣裙摩擦的声音。下面裙边摩擦着地上的兰蕙香草,上面轻拂着车子的羽盖。秀发上杂缀着翠羽饰物,缠绕着饰玉的丝绳;行迹飘忽,仿佛神仙。

　　"于是乃相与獠于蕙圃①,嫛珊勃窣上金堤②,掩翡翠,射鵔鸃③。微矰出④,纤缴施⑤,弋白鹄⑥,连驾鹅⑦,双鸧下⑧,玄鹤加⑨。怠而后发,游于清池⑩;浮文鹢⑪,

扬桂枻⑫,张翠帷,建羽盖⑬;罔玳瑁,钓紫贝⑭;拟金鼓⑮,吹鸣籁⑯,榜人歌⑰,声流喝⑱,水虫骇,波鸿沸⑲,涌泉起,奔扬会⑳,礧石相击㉑,硍硍磕磕㉒,若雷霆之声,闻乎数百里之外。

【注释】

①獠(liáo)于蕙圃:前文曰"其东则有蕙圃衡兰",此盖猎于云梦之东部。《索隐》引《尔雅》曰:"宵猎曰獠。"这里即指狩猎。

②媻(pán)珊勃窣(sù):王先谦引韦昭注:"匍匐上也。"媻珊,盘旋,回旋。勃窣,缓行。金堤:坚固的堤岸。

③鵔鸃(jùn yí):鸟名。

④微矰(zēng):短小的箭。

⑤纤缴(zhuó):拴在箭尾上的丝绳,以此代箭。

⑥弋:用带丝绳的箭射鸟。白鹄(hú):一种水鸟名。

⑦连:这里指"射"。驾鹅:即鸿雁。师古曰:"野鹅也。"

⑧双鸧(cāng):鸟名,似雁而黑。下:被射下。

⑨玄鹤:黑颜色的鹤。加:被射中。

⑩怠而后发,游于清池:意即倦于宵猎后,又到清池荡舟。清池,指上文所说的"其西则有涌泉清池"。梁玉绳曰:"《汉传》无'发'字作一句读,甚是。"

⑪文鹢:色彩斑斓的水鸟。代指龙舟。《集解》引《淮南子》:"龙舟鹢首,天子之乘也。"

⑫桂枻(yì):摇着桂木制成的桨。枻,船桨。

⑬张翠帷,建羽盖:互文同义,皆谓船上搭着用羽毛装饰的帷幕。帷,指船帷。盖,指龙舟顶盖。

⑭紫贝:水中介虫动物,因其壳紫色而显黑纹,故名。

⑮枞（chuāng）：撞击。金鼓：古代军中所用两种乐器名。金，指金
　　钲，亦省称"钲"，用以止众；鼓，用以进众。亦作"钲鼓"。执金
　　鼓可以号令三军，以示讨罪。

⑯鸣籁：古代乐器名，即箫。言其声音清脆明亮。

⑰榜人：划船的人。

⑱声流喝：因连续高唱而变得嘶哑。李善引郭璞曰："言悲嘶也。"
　　王先谦以为"喝"字应读"ǎi"，即所谓"欸乃"也。欸乃，船歌。

⑲波鸿沸：即波涛大作。鸿，大。沸，波涛翻滚。

⑳奔扬会：言水奔流涌腾，波浪相激而汇合。中井曰："奔扬：涛也。"

㉑礧（lèi）石相击：波涛卷动的石块相互碰撞。

㉒硠硠（láng）礚礚（kē）：水中石块的相互撞击声。

【译文】

　　"于是楚王就偕同众美女，狩猎于东部的兰圃，他们缓缓而行登
上堤岸，网捕翡翠之鸟，射杀五彩鹔鸡。射出短箭，放出系着细丝绳
的箭，击中白鹄和野鹅，射下双鸧和玄鹤。兴尽困疲乃发龙舟，游于
西部的清池；泛起绘有鹢鸟的彩舟，扬起桂树做的船桨，张起翠色的
船帷，架起羽盖似的船篷。捕捉玳瑁，钩钓紫贝；撞击铙钹金鼓，吹起
箫管芦笙，船夫应节而唱歌，因连续高唱而变得嘶哑，鱼鲛为之惊骇，
洪波因之沸腾，涌泉喷扬，奔浪激荡，波涛卷动的石块相互碰撞，发出
硠硠礚礚的响声，好像雷霆的轰鸣声，数百里之外都能听见响声。

　　"'将息獠者①，击灵鼓②，起烽燧，车案行，骑就队，
纚乎淫淫，班乎裔裔③。于是楚王乃登阳云之台④，泊
乎无为，澹乎自持，勺药之和具而后御之⑤。不若大
王终日驰骋而不下舆，脟割轮淬⑥，自以为娱。臣窃观
之，齐殆不如。'于是王默然无以应仆也。"

【注释】

①息獠：停止宵猎。

②击灵鼓：谓击鼓集合队伍。灵鼓，六面鼓。师古曰："击之所以警众也。"

③绵乎淫淫，班乎裔裔：言队伍罢归途中之行进有序。绵，若丝织相连属；淫淫，渐进也；班，依次而行；裔裔，流行的样子。

④阳云之台：即宋玉《高唐赋》之"阳台"，在云梦泽南部的巫山之下。

⑤勺药之和具而后御之：膳夫送上五味调和之肴馔，而后楚王用之。勺药，药草名。师古曰："其根主和五脏，又辟毒气，故合之于兰桂五味以助诸食。"具，置办。御，指楚王进食。

⑥脟（luán）割：将肉切成碎块。淬（cuì）：搵染。指用鲜肉拭擦车轮轴承而浸染使之润滑。

【译文】

"'当猎毕欲归之时，敲击着六面的灵鼓，高举着熊熊火炬，车辆依次前行，武骑各就各位，像织丝样连属渐进，如流水般依次有序。于是楚王登上了阳云高台，心胸泰然无为，澹泊恬静，芍药调和的食物齐备，然后服用。不像大王终日驰骋而不离车舆，将肉切成碎块，拭擦车轮轴承使之润滑，且自以为快乐。以臣下的暗中观察，齐王恐怕不如楚王。'于是齐王默默无语，无言以对。"

　　乌有先生曰："是何言之过也！足下不远千里，来况齐国①，王悉发境内之士，而备车骑之众，以出田，乃欲勠力致获②，以娱左右也③，何名为夸哉！问楚地之有无者，愿闻大国之风烈④，先生之余论也⑤。今足下不称楚王之德厚，而盛推云梦以为高，奢言淫乐而显侈靡⑥，窃为足下不取也。必若所言，固非楚国之美也。有而言之,是章君之恶;无而言之,是害足下之信。章君之恶而伤私义⑦,二者无一可,而先生行之,必且轻于齐而累于楚矣。且齐东陼巨海⑧,南有琅邪⑨,观乎成山⑩,射乎之罘⑪,浮勃澥⑫,游孟诸⑬,邪与肃慎为邻⑭,右以汤谷为界⑮,秋田乎青丘⑯,傍徨乎海外⑰,吞若云梦者八九,其于胸中曾不蒂芥⑱。若乃俶傥瑰伟⑲,异方殊类,珍怪鸟兽,万端鳞萃⑳,充仞其中者,不可胜记,禹不能名,契不能计。然在诸侯之位,不敢言游戏之乐,苑囿之大;先生又见客,是以王辞而不复㉑,何为无用应哉㉒!"

【注释】

①来况:谦词,犹今"光临"。况,通"贶",赐教。

②勠力:勉力,协力。

③左右:此作敬辞,指子虚。

④风烈:指美好的风范业绩。

⑤余论:犹言宏富的高论。

⑥奢言:侈谈。淫乐:过分长久的游乐。侈靡:淫奢浪费。

⑦而:读如"与"。

⑧东陼(zhǔ)巨海:东临大海。陼,通"渚",水中小洲,这里用为"滨临"之意。

⑨琅邪:山名,在今山东诸城东南海滨。秦始皇二十八年曾登此山作台刻石。

⑩观:游览。成山:在今山东荣城东北,秦始皇二十八年曾东巡至此。

⑪之罘(fú):山岛名,在今山东烟台北,三面环海,一径南通,秦始

皇、汉武帝均曾登临此山。

⑫勃澥（xiè）：即今"渤海"。澥，伸入陆地的海湾。

⑬孟诸：古薮泽名，在今河南商丘东北、虞城西北。

⑭邪：同"斜"，旁、侧。指东与北相接之地。肃慎：古国名。在今辽、吉、黑三省境内。

⑮右：当作"左"，指齐国东侧。汤谷：即"旸谷"，旧说为日出之地。

⑯秋田：秋天狩猎。青丘：郭嵩焘以为即今蓬莱诸岛在海中者。

⑰傍徨：意同"逍遥"，肆意周游。

⑱曾：竟。蒂芥：本指花朵或果子的蒂柄与小草，以喻微小之物。

⑲倜傥（tì tǎng）：不平凡。瑰玮：珍奇。

⑳万端：各种各样。鳞萃：有如鱼鳞般聚集在一起。萃，集。

㉑辞：让。复：回答。

㉒无用应：无以应，无法回答。按，以上即《子虚赋》，前文所谓相如作于梁国，为武帝之所先读之者。俞犀月曰："《子虚》一赋，道劲绝伦，妙在齐楚之问答，工力悉敌，针锋相对，不作相下之势，便隐然为《上林》留地步。"

【译文】

　　乌有先生说："这样说可就错了。足下不远千里而光临我们齐国，齐王更动员了境内所有士卒，准备了众多的车骑，陪着使者出外打猎，本是想齐心协力有所收获，以使使者高兴，又怎能说是向您夸耀呢！所以要听闻楚国物产的有无，目的是想知道大国的善政功业以及先生的高见。现在足下并不称赞楚王敦厚的德行，反而大事炫耀云梦，自以为了不起，奢言淫乐反而显露了侈靡的缺点，我以为足下的做法不足取！如果真像您所言，这也绝非楚国之美。如果所说的是真的，那是宣扬楚王的恶行；如果所说不是真的，那是损害了足下的信誉。宣扬楚王的恶行，损害个人的信誉，两者是无一可取的，然而先生却这么做了，必会被齐国轻视而累及楚国。况且齐国东临大海,南有琅邪山,在成山之上可以游览美景,在之罘山上可以射猎,浮荡在渤海港湾,遨游在大泽孟诸,东北与肃慎为邻,东方以汤谷为界,秋天畋猎在青丘,自由自在地漫游在四海之外,像云梦这样的大泽,纵使有八九处,容纳在齐国也不会觉得稍有阻碍。至于说种种可贵的奇珍异产,千品万种的珍禽怪兽,就像鱼鳞般的萃集在齐国,充塞其间的,不可胜记,连夏禹都不能说出它们的名称,契也无法计算其数目。但是齐国身居诸侯之位,不敢畅言游猎之乐和苑囿之广;而且先生又是作为贵宾被礼待的,所以齐王没有回答任何话,哪里是无言以对呢?”

无是公听然而笑曰①:“楚则失矣,齐亦未为得也。夫使诸侯纳贡者,非为财币,所以述职也②;封疆画界者③,非为守御,所以禁淫也④。今齐列为东藩⑤,而外私肃慎⑥,捐国逾限⑦,越海而田,其于义故未可也。且二君之论,不务明君臣之义而正诸侯之礼⑧,徒事争游猎之乐,苑囿之大,欲以奢侈相胜,荒淫相越,此不可以扬名发誉,而适足以贬君自损也。

【注释】

①听(yǐn)然:张口大笑貌。

②述职:指诸侯向天子陈述履行职守的情况。

③封疆:垒土为界。此指标明诸侯辖区的界限。

④禁淫:即禁绝诸侯过分的放纵行为。淫,放纵。

⑤东藩:齐为诸侯,当是天子在东边的屏障。藩,藩屏,屏障。

⑥外私:与外族私通。肃慎:古民族名。亦作“息慎”、“稷慎”。我国东北地区的古老民族。商周时即分布在今长白山以北至黑龙

江中、下游一带，东滨大海。从事狩猎。

⑦捐：舍弃。

⑧明君臣之义：阐明"君君臣臣"的道理。正诸侯之礼：端正一个诸侯所应遵行的礼数。

【译文】

无是公哈哈大笑说："楚国错了，齐国也未必正确。所谓天子要诸侯纳物进贡，并非是贪图财币，而是要诸侯陈述政事；天子标明诸侯疆域的界限，不是为了防御，而是为防止放纵。如今齐国位居东方屏藩之国，对外私自与肃慎交往，离开本国，超越边境，渡海畋猎，这种做法，不合诸侯之礼仪。况且二位所谈论的，并不是在阐明君臣道义、端正诸侯行事的礼仪，只是争夸游猎的乐趣、苑囿的广大，想以奢侈相互争胜，以荒淫相互争先，这么做不但不足以宣扬名声，提高誉望，反而恰恰是贬抑了国君，毁坏了自己的名誉。

"且夫齐楚之事又焉足道邪！君未睹夫巨丽也，独不闻天子之上林乎①？左苍梧，右西极②，丹水更其南③，紫渊径其北④；终始霸、浐⑤，出入泾、渭⑥；酆、鄗、潦、潏⑦，纡余委蛇⑧，经营乎其内⑨。荡荡兮八川分流⑩，相背而异态⑪。东西南北，驰骛往来，出乎椒丘之阙⑫，行乎洲淤之浦⑬，径乎桂林之中⑭，过乎泱莽之野⑮。汨乎浑流⑯，顺阿而下⑰，赴隘陕之口⑱。触穹石⑲，激堆埼⑳，沸乎暴怒，汹涌澎湃㉑，滭弗宓汩㉒，湢测泌㵎㉓，横流逆折㉔，转腾潎洌㉕，澎濞沆瀣㉖，穹隆云桡㉗，蜿灗胶戾㉘，逾波趋浥㉙，莅莅下濑㉚，批岩冲壅㉛，奔扬滞沛㉜，临坻注壑㉝，瀺灂霣坠㉞。湛湛隐隐㉟，砰磅訇礚㊱，潏潏淈淈㊲，湁潗鼎沸㊳，驰波跳沫㊴，汩濦漂

疾[40]，悠远长怀[41]。寂漻无声，肆乎永归[42]。然后灏溔潢
漾[43]，安翔徐徊[44]，翯乎滈滈[45]，东注大湖[46]，衍溢陂池[47]。
于是乎蛟龙赤螭[48]，𩶲䲙螹离[49]，鰅鳙鳂魠，禺禺魼鳎[50]，
捷鳍擢尾[51]，振鳞奋翼，潜处于深岩；鱼鳖欢声，万物众
夥[52]，明月珠子[53]，玓瓅江靡[54]，蜀石黄碝[55]，水玉磊砢[56]，
磷磷烂烂，采色澔旰[57]，丛积乎其中。鸿鹄鹔鸨，鴐鹅
属玉，交精旋目，烦鹜鹝䴋，䴇𪁈䴈䴌[58]，群浮乎其上。
汎淫泛滥，随风澹淡[59]，与波摇荡，掩薄草渚[60]，唼喋菁
藻[61]，咀嚼菱藕。

【注释】

①上林：即上林苑。古宫苑名。故址在今陕西西安西及户县、周至
界。秦都咸阳后置。始皇三十五年（前212）营建朝宫于苑中。
汉初荒废。高祖十二年（前195），许民入苑开垦。武帝时又收为
苑囿。苑内放养禽兽，并建有离宫、观、馆数十处。为皇帝射猎、
游乐之处。

②左苍梧，右西极：左，指东侧。右，指西侧。苍梧，汉郡名，治所即
今广西梧州。西极，《集解》以为指"邠国"，即今陕西彬州。按，
"苍梧""邠国"皆不在上林苑内，故高步瀛《文选李注义疏》引吴
汝纶曰："此皆上林中所为以象苍梧、西极者，犹昆明也。"

③丹水：水名。更（gēng）：经历。

④紫渊：为上林北之水名。径：经过，通过。

⑤终始：即始终。霸：灞水，源出长安以东蓝田南山谷中，北流，在长
安北霸陵与浐水会合，注入渭水。浐：浐水，亦源于蓝田南山谷
中，北流过长安，与灞水相汇。

⑥泾：泾水，源于甘肃东部，入陕东南斜流，汇于渭水。渭：渭水，亦

源于甘肃,东流,横贯陕西,进入河南。

⑦酆(fēng):水名。源出陕西秦岭,北流经今西安西,汇入渭水。鄗(hào):水名。源出长安之南,北入渭水。潦(lǎo):水名。《说文解字》曰:"潦水出户县北,入渭。"潏(jué):水名。源出秦岭,北流入渭水。

⑧纡余:河流曲折延伸之状。委蛇(yí):即逶迤,蜿蜒貌。

⑨经营:谓以上诸水皆曲折穿流于上林苑中。

⑩荡荡:水势浩大貌。八川:即上述霸、浐、泾、渭、酆、鄗、潦、潏,通称"关中八川"。

⑪相背:指水的流向相反。异态:指水流的状态不同,有的湍急,有的平缓。

⑫出乎:经由,穿过。椒丘:高丘名。丘上有椒。阙:指山的两峰如宫阙对峙。

⑬洲淤:即洲。水中可居者曰洲,长安方言称洲为淤。浦:水涯。

⑭径:径直穿过。桂林:桂树林。

⑮泱莽:谓水广远而无边际。

⑯汩(yù)乎浑流:浑水疾流貌。汩,谓流势迅疾。

⑰阿:指高大的丘陵。

⑱隘狭:"狭隘"的倒文。两岸间相迫近者。

⑲穹石:犹言"大石"。

⑳堆埼(qí):谓沙壅成的曲岸。

㉑滂濞:象声词,音同"澎湃",波涛撞击的声音。

㉒沸渤(bì bó):谓水盛大。滭汨:谓水流迅疾。

㉓湢(bì)测:谓水流迫蹙。泌(bì)瀄:谓水势相击。

㉔横流逆折:指疾流受阻横出,形成漩涡。

㉕转腾:谓回流相越。潎洌(piē liè):谓回波相击之声。

㉖澎濞:同"澎湃"。沆瀣:这里读同"沆溉",波涛撞击声。

㉗穹隆：充溢腾涌貌。桡（ráo）：弯曲。此言水势起伏。

㉘蜿灗：此处读同"蜿蜒"，谓水流曲折延伸。胶戾：谓水流迂曲萦绕。

㉙逾波：指后波超越前波。趋浥（yà）：指水流往低处。浥，指低处。

㉚莅莅：有说指水流声，也有谓水疾流。下濑：水流于沙石之上。

㉛批岩：拍击岩岸。冲壅：冲决堵塞之处。

㉜奔扬：指水奔流翻滚。滞沛：谓洒散。

㉝临坻（dǐ）注壑：谓河水流经小洲，注入山谷。坻，小沙洲。

㉞瀺灂（chán zhuó）：小水声。霣坠：水流下注的声音。

㉟湛湛：此处读如"沉沉"，形容水深。隐隐：此处读"殷殷"，形容声音沉重。

㊱砰磅訇礚（pīng pāng hōng kē）：指水流激荡发出的宏大声响。

㊲潏潏（jué）湁湁（gǔ）：皆谓水涌出之貌。

㊳湁（chì）潗：谓水腾涌。鼎沸：波涛汹涌，状如开锅。

㊴驰波跳沫：水波急驰，白沫飞溅。

㊵漂疾：谓水流猛烈迅疾。漂，通"剽"。

㊶怀：来。

㊷肆乎永归：安然长往。

㊸灏（hào）溔潢（huáng）漾：皆指水无涯无际。

㊹安翔徐徊：皆谓河水缓缓流淌。徊，同"回"，回旋。

㊺翯（hè）乎滈滈：指水势浩大泛着白光之状。翯，水泛白光。

㊻大湖：此指关中巨泽，凡巨泽潴水俱可称"大湖"。

㊼衍溢：涨满溢出。陂（bēi）池：指大湖四周的小塘、小池。按，以上集中描写上林苑中之水。曾国藩曰："《子虚赋》言水始终不外有力、自然二义。'触穹石'四句言水之盛怒有力，'泧淳'五句极言其有力，'穹隆'四句言其自然，'批岩'二句言其有力，'临坻'二句言其自然，'湛湛'二句言其有力，'潏潏'二句言其自然，'驰波'十句皆言其自然，脉络极分明也。"

㊽螭（chī）：传说中没有角的龙。

㊾鲔鳢（hù mèng）：鱼名，似鳝，有谓即鲟鱼者。蛃离：鱼名，形状不详。

㊿鳎鳙鳒魠（yú yōng qián tuō），禺禺鱸魶（xū nà）：皆鱼名。

51 捷鳍擢尾：指鱼露出背鳍或尾巴。捷、擢，扬起，即露出水面。

52 众夥：多。

53 明月：指明月珠，亦即夜明珠。珠子：指生于蚌胎内的小球。

54 玓瓅（dì lì）：光亮鲜明的样子。江靡：江边。明月珠子生于江中，其光耀照于江边。

55 蜀石：次于玉的石头。黄硬（ruǎn）：一种次于玉的黄色美石。

56 水玉：即水晶石。磊砢：谓众多。

57 潍旰（hào hàn）：谓玉石光彩四照。

58 鸿鹄鷫鸹，驾鹅鸀鸼（zhú yù），鹪鹘（jiāo jīng）鸐（xuán）目，烦鹜鸀鴺，鸀鸱（zhēn cī）鹙鸧：皆水鸟名。

59 汎（fàn）淫泛滥，随风澹淡：谓鸟随风飘荡。

60 掩：遮盖。薄：集聚。草渚：长满绿草的汀洲。

61 唼喋（zā dié）：水鸟吮咂食物声。菁藻：皆水草名。

【译文】

　　"更何况齐、楚两国的事情又哪里值得赞扬呢！各位恐怕还没见过真正惊心动魄的豪华富丽吧？难道没听说过天子的上林苑吗？上林苑的东方抵达苍梧，西边止于西极，丹水流经它的南方，紫渊经过它的北方；灞、浐二水，始终流于苑内；泾、渭二水，出入流于苑内苑外；酆、鄗、潦、潏四条河流，宛转曲折地周旋于宛内。八条河川浩浩荡荡，水势分流而各呈异态。向着东南西北各方奔流往来，流出树木丛生的崖阙，流行在洲淤的涯浦，流过桂树的丛林，越过广大的原野。湍急的河水，顺着山陵直泄而下，穿过狭隘之口。撞击巨石，冲击曲岸高阜，怒涛滚滚，汹涌澎湃。疾流惊涌，相击有声，水势纵横，波浪翻滚，轰轰地发出响声，澎湃慷慨，起伏旋回之状有如云彩,蜿蜒盘曲,后浪超拍前浪,湍急的水流流过河底沙石,急流冲击着岩岸和河堤,奔腾沸扬的水势,飞扬起一片片烟气,从高坻流入深壑,水势渐缓,发出细小的声音。尔后水势转大,鼓荡起砰磅訇磕的巨响,翻涌的水浪,如同在鼎中滚沸,奔驰的水波跳跃的水沫,急转疾漂,奔向那遥远的他方。此时,寂寥无声,安然永归。然后浩荡的河水无涯无际,安翔回旋。水势浩大泛动着白色的水光,往东方流入大湖,满溢的水流,旁聚于邻近的陂池和小湖。于是水中的蛟龙、赤螭、𩹄鳣、蜥𩽏、鰅鳙、鳔魠,禺禺、鱋魶等都高扬起背鳍,摇摆着尾巴,抖动着鱼鳞,奋举起双翅,深藏在渊岩下;鱼鳖欢呼惊哗,成群结队,明月、珍珠闪烁在江边,蜀石、黄碝,水玉等玉石堆积如山,色泽灿烂,光彩夺目,都聚积在水中。鸿、鹄、鷫、鸨、驾、鹅、鸀、𪃸、鵁鸬、𪇴目,烦鹜、鸀鹝、𪀉鹕、鵁鸬,群集而浮游在水面上。它们随风飘荡,与波涛一起摇晃,有的隐匿在水草中游戏,有的衔啄着青藻,有的咀嚼着菱藕。

　　"于是乎崇山岧嶤,崔巍嵯峨[①],深林巨木,崭岩嵾嵯[②],九嵏巀嶭[③],南山峨峨[④],岩陁甗锜[⑤],摧崣崛崎[⑥],振溪通谷[⑦],蹇产沟渎[⑧]。谽呀豁閜[⑨],阜陵别岛[⑩]。崴磈嵔瘣[⑪],丘虚崛礨[⑫],隐辚郁㠜[⑬],登降施靡[⑭],陂池貏豸[⑮],沇溶淫鬻[⑯],散涣夷陆[⑰],亭皋千里[⑱],靡不被筑。掩以绿蕙,被以江离,糅以蘪芜,杂以流夷[⑲]。尃结缕[⑳],攒戾莎[㉑],揭车衡兰,稿本射干,茈姜襄荷,葴橙若荪,鲜枝黄砾,蒋芧青薠[㉒],布濩闳泽[㉓],延曼太原[㉔],丽靡广衍[㉕],应风披靡,吐芳扬烈,郁郁斐斐[㉖],众香发越,肸蚃布写[㉗],晻暧苾勃[㉘]。

【注释】

①崇山蚝岏（lóng zōng），崔巍嵯峨：皆谓山高峻。

②嶄（chán）岩：谓险峻不齐。嵾嵯：同"参差"，谓高下不齐。

③九嵕（zōng）：在今陕西醴泉北，处于当时上林苑北侧。巀嶭（jié niè）：山名，在今三原西北，九嵕山之东北，亦在上林苑北侧。

④南山：即终南山，在今陕西西安南，处于当时上林苑东南侧。峨峨：谓山高耸。

⑤岩陁（yǐ）：险峻倾斜。岩，险峻；陁，倾斜。甗锜（yǎn qí）：谓山形或如甗，或如锜。

⑥摧婗：同"崔巍"，谓山高峻。崛（jué）崎：谓山陡峭。

⑦振溪：谓山石收敛溪水而不分泄。振，收，汇聚。

⑧蹇（jiǎn）产沟渎：指渠道弯曲纵横。蹇产，曲折的样子。渎，小沟渠。

⑨谽（hān）呀豁閜（xià）：皆谓山谷空阔广大。

⑩阜陵别岛：师古曰："言阜陵居在水中，各别为岛也。"

⑪崴磈（wēi kuī）崽瘣（wèi huì）：皆谓山高峻。

⑫丘虚崛礨（lěi）：皆谓堆垒不平的样子。

⑬隐辚郁㠥：皆谓山高低不齐的样子。

⑭登降施（yǐ）靡：谓山形起伏蜿蜒。施靡，意同"迤逦"，谓山势连绵不断。

⑮陂池：同"陂陀（pō tuó）"，谓山势倾斜。貏豸（bǐ zhì）：谓山势渐平。

⑯沇（yǎn）溶淫鬻（yù）：谓水缓流的样子。

⑰散涣：谓水流分散。夷陆：平坦的陆地。

⑱亭皋千里：王先谦曰："犹言'平皋千里'。'亭'当训'平'。皋，水旁地。"

⑲流夷：同"留夷"，香草名，有说即芍药。

⑳専：同"布"，分布，这里指遍地生长。结缕：草名，结缕似白茅，蔓联而生。

㉑攒（cuàn）：聚集，丛生。戾莎（lì suō）：绿色的莎草。戾，深绿色。莎，草名，根可染紫色。

㉒“揭车衡兰”至“蒋苧青薠”：皆草名。

㉓布濩闳泽：意即布满大泽。闳，大。

㉔延曼：犹言“蔓延”，亦遍布意。

㉕丽靡：谓相连不绝。广衍：广布。

㉖郁郁斐斐：皆形容香气四溢。

㉗肸蚃（xī xiāng）：此处指香气。布写（xiè）：犹言“四溢”。写，同“泄”，洋溢。

㉘苾（bì）勃：皆谓香气馥郁之状。

【译文】

“在这里高山耸立，山势峻峭，深林大木，山峰险峻，高低不齐。九嵏山高峻，终南山巍峨，挺拔险峻，山斜陡峭，或似甗之上大下小，或如锜之嵌空玲珑。巍巍险绝，陡峭殊伦。众溪流经山谷，曲折注入沟渠。溪谷空旷广阔，其中坐落着土山和小岛。山形高峻连延，错落不平，重重叠叠，绵延不绝。山势倾斜而渐平，水缓流于溪谷，又散流于广阔的平野。水旁湿地有千里之广，岸边土沙被水冲积得平硬，如同夯实。绿色的蕙草遮掩，芳香的江离覆盖，中间杂生着蘼芜和流夷。结缕四处分布，莎草成片丛生，揭车、杜衡、兰草，稿本、射干，茈姜、蘘荷，葴橙、若荪，鲜枝、黄砾，蒋苧、青薠，长满大泽，遍布平原，连绵不绝，随风起伏，吐放清芳，香气浓烈，众多花草发散出香味，香气四溢，沁人心脾，气味浓郁。

“于是乎周览泛观，瞋盼轧沕①，芒芒恍忽②，视之无端，察之无崖。日出东沼，入于西陂③。其南则隆冬生长，踊水跃波④；兽则㺎旄貘犛，沉牛麈麋，赤首圜题，穷奇象犀⑤。其北则盛夏含冻裂地，涉冰揭河⑥；兽则麒麟角𤛭,騊駼橐驼,蛩蛩驒騱,駃騠驴骡⑦。

【注释】

①瞋盼轧沕(wù):《汉书》作"缤纷轧沕"。《集解》引郭璞曰:"皆不可分貌。"

②芒芒恍忽:意即眼花缭乱。

③日出东沼,入于西陂:极言上林苑广大无边。东沼,上林苑东边的池沼。西陂,上林苑西边的陂池。

④踊水跃波:意即波浪翻滚。

⑤𤛑旄獏犛(róng máo má máo),沉牛麈(zhǔ)麋,赤首圜题,穷奇象犀:皆兽名。

⑥揭河:原指提衣涉水过河,这里即指踏着坚冰走过河。

⑦兽则麒麟角𤛭(duān),騊駼橐驼,蛩蛩驒騱(tuō xī),駃騠驴骡:角𤛭,似猪,角在鼻上。蛩蛩,同前文之"邛邛",一种似马的野兽。驒騱,也称青骊,白鳞,文如鼍鱼。駃騠,良马名。

【译文】

"于是周详广泛地观览,景物众多难以分辨,眼花缭乱,看不到开端,望不到边际。清晨,太阳从上林苑东边的池沼升起;傍晚,则从苑西边的山坡上下落。南面气候温和,隆冬草木犹长,水波荡漾而不冻;那里生活的野兽有:𤛑、旄、獏、犛,沉牛、麈、麋,赤首、圜题,穷奇、象、犀。上林苑的北面气候寒冷,盛夏犹严寒裂地,践冰渡河;那里的野兽有:麒麟、角𤛭、騊駼、橐驼,蛩蛩、驒騱,駃騠、驴、骡。

"于是乎离宫别馆,弥山跨谷①,高廊四注②;重坐曲阁③,华榱璧珰④,辇道绸属⑤,步櫩周流,长途中宿。夷嵕筑堂⑥,累台增成,岩突洞房⑦,俯杳眇而无见⑧,仰

攀橑而扪天⑨。奔星更于闺闼⑩,宛虹拖于楯轩⑪。青虬
蚴蟉于东厢⑫,象舆婉蝉于西清⑬,灵圉燕于闲观⑭,偓佺
之伦暴于南荣⑮,醴泉涌于清室⑯,通川过乎中庭。槃石
裖崖⑰,嵚岩倚倾⑱,嵯峨磼礏⑲,刻削峥嵘,玫瑰碧琳⑳,
珊瑚丛生㉑,瑉玉旁唐㉒,瑸斒文鳞㉓,赤瑕驳荦㉔,杂臿
其间㉕,垂绥琬琰㉖,和氏出焉㉗。

【注释】

①弥:满、遍。跨谷:谓栈道、阁道跨越山谷。

②高廊:高高的游廊。四注:四通八达,相互通连。注,连属。

③重坐:指上下两层的游廊、阁道,与"高廊"相对。曲阁:主要谓迤
　　逦蜿蜒状,与"四注"相对。

④华榱(cuī):雕有花纹的屋椽。华,通"花",花纹。榱,屋椽。璧
　　珰:即瓦当,古代蒙屋顶以瓦,列于屋檐的瓦头称为瓦当。

⑤辇道:可乘辇往来的空中阁道。缅(lǐ)属:比喻阁道之多如织丝
　　般回环连属。

⑥夷嵏筑堂:铲平高山,修筑殿堂。

⑦岩突(yāo):意同"窅窅",深邃黝黑的样子。洞房:洞穴样的通道。

⑧杳眇:谓深邃的样子。

⑨橑(lǎo):木椽。

⑩闺闼(tà):皆泛指门。

⑪拖:牵引。楯(shǔn)轩:窗户外的栏杆。

⑫青虬:传说中的龙之无角者,此指神仙骑乘的马。蚴蟉(yōu liǔ):
　　此处意同"盘桓",谓屈折行进。东厢:正殿的东厢房。

⑬象舆:大象拉的车子,此处指仙人乘坐的车。或谓表示祥瑞的一
　　种车,盖古有"德流则山出象车"云云。婉蝉:犹言"婉转",谓车

行安详。西清:正殿西侧的清静之房。

⑭灵圉:仙人名。燕:安,此处指休息。闲观(guàn):幽静的楼台。

⑮偓佺(wò quán):仙人名。暴:同"曝",晒太阳。南荣:南檐下。荣,屋檐。

⑯醴泉:带有酒香的泉水。涌:冒出。清室:犹言"净室",宫殿中的闲静之室。

⑰礜石振(zhèn)崖:用大石块垒起的池塘崖岸。振,师古曰:"重密而累积。"

⑱嵚(qīn)岩:险峻的山岩。倚倾:欹侧倾斜的样子。

⑲嵯峨磼嶫(jié yè):山石高危的样子。

⑳玫瑰:美玉名,一名火齐珠。碧琳:青绿色的玉。

㉑珊瑚:本是海洋动物,这里借指山石的形状,衣如珊瑚礁。

㉒珸玉:似玉的一种美石。旁唐:巨大的样子。

㉓瑸斒(bīn bān):美石名。文鳞:光彩斑斓的样子。

㉔赤瑕:赤色玉石。驳荦(luò):原指杂色的牛马,此处是说山石的色彩斑驳。

㉕杂臿:错综交杂。

㉖垂绥:美玉名。也称"朝采",即夜光之璧。琬琰:美玉名。

㉗和氏:即和氏璧,春秋时楚人和氏所得的美玉。

【译文】

"于是离宫别馆,满山跨谷,高高的游廊,四通八达,相互连接;重叠的宫室逶迤相连,屋椽雕刻着花纹,瓦当装饰着美玉,帝王所行之道犹如织丝相连,徒步檐廊,周游而还,经日难至,必会投宿。削平山峰构筑堂室,累台层层,山下有条幽深的通道可直通山顶宫殿,俯视其下不见其地,举手摸椽几乎可以触天。流星经过宫门,宛虹架在窗上。青龙曲行于东厢房,象车蜿蜒于西堂。灵圉众仙休息于清闲之馆,偓佺之类曝于南檐之下。醴泉从清室中涌出,通流由中庭过路。以槃石修固其川涯，山岩险峻参差而倾斜，高处嵯峨而峥嵘，如雕如削而峭直，中有玫瑰、碧琳、珊瑚之树丛生。瑕玉、旁唐，玢豳遍地，文彩灿烂若鳞，赤玉光耀斑驳，杂在诸玉之间，朝采琬琰之玉，荆山和氏之璧于此亦有出产。

　　　"于是乎卢橘夏孰①，黄甘橙楱，枇杷橪柿，楟柰厚朴，樗枣杨梅，樱桃蒲陶，隐夫郁棣，榙㯀荔枝②，罗乎后宫，列乎北园。贮丘陵③，下平原，扬翠叶，杌紫茎④，发红华，秀朱荣⑤，煌煌扈扈⑥，照曜钜野⑦。沙棠栎槠，华氾檘栌，留落胥余，仁频并闾，欃檀木兰，豫章女贞⑧。长千仞，大连抱⑨，夸条直畅⑩，实叶葰茂⑪。攒立丛倚⑫，连卷累佹⑬，崔错登骫⑭，阬衡阋砢⑮。垂条扶於⑯，落英幡纚⑰，纷容萧蔘⑱，旖旎从风⑲。浏莅芔吸⑳，盖象金石之声㉑，管籥之音㉒。柴池茈虒㉓，旋环后宫㉔，杂遝累辑㉕，被山缘谷，循坂下隰㉖，视之无端，究之无穷。

【注释】

①卢橘：橘之一种，核呈黑色。夏孰：夏天成熟。孰，同"熟"。

②"黄甘橙楱（còu）"至"榙㯀荔枝"：皆为果名。黄甘，即黄柑。橙楱，皆橘属果名。橪（rǎn），酸枣。楟（tíng），即棠梨，俗名海棠果。樗（yǐng）枣，即黑枣。蒲陶：即葡萄。隐夫，即夫移，也称"棠棣"。郁棣，即郁李，果实味酸。榙㯀（dā tā），果名，似李。

③贮（yì）丘陵：谓诸种果木从"后宫""北园"一直向丘陵、平原延伸生长开去。贮，通"迤"，延伸。

④扬翠叶，杌（wù）紫茎：皆谓蓬勃生长的样子。杌，随风摇动。

⑤秀：原指秀穗，此处指"开放"。荣，花。

⑥煌煌扈扈：极言其光彩之盛。

⑦钜野：广野。

⑧"沙棠栎（lì）楮"至"豫章女贞"：皆为树名。华，即桦树。氾，应
　作"枫"。槟，同"枰"，即今之银杏。留落，即石榴。胥余，即椰
　子。仁频，即槟榔树。并闾，即棕榈树。檃檀，今之檀树。豫，
　枕树；章，樟树；女贞，即冬青树。

⑨大连抱：指树干粗大须数人才能合抱。

⑩夸条直畅：乃"夸畅条直"之倒装，意即花朵畅开而枝条直伸。
　夸，"荂"之省文。荂，古"花"字。

⑪实叶葰茂：乃"实葰叶茂"之倒装，意即果实硕大而枝叶繁茂。
　葰，硕大。

⑫攒：聚集。

⑬连卷：即"连蜷"，树枝蜷曲的样子。累佹：枝干聚集支撑的样子。
　累，聚集。佹，相互支撑。

⑭崔错：众多而交错貌。癹骫（bá wěi）：屈曲盘结的样子。骫，"委"
　的古字。

⑮阬衡：意即"抗衡"，谓干条支拄。间硱（kě kē）：开扩累积。

⑯扶於：同"扶疏"，谓枝叶繁茂分披。

⑰幡纚：飞舞飘落的样子。

⑱纷容：繁盛的样子。萧蓘：同"萧森"，草林茂盛的样子。

⑲旖旎：轻盈柔顺的样子。

⑳浏莅芔吸：皆谓风吹草木之声。浏莅，也作"寥栗"；芔吸，犹言
　"呼吸"。

㉑金石：铜质乐器与石质乐器，如钟磬。

㉒管籥（yuè）：泛指竹制管乐器，如笙箫等。管，指笛、箫。籥，或曰
　即箫；或曰"若笛，短而有三孔"。

㉓柴池茈虒（cí sī）：皆谓众木之高低不齐。"柴池"，同"差池"。"茈

虒",同"参差"。

㉔旋环:环绕。

㉕杂遝(tà)累辑:皆谓众木之繁多茂盛。杂遝,同"杂沓";累辑,犹"累积"。

㉖隰:低凹之处,低湿地。

【译文】

　　"于是有夏熟之卢橘,亦有黄柑、橙、榛,枇杷、酸枣、柿,棠梨、柰、厚朴,梬枣、杨梅、樱桃、葡萄,棠棣、郁李,榙樏、荔枝,罗列于后宫,遍布于北园。延至丘陵,下及平原,高扬其翠叶,摇曳其紫茎,红花盛开,朱荣垂悬,众彩鲜丽缤纷,照耀巨野广原。还有沙棠、栎、楮、桦、枫、银杏、栌,石榴、椰子、槟榔、棕榈,檀木、木兰、枕树、樟树、冬青常绿。高者千仞,大者多人合抱,花朵畅开、枝条舒展,果实肥大、翠叶茂密。攒聚丛立而相倚,枝柯蟠曲而相支,或交错而盘曲,或抗直而横出。垂条扶疏,落花飞扬,挺拔萧疏,随风摇曳。树风相激,鼓动作响,如钟如磬,如笛如箫。参差不齐,后宫尽绕,杂树相因,枝柯重积,覆蔽山巅,缘跨谷底,顺着斜坡下至湿地,视之不见端涯,探究而无穷极。

　　"于是玄猿素雌,蜼玃飞蠝,蛭蜩蠼蝚,螹胡觳蛫①,栖息乎其间。长啸哀鸣,翩幡互经②,夭蟜枝格③,偃蹇杪颠④。于是乎逾绝梁⑤,腾殊榛⑥,捷垂条,踔稀间⑦,牢落陆离⑧,烂曼远迁⑨。

　　"若此辈者⑩,数千百处。嬉游往来,宫宿馆舍⑪,庖厨不徙,后宫不移,百官备具。

【注释】

①蜼玃(wèi jué)飞蠝(lěi),蛭蜩(zhì tiáo)蠼蝚,螹(chán)胡觳

蜼（gòu guǐ）：皆为善于攀缘的异兽。蜼玃，长尾猴，玃字又通"狖（yòu）"。玃，老猕猴。飞蠝，即鼯鼠，又名飞生。蚗蝴，《山海经·大荒北经》："大荒之中有山、名不咸，有蜚蛭，四翼。"蜥胡，《集解》引张揖曰："胡似猴，头上有髦，腰以后黑。"豰，《说文》："犬属，腰以上黄，腰以下黑，也称食母猴。"蜼，《索隐》引《山海经·中山经》："即山有兽，状如龟，白身赤首，其名曰蜼。"

②翩幡：此处指猿属腾跃之矫捷。互经：指猿属在树上相互窜跳。

③夭蟜（yāo jiǎo）枝格：指众猕猴在树上的嬉戏之态。夭蟜，蹲挂之状。枝格，犹言"枝柯"，大大小小的枝杈。

④偃蹇：言猿属相互周旋嬉戏之灵活。

⑤绝梁：断桥，此指无桥梁可度的山涧。

⑥腾殊榛：从这棵树跳到那棵树。榛，丛生之林。

⑦踔（chuō）：跳来跳去。

⑧牢落：犹言"辽落"，零星散乱的样子。陆离：参差不齐的样子。

⑨烂曼远迁：谓兽群任意奔走的样子。

⑩若此辈者：指类似以上所描写的四周具有众多动植物的离宫别馆。

⑪宫宿馆舍：即"宿宫舍馆"之倒装。宿、舍，皆为"住宿"之意。

【译文】

　　"于是黑色的雄猿白色的雌猿，长尾猴、老猕猴、鼯鼠，蜚、蝴、猕猴，蜥胡、豰、蜼，皆栖息林间。它们或在林间长啸，音调哀凄；或在树上腾跃矫捷，翻滚踔跳；或在枝杈上嬉戏，动作灵活。于是它们越过无桥之山涧，腾跳于大榛之间，扯着下垂的枝条嬉戏，在枝条疏叶间跳来跳去，兽群的活动彼此分散，任意奔走。

　　"类似上述离宫别馆，只在上林苑中就有千百处之多。天子往来嬉戏游乐，住宿在离宫别馆，常备厨师及饮食之物，不需临时调集，还经常住有嫔妃、侍宦，无须从京城带出，各种值勤的应承官员也都一应俱全。

　　"于是乎背秋涉冬，天子校猎①。乘镂象②，六玉虬③，拖霓旌④，靡云旗⑤，前皮轩⑥，后道游⑦。孙叔奉辔，卫公骖乘⑧，扈从横行⑨，出乎四校之中⑩。鼓严簿⑪，纵獠者⑫，江河为陂⑬，泰山为橹⑭。车骑雷起，隐天动地⑮，先后陆离⑯，离散别追。淫淫裔裔⑰，缘陵流泽，云布雨施。

【注释】

①校（jiào）猎：将禽兽驱赶入设立栅栏障蔽的围场，以供猎者之射获。

②镂象：以象牙疏镂其车。

③玉虬：指以玉装饰辔络的骏马。

④拖：曳。霓旌：绘有虹霓的彩旗。霓，彩虹。

⑤靡：飘拂的样子，这里用如动物。云旗：画熊虎于旌，有似云气。

⑥皮轩：蒙以虎皮的车子。

⑦道游：指"导车"和"游车"。导车，为天子的车驾作前导；游车，为天子的车驾维持秩序、充当警卫。《集解》引郭璞曰："道，导车；游，游车，皆见《曲礼》也。"师古曰："皮轩最居前，而导游次皮轩之后耳。"

⑧孙叔奉辔，卫公骖乘：王先谦引吴仁杰曰："此两人盖指古之善御者耳，下云'青琴虙妃之徒，色授神予，心愉于侧'，又岂当时真有此耶？"孙叔，古代的著名御手孙阳，即所谓"伯乐"。奉辔，执辔，意即赶车。卫公，一说指卫庄公，据说于春秋末期黄池之会时曾为吴王参乘；也有说此"卫公"系指卫青者。骖乘，同"参乘"，立于帝王之右，一者陪乘，同时也兼充警卫之职。

⑨扈从：即"护从"，天子的侍卫，这里实指天子本人。

⑩四校：即屯骑、步兵、射声、虎贲四校尉，皆天子行猎必当随从者。

⑪严簿：庄严的卤簿，帝王的仪仗队。

⑫獠：原指夜间打猎，这里即指狩猎。

⑬阹（qū）：利用山谷等有利地势围猎禽兽。

⑭泰山：这里即指上林苑中的高山。橹：战场上用以瞭望敌方的望楼。

⑮隐：震动。

⑯陆离：人员散开，进度不齐的样子。

⑰淫淫裔裔：形容参加狩猎的人员多，漫山遍野，无边无际。

【译文】

　　"于是自秋至冬，天子开始校猎。乘着用象牙镶饰的车辆，驾着六匹玉饰辔络的骏马的车辇，摇曳着虹霓旌旗，挥动着彩云似的长旗，前有皮轩开道，后跟导车、游车。孙叔驾车，卫公陪乘，侍卫保护着天子从部曲前横行而过，检阅出猎的四支部队。天子的仪仗中传出鼓声，随即狩猎者开始纵恣奔驰，以江河为围阵，以泰山为望楼。车骑响声雷动，震天动地，先后散开，各自追逐着猎物。漫山遍野的车骑士众，从山丘直布到水边，如云密布苍穹，似雨降临大地。

　　"生貔豹①，搏豺狼②，手熊罴，足野羊；蒙鹖苏③，绔白虎④，被豳文⑤，跨野马⑥。陵三嵏之危⑦，下碛历之坻⑧；径陵赴险⑨，越壑厉水⑩。推蜚廉，弄解豸⑪，格瑕蛤⑫，铤猛氏⑬，罥骡䯍⑭，射封豕⑮。箭不苟害⑯，解脰陷脑⑰；弓不虚发，应声而倒。于是乎乘舆弥节裴回⑱，翱翔往来⑲，睨部曲之进退⑳，览将率之变态㉑。然后浸潭促节㉒，倏夐远去㉓，流离轻禽㉔，蹴履狡兽㉕，㪍白鹿㉖，捷狡兔㉗。轶赤电㉘，遗光耀㉙，追怪物㉚，出宇宙，弯繁弱㉛，满白羽㉜，射游枭㉝，栎蜚虡㉞，择肉后发，先中命处，弦矢分，艺殪仆㉟。然后扬节而上浮㊱，陵惊风㊲，历

骇飙^㊳，乘虚无，与神俱，辚玄鹤，乱昆鸡^㊴，遒孔鸾，促

鹔鸡^㊵，拂翳鸟，捎凤皇^㊶，捷鸳雏，掩焦明^㊷。

【注释】

①生：活捉。貔（pí）豹：两种猛兽名。

②搏：空手搏击。

③鹖（hé）苏：鹖鸟之尾。鹖鸟生性猛悍，斗死不退却，故勇士常取
　其尾以饰冠，或将冠制成鹖形。《后汉书·舆服志下》："五官、左
　右虎贲、羽林中郎将、羽林左右监皆冠鹖冠。"

④绔白虎：《索隐》引张揖曰："著白虎文裤。"绔，同"裤"，此处用作
　动词。

⑤被：同"披"。豳文：通"斑文"，指画有各种猛兽图案的衣服。《续
　汉书·舆服志》："虎贲骑，皆虎文单衣。"

⑥跨：骑乘。野马：生性彪悍，未经驯服之马。

⑦陵：升，登。三嵏（zōng）：犹言"三重""三叠"，极言猎者攀登之
　高。危：指山之最高处。

⑧碛（qì）历：不平的样子。坻（dǐ）：山坡。

⑨径：径直通过，不绕弯。陜：险难之处。

⑩壑：山沟。厉：涉水渡河。

⑪推蜚廉，弄解（xiè）豸：推、弄，皆耍弄、戏耍之义。蜚廉，异禽名，
　鸟身鹿头。解豸，神兽名，似鹿而一角。

⑫格：空手搏斗。瑕蛤：猛兽名。

⑬铤（chán）：铁柄短矛，此用如动词，意即刺杀。猛氏：兽名，如熊而小。

⑭罥（juàn）：用绳索绊取。騕褭（yāo niǎo）：神马名，日行万里。

⑮封豕：大猪。

⑯苟：随意。

⑰胆（dòu）：脖子。陷：刺入。

⑱弥节：犹曰"按节""低节"，意即"放慢速度"。裴回：同"徘徊"，回旋不进之状。

⑲翱翔：极言车驾行动之轻捷。

⑳睨（nì）：斜视，此处泛指观览。部曲：古代军队的编制单位名，将军下领若干"部"，"部"的长官曰校尉；"部"下有"曲"，"曲"的长官曰"军候"。此处指陪同打猎的队伍。

㉑将率：同"将帅"。变态：随机应变，指挥狩猎的情态。

㉒浸潭：逐渐。促节：加快速度，与上文之"弭节"相对成文。

㉓倏敻（xiòng）：疾速远去貌。

㉔流离：指用网捕捉飞禽。师古曰："流离，困苦之也。"

㉕蹴履：踢、踏。

㉖辒（wèi）：车轴头，这里用如动词，即用车冲击。

㉗捷：疾取，轻取。

㉘轶：超过。赤电：赤色的电光。

㉙遗：抛之于后。光耀：指闪电的光亮。

㉚怪物：指各种异禽猛兽。

㉛繁弱：传说中的良弓名。

㉜满：指把弓拉圆。白羽：指箭。因箭杆的尾端插有羽毛，故常称箭曰"白羽""雕翎"等。

㉝游枭：四处飞窜的枭羊。《集解》引郭璞曰："枭，枭羊也。似人，长唇，反踵，被发，食人。"王先谦以为即"狒狒"。

㉞栎：梢，抄取。蜚虡（jù）：怪兽名，《集解》引郭璞曰："鹿头龙身。"

㉟艺殪仆：禽兽就应射箭声而倒毙。殪：一箭射死。

㊱扬节：挥动马鞭。节，策，马鞭。上浮：对空中飞的禽类发起攻击，猎者的心气盖亦随之上浮。

㊲陵：同"凌"，冲破。惊风：暴风。

㊳历：越，冲过。骇飙：与"惊风"对文，意思相同。

㊳乱：扰乱昆鸡的行列。昆鸡：形似鹤，黄白色。

㊵道孔鸾，促鸡䳚：道，促，都是"逼近"的意思，这里即指捕捉。孔鸾，孔雀与鸾鸟。䳚鸡，山鸡。

㊶拂翳鸟，捎凤皇：拂、捎，在这里皆为"捕捉"之意。捎，前文已出现作"梢"。翳鸟，传说中的凤凰之属。

㊷捷鸳雏，掩焦明：捷、掩，都是"捕捉"之意。鸳雏，同"鹓雏"，传说中一种生性高洁的凤类之鸟。焦明，亦凤类鸟名。

【译文】

"生擒貔豹，搏杀豺狼，手击熊罴，脚踢野羊；猛士们头戴鹖尾装饰的帽子，身着白虎图案的裤子，身披斑衣，骑上野马。登上层层叠起的高山，走下高低不平的山坡；不畏艰险，跨越山谷，涉越河流。椎击蜚廉，戏弄解豸，格杀瑕蛤，刺毙猛氏，用绳索绊取神马，射击大猪。箭不随意伤害，射必中颈破脑；弓无虚发，野兽应声而倒。于是天子坐着车舆缓慢徘徊，往来遨游，远观士卒的进退，近览将帅应变的神态。然后加快步伐，倏忽远去，冲散轻疾的飞禽，践踏善奔的狡兽，车轴冲杀了白鹿，疾取惊奔的狡兔。超越着赤色电光，闪光也被遗留在后面，追逐怪兽，竟超出了宇宙，拉开繁弱之弓，张满了白羽之箭，射杀了四处游走的狒狒和蜚虡。先择肥者才发矢，矢一离弦就命中要害，弦矢一分，猎物就应声倒毙。然后挥动马鞭，对空中飞的禽类发起攻击，猎者的心气也随之而上浮，冲破暴风，升临太空，和天神到了一起，用车轮碾轧玄鹤，扰乱昆鸡的行列，捕捉孔雀、鸾鸟、䳚鸡、翳鸟、凤凰、鸳雏与焦明。

"道尽涂殚，回车而还。招摇乎襄羊①，降集乎北纮②，率乎直指，晻乎反乡③。蹑石关，历封峦，过鳷鹊，望露寒④，下棠梨，息宜春，西驰宣曲⑤，濯鹢牛首⑥，登龙台⑦，掩细柳⑧。观士大夫之勤略⑨，钧猎者之所得

获⑩。徒车之所辚轹⑪,乘骑之所蹂若⑫,人民之所蹈
躐⑬,与其穷极倦邰⑭,惊惮慑伏⑮,不被创刃而死者⑯,
佗佗籍籍,填坑满谷,掩平弥泽⑰。

【注释】

①招遥:逍遥。襄羊:同"徜徉"。

②北纮(hóng):最北的地方。纮,犹"维"。

③晻(yǎn),通"奄",忽然。反乡:同"反向",掉转方向。

④廮石关,历封峦,过鳷(zhī)鹊,望露寒:廮,蹋,登览。石关、封
峦、鳷鹊、露寒,皆台观名,建于武帝建元六年,位于甘泉宫外。

⑤下棠梨,息宜春,西驰宣曲:棠梨、宜春、宣曲,皆宫名。棠梨,位于甘
泉宫东南。宜春,在长安南,靠近曲江池。宣曲,在长安昆明池西。

⑥濯:通"櫂",桨,此指划船。鹢,指船首绘有鹢鸟的龙舟。牛首:
池名,在上林苑西头。

⑦龙台:观名,在陕西丰水西北,近于渭水。

⑧掩:休息。细柳:台观名,在昆明池南。

⑨略:通"掠"。

⑩钧:通"均",均分。

⑪徒:步卒。辚轹:碾轧。

⑫蹂若:践踏。

⑬人民:《文选》作"人臣"。蹈躐(jí):践踏,这里也指捕获。

⑭穷极:走投无路。倦邰:犹言"疲惫"。

⑮慑(shè)伏:同"慑服",因畏惧而屈服。

⑯创(chuāng)刃:指被刀剑之类的兵器所伤。

⑰掩:遮蔽。

【译文】

"道尽途穷,才引车回转。逍遥而徜徉,然后自空而降,停留在

苑中极北的地方，直道前往，迅速回返。踏上了石阙观，途经封峦观，路过鳷鹊观，望见露寒观，下抵棠梨宫，止息在宜春宫，向西驰往宣曲宫，在牛首池上持桨行舟，登上龙台观，在细柳观休息。观察着将吏的辛勤功劳和武略，平均分配着猎物。所有步卒和车马所碾轧的，步骑和大臣们所践踏的、受困的、疲惫的、惊惧慑服的、未被刀刃所伤的禽兽，纵横交错，杂乱众多，填满了一望无际的泽野，掩蔽了广阔的平原。

　　　　"于是乎游戏懈怠，置酒乎昊天之台①，张乐乎胶辖之宇②，撞千石之钟③，立万石之钜④；建翠华之旗，树灵鼍之鼓⑤。奏陶唐氏之舞⑥，听葛天氏之歌⑦，千人唱，万人和，山陵为之震动，川谷为之荡波。《巴俞》宋蔡⑧，淮南《于遮》⑨，文成颠歌⑩，族举递奏⑪，金鼓迭起，铿铃锽鼚⑫，洞心骇耳⑬。荆、吴、郑、卫之声⑭，《韶》《濩》《武》《象》之乐⑮，阴淫案衍之音⑯，鄢、郢缤纷⑰，《激楚》结风⑱，俳优侏儒⑲，狄鞮之倡⑳，所以娱耳目而乐心意者，丽靡烂漫于前㉑，靡曼美色于后㉒。

【注释】

①昊天之台：比喻台极高，似乎与天空相接。昊天，天空。

②胶辖（jiāo gé）：广阔深远的样子。

③千石之钟：极言钟之大。一石重一百二十斤。

④钜：通"虡"，悬挂钟的座架。

⑤灵鼍：俗名"猪婆龙"，鳄鱼的一种，皮可蒙鼓。

⑥陶唐氏：即唐尧，尧初居于陶，后为唐侯，故云。

⑦葛天氏：传说中的远古帝王名。

⑧《巴俞》:舞曲名。宋蔡:西周以至春秋时代的两个诸侯国,此处指其地的音乐。

⑨淮南:汉代诸侯国名,此处指其地的音乐。《于遮》:乐曲名。

⑩文成:西汉时的辽西县名。颠,即"滇",西南夷地区的古国名,在今云南滇池附近。

⑪族:众。递奏:众乐顺次而奏。

⑫铿锵(qiāng):同"铿锵",钟声。铛鞳(dāng tà):鼓声。

⑬洞心:震撼心灵。

⑭荆、吴、郑、卫:皆西周至春秋时的诸侯国名,此指这些地区来的音乐。

⑮《韶》:虞舜的音乐。《濩(huò)》:商汤的音乐。《武》:周武王的音乐。《象》:周公的音乐。

⑯阴淫案衍:淫靡放纵之意。

⑰鄢、郢:皆楚地名,此处指这两个地方的舞蹈。

⑱《激楚》:楚地歌曲名。结风:乐曲结尾的大合奏,犹如楚辞所谓"乱"。

⑲俳优:古代表演杂戏的艺人。侏儒:身材短小的人,这里指参加杂技表演,逗人发笑的小矮人。

⑳狄鞮:古地名。倡:从事歌舞技艺的人。

㉑丽靡烂漫:皆指色彩艳丽。

㉒靡曼美色:皆指姿容秀美。

【译文】

　　"于是天子开始游戏以放松精神,在昊天之台置办酒席,在空旷之宇宙陈设乐器;敲击着千石巨钟,架立起万石钟架;高举起翠羽装饰的旗帜,立起灵鼍大鼓。弹奏着陶唐氏的舞乐,欣赏葛天氏的歌曲,千人齐唱,万人和呼,山陵因之震动,川谷因之荡波。《巴俞》的舞蹈,宋蔡的讴歌,淮南的《于遮》曲,文成、滇地的民谣,交替更奏,金鼓之声迭起,钟声鼓声,真是惊心动耳。荆、吴、郑、卫的歌声,《韶》《濩》《武》《象》的音乐,淫靡放纵的音调,鄢、郢缤纷的舞态,《激楚》节拍急促,俳优、侏儒以及狄鞮族的女乐,凡是能使人耳目欢娱、心情愉快的娱乐,丽歌曼舞都陈奏于前,丽质天姿的美女侍奉于后。

　　"若夫青琴宓妃之徒①,绝殊离俗②,姣冶娴都③,靓庄刻饬④,便嬛绰约⑤,柔桡嬛嬛⑥,妩媚姌嫋⑦;抴独茧之褕袘⑧,眇阎易以戍削⑨,媥姺徶徶⑩,与世殊服;芬香沤郁⑪,酷烈淑郁⑫;皓齿粲烂⑬,宜笑旳皪⑭;长眉连娟⑮,微睇绵藐⑯;色授魂与⑰,心愉于侧。

【注释】

①青琴:古神女名。宓妃:洛水女神,相传是宓牺氏之女。

②绝殊离俗:指容貌与众不同。殊,异。

③姣冶娴都:皆美丽之意。

④靓庄刻饬:指极意的梳妆打扮。靓,妆扮、修饰。庄,通"妆"。

⑤便嬛(xuān)绰约:轻盈柔美。

⑥柔桡嬛嬛:指女人身材柔曲,姿态动人。桡,曲。

⑦妩媚姌(rǎn)嫋:指姿容美好使人愉悦。

⑧抴(yè):同"曳",牵引。独茧:指绸衣颜色纯正,如同出于一茧。褕(yú):即襜褕,罩在外面的直襟单衣。袘:长裙下端的边缘。

⑨眇:衣衫轻柔飘摆的样子。阎易:衣长的样子。戍削,言如刻画之作。

⑩媥姺(piān xiān)徶徶(bié xiè):衣服轻盈飘舞的样子。

⑪沤郁:香气浓烈。

⑫酷烈淑郁:香气浓厚而清醇。

⑬粲烂:鲜明的样子。

⑭昀皪(dìlì):牙齿洁白的样子。

⑮连娟:细长的样子。

⑯微睇绵藐:目光转动美好的样子。

⑰色授魂与:指可使人失容落魄。

【译文】

　　"至于青琴、宓妃那类人,容貌绝对与众不同,举世无双,美好雅丽,极意地梳妆打扮,体态修长轻盈,妖媚多姿,身穿极其漂亮颜色纯正的外衫,长短肥瘦特别合身,衣服轻盈飘舞,与世俗不同;她们身上散发出浓烈的香气,浓厚清醇;牙齿洁白,笑脸俏丽;眉毛修长,微微斜视,明目传情;以姿色、神魂相勾引,使人们在其身边感到心情愉快。

　　"于是酒中乐酣①,天子芒然而思②,似若有亡,曰:'嗟乎,此泰奢侈! 朕以览听余闲③,无事弃日④,顺天道以杀伐⑤,时休息于此,恐后世靡丽,遂往而不反,非所以为继嗣创业垂统也。'于是乃解酒罢猎,而命有司曰:'地可以垦辟,悉为农郊,以赡萌隶;隤墙填堑⑥,使山泽之民得至焉。实陂池而勿禁⑦,虚宫观而勿仞。发仓廪以振贫穷,补不足,恤鳏寡,存孤独。出德号,省刑罚,改制度,易服色,更正朔⑧,与天下为始。'

【注释】

①乐酣:音乐演奏正酣畅。

②芒然:同"茫然",思念深远的样子。

③览听:指天子听政。

④无事弃日：意即闲暇时。

⑤顺天道：随着季节变化举行活动。古人认为秋天是肃杀的季节，应该举行武事。

⑥隤（tuí）墙：拆掉上林苑四周的围墙。填堑：填平上林苑周围的壕沟。

⑦陂池：池塘。

⑧更正朔：指废止过去使用的秦历，而使用汉代新历法，即太初历。正朔，古历法术语。即正月朔日，一年开始的第一天。我国古代各朝行用不同的历法，并以不同的月份为正月。传说周朝以含冬至之月（今农历十一月）为正月，商朝以冬至后一月（今农历十二月）为正月，夏朝以冬至后二月（今农历正月）为正月。今农历即采用"夏正"。用不同历法推出的正月及各月合朔的干支、时刻、置闰是不相同的。改"正朔"，即是改革历法，采用新历。

【译文】

　　"于是酒饮到半酣，音乐也正奏得酣畅，天子茫然若有所思，仿佛若有所失，说：'哎呀，这实在太奢侈了！我因为听政之余闲暇无事，怕把光阴虚掷，所以顺应天道狩猎杀伐野兽，时常来此休息，恐怕后世子孙会益趋靡丽，逐沉湎享受迷不知返，这绝不是垂示后世的方法！'于是就马上停止酒宴，不再狩猎，而命令有关官员说：'凡是可以开垦的土地，一律让农民耕种，以此来供给黎民百姓；推倒围墙填平壕沟，使依靠山泽为生的百姓得到放牧、薪樵的地方。在池塘中养满了鱼鳖而并不禁止垂钓，离宫别馆不准居住使其空闲。发放仓廪中的杂粮以赈济贫穷，补给缺食之人，抚恤鳏寡，存问孤独。发布德政之号，减轻刑罚，改革制度，更换服色，改变历法，与天下人一起重新开始。'

　　"于是历吉日以斋戒①，袭朝衣，乘法驾②，建华旗，鸣玉鸾③，游乎六艺之囿，骛乎仁义之涂④，览观《春秋》之林⑤，射《狸首》，兼《驺虞》⑥，弋玄鹤，建干戚⑦，载云罕⑧，掩群《雅》⑨，悲《伐檀》，乐乐胥⑩。修容乎《礼》园，翱翔乎《书》圃⑪，述《易》道⑫，放怪兽，登明堂⑬，坐清庙⑭，恣群臣⑮，奏得失，四海之内，靡不受获。于斯之时，天下大说，向风而听，随流而化，喟然兴道而迁义⑯，刑错而不用⑰，德隆乎三皇，功羡于五帝⑱。若此，故猎乃可喜也。

【注释】

①历吉日：选择好日子。斋戒：祭祀前不饮酒，不吃荤等，整洁身心，以示虔诚。

②法驾：皇帝举行大典时用的车驾。《集解》引蔡邕曰："天子有大驾、小驾、法驾。法驾，上所乘，曰金根车，驾六马……属车三十六乘。"

③玉鸾：车铃的美称。

④游乎六艺之圃，骛乎仁义之涂：用"游"、用"骛"，盖仍用狩猎的语气言之，而所猎取的对象已变。前后数句皆如此。六艺：儒家的六种经典，也称"六经"，即《诗》《书》《礼》《乐》《易》《春秋》。

⑤览观《春秋》之林：即吸收《春秋》中所总结的经验与教训。《文选》李善注引如淳曰："《春秋》义理繁茂，故比之于林薮也。"

⑥射《狸首》，兼《驺虞》：古代诸侯行射礼时奏《狸首》之诗，天子行射礼时奏《驺虞》之诗。《狸首》，古逸诗篇名。《驺虞》，《诗经·召南》篇名。驺虞是一种祥瑞之兽，相传其性仁慈，不食生物，不践生草。

⑦弋玄鹤，建干戚：古有舞玄鹤以为瑞之说；又说当年舜执干戚而舞，竟使反叛的有苗归服云云。此处即指奏古乐，演古舞。

⑧载云罕（hān）：车上载着旌旗。

⑨掩：搜罗，掩捕。

⑩胥：指才智之士。

⑪修容：指以古礼约束自己。

⑫述：指研习。

⑬明堂：古代天子宣明政教的地方。

⑭清庙：太庙，天子祭祖先、议大政的地方。

⑮恣群臣：让群臣恣意进奏。

⑯喟然：《汉书》作"兟然"，犹勃然，兴起的样子。兴道而迁义：意即归向仁义之途。

⑰错：同"措"，废置。

⑱羡：多出，超过。

【译文】

　　"于是选择吉日斋戒沐浴，穿上朝服，乘着法驾，竖起华丽的旗帜，鸣动着玉鸾，优游在六艺的苑囿，驰骋在仁义的大道，观览《春秋》的林薮，涉猎《狸首》，兼及《驺虞》，矢弋《玄鹤》，舞起干戚。车上载着旌旗，网罗群《雅》诸贤，为《伐檀》篇中不遇明主的贤人而悲伤，为王者得贤才的快乐而欣喜。在《礼记》园中修饰仪表，在《尚书》圃中徘徊游赏，讲述洁净微妙的《易》道，把苑中的奇禽怪兽放生，登上明堂，坐上清庙，听任群臣陈奏得失，普天之下，无不受其恩泽。当此之时，民心大悦，百姓向风顺流接受教化，勃然复兴道德而亲近仁义，刑具废弃不用，德政之隆超过三皇，功烈之伟更逾五帝。如此，则狩猎才是真正可喜之事。

　　"若夫终日暴露驰骋，劳神苦形，罢车马之用①，抚士卒之精②，费府库之财，而无德厚之恩，务在独乐，不顾众庶，忘国家之政，而贪雉兔之获，则仁者不由也③。

从此观之,齐、楚之事,岂不哀哉! 地方不过千里,而囿居九百,是草木不得垦辟,而民无所食也。夫以诸侯之细,而乐万乘之所侈,仆恐百姓之被其尤也。"于是二子愀然改容④,超若自失⑤,逡巡避席⑥,曰:"鄙人固陋,不知忌讳⑦,乃今日见教,谨闻命矣⑧。"

赋奏,天子以为郎。无是公言天子上林广大,山谷水泉万物,乃子虚言楚云梦所有甚众,侈靡过其实,且非义理所尚⑨,故删取其要⑩,归正道而论之。

【注释】

①罢:通"疲",耗费。

②抏(wán):损耗。

③不由:不干。

④愀(qiǎo)然:恐惧变色貌。

⑤超若:犹言"怅然"。超,通"怊",即"惆"之假借字。若,同"然"。

⑥逡巡:徘徊、不知所措貌。避席:离开座位。

⑦不知忌讳:犹言"不自量力,多有冒犯"。

⑧谨闻命矣:犹言"谨遵教诲"。

⑨尚:推崇、提倡。

⑩删取:选取。

【译文】

"至于终日暴露在原野上驰骋,劳瘁精神,辛苦形体,疲惫车马,消耗士卒的精力,浪费府库的财资,却并未使百姓蒙受德泽恩惠,只是一己贪图享乐,不顾人民疾苦,为贪图一雉一兔的收获,竟忘记国家政事,仁者绝不会这样做的。由此观之,齐、楚的做法,岂不可悲吗？国家的土地只不过方圆千里，而苑囿就占了九百里，那么土地都不能开垦耕种，百姓也就衣食不周。况且以诸侯卑微的地位，而竟享受连天子都认为奢侈的生活，我担心百姓会受其祸害的。"于是子虚和乌有先生的脸色都变了，茫茫然若有所失，向后退了几步离开座位，说："鄙人孤陋寡闻，不知忌讳，今日受教了，谨遵教诲。"

献了这篇赋后，武帝任命司马相如做了郎官。《上林赋》中无是公所言天子的上林苑是那么广大，其中有高山、深谷、水泉等物，以及子虚所言楚国的云梦泽有那么多物品，这些都铺排夸张言过其实，何况也不是义理应该提倡的，所以我选取了其中一些关键的内容，使其归于正道，加以论说。

　　相如为郎数岁，会唐蒙使略通夜郎西僰中①，发巴蜀吏卒千人，郡又多为发转漕万余人②，用兴法诛其渠帅③，巴蜀民大惊恐。上闻之，乃使相如责唐蒙等，因喻告巴蜀民以非上意。檄曰：

【注释】

①唐蒙：西汉时官吏。初为鄱阳令。武帝建元六年（前135），上书皇帝通夜郎（今贵州遵义、桐梓一带）道，许之。乃拜为郎中将，将千人，往见夜郎侯多同，约为置吏，使其子为令，夜郎侯听其约。还报，乃置犍为郡。后又与司马相如开通西南夷，发巴、蜀、广汉之卒数万人凿山通道千余里，以通巴蜀。战国至秦汉时主要分布在今贵州（除去东北部）、广西西北部、云南东部及四川南部边缘地带。西僰（bó）中：在今云南滇池周围附近，因其居西部，故称。

②转漕：指运输粮草，用车曰转，用船曰漕。

③兴法：即紧急军事动员令。渠帅：大首领。

【译文】

司马相如做郎官一直做了几年,恰好这时唐蒙奉命去开辟通往夜郎、西僰中等少数民族地区的道路,当时朝廷征发巴郡、蜀郡士兵一千人,郡中为了转运粮草又征调了一万多人,而且是用了紧急动员法,哪里有人不满,就把哪里的大首领杀掉,巴、蜀两郡的百姓们大为惊恐。皇上闻知后,就派司马相如前往责备唐蒙等人,并顺便告谕巴、蜀两郡的百姓们,说明此事不是皇帝的本意。于是司马相如就写了一篇《谕巴蜀檄》,檄文说:

告巴蜀太守:蛮夷自擅不讨之日久矣①,时侵犯边境,劳士大夫。陛下即位,存抚天下,辑安中国。然后兴师出兵,北征匈奴,单于怖骇,交臂受事,诎膝请和②。康居西域③,重译请朝④,稽首来享⑤。移师东指,闽越相诛⑥。右吊番禺,太子入朝⑦。南夷之君⑧,西僰之长,常效贡职⑨,不敢怠堕。延颈举踵,喁喁然皆争归义⑩,欲为臣妾,道里辽远,山川阻深,不能自致。夫不顺者已诛,而为善者未赏,故遣中郎将往宾之⑪。发巴蜀士民各五百人,以奉币帛,卫使者不然,靡有兵革之事,战斗之患。今闻其乃发军兴制⑫,惊惧子弟,忧患长老,郡又擅为转粟运输,皆非陛下之意也。当行者或亡逃自贼杀,亦非人臣之节也。

【注释】

①自擅:自作主张。

②“然后兴师出兵”至“诎膝请和”:指元光二年王恢等图谋伏击匈奴事。所谓“受事”“请和”,是司马相如的夸饰之辞,这次举动实

则空劳无功。诎,通"屈"。

③康居:古代小国名,国都在今哈萨克斯坦南部。

④重译:经过辗转翻译。

⑤享:献,指献其珍宝。

⑥移师东指,闽越相诛:指建元三年闽越(在今福建)围攻东瓯(在今温州)事。汉发兵救东瓯,闽越亦撤军而去。

⑦右吊番禺,太子入朝:指建元六年闽越攻南越,汉派兵攻闽越以救南越,南越王感汉恩,派太子入朝宿卫。吊,慰问。番禺,今广州,当时是南越国都。

⑧南夷:指夜郎等小国。

⑨效贡职:即进贡。效,进。职,也是贡的意思。

⑩喁喁:仰望期待之状。

⑪中郎将:指唐蒙。宾:以礼安抚,招纳。

⑫军兴制:即上文之所谓"兴法"。

【译文】

告知巴蜀太守:蛮夷擅自不服朝廷管辖,很久未兴兵讨伐了。他们屡屡犯我边境,劳顿我军士将佐。当今陛下即位,先存体恤之心以安抚天下,和睦安定我中原大地。然后兴师出兵,向北讨伐匈奴,单于闻之惊骇,拱手称臣,屈膝投降。康居等西域诸国亦派来使,经过辗转翻译请求恭敬地朝贺,谦卑地进贡。军队移师向东,闽越王被其弟和臣子诛杀。紧接着雄师又慰问番禺,安抚南越王,南越王即派太子来朝。南夷的君长,西僰的统帅,纷纷进贡赋税,不敢稍有懈怠。他们伸长脖子抬高脚跟,都殷勤地仰慕朝廷,期盼早日归义,想为我朝尽奴婢之劳,无奈山高路远,阻隔重重而不能前来致意。叛逆不顺的已被诛灭,柔顺为善的却未曾受到奖赏,因此遣中郎将前往以使他们归附。征集发往巴蜀二郡的士卒各五百人,以便供奉贡品,警卫使者以防不测,兵戈相见之事并未发生,战争的忧患亦不存在。现在听说中郎将竟然发兵制定军法，让年轻者感到恐惧，使年长者心存忧虑，郡中又擅自输送粮食、转运物资，这都不是陛下的本意。应征者有的逃亡离去，有的自相残杀，这并不是臣民所应有的节操。

　　夫边郡之士，闻烽举燧燔①，皆摄弓而驰，荷兵而走，流汗相属，唯恐居后；触白刃，冒流矢，义不反顾，计不旋踵，人怀怒心，如报私仇。彼岂乐死恶生，非编列之民②，而与巴蜀异主哉？计深虑远，急国家之难，而乐尽人臣之道也。故有剖符之封③，析珪而爵，位为通侯④，居列东第⑤，终则遗显号于后世，传土地于子孙，行事甚忠敬，居位甚安佚，名声施于无穷，功烈著而不灭。是以贤人君子，肝脑涂中原，膏液润野草而不辞也。今奉币役至南夷，即自贼杀，或亡逃抵诛⑥，身死无名，谥为至愚，耻及父母，为天下笑。人之度量相越⑦，岂不远哉！然此非独行者之罪也⑧，父兄之教不先，子弟之率不谨也⑨；寡廉鲜耻，而俗不长厚也⑩。其被刑戮，不亦宜乎！

【注释】

①烽举燧燔：即点燃烽火。烽指昼日升烟，燧指夜间举火。燔，烧。

②编列之民：指名在户籍的人。

③剖符：与下文"析珪"，都是分封王侯时给受封者的信物，以表示互相信赖的意思。

④通侯：又名"彻侯""列侯"，是侯爵中的最高等级，有世袭领地。

⑤东第：皇帝为王侯们所修的府宅，因其在帝城之东，故曰东第。

⑥抵诛：犯罪被诛。

⑦相越：相差，相距。

⑧行者：指自残者与逃亡者。

⑨率：遵循长者教导。

⑩俗不长厚：风俗不够忠厚淳朴。

【译文】

　　戍守边境郡县的将士，一旦听说烽火燃起、柴薪焚烧，都手持弓箭驰马进击，肩扛武器飞奔沙场，汗流浃背仍紧随其后，唯恐落后于人；为了道义，不惜身中利刃，胸挡飞箭而勇往直前，义无反顾，没有丝毫退缩，人人怀一腔愤怒之心，如同为己利报私仇一般。难道他们喜死厌生，不是编入户籍的朝廷良民，而与巴蜀不属同一个君主吗？这是深谋远虑，急国家之难，乐于履行臣民的义务。昔日有剖符拜官、分珪受爵的人，居住头等府邸，地位高达列侯，死后还为后世留下尊贵的称号，给子孙传下封土和田地，活着时行为恭谨，居官时上下安逸，他们死后的名声自然延续久远，功业昭著当然永不灭绝。所以贤人君子，以肝脑洒沃野，用血肉润野草也都在所不惜。现在供奉礼品到南夷服役的，即便自杀而死，或因逃亡而被戮，身虽死却没留下好名声，该称他为愚蠢至极的人，这耻辱殃及父母，为天下人所不齿。为人的器量和胸襟如此悬殊，其间的距离不是很远吗！当然这错误也并不完全在那些铤而走险的人，还在于父兄往日的督教不严，不能以身作则就没有榜样的力量；没有操守气节就没有廉耻之心，不知羞耻则风俗不再淳厚。有些人为此遭受诛戮，不也是罪有应得吗！

　　陛下患使者有司之若彼①，悼不肖愚民之如此，故遣信使晓喻百姓以发卒之事，因数之以不忠死亡之罪，让三老孝弟以不教诲之过^②。方今田时,重烦百姓^③。已亲见近县,恐远所溪谷山泽之民不遍闻。檄到,亟下县道^④,使咸知陛下之意,唯毋忽也^⑤。

【注释】

①使者有司:指唐蒙与巴蜀太守等人。

②三老孝弟:皆为当时县、乡两级主管教化的官吏。

③重烦:不好烦扰,意即不全部接见。重,难于。

④亟下县道:迅速向下属各县各道传达。当时没有少数民族的地方称县,有少数民族的地方称道。

⑤唯:表示祈请的发语词。毋忽:不要忽视,认真对待。林云铭曰:"(《谕巴蜀檄》)行文平叙处作倒入势,总上处作生下势,对处作逆势,断处作续势。初阅之似平安无奇,再三读之,方见其转换卸接处笔力之高,人不能及。"

【译文】

　　当今皇上如此担忧使者和有关官员,如此哀伤不肖不贤的愚民们,因此派遣诚信的使者来明明白白告知百姓征发士卒的事情,以对朝廷不忠的罪名斥责逃亡、自杀的蠢人,以不教诲的过失责备三老孝悌教化不严。时值现在耕种季节,要特别慎重对待百姓,不使其过分烦劳。本官已亲自面告郡旁近县的百姓,因担心地处边远溪谷山泽的人不能普遍听到而发此文。檄文到达之日,尽快下发各县、道,让百姓普遍知晓皇帝的心意,务必不要忽视!

　　相如还报。唐蒙已略通夜郎,因通西南夷道,发巴、蜀、广汉卒^①,作者数万人。治道二岁,道不成,士卒多物故,费以巨万计。蜀民及汉用事者多言其不便。是时邛、筰之君长闻南夷与汉通,得赏赐多,多欲愿为内臣妾②,请吏③,比南夷。天子问相如,相如曰:"邛、笮、冉、駹者近蜀④,道亦易通,秦时尝通为郡县,至汉兴而罢。今诚复通,为置郡县,愈于南夷。"天子以为然,乃拜相如为中郎将,建节往使⑤。副使王然于、壶充国、吕越人驰四乘之传⑥,因巴蜀吏币物以赂西夷。至蜀,蜀太守以下郊迎,县令负弩矢先驱⑦,蜀人以为宠。于是卓王孙、临邛诸公皆因门下献牛酒以交欢。卓王孙喟然而叹,自以得使女尚司马长卿晚⑧,而厚分与其女财,与男等同。司马长卿便略定西夷,邛、笮、冉、駹、斯榆之君皆请为内臣⑨。除边关,关益斥⑩,西至沫、若水⑪,南至牂柯为徼⑫,通零关道⑬,桥孙水以通邛都⑭。还报天子,天子大说。

【注释】

①广汉:汉郡名,治所在今四川金堂南。

②内臣妾:即内臣。

③请吏:请朝廷委派郡县官吏。

④邛、笮(zuó)、冉、駹(máng):均当时少数民族部落。邛在今四川乐山西,笮在今乐山西南,冉、駹在今四川松潘以南。

⑤建节:执持符节。

⑥四乘之传:四匹马拉的驿车。传,驿车。

⑦负弩矢先驱:古时大臣出行的一种仪仗,四人持矢前行,道引传坐,行者止,坐者起,违者射之。这里是县令所做的一种尊崇姿态。

⑧尚:匹配、婚嫁。

⑨斯榆:古民族部落名,在今四川西昌一带。

⑩斥:远。

⑪沫、若水：沫水即今之大金川，若水即今之雅砻江。

⑫牂柯（zāng kē）：水名，即今贵州境内之北盘江。徼（jiào）：边界。

⑬零关道：古道路名。汉武帝时开。自今峨边大渡河南岸通向西昌平原的交通道路。

⑭桥孙水：在孙水上架桥。孙水，即今安宁河，源于今四川凉山州之冕宁，注入雅砻江。邛都：在今四川西昌东南。

【译文】

司马相如回京报告。这时唐蒙等已经打通了夜郎，接着他们又企图开通西南夷地区其他各小部落的道路，征发巴、蜀、广汉三郡的士兵和筑路的劳工几万人。修道两年也没有修成，而士兵死得很多，财力的耗费也以巨万计。蜀郡百姓和汉朝当政大臣大都说这件事情没好处。这时邛、筰一带的酋长们听说南夷与汉朝交往，得到了不少赏赐，所以他们也大都想附属汉朝作内臣，请求在那里设置官吏，就像南夷一样。皇上问司马相如，司马相如说："邛、筰、冉、駹等部落临近蜀郡，道路也容易开通，秦朝就曾在那里设过郡县，只是到了汉初才废弃的。现在如果能够再次开通，在那里设立郡县，我看比南夷的情况还要好。"天子认为很对，就任司马相如为中郎将，让他手持天子特发的符节前往出使。副使王然于、壶充国、吕越人乘着四匹马拉的驿车，要通过巴蜀官吏，用礼物货币贿赂西夷。司马相如到达蜀郡后，蜀郡太守及下级官吏都到郊外恭迎，县令亲自接过司马相如的弓箭替他背着在前面引路，蜀郡之人都为司马相如感到荣耀。这时卓王孙和临邛县的那些头面人物都通过司马相如的门下给他送上牛肉美酒，和他交好。卓王孙喟然长叹，觉得如果能把女儿更早一点嫁给司马相如就更好了，于是他就又分给了文君一部分丰厚的财物，让她和儿子分得一样多。司马相如便平定了西夷，邛、筰、冉、駹、斯榆等地的君长们都请求成为汉朝的属国。他们撤除了和汉朝交界的关塞，从此汉朝的疆界更扩大了，它向西到沫水、若水，南到牂柯江为界，与此同时还修好了通往零关的道路，在孙水上架起了桥梁，和邛都联系了起来。事情办好后,司马相如回长安向天子汇报,天子非常高兴。

　　相如使时,蜀长老多言通西南夷不为用,唯大臣亦以为然。相如欲谏,业已建之^①,不敢,乃著书,籍以蜀父老为辞,而己诘难之,以风天子,且因宣其使指^②,令百姓知天子之意。其辞曰:

【注释】

①建:倡议,提出。

②指:通"旨",意图。

【译文】

　　司马相如出使西南夷路经蜀郡的时候,蜀郡的长老大都说通西南夷没用处,朝廷里的大臣也这样认为。司马相如一看如此,也想劝谏天子,但由于这件事情是他首先向武帝提出的,所以不敢进言,于是就写了一篇文章,藉着蜀郡父老的名义提出问题,而自己质问、反驳他们,想讽谏天子,同时顺便向人们宣扬自己这次出使的意图,让百姓们了解天子的旨意。文章说:

　　　　汉兴七十有八载,德茂存乎六世^①,威武纷纭^②,湛恩汪濊^③,群生澍濡^④,洋溢乎方外。于是乃命使西征^⑤,随流而攘^⑥,风之所被,罔不披靡。因朝冉从駹^⑦,定笮存邛,略斯榆,举苞满^⑧。结轶还辕^⑨,东乡将报,至于蜀都。

【注释】

①六世:指汉高祖、汉惠帝、吕后、汉文帝、汉景帝、汉武帝。

②威武纷纭:指武功盛多。

③湛恩汪濊:犹言皇恩浩荡。

④群生澍(shù)濡:所有生灵皆蒙朝廷恩泽。

⑤命使:即派遣唐蒙等人。

⑥流:行。

⑦朝冉从骁:意即使冉、骁等小国归附汉朝。

⑧苞满:又作"苞蒲",古民族名,在今云南昆明以北。

⑨结轶还辕:"结轶""还辕"是同义词叠用,犹言"回车"。

【译文】

　　汉朝建立七十八年,威德传扬于世也已有六代,威武雄壮、皇恩浩荡,万物皆蒙恩泽,洋溢内外。于是朝廷就派遣使者西征,夷狄见风而退,顺流而让,王风覆盖之处,无不所向披靡。于是冉、骁二族归附,继而安定筰都,抚恤邛都,夺取斯榆,占领苞蒲。如水的车马络绎返回,将要东报朝廷,驱车飞驰成都。

　　耆老大夫荐绅先生之徒二十有七人①,俨然造焉②。辞毕③,因进曰:"盖闻天子之于夷狄也,其义羁縻勿绝而已④。今罢三郡之士⑤,通夜郎之涂,三年于兹,而功不竟,士卒劳倦,万民不赡。今又接以西夷,百姓力屈,恐不能卒业,此亦使者之累也⑥,窃为左右患之。且夫邛、筰、西僰之与中国并也,历年兹多,不可记已。仁者不以德来,强者不以力并,意者其殆不可乎!今割齐民以附夷狄,弊所恃以事无用⑦,鄙人固陋,不识所谓。"

【注释】

①耆老:指受人敬重的长者。

②造：造访，见。

③辞：这里指刚见面时的寒暄话。

④羁縻：用绳稍微拴着，指不切实严管，但也不使离去。羁、縻的本义都是指拴牲口的缰绳、络头。

⑤罢：使疲惫。三郡：指前文所说的巴郡、蜀郡、广汉郡。

⑥使者：指司马相如。

⑦所恃：即指上文所说的"齐民"。无用：指应当"羁縻勿绝"的夷狄。

【译文】

　　当地德高望重的长者与官员二十七人，庄重地拜见了使者。寒暄已毕，于是进言："听说天子对夷狄之人，原则上仅是牵制而不与其完全断绝关系罢了。如今使三郡将士疲惫，开拓去夜郎的道路，至今已有三年，而大功未成，三郡将士疲倦辛劳，万民百姓无法赡养。现在又紧接着开通西夷，百姓已经穷尽气力，恐怕不能完成此业。这也是您的累赘，我们私下为您忧虑。况且邛都、筰都、西僰等西夷与中国并列，经历的年代已多，时日不可胜记。虽有恩德不能归其心，虽有强力不能并其国，想来恐怕是因为路途艰险而不能为吧！如今分割齐民财物而让夷狄之人富足，放弃齐民去奉事无用的夷狄，使帝王的百姓疲顿困乏，我们见识短浅，不知所言对还是不对。"

　　使者曰："乌谓此邪？必若所云，则是蜀不变服而巴不化俗也①。余尚恶闻若说②？然斯事体大，固非观者之所覗也③。余之行急，其详不可得闻已，请为大夫粗陈其略。盖世必有非常之人，然后有非常之事；有非常之事，然后有非常之功。非常者，固常人之所异也。故曰非常之原，黎民惧焉；及臻厥成，天下晏如也④。

【注释】

①蜀不变服而巴不化俗：变服、化俗，指巴蜀百姓改变固有的服饰习俗归附中原国家。

②恶：讨厌。若：你，你的。

③觏（gòu）：看，这里指看懂、明白。

④非常之原，黎民惧焉；及臻厥成，天下晏如也：此即法家所谓"民者不可与虑始，可与乐成"。非常之原，重大事件的开端。臻，至。厥成，事情已经办成。天下晏如，天下太平。

【译文】

　　使者说："何出此言呢？假使真如你们所说的，那么蜀郡和巴郡也不会改变原来的服饰习俗归附中原了。我是讨厌听这种话的？但是此事重大，因此也不是旁观者能够体察的。我的行程紧急，其间详情没有机会向你们解释了，请允许我粗陈其间的大致情形。大凡世间一定有异乎寻常的人才，然后才有异乎寻常的事业；有异乎寻常的事业，然后才有异乎寻常的功业。异乎寻常的东西，原本是常人见之为异才成为奇异的。因此说当异乎寻常的东西一旦出现，百姓就畏惧它；及至它获得成功，天下也就安定清平了。

　　"昔者鸿水浡出①，泛滥衍溢，民人登降移徙，陭㠊丢而不安②。夏后氏戚之，乃堙鸿水，决江疏河，漉沉赡灾③，东归之于海，而天下永宁。当斯之勤，岂唯民哉？心烦于虑而身亲其劳，躬胝无胈④，肤不生毛。故休烈显乎无穷⑤，声称浃乎于兹⑥。

【注释】

①浡出：《汉书》作"沸出"。

②陭陁:《汉书》作"崎岖"。

③漉:分。沉:深水。赡:安定。

④躬胝(zhī)无胈(bá):身上的皮都磨得厚厚的,看不到一点嫩肉。胈,嫩肉。

⑤休烈:美好的功业。

⑥浃:浸润,透彻。

【译文】

"过去洪水泛滥肆虐,人们登高避低迁移,道路崎岖而不得安居。夏禹为此深深忧虑,便改堵塞洪流为疏通江河,分散洪水解除水灾,大水就此流往东方,归于大海,天下就此永远安宁。在这费心费力之时,勤于救灾的难道只有人民吗?夏禹被忧虑烦恼所困,他参与劳作事必躬亲,手脚生茧,身上的皮都磨得厚厚的没有嫩肉了,皮肤竟磨光了汗毛。所以美好伟大的功业就此流芳于万世,声名和称颂才流传于今。

"且夫贤君之践位也,岂特委琐握龊^①,拘文牵俗,循诵习传,当世取说云尔哉!必将崇论闳议,创业垂统,为万世规。故驰骛乎兼容并包,而勤思乎参天贰地^②。且《诗》不云乎:'普天之下,莫非王土;率土之滨,莫非王臣^③。'是以六合之内^④,八方之外,浸浔衍溢^⑤,怀生之物有不浸润于泽者^⑥,贤君耻之。今封疆之内,冠带之伦,咸获嘉祉^⑦,靡有阙遗矣。而夷狄殊俗之国,辽绝异党之地^⑧,舟舆不通,人迹罕至,政教未加,流风犹微。内之则犯义侵礼于边境^⑨,外之则邪行横作^⑩,放弑其上^⑪。君臣易位,尊卑失序,父兄不辜,幼孤为奴,系累号泣^⑫,内向而怨,曰'盖闻中国有至仁焉,德洋而恩普,物靡不得其所,今独曷为遗己'。举踵思慕,若枯旱之望雨。戾夫为之垂涕^⑬,况乎上圣,又恶能已^⑭?故北出师以讨强胡,南驰使以诮劲越。四面风德^⑮,二方之君鳞集仰流^⑯,愿得受号者以亿计。故乃关沫、若^⑰,徼牂柯^⑱,镂零山^⑲,梁孙原^⑳。创道德之涂,垂仁义之统。将博恩广施,远抚长驾,使疏逖不闭,阻深暗昧得耀乎光明^㉑,以偃甲兵于此,而息诛伐于彼。遐迩一体,中外禔福^㉒,不亦康乎?夫拯民于沉溺,奉至尊之休德,反衰世之陵迟^㉓,继周氏之绝业^㉔,斯乃天子之急务也。百姓虽劳,又恶可以已哉?

【注释】

①委琐握龊(chuò):指拘拘束束,无所作为。握龊,同"龌龊"。

②参天:与天同高。贰地:与地同大。

③普天之下,莫非王土;率土之滨,莫非王臣:见《诗经·小雅·北山》。

④六合:指上下和东西南北四方。

⑤浸浔衍溢:雨露满布的样子。

⑥怀生之物:指一切动植物。

⑦嘉祉:犹言"洪福"。

⑧异党:犹言"异类",是对少数民族的蔑称。

⑨内之:将其接纳进来。

⑩外之:将其抛弃不管。

⑪放弑:驱逐或杀害。

⑫系累(léi):捆绑、拘囚。

⑬戾(lì)夫:狠戾之人。戾,暴戾。

⑭恶(wū):如何,哪里。已:停止。

⑮风：吹拂、蒙受。

⑯二方：指西夷和南夷诸部。鳞集仰流：群鱼并列迎着水流，喻人心归向。

⑰关沫、若：以沫、若二水为边关。

⑱徼牂柯：以牂柯江为边界。

⑲镂零山：在零山上凿山通道。零山，在今四川峨边南。

⑳梁孙原：在孙水上架桥。孙原，孙水的源头，在今四川西昌附近。

㉑使疏逖（tì）不闭，阻深暗昧得耀乎光明：使疏远之国不被壅闭，黑暗幽深之处得见光明。疏逖，边远。暗昧，昏暗。

㉒褆（zhī）福：幸福。褆，幸福。

㉓陵迟：衰败。

㉔继周氏之绝业：汉朝有些人不承认秦朝是一个朝代，说汉朝是直接继承周朝。

【译文】

"而且贤明的君主即位，难道仅是局促委琐，拘泥于小节，受流俗牵制，拘泥于前人传习的东西，为讨好当世而人云亦云吗！必将以崇高博大的理论，去开创基业传给后代，去制定法度给子孙万世。所以能奔走趋赴而包容众物，勤于思考而与天地并列。况且《诗经》中不是说过吗：'普天之下，没有什么地方不是帝王的领土；四海之内，没有一人不是帝王的臣民。'因此天地之内，八方之外，润泽有余，凡有生命的东西，若是没有受到滋养浸润，则必是贤君以为耻辱的事。而今疆界之内，卿大夫一类都获得了福祉而没有缺遗。夷狄为习俗迥异的国家，远远地与中原隔绝，且又是不同族类的地域，车船不通，人迹罕至，当朝的政治教化还未施加，前代遗留的懿美风尚还未显露。接纳它，则在边境侵蚀触犯礼义；拒绝它，则邪行横作、胡作非为，逐杀其君。使君臣易位，使尊卑失序，使父老无辜被杀，使幼孤沦为奴隶。被捆绑拘禁的哭号涕泣，抱怨朝廷说：'听说中国有最好的仁政,德政多而恩惠广,没有什么事物得不到它应有的处所,为什么今天会独独遗弃了我?'立起脚跟思慕朝廷,像那枯萎干旱的草木急切盼望下雨,凶猛暴烈的人尚且会为此垂泪,何况贤明圣德的皇上,又怎能停止交好夷狄、开拓疆域呢? 所以向北派军队讨伐强悍的匈奴,向南则遣使者急驰而去责备强劲的南越,宣谕圣上的恩德,二夷的君长们才会像鱼汇集一起,仰首向上,承接清流。期望得到尊号者以亿计。因此才拿沫水、若水作为关隘,以牂柯江作为边界,疏导治理通往零山的道路,架桥于孙水的源头。开创道德的通路,流传仁义的大统,将要广泛地施恩行惠,安抚和驾驭边远的地方,让那疏远者不至冷落拘束,让那昏暗处也蒙光明照耀。借以平息此间的战事,停止彼处的征讨。远近一体,中外安康,不是也很安定快乐吗? 拯救芸芸众生于水深火热之中,尊奉圣明天子的美德,翻转穷途末世的衰颓,承继先周君主的事业,这都是天子的当务之急。百姓虽有劳乏困苦,又怎么可以因此而停止呢?

　　"且夫王事固未有不始于忧勤,而终于佚乐者也。然则受命之符,合在于此矣。方将增泰山之封,加梁父之事①,鸣和鸾,扬乐颂,上咸五②,下登三③。观者未睹指,听者未闻音,犹鹪明已翔乎寥廓④,而罗者犹视乎薮泽⑤。悲夫!"

【注释】

①增泰山之封,加梁父之事:即所谓"封禅",是当时的"盛典"。增泰山之封,到泰山顶筑台祭天。加梁父,在梁父山下拓场祭地。

②咸五:与五帝之德相同。咸,同。五,指五帝。

③登三:超过三王之治。登,超过。三,指三王。

④寥廓：指苍空。

⑤罗者：捕鸟人。薮泽：草泽。

【译文】

　　"况且王者的事业本来就没有不始于忧患而终于安乐的。既然如此，天命的征兆，也就全在这了。陛下将要增泰山之封，加梁父之事，此等大事使车驾的和鸾叮当作响，让音乐和颂扬之声四处张扬，上与五帝齐德，下超越三王之上。观看的人连手指头都没能看到，谛听的人连一丝声音也没听到，如同鹝鹏已翱翔在辽阔的天空，而捕捉者都还在注视那湖泽一样。可悲啊！"

　　　于是诸大夫芒然丧其所怀来而失厥所以进，喟然并称曰："允哉汉德①，此鄙人之所愿闻也。百姓虽怠，请以身先之。"敞罔靡徙②，因迁延而辞避③。

【注释】

①允：诚然、实在。

②敞罔：失意的样子。靡徙：徘徊，进退失据。

③迁延：手足失措的样子。刘勰曰："相如之难蜀老，文晓而喻博，有移檄之骨焉。"林云铭曰："是文谓宣其使指，令百姓知天子之意则可。若谓以风天子，其事已成，不使中绝，且词中劝百讽一，又不知其已矣。总长卿以词赋得幸，多迎合上意。如上好游，则为《上林赋》；上好神仙，则为《大人赋》，至死犹言封禅，遗札以奏，则此篇未必非迎合。"

【译文】

　　于是各位大夫茫茫然丧失了来时所抱的期望，失去了来时进见的动机，感慨地一起称颂说："称得起啊，汉朝的威德，这正是我们希望听到的。百姓虽然劳苦，但我们可以请求身先士卒，走在他们前面。"客人精神怅惘而起身欲走，稍作停留后就告辞退出。

　　其后人有上书言相如使时受金，失官。居岁余，复召为郎。相如口吃而善著书。常有消渴疾^①。与卓氏婚，饶于财。其进仕宦，未尝肯与公卿国家之事，称病闲居，不慕官爵。常从上至长杨猎^②，是时天子方好自击熊彘，驰逐野兽，相如上疏谏之。其辞曰：

【注释】

　　①消渴疾：病名，包括糖尿病、尿崩症等。

　　②长杨：汉宫名，故址在今陕西周至东南。《正义》引《括地志》曰："秦长杨宫在雍州盩厔县东南三里。上起以官，内有长杨树，以为名。"

【译文】

　　后来有人上书说司马相如出使时收受钱财，司马相如因而被免官。过了一年多，又再次召他回去做了郎官。司马相如说话口吃却善于写文章。他平常患有消渴病。他和卓文君结婚后，财产富足。他做官的时候，从来没有参加过公卿大夫们有关国家大事的讨论，常借口有病在家闲居，不羡慕官职爵位。他曾经跟随皇上到长杨宫打猎，这时天子正喜欢亲自去和狗熊、野猪搏斗，喜欢骑马追逐野兽，司马相如上书劝谏此事。其辞说：

　　　臣闻物有同类而殊能者，故力称乌获^①，捷言庆忌^②，勇期贲、育^③。臣之愚，窃以为人诚有之，兽亦宜然。今陛下好陵阻险^④，射猛兽，卒然遇轶材之兽^⑤，骇不存之地，犯属车之清尘^⑥，舆不及还辕，人不暇施巧⑦,虽有乌获、逢蒙之伎⑧,力不得用,枯木朽株尽为害矣。是胡越起于毂下⑨,而羌夷接轸也⑩,岂不殆哉!虽万全无患,然本非天子之所宜近也。

【注释】

①乌获:战国时秦国的勇士。

②庆忌:春秋末吴王僚之子,以勇力闻名。

③贲、育:孟贲、夏育,皆为战国时的著名勇士。

④陵阻险:跨越险峻之地。

⑤轶材:本领超群。

⑥犯属车之清尘:冲撞了您的副车,是冲犯皇帝的委婉说法。属车,皇帝的副车。清尘,车后扬起的尘埃。

⑦施巧:指格斗、擒拿等。

⑧乌获、逢(páng)蒙:皆为古代的善射者。

⑨胡越:泛指各种敌人。下文"羌夷"同此。毂下:天子车乘之下。毂,车轮中间轴贯入处的圆木,此处指天子的车乘。

⑩接:紧挨。轸:车后横木,此处指天子的车乘。

【译文】

　　我听说物有同类而才能却不同,因此,要讲力气,人们就推乌获;要讲迅捷,人们就推庆忌;要讲勇猛无畏,人们就推孟贲、夏育。在下愚钝,暗自认为人有这种差别,野兽也是一样的。如今陛下喜欢翻山越岭去追射猛兽,假如突然遇到一只本事特别大的,在您意想不到的地方,突然突然侵犯您的车子,使您的车子来不及躲闪,人也无暇还手擒拿它,那时您即使有乌获的气力,逢蒙的功夫,也来不及防卫,这时就会连一截枯木一棵烂树桩都可能对您构成危害了。这就如同胡人、越人突然从您的车下跳出,就如同羌人、夷人突然来到了您的车旁,这不是很危险吗!退一步说,纵然您能小心谨慎,始终保证安全,但这种事情本来也不是适合天子去干的。

　　　　且夫清道而后行①,中路而后驰②,犹时有衔橛之变③,而况涉乎蓬蒿,驰乎丘坟,前有利兽之乐而内无存变之意,其为祸也不亦难矣!夫轻万乘之重不以为安,而乐出于万有一危之涂以为娱,臣窃为陛下不取也。盖明者远见于未萌而智者避危于无形,祸固多藏于隐微而发于人之所忽者也。故鄙谚曰"家累千金,坐不垂堂"④。此言虽小,可以喻大。臣愿陛下之留意幸察⑤。

　　上善之。还过宜春宫⑥,相如奏赋以哀二世行失也。其辞曰:

【注释】

①清道:道路戒严,禁止行人往来。

②中路:路的当中。驰:快跑。

③衔橛之变:指马的缰绳嚼子出变故,造成突然灾祸。衔、橛,皆为嚼子,形状不同。

④垂堂:这里指屋檐下。

⑤臣愿陛下之留意幸察:林云铭曰:"此全为陵阻险、射猛兽而发,说得悚然可畏,绝不提出纵兽荒禽,废事失德腐语。对英主言,自当如此。"李兆洛曰:"(《谏猎疏》)朴而能华。发端雄奇,敷陈恳到,有屈刀为镜之妙。"

⑥宜春宫:秦朝宫殿名,在今陕西西安东南。

【译文】

　　而且平时总是先清道戒严之后您才出门,车子也总是到了宽广的大路中间才开始快跑，即使这样有时还免不了出些缰绳嚼子上的问题，何况打猎时要钻进草地，冲上山头，那时前头有野兽吸引，自己内心丝毫没有应付意外事变的准备，到那时要是遇到意外可就难办了！那种轻易出动大驾而不考虑安全，冒着即使只有万分之一的危险去追求快乐，我私下认为陛下不应该这么做。所谓圣明者，就在于他能预料那些尚未萌发的事；所谓智者，就在于他能避免尚未发生的危险，灾祸本来就大多隐藏在那种不引人注目、让人们容易忽视的地方。所以俗话说"家有千金的富人，绝不坐在屋檐下"。这话虽然说的是小事，却可以比喻大道理。我希望陛下多留意观察。

汉武帝认为他说得很对。等回长安经过宜春宫的时候，司马相如又写了一篇哀叹秦二世过失的辞赋献给了武帝。文章说：

　　登陂陁之长阪兮①，坌入曾宫之嵯峨②。临曲江之隑州兮③，望南山之参差。岩岩深山之谾谾兮④，通谷豁兮谽谺⑤。汨减噏习以永逝兮⑥，注平皋之广衍。观众树之塕薆兮⑦，览竹林之榛榛⑧。东驰土山兮，北揭石濑⑨。弥节容与兮⑩，历吊二世⑪。持身不谨兮，亡国失埶⑫。信谗不寤兮⑬，宗庙灭绝。呜呼哀哉！操行之不得兮，坟墓芜秽而不修兮，魂无归而不食⑭。夐邈绝而不齐兮⑮，弥久远而愈佅⑯。精罔阆而飞扬兮⑰，拾九天而永逝⑱。呜呼哀哉！

【注释】

①陂陁：倾斜的样子。长阪：长坡。

②坌（bèn）入：并入。曾宫：重叠的宫殿。曾，通"增"，层叠。

③曲江之隑（qí）州：曲江池中的长洲。曲江池在宜春苑中。隑，长。

④谹谹（hōng）：空深貌。

⑤碦（huò）兮嵱衙（hān xiā）：山谷空大的样子。

⑥泪减（yù yù）嚁习：水势迅疾翻滚的样子。

⑦塕薆（wěng ài）：茂密多荫的样子。

⑧榛榛：草林丛生的样子。

⑨揭（qì）：撩起衣服以涉浅水。石濑：水流沙石之上。

⑩容与：前进舒缓的样子。

⑪历吊：跟随凭吊。历，跟随。

⑫埶：通“势”。

⑬寤：觉悟。

⑭不食：不能享受祭祀。

⑮敻（xiòng）邈绝：远远地隔绝。不齐：不被尊敬。

⑯愈休：越来越不被人所知。休，通“昧”，隐匿。

⑰精罔阆：精魂恍惚涣散。

⑱拾：上升。

【译文】

　　登上那倾斜的山坡啊，走进那层叠嵯峨的宫殿。面对着曲江里的长洲啊，遥望着高高低低的南山。深山高峻幽静啊，空谷深不可测。疾逝的流水一去不返啊，注入那广阔无垠的平原。看林木郁郁葱葱啊，竹林多么茂盛。我向东跑上土山啊，向北涉过浅滩。我停下来徘徊不进啊，凭吊那秦二世的陵园。只因你放纵自己啊，招致了国破家亡。又因你听信谗言而不醒悟啊，断绝了你们嬴氏宗庙的祭祀。呜呼哀哉！品行不好的人啊，你的坟墓一片荒芜无人看管，你的灵魂没有归宿也不能享受祭祀。你已被远远地隔绝而不被尊敬啊，时间愈久远愈不被人所知。你的精魂已经四散飞扬啊，直上九天而永不回还。呜呼哀哉！

相如拜为孝文园令①。天子既美子虚之事,相如见上好仙道,因曰:"上林之事未足美也,尚有靡者②。臣尝为《大人赋》,未就,请具而奏之。"相如以为列仙之传居山泽间,形容甚癯③,此非帝王之仙意也,乃遂就《大人赋》。其辞曰:

【注释】

①孝文园令:汉文帝陵邑的行政长官,位同县令。《索隐》引《百官志》曰:"陵园令,六百石,掌案行扫除。"

②靡:美好。

③形容:容貌。癯:瘦。

【译文】

司马相如后来做了汉文帝陵园邑的行政长官。汉武帝称赞过他的《子虚赋》后,司马相如见汉武帝喜好神仙方术,便说:"《子虚》《上林》所讲的事情还不够好,还有比那个更美好的。我正在写《大人赋》,尚未完成,等写完后我上奏给您。"司马相如认为世人传说中的那些神仙都住在深山大泽里,面容清瘦,而这样的神仙不是帝王们愿意当的,于是他就写成《大人赋》。文章说:

世有大人兮①,在于中州②。宅弥万里兮,曾不足以少留。悲世俗之迫隘兮,朅轻举而远游③。垂绛幡之素霓兮④,载云气而上浮⑤。建格泽之长竿兮⑥,总光耀之采旄⑦。垂旬始以为幓兮⑧,抴彗星而为髾⑨。掉指桥以偃蹇兮,又旖旎以招摇⑩。揽欃枪以为旌兮⑪,靡屈虹而为绸⑫。红杳渺以眩湣兮⑬,猋风涌而云浮。驾应龙象舆之蠖略逶丽兮⑭,骖赤螭青虬之蚴蟉蜿蜒⑮。低卬夭蟜据以骄骜兮⑯,诎折隆穷蟉以连卷⑰。沛艾赳蜩仡以佁儗兮^⑱，放散畔岸骧以孱颜^⑲。跮踱辋辖容以委丽兮^⑳，绸缪偃蹇怵奂以梁倚^㉑。纠蓼叫奡蹋以艐路兮^㉒，蔑蒙踊跃腾而狂趡^㉓。莅飒卉翕熛至电过兮^㉔，焕然雾除，霍然云消^㉕。

【注释】

①大人：喻指天子。

②中州：中国。

③悲世俗之迫隘兮，揭（qiè）轻举而远游：《远游》曰："悲时俗之迫厄兮，愿轻举而远游。"迫隘，局促、狭窄。揭，离去。轻举，轻身飞举。

④素霓：即白虹。

⑤载云气而上浮：《远游》曰："焉托乘而上游。"又曰："掩云气而上征。"载，处，置身。

⑥建格泽之长竿兮：将格泽星当作旗杆竖起来。建，竖起。格泽，星名。《天官书》曰："格泽星者，如炎火之状，黄白，起地而上，下大，上兑。"

⑦总光耀之采旄：系上光芒闪耀的彩色旌旗。总，系。《远游》曰："建雄虹之采旄兮，五色采而炫耀。"

⑧垂旬始以为慘（shān）兮：意谓悬挂起用旬始星做成的飘带。旬始，星名。《天官书》："旬始出于北斗旁，状如雄鸡。其怒，青黑，象状鳖。"幓，旌旗的飘带。

⑨抴：拖曳。臂：旌旗上所垂的羽毛。

⑩掉指桥以偃蹇兮，又旖旎以招摇：指旌旗随风飘动之态。掉，摇摆。指桥，轻柔的样子。偃蹇，曲折辗转的样子。旖旎，轻盈柔顺的样子。招摇，摇动的样子。

⑪欃枪：指天欃、天枪两星。《天官书》："天欃长四丈，末锐；天枪长数丈，两头锐，其形似彗也。"

⑫靡:缠绕。屈虹:断虹。绸:通"韬",指旗杆的护套。

⑬红:指红色云。眩湣:浑沌不清的样子。

⑭应龙:传说中的有翼之龙。蠵略逶丽:行进曲折蜿蜒的样子。

⑮蟉蟉(yōu liú):屈曲行动的样子。

⑯低卬夭蟜(jiǎo)据以骄骜兮:自此句以下至本段末状赤螭、青虬的各种姿态。夭蟜,屈伸自如的样子。据,伸直脖子。骄骜,《索隐》引张揖曰:"骄骜,纵恣也。"

⑰隆穷:隆起的样子。蠼(jué):通"躩",卷曲貌。连卷:屈曲貌。

⑱沛艾赳螑(xiù):群龙摇头、伸头时高时低貌。仡(yì)以佁儗(yì):壮勇而凝滞不动之状。

⑲畔岸:放纵任性貌。骧以孱颜:马齿参差不齐貌。

⑳跮踱(dié duó)辖(gé)辖:忽进忽退、摇目吐舌的样子。容以委丽:谓急步趋行,摇摇摆摆。

㉑绸缪:即"蜩蟉"。《汉书注》引张揖曰:"掉头也。"怵臭(ào)以梁倚:奔走迅疾貌。

㉒纠蓼叫奡(ào):纠缠高起貌。艐路:落到地面。

㉓狂趡:飞快奔跑。

㉔苕飒卉翕:《汉书》"卉"作"芔"。《汉书注》引张揖曰:"苕飒,飞相及也。芔翕,走相追也。"熛至电过:奔跑疾速,如火焰飞至,雷电闪过。

㉕霍然:消散貌。

【译文】

世间有大人啊,住在中州。宅院虽遍及万里啊,竟不能稍作停留。悲叹处境的艰难是迫于世俗之圈啊,轻装离家迅捷前进而远游。乘着白霓虹幡啊,载着那云气轻飏。竖起格泽星作长竿啊,系结光耀的彩旗。高挂旬始星作旗边悬垂的流苏啊,拽来彗星做旗上的羽毛。旌旗猎猎随风指靡啊,又顺风飘飘摇摇。摘天欃天枪两星做旗帜啊,缠绕断虹作旗杆的护套。缥缈的红色云气迷迷蒙蒙啊,像风暴奔涌飘浮空中。跨神龙、乘象车逶迤前行啊,驾赤螭、驱青虬蜿蜒而走。高低伸曲气派地恣意奔驰啊,弯曲起伏如尺蠖般一弯一隆起。马首低昂凝伫啊,高傲任性地翘首。时进时退摇目吐舌像鸟儿展翅飞翔啊,前顾后盼如脱兔一般奔跑,屈曲婉转奔走迅疾。缠绕喧呼踏上路途啊,踊跃腾起飞一样狂奔。呼吸间已如闪电经过啊,忽然间有如云消雾霁。

　　　邪绝少阳而登太阴兮①,与真人乎相求②。互折窈窕以右转兮③,横厉飞泉以正东④。悉征灵圉而选之兮⑤,部乘众神于瑶光⑥。使五帝先导兮⑦,反太一而从陵阳⑧。左玄冥而右含雷兮⑨,前陆离而后潏湟⑩。廝征伯侨而役羡门兮⑪,属岐伯使尚方⑫。祝融惊而跸御兮⑬,清雾气而后行⑭。屯余车其万乘兮,綷云盖而树华旗⑮。使句芒其将行兮⑯,吾欲往乎南嬉。

【注释】

①邪绝少阳:斜渡东极。太阴:指北极。

②真人:指长生久视的仙人。

③窈窕:深远的样子。

④厉飞泉:渡过飞泉谷。《正义》引张揖曰:“飞泉,谷也,在昆仑山西南。”

⑤灵圉:仙人名。

⑥部乘:《汉书》作“部署”。瑶光:即“摇光”,星名。《集解》引《汉书音义》曰:“摇光,北斗构头第一星。”

⑦五帝:五方天帝。《周礼·春官·小宗伯》:“兆五帝于四郊。”郑

玄注:"苍曰灵威仰,太昊食焉;赤曰赤熛怒,炎帝食焉;黄曰含枢纽,黄帝食焉;白曰白招拒,少昊食焉;黑曰汁光纪,颛顼食焉。"

⑧太一:天神名。《天官书》:"中官天极星,其一明者,太一常居也。"陵阳:指仙人陵阳子明。

⑨玄冥:一名雨师,水神;又说为北方天帝颛顼之佐神。含雷:《集解》引《汉书音义》曰:"含雷,黔嬴也,天上造化神名也。或曰水神。"

⑩陆离、滴湟:皆神名,或曰皆灵鸟名。

⑪厮:用为动词,奴役。征伯侨、羡门:皆仙人名。羡门,名高。

⑫属岐伯:使岐伯归属。岐伯,古名医,相传为黄帝臣。尚方:主管方药。

⑬祝融:相传为南方炎帝之佐。惊:应作"警",警戒。跸:清道。

⑭雾气:浊恶之气。

⑮缀云盖:杂合五彩云以为车盖。缀,合。

⑯句芒:相传为东方青帝之佐。将行:引路。

【译文】

　　斜渡少阳而登太阴啊,去与仙人相会相交。反转交互转向深远的右方啊,横渡飞泉谷再奔向正东。招集仙人精挑细选啊,部署众神在那摇光星上。命令五帝前行去开路啊,遣返太乙让陵阳为侍从。左有玄冥而右有含雷啊,前有陆离而后有滴湟。役使征伯侨和羡门高啊,让岐伯去掌管方药。让祝融警戒清道啊,先清除那恶气再往前行。集合我的万乘车驾啊,高举那彩云车盖再树起华美的旌旗。让句芒带队随行啊,我将去那南方嬉戏。

　　历唐尧于崇山兮①,过虞舜于九疑②。纷湛湛其差错兮③,杂逯胶葛以方驰④。骚扰冲苁其相纷挐兮⑤,滂濞泱轧洒以林离⑥。钻罗列聚丛以茏茸兮⑦,衍蔓流烂坛以陆离⑧。径入雷室之砰磷郁律兮⑨,洞出鬼谷之崛礧嵬磈⑩。遍览八纮而观四荒兮⑪,朅渡九江而越五河⑫。经营炎火而浮弱水兮⑬,杭绝浮渚而涉流沙⑭。奄息总极泛滥水嬉兮⑮,使灵娲鼓瑟而舞冯夷⑯。时若薆薆将混浊兮⑰,召屏翳诛风伯而刑雨师⑱。西望昆仑之轧沕洸忽兮⑲,直径驰乎三危⑳。排阊阖而入帝宫兮㉑,载玉女而与之归㉒。舒阆风而摇集兮㉓,亢乌腾而一止㉔。低回阴山翔以纡曲兮㉕,吾乃今目睹西王母㉖。曤然白首载胜而穴处兮㉗,亦幸有三足乌为之使㉘。必长生若此而不死兮,虽济万世不足以喜㉙。

【注释】

①崇山:尧的坟墓之所在,在今山西临汾西南。

②九疑:亦作"九巍"。舜的坟墓之所在,在今湖南宁远南。这里指过访唐尧,又拜会虞舜。

③湛湛:积厚。差错:交错。

④杂遝:即"杂沓",众多杂乱的样子。胶葛:错杂的样子。方驰:并驾而驱。

⑤冲苁(cōng):纠结。纷挐(rú):纷乱。

⑥滂(pāng)濞泱轧:众盛无际的样子。

⑦钻罗列聚丛:钻,集聚。聚丛,聚集。茏(lóng)茸:聚集的样子。

⑧衍蔓流烂:蔓延遍布的样子。坛:平广的样子。陆离:参差散乱的样子。以上几句皆写部从仪仗之众多。

⑨雷室:即雷渊,传说中的水名。砰磷郁律:深峻的样子。

⑩洞出鬼谷:从鬼谷中穿出。洞,穿。鬼谷,《汉书音义》曰:"鬼谷在北辰下,众鬼之所聚也。"崛礧(jué lěi)嵬磈(huái):错落不平

的样子。

⑪八纮：犹"八极"。

⑫九江：长江的众多支流。师古引张揖曰："九江在浔阳县南，皆东合为大江者。"五河：颜师古曰："五河，五色之河也。《仙经》说有紫、碧、绛、青、黄之河。"

⑬炎火：传说中的火焰山。弱水：传说中的西方水名。

⑭杭绝浮渚：乘船渡过浮渚。杭，渡。绝，渡过。浮渚，露出水面的小块露地。流沙：传说中的河水名。

⑮奄息总极：在总极休息。总极，山名，即葱岭，为帕米尔高原、昆仑山及天山西段之总称。泛滥：浮沉。

⑯灵娲：即女娲。冯夷：即河伯。

⑰菱菱：昏暗不明的样子。

⑱屏翳：天神的使者。《正义》引应邵曰："屏翳，天神使也。"

⑲轧沕洸忽：隐约不明的样子。

⑳三危：神话中的山名。《山海经•西山经》："又西二百二十里，曰三危之山，三青鸟居之。"

㉑阊阖：传说中天官的南门。

㉒玉女：神女。

㉓舒：从容登上。阆风：在昆仑山之颠，相传为仙人所居。集：栖止，停息。

㉔亢乌腾：《集解》引《汉书音义》曰："亢然高飞，如乌之腾也。"

㉕阴山：今河套以北、大漠以南诸山之总称。纡曲：回旋。

㉖西王母：传说中的西方女仙。《正义》引张揖曰："西王母，其状如人，豹尾，虎齿，蓬发，皬然白首。石诚金穴，居其中。"

㉗皬然：洁白的样子。胜：指妇女的首饰。

㉘三足乌：王先谦以为乃"三青鸟"之误，三青鸟传说为西王母取食。

㉙不足以喜：言西王母的难苦生活不值得夸耀。

【译文】

　　过了崇山见到唐尧啊,途径九嶷去拜会虞舜。前路纷繁而交错重重啊,马蹄声碎群马飞奔。骚扰相撞乱纷纷啊,澎湃淋漓无涯无际。攒集罗列聚集起来啊,蔓延散布而参差不齐。直入那险要深峻的雷渊啊,深入那突兀不平的鬼谷。极目八纮四荒的遥远之地啊,渡过众多的大江再过那五色的河。往来于炎火之山而泛舟弱水之上啊,涉过水中小洲再驶过流沙。忽而歇息于葱岭,忽而嬉戏于水中啊,请女娲弹瑟让河伯舞蹈。其时阴暗昏幽天色不明啊,召雷神、诛风伯而罚雨师。西望昆仑视线模糊啊,直往那三危山飞驰。推开天门进入天帝的宫殿啊,车载美丽的天女返还。登上高高的阆风山远远地汇合啊,像鸟儿高飞后整齐地停歇。低低徘徊婉转地飞翔于阴山啊,我今日才目睹了西王母。她皤然白发头戴首饰居住在洞穴中啊,也幸亏有三足青鸟供她驱使。如果长生不老似这般活着,纵然活一万年,也不足以欢喜!

　　回车朅来兮,绝道不周①,会食幽都②。呼吸沆瀣兮餐朝霞③,噍咀芝英兮叽琼华④。嬐侵浔而高纵兮⑤,纷鸿涌而上厉⑥。贯列缺之倒景兮⑦,涉丰隆之滂沛⑧。驰游道而修降兮⑨,骛遗雾而远逝⑩。迫区中之隘陕兮⑪,舒节出乎北垠⑫。遗屯骑于玄阙兮⑬,轶先驱于寒门⑭。下峥嵘而无地兮,上寥廓而无天⑮。视眩眠而无见兮,听惝恍而无闻⑯。乘虚无而上假兮⑰,超无友而独存⑱。

　　相如既奏《大人之颂》,天子大说,飘飘有凌云之气,似游天地之间意⑲。

【注释】

①不周：传说中的山名。《汉书注》引张揖曰："不周山在昆仑东南二千三百里也。"

②幽都：北方的地名。《尚书·尧典》曰："申命和叔宅朔方，曰幽都。"

③沆瀣：夜间的水气、露水。

④嚄咀：咀嚼。叽：吃。《说文》曰："小食也。"琼华：玉树之花，即玉英，相传昆仑西流沙滨有此树，食其花可长生。

⑤娭（jìn）侵浔：渐渐向上升起。娭，通"僸"，仰望。侵浔，逐渐。

⑥纷鸿涌：奋然腾起的样子。鸿涌，跃起。上厉：向上飞升。

⑦贯：穿过。列缺：闪电。

⑧丰隆：传说中的云师，主管行云布雨。滂沛：雨水盛多的样子。

⑨游道：游车和道车，此处泛指天子出游之车乘。修降：指从高处向低下处奔驰。

⑩骛遗雾：冲出迷雾。

⑪区中：人世间，尘世。隘陕：同"狭隘"。

⑫北垠：北部的边际。

⑬屯骑：指天子的随从诸骑。玄阙：《淮南子·道应训》曰："卢敖游乎北海，经乎太阴，入乎玄阙，至于蒙穀之上。"高诱注："玄阙，北极之山也。"

⑭轶：超越，甩在后面。寒门：北极之门。《淮南子·地形》："北方曰北极之山，曰寒门。"高诱注："积雪所在，故曰寒门。"《远游》："舒并节以驰骛兮，绝垠乎寒门。"

⑮下峥嵘而无地兮，上寥廓而无天：《远游》有此两句。峥嵘，深远的样子。寥阔，旷远的样子。

⑯视眩眠而无见兮，听惝恍而无闻：《远游》作："视倏忽而无见兮，听惝恍而无闻。"眩眠，目不安貌。这里指模糊。惝恍，模糊。

⑰虚无：指天空，亦指道家虚空的境界。上假：指道家的遐举飞升。假，通"遐"。

⑱超无友而独存：《远游》作："超无为以至清兮，与泰初而为邻。"超，超然，离世脱俗的样子。无友，无尘世俗友。

⑲似游天地之间意：洪兴祖曰："司马相如作《人大赋》，宏放高妙，读者有凌云之意，然其语多出于此（指《远游》），至其妙处，相如莫能识也。"汪瑗曰："《大人赋》非独不能窥屈子之所到，而文章之妙亦未能闻其门也，况升堂入室乎？其所述远游，杂乱靡统，而又剽袭太多，此相如所作之陋者也。读者有凌云之意，盖未尝读《楚辞》之故也。使武帝曾读《楚辞》，则读相如赋如嚼蜡耳。吾见其昏昏然惟恐其卧之不暇也，安得有飘飘凌云之意乎？"

【译文】

　　勒转车头离去啊，绝道于不周山，会食于幽都山。以夜露为饮品啊，以朝霞作食物，品尝了芝英啊再略食琼华。举首仰视慢慢升起啊，云涛腾涌中向上疾飞。穿过闪电到那九重天啊，涉过云神兴起的滂沱大雨。让那游车飞驰，让那导车缓缓降下啊，冲出迷雾远远抛开。迫于世间的居处狭窄啊，缓舒缰绳自北崖而出。把天子的随从车骑遗在北极山啊，让先驱留于北极之门。俯瞰深远而无地啊，仰观广阔而无天。眼前昏花什么也看不见啊，耳旁模糊什么也听不清。乘着虚无飞升远方啊，超越尘世俗友去独立生存。

　　司马相如把《大人赋》给武帝呈上去后，武帝看了非常高兴，飘飘然有凌云之气，仿佛驾着云在天地间遨游了一番似的。

　　相如既病免，家居茂陵。天子曰："司马相如病甚，可往从悉取其书；若不然，后失之矣。"使所忠往①，而相如已死，家无书。问其妻，对曰："长卿固未尝有书也。时时著书，人又取去,即空居。长卿未死时,为一卷书,曰有使者来求书,奏之。无他书。"其遗札书言封禅事,奏所忠。忠奏其书,天子异之。其书曰:

【注释】

①所忠:武帝的近臣。《索隐》引张揖曰:"使者姓名,见《食货志》。"《正义》曰:"姓所,名忠也。《风俗通·姓氏》云:'《汉书》有谏大夫所忠氏。'"

【译文】

司马相如因为生病免职后,住在茂陵。武帝说:"司马相如病重,应该赶紧到他家里把他写的书都拿来;如果不这么做,恐怕以后就要散失了。"于是就派了所忠前往,所忠到时司马相如已经死了,家里也没有什么书。问他的妻子,他的妻子回答说:"长卿本来就没有什么书。他虽然经常写书,但一写完就被人拿走了,所以家里始终没有什么书。长卿未死时,写了一卷书,告诉我说,如果有使者来要书,把这个给他。此外没有别的书了。"司马相如这一篇遗作是讲封禅之事的,他的妻子把它交给所忠。所忠带回上奏给武帝,武帝看了以之为奇。作品写道:

伊上古之初肇,自昊穹兮生民①,历撰列辟②,以迄于秦。率迩者踵武③,逖听者风声④。纷纶葳蕤⑤,堙灭而不称者⑥,不可胜数也。续《昭》《夏》⑦,崇号谥,略可道者七十有二君⑧。罔若淑而不昌⑨,畴逆失而能存⑩?

【注释】

①昊穹:泛指天。

②历撰列辟:历数各代帝王。撰:数。辟,此指天子。

③率迩:依循近世。率,依循。迩,近。踵武:继承前人遗业。踵,追随。武,足迹,此指前人遗业。

④遳听:远听。遳,远。风声:指前代帝王的传闻。

⑤纷纶葳蕤:众多的样子。

⑥堙灭:埋没。堙,通"湮"。

⑦续《昭》《夏》:王先谦曰:"《昭》,舜乐;《夏》,禹乐。续《昭》、《夏》谓继舜、禹而起。"

⑧七十有二君:《封禅书》引管仲曰:"古者封泰山、禅梁父者七十有二家,而夷吾所记者十有二焉。"

⑨罔:无。若淑:顺善。

⑩畴:谁。

【译文】

自远古开始,从天生众民,历数列君,以至于秦。循着近世的遗业,远察上古的遗风。高居君位者纷纷繁繁,埋没而不被世人所称道的,不可尽数。承继圣明的舜、禹,崇尚尊号美谥而封禅于泰山,大约能够讲说的大致有七十二君主。哪有顺天爱民而不昌盛发达,逆行失德而存在于天地之间的?

轩辕之前,遐哉邈乎,其详不可得闻也。五三"六经"载籍之传①,维见可观也。《书》曰:"元首明哉,股肱良哉②。"因斯以谈,君莫盛于唐尧,臣莫贤于后稷。后稷创业于唐,公刘发迹于西戎,文王改制,爰周郅隆③,大行越成④,而后陵夷衰微,千载无声⑤,岂不善始善终哉!然无异端⑥,慎所由于前,谨遗教于后耳⑦。故轨迹夷易⑧,易遵也;湛恩濛涌⑨,易丰也⑩;宪度著明,易则也⑪;垂统理顺⑫,易继也。是以业隆于襁褓而崇冠于二后⑬。揆厥所元⑭,终都攸卒⑮,未有殊尤绝迹可考于今者也⑯。然犹蹑梁父,登泰山⑰,建显号,施尊名。大汉之德,逢涌原泉⑱,沕潏漫衍⑲,旁魄四塞⑳,云尃雾散㉑,上畅九垓㉒,下溯八埏㉓。怀生之类沾濡浸润㉔,协气横流㉕,武节飘逝㉖,迩陕游原,迥阔泳沫㉗,首恶湮没,暗昧昭晢,昆虫凯泽,回首面内。然后囿驺虞之珍群㉘,徼麋鹿之怪兽㉙,睪一茎六穗于庖㉚,牺双觡共抵之兽㉛,获周余珍收龟于岐㉜,招翠黄乘龙于沼㉝。鬼神接灵圉㉞,宾于闲馆。奇物谲诡,俶傥穷变㉟。钦哉㊱,符瑞臻兹㊲,犹以为薄,不敢道封禅。盖周跃鱼陨杭㊳,休之以燎㊴,微夫斯之为符也,以登介丘㊵,不亦恧乎㊶!进让之道㊷,其何爽与㊸!

【注释】

①五三"六经"载籍之传:五帝三王的事情,见于"六经"与其他诸书。

②元首明哉,股肱良哉:语出《尚书·大禹谟》。元首,指尧、舜。股肱,大腿和臂膊,喻指辅佐舜的大臣,如禹、益、稷等。

③爰周郅隆:到周朝兴盛到顶点。爰,及。郅,通"至"。

④大行越成:王念孙曰:"大道于是始成也。"越,发语词。

⑤无声:无恶声,未招人骂。

⑥无异端:泷川曰:"犹言无他故。"

⑦慎所由于前,谨遗教于后耳:李善曰:"言周之先王创业重统,既有其规模,又谨其遗教也。"

⑧轨迹:指法则,制度。夷易:都是"平"的意思。

⑨湛恩濛涌:恩泽深厚。

⑩易丰:容易让人感到满足。

⑪易则:容易效法。

⑫垂统理顺:世代相继之皇统通畅和谐。按,此指父死子继。

⑬业隆于襁褓:指周公辅佐年幼的成王以使天下太平。崇冠于二后:《集解》引《汉书音义》曰:"二后谓文武也。周公负成王致太平,功德冠于文、武者,道成法易故也。"崇冠,超越。二后,二王。

⑭揆(kuí)厥所元:意即察其所始。揆,度量。元,始。

⑮终都攸卒:直到其最后结束。卒,结束。

⑯殊尤绝迹:特别突出,让别人无法企及。

⑰蹑梁父,登泰山:指举行封禅大典。蹑,登。

⑱逢涌原泉:《索隐》引张揖曰:"喻其盛德若泉源之流也。"原,同"源"。

⑲沕(mì)潏漫衍:泉流衍溢的样子。

⑳旁魄四塞:洪流盛大的样子。旁魄,同"磅礴"。四塞,充塞四方。

㉑云尃(fū):如云之四布。尃,古"布"字。

㉒九垓(gāi):犹言"九天"。垓,级。

㉓八埏(yán):八方的边际。埏,大地的边界。

㉔怀生:有生之物。

㉕协气:祥和之气。

㉖武节飘逝:威名远震。武节,兵符,此处即指军威。

㉗迩陕游原,迥阔泳沫:《集解》引《汉书音义》曰:"恩德比之于水,近者游其原,远者浮其沫。"迩陕,近狭之地。陕,同"狭"。原,同"源"。迥阔,广远之地。泳,浮。

㉘驺虞:传说中的瑞兽,白虎黑文,不食生物。

㉙徼麋鹿之怪兽:徼,遮捕。王先谦曰:"所谓'麋鹿',即其状若麋之驺虞也。非麋似麋,故曰'麋鹿之怪兽。'一事而对举成文,古人多用此法。"

㉚橤(dào):珍奇植物。一茎六穗:被视为"嘉禾"。

㉛牺:以之作供品。双觡共抵之兽:即指麟。双觡共抵,双角之根并而为一,如同独角。觡,角。抵,根。

㉜获周余珍收龟于岐:文颖曰:"周放畜余龟于沼池之中,至汉得之岐山之旁,龟能吐故纳新,千载不死。"

㉝招翠黄乘龙于沼:指元狩三年余吾渥水中出神马事。招,来。翠黄、乘龙,皆神马名。《汉书音义》曰:"翠黄,乘黄也,龙翼马身,黄帝乘之而登仙。"

㉞灵圉:仙人名。

㉟倜傥:卓异不凡。穷变:穷尽万物的变化。

㊱钦:敬慎。

㊲臻兹:至此。

㊳跃鱼陨杭:《索隐》引胡广曰:"武王渡河,白鱼入于王舟,俯取以燎。"陨杭,落入船中。杭,渡船。

㊴休之以燎:认为是美好的征兆,用此鱼祭天。

㊵以登介丘:因此而登泰山封禅。介丘,指泰山。介,大。

㊶恧(nǜ):惭愧。

㊷进:苟进,勉强行事。让:谦让,指汉武帝当封禅却不封禅。

㊸爽:相差。

【译文】

　　轩辕氏之前,时间遥远,史事茫茫,详情不得而知。五帝三王以来的君主,在"六经"典籍的记载中,其遗风美名尚能看到。《尚书》说:"君主圣明啊,臣子得力啊。"以此看来,君主没有谁比唐尧更圣明,臣子则没有谁比后稷更贤良。后稷创立王业于唐尧之时,他的曾孙公刘渐渐发迹于西戎,文王改革制度,于是周朝就极昌极盛,太平之道大行,其功业也就大成;此后虽渐渐衰微,但千载之下没有恶声,这岂不是善始善终吗! 没有别的缘故,只不过小心谨慎地遵循规则于初始,兢兢业业地秉承遗训于终结罢了。所以法度规范平易,使人易于遵奉;圣恩圣德深广,让人容易富足;法度显明,就容易遵循;传位理顺,自然也容易继承。因此周代功业在周公辅佐年幼的成王之时臻于极盛,业绩数文、武二王为至高。考察始终,没有什么异于平常和极为优异的事迹可与今日的王业相比。然而也还是高登梁父山和泰山封禅,去建立显贵的尊号,加封崇高的美名。大汉朝的恩德,如甘泉汩汩流淌,滋润万里,充塞四方,如云雾缓缓流散,上达九天,下通八荒。凡是生物皆受恩泽,和洽之气横溢天下,武威之道迅捷逝去;近狭之处润其根本,远阔之处泽及末梢;罪魁祸首都已湮灭,夷狄民众沐浴光明;生灵万物其乐融融,回首向慕中原大地。然后蓄养珍贵的驺虞,获取麋鹿之怪兽;从庖厨挑选嘉禾之米以供祭祀,献上双角的野兽作为供献;在岐山之侧得到周朝放养的遗龟,从沼泽之中招来黄帝飞升时乘坐的神马。与神灵心相印神相交,让仙人居闲馆旅上苑。奇物变化多端,卓异不凡穷极事变。钦佩啊,这样的祥瑞符兆,仍然以为德薄,不敢言封禅。周时鱼儿跃落到船上,武王就炙烤为美食拿它祭天,这样的符瑞也太细微了吧,因此去登泰山封禅,不也太惭愧吗!周不可封禅而封禅,汉可以封禅而不言封禅,一进一退,差异是多么大啊。

于是大司马进曰①:"陛下仁育群生,义征不憓②,诸夏乐贡③,百蛮执贽④,德侔往初⑤,功无与二,休烈浃洽⑥,符瑞众变,期应绍至⑦,不特创见。意者泰山、梁父设坛场望幸⑧,盖号以况荣⑨,上帝垂恩储祉⑩,将以荐成⑪,陛下谦让而弗发也。挈三神之欢⑫,缺王道之仪,群臣恧焉。或谓且天为质暗,珍符固不可辞⑬;若然辞之,是泰山靡记而梁父靡几也⑭。亦各并时而荣,咸济世而屈⑮,说者尚何称于后,而云七十二君乎?夫修德以锡符⑯，奉符以行事，不为进越。故圣王弗替，而修礼地祇，谒款天神⑰，勒功中岳⑱，以彰至尊，舒盛德，发号荣⑲，受厚福，以浸黎民也⑳。皇皇哉斯事！天下之壮观，王者之丕业㉑，不可贬也，愿陛下全之。而后因杂荐绅先生之略术㉒，使获耀日月之末光绝炎㉓，以展采错事㉔，犹兼正列其义，校饬厥文，作《春秋》一艺，将袭旧六为七，摅之无穷㉕，俾万世得激清流，扬微波，蜚英声，腾茂实㉖。前圣之所以永保鸿名而常为称首者用此㉗，宜命掌故悉奏其义而览焉㉘。"

【注释】

①于是大司马进曰：此段为司马相如借一个受恩宠的官员大司马向汉武帝建议封禅。大司马，官职名，武帝元狩四年（前119）置加于将军之号上，任此职者是卫青。

②不憓（huì）：不顺从。憓，顺。

③诸夏：原指周代分封的各诸侯国，此处指汉时的各诸侯国。

④执贽：指少数民族持礼物以享天子。贽，聘享的礼物。

⑤侔往初：与往古的三王五帝相等。侔，与……相等。

⑥休烈浃洽：美好的事业和谐融洽。

⑦符瑞众变，期应绍至：师古曰："言符瑞众多，应期相续而至。"符瑞众变，符瑞众多且种类不断变化。期应，即"应期"。绍，连续。

⑧坛场：举行祭祀等大典的场所。望幸：盼望汉家天子幸临。

⑨盖号：加以尊号。况荣：赐予荣耀。况，通"贶"，赐给。

⑩垂恩储祉（zhǐ）：准备好恩泽吉祥。

⑪荐：进，协助。

⑫挈：通"契"，断绝。

⑬或谓且天为质暗,珍符固不可辞:颜师古曰:"言天道质昧,以符瑞见意,不可辞让也。"质暗,质直幽微。

⑭靡记:没法得到表彰。靡几:没法得到祭祀。几,希望。

⑮亦各并时而荣,咸济世而屈:《汉书音义》曰:"言古帝王但作一时之荣,毕代而绝也。"济世,毕世。屈,绝,尽。

⑯锡符:希望上天赐予符瑞。锡,赐。

⑰谒款:真诚拜见。

⑱勒功中岳:在太岳刻石记功。勒,刻。中岳,太岳,即指泰山。有人称此"中岳"为嵩山,寻绎上下文,此处似与嵩山无关。

⑲发号荣:给泰山之神以荣耀的称号。

⑳浸:沾润。

㉑丕业:大事业。丕,大。

㉒杂:杂取,兼收并蓄。王先谦曰:"犹言重积,总萃之也。"略术:谋略、法术。

㉓耀:显示。日月:指皇帝。末光绝炎:谦言让群臣去做皇帝不屑做的零星小事。

㉔错:通"措",安排,安置。

㉕摅(shū)之无穷:永久传布。摅,传布。

㉖蜚英声,腾茂实:《索隐》引胡广曰:"飞扬英华之声,腾驰茂盛之实也。"蜚,通"飞"。

㉗称首:首称,最受称道。

㉘掌故:职官名太常的属官,掌管礼乐制度等方面的事。义:通"仪",指封禅之仪式。

【译文】

于是大司马向皇上进言:"陛下以仁爱抚育众生,执道义征讨叛逆,华夏诸地乐意贡献,蛮夷之国献礼朝见,德同当初,功盖无比,盛美的功业润泽华夏,祥瑞的符兆屡屡显现,好兆头相期应运而生,不仅仅出现一次。想来大概是泰山与梁父山设坛场期盼明主临幸，欲加尊号与前代相比荣耀；上天垂恩赐福于天下，将以祭奠而告成功，陛下礼让谦恭尚未去成就这大功业呀。断绝三神的喜欢，空缺王道的礼义，群臣为之惭愧呀！有的人说，上天虽然暗昧，但珍稀的瑞符已经暗示，这本不可辞让；假若辞让，就是泰山将无法得到表彰的机会，而梁父山无享受祭祀的希望了。假若古代君主都与时而荣，毕世而绝，还有什么能称述于后世，而说七十二君王封禅于泰山呢？德行圣明以赐符瑞，尊奉这符瑞去行封禅之礼，这并不算是为苟进而逾越礼法。所以圣主不废封禅，而是恭敬地礼奉地神，诚恳地拜见天神，在中岳之上刻石记功，以表扬至尊圣上的地位；舒展昌盛的德行，昭示荣耀的称号，享受丰厚的福禄，以此来润泽黎民万众。这件事真美盛啊！这世间少有的雄伟景观，帝王宏大的事业，不可稍损，万望陛下成全这个壮举。然后共集诸儒缙绅著书立说，各抒见解，使他们沐浴日月的余光末焰，提拔其官职，施展其才华；正天时，列人事，陈说封禅的意义，修订润饰他们的文章，作新的《春秋》，并将沿袭旧有'六经'而增加为'七经'，述之无穷。使万世都能激发有雅望的忠义之士，光大精微的道义，弘扬杰出的名声，传递盛美的业绩。以往的圣主之所以能永葆这美名而被人时时赞颂，就是这个缘故，应该让掌故将封禅礼仪全都呈奏圣上以供御览。"

于是天子沛然改容①，曰："愉乎②，朕其试哉！"乃迁思回虑③，总公卿之议，询封禅之事，诗大泽之博，广符瑞之富。乃作颂曰：

　　　　自我天覆④，云之油油⑤。甘露时雨，厥壤可游⑥。滋液渗漉⑦，何生不育；嘉谷六穗，我穑曷蓄⑧。

　　　　非唯雨之，又润泽之；非唯濡之，泛尃濩之⑨。万物熙熙,怀而慕思。名山显位⑩,望君之来。君乎君乎,侯不迈哉⑪!

般般之兽⑫,乐我君囿;白质黑章,其仪可喜;旼旼睦睦⑬,君子之能⑭。盖闻其声,今观其来。厥涂靡踪⑮,天瑞之征。兹亦于舜,虞氏以兴。

濯濯之麟⑯,游彼灵畤⑰。孟冬十月,君徂郊祀⑱。驰我君舆,帝以享祉⑲。三代之前,盖未尝有。

宛宛黄龙⑳,兴德而升;采色炫耀,熿炳辉煌㉑。正阳显见㉒,觉寤黎烝㉓。于传载之,云受命所乘㉔。

厥之有章㉕,不必谆谆㉖。依类托寓,谕以封峦。

披艺观之,天人之际已交,上下相发允答㉗。圣王之德,兢兢翼翼也㉘。故曰:"兴必虑衰,安必思危。"是以汤武至尊严,不失肃祗;舜在假典㉙,顾省厥遗:此之谓也。

【注释】

①沛然:感动的样子。

②愉:通"俞",然,可以。

③迁思回虑:即回心转意。

④天覆:犹言"普天之下"。

⑤油油:云行的样子。

⑥厥壤可游:李善《文选》注:"言祥端屡臻,故可游遨也。"

⑦滋液渗漉(lù):时雨普降的样子。

⑧穑:收获。

⑨泛専濩之:大雨下得普遍广泛。

⑩名山:指泰山。显位:应有显耀的名位,指封禅之事。

⑪侯:为何。迈:行。

⑫般般之兽:指驺虞。般般,即"斑斑",文彩貌。

⑬旻旻(mín)睦睦:温和恭谨的样子。

⑭能:通"态",仪表,情态。

⑮厥涂靡踪:它来自何方没有踪迹。

⑯濯濯:肥泽的样子。

⑰游彼灵畤(zhì):《集解》引《汉书音义》曰:"武帝祠五畤,获白麟,故言游灵畤。"灵畤,祭台名,当时祭祀天地五帝之处。

⑱徂:往,到。

⑲享祉:天帝享用祭品而答以福祉。

⑳宛宛:即"蜿蜒",回旋屈曲的样子。

㉑熿(huǎng)炳:明亮的样子。

㉒正阳显见:夏历四月黄龙出现。《汉书·五行表》:"正阳谓周六月,夏四月。正阳,纯乾之阳也。"

㉓觉寤黎烝:提醒天下万民。黎烝,百姓。

㉔受命所乘:只有禀受天命的帝王才能遇到这种事。《索隐》引如淳曰:"书传所载,揆其比类,以为汉土德,黄龙为之应,见之于成纪,故云受命所乘也。"乘,加,遇。

㉕厥:指天命符瑞。章:明白。

㉖谆谆:教诲不倦的样子。

㉗上下相发允答:天人感应很好。允,合适。

㉘兢兢翼翼:戒慎恭敬的样子。

㉙假典:高位,重位。假,大。

【译文】

　　于是天子感动地改变神色,说:"可以啊,我来尝试一下吧!"于是改变往日的打算,回转念头,集公卿臣子的议论,询问封禅大事,歌颂汉朝的恩泽,宣扬符瑞之众多。于是作颂说:

　　从我天遮地蔽,云朵油油而飘。甘露更兼时雨,其泽可供远遨。汁液润泽万灵,生物无不富饶;嘉禾一茎六穗,我获何不积多。

　　不只雨露普降,且又将我滋濡;不只润我一人,且又普遍散覆。万物其乐融融,将其怀念思慕。名山自当封禅,盼望圣上来驻。君王啊君王,为何不行此事!

　　驺虞色彩斑斓,嬉戏我君囿苑;黑纹洒上白底,姿容绚丽佼佼;仪态和蔼恭敬,犹如君子谦谦。昔闻它的美名,今日见其飞降。不知它从何来,当是符瑞再现。此兽舞于舜时,虞舜由此而昌。

　　白麟丰满润泽,嬉游到那灵畤。孟冬十月时节,君临郊外祭祀。飞驰君驾面前,圣主享而赐福。此事三代以前,大约不曾显示。

　　黄龙屈屈伸伸,遭遇圣德而腾;光彩历历夺目,光芒辉煌荧荧。显见为王祈福,觉悟黎民百姓。书传已有记载,可说受命所乘。

　　黄龙瑞兽已清楚明白,不必谆谆告知。依类寄寓深意,以告封禅圣主。

　　浏览"六经",天道、人道彼此交接感应,上天下民相互融洽和谐。圣王的事业,兢兢业业,小心翼翼。所以说:"兴盛时要忧虑衰亡,居安时须提防危险。"因此商汤、周武居至尊之位,而不忘敬奉神祇;虞舜观察大典,来反省政事的得失:说的就是这回事啊。

　　司马相如既卒五岁,天子始祭后土[①]。八年而遂先礼中岳[②],封于太山[③],至梁父禅肃然[④]。相如他所著,若《遗平陵侯书》《与五公子相难》《草木书》篇不采,采其尤著公卿者云。

【注释】

①始祭后土:事在元鼎四年(前113)。后土祠在今山西汾阴城西。

②礼中岳:事在元封元年(前108)三月,祭祀中岳嵩山。

③太山：即泰山。

④梁父：即梁父山，泰山附近的小山，在泰山东南麓。禅：拓土而祭
地神。肃然，即肃然山，在泰山东北麓。

【译文】

司马相如去世后的第五年，武帝才祭祀后土。第八年先去祭祀了中
岳嵩山，接着就到泰山顶上增土祭了天，到梁父的肃然山下拓土祭了地。
司马相如的其他作品，如《遗平陵侯书》《与五公子相难》《草本书》篇没
有收，只收了那些在公卿士大夫中特别著名的篇章。

太史公曰：《春秋》推见至隐①，《易》本隐之以显②，《大
雅》言王公大人而德逮黎庶③，《小雅》讥小己之得失，其流
及上④。所以言虽外殊，其合德一也。相如虽多虚辞滥说，
然其要归引之节俭⑤，此与《诗》之风谏何异。余采其语可
论者著于篇⑥。

【注释】

①《春秋》推见至隐：何焯曰："言由人事之见著者推而至于天道之
隐微也。"隐，精微深奥。一说隐讳。《集解》引韦昭曰："推见事
至于隐讳，谓若晋文召天子经言'狩河阳'之属。"

②《易》本隐之以显：《索隐》引虞喜《志林》曰："《春秋》以人事
通天道，是推见以至隐也。《易》以天道接人事，是本隐以至明显
也。"本，推究，探源。

③《大雅》言王公大人而德逮黎庶：《集解》引韦昭曰："先言王公大
人之德，而后及众庶也。"逮：及，到。黎庶，黎民百姓。

④《小雅》讥小己之得失，其流及上：《集解》引韦昭曰："《小雅》之
人志狭小，先道己之忧苦，其流及上政之得失者。"《索隐》引文颖

曰:"《小雅》之人材志狭小,先道己之忧苦,其末流及上政之得失也。故《礼纬》云《小雅》讥己得失,及之于上也。"

⑤要:关键意图。

⑥余采其语可论者著于篇:此句前有"杨雄以为靡丽之赋,劝百风一,犹驰骋郑卫之声,曲终而奏雅,不已亏乎?"几句。王鸣盛曰:"大约《史记》出之后世妄人附益甚多,'扬雄'云云乃班氏之言,'余采其语'云云仍是司马氏之元本。不知何人妄取班以益司马,遂成此憾。"泷川引徐孚远曰:"此文非太史公不能作。扬雄语,则后人剿入出。《汉书》无'余'以下十字。"

【译文】

太史公说:《春秋》是由具体的史实推察出抽象的道理,《易经》是通过探讨抽象的道理告诉人们明显的事情,《大雅》是颂扬王公大人的事,使他们的恩德普及于黎民百姓,《小雅》是从个人的忧思得失讲起,以达到对上讽谏的目的。这四种所讲述的内容虽然不同,但在符合大德上却是一样的。司马相如的文章尽管有虚浮夸张的毛病,但他的最终目的还是劝人节俭的,这与《诗经》的讽喻劝谏有什么不同呢。所以我把他的一些有价值的作品选收在这篇。

【集评】

茅坤曰:"太史公序次相如,特爱其文赋而已。予览之,多为奇崛,然骚之再变矣。特《檄蜀父老》与《谏猎书》绝佳。"(《史记钞》)

吴见思曰:"长卿赋才,一代巨丽,所云蒌组宫商,包括总览,夫岂易及! 史公偏出一头地成此大篇,将其三赋、一疏、一檄、两书,网罗组织,驱遣运旋,真所谓'吞云梦八九于胸中曾不芥蒂'者也。则长卿又在史公圈中矣。《子虚》、《上林》两赋,以侈丽胜;告蜀一檄一书,以层迭胜;《谏猎疏》,以格法胜;《哀二世赋》,以丰韵胜;《大人赋》,以瑰奇胜;《封禅书》,以文奥胜。一篇一样,几与史公匹敌,故史公独载其文连篇不厌也。诸文赋俱侈丽浓郁,略指其章法,其用事处,用字处,用韵处,俱有音释,不及细注。史公写文君一段,浓纤宛转,为唐人传奇之祖。"(《史记论文》)

林伯桐曰:"史公于《司马相如传》,录其文章,多美辞焉;其通西南夷一事,则多婉辞,为才人讳也。至于《平准书》,则曰'司马相如开道西南夷,巴蜀之民罢焉',不隐恶也。"(《史记蠡测》)

吴汝纶曰:"相如所长在辞赋,子长盖绝重之,故备录焉。后赞至拟之《春秋》、《易》、《诗》,则推崇之者至矣。子长、退之皆极推重相如之文。"(《桐城先生点勘史记》)

【评论】

司马迁独具慧眼地将司马相如与卓文君的故事写入正史。相如、文君的行为在当时是属于"越礼"的,但司马迁对此却表现出了充分的理解和欣赏。日本学者吉川幸次郎指出:"在这篇司马相如传中,有两点值得注意:第一是他出生在新开地蜀,第二是相如与文君的恋爱故事。在中国文献中,以这种形式记载这样的爱情,可以说始于司马相如的传。至此为止的文献中,以恋爱为话题的本来就很稀少。儒家的五经也好,诸子书也好,都以政治问题作为主题,与恋爱无缘。若要在其中勉强举出一些取材于男女爱情的例子,那么大概只有《诗经》与《左传》吧。但充斥于《诗经》的,是已婚男女的爱情,《左传》也是把已婚男女间不道德的私通作为应该非难的事记录下来的。记载像相如与文君这样的恋爱故事,相如传记可以说是第一篇。"(《中国诗史》)司马相如娶卓文君的这节文字,其结构模式、人物的际遇、大团圆的结局,成为我国后代浩如烟海的才子佳人小说之滥觞。刘辰翁曰:"本是一段小说,子长以奇著之,如闻如见,乃并与其精神意气,隐微画就,益至俚亵,而尤可观。"有井范平曰:"叙得敷腴温润之极,有情有态,然已开后世小说家之派。"

本篇表现出司马迁重视文学家、重视文学作品的特点。在这篇司马相如的传记里，司马迁收录了《子虚赋》《上林赋》《大人赋》《哀二世赋》《上疏猎赋》《喻巴蜀檄》《难蜀父老》、《封禅文》，使之成了《史记》中收录文章最多的篇章，而司马迁也成了我国古代第一个为文学家在正史中立传的人，这个意义实在不小。现代人谈我国文学意识的自觉，往往从曹丕说起，因为曹丕曾把文学说成"经国之大业，不朽之盛事"，并在《典论·论文》中说"优游案衍，屈原之尚也；穷侈极妙，相如之长也"云云。其实曹丕这种思想观点的来源，不就是来自《史记》的《屈原贾生列传》与《司马相如列传》，不就是因为司马迁首先把这两位才人拔举了出来，把他们写入了"列传"，从而使他们成为家喻户晓的人物吗？首先为文学、为文学家大力进行鼓吹的是司马迁，而不是三百年之后的曹丕。

　　《子虚赋》《上林赋》是司马相如辞赋作品的代表。司马相如在这两篇辞赋的前面用了百分之九十以上的篇幅描写了狩猎、宴会、音乐等极度豪华享乐的生活，到了篇尾表现了一点"讽谏"的意思。司马相如别出心裁地不是让某个"忠直"的大臣越班向皇帝进言，而是让英明的皇帝灵机一动，自己宣布罢猎、罢宴，从而制订出一套有利于国计民生的好章程，可见御用文人的思维方式的确有让统治者赏心悦目之处。这种歌功颂德，以讨好帝王为宗旨的辞赋在思想上固然价值有限，但其艺术表现还是相当有特点的：其一，它结构宏伟，富丽堂皇。讲究场面的开阔，讲究层次的分明；由外及里，由下及上，由近及远；有空间的转移，有时间的流动；有多种生活、多种场面、多种气氛构成的一种极其广阔复杂而又极其统一和谐的艺术画面。司马相如说"赋家之心要包括宇宙，总揽人物"，而他的作品正是这种理论的绝好说明。其二，讲究绘声绘形，有声有色。而且声音、色彩的种类极多，变化极大，穷形极相，动魄惊心。而就其总的气氛来说，又是极其富丽、极其欢娱、极其热烈而又庄严的，这点和东汉以后的辞赋大不相同。其三，它极大程度地利用了中国方块字在字形构造上的突出特点，在文章的字形排列上给阅读者以强烈的视觉刺激。一排列几十个山字头，几十个水字边，几十个鱼字旁，几十个草字头、鸟字边、马字旁,如此等等,首先就给人一种迎面扑来的气势感。这种作法在枚乘的《七发》中已经开始了,到司马相如更把它推到了顶峰。

司马迁同情司马相如穷愁潦倒的悲苦命运,寄寓了自己的人生感慨。司马相如对开通西南夷,使"巴、蜀之民罢焉"(《平准书》)是负有一定责任的,但司马迁认为这更应归咎于最高统治者汉武帝,因为他"多欲",开边生事。司马迁揭示了司马相如欲谏而不能的心态:"相如使时,蜀长老多言通西南夷不为用,唯大臣亦以为然。相如欲谏,业已建之,不敢,乃著书,籍以蜀父老为辞,而己诘难之,以风天子;且因宣其使指,令百姓知天子之意。"司马相如晚年受人逸谤,"言相如使时受金"。失官后,不久被召为孝文园令,但此职为闲差。司马迁对司马相如不慕功名利禄的气节颇为赞许:"其进仕宦,未尝肯与公卿国家之事,称病闲居,不慕官爵。"这也是他自己孤苦命运的写照。李景星说:"驱相如之文以为己文,而不露其痕迹;借相如之事为己写照,并为天下后世怀才不遇者写照,而不胜其悲叹。洋洋万余言,一气团结,在《史记》中为一篇最长文字,亦为一篇最奇文字。"(《史记评议》)

史记卷一百一十八

淮南衡山列传第五十八

【释名】

　　《淮南衡山列传》记载了父子两代淮南王刘长、刘安与衡山王刘赐相继谋反，又相继被朝廷消灭的过程，是继《吴王濞列传》后又一记述诸侯王反叛朝廷的篇章，同理也从"世家"降为"列传"。

　　全篇分为几部分。第一部分主要写淮南王刘长因骄纵不法被流放自杀。刘长在黥布谋反被诛后封为淮南王，在文帝继位后，为报母仇杀了辟阳侯审食其，骄恣不法，因而谋反，文帝不忍依法杀他，将其流放，他愤怒自杀。第二部分写文帝复立刘长之诸子为王，与此数子在景帝时期的表现。刘长死后，文帝先封其四子为侯，后又封他还活着的三子刘安为淮南王，刘勃为衡山王，刘赐为庐江王。景帝七国之乱时，衡山王刘勃拒绝参与，事后徙封济北王，刘赐未参与七国之乱但私自与南越交通，故徙为衡山王。第三部分写淮南王刘安因谋反自杀国灭的过程。刘安因怨恨其父被朝廷逼死，阴结宾客，准备谋反，犹豫未定，被人告发，刘安自杀，国废为九江郡。第四部分写衡山王刘赐因谋反被杀的过程。刘赐也是刘长之子，因犯法被朝廷惩戒而欲谋反，后因家庭内部矛盾被告发，刘赐自杀，国除为衡山郡。篇末论赞分析了淮南王、衡山王父子三人相继谋反是由于地势风俗传统等，也批评了他们作为天子骨肉不能尽藩臣之责而谋反的行径。

　　淮南厉王长者①,高祖少子也,其母故赵王张敖美人②。高祖八年③,从东垣过赵④,赵王献之美人。厉王母得幸焉,有身。赵王敖弗敢内宫,为筑外宫而舍之。及贯高等谋反柏人事发觉⑤,并逮治王,尽收捕王母兄弟美人,系之河内⑥。厉王母亦系,告吏曰:"得幸上,有身。"吏以闻上,上方怒赵王,未理厉王母。厉王母弟赵兼因辟阳侯言吕后⑦,吕后妒,弗肯白,辟阳侯不强争。及厉王母已生厉王,恚,即自杀。吏奉厉王诣上,上悔,令吕后母之,而葬厉王母真定。真定,厉王母之家在焉,父世县也⑧。

【注释】

①淮南厉王长:即刘长。高祖少子。高祖十一年(前196)封淮南王。文帝时,骄纵跋扈,入朝常与帝同辇出猎。在封地不尊汉法,自定法令。文帝六年(前174)与匈奴、闽越首领联络,图谋叛乱,事泄,废王号,谪徙蜀郡,途中绝食死,谥厉。王先谦引卢文弨曰:"今《淮南子》凡'长'字皆作'修'。"厉,《谥法解》:"戮杀无辜曰厉。"淮南国的都城寿春,即今安徽寿县。

②赵王张敖:张敖是刘邦功臣张耳之子,张耳于高祖四年(前203)被封为赵王,死后张敖继位。赵国都邯郸,即今河北邯郸。张敖娶刘邦长女鲁元公主为后。九年,其相贯高等谋杀高相事发,被废为宣平侯。惠帝即位,其女为皇后。美人:帝王嫔妃的封号名。享受的待遇相当于二千石。《汉书·外戚传》:"嫡称皇后,妾皆称夫人,又有美人、良人、八子、七子、长使、少使之号焉。"

③高祖八年:前199年。

④从东垣过赵:指刘邦率兵到东垣(今河北石家庄东北)讨伐投降匈奴的韩王信的余寇,回京时路过邯郸。

⑤贯高等谋反柏人：贯高为赵国丞相，因不满刘邦过赵时对赵王张敖的傲慢无礼，和赵午等图谋在柏人县（今河北隆尧西）袭杀刘邦，未遂。一年后，事情被人告发。详见《张耳陈馀列传》。

⑥河内：汉郡名，治所在今河南武陟西南。

⑦辟阳侯：即审食其，为吕后宠幸，楚汉战争时，曾与吕后一起被项羽捕获关押。高祖六年被封为辟阳侯。详见《吕太后本纪》《郦生陆贾列传》。

⑧真定，厉王母之家在焉，父世县也：此三句交代将厉王母葬于真定的原因。真定，即东垣，后改称"真定"。父世县，父祖世代所居的县。

【译文】

　　淮南厉王刘长，是汉高祖刘邦的小儿子，他的母亲本是原赵王张敖的美人。汉高祖八年，高祖从东垣经过赵国，赵王献了一些美人侍候高祖。刘长的母亲在这时受到高祖的宠幸，怀了身孕。赵王张敖不敢再让她住在宫内，为她另建外宫居住。等到贯高等人在柏人谋刺高祖的事情被朝廷发觉，赵王也受到牵连一起被逮捕了，赵王的母亲、兄弟、美人也全被抓了起来，关押在河内郡。刘长的母亲也在其中，她对看守的狱吏们说："我被皇上宠幸过，现在正怀着皇上的孩子。"官吏们把这件事报告了高祖，高祖当时正因赵王的事气恼，所以没有理会刘长母亲的申诉。刘长母亲的兄弟赵兼通过辟阳侯审食其告诉了吕后，吕后嫉妒，不肯向皇上进言求情，审食其没有尽力争取。等到刘长的母亲生下刘长后，心中怨恨，就自杀了。看守的官吏们抱着刘长去见高祖，高祖后悔莫及，于是就让吕后抚养他，而把厉王的母亲葬在了真定。真定，是厉王刘长母亲的老家，其父祖世代住在那个县。

　　高祖十一年七月①，淮南王黥布反②，立子长为淮南王③，王黥布故地，凡四郡④。上自将兵击灭布，厉王遂即位。厉王蚤失母，常附吕后，孝惠、吕后时以故得幸无患害⑤，而常心怨辟阳侯，弗敢发。及孝文帝初即位，淮南王自以为最亲⑥，骄蹇⑦，数不奉法。上以亲故，常宽赦之。三年⑧，入朝。甚横。从上入苑囿猎⑨，与上同车，常谓上"大兄"⑩。厉王有材力⑪，力能扛鼎，乃往请辟阳侯。辟阳侯出见之，即自袖铁椎椎辟阳侯⑫，令从者魏敬刭之⑬。厉王乃驰走阙下⑭，肉袒谢曰："臣母不当坐赵事⑮，其时辟阳侯力能得之吕后，弗争，罪一也。赵王如意子母无罪，吕后杀之，辟阳侯弗争，罪二也。吕后王诸吕⑯，欲以危刘氏，辟阳侯弗争，罪三也。臣谨为天下诛贼臣辟阳侯，报母之仇，谨伏阙下请罪⑰。"孝文伤其志，为亲故，弗治，赦厉王⑱。当是时，薄太后及太子诸大臣皆惮厉王⑲，厉王以此归国益骄恣，不用汉法，出入称警跸⑳，称制㉑，自为法令，拟于天子。

【注释】

①高祖十一年：前196年。

②淮南王黥布反：黥布本为项羽的部下，楚汉战争时，他听从汉使随何的劝说，背楚归汉，称"武王"。汉王四年（前203），封淮南王。从刘邦击灭项羽于垓下。汉高祖十一年（前196），他见韩信、彭越先后被灭，举兵反。

③立子长为淮南王：当时刘长仅两岁。

④四郡：即九江郡（治所寿春，今安徽寿县）、庐江郡（治所舒县，今安徽庐江西南）、衡山郡（治所邾县，今湖北黄冈西北）、豫章郡（治所即今江西南昌）。

⑤孝惠、吕后时以故得幸无患害：指刘邦的其他儿子如刘如意、刘

友、刘恢多被吕后杀害,而刘长得以幸免。孝惠、吕后时,指刘邦死后汉惠帝与吕后当权时。

⑥自以为最亲:师古曰:"时高帝子唯二人在。"

⑦骄蹇:纵恣,不驯服。师古曰:"蹇谓不顺也。"

⑧三年:前177年。

⑨苑囿:畜养禽兽的园林,供天子、诸侯游猎之用。

⑩谓上"大兄":梁玉绳曰:"文帝行非第一,而称'大'者,盖'大'乃天子之谓也。"

⑪有材力:指身高力大。

⑫椎:通"锤",击杀。

⑬刭之:割断了他的脖子。《正义》曰:"刭谓刺颈。"

⑭阙下:宫阙之下。指帝王所居住的地方,也借指朝廷。有时上书皇帝,不敢直称,亦但言阙下。

⑮不当坐赵事:不应该受贯高等赵国谋刺案的牵连。坐,因事被株连。

⑯王诸吕:立吕氏诸人为王,如立吕产为梁王、吕禄为赵王等,事见《吕太后本纪》。

⑰谨伏阙下请罪:凌稚隆引董份曰:"厉王虽以母仇杀人,而指数其罪皆当。辟阳本有死罪,故赦弗治也。"吴见思曰:"杀得勇,转得捷,人是快人,文是快文。"刘辰翁曰:"厉王生不知母,长而不忘仇恨,身危犯法以抒其愤,使无骄恣自祸,此志岂不与天壤相磨,可称讽诵哉! 文帝伤其志是已。"

⑱赦厉王:审食其为吕后宠臣,周勃等灭诸吕,不知缘何使审食其得以幸免。今刘长杀之,或许正顺应了人心,故文帝不加罪于他。

⑲薄太后:文帝之母,事见《外戚世家》。太子:名启,即后来的汉景帝。惮(dàn):畏惧。

⑳警跸(bì):清道戒严。跸,清道。

㉑称制:把自己下的命令称为"制"。按当时的规定,只有皇帝的命

令才能称"制"。

【译文】

　　高祖十一年七月，淮南王黥布谋反了，高祖就改立儿子刘长为淮南王，把原先封给黥布的四个郡都封给了他。高祖亲自率领部队击灭了黥布，刘长于是即位当了淮南王。刘长因为早早地失去了母亲，是跟着吕后长大的，正因如此，他在孝惠帝、吕太后当政时得以幸免政治祸患，但他的心里一直怨恨辟阳侯审食其，只是没敢发作而已。等到孝文帝刚即位，淮南王刘长自认为与皇上关系最亲，就开始骄横不逊，经常不遵守法制。文帝念及手足亲情，时常宽容赦免他的过失。文帝三年，刘长进京朝见。态度非常骄横。他跟着文帝到园林打猎，和文帝同坐一辆车驾，还常常称呼皇上为"大哥"。刘长身高力大，力能举鼎，有一天，他去拜见辟阳侯审食其。审食其出来迎他，刘长就亲自抡起藏在衣袖里的铁锤把审食其打死了，又让随从魏敬割下了审食其的脑袋。事后刘长骑马跑到宫中，脱去上衣向文帝请罪说："我的母亲不应当受赵国逆谋的牵连，当时辟阳侯若肯竭力相救就能得到吕后的帮助，可是他不尽力相争，这是他的第一条罪状。赵王如意母子也都没有罪，结果都被吕后杀了，审食其当时也没力争劝阻，这是他的第二条罪状。吕后大封吕姓的子侄为王，目的是想危害刘氏的江山，而审食其也未挺身抗争，这是他的第三条罪状。我现在既为国家杀了贼臣辟阳侯，又为母亲报了仇，现在我特来朝中跪伏请罪。"文帝一方面觉得他用心良苦，同时又是亲骨肉，所以就没有惩罚他，赦免了他。这时候，上自薄太后、皇太子，下至朝廷诸臣都惧怕刘长，从此刘长回封国后也就变得越来越骄纵肆志，不依朝廷法令行事，出入宫廷也像皇帝一样宣布清道戒严，还称自己发布的命令为"制"，他在淮南国自己制定了一套法令，一切模仿天子的声威。

　　六年[1]，令男子但等七十人与棘蒲侯柴武太子奇谋[2]，以輂车四十乘反谷口③,令人使闽越、匈奴④。事觉,治之,使使召淮南王。淮南王至长安。

【注释】

①六年:前174年。

②男子但:名但,史失其姓。陈直曰:"无爵者称为'男子'。"棘蒲侯柴武太子奇:棘蒲侯柴武的太子柴奇。棘蒲侯柴武,《高祖功臣年表》作"陈武",《韩王信传》作"柴武",刘邦开国功臣。

③以輂(jú)车四十乘反谷口:陈子龙曰:"七十人何能反,或遣刺汉阴事及焚积聚,惊动众也,如李师道、王承宗所为耳。"輂车,古代马拉的运货大车。谷口,汉县名,治所在今陕西礼泉东北。

④闽越:古民族名。为古代越族之一支。秦汉时分布在今浙江南部、福建北部一带,其首领无诸相传为越王句践之后。秦以其地置闽中郡。汉初以其地为闽越国,后又分为闽越和东越两部,元鼎六年(前111)部分族人迁居江淮之间,其地并入会稽郡。匈奴:古民族名。我国古代北方游牧民族。由商周以来鬼方、獯鬻、猃狁、戎、狄等族经过长期融合而成。详见《匈奴列传》。

【译文】

汉文帝六年,刘长让男子但等七十人与棘蒲侯柴武的太子柴奇一起策划,准备带着四十辆马车到谷口县谋反起事,同时又派人前往闽越和匈奴进行联络。结果消息泄露,被朝廷立案审查,文帝派使者召淮南王刘长进京。刘长来到了长安。

"丞相臣张仓、典客臣冯敬、行御史大夫事、宗正臣逸、廷尉臣贺、备盗贼中尉臣福昧死言①:淮南王长废先帝法,不听天子诏,居处无度,为黄屋盖乘舆②,出入拟于天子,擅为

法令，不用汉法及所置吏，以其郎中令春为丞相③，聚收汉诸
侯人及有罪亡者④，匿与居，为治家室，赐其财物爵禄田宅，
爵或至关内侯⑤，奉以二千石，所不当得⑥，欲以有为⑦。大
夫但、士五开章等七十人与棘蒲侯太子奇谋反⑧，欲以危宗
庙社稷。使开章阴告长，与谋使闽越及匈奴发其兵。开章
之淮南见长，长数与坐语饮食，为家室娶妇，以二千石俸奉
之。开章使人告但，已言之王。春使使报但等。吏觉知，使
长安尉奇等往捕开章。长匿不予，与故中尉蕑忌谋，杀以闭
口。为棺椁衣衾，葬之肥陵邑，谩吏曰'不知安在'⑨。又详
聚土，树表其上，曰'开章死，埋此下'。及长身自贼杀无罪
者一人；令吏论杀无罪者六人；为亡命弃市罪诈捕命者以除
罪⑩；擅罪人，罪人无告劾系治城旦舂以上十四人⑪；赦免罪
人，死罪十八人，城旦舂以下五十八人；赐人爵关内侯以下
九十四人。前日长病，陛下忧苦之，使使者赐书、枣脯。长
不欲受赐，不肯见拜使者⑫。南海民处庐江界中者反⑬，淮南
吏卒击之⑭。陛下以淮南民贫苦，遣使者赐长帛五千匹，以
赐吏卒劳苦者。长不欲受赐，谩言曰'无劳苦者'。南海王
织上书献璧皇帝⑮，忌擅燔其书，不以闻。吏请召治忌，长不
遣，谩言曰'忌病'。春又请长，愿入见，长怒曰'女欲离我
自附汉'。长当弃市，臣请论如法。"

制曰："朕不忍致法于王⑯，其与列侯二千石议。"

【注释】
　①丞相臣张仓：张仓，应作"张苍"，于文帝四年（前196）开始为丞

相,事见《张丞相列传》。典客:也叫大行令,主管少数民族事务。行御史大夫事:代理御史大夫。御史大夫,三公之一,主管监察,位同副丞相。宗正:九卿之一,主管皇族事务。廷尉臣贺:廷尉是全国最高的司法长官,九卿之一,其人名贺,史失其姓。中尉臣福:中尉是主管京城治安的长官,其人名福,史失其姓。钱大昕曰:"公卿表无'逸''贺''福'三人。"

②黄屋盖乘舆:词语不顺,大意谓其车驾以黄缯做顶盖。盖,车盖,车上的大伞。《汉书》改此连下句作"为黄屋盖拟天子"。

③以其郎中令春为丞相:底本原文"郎中"下无"令"字。泷川曰:"枫、三本'郎中'下有'令'字。"郎中令春,即郎中令名春,史失其姓。郎中令,官名。战国时始置,职掌宫廷门户。秦汉时为九卿之一,秩中二千石,总管宫殿内一切事务。又各诸侯王国亦仿中央设置此官。汉武帝太初元年(前104)更名"光禄勋"。按,汉初各诸侯国丞相、太傅等主要官职都由朝廷派遣,刘长不应擅自任郎中令为丞相。

④汉诸侯人:王先谦曰:"汉郡县与诸侯国之人。"有罪亡者:在各郡县或各诸侯国犯罪后潜逃到淮南国的人。

⑤关内侯:爵位名。战国时秦国始置,秦汉沿置,为二十级军功爵之第十九级。得此爵有侯号,但无封国,居关内京畿,故称。是仅次于彻侯(即通侯、列侯)的高级爵位。

⑥所不当得:《索隐》曰:"谓有罪之人不当得关内侯与二千石。"泷川曰:"言诸侯王不当有此事也。"说法略异。

⑦欲以有为:泷川曰:"言欲危宗庙社稷也。"

⑧大夫但:前云"男子但",此又云"大夫但",不统一。大夫,爵位名,官名。夏、商、周时卿之下,士之上的官,有上大夫、中大夫及下大夫之分。秦汉以来置御史大夫、光禄大夫、太中大夫等。士五开章:士五名开章。士五,同"士伍",士兵五人为伍,即指普通

士兵。《索隐》引如淳曰："律'有罪失官爵称士伍'者也。"陈直亦曰："有官爵而黜革者称为士伍。"按，其义仍由普通士兵演化而来。

⑨"吏知觉"至"不知安在"数句：按，此数句关系不清。王先谦曰："初言'不知安在'，谓告往捕之吏不知开章所往，非谓不知葬处也。继乃诳称已死，阳表其墓，实未死也。迨吏穷知其诈，长知不可掩，乃令菅忌杀之肥陵，即葬其地。情事如此，文特倒叙，遂令读者难明耳。"王说可供参考。长安尉奇，长安县尉名奇，史失其姓。县尉是主管缉捕盗贼等事的武官。中尉菅忌，淮南国中尉，名菅忌。诸侯国中尉相当于郡尉，是国内最高武官。肥陵，汉县名，在今安徽六安北。谩，哄骗。树表，树立碑碣以示其所在。

⑩为亡命弃市罪诈捕命者以除罪：词语晦涩，大意即为了掩藏真正的亡命徒，而杀害不是亡命者而污之曰"亡命徒"。

⑪城旦舂：秦、汉时刑罚名。强迫从事苦役，男筑城，女舂米，刑期为四至五年。《淮南衡山列传》："系治城旦舂以上十四人。"据《汉书·惠帝纪》注引应劭曰："城旦者，旦起行治城。舂者，妇人不豫外徭，但舂作米。皆四岁刑也。"又据《汉书补注》引《汉旧仪》，髡钳城旦舂（剃光头发须鬓叫髡，用铁圈束住颈项为钳），五年刑；完为城旦舂（剃光头发须鬓叫完，也作"髡"，不加刑具，其罪轻于髡钳。一说"完"为剃去须鬓而保留头发），四年刑。

⑫不肯见拜使者：王先谦引沈钦韩曰："《新书·淮难篇》云'皇太后之赐馈，逆拒而不受；天子使者，奉诏而不得见，僵卧以发书'，即此事也。"

⑬南海：汉郡名，治所即今广州。

⑭淮南吏卒击之：因庐江郡属淮南国，其地面有叛乱，故淮南吏卒往击平之。

⑮南海王织：底本原作"南海民王织"，陈仁锡、梁玉绳等都认为

"民"字衍，《汉书》作"南海王织"。"织"是"南海王"之名。王先谦引周寿昌曰："'织'，南海王名，见《高纪》，《史记》多一'民'字。若是民，何以能'上书献璧'乎？"按，《史记》全书无"南海王织"其人，《汉书·高祖纪》确有之。此"南海王"盖为南海郡北部丛山中所屯聚之少数民族部落首领，为当年南越王赵佗所未能削平者。

⑯致法于王：对淮南王依法论处。此处之"法"即指"弃市"。

【译文】

"丞相臣张苍、典客臣冯敬、执行御史大夫职责的宗正臣逸、廷尉臣贺、备盗贼中尉臣福冒死上奏：淮南王刘长不遵守先帝制定的法度，不听从天子的诏令，在起居住行方面不遵法度，自制天子所乘的黄缯伞盖的车驾，出入时的排场像皇帝一样，他在淮南实行自行制定的法令，不实行朝廷规定的王法，不用朝廷派遣的官吏，自己委任他的郎中令春做了丞相，他大肆网罗收纳各郡县和诸侯国负罪逃亡的人，把他们窝藏起来，并给这些人置产业、娶妻室，赏赐给他们财物、官爵以及田地、房屋，有的人爵位竟封至关内侯，享受二千石的俸禄，刘长给予他们不应得到的这一切，是想图谋不轨。他的大夫但与士卒开章等七十人跟棘蒲侯的太子柴奇互相勾结阴谋造反，意欲危害宗庙社稷。他们派开章把这些阴谋暗中通知刘长，计划联络闽越和匈奴发兵援助。开章到淮南去见刘长，刘长多次与他坐谈宴饮，为他安家娶妻，让他享受着二千石的俸禄。而后开章派人告诉但，说他已经同淮南王刘长谈妥。这时刘长的国相春也派密使通知了但等人。他们的阴谋活动被朝廷的人觉察，于是朝廷派长安尉奇等人前往淮南拘捕开章。这时刘长先是把开章藏起来拒不交人，接着刘长又和他以前的中尉简忌一起密谋，把开章杀掉灭口。他们为开章置备了棺椁衣衾，把他的尸体埋在肥陵邑，然后欺骗奉命拘捕开章的官吏说'不知道开章在什么地方'。后来他们又伪造坟冢，在那上面竖立标志，说着'开章已死，埋在这下面'。除此之外，刘长还亲手杀死过一个无罪的人；他还命令官吏们强加罪名杀死过六个无罪的人；更加严重的是，他们为了包庇畏罪逃亡的人，捉拿了一些无罪的人为他们顶罪；他任意加人罪名，使受害者无处申冤，被他逮捕判了城旦舂等苦役以上罪刑的有十四人；他又擅自赦免罪人，赦免死刑犯十八人，城旦舂等苦役犯以下的五十八人；赏赐封为关内侯以下的总共九十四人。前些日子刘长生病，陛下为他忧虑，派使者给他送去慰问信、赐给他枣脯。可是刘长不想接受皇帝的赏赐，不肯接见使臣。庐江县的一些南海百姓造反，淮南郡的官吏奉旨平定。陛下考虑到淮南百姓贫苦，派使者赐给刘长布帛五千匹，让他把这些东西赐给在平定暴乱中劳苦功高的人。可是刘长不想接受赏赐，欺骗说'没有什么劳苦的人'。南海王织给皇帝上书敬献玉璧，而刘长的中尉简忌居然擅自焚毁了南海王的奏章，不向皇帝上奏。朝中官员请求传唤简忌进京审问，但刘长抗命不遵，撒谎说'简忌病了'。国相春又向刘长请求，说愿意进京朝见，刘长发怒说'你想背叛我自己去归附朝廷'。刘长的这些罪行理应斩首示众，臣等请求陛下将刘长依法治罪。"

　　文帝批示说："我不忍心依法惩治淮南王，请你们同列侯、二千石级官员们再重新商议一下。"

　　"臣仓、臣敬、臣逸、臣福、臣贺昧死言：臣谨与列侯吏二千石臣婴等四十三人议①，皆曰'长不奉法度，不听天子诏，乃阴聚徒党及谋反者，厚养亡命，欲以有为'。臣等议论如法。"

　　制曰："朕不忍致法于王，其赦长死罪，废勿王。"

　　"臣仓等昧死言：长有大死罪，陛下不忍致法，幸赦，废勿王。臣请处蜀郡严道邛邮②，遣其子母从居③，县为筑盖家室，皆廪食给薪菜盐豉炊食器席蓐④。臣等昧死请，请布告天下。”

制曰:“计食长给肉日五斤⑤,酒二斗。令故美人才人得幸者十人从居⑥。他可⑦。”

【注释】

①臣婴:王先谦引齐召南曰:“即汝阴侯夏侯婴也,婴时尚为太仆,至八年薨。”

②蜀郡:汉郡名,治所即今成都。严道:县名,治所在今四川荥经。当时凡有少数民族杂居之县则称“道”。邛邮:地名,在今荥经城西南。

③遣其子母从居:谓令其子与其子之母皆随之前往。《汉书》于此作“遣其子、子母从居”。师古曰:“子母者,所生子之姬妾。”

④廪食:公家供给粮食。给薪菜盐豉(chǐ)炊食器席蓐:供给其一切生活用品。薪,烧柴。豉,豆豉,一种豆制食品。席蓐,床席与褥垫。蓐,通“褥”。

⑤食长:对刘长的饮食供应。

⑥令故美人才人得幸者十人从居:师古曰:“上言‘子母’,则有子者令从之。今此云‘美人、才人’,则无子者亦令从之。”

⑦他可:凌稚隆曰:“读淮南王罪案,则汉臣执法,汉主友爱,蔼然可见,胡谓其‘不相容’耶?”泷川曰:“文帝杀弟,固非美事,史公录丞相议奏特详,盖不欲使帝专负杀弟之名也。”

【译文】

“臣苍、敬、逸、福、贺冒死进言:我们同列侯、二千石级官吏婴等四十三人商议,大家都说‘刘长不遵守国家法度,不听从天子的诏命,竟然暗中聚集党徒和阴谋造反的人,并给那些亡命之徒以优厚的待遇,是想图谋不轨’。臣等议决应当依法处置刘长。”

文帝批示说:“我实在不忍心依法处置淮南王,赦免了刘长的死罪,只废除他的王位吧。"

"臣张苍等冒死向皇帝进言:刘长犯了大死罪,陛下不忍心依法惩治,准备施恩赦免,废其王位。臣等请求把刘长流放到蜀郡严道县的邛邮,让他的妻子儿女们也都跟着他一道去,由县署为他们兴建屋舍,并供给他们粮食、柴禾、蔬菜、油盐、炊具、床席与褥垫等生活用品。臣等冒死罪请求,请陛下将此事布告天下。"

文帝颁旨说:"准请每天供给刘长五斤肉,两斗酒。并让昔日受宠幸的美人、才人十人跟着他一道去。其他事情都依照你们说的办。"

尽诛所与谋者。于是乃遣淮南王,载以辎车①,令县以次传。是时袁盎谏上曰②:"上素骄淮南王,弗为置严傅相,以故至此。且淮南王为人刚,今暴摧折之,臣恐卒逢雾露病死③,陛下为有杀弟之名,奈何④!"上曰:"吾特苦之耳,今复之。"县传淮南王者皆不敢发车封⑤。淮南王乃谓侍者曰:"谁谓乃公勇者⑥?吾安能勇!吾以骄故不闻吾过至此。人生一世间,安能邑邑如此⑦!"乃不食死。至雍⑧,雍令发封,以死闻。上哭甚悲,谓袁盎曰:"吾不听公言,卒亡淮南王。"盎曰:"不可奈何⑨,愿陛下自宽。"上曰:"为之奈何?"盎曰:"独斩丞相、御史以谢天下乃可⑩。"上即令丞相、御史逮考诸县传送淮南王不发封馈侍者,皆弃市⑪。乃以列侯葬淮南王于雍,守冢三十户⑫。

【注释】

①辎车:古代一种有帷盖的大车,既可载物,也可卧息。

②袁盎(àng):西汉大臣。《汉书》作"爰盎",字丝,楚人,后徙居安陵(今陕西咸阳东北)。文帝时任中郎将(一说为郎中将)。时

淮南王刘长骄恣不法,他奏请削其地,文帝不听。文帝六年(前174),淮南王以罪迁蜀,他谏请勿迁,又不听。后淮南王死于途中,帝悔之,他即请求封其三子皆为王,由此名重朝廷。事见《袁盎晁错列传》。

③卒:同"猝",突然。逢雾露:婉指遭遇各种突然事故。

④陛下为有杀弟之名,奈何:凌约言曰:"当上骄淮南王时,盎何不言? 群臣论淮南王时,盎何不言? 据盎说,将何以处长? 而又不言其所以处,盎不过逢君者耳,非真有纳谏之忠也。"为有,将有,将被蒙上。

⑤县传淮南王者皆不敢发车封:王先谦曰:"不敢发者,畏其勇也。"车封,辎车上的封条。

⑥乃公:你老子。

⑦邑邑:同"悒悒",痛苦抑郁的样子。周寿昌曰:"《宋书》,文帝弟彭城王义康为孔熙先、范蔚宗所诱,谋逆被废后读此书叹曰:'自古如此,我乃不知,得罪为宜!'盖有感于斯语也。"

⑧雍:汉县名,治所在今陕西凤翔城南。

⑨不可奈何:犹今"无可挽回"。

⑩斩丞相、御史以谢天下:御史,实即御史大夫。凌约言曰:"丞相、御史执法,而盎欲斩之,幸而文帝不用。盎之刻恶险邪大抵如此,不独私仇一晁错也。"

⑪皆弃市:史珥曰:"斩丞相、御史者,盎或欲借以去所逼耳,已非情理;至诸县不敢发封,只是不能法外行事,乌得以守法弃市?"

⑫守冢三十户:这三十户的职守是看护并祭祀陵墓,而不必纳税。

【译文】

　　朝廷下令把参与密谋的人全都处死。于是就打发刘长启程去蜀郡,他们让刘长坐进一辆有厢篷的车子,让沿途各县依次负责向蜀郡押送。这时袁盎劝谏文帝说:"您一向宠爱淮南王,没有给他任命严正的太傅和丞相来加以管教,因此才使他落到如此地步。况且淮南王为人刚烈,如今骤然这样打击他,臣担忧他万一突然在途中身染风寒患病而死,陛下将会落一个杀害弟弟的恶名,那将如何是好!"文帝说:"我只不过是让他暂时吃点儿苦头罢了,很快会让他回来的。"结果沿途传送淮南王的那些县官们都不敢打开刘长车子上的封条。刘长对周围的侍者说:"谁说老子是好汉? 我要真是好汉能像今天这个样子吗! 我因为过去太骄纵了,听不到自己的过失,所以才落得如此下场。人活在世上,怎么能够过这么憋屈的生活!"就绝食身亡。待到行至雍县,雍县县令一打开封条,才发现刘长已死,于是赶紧向文帝报告。文帝哭得很伤心,对袁盎说:"朕当初没听您的话,最终把淮南王给弄死了。"袁盎说:"现在反正也没有办法了,望陛下好自宽解。"文帝说:"还有什么补救措施吗?"袁盎说:"只有杀掉丞相、御史来向天下人谢罪。"文帝没同意,他令丞相、御史去逮捕拷问各县押送刘长而不予开封进食者,一律弃市问斩。然后又以列侯的礼仪把刘长安葬在了雍县,并安置了三十户人家给他守冢祭祀。

孝文八年①,上怜淮南王,淮南王有子四人,皆七八岁,乃封子安为阜陵侯②,子勃为安阳侯③,子赐为阳周侯④,子良为东成侯⑤。

【注释】

①孝文八年:前172年。
②阜陵侯:封地阜陵,在今安徽和县西。
③安阳侯:封地安阳,约在今河南正阳西南。
④阳周侯:封地阳周,梁玉绳以为是乡名,在今山东莒县。
⑤东成侯:封地东成,在今安徽定远东南。

【译文】

文帝八年,皇上怜悯淮南王刘长,当时淮南王刘长有四个儿子,年龄都是七八岁,于是文帝就封刘安为阜陵侯,刘勃为安阳侯,刘赐为阳周侯,刘良为东成侯。

　　孝文十二年①,民有作歌歌淮南厉王曰:"一尺布,尚可缝;一斗粟,尚可舂。兄弟二人不能相容②。"上闻之,乃叹曰:"尧舜放逐骨肉③,周公杀管蔡④,天下称圣。何者? 不以私害公。天下岂以我为贪淮南王地邪?"乃徙城阳王王淮南故地⑤,而追尊谥淮南王为厉王⑥,置园复如诸侯仪⑦。

【注释】

①孝文十二年:前168年。

②兄弟二人不能相容:《集解》引《汉书音义》曰:"尺布斗粟尚不相弃,况于兄弟而更相逐乎?"又引臣瓒曰:"一尺布尚可缝而共衣,一斗粟尚可舂而共食也,况以天下之广而不能相容。"凌稚隆引田汝成曰:"谓帝骄其弟则可,谓帝不容其弟则不可。"

③尧舜放逐骨肉:指尧放其子丹朱,舜放其弟象。王先谦曰:"《书·大禹谟》'皆丹朱用殄其世',盖尧时实已逐之他方,舜在位乃封之。《孟子》言'舜封象有庳',或曰'放焉'。《史记·邹阳传》云:'不合则骨肉出逐不收,朱、象、管、蔡是矣。'是古有此语,特书文阙略,难可推究耳。"

④周公杀管蔡:《管蔡世家》:"管叔、蔡叔疑周公之为不利于成王,乃挟武庚以作乱。周公旦承成王命伐武庚,杀管叔而放蔡叔。"中井曰:"'放逐骨肉'指舜放象而言,尧是带说耳。周公不杀蔡,是蔡亦带说。"泷川曰:"皆取例于兄弟。"

⑤城阳王:即刘喜,其父刘章因除诸吕有功,被封为城阳王。刘章死后,其子刘喜继位为城阳王,今则将其改封为淮南王,以承继对淮

南王的祭祀。

⑥谥淮南王为厉王：据《谥法解》："暴慢无亲曰'厉'。"

⑦置园复如诸侯仪：徐孚远曰："淮南死未置后，故移城阳王王其故地为之后，因得置园如诸侯也。"

【译文】

　　文帝十二年，民间忽然流传着一首有关淮南王刘长的民谣，说："一尺布，还可缝；一斗粟，还能舂。兄弟二人不能相容。"文帝听说后，就叹息道："尧放逐其子丹朱，舜放逐其弟象，周公杀掉了自己的弟弟管叔、蔡叔，天下人仍称他们是圣人贤君。为什么呢？就因为他们能够不因私情妨害公利。天下人难道认为我是贪图淮南王的封地吗？"于是他就下令调城阳王刘喜去淮南的故地称王，同时追谥刘长为厉王，并按照诸侯王的仪制为他建造了陵园。

　　孝文十六年①，徙淮南王喜复故城阳。上怜淮南厉王废法不轨，自使失国蚤死，乃立其三子：阜陵侯安为淮南王，安阳侯勃为衡山王②，阳周侯赐为庐江王③，皆复得厉王时地，参分之④。东城侯良前薨，无后也。

【注释】

①孝文十六年：前164年。

②衡山王：国都邾县，今湖北黄冈西北。

③庐江王：国都舒县，今安徽庐江西南。

④参分之：将原来淮南王刘长的旧地（共四个郡）分成了三份，以封其三子。陈仁锡曰："淮南王得九江郡，衡山王得六安郡，庐江王得庐江郡兼得江南豫章郡。"

【译文】

　　文帝十六年，文帝又下令让淮南王刘喜又返回城阳封地。文帝哀怜淮南王刘长因为不守法纪、行为不轨,以致国破身亡,于是又封立了他的三个儿子:封阜陵侯刘安为淮南王,封安阳侯刘勃为衡山王,封阳周侯刘赐为庐江王,他们都重获厉王时的封地,把一个国家分成三份。东城侯刘良在这之前已死,而且没有后代,所以就没有封。

　　孝景三年①,吴楚七国反,吴使者至淮南,淮南王欲发兵应之。其相曰:"大王必欲发兵应吴,臣愿为将。"王乃属相兵②。淮南相已将兵,因城守③,不听王而为汉④;汉亦使曲城侯将兵救淮南⑤,淮南以故得完。吴使者至庐江,庐江王弗应,而往来使越⑥。吴使者至衡山,衡山王坚守无二心。孝景四年,吴楚已破,衡山王朝,上以为贞信,乃劳苦之曰:"南方卑湿⑦。"徙衡山王王济北⑧,所以褒之。及薨⑨,遂赐谥为贞王⑩。庐江王边越,数使使相交,故徙为衡山王,王江北⑪。淮南王如故。

【注释】

①孝景三年:前154年。

②王乃属(zhǔ)相兵:王先谦引周寿昌曰:"《张释之传》云:'事景帝岁余,为淮南相',此景帝三年事,则将兵之相,疑是释之。"属,托,交给。

③城守:筑城而守,指准备抗击吴楚。

④不听王而为汉:张之象曰:"名不违君,实则为汉,可谓善用权者也。"邵宝曰:"扶危持颠,相之道也,是故淮南以完。"

⑤曲城侯:《集解》引徐广曰:"姓虫名捷,其父名逢,高祖功臣。"按,唯《高祖功臣侯者年表》谓其姓"蛊"。

⑥往来使越:谓与闽越、南越暗自来往。

⑦南方卑湿：衡山国的都城邾县在今湖北黄冈西北，其地湖泊众多，故曰"卑湿"。

⑧济北：诸侯国名，国都卢县（今山东蒙阴东北）。

⑨及薨：汉景帝四年刘勃被移封为济北王，五年（前152）卒。

⑩赐谥为贞王：《谥法解》："清白守节曰贞。"

⑪王江北：庐江王的领地原包括今南昌一带的豫章郡，故东与东越、闽越相连，南与南越相接。现将刘赐移至江北的衡山，斩断其与诸越的关联。

【译文】

景帝三年，吴、楚七国举兵反叛，当吴国的使者来到淮南时，淮南王刘安也打算起兵响应。淮南国的国相说："如果大王一定想要起兵响应吴国，我愿意给您当统军将领。"刘安一听就把兵权交给了国相。淮南国相取得兵权后，就趁机下令固守城池，不再听刘安的指挥而听从朝廷的命令；朝廷也派曲城侯虫捷率兵来救助淮南，淮南因此得以完好无损地保全。吴国使者到了庐江后，庐江王刘赐不肯响应，而派使者与闽越、南越相往来。吴国的使者到了衡山，衡山王刘勃更是坚守城池，对朝廷毫无二心。景帝四年，吴楚之乱平定，衡山王刘勃进京朝见天子时，景帝表扬了他的忠贞守信，慰劳他说："你那里的国土太低洼潮湿了。"为了褒奖他，便把衡山王的封地换到了济北。等刘勃死后，朝廷又特别给他赐谥号为"贞王"。庐江王刘赐的封地邻近诸越，屡次派遣使臣与之结交，朝廷对此不高兴，于是把刘赐改封为衡山王，把他迁到了长江以北。而淮南王刘安的封地还和从前一样。

　　淮南王安为人好读书鼓琴，不喜弋猎狗马驰骋①，亦欲以行阴德拊循百姓②，流誉天下。时时怨望厉王死，时欲畔逆，未有因也。及建元二年③，淮南王入朝。素善武安侯，武安侯时为太尉^④，乃逆王霸上^⑤，与王语曰："方今上无太子，大王亲高皇帝孙，行仁义，天下莫不闻。即宫车一日晏驾，非大王当谁立者^⑥！"淮南王大喜，厚遗武安侯金财物。阴结宾客^⑦，拊循百姓^⑧，为畔逆事。建元六年^⑨，彗星见^⑩，淮南王心怪之。或说王曰："先吴军起时，彗星出长数尺，然尚流血千里。今彗星长竟天，天下兵当大起。"王心以为上无太子，天下有变，诸侯并争，愈益治器械攻战具，积金钱赂遗郡国诸侯游士奇材^⑪。诸辨士为方略者，妄作妖言，谄谀王。王喜，多赐金钱，而谋反滋甚^⑫。

【注释】

①弋猎：射箭打猎。

②拊循：顺其愿望而安抚之。拊，通"抚"。

③建元二年：前139年。

④武安侯时为太尉：田蚡以武帝之舅，辅佐汉武帝即位，后被任为太尉。详见《魏其武安侯列传》。武安侯，田蚡，汉武帝母王太后的同母异父弟。太尉，三公之一，掌管全国军事。

⑤逆：迎接。霸上：地名，即霸水之西的白鹿原，在当时长安东南，今西安东南部。

⑥即宫车一日晏驾，非大王当谁立者：何焯曰："安之入朝，在建元二年武帝即位之初，虽未有太子，尚春秋鼎盛（年仅十八岁），康强无疾；蚡又外戚，'非王谁立'之语，狂惑所不应有，疑恶蚡者从而加之。"此事又见于《魏其武安侯列传》，司马迁厌恶田蚡，故屡屡说之如此。即，假若。宫车一日晏驾，婉指帝王的死。晏驾，车子晚出。

⑦阴结宾客：《索隐》引《淮南要略》云："安养士数千，高才者八人，

苏非、李尚、左吴、陈由、伍被、毛周、雷被、晋昌,号'八公'也。"
泷川曰:"《索隐》引《淮南要略》,今本无此文。高诱《淮南叙》
云:'安为辨达,善属文,天下方术之士多往归焉。于是遂与苏飞、
李尚、左吴、田由、雷被、毛被、伍被、晋昌等八人,及诸儒大山、小
山之徒,共讲论道德,总统仁义,而著此书。'八人姓名,与《索隐》
所引亦有异同。"

⑧拊循百姓:李笠曰:"上已云'拊循百姓,流誉天下',此'拊循百
姓'四字疑误衍。"

⑨建元六年:前135年。

⑩彗星见:彗星出现在古代是凶兆,预示国家将有大变乱。故历史
家将其书之于史。见,同"现"。

⑪赂遗郡国诸侯游士奇材:意即在天下大肆收买、招揽人才。郡国
诸侯,中央直属的各郡郡守与各封国的诸侯王。

⑫谋反滋甚:张文虎曰:"'谋反',疑倒。"

【译文】

淮南王刘安喜好读书弹琴,不喜欢骑马射猎,同时也想暗中做些好
事以安抚百姓,为自己传播良好的声誉。他一直对父亲刘长之死耿耿于
怀,总是想着造反,只是没有找到机会。到了武帝建元二年,刘安进京朝
见天子。刘安一向与武安侯田蚡交好,田蚡当时正担任太尉,就到霸上
去迎接刘安,对刘安说:"现在皇上还没有太子,大王您是高祖皇帝的亲
孙子,又能施行仁义,天下的人没有不知道的。假如有朝一日当今的皇
上驾崩,除了您还能是谁继位呢!"刘安听了十分高兴,送给田蚡很多金
钱财物。返回封国后暗中结交宾客,并进一步抚慰百姓,为阴谋叛乱做
准备。汉武帝建元六年,天上出现了彗星,刘安心里感到奇怪。有人对
刘安说:"当年吴、楚起兵时,天空出现的彗星不过才几尺长,然而还发生
了流血千里的战争。现在彗星横扫整个天空,只怕整个天下都要发生战
乱了。"刘安心中以为武帝现在还没有太子,若天下发生变故,各国诸侯

会一起争夺皇位,于是就更加积极地准备兵甲器械等进攻作战的器具,并收罗钱财广为招纳各郡国的游说之士和奇异人才。那些能言巧辩的人趁机为刘安出谋划策,胡乱编造荒诞的邪说,阿谀逢迎刘安。刘安听着高兴,也就赏给他们更多的金钱,从而谋反的心思也就越来越明显了。

　　淮南王有女陵^①,慧,有口辩。王爱陵,常多予金钱,为中诇长安^②,约结上左右^③。元朔三年^④,上赐淮南王几杖^⑤,不朝^⑥。淮南王王后荼,王爱幸之。王后生太子迁,迁取王皇太后外孙修成君女为妃^⑦。王谋为反具,畏太子妃知而内泄事,乃与太子谋,令诈弗爱,三月不同席。王乃详为怒太子^⑧,闭太子使与妃同内三月,太子终不近妃。妃求去,王乃上书谢归去之^⑨。王后荼、太子迁及女陵得爱幸王,擅国权,侵夺民田宅,妄致系人^⑩。

【注释】

①女陵:女儿名陵。

②为中诇(xiòng)长安:住在长安以刺探朝中的动态。徐孚远曰:"陵必嫁列侯在长安,故使诇伺。史不记其嫁处,缺文也。"中,指朝中、宫中。诇,刺探,侦察。

③约结上左右:收买、拉拢汉武帝身边的人。王先谦引周寿昌曰:"《功臣表》:安平侯鄂千秋玄孙但,坐与淮南王女陵通,又遗淮南王书,称'臣尽力',故弃市;岸头侯张次公,元狩元年坐与淮南王女陵奸,受财物,免。"

④元朔三年:梁玉绳曰:"'三年'乃'二年'之误,《汉书》纪、传皆言元朔二年赐几杖。"元朔二年,前127年。

⑤上赐淮南王几杖:这是皇帝对老臣的关照和褒奖。几,坐时可凭

以休息。杖,手杖。按,文帝八年(前172)时刘安等七八岁,至元朔二年,刘安年仅四十五六。

⑥不朝:不必进京朝见,以示对长辈的尊敬。

⑦王皇太后:汉武帝的生母。修成君:王太后进宫前与其前夫金氏所生之女,武帝同母异父之姊,汉武帝封之为修成君,事见《外戚世家》。

⑧详:通"佯",假装。

⑨王乃上书谢归去之:按,淮南王太子刘迁与修成君女离婚事,亦见于《齐悼惠王世家》。王先谦曰:"《高五王传》修成君女娥欲嫁齐王,盖在淮南谢归后也。"倪思曰:"谋情委曲难知,太史公摹写得尽。"吴见思曰:"写家室中琐事,文雅曲尽。"

⑩妄致系人:词语不顺,意即随便拘捕人。《集解》引徐广曰:"致系,一作'殴击'。"作"殴击"比较通畅。

【译文】

刘安有个女儿叫刘陵,天资聪明,口才很好。刘安很喜爱刘陵,经常给她许多钱财,派她住到长安去侦探情况,结交武帝身边的亲信。汉武帝元朔三年,武帝赐给刘安一个小几,一条手杖,恩准他可以不必进京朝见皇上。刘安的王后叫做荼,刘安很宠幸她。这位王后生了太子刘迁,刘迁娶了武帝母亲王太后的外孙修成君的女儿为妃。刘安策划准备谋反的用具,害怕太子妃知道泄露出去,就和刘迁商量,让他假装不喜爱太子妃,三个月都不与她同房。刘安又假装对太子刘迁的这种做法很生气,把刘迁和太子妃关到一间屋子三个月,而刘迁始终不靠近她。太子妃只好自己请求离婚,这时刘安也假惺惺地上书向修成君表示歉意,把太子妃送了回去。刘安的王后荼、太子刘迁和女儿刘陵由于受刘安宠爱,因此在淮南国专权跋扈,侵夺百姓的田地房宅,任意加罪拘捕无辜之人。

元朔五年^①，太子学用剑，自以为人莫及，闻郎中雷被巧^②，乃召与戏。被一再辞让，误中太子。太子怒，被恐。此时有欲从军者辄诣京师，被即愿奋击匈奴。太子迁数恶被于王，王使郎中令斥免^③，欲以禁后，被遂亡至长安，上书自明。诏下其事廷尉、河南^④。河南治，逮淮南太子，王、王后计欲无遣太子，遂发兵反，计犹豫，十余日未定。会有诏，即讯太子^⑤。当是时，淮南相怒寿春丞留太子逮不遣^⑥，劾不敬。王以请相^⑦，相弗听。王使人上书告相，事下廷尉治。踪迹连王^⑧，王使人候伺汉公卿，公卿请逮捕治王。王恐事发，太子迁谋曰："汉使即逮王，王令人衣卫士衣，持戟居庭中，王旁有非是^⑨，则刺杀之，臣亦使人刺杀淮南中尉^⑩，乃举兵，未晚。"是时上不许公卿请，而遣汉中尉宏即讯验王^⑪。王闻汉使来，即如太子谋计。汉中尉至，王视其颜色和，讯王以斥雷被事耳，王自度无何，不发^⑫。中尉还，以闻。公卿治者曰："淮南王安拥阏奋击匈奴者雷被等^⑬，废格明诏^⑭，当弃市。"诏弗许。公卿请废勿王，诏弗许。公卿请削五县，诏削二县。使中尉宏赦淮南王罪，罚以削地。中尉入淮南界，宣言赦王。王初闻汉公卿请诛之，未知得削地，闻汉使来，恐其捕之，乃与太子谋刺之如前计。及中尉至，即贺王，王以故不发。其后自伤曰："吾行仁义见削，甚耻之。"然淮南王削地之后，其为反谋益甚。诸使道从长安来^⑮，为妄妖言，言上无男、汉不治，即喜；即言汉廷治，有男，王怒，以为妄言、非也。

【注释】

①元朔五年：前124年。

②郎中：帝王的侍从官员，上属郎中令。雷被巧：谓雷被精于剑术。

③郎中令：职官名。职掌宫廷的门户等事务。

④廷尉：九卿之一，国家最高司法长官。河南：汉郡名，治所洛阳（今洛阳之城东北）。

⑤即讯：到淮南就地审问。

⑥淮南相：此时的淮南相不知是何人，总之为朝廷所派。寿春丞：寿春县的县丞，县令的助手。寿春是淮南国的都城，其县丞乃淮南王自己所任。留太子逮不遣：意即听任太子逗留，不立即逮送洛阳。《集解》引如淳曰："丞主刑狱囚徒，承顺王意，不遣太子应逮书。"

⑦请相：请求淮南相不要举劾寿春丞。

⑧踪迹连王：逐步追查，遂牵连到淮南王。踪迹，用如动词，即追查。

⑨有非是：有紧急情况。

⑩淮南中尉：七国之乱后，诸侯国的中尉也已由朝廷派任，对朝廷负责，是诸侯国的最高武官。吴见思曰："许多事一齐猝发，数行中无不曲尽。势且猝发矣，忽而潜消；既潜消矣，忽而又起，凡作数番写，章法结构之妙。"

⑪汉中尉宏：汉王朝中尉，主管京都治安。梁玉绳曰："《公卿表》是殷容，则'宏'当作'容'。"

⑫不发：没有动手袭杀汉中尉。

⑬拥閼：同"壅遏"，压制，拦阻。

⑭废格明诏：意即对抗皇帝的诏令。废格，搁置，不执行。《索隐》引崔浩曰："诏书募击匈奴，而壅遏应募者，汉律所谓'废格'。"

⑮诸使道从长安来：从长安来的使者。"道""从"二字，当削其一。王念孙曰："'道'即'从'也，史本一作'道'，一作'从'，后人误

合之耳。"

【译文】

　　汉武帝元朔五年，太子刘迁学习剑术，自以为剑术高超无人能及，他听说郎中雷被剑法高明，就召他来与自己比试。雷被一再推辞谦让，太子不同意，在比试时雷被误伤了太子。太子十分恼怒，雷被也惊恐万分。当时国家规定，凡是愿意当兵的就可自行到长安去，雷被当即决定去参军奋击匈奴。而这时太子刘迁屡次在刘安面前说雷被的坏话，刘安就让郎中令免了雷被的官职，想要借此惩戒后人，结果雷被逃到了长安，向武帝上书申诉自己的冤屈。武帝把这件事交给廷尉与河南郡共同调查处理。河南郡开始侦查此案，要求逮捕太子刘迁前去听审，刘安和他的王后不想叫刘迁去，于是准备发兵谋反，但他们又犹豫不决，十几天都定不下来。正好这时朝廷又下了诏书，在淮南就地传讯太子。正当这时，淮南国相恼怒寿春县丞不及时强制太子上路，已经向皇帝弹劾寿春县丞不遵从诏命、对皇帝不敬。刘安请求国相不追究此事，国相不答应。于是刘安又派人给皇帝上书控告自己的国相，皇帝又把此案交给廷尉处理。结果在审问调查过程中有线索牵连到刘安，刘安派人到长安去探听公卿大臣们的态度，公卿大臣们请求逮捕刘安。刘安害怕谋反的事情败露，这时太子刘迁给刘安谋划说："朝廷如果派人来逮捕您，父王就派亲信穿着卫士的衣服，拿着长戟站在院子里，父王身边一有不测发生，您就先杀死汉使，而我也立刻派人去杀死淮南中尉，那时我们再举兵起事，也不晚。"当时武帝并没同意公卿们的请求，而只是派了中尉殷宏到淮南国来向刘安当面询问查证案情。刘安听说朝廷派人来了，立刻就按照刘迁的谋划做了部署。汉中尉殷宏来到后，刘安见他和颜悦色，只是审问刘安为什么罢免雷被的事情，刘安自己估量不会有什么大问题，于是没有发作。中尉殷宏回朝后，汇报了情况。参与办理此事的公卿们说："淮南王刘安压制阻挠自愿去抗击匈奴的雷被等人的行径，是公然对抗朝廷的诏令，罪该处死。"武帝没允许。公卿们又请求废除刘安的王爵，武帝也不同意。公卿们又请求削去淮南国五个县的封地,最后武帝只是下诏削了两个。朝廷又派中尉殷宏宣布赦免刘安的罪过,用削地以示惩戒。中尉殷宏一进入淮南地界,就把赦免刘安的消息传出去了。刘安开始听说朝廷公卿们请求杀死自己,还不知道最后只是削地惩戒,所以他们一听说朝廷的使者到来,就害怕被逮捕,就和刘迁一道准备按先前的计谋刺杀他。等到殷宏一到,祝贺刘安获赦,因此刘安也没有起事。但事后他又伤心地说:"我是施行仁义的,不想被剥夺了封地,真是莫大的耻辱。"这样淮南王刘安削地之后,就更加积极地准备谋反了。凡是出使长安回来的人,如果谁编造谣言,说武帝没有儿子,朝廷政治一片混乱,他就高兴;如果谁要说朝廷的政治清明,武帝有了儿子,他就生气,认为这是瞎说、不真实。

　　王日夜与左吴等案舆地图①,部署兵所从入。王曰:"上无太子,宫车即晏驾,廷臣必征胶东王②,不即常山王③,诸侯并争,吾可以无备乎!且吾亲高祖孙,行仁义④,陛下遇我厚,吾能忍之;万世之后⑤,吾宁能北面臣事竖子乎⑥!"

【注释】

①王日夜与左吴等案舆地图:底本原作"王日夜与伍被、左吴等案舆地图",《汉书》无"伍被"二字,下文刘安呼伍被为"将军",亦被尚反对,据此削"伍被"二字。《汉书·伍被传》曰:"伍被,楚人也,或言其先伍子胥后也。被以材能称,为淮南中郎。是时淮南王好术学,折节下士,招致英俊以百数,被为冠首。"案,观览,巡视。舆地图,即今所谓地图。《三王世家》之《索隐》曰:"天地有覆载之德,故谓天为'盖',谓地为'舆'。"故地图亦称"舆图""舆地图"。

②胶东王:当时的胶东王为刘寄,汉景帝之子,事见《五宗世家》。

胶东国的国都即墨,在今山东平度东南。

③不即常山王:否则就是常山王。当时的常山王是刘舜,汉景帝之子,事见《五宗世家》。刘寄、刘舜都是汉武帝母王太后的妹妹王儿姁所生,与汉武帝的关系最近,故刘安做如此分析。

④吾亲高祖孙,行仁义:底本原作"吾高祖孙,亲行仁义"。王先谦曰:"'行仁义'上无烦加'亲'字。此'亲'字当在'高帝孙'上,后人传写误倒耳。上文'王亲高皇帝孙,行仁义'是其证。"王说是,今据改。

⑤万世之后:委婉指汉武帝死后。

⑥竖子:此指比刘安的辈分低的可能趁乱为帝的诸侯王,古代称年轻的奴仆曰"竖子",也单称"竖"。

【译文】

　　淮南王刘安日夜与左吴等人对着地图策划,部署军队进军的路线。刘安说:"皇上没有太子,一旦驾崩之后,朝廷大臣们一定会征召胶东王入朝,否则就是召常山王入朝即位,那时诸侯王就会一起争夺皇位,我能够不预先做好准备吗!况且我是高皇帝的亲孙子,施行仁义之道,皇上待我很好,我才能忍到现在;一旦皇上驾崩之后,我怎么能向那些小子们北面称臣呢!"

　　王坐东宫,召伍被与谋,曰:"将军上。"被怅然曰:"上宽赦大王,王复安得此亡国之语乎!臣闻子胥谏吴王①,吴王不用,乃曰'臣今见麋鹿游姑苏之台也'②。今臣亦见宫中生荆棘,露沾衣也。"王怒,系伍被父母③,囚之三月。复召曰:"将军许寡人乎?"被曰:"不,直来为大王画耳。臣闻聪者听于无声,明者见于未形,故圣人万举万全。昔文王一动而功显于千世④,列为三代,此所谓因天心以动作者也,故海内不期而随⑤。此千岁之可见者。夫百年之秦,近世之吴楚,亦足以喻国家之存亡矣。臣不敢避子胥之诛⑥,愿大王毋为吴王之听。

【注释】

①子胥谏吴王:指伍子胥劝告吴王夫差不要沉迷于北伐齐国,应警惕越王句践,事见《伍子胥列传》《吴太伯世家》。

②麋鹿游姑苏之台:此语十分形象,然《左传》《国语》《吴太伯世家》《越王句践世家》《伍子胥列传》皆不见,与之较近似者为《左传》之"二十年之后,吴其为沼乎"。姑苏(今苏州)是吴国国都,姑苏台旧址在今苏州灵岩山上。

③系伍被父母:实为"系伍被与其父母"略写,其他如《魏其武安侯列传》"蚡弟田胜,皆以太后弟",实为"蚡与其弟田胜,皆以太后弟"。《史记》中常有此句法。

④文王一动:指起兵灭商。实际上起兵灭商的乃是周武王,而不是周文王。但周武王伐纣时载着周文王的木主,所以此说亦通。

⑤海内不期而随:据说周武王东进至盟津(今河南孟津东北)伐纣时,"不期而会者八百诸侯"。

⑥子胥之诛:指伍子胥因坚决反对吴王夫差用兵于北方齐国,被夫差杀害。

【译文】

一天,刘安坐在东宫,召来伍被商议事情,他以皇帝的口吻说:"将军到跟前来。"伍被不高兴地说:"皇上刚宽赦了大王,您怎能又说这亡国之话呢!我听说伍子胥曾规劝过吴王夫差,夫差不采纳,伍子胥就说'我今天仿佛已看到麋鹿在姑苏台上奔跑了'。现在我也仿佛看到淮南的宫殿中长满荆棘,露水已经沾湿游人的衣服了。"淮南王刘安大怒,立刻把伍被和他的父母都抓住关押起来,囚禁了三个月。之后,他又把伍被叫来问道："将军愿意和我一起做事吗？"伍被说："不是这样的，我只是想来为您筹划而已。臣听说听力好的人能在无声时听出动静，视力好的人能看到没有成形的事物，所以最智慧、最有道德的圣人做事总是做一万件成一万件。当初周文王起兵灭商，他一行动功勋就千古流传了，他建立的周王朝被列为'三代'之一，这就是所说的顺从天意而行动的结果，因此四海之内的人都不约而同地追随响应他。这是千年以前有目共睹的事情。再说百年以前的秦朝，和近代的吴、楚七国，也足以说明国家兴盛衰亡的道理。我不敢躲避伍子胥那样被杀的下场，但我希望您不要像吴王夫差那样不听忠谏。

"昔秦绝圣人之道，杀术士①，燔《诗》《书》②，弃礼义，尚诈力，任刑罚，转负海之粟致之西河③。当是之时，男子疾耕不足于糟糠，女子纺绩不足于盖形。遣蒙恬筑长城，东西数千里，暴兵露师常数十万，死者不可胜数，僵尸千里，流血顷亩④，百姓力竭，欲为乱者十家而五。又使徐福入海求神异物⑤，还为伪辞曰：'臣见海中大神，言曰："汝西皇之使邪？"臣答曰："然。""汝何求？"曰："愿请延年益寿药。"神曰："汝秦王之礼薄，得观而不得取。"即从臣东南至蓬莱山⑥，见芝成宫阙⑦，有使者铜色而龙形，光上照天。于是臣再拜问曰："宜何资以献⑧？"海神曰："以令名男子若振女与百工之事⑨，即得之矣。"'秦皇帝大说，遣振男女三千人⑩，资之五谷种种百工而行⑪。徐福得平原广泽，止王不来。于是百姓悲痛相思，欲为乱者十家而六。又使尉佗逾五岭攻百越⑫。尉佗知中国劳极，止王不来，使人上书，求女无夫家者三万人，以为士卒衣补。秦皇帝可其万五千人⑬。于是百姓离心瓦解,欲为乱者十家而七。客谓高皇帝曰:'时可矣。'高皇帝曰:'待之,圣人当起东南间^⑭。'不一年,陈胜、吴广发矣。高皇始于丰沛^⑮,一倡天下不期而响应者不可胜数也。此所谓蹈瑕候间^⑯,因秦之亡而动者也。百姓愿之,若旱之望雨,故起于行陈之中而立为天子^⑰,功高三王^⑱,德传无穷。

【注释】

①术士:王先谦曰:"有道术之士,谓儒生也。"

②燔:烧毁。

③负海之粟:东部沿海地区生产的粮食。西河:指今宁夏一带由南向北流的黄河段,是秦朝的西部前线。

④流血顷亩:语略生涩。顷亩,百亩曰顷,这里指大片土地。《汉书·伍被传》作"流血千里"。

⑤徐福:秦朝方士。也写作"徐市",字君房。琅玡人。始皇二十八年(前219),上书言海中有蓬莱、方丈、瀛洲三仙山,上住仙人。请求斋戒后与童男童女往求仙药。于是始皇使之率三千童男女,并带上工匠及五谷种子和大量珍宝,入海求仙采药,结果一去不回。

⑥蓬莱山:传说中的三神山之一,在渤海中。

⑦芝成宫阙:由灵芝长成的城墙与宫阙。成,应作"城"。

⑧资:此处通"赍(jī)",携带。秦汉时,"资"字常通"赍",见李斯《谏逐客书》与晁错《论贵粟》。

⑨振女:童女。郭嵩焘曰:"振,谓精血初行时也。"即开始有月经,已经可以受孕的少女。百工:各种工匠,手艺人。《汉书》改此作"多赍珍宝童男女三千人,五种百工而行"。

⑩振男女:《集解》引《西京赋》薛综注:"振子,童男女。"

⑪资之：令其带着。资，奉。五谷种种：《汉书》作"五种"，与"百工"相对成文。师古曰："五谷之种也。"疑《汉书》是。

⑫尉佗：原姓赵，因曾任南海尉，人遂称其为"尉佗"，后乘秦乱，自立为南越王，事见《南越列传》。五岭：即大庾岭、骑田岭、萌渚岭、越城岭、都庞岭，统称南岭。百越：即古越族。一作"百粤"。秦汉前已广泛分布于长江中下游以南地区。从事农耕、渔猎，以水上航行、金属冶炼著称。有断发文身习俗。因其支系很多，"各有种姓"，故称"百越"。

⑬秦皇帝可其万五千人：《秦始皇本纪》与《南越列传》无上述诸事。王先谦曰："辩士之言，难可征实也。"

⑭圣人当起东南间：此处令刘邦称陈涉为"圣人"，实属少有。

⑮高皇始于丰沛：事在秦二世元年九月。丰，当时为沛县的一个乡邑，刘邦建国后乃升之为县，即今江苏丰县。沛，秦县名，即今江苏沛县。沛县丰邑是刘邦的故乡。

⑯蹈瑕候间：即应机而动。瑕、间，都指缝隙、机遇。

⑰行陈：同"行阵"，也称"行伍"，即普通士兵。

⑱三王：指夏禹、商汤、周文王周武王。

【译文】

"当初秦始皇断绝圣人之道，坑杀儒生，烧毁《诗》《书》，废弃礼义，崇尚欺诈暴力，任用刑法，搜刮转运东部沿海的粮食，送到西河去。在这个时候，男人拼命地耕种却糟糠都吃不饱，女人拼命地织布仍衣不蔽体。秦始皇还派蒙恬去修筑长城，长城东西绵延数千里，长年戍边、风餐露宿的士兵常常有几十万人，死者尸横千里，血流遍地，不可胜数；百姓们精疲力尽，哭告无门，想要造反的十家中就有五家。秦始皇为了追求长生不死，还派徐福到东海寻找神仙，访求灵药，徐福回来编造假话说：'臣见到了海中的大神，海神问我："你是西方皇帝派来的使者吗？"我说："是的。"海神说："你来要求得什么？"我说："希望求得延年益寿的灵药。"

海神说:"你们秦王礼品菲薄,仙药可以观赏却不能带走。"于是他就领着我往东南走,来到蓬莱山,我在那里看到了灵芝草筑成的宫殿,那里有一个肤色如铜、形状像龙的使者,他的身上的光芒照彻霄汉。于是我就向海神再拜叩问说:"应该带什么礼物来敬献呢?"海神说:"带一批良家出生的童男、童女和一些擅长各种手艺的工匠来,就可以得到仙药了。"秦始皇一听很高兴,随即派出童男、童女三千人,并供给五谷种籽和各种工匠前往东海。结果徐福领着这些人找了一块土地平坦、水草丰茂的地方,就在那里自己称王,不再回来了。于是百姓悲痛思念亲人,想造反的十家有六家。后来秦始皇又派南海郡尉赵佗翻越五岭去进攻百越。赵佗深知中原已疲敝至极,于是也留居南越称王,不再回来了,还派人上书,要求秦朝给他派遣没有夫家的女子三万人,名义上是帮助士兵缝补衣服。秦始皇答应给他一万五千人。于是百姓人心离散犹如土崩瓦解,想造反的十家有七家。当时就有人对咱们高皇帝说:'时机到了。'高皇帝说:'再等一等,圣人应当从东南方起事。'不到一年,陈胜、吴广果然发难了。接着高皇帝也从丰沛起兵,一发倡议全天下不约而同响应的人便不可胜数。这就是所谓踏到了缝隙等到了时机,借秦朝的危亡而举事。百姓们拥护期盼,就像大旱之时盼望大雨那么急切,于是高皇帝从一个平民而被拥立为天子,他的功业盖过了三王,仁德将流被后世无穷无尽。

　　"今大王见高皇帝得天下之易也,独不观近世之吴楚乎?夫吴王赐号为刘氏祭酒①,复不朝②,王四郡之众③,地方数千里,内铸消铜以为钱④,东煮海水以为盐,上取江陵木以为船⑤,一船之载当中国数十两车⑥,国富民众。行珠玉金帛赂诸侯宗室大臣,独窦氏不与⑦。计定谋成,举兵而西。破于大梁⑧,败于狐父⑨,奔走而东,至于丹徒⑩,越人禽之⑪,

身死绝祀，为天下笑。夫以吴楚之众⑫，不能成功者何？诚逆天道而不知时也。

【注释】

①吴王：即吴楚七国之乱的首领吴王刘濞，刘邦之侄，高祖十二年（前195）被立为吴王。为刘氏祭酒：意谓刘濞在刘氏皇族里辈分最高，年龄最大，并非真为祭酒官。祭酒，《集解》引如淳曰："祭祀时，唯尊长者以酒沃酹。"

②复不朝：特别免除刘濞可不进京朝拜。复，免除。《吴王濞列传》有文帝"赐吴王几杖，老，不朝"。

③王四郡之众：《吴王濞列传》作"王三郡五十三城"。梁玉绳曰："实东阳、鄣、吴、会稽四郡。《高纪》《濞传》言'三郡'者，以吴包会稽也。"

④内铸消铜以为钱：语句不顺。陈仁锡曰："'消'，当作'鄣'，谓鄣郡之铜也。"

⑤江陵：汉县名，治所即今湖北江陵西北之纪南城，今属荆州。

⑥两：通"辆"。

⑦独窦氏不与：李笠曰："魏其之冤，史公目击，故尤耿耿不忘，既于本传寓微言，更于各处互见，盖其性情流露，不能自禁，所以恒令人唏嘘不置也。"窦氏，指汉景帝母窦太后的兄弟子侄，如窦长君、窦广国、窦婴等，为皇帝至亲。

⑧破于大梁：据《吴王濞列传》，吴军包围梁都睢阳，梁孝王誓死抵抗，使吴军消耗甚大，故曰"破"。大梁，指当时梁国都城睢阳（今河南商丘城南），非通常所称今河南开封。

⑨败于狐父：即下邑之战。狐父，古邑名，在今安徽砀山南。当吴楚军攻梁都睢阳时，周亚夫军先坚壁于昌邑（今山东金乡西北），后移军南下，破吴楚军于下邑（今安徽砀山东，即狐父以东），故伍

被谓之"败于狐父"。

⑩丹徒：县名，在今江苏镇江东南。

⑪越人禽之：据《东越列传》，吴王刘濞造反时，东瓯人曾率兵从之。"及吴破，东瓯受汉购，杀吴王丹徒。"

⑫吴楚之众：底本作"吴越之众"，张文虎曰："'越'，疑'楚'之讹，上下文并作'吴楚'。"今据改。

【译文】

"今天大王您只看到高祖取得天下容易，怎么单单看不到近代吴、楚七国叛乱的下场呢？吴王刘濞赐号为刘氏祭酒，颇受尊宠，还特别准许他不用进京朝拜，统治着四个郡的民众，封地纵横几千里，他在国内可销熔铜矿铸造钱币，又在东海边上煮海水贩卖食盐，上溯江陵可伐木建造船只，一条船所载抵得上中原几十辆车的容量，国家殷实百姓众多。他用珠玉金帛来贿赂各国诸侯和宗室大臣，只有窦氏一族没有被他们拉拢。这时刘濞认为计谋已商定，就发兵西进。谁想在大梁被击破，再败于狐父，刘濞奔走东逃，跑到丹徒时，被越人停获，最后身死国灭，被天下人耻笑。以吴、楚有这么多的军队都不能成功，这是为什么呢？就因为他们悖逆天道而不识时势的缘故。

"方今大王之兵众不能十分吴楚之一，天下安宁有万倍于秦之时，愿大王从臣之计。大王不从臣之计，今见大王事必不成而语先泄也。臣闻微子过故国而悲①，于是作《麦秀》之歌②，是痛纣之不用王子比干也③。故《孟子》曰'纣贵为天子，死曾不若匹夫'④。是纣先自绝于天下久矣，非死之日而天下去之。今臣亦窃悲大王弃千乘之君⑤，必且赐绝命之书⑥，为群臣先，死于东宫也⑦。"于是王气怨结而不扬，涕满匡而横流，即起，历阶而去⑧。

【注释】

①微子:殷纣王庶兄,封于微(今山东梁山西北)而位列子爵,故称"微子"。纣王施政残暴,生活荒淫,奴隶不断起义。他屡谏,不纳,乃逃亡。周灭商后,他肉袒自缚,向武王请罪,武王予以厚待。后周公平定武庚叛乱,命他代武庚统治殷遗民,封于宋,为宋国首封者。

②作《麦秀之歌》:据《宋微子世家》,作《麦秀之歌》的不是微子,而是箕子。箕子是殷纣王的叔叔,屡谏纣王不听,遂披发佯狂。周朝建国后,封箕子于朝鲜。箕子朝周,路经殷国故都(今河南淇县),感宫室毁坏,丛生禾黍,遂作《麦秀》之歌,其词曰:"麦秀渐渐兮,禾黍油油。彼狡童兮,不与我好兮。"

③王子比干:商朝大臣。子姓,名比干,商王太丁之子,商纣王之叔。纣王时官至少师。有贤名。纣淫虐,国危,他以死极谏,劝以修善行仁。谏三日不去。纣恼羞成怒曰:"比干自以为圣人,吾闻圣人之心有七窍。"遂将他杀死,剖腹观心。

④纣贵为天子,死曾不若匹夫:今本《孟子》无此二句。泷川曰:"《孟子·梁惠王篇》:'闻诛一夫纣矣,未闻弑君也。'伍被约言之。"可供参考。

⑤千乘(shèng)之君:指大国诸侯。千乘,千辆兵车。

⑥赐绝命之书:指被勒令自杀。

⑦东宫:《集解》引如淳曰:"王时所居也。"

⑧"于是王气怨结而不扬"四句:皆写淮南王听伍被言后之表情。匡,通"眶"。历阶,指快步入后宫而去。历,一步一磴。

【译文】

"现在大王您的兵力民众还不及吴楚的十分之一,国家的稳定又远远超过秦朝一万倍,我希望大王听从臣下的意见。如果大王不听臣的劝告,我怕等不到大事成功您的计划就先泄露出去了。臣听说微子路过殷

朝故都时心中很悲伤,于是作《麦秀》之歌,表达了他对殷纣王不重用王
子比干的哀痛。所以《孟子》说'殷纣王虽贵为天子,而死时连个普通
人还不如'。这是因为殷纣王开始就自绝于天下人很久了,而不是他死
时天下人才离弃他。今天我也暗自悲哀您舍弃千乘之君图谋造反,我担
心有朝一日朝廷必将赐给您绝命之书,令大王身先群臣,死于东宫。"刘
安听完,怨艾之气郁结胸中而神色黯然,泪水盈眶而满面横流,即刻站起
身,一级级走下台阶离开了。

　　王有孽子不害①,最长,王弗爱,王、王后、太子皆不以
为子兄数。不害有子建,材高有气,常怨望太子不省其父②;
又怨时诸侯皆得分子弟为侯③,而淮南独二子,一为太子,建
父独不得为侯。建阴结交④,欲告败太子,以其父代之。太
子知之,数捕系而榜笞建。建具知太子之谋欲杀汉中尉,即
使所善寿春庄芷以元朔六年上书于天子曰⑤:"毒药苦于口
利于病,忠言逆于耳利于行⑥。今淮南王孙建,材能高,淮南
王王后荼、荼子太子迁常疾害建⑦。建父不害无罪,擅数捕
系,欲杀之。今建在,可征问,具知淮南阴事。"书闻,上以
其事下廷尉,廷尉下河南治。

【注释】

①孽子:庶子。非正妻所生之子。

②省:视,理睬。

③诸侯皆得分子弟为侯:汉武帝用主父偃建议下"推恩令",令诸王
　　分封儿子为侯,详见《平津侯主父列传》。

④建阴结交:句子欠完整,意即暗中结交不逞之徒。

⑤寿春庄芷:寿春人姓庄名芷。元朔六年:前123年。

⑥毒药苦于口利于病，忠言逆于耳利于行：盖古人俗语。见于《孔子家语·六本篇》"良药苦于口而利于病，忠言逆于耳而利于行"；亦见于《留侯世家》"忠言逆身利于行，毒药苦口利于病"。毒药，烈性的药物。

⑦疾害：嫉妒，痛恨。

【译文】

刘安有个庶子叫刘不害，在他的儿子里年龄最大，刘安不喜欢他。刘安、王后以及太子都不把他当作儿子、兄长看。刘不害有个儿子叫刘建，才高负气，经常怨恨太子瞧不起他父亲；又怨恨当时别的诸侯王都能分封子弟为诸侯，而淮南王刘安只有两个儿子，一个为太子可以继承父业，而自己的父亲刘不害单单没有被封侯。刘建暗中结交了一帮人，想要告倒太子，让他的父亲刘不害取而代之。太子知悉此事，多次拘捕刘建并审问拷打。刘建知道太子有谋杀朝廷中尉的阴谋，就派了他的亲信寿春人庄芷以个人的名义于武帝元朔六年给武帝上书说："良药苦口利于病，忠言逆耳利于行。如今淮南王的孙子刘建才干很高，而淮南王的王后荼和她的儿子太子刘迁却总是妒忌迫害他。刘建的父亲刘不害本来无罪，却被他们多次擅自拘捕，想杀害他。现在刘建就在那里，可以征召他来问讯，淮南国那些隐秘之事他全都知道。"武帝看了奏书，就让廷尉处理这事，廷尉又把这件事转给河南郡审理。

是时故辟阳侯孙审卿善丞相公孙弘①，怨淮南厉王杀其大父，乃深购淮南事于弘②，弘乃疑淮南有畔逆计谋，深穷治其狱。河南治建，辞引淮南太子及党与。淮南王患之，欲发，问伍被曰："汉廷治乱？"伍被曰："天下治。"王意不说③，谓伍被曰："公何以言天下治也？"被曰："被窃观朝廷之政，君臣之义，父子之亲，夫妇之别，长幼之序④，皆得其理，上之举错遵古之道，风俗纪纲未有所缺也。重装富贾，周流天下，道无不通，故交易之道行。南越宾服⑤，羌僰入献⑥，东瓯入降⑦，广长榆⑧，开朔方⑨，匈奴折翅伤翼，失援不振。虽未及古太平之时，然犹为治也。"王怒，被谢死罪。王又谓被曰："山东即有兵⑩，汉必使大将军将而制山东，公以为大将军何如人也？"被曰："被所善者黄义，从大将军击匈奴。还，告被曰：'大将军遇士大夫有礼，于士卒有恩，众皆乐为之用。骑上下山若蜚⑪，材干绝人⑫。'被以为材能如此，数将习兵，未易当也。及谒者曹梁使长安来⑬，言大将军号令明，当敌勇敢，常为士卒先。休舍，穿井未通，须士卒尽得水⑭，乃敢饮。军罢，卒尽已度河，乃度。皇太后所赐金帛，尽以赐军吏。虽古名将弗过也⑮。"王默然。

【注释】

①故辟阳侯孙审卿：指被淮南王刘长所杀的辟阳侯审食其的孙子审卿。

②购：通"构"，罗织罪名。

③说：同"悦"。

④君臣之义，父子之亲，夫妇之别，长幼之序：四项为古所谓"五伦"中的四条。《孟子·滕文公》云："父子有亲，君臣有义，夫妇有别，长幼有序，朋友有信。"

⑤南越宾服：南越王赵佗，自汉文帝时归附汉朝；汉武帝时的南越王先是赵佗之孙赵胡（据考证，此人叫"赵眜"），后是赵胡之子赵婴齐，对汉朝更为归顺。详见《南越列传》。

⑥羌僰（bó）入献：羌人、僰人入朝进贡，详见《西南夷列传》。

⑦东瓯入降：东瓯是东越的一支，详见《东越列传》。

⑧广长榆：将北部边界扩展到长榆。《正义佚文》曰："长榆，今榆木塞也，在胜州（今内蒙古东胜）北。"

⑨开朔方：开拓今内蒙古河套一带，并在那里设立朔方郡（治所在今乌拉特前旗东南），事在元朔二年。

⑩山东：崤山以东，秦汉时常指今陕西以外的整个东方地区。即有兵：假如出现动乱。

⑪蜚：同"飞"。

⑫材干：同"材能"，即"才干"。

⑬谒者：此指淮南国的谒者。谒者，帝王的侍从官员，主管收发、传达、赞礼等。

⑭须：待，等候。

⑮虽古名将弗过也：在《卫将军骠骑列传》《李将军列传》中，司马迁对卫青颇有贬词，只在此处借伍被之口对卫青赞不绝口，用词又颇与赞美李广者同，值得留意。

【译文】

这时原辟阳侯审食其的孙子审卿和丞相公孙弘交好，审卿怨恨老淮南厉王刘长当年杀了他的祖父，于是就向公孙弘构陷刘安的罪状，公孙弘才怀疑刘安有反叛朝廷的阴谋，决意深入追究查办此案。河南郡审问刘建，刘建很快就把淮南太子和他的党羽们供了出来。刘安担忧事态严重，想要起兵造反。他问伍被说："现在朝廷是治还是乱？"伍被说："天下很安定。"刘安心中不高兴，对伍被说："你根据什么说天下安定呢？"伍被说："我是暗中观察朝廷的政治，君臣礼义、父子亲情、夫妇之别、长幼之序，都能够有条有理，现在皇上施政遵循古代的治国之道，风俗和法度都没有缺失。满载货物的富商，周行天下，道路无处不畅通，因此贸易通达。南越已归顺朝廷，羌人、僰人也都入朝进贡，东瓯已经投降，国家的领土拓展到长榆，设立朔方郡，匈奴人就像大鸟折损了翅膀，失去援助再也飞不起来了。现在虽然还赶不上上古的太平盛世,但完全可以称得上安定。"刘安大怒,伍被连忙谢罪。刘安又对伍被说:"崤山以东如果发生战事,朝廷必定会派大将军卫青前去镇压,你认为卫青是什么样的人呢?"伍被说:"我有个朋友叫黄义,曾跟随卫青攻打匈奴。他回来后对我说:'大将军待士大夫很有礼貌,对待士兵很有恩德,众人都乐意为他效劳。大将军骑着马上山下山就像飞一样,才能出众过人。'我认为大将军有这样的才干,又多次统兵出征,熟习用兵,不是容易对付的。等到后来谒者曹梁出使长安归来,说大将军号令严明,对敌作战十分勇敢,常常身先士卒。安营扎寨休息时,水井没有掘通,他总是等着士兵们全都喝上水后,他才肯喝。军队返回,他非等士兵们全都渡过河,他才肯过河。皇太后赏赐给他的金银玉帛,他都拿出来赏给军中小吏。即使古代的名将也无人比得过他。"刘安听罢,沉默无言。

淮南王见建已征治,恐国阴事且觉,欲发。被又以为难,乃复问被曰:"公以为吴兴兵是邪非也?"被曰:"以为非也。吴王至富贵也,举事不当,身死丹徒,头足异处,子孙无遗类。臣闻吴王悔之甚。愿王孰虑之,无为吴王之所悔。"王曰:"男子之所死者一言耳[①]。且吴何知反[②],汉将一日过成皋者四十余人[③]。今我令楼缓先要成皋之口[④],周被下颍川兵塞轘辕、伊阙之道[⑤],陈定发南阳兵守武关[⑥]。河南太守独有雒阳耳[⑦],何足忧。然此北尚有临晋关、河东、上党与河内、赵国[⑧]。人言曰'绝成皋之口,天下不通'。据三川之险[⑨],招山东之兵,举事如此,公以为何如?"被曰:"臣见其祸,未见其福也。"

【注释】

①男子之所死者一言耳：《正义佚文》曰："言男子出一言，至死不改，言反也。"

②吴何知反：这是说吴王濞不懂战略战术。详见《吴王濞列传》。

③汉将一日过成皋者四十余人：《集解》曰："言吴不塞成皋口，令汉将得出之。"成皋，古县名。汉置。治所在今河南荥阳汜水镇。是控制东西方往来的军事要地，当年刘邦与项羽长期相持于此。

④楼缓：刘安的部将。《集解》曰："《汉书》直云'缓'，无'楼'字。楼缓乃六国时人，疑此后人所益也。"徐孚远曰："周被、陈定，皆著姓名，缓不得独去姓，楼缓当是与古人姓名同也。"要：拦截。

⑤周被：刘安的部将。下颍川兵：意即率兵经颍川西下。颍川，汉郡名，治所即今河南禹州。辕辕：关隘名，在今河南登封西北，洛阳东南。伊阙：关隘名，在今洛阳南伊阙山上。

⑥陈定：刘安的部将。南阳：汉郡名，治所宛县，即今河南南阳。武关：古关名。在今陕西商南东南丹江北岸，河南南阳之西，是河南南部进入陕西的交通要道。

⑦雒阳：古都邑名。一作洛阳。故治在今河南洛阳东北白马寺东。

⑧临晋关：在今陕西大荔东，靠近黄河，是陕西通往山西的重要渡口。河东：郡名，治所即今山西夏县西北。上党：汉郡名，治所即今山西长子西南。河内：汉郡名，治所即今河南武陟西南。赵国：当时为汉景帝之子刘彭祖的封国，国都即今河北邯郸。

⑨三川之险：三川郡的险要之处，《正义》曰："即成皋关也。"汉时河南郡，在秦时称为"三川郡"，以其地有黄河、伊水、洛水三水而言。

【译文】

淮南王刘安见孙子刘建被征召审讯了，担心自己阴谋造反之事败露，想要马上起兵。这时伍被又出来劝阻，刘安又问伍被道："您认为吴国起兵作乱是对还是错呢？"伍被说："我认为是错的。吴王已富贵到极点,还要不适宜地起兵造反,结果失败在丹徒被杀,自己身首异处,殃及子孙无人幸存。我听说吴王临死时非常悔恨。希望大王您认真考虑,不要将来也像吴王那样后悔。"刘安说:"男子汉有时就是为了一句话而甘愿赴死。况且吴王哪里懂得造反的战略战术,当时朝廷出兵讨伐,吴王竟让汉将一日之内有四十多人闯过了成皋关隘。现在我令楼缓先夺取成皋要塞,让周被率领颍川的军队控制轘辕关、伊阙关的道路,派陈定征发南阳的队伍把守武关。这样河南太守就只剩下一个雒阳了,那还有什么可忧虑的呢?尽管北面还有临晋关、河东、上党以及河内、赵国等地区,但正如人们所说'只要断绝了成皋关口,整个天下就无法通连'。到那时我们再凭借三川的险要形势,招纳崤山之东各郡国的军队响应,我们照着这样的方略起事,您认为怎么样?"伍被说:"我只看到了灾祸,没有看到什么福兆。"

王曰:"左吴、赵贤、朱骄如皆以为有福,什事九成,公独以为有祸无福,何也?"被曰:"大王之群臣近幸素能使众者,皆前系诏狱①,余无可用者。"王曰:"陈胜、吴广无立锥之地,千人之聚②,起于大泽③,奋臂大呼而天下响应,西至于戏而兵百二十万④。今吾国虽小,然而胜兵者可得十余万,非直適戍之众⑤,锄凿棘矝也⑥,公何以言有祸无福?"被曰:"往者秦为无道,残贼天下。兴万乘之驾⑦,作阿房之宫,收太半之赋⑧,发闾左之戍⑨,父不宁子,兄不便弟,政苛刑峻,天下熬然若焦⑩,民皆引领而望⑪,倾耳而听,悲号仰天,叩心而怨上,故陈胜大呼,天下响应。当今陛下临制天下,一齐海内,泛爱蒸庶⑫,布德施惠。口虽未言,声疾雷霆,令虽未出,化驰如神,心有所怀⑬,威动万里,下之应上,犹影响也。而大将军材能不特章邯、杨熊也^⑭。大王以陈胜、吴广谕之^⑮，被以为过矣。"

【注释】

①前系诏狱：之前已被朝廷逮捕下狱。胡三省曰："汉时，左右都司空，上林中都官，皆有诏狱，盖奉诏而鞠狱，因以为名。"

②千人之聚：当时陈涉等被谪戍渔阳者共九百人。

③大泽：古乡名。在今安徽宿州东南大泽乡。《陈涉世家》曰："发闾左適戍渔阳，九百人屯大泽乡。"

④西至于戏：戏，戏亭，在今陕西临潼城东，当时咸阳城之东南，因有戏水流其下，故名。据《陈涉世家》，率起义军攻秦至戏下者为陈涉的部将周文。

⑤適戍：被发配戍守边城。適，通"谪"。

⑥钑凿棘矜：指陈胜等初起时使用的武器。钑，《集解》《索隐》皆以为大镰，则凿应即锤斧之类。棘矜，王念孙曰："伐棘以为杖。"贾谊《过秦论》称此作"锄櫌棘矜"，即锄柄荆棍。

⑦兴万乘之驾：极言调动车辆之多，指伐匈奴而言。

⑧收太半之赋：指将劳动人民收入的绝大部分都作为赋税收走。太半，韦昭曰："三分有二为太半。"

⑨发闾左之戍：调发大量的役夫去防守边关。闾左，指平民。居闾里左侧为平民，居闾里右侧为富贵人家。

⑩熬然若焦：被煎熬得像要糊了。或曰熬同"嗷"，嚎叫声。

⑪引领：伸长脖子，盼望有人前来救助的样子。

⑫蒸庶：众民。

⑬心有所怀：主语是皇帝。

⑭大将军：指卫青。章邯、杨熊：秦朝将军，陈涉、项梁等都死于章邯之手，事见《陈涉世家》《项羽本纪》。

⑮谕之：比喻自己。

【译文】

　　淮南王刘安说："左吴、赵贤、朱骄如都认为这么做是上策，十拿九稳事情会成功，您偏偏认为有祸无福，这是为什么？"伍被说："大王您所宠幸的大臣中平素能号令众人的，在此之前都已经被逮捕下狱了，剩下来的没有什么可以倚重的人了。"刘安说："当初陈胜、吴广身无立锥之地，结果率领千人在大泽乡振臂一呼，天下人就群起响应，等到西进打到戏亭时，队伍就达到了一百二十万人。现在淮南国虽小，然而国内能够拿起武器打仗的就有十多万，他们绝非被迫戍边的乌合之众，手里只是拿着镰刀、斧子、锄柄、木棍而已，您怎么说我有祸无福呢？"伍被说："当初是因为秦朝暴虐无道，残害天下的百姓。他征调了上万辆兵车出征，营建阿房宫，征收百姓们一大半收入作为赋税，他把大量的平民都统统调去远戍边疆，弄得父亲照顾不了儿子，哥哥不能帮助弟弟，国家的政令苛严、刑法峻急，天下的百姓们都像被烤焦了一般，百姓们都伸着脖子四处张望，竖起耳朵仔细倾听，他们哭天号地，捶胸顿足地怨恨秦王朝，所以当陈胜揭竿而起振臂一呼时，天下人都纷纷起来响应了。现在皇上临朝治理天下，统一海内四方，泛爱普天黎民，广施德政恩惠。皇上即使不开口讲话，他的声音也会像雷霆一样传布四方；他即使不颁布诏令，百姓们接受他的教化也似有神力，他的心中有所思虑，威势就会震动到万里之外，下面响应皇上的号召，就像影子和回声一样迅疾。而当今大将军卫青的才能又不是秦将章邯、杨熊比得上的。因此，大王您拿陈胜、吴广反秦的事情来打比喻，我认为是不合适的。"

　　王曰："苟如公言，不可徼幸邪①？"被曰："被有愚计。"王曰："奈何？"被曰："当今诸侯无异心，百姓无怨气。朔方之郡田地广，水草美，民徙者不足以实其地②。臣之愚计，可伪为丞相御史请书③,徙郡国豪桀任侠及有耐罪以上④,赦令除其罪⑤,产五十万以上者⑥,皆徙其家属朔方之郡,益发甲卒,急其会日⑦。又伪为左右都司空上林中都官诏狱逮书⑧,以逮诸侯太子幸臣。如此则民怨,诸侯惧,即使辩武随而说之⑨,傥可徼幸什得一乎⑩?"王曰:"此可也。虽然,吾以为不至若此。"

【注释】

①徼(jiǎo)幸:同"侥幸",求取意外的幸运。徼,求取。

②民徙者:指国家向朔方地区发动的移民。据《汉书·武帝纪》,元朔二年(前127),汉武帝曾下令向朔方移民十万口。

③伪为丞相御史请书:王先谦曰:"请,奏请也。诈为丞相、御史奏请徙人之书。"

④郡国:中央直辖各郡与各诸侯王国。耐:即剃其须鬓,是比"髡"轻一等的刑罚。《集解》又引苏林曰:"一岁为罚作,二岁刑以上曰耐。能耐其罪。"

⑤赦令除其罪:意即凡耐刑以上之人而迁往朔方者即除其罪。

⑥产五十万以上:按,伍被等造言所强制搬往朔方的共三种人,即"豪桀任侠""耐罪以上"与"产五十万以上"者。

⑦会日:期限。

⑧左右都司空:王先谦曰:"左右司空、都司空也。"左右司空属少府,都司空属宗正,都是查办犯罪与管理犯人的官员,宗正专门负责管理刘氏皇族事务。上林中都官:设在上林苑里查办犯罪与管理犯人的官府。诏狱逮书:皇帝下令查办重大案件的文书。

⑨辩武:《正义佚文》以为是"辩口有武,所说必行"者。《汉书》作"辩士"。

⑩傥可徼幸什得一乎：凌稚隆引王维桢曰："前多美词，末乃为画逆
计，何其智愚相背哉？"傥，通"倘"，或许。按，伍被之前皆坚决反
对刘安谋反，此次主动为其筹谋划策，前后判若两人，此令人生疑
处。

【译文】

刘安说："如果像您这么说，那我们就不可能侥幸取胜了吗？"伍被
说："我有个愚拙的主意。"刘安说："怎么办？"伍被说："现在诸侯们对朝
廷都没有二心，百姓们对朝廷也没有什么怨气。现在朝廷新设置了朔方
郡，那里土地广阔，水草丰美，过去虽然也向那里迁徙了一些百姓，但人
数还远远不够。我有个计策，我们可伪造一份丞相、御史写给皇帝的奏
书，请求征调全国各郡、各诸侯国的豪强、义士和处以耐罪以上的刑徒充
边，下令赦免他们的罪责，而家产在五十万钱以上的人，都让他们的家属
迁徙到朔方郡去住，可以多征调一些军队负责押送，催迫他们如期到达。
此外，我们再伪造一些左右都司空、上林中都官诏狱的逮捕令，声言要
大肆逮捕诸侯太子的宠臣。这样一来就会民怨四起，诸侯恐惧，而后我
们再派出辩士去鼓动他们造反，这样或许还侥幸有十分之一的希望吧？"
刘安说："这个主意很好。即便如此，我认为不必搞这么复杂。"

　　于是王乃令官奴入宫①，作皇帝玺，丞相、御史、大将
军、军吏、中二千石、都官令、丞印②，及旁近郡太守、都尉
印③，汉使节法冠④，欲如伍被计。使人伪得罪而西，事大将
军、丞相⑤；一日发兵⑥，使人即刺杀大将军青，而说丞相下
之，如发蒙耳⑦。

【注释】

①令官奴入宫：令淮南国的官奴入淮南王宫。

②中二千石：官阶名，即实足的二千石，指九卿一级，其下是"二千石"和"比二千石"。都官令、丞：京都长安各官府的正副长官。都官，即中都官，师古曰："京师诸官府。"令是诸官府的首长，丞是诸官府长官的助手。

③旁近郡：淮南国周围的诸郡。

④汉使节法冠：师古曰："法冠，御史冠也，本楚王冠，秦灭楚，以其君冠赐御史。"

⑤事大将军、丞相：到大将军、丞相身边潜伏待命。此时的丞相仍为公孙弘。

⑥一日：一旦，一朝。《索隐》崔浩云："一日犹一朝，卒然无定时也。"

⑦发蒙：揭去器物上所蒙之布，以喻不用费力。或曰，蒙，通"萌"，发萌是以种子萌芽的突然张开，以喻事物发展之自然。按，"如发蒙耳"是说话的口气，不宜杂入叙述语中。沈川曰："'使人'以下是淮南意中事，'使人'上宜加'王以为'字。"大意谓认为公孙弘可通过威胁、利诱，轻而易举地使其为我所用，不必刺杀。

【译文】

于是刘安便让一些官奴入宫，让他们伪造皇帝印玺，丞相、御史、大将军、军官、中二千石、京师各官府令和丞的官印，同时也模仿着刻制了一些周围郡国的太守和都尉的官印，私造了一些朝廷使者戴的帽子和执持的旌节，准备按伍被的计策行事。又派人假装得罪了刘安而逃到京城的大将军和丞相府中做事；一旦发兵起事，就派人立即刺杀大将军卫青，而劝说丞相投降，则会像揭开盖布一样轻而易举。

　　王欲发国中兵，恐其相、二千石不听①。王乃与伍被谋，先杀相、二千石，伪失火宫中，相、二千石救火，至即杀之。计未决，又欲令人衣求盗衣②，持羽檄③，从东方来，呼曰"南越兵入界"，欲因以发兵。乃使人至庐江、会稽为求盗④，未发。王问伍被曰："吾举兵西乡，诸侯必有应我者；即无应，奈何？"被曰："南收衡山以击庐江⑤，有寻阳之船⑥，守下雉之城⑦，结九江之浦⑧，绝豫章之口⑨，强弩临江而守，以禁南郡之下⑩，东收江都、会稽⑪，南通劲越⑫，屈强江淮间⑬，犹可得延岁月之寿。"王曰："善，无以易此。急则走越耳。"

【注释】

①恐其相、二千石不听：王鸣盛曰："诸侯王国中兵权，相与内史、中尉兼掌之，互相牵制，三者有一不肯，即不能发兵。"二千石，秩俸名。秦汉时中央列卿和地方郡守一级高级官吏的秩俸等级。月得谷一百二十斛。因为郡守均享受此秩，故亦作为郡守之别称。

②求盗：吏职名。亭长属下吏卒，掌逐捕盗贼。秦置，汉沿置。

③羽檄：犹羽书，古代征调军队的文书，上插鸟羽，表示紧急必须迅速传送。师古曰："征兵之书也。"

④庐江：前庐江国，此时已成为朝廷的郡。会稽：汉郡名，此时治所吴县（今苏州）。为求盗：假装为"求盗"小吏，到会稽郡、庐江郡去惊扰当地官民。

⑤收衡山：与其弟衡山王刘赐的兵力相合。收，收合，吞并。

⑥寻阳：汉县名，治所在今湖北黄梅西南。

⑦下雉：汉县名，治所在今湖北阳新东。

⑧九江：即指上面所说的寻阳一带。

⑨绝：掐断。豫章之口：由豫章（治所即今南昌）北入长江的口岸，即今九江的湖口。

⑩南郡：汉郡名，治所即今湖北江陵城西北之纪南城。

⑪江都：诸侯国名，现任江都王为武帝之侄刘建，国都广陵，即今江

苏扬州西北。

⑫劲越：强大的南越，当时的南越王为文王赵眜。

⑬屈强：同"倔强"。

【译文】

淮南王刘安想发动国内的军队起事，又担心他的国相、二千石的官员们不听他的指挥。淮南王于是和伍被密谋，准备先把他的国相、二千石官员等杀死。他们计划伪装成宫中失火，骗国相、二千石官员们前来救火，等他们一到，立即把他们杀掉。这个计划还没有最后决定，他又想派人穿着求盗的衣服，拿着告急檄文，从东方赶来，大呼说"南越兵攻入国界了"，想借机发兵造反。刘安这时已经派人到庐江郡、会稽郡去实施冒充求盗的计策了，尚未发兵。刘安问伍被说："我出兵西进，诸侯们一定会有人响应我；如果没有人响应，那可怎么办呢？"伍被说："先向南与衡山国的军队合兵来攻击庐江郡，夺取寻阳的战船，坚守下雉县城；再扼住九江江岸，切断豫章北入长江的口岸，持强弓硬弩临长江设防，禁止南郡的军队沿江而下，再向东攻占江都国、会稽郡，往南与南越国联合，在江淮之间固守坚持，就可以再拖延一些时日了。"淮南王说："很好，没有更好的计策了。如果再有什么危急我们就逃到南越国去。"

于是廷尉以王孙建辞连淮南王太子迁闻。上遣廷尉监因拜淮南中尉①，逮捕太子。至淮南，淮南王闻，与太子谋召相、二千石，欲杀而发兵。召相，相至；内史以出为解②。中尉曰："臣受诏使③，不得见王。"王念独杀相而内史、中尉不来，无益也，即罢相④。王犹豫，计未决。太子念所坐者谋刺汉中尉⑤，所与谋者已死，以为口绝，乃谓王曰："群臣可用者皆前系，今无足与举事者。王以非时发，恐无功，臣愿会

逮⑥。"王亦偷欲休⑦,即许太子。太子即自刭,不殊⑧。伍被
自诣吏⑨,因告与淮南王谋反,反踪迹具如此。

【注释】

①廷尉监:廷尉的属官,秩千石。

②以出为解:令人代说"已出门",推托不来。师古曰:"不应召,而
　　云'已出'也。解者,解说也。"

③受诏使:接受皇帝派来的使臣。

④罢相:自己罢手,放淮南相走了。

⑤所坐者谋刺汉中尉:郭嵩焘曰:"当时'谋反'实据,只此一事,余
　　皆无佐证。其与伍被谋者,由伍被自诣吏言之;其伪作皇帝玺及
　　丞相以下印、使节法冠,由附会证成其狱,并无证验也。"

⑥会逮:接受逮捕。师古曰:"会,应逮书而往也。"

⑦偷欲休:想苟且地结束此事。偷,苟且,能罢就罢。凌稚隆引邓以
　　瓒曰:"初'未定',两'不发',三'欲发',两'未决',一'未发',
　　终之'欲休',叙述有次第,可玩,精神备,耳目具。"

⑧不殊:指伤势甚重尚未及死。此语又见《苏秦列传》。

⑨自诣吏:即"自首"。诣,到。

【译文】

　　在这个时候,廷尉已经把淮南王之孙刘建供词中牵连淮南王太子刘
迁的事上奏朝廷。武帝于是派廷尉监趁前去拜见淮南国中尉的机会逮
捕刘迁。廷尉监来到了淮南国,淮南王听说后,就和刘迁商量召见国相、
二千石官员,想杀掉他们而后起兵。他们召见国相,国相来了;而内史以
有事外出为由没有来。中尉说:"臣在迎接皇上派来的使臣,不能前来
见大王。"淮南王心想只杀死国相一人而内史、中尉不肯前来,没有什么
益处,便把国相也放了。淮南王犹豫不决,定不下行动的计策。太子刘
迁心想,自己的罪名只不过是想要谋害朝廷派来的中尉,而参与密谋的

人现在已经死了，死无对证，于是对淮南王说："我们的大臣里可以依靠的都被抓起来了，现今已没有可以倚重举事的人。您在时机不成熟时发兵，恐怕不会成功，现在我愿意受朝廷逮捕。"淮南王这时心里也想就此收手，于是就答应了太子刘迁。太子刎颈自杀，却未能丧命。这时伍被前往官吏那里自首了，告发了自己参与淮南王谋反的事情，将谋反的详情全盘供了出来。

　　吏因捕太子、王后，围王宫①，尽求捕王所与谋反宾客在国中者，索得反具以闻。上下公卿治，所连引与淮南王谋反列侯二千石豪杰数千人，皆以罪轻重受诛②。衡山王赐，淮南王弟也，当坐收③，有司请逮捕衡山王。天子曰："诸侯各以其国为本，不当相坐④。与诸侯王列侯会肆丞相诸侯议⑤。"赵王彭祖、列侯臣让等四十三人议⑥，皆曰："淮南王安甚大逆无道，谋反明白，当伏诛。"胶西王臣端议曰⑦："淮南王安废法行邪，怀诈伪心，以乱天下，荧惑百姓，倍畔宗庙，妄作妖言。《春秋》曰'臣无将，将而诛'⑧。安罪重于将，谋反形已定。臣端所见其书节印图及他逆无道事验明白，当伏其法⑨。而论国吏二百石以上及比者⑩，宗室近幸臣不在法中者，不能相教，当皆免官削爵为士伍，毋得宦为吏。其非吏也⑪，赎死金二斤八两。以章臣安之罪⑫，使天下明知臣子之道，毋敢复有邪僻倍畔之意。"丞相弘、廷尉汤等以闻⑬，天子使宗正以符节治王⑭。未至，淮南王安自刭杀。王后荼、太子迁诸所与谋反者皆族。天子以伍被雅辞多引汉之美⑮，欲勿诛。廷尉汤曰："被首为王画反谋⑯，被罪无赦。"遂诛被。国除为九江郡。

【注释】

①围王宫：只围而未捕，还给刘安留有余地。

②诛：讨，惩治，未必都是杀死。

③当坐收：因受牵连应逮捕。刘赐是刘安之弟，据当时苛法，应株连从坐。

④不当相坐：王先谦曰："衡山反谋发觉稍后，故上特原之。"

⑤与诸侯王列侯会肄丞相诸侯议：句子繁复不顺，《汉书》简化为"与诸侯王列侯议"，主语是"有司"。据此，若将句首"与"字读为"令"，删去"丞相"下"诸侯"二字，其意大致可通。会肄，犹言"会同"。肄，习。

⑥赵王彭祖：汉景帝之子，汉武帝的异母兄弟，汉景帝五年由广川王移封为赵王，至今在位三十多年，事见《五宗世家》。列侯臣让：王先慎曰："按功臣、恩泽侯表，元朔间列侯无以'让'名者，疑'让'作'襄'。襄，平阳侯曹参玄孙，元光五年嗣，十六年薨，元朔六年正当嗣侯时。且据《史》《汉》表功臣位次，平阳第二，萧何第一。何曾孙胜元朔元年坐不斋耐为隶臣，至元狩三年庆始绍封。故此时列侯与议，襄宜居首也。'让''襄'二字古多相乱，《周礼》保氏注：'襄，尺井仪也。'《释文》：'襄，本作让。'本书《文三王传》：'梁平王襄'，《索隐》云：'《汉书》作让。'今各本仍作'襄'，是其证。"

⑦胶西王臣端：即刘端，汉景帝之子，汉武帝之异母兄，于汉景帝三年被封为胶西王，现已在位三十三年，事见《五宗世家》。胶西国的国都高密，在今山东高密西南。

⑧臣无将，将而诛：二语见《春秋公羊传》庄公三十二年与昭公元年。原文作"君亲无将，将而诛焉"。将，指私自聚众、统兵。

⑨当伏其法：底本在此句前有"甚大逆无道"五字，李笠曰："五字复出，而又无当，疑误衍。《汉书》亦无。"今削。

⑩二百石以上及比者：师古曰："谓真二百石及秩比二百石以上。"

⑪其非吏也：对于那些不是官吏的犯人。底本原作"非官吏他"，"他"字为"也"字之讹，今正。非吏的平民，因其无爵禄可削，故而罚款。

⑫章：彰明。

⑬丞相弘、廷尉汤等以闻：郭嵩焘曰："诸侯王各以意议淮南王罪，而丞相、廷尉会集其语上之。"廷尉汤，即酷吏张汤，自元朔三年（前126）为廷尉，事见《酷吏列传》。廷尉，九卿之一，国家最高司法官。

⑭宗正：为秦汉九卿之一，职掌皇室亲族。以符节治王：手执符节，即奉皇帝的命令到淮南讯问刘安。

⑮雅辞：口供的文辞华美。

⑯被首为王画反谋：中井曰："天子受被之欺，太史公亦受被之欺，唯张汤不受焉，酷吏亦有识哉！"

【译文】

于是主管的官吏们立即逮捕了刘迁和刘安的王后，并把刘安的王宫包围了起来。他们将国中参与谋反的淮南王的宾客全部搜查抓捕起来，并搜出了谋反的确实证据，然后向武帝奏报。武帝将此案交给公卿大臣们进一步审理，结果又牵连出了与刘安一同谋反的列侯、二千石官员、地方豪强有几千人，朝廷按罪行轻重都给予了相应的惩处。衡山王刘赐是刘安的弟弟，也应该按罪收捕，有关官员请求逮捕他。武帝说："诸侯们各人以国家为根本，不应当互相牵连。你们与诸侯王、列侯一道去跟丞相商议一下吧。"随后赵王刘彭祖、列侯让等四十三人商议，都说："淮南王刘安大逆不道，谋反的罪行明明白白，应将他处死。"胶西王刘端说："淮南王刘安废弃法令，行为奸邪，心怀欺诈，扰乱天下，蛊惑百姓，背叛宗庙，制造妖言。《春秋》上说'臣子不可率众作乱，率众作乱就应诛杀'。刘安的罪行比率众作乱更严重，谋反的情形已确定。我看了他的那些书信、符节、印章以及其他谋逆无道之事证据确凿，其罪应当依法处死。淮南国中那些官秩二百石以上和相当于二百石的官吏，以及宗室成员、宠幸之臣等即使没有参与谋反，他们不能尽责匡正阻止淮南王的谋反，也都应当免官削夺爵位贬为平民，今后不许再做官。对于那些非官吏的其他罪犯，就罚他们每人出黄金二斤八两抵偿死罪。朝廷应公开揭露刘安的罪恶，以便让天下人都清楚懂得为臣之道，叫他们今后不敢再生奸邪背叛的野心。"丞相公孙弘、廷尉张汤等人把这些议论报告了武帝，武帝派了宗正手持符节去处治刘安。宗正还没有到达淮南国，刘安就闻讯自杀了。他的王后荼、太子刘迁和其他参与谋反的人都被灭族。武帝因为伍被在和刘安的对话中多次称引朝廷的善政，想不杀掉他。廷尉张汤说："伍被最先为淮南王策划反叛的计谋，罪行绝不能宽恕。"于是伍被也被杀掉了。淮南国的封国被撤销。朝廷在那里设立了九江郡。

衡山王赐，王后乘舒生子三人，长男爽为太子，次男孝，次女无采。又姬徐来生子男女四人，美人厥姬生子二人。衡山王、淮南王兄弟相责望礼节①，间不相能②。衡山王闻淮南王作为畔逆反具，亦心结宾客以应之③，恐为所并。

元光六年④，衡山王入朝，其谒者卫庆有方术⑤，欲上书事天子，王怒，故劾庆死罪⑥，强榜服之⑦。衡山内史以为非是⑧，却其狱。王使人上书告内史，内史治，言王不直。王又数侵夺人田，坏人冢以为田。有司请逮治衡山王。天子不许，为置吏二百石以上⑨。衡山王以此恚，与奚慈、张广昌谋，求能为兵法候星气者⑩，日夜从容王密谋反事⑪。

【注释】

①相责望礼节：彼此怪罪对方对自己失礼。

②间：隙，隔阂。不相能：即"不相得"，合不来。

③亦心结宾客以应之：指防备刘安的侵袭，而并非想与其合伙。应，应对，对付。王先谦曰："《伍被传》载淮南王言：'我举兵西乡，必有应者；无应，即还略衡山。'王盖具知淮南本谋矣。"

④元光六年：前129年。

⑤方术：指医、卜、星、相之术。当时武帝正寻求这一套方术。

⑥劾（hé）：弹劾，指控。衡山王要惩治谒者，原不必请示汉武帝，但因此人已给皇帝上书，所以衡山王必须有此程序。

⑦强榜服之：师古曰："榜，击也。击笞之，令其自服死罪也。"榜，用棍棒打人。

⑧衡山内史：衡山国内史，主管该国民事，秩二千石，由朝廷派遣。

⑨为置吏二百石以上：《集解》曰："《汉仪注》：'吏四百石以下，自调除国中。'今王恶，天子皆为置之。"按，汉武帝此令大概只针对衡山国而发。一般说来，汉初诸侯国的丞相、太傅由朝廷派任，二千石则由诸侯自己委任；七国之乱后，诸侯国二千石以上的官员全部由朝廷委派；如《集解》之《汉仪注》所言，则不知行于何时。

⑩为兵法：研究兵法。候星气：占卜星辰、云气。候，占卜，预测。

⑪从容：同"怂恿"，《正义》曰："劝奖也。"

【译文】

衡山王刘赐，王后乘舒生了三个子女，大儿子刘爽被立为太子，二儿子刘孝，老三是个女儿叫刘无采。另一个姬妾徐来生儿女四人，另一个美人厥姬生了两个儿子。刘赐与刘安兄弟两个彼此指责对方礼数不周，关系疏远，互不和睦。刘赐听说刘安积极活动准备造反，也想结交宾客准备到时防范他，担心自己的国家被淮南王吞并。

元光六年，刘赐进京朝拜，这时他的一个谒者叫卫庆的由于懂得方术，便想上书侍奉天子。刘赐很生气，故意给卫庆强加死罪罪名，严刑拷打逼迫他认罪。这时衡山国的内史认为此案有问题，拒绝给卫庆定罪。于是刘赐又指使人上书控告内史,内史被审讯时,坚持说刘赐理屈。刘赐又多次霸占民田,毁坏他人坟墓辟为田地。于是朝廷里的有关部门便请求武帝逮捕刘赐。武帝没有批准,只是取消了刘赐原先可以自行委任本国官秩二百石以上的官吏的权力,改为由天子任命。刘赐因此心怀愤恨,他和奚慈、张广昌等密谋,让他们四处访求谙熟兵法和会观测星象以占卜吉凶的人,这些人到一起后就日夜不停地阴谋策划、积极地怂恿刘赐造反。

王后乘舒死,立徐来为王后。厥姬俱幸。两人相妒,厥姬乃恶王后徐来于太子曰:"徐来使婢蛊道杀太子母[1]。"太子心怨徐来。徐来兄至衡山,太子与饮,以刃刺伤王后兄。王后怨怒,数毁恶太子于王。太子女弟无采,嫁弃归[2],与奴奸,又与客奸。太子数让无采,无采怒,不与太子通。王后闻之,即善遇无采。无采及中兄孝少失母,附王后,王后以计爱之,与共毁太子,王以故数击笞太子。元朔四年中[3],人有贼伤王后假母者[4],王疑太子使人伤之,笞太子。后王病,太子时称病不侍。孝、王后、无采恶太子:"太子实不病,自言病,有喜色。"王大怒,欲废太子,立其弟孝。王后知王决废太子,又欲并废孝。王后有侍者,善舞,王幸之,王后欲令侍者与孝乱以污之,欲并废兄弟而立其子广代太子。

【注释】

①蛊道:即巫蛊,想以邪术加祸于人。

②嫁弃归:出嫁后被夫家休弃而归。

③元朔四年:前125年。

④贼伤:伤害。贼,害。假母:《集解》以为是"傅母属",傅母即"保母"。

【译文】

王后乘舒死后，徐来被立为王后。而厥姬也一同很受宠幸。两人相互妒忌。于是厥姬就在太子面前说王后徐来的坏话，说："太子的母亲是徐来指使婢女用巫蛊害死的。"太子心中怨恨徐来。有一天，徐来的哥哥来到衡山，太子与他一道饮酒，趁机用刀刺伤了徐来的哥哥。徐来怨恨太子，于是就不断地在刘赐面前诬陷太子。太子的妹妹刘无采出嫁后被休归娘家，与奴仆通奸，又和门客通奸。太子多次责备无采，无采很生气，从此不再和太子往来。徐来知道了这件事，就殷勤关怀无采。无采和她的二哥刘孝年幼就失去母亲，不免依附徐来，现在徐来设计表示对他们的爱护，于是他们就沆瀣一气共同诋毁太子，刘赐因此多次痛打太子。元朔四年中，有人刺伤了徐来的保母，刘赐怀疑是太子指使人所为，于是又把太子打了一顿。后来刘赐病了，太子经常声称有病不去服侍。这时刘孝、徐来、无采三人合起来在刘赐面前诬陷太子说："太子其实没有病，自己说有病，脸上还带有喜色。"刘赐大怒，于是想废掉太子，改立他的弟弟刘孝。徐来得知刘赐决意要废太子，又想一并废掉刘孝。徐来有一个女仆，擅长舞蹈，曾受过刘赐的宠幸，徐来想让她与刘孝淫乱，借此玷污刘孝。期望他们兄弟二人一同被废，另立她所生的儿子刘广取代太子。

太子爽知之，念后数恶己无已时，欲与乱以止其口。王后饮，太子前为寿，因据王后股①，求与王后卧。王后怒，以告王。王乃召，欲缚而笞之。太子知王常欲废己立其弟孝，乃谓王曰："孝与王御者奸，无采与奴奸，王强食②，请上书。"即倍王去③。王使人止之，莫能禁，乃自驾追捕太子。太子妄恶言④，王械系太子宫中。孝日益亲幸。王奇孝材能，乃佩之王印，号曰将军⑤，令居外宅，多给金钱，招致宾客。宾客来者,微知淮南、衡山有逆计,日夜从容劝之。王乃使孝客江都人救赫、陈喜作辒车镞矢⑥,刻天子玺、将相军吏印。王日夜求壮士如周丘等⑦,数称引吴楚反时计画约束⑧。衡山王非敢效淮南王求即天子位,畏淮南起并其国,以为淮南已西,发兵定江淮之间而有之,望如是⑨。

【注释】

①据:坐。

②强食:努力加餐,犹今"请多保重"。

③即倍王去:吴见思曰:"曲曲写家庭嫌衅,层叠详尽,不嫌琐亵。"倍,通"背",离开。

④妄恶言:说了一些更恶毒的话,即衡山国中诸不法事。

⑤号曰将军:据前文淮南王呼伍被为"将军",伍被称之为"亡国之言",知此时诸侯国无"将军"。

⑥救赫:姓救名赫。《汉书》作"枚赫"。辒(péng)车:兵车。

⑦周丘:吴王刘濞门客。下邳(今江苏下邳)人。因犯罪亡命吴,酗酒无行。景帝三年(前154),吴王濞起兵,使众门客为将,独不任他,他乃求得吴王一符节,夜入下邳,斩守令,一夜招兵三万。遂北略城邑至城阳(治今山东莒县),闻吴王败,引兵退下邳,道发背疽而死。事见《吴王濞列传》。

⑧数称引吴楚反时计画约束:底本原作"数称引吴楚反时计画以约束",句子略显生涩。《汉书》无"以"字,去掉"以"字,更流畅。

⑨"衡山王非敢效"几句:此应为衡山王语,或是其亲信转述衡山王之意。以为淮南已西,准备着等淮南王率兵杀向长安后。

【译文】

太子刘爽知道徐来的阴谋,心想徐来屡次诽谤自己不肯罢休,于是就想与她发生奸情来堵住她的嘴。有一天,徐来正在饮酒,太子就借着上前给她敬酒的机会，趁势坐到徐来的大腿上，要求和徐来同宿。徐来大怒，把此事报告了刘赐。刘赐派人把刘爽叫来，想要把他捆起来痛打。太子刘爽知道刘赐早就想废掉自己改立弟弟刘孝，于是就对刘赐说："刘孝和父王宠幸的侍女通奸，无采和她的家奴通奸。您就好好地注加餐保重自己吧，我要给朝廷上书告发他们。"说罢掉头转身离开。刘赐叫人阻拦，但谁也没能拦住，于是刘赐就亲自乘车追捕太子。太子说了一些更恶毒的话，刘赐只好给他戴上枷锁囚禁在宫中。刘孝则从此日益受宠。刘赐特别赏识刘孝的才能，让他佩带王印，号称将军，让他居住在宫外，给他很多钱财，让他去招揽宾客。那些到衡山国来的人们，也都暗中知道淮南王刘安、衡山王刘赐有造反的打算，于是也就日夜不停地怂恿他们造反。于是刘赐指派刘孝的宾客江都人救赫、陈喜制造战车和箭支，刻天子印玺和将相军吏的官印。刘赐还不分白天黑夜地寻找像周丘一样的壮士，不断给他们讲吴、楚七国造反时的行动计划部署等。其实刘赐不敢仿效刘安希冀篡夺天子之位，他只是担心他的衡山国被刘安吞并。他觉得在刘安率兵西取长安时，自己可乘虚发兵平定并占有长江和淮水之间的领地，他的愿望就是这样而已。

　　元朔五年秋①，衡山王当朝。六年，过淮南，淮南王乃昆弟语，除前郤②，约束反具③。衡山王即上书谢病，上赐书不朝。

　　元朔六年中④，衡山王使人上书请废太子爽，立孝为太子。爽闻，即使所善白嬴之长安上书⑤，言孝作辒车镞矢，与王御者奸，欲以败孝。白嬴至长安，未及上书，吏捕嬴，以淮南事系⑥。王闻爽使白嬴上书，恐言国阴事，即上书反告太子爽所为不道弃市罪事。事下沛郡治⑦。元狩元年冬⑧，有司公卿下沛郡求捕所与淮南谋反者未得，得陈喜于衡山王子孝家。吏劾孝首匿喜。孝以为陈喜雅数与王计谋反⑨,恐其发之,闻律先自告除其罪⑩,又疑太子使白嬴上书发其事,即先自告,告所与谋反者救赫、陈喜等。廷尉治验,公卿请逮捕衡山王治之。天子曰:"勿捕。"遣中尉安、大行息即问王⑪,王具以情实对。吏皆围王宫而守之。中尉、大行还,以闻,公卿请遣宗正、大行与沛郡杂治王⑫。王闻,即自刭杀。孝先自告反,除其罪;坐与王御婢奸⑬,弃市。王后徐来亦坐蛊杀前王后乘舒,及太子爽坐王告不孝,皆弃市。诸与衡山王谋反者皆族。国除为衡山郡⑭。

【注释】

①元朔五年:前124年。

②郄:同"隙",隔阂。

③约束反具:师古曰:"共契约为反具。"约束,约定。

④元朔六年:前123年。

⑤白嬴:姓白,名嬴。

⑥以淮南事系:因淮南王谋反的事被扣押。因衡山王与淮南王是亲兄弟,因而衡山的来人受牵连。

⑦事下沛郡治:因沛郡与淮南国、衡山国相近,因此朝廷将此事交由沛郡审理。沛郡,治所在今安徽濉溪西北。

⑧元狩元年冬:前122年初,当时尚以十月为岁首。黄善夫本与诸本皆作"元朔七年冬",其实意思相同,因年初尚未改元。后数月遂改为"元狩元年"。

⑨雅:平素,一向。

⑩自告:自己坦白并能揭发别人。

⑪中尉安:据《汉书·百官表》,此人为司马安,当时的酷吏之一,其

人又见于《酷吏列传》《汲郑列传》。中尉，职官名，掌京师治安。
大行息：指李息。大行，即大行令，职官名，汉时为职掌朝廷接待
宾客等事之官。九卿之一。秦称典客，汉景帝中元六年（前144）
更名大行令，武帝太初元年（前104）又改大鸿胪。李息的事迹
又见于《卫将军骠骑列传》《汲郑列传》。

⑫杂治：协同查办。郭嵩焘曰："'王以情实对'，即上'闻淮南作为
畔逆反具，畏淮南起，并其国'之情实也。衡山并无谋反踪迹，是
以公卿更请'杂治王'，必得其'情事'而已，此史公微旨。"

⑬与王御婢奸：与他父亲所宠幸的婢女通奸。

⑭国除为衡山郡：其事与淮南国被灭同时，皆在元狩元年（前122）
十一月。《汉书·武帝纪》："元狩元年十一月，淮南王安、衡山王
赐谋反诛，党与死者数万人。"

【译文】

元朔五年秋天，刘赐应该入京朝见天子。六年，当他路过淮南国的
时候，刘安和他以亲兄弟的身份亲密交谈，消除了以前的嫌隙，约好制造
反叛的器具。衡山王刘赐就给武帝上书，托辞有病，而武帝也就批准了
他不进京朝见的请求。

元朔六年中，衡山王刘赐派人向武帝上书请求废掉太子刘爽，改立
刘孝为太子。刘爽得知这个消息后，立刻派了他的亲信白嬴前往长安上
书，控告刘孝制造战车、弓箭以及和衡山王刘赐的侍女通奸的事情，想借
此搞垮刘孝。白嬴到了长安，还没来得及给武帝上书，就被狱吏逮捕了，
因为他与刘安造反的事有牵连。刘赐听说刘爽已经派白嬴去长安上书，
担心衡山国内的阴谋被揭发，于是就上书反告太子刘爽大逆不道，应该
处死。武帝把这件事情交给了沛郡审理。元狩元年冬天，负责办案的公
卿大臣让沛郡派人到衡山国去搜捕参与刘安谋反的人，没有抓获，却在
衡山王的儿子刘孝家中抓到陈喜。于是主管官吏就起诉刘孝窝藏陈喜。
刘孝认为陈喜平素屡次和刘赐计议谋反，很害怕他会供出此事。他也听

说按法律规定先自首的人可以免除其罪责,他还疑心太子刘爽早已经派白嬴上书告发了他们,于是刘孝就去投案自首了,他揭发了和刘赐一起阴谋造反的救赫、陈喜等人。廷尉审讯验证属实,公卿们请求逮捕刘赐依法治罪。皇帝批示说:"不要抓他。"于是就派了中尉司马安、大行李息前往衡山讯问衡山王刘赐,衡山王没有办法,只好如实地做了交代。于是官吏们就把刘赐的王宫包围起来严加看守。司马安、李息回到了长安,向武帝做了报告,于是公卿们请求武帝派宗正、大行与沛郡太守协同审理衡山王刘赐。衡山王刘赐闻讯便刎颈自杀。刘孝由于是先投案自首的,所以免除了他的谋反罪;但他犯有和衡山王侍女通奸的罪过,所以被斩首示众了。王后徐来也犯有以诬蛊谋杀前王后乘舒之罪,连同太子刘爽犯了被衡山王刘赐控告不孝的罪,都被处死弃市。而其他参与衡山王刘赐谋反的人就都被灭族了。从此衡山国被废除,另设为衡山郡。

　　太史公曰:《诗》之所谓"戎狄是膺,荆舒是惩"①,信哉是言也②。淮南、衡山亲为骨肉,疆土千里,列为诸侯,不务遵蕃臣职以承辅天子③,而专挟邪僻之计,谋为畔逆,仍父子再亡国④,各不终其身,为天下笑。此非独王过也,亦其俗薄,臣下渐靡使然也⑤。夫荆楚僄勇轻悍,好作乱,乃自古记之矣。

【注释】

①戎狄是膺,荆舒是惩:二句见《诗经·鲁颂·閟宫》。意即对于不同种姓的民族,只有狠狠打击。戎狄,指北方少数民族。膺,迎击。荆舒,指南方少数民族,荆即楚,舒为楚的盟国。惩,惩创,打击。

②信哉是言也:司马迁只是强调不能勾结其他民族来对付自己的骨肉兄弟,如《吴王濞列传》中的"毋亲夷狄,以疏其属"正与此相

同，而不是主张对少数民族用兵。

③蕃臣职：诸侯的职责。古代称诸侯是中央天子的屏障藩篱。蕃，
　通"藩"。承辅：辅佐。承，通"丞"。

④仍：乃。父子再亡国：父子两代都招致国家灭亡。

⑤此非独王过也，亦其俗薄，臣下渐靡使然也：梁玉绳引《史义拾
　遗》曰："安亲罹父难，而又躬自蹈之，其父子荐亡者自取之也，何
　地俗之咎耶？"渐靡，意即逐渐感染。渐，浸染。靡，磨砺。

【译文】

　　太史公说：《诗经》上所说的"戎狄是膺，荆舒是惩"，这话讲得真对
呀。淮南王刘安、衡山王刘赐是天子的骨肉至亲，疆土千里，位列诸侯，
可是他们不遵守藩臣的职责去辅佐天子，而是专门为非作歹，谋反叛乱，
所以使得父子两代相继亡国，都不能得以善终，终为天下人所耻笑。这
件事情不只是他们的过错，也是由于当地习俗浇薄，臣子们逐渐影响他
们的结果。荆楚一带的人凶悍勇猛，喜好作乱，这些是自古以来就有记
载的。

【集评】

　　陈仁子曰："士欲忠爱其主，当执义以力争，不当遁辞以中变。被论
吴楚之得失，援引秦汉之兴亡，其论甚正。若执此不变，淮南之心必有所
忌而不敢发。被乃转为不得已之论，既欲诈为丞相御史书徙豪杰以激民
怨，又诈为诏狱书逮诸侯太子幸臣以惧诸侯，与前之说真为二人，被诛宜
哉！"（《史记评林》引）

　　中井曰："伍被问答，是伍被之首状耳，太史公以其辞典雅，入《淮南
传》中，可谓失事实，《汉书》引以立传，其失尤甚。""伍被倾危小人，固
反逆之首矣，故前文案地图称伍被、左吴是也；及事败图自脱，乃自告献
状如此。"（《史记会注考证》引）

　　郭嵩焘曰："全传仅叙与伍被往复之辞，终告反迹具者伍被也，未尝

发一兵遣一将,故知两淮南狱之终不免于诬也。"(《史记札记》)

李景星曰:"《淮南衡山传》只写一家变乱。淮南王长为高帝之子,淮南王安、衡山王赐,则又淮南王长之子也。传写此三人,却用三样写法。淮南王长是一味刚狠,淮南王安是一味狐疑,衡山王赐是一味鹘突。淮南王长传曰'不用汉法',曰'出入骄恣',曰'贼杀不辜',其枭凌之状如见。而又备录奏辞狱辞,凡传之所不详者,皆于此补之。叙次之高,是太史公独擅,他人无此手笔也。淮南王安传其犹豫处,全在心上写,故用'欲'字、'畏'字、'恐'字、'念'字,及'亦欲'、'时欲'、'偷欲'、'计欲'等字,摹拟入微。而又以伍被与安问答及'谋为叛逆'等语详细列入,遂觉文笔异常曲折。衡山王赐传写其家庭龃龉不能解决,忽与淮南构隙,忽与淮南连和,而赐以一身应接其间,随波逐流,毫无判断,令读之者怒不得,笑不得,唯有拍案叫绝,谓史公善于写生而已。赞语归过于臣下,归罪于地势,为三王出脱,正是为三王怜惜。盖史公于淮南衡山之事,殆有以深悲其致罪之由。而其反迹之虚实隐见,亦有含蓄吞吐而不欲明言者矣。"(《史记评议》)

【评论】

本篇通过叙写刘长、刘安、刘赐父子三人相继谋反被诛,暴露了汉代统治集团内部为争权夺利而相互残杀的事实,当与《梁孝王世家》《吴王濞列传》等参照阅读。

淮南厉王刘长是刘邦之子,是汉文帝的同父异母兄弟。刘长之母无辜受牵连死于赵国贯高谋杀刘邦的事件,刘长长大后为追究责任、为替其母报仇亲手杀了吕后的男宠审食其,而后伏阙下向汉文帝请独断专行之罪,其豪壮慷慨令人钦敬。刘长的罪过是在于他的"骄恣,不用汉法,出入称警跸,称制,自为法令,拟于天子",这在封建社会里是绝对不能容忍的。刘长的行为与其后的梁孝王刘武完全相同。梁孝王刘武是汉景帝的同胞兄弟,梁孝王所以没有受到惩处而得以善终,是靠了韩安国的从中周旋。刘长由于无人为之分解,便被发配邛邮了。经查证的刘长的罪名是勾结棘蒲侯柴武的儿子聚众"七十人",以"輦车四十乘"在陕北的谷口进行"谋反"。古今中外有以七十个人造反的么?但罪名居然就这样成立了。刘长气愤地在发配途中绝食而死。

淮南王刘安是刘长之子,论辈分是汉武帝的堂叔。刘安深知汉法对诸侯王的严酷,何况他还是一个被朝廷镇压的造反者的后代。于是他邀集了许多文人一起著书立说,造为诗赋。汉武帝忌讳呼朋啸旅,聚众养客,曾任丞相的窦婴所以被杀,就与他的养客有关。刘安收聚大量文人,与其他豪门的养客有什么区别?更何况其中又的确杂有某些不逞之徒呢?雷被、左吴等就是其中鼓动刘安图谋不轨的骨干。刘安是个生性软弱、犹豫不决的人。其内心不好说是不是真有某种非分之想,但他绝对是犹犹豫豫,一丁点实际造反的行动也没有。作品非常细密地写了他与左右亲信、亲属的一些讨论、计划,实际上又什么也没有做。但刘安与其整个家族最后还是被杀光了。篇中比较难以理解的是伍被这个人。伍被前期坚决地反对刘安谋反,说理透彻,其中说了许多汉武帝、卫青等人的好话,让人觉得是一个深明大义的人,但到后来突然一变又主动给刘安筹谋画策了。根据这种现有情况,有人断定伍被是一个鼓动刘安叛乱的骨干分子,前面那些大段动听的言辞都是他在阴谋败露下狱之后所作的自我粉饰之词。汉武帝被他骗过了,司马迁也被他骗过了,只有酷吏张汤识破了他后来编造的这一套,故而断然将其处以极刑。话虽如此,但总有许多疑团令人挥之不去。清代郭嵩焘说:"其与伍被谋者,由伍被自诣吏言之,其伪作皇帝玺及丞相以下印、使节法冠,由附会证成其狱,并无证验也。全传仅叙与伍被往复之辞,终告反迹具者伍被也,未尝发一兵遣一将,故知两淮南狱之终不免于诬也。"从现有材料看,当时社会上有不少人是同情刘长、刘安的。汉乐府有所谓:"一尺布,尚可缝;一斗粟,尚可舂。兄弟二人不相容。"说的就是刘长被杀事。至于刘安,民间传说他没有死,还有说他得道,"举家升天,畜产皆仙,犬吠于天上,鸡鸣于云中"(《论衡》)云云,晋人葛洪的《神仙传》中也有类似说法。凡此都表现了对于汉代最高统治者的一种不满情绪。

衡山王刘赐家室淫乱、母子相斗、兄妹反目,但要说他反对朝廷的真凭实据却是没有的,他暗中购置武器装备是为了预防淮南王造反后对衡山的攻击。他被判谋反多半是受淮南王案的牵连,而首告者竟然是自己的儿子。最后的结果是刘赐自杀,王后和两个儿子皆弃市,所有与此案有关者皆灭族。在淮南、衡山一案中,牵连被杀的达数万人,其惨烈真是触目惊心。

司马迁"太史公曰"中分析淮南、衡山的谋反原因,将之归结为"其俗薄,臣下渐靡使然",又说"荆楚僄勇轻悍,好作乱",似乎是受环境和风俗传统的影响。这给人一种避重就轻的感觉。司马迁似乎有什么话不好说,李景星说:"赞语归过于臣下,归罪于地势,为三王出脱,正是为三王怜惜。盖史公于淮南、衡山之事,殆有以深悲其致罪之由,而其反迹之虚实隐见,亦有含蓄吞吐而不欲明言者矣。"大概得其要旨。

本篇借伍被之口对汉武帝和卫青进行了褒扬。说卫青"遇士大夫有礼,于士卒有恩,众皆乐为之用。骑上下山若蜚,材干绝人","号令明,当敌勇敢,常为士卒先。休舍,穿井未通,须士卒尽得水,乃敢饮。军罢,卒尽已度河,乃度。皇太后所赐金帛,尽以赐军吏。虽古名将弗过也"。这应当是当时对卫青的普遍看法。又说汉武帝的治绩是:"君臣之义,父子之亲,夫妇之别,长幼之序,皆得其理,上之举错遵古之道,风俗纪纲未有所缺也。重装富贾,周流天下,道无不通,故交易之道行。南越宾服,羌僰入献,东瓯入降,广长榆,开朔方,匈奴折翅伤翼,失援不振。虽未及古太平之时,然犹为治也。"这是对武帝时期强盛面貌的准确概括。司马迁对汉武帝与卫青一向颇有微词,本篇对武帝与卫青的颂扬,可以看作《史记》"互见法"的一种表现。

循吏列传第五十九

【释名】

　　所谓"循吏"就是"奉职循理"的官吏,他们共同的特点就是施教爱民,"无所变更,百官自正"。本篇就是"循吏"的"类传",写了孙叔敖、子产、公仪休、石奢、李离五位春秋时期循吏的轶事。

　　全篇开头是作者的小序,表现了作者对理想法治的追求和对武帝时严刑峻法的反感。中间分别写五位循吏的故事:孙叔敖为楚相的善于诱导,不扰民;子产为郑相受百姓拥戴;公仪休为官清正并不与民争利;写石奢执法,其父杀人而纵之,自己自杀谢罪;写李离因过听杀人而为之抵命。篇末论赞对五位循吏表达了敬佩之情。

　　太史公曰:法令所以导民也,刑罚所以禁奸也。文武不备①,良民惧然身修者②,官未曾乱也。奉职循理③,亦可以为治,何必威严哉④?

【注释】

　　①文武:指法令和刑罚。

　　②惧然:谨慎戒惧的样子。

　　③奉职循理:赵恒曰:"'奉职循理'四字,乃太史公《循吏》之本旨。"

奉职,奉行为官的职责。循理,遵循法律条文。

④威严:指严刑峻法。此篇表达了司马迁对"奉职循理"的理想执
　　法官吏的赞扬。

【译文】

太史公说:法令是用来引导民众向善的,刑罚是用来禁止人们作恶
的。当国家的政令刑罚还不完备时,善良的百姓就能心存戒惧地自我约
束,那是因为当长官的不曾违乱纲纪。只要官吏奉公尽职,按规则办事,
就可以治理好天下,何必非要动用严刑峻法呢?

孙叔敖者①,楚之处士也②。虞丘相进之于楚庄王以
自代也③。三月为楚相,施教导民,上下和合,世俗盛美,政
缓禁止④,吏无奸邪,盗贼不起。秋冬则劝民山采,春夏以
水⑤,各得其所便,民皆乐其生。

【注释】

①孙叔敖:春秋时楚人,清廉正直,世称贤相。

②楚:此指春秋时代的楚国,国都郢,即今湖北荆州的纪南城。处
　　士:隐士。一般指有才德而隐居不愿做官的读书人。

③虞丘相:虞丘地区的人在楚庄王驾前为相,其人姓氏不详。虞丘,
　　有人说是今安徽临泉一带的丘陵名。楚庄王:前613—前591年
　　在位,春秋五霸之一,事迹见《左传》与《楚世家》。

④政缓:法令宽缓。禁止:遇禁令则止息。

⑤春夏以水:《集解》引徐广曰:"乘多水时,而出竹木。"李笠曰:
　　"'以水'对上文'山采'而言,盖言田渔也。秋冬则劝民采于山,
　　春夏则采于水,各以时也,故下文曰'各得其所便'。"

【译文】

孙叔敖是楚国的隐士。楚国国相虞丘把他推荐给楚庄王,想让他接

替自己的职位。三个月以后,孙叔敖果然做了楚国的国相,他对百姓进行教育引导,使得楚国上下和睦,风俗淳美,他执政法令宽缓,却能做到令行禁止,没有为非作歹的官吏,民间也没有盗贼。秋冬时,他就鼓励百姓上山采伐林木;春夏时,他就让百姓利用上涨的河水把采伐的林木从山里运到山外,按照习惯便利来安排生产生活,百姓们都能安居乐业。

　　庄王以为币轻①,更以小为大②,百姓不便,皆去其业③。市令言之相曰④:"市乱,民莫安其处,次行不定⑤。"相曰:"如此几何顷乎⑥?"市令曰:"三月顷。"相曰:"罢,吾今令之复矣。"后五日,朝,相言之王曰:"前日更币,以为轻。今市令来言曰'市乱,民莫安其处,次行之不定'。臣请遂令复如故。"王许之,下令三日而市复如故。

【注释】

①以为币轻:认为钱币的面值小。

②更以小为大:将小币改铸成大币。一说指钱的大小分量不变,而单提高其面值。

③去其业:放弃自己所从事的职业,主要指手工业、商业。郭嵩焘曰:"更币则市所积币皆废,所以次之不定者,为币数易,变更者多也。"

④市令:官名。执掌市场管理。

⑤次行(háng):摊位、铺面的行列次序。泷川曰:"市肆行列。"

⑥几何顷:多少时间,多久。顷,本指很短的时间,这里泛指时间。

【译文】

　　楚庄王认为楚国流通的钱币太轻,于是就把小钱改成了大钱,百姓们感到很不方便,很多人都放弃了自己从事的职业。管理市场的官员向国相报告说:"市场混乱,人们都不能安心地做自己的本职工作,旧有的秩序已经无法维持。"孙叔敖问:"这种情况有多久了?"管理市场的官员说:"差不多有三个月了。"孙叔敖说:"回去吧,我现在就设法让市场恢复原样。"五天后,孙叔敖向楚庄王劝谏说:"先前更换了钱币,原因是嫌旧币太轻。现在管理市场的官员报告说:'市场混乱,百姓们都不再安心做生意,旧有的秩序已经无法维持。'所以我请求立即下令恢复原有的币制。"楚庄王同意了,颁布命令才三天,市场就恢复了原貌。

　　楚民俗好庳车①,王以为庳车不便马,欲下令使高之。相曰:"令数下,民不知所从,不可。王必欲高车,臣请教闾里使高其梱②。乘车者皆君子,君子不能数下车③。"王许之。居半岁,民悉自高其车。

【注释】

①庳(bì)车:底盘矮的车。庳,低矮。

②闾里:里巷。"里",古代居民的基层单位名,五家为一邻,五邻为一里,以二十五家为闾。梱(kǔn):门槛。

③数:屡次。

【译文】

　　楚国的老百姓习惯于乘坐底盘矮的车子,楚庄王认为底盘太矮不便于马匹奔跑,想下令让人们把底盘升高。国相孙叔敖说:"政令频出,百姓无所适从,这样做不行。如果大王一定要让百姓升高底盘,我觉得可以让各个里巷把街门的门槛都升高一点儿就行了。因为坐车的人都是有身份的君子,他们不能为过高门槛而频繁下车。"楚王答应了他的请求。结果没过半年,老百姓都自动把车子的底盘升高了。

　　此不教而民从其化,近者视而效之,远者四面望而法

之^①。故三得相而不喜,知其材自得之也;三去相而不悔,知
非己之罪也^②。

【注释】

①法:效法。

②"故三得相而不喜"几句:泷川曰:"孙叔之三相三去,见《庄
子·田子方》《吕览·知分》《荀子·尧问》《淮南·道应》《氾
论》诸篇,史公据之,但其事则不足信。"据《论语》,"三为楚相"
者为令尹子文,非孙叔敖。

【译文】

这就是不用下令管束百姓就自然顺从了他的教化,身边的人亲眼
看到他的言行便仿效他,远方的人观望四周人们的变化,也跟着效法他。
所以孙叔敖三次荣居相位并不沾沾自喜,他明白这是凭借自己才干获得
的;三次被免去相位并没有感到悔恨,因为他自知没有过错。

　　子产者^①,郑之列大夫也。郑昭君之时,以所爱徐挚为
相^②,国乱,上下不亲,父子不和。大宫子期言之君,以子产
为相^③。为相一年,竖子不戏狎^④,斑白不提挈^⑤,僮子不犁
畔^⑥。二年,市不豫贾^⑦。三年,门不夜关,道不拾遗。四
年,田器不归。五年,士无尺籍^⑧,丧期不令而治。治郑二十
六年而死^⑨,丁壮号哭,老人儿啼^⑩,曰:"子产去我死乎! 民
将安归^⑪?"

【注释】

①子产:郑成公(前584—前571年在位)之少子,名侨,春秋后期郑
国的名臣。自郑简公时始执国政,历定公、献公、声公四朝,博闻

多识,为政贤名。

②郑昭君之时,以所爱徐挚为相:《索隐》曰:"子产不事昭君,亦无徐挚作相之事,盖别有所出,太史记异耳。"郑昭君,春秋时代无"郑昭君",有"郑昭公",然其前696—前695年在位,与本文所叙时代不合,显为史公误记。

③大官子期言之君,以子产为相:据《左传》,郑简公(前565—前530年在位)三年,郑国内乱,执政者子驷、子国、子耳等被叛乱者所杀,子产在平定叛乱中有功,事后子孔执政。至简公二十二年(前554),郑国又发生政变,子展等杀掉子孔,掌握政权,子产被立为卿。至简公三十三年,子产始被子皮推任为郑国宰相。本文所叙与《左传》皆不合。大官子期,《左传》无其人。

④戏狎(xiá):嬉戏,调戏。

⑤斑白不提挈(qiè):头发斑白的老人不再手提重物,是说年轻人帮着干了。

⑥僮子不犁畔:连未成年的孩子耕田时也懂得不犯地界。《周本纪》中所谓"耕者皆让畔",与此意同。僮子,儿童。或可解释为奴仆。畔,田界。

⑦市不豫贾:《索隐》曰:"谓临时评其贵贱,不豫定也。"方苞曰:"言索价一定,无犹豫之虚词也。"贾,同"价"。

⑧士无尺籍:言男子不必上兵役簿,因为国家不征兵役。《正义》曰:"言士民无一尺方板之籍书。什伍,什伍相保也。"泷川引冈白驹曰:"尺籍所以书军令,言大国不兵讨。"按,此处的意思疑为百姓的丁男不用尺籍管理,到服役时自动出勤。

⑨治郑二十六年而死:梁玉绳曰:"案:《左传》,子产以鲁襄十九年为卿,三十年相郑,至昭二十年卒,今以为卿之年计,是三十三年;以为相之年计,是二十二年,此文盖误。"《史记》之《郑世家》及《十二诸侯年表》皆误书子产卒于定公十四年,与《左传》不同。

⑩丁壮号哭,老人儿啼:据《左传》及《孔子世家》云:"子产死,孔子泣曰:'子产,古之遗爱也。'"《韩诗外传》云:"子产病将死,国人皆吁嗟曰:'谁可使代子产死者乎!'及其不免死也,士大夫哭之于朝,商贾哭之于市,农夫哭之于野。哭子产者,皆如丧父母。"儿啼,像孩子一样哭得伤心。

⑪子产去我死乎! 民将安归:吴见思曰:"写子产,只叙其年谱,序其功效,其为政处一字不实写,而以歌谣结,得其全神,更胜一倍。"《集解》引《皇览》曰:"子产冢在河南新郑,城外大冢是也。"去我,离我而去。归,依靠,投奔。

【译文】

　　子产是郑国的大夫。郑昭君在位时,曾让他所宠信的徐挚做国相,结果使国家混乱不堪,官民不亲和,父子不和睦。这时大宫子期就把子产介绍给了郑昭君,昭君让子产当了郑国相。子产执政只一年,郑国的浪荡子不再轻浮嬉戏,白发的老人走在路上不用手提负重,连未成年的孩子耕田时也懂得不犯地界。执政两年之后,市场上买卖公平,没有人抬高物价了。执政三年之后,百姓晚上再也不用关门,遗落在路上的东西也没有人捡了。执政四年之后,农民收工不必把农具带回家。执政五年之后,男子无须上兵役薄,遇有丧事则自觉敬执丧葬之礼。子产治理郑国二十六年后去世,青壮年痛哭失声,老年人也像小孩子一样悲啼,他们都说:"子产离开我们死了! 我们今后依靠谁呀?"

　　公仪休者①,鲁博士也。以高弟为鲁相②。奉法循理,无所变更,百官自正。使食禄者不得与下民争利,受大者不得取小。

【注释】

①公仪休:姓公仪,名休。战国时鲁穆公相。

②高第:经考核,政绩突出,顾问做得好。为鲁相:泷川曰:"《孟
　　子·告子下》,鲁穆公时,公仪休为政;《盐铁论·相刺》篇,鲁穆
　　公时,公仪休为相。"鲁穆公是战国前期鲁国国君,前408—前375
　　年在位。杨宽曰:"鲁国于元公、穆公间,其内政有所改革,从而摆
　　脱季孙之劫持。当鲁穆公时,公仪休为相,终于形成'奉法循理'
　　之集权政体,季孙氏仅据其封邑费,而成为独立小国。"

【译文】

公仪休是鲁国的博士。由于政绩突出做了鲁国相。他遵奉法度,按
原则办事,对旧有章程不做改动,而百官自觉端正了品行。公仪休要求享
受俸禄的官员不许与老百姓争夺利益,获得了大利的人不许再贪小利。

　　客有遗相鱼者,相不受。客曰:"闻君嗜鱼,遗君鱼,何
故不受也?"相曰:"以嗜鱼,故不受也。今为相,能自给鱼;
今受鱼而免,谁复给我鱼者①? 吾故不受也。"

　　食茹而美②,拔其园葵而弃之。见其家织布好,而疾出
其家妇③,燔其机④,云:"欲令农士工女安所雠其货乎⑤?"

【注释】

①今受鱼而免,谁复给我鱼者:采自《韩诗外传三》,前半文字全同;
　　后半略有不同。其文曰:"'夫欲嗜鱼,故不受也。受鱼而免于相,
　　则不能自给鱼;无受而不免于相,长自给于鱼。'此明于鱼为己者
　　也。故《老子》曰:'后其身而身先,外其身而身存。非以其无私
　　乎,故能成其私。'"

②茹:蔬菜的总称。

③疾出:迅速赶出。

④燔(fán):焚烧。

⑤欲令农士工女安所雠其货乎：意谓不能与民争利。雠，此处同
　　"售"。

【译文】

　　一次，客人给公仪休送了条鱼，公仪休不肯接受。客人说："我听说你喜欢吃鱼，就送了条鱼给你，你为何不接受呢？"公仪休说："因为我喜欢吃鱼才不接受你的鱼。现在我是国相，我自己买得起鱼；如果我因为要了你的鱼被免官，今后谁还肯给我送鱼？所以我不能要。"

　　公仪休吃自家菜时觉得新鲜，就把园子里的菜全拔了。见到自家的布质地好时，他就立刻把织妇逐出家门，并烧毁织布机，说："如果做官的都自己种菜织布，让菜农和织妇去哪儿卖他们的货呢？"

　　石奢者，楚昭王相也①。坚直廉正，无所阿避②。行县③，道有杀人者，相追之，乃其父也。纵其父而还自系焉。使人言之王曰："杀人者，臣之父也。夫以父立政，不孝也；废法纵罪，非忠也；臣罪当死。"王曰："追而不及，不当伏罪，子其治事矣。"石奢曰："不私其父④，非孝子也；不奉主法，非忠臣也。王赦其罪，上惠也；伏诛而死，臣职也。"遂不受令，自刎而死。

【注释】

①石奢者，楚昭王相也：梁玉绳曰："楚相即令尹，昭王时子西尸之，未闻相石奢。《吕览·高义篇》言'昭王使石渚为政'，与此同，'渚'乃'奢'之讹，《史》盖本《吕》而误改作'相'也。《韩诗外传》二、《新序·节士》并言'昭王有士曰石奢，使为理'。"楚昭王，前515—前489年在位，事见《左传》与《楚世家》。

②阿避：曲从回避。

③行县：到各县巡查工作。行，视察。

④私：偏袒。

【译文】

　　石奢是楚昭王的相。为人刚强正直，廉洁奉公，不阿谀，不怕事。有一次他到各县去视察工作，恰遇有凶手杀人，追上去一看，原来竟是自己的父亲。他放走了父亲，回来后自缚请罪。他派人向楚王报案说："杀人的凶犯，是我的父亲。如果以惩办父亲来确立政纪，这是不孝；如果废弃法度，纵容罪犯，则是不忠；因此我该当死罪。"楚王说："追捕逃犯而没有抓到，不该治罪，你还是去处理政事吧。"石奢说："不偏袒自己的父亲，不算是孝子；不奉行君主之法，不算是忠臣。大王赦免我的罪责，这是您的恩德；我伏法而死，这是我作为臣子的职责。"于是石奢没有接受楚王的赦令，刎颈而死。

　　李离者，晋文公之理也①。过听杀人②，自拘当死。文公曰："官有贵贱，罚有轻重。下吏有过，非子之罪也。"李离曰："臣居官为长，不与吏让位；受禄为多，不与下分利。今过听杀人，傅其罪下吏③，非所闻也。"辞不受令。文公曰："子则自以为有罪，寡人亦有罪邪？"李离曰："理有法，失刑则刑，失死则死。公以臣能听微决疑④，故使为理。今过听杀人，罪当死。"遂不受令，伏剑而死。

【注释】

①理：法官。

②过听：误听误信。

③傅：推脱给。

④听微决疑：《索隐》曰："听察微理，以决疑狱。"听，治理，判决。

微,深隐。

【译文】

李离是晋文公的法官。因为误察案情而枉杀人命,他就把自己拘禁起来判以死罪。晋文公说:"官职有贵贱之分,刑罚有轻重之别。这都是下面官吏们的过失,并不是你的罪责。"李离说:"我担任长官之职,不曾把高位让给下属;我领取的俸禄很多,我也不曾把俸禄分给下属。现在我偏听偏信枉杀人命,却把罪责推诿给下级,这种道理我没听说过。"他坚决推辞不肯接受赦令。晋文公又说:"你若认为自己有罪,是不是我也应该算是有罪?"李离说:"法官断案有法规,用错了刑,自己就该受刑;杀错人,就应自己偿命。您是因为我能听察细微隐情从而决断疑难案件,才让我做法官的。现在我误听妄言错杀了人,罪该处死。"于是没有接受晋文公的赦令,伏剑自刎而死。

太史公曰:孙叔敖出一言,郢市复。子产病死,郑民号哭。公仪子见好布而家妇逐。石奢纵父而死,楚昭名立。李离过杀而伏剑,晋文以正国法①。

【注释】

①"太史公曰"几句:王骏图曰:"史公此赞,长短句而用韵,盖无格不备,益觉(司马贞)'述赞'之续貂矣。"李景星曰:"能导民之谓循吏,能禁奸之谓循吏,能奉职循理之谓循吏。太史公之传循吏,只举孙叔敖、子产、公仪休、石奢、李离五人,盖以五人皆具爱民心肠,其所行事皆可为后世规模。借五人以为循吏榜样,非只为五人作连传也。故于五人之他事,皆削去弗录,而择其关于循吏者录之。如孙叔敖,如子产,如公仪休,皆以能导民禁奸而无愧为循吏者。如石奢,如李离,皆以能奉职循理而无愧为循吏者。每人只举其一二轶事,却又以闲淡之笔出之,传神写照正在阿堵中。

邓氏以赞谓其语似诸子，别是一种小文字，可谓善读是传者。赞
语用韵，参差奇崛，语语入妙。"

【译文】

太史公说：孙叔敖说一句话，郢都市场的秩序就恢复如初。子产病
死，郑国的百姓失声痛哭。公仪休看到自家的布织得好，就赶走家中的
织妇。石奢放走了犯罪的父亲，自杀抵罪，楚昭王的威名得以确立。李
离因为判错罪枉杀人而伏剑自杀，晋文公因此整肃了国法。

【集评】

梁玉绳曰："史公传《循吏》无汉以下，传《酷吏》无秦以前，深所难
晓。又所举仅五人，而为相者居其三。吏事不责公卿，何以入此？孙叔、
子产、公仪子，当与管、晏并传为允也。《卮闻录》曰：'循吏五人而不及
汉，春秋列国贤臣尚多，而独传叔敖、子产、公仪，不太略乎？石奢、李离
以死奉法，岂曰非贤，于循吏未甚当也。'"（《史记志疑》）

黄震曰："孙叔敖使民自高其车，得诱民之术也。公仪休不受鱼，谨
律身之常也。石奢以父杀人，李离以过听杀人，皆自杀，皆难能之节也。"
（《黄氏日钞》）

郭嵩焘曰："史公之传《循吏》，取能尽职而已。石奢、李离均以不能
尽职而自请死，此其在官能尽职者多矣，所以入之《循吏》也。"（《史记
札记》）

【评论】

《循吏列传》只是记载了孙叔敖、子产、公仪休、石奢、李离五位春秋
时期的"循吏"的轶事，写法上有点像《管晏列传》中晏子的写法，严格
说来，算不得人物传记。本文的中心是歌颂一种宽缓不苛的政治局面，
歌颂一批修身正己、奉法循理的爱民官员，同时寄托着司马迁一些重要
的政治经济思想。

　　第一，司马迁借古代循吏提倡了一种"不教而民从其化，近者视而效之，远者四面望而法之"的治世思想，以此来反对武帝时期的酷吏政治。在文章的开头，司马迁就开宗明义地指出："法令所以导民也，刑罚所以禁奸也。文武不备，良民惧然身修者，官未曾乱也。奉职循理，亦可以为治，何必威严哉？"指出刑罚法令是治世的末技，是次要手段，而主要的要靠官吏的奉职循理，这样自然上行下效，通过教化达到治世的目的。这一思想与武帝时任用张汤等酷吏实行严刑酷法的政策是唱对台戏的，司马迁深受酷吏的政治迫害，也亲眼看到酷吏政治非但没有达到扼制犯罪的目的，反而使全国"盗贼"越来越多，各级官吏也因为害怕被牵连，隐瞒实情，国家几乎到了秦末的情形，所以他激烈反对酷吏政治。孙叔敖、子产、公仪休都是古代推行教化政策而使国家达到大治的卓越的政治家，司马迁通过对他们的刻画赞美，显示了自己的爱憎，表达自己的主张。在教化之外，司马迁还特别强调了为官吏者必须严以律己、以身作则，文中司马迁所记石奢、李离就是作为这方面的典型而出现的。本篇当与《酷吏列传》相对参看，才能对司马迁的写作意图有更加深入的理解。

　　第二，司马迁反复强调统治者不应与民争利，而应该因势利导。司马迁对经济问题的主张是"善者因之，其次利导之，其次教诲之，其次整齐之，最下者与之争"。在这篇文章中，司马迁借写孙叔敖"秋冬则劝民山采，春夏以水，各得其所便，民皆乐其生"，以及公仪休因食茹美即拔其园葵而弃之，见其家织布好即疾出其妇，而不欲使农士工女难售其货的做法，明确表现了这种思想。叔孙敖、公仪休的行为与汉武帝时期大搞盐铁官营、酒类专卖，平准均输等"与下民争利"的政策形成了鲜明对比，在这种对比中，司马迁批判了汉武帝的经济政策，阐释了自己的经济主张。文中所讲叔孙敖劝止楚庄王更币的事让人联想到汉武帝时期屡次要变更货币，先后为白鹿皮币、白金、三铢钱、五铢钱等，扰乱了国家经济秩序。庄王能听叔孙敖之劝而复如故，武帝却以"腹诽"的罪名杀了反对使用白鹿皮币的颜异,相形之下,显得武帝不仅贪婪,而且残暴,司马迁对他进行了不露声色的严厉批判。司马迁继承了管子"仓廪实而知礼节,衣食足而知荣辱"的思想,认为"礼生于有而废于无"(《货殖列传》)。本篇写了楚相孙叔敖和郑相子产将道德教化与发展经济并重,他们实行的各项发展经济的措施推动了社会道德风化的改善。孙叔敖在楚国发展农林水产,稳定金融秩序后,收到了"不教而民自化"的良好效果;子产在郑国发展生产平易物价,使得"门不夜关,道不拾遗""田器不归"。要想社会秩序安定,必须先让百姓丰衣足食,这是颠扑不破的真理。这些问题结合《平准书》《货殖列传》来看就更加清楚。

子产、石奢、李离,都是法家人物,一般说来,司马迁对法家人物是不喜欢的,但在本文中司马迁赞扬了他们的执法严明,以身作则,也有对汉代官僚、酷吏们的警戒、教育意义。本文所用的材料,多不见于《左传》,而是取自《韩诗外传》与诸子传说,作为人物传记要求,不足以取信;但作为表达作者思想的一种载体、一种方式,自然也有其独特的成功之处。于是有人说它像"诸子",有人说它像"小品文",这就仁者见仁、智者见智了。它们更像是一种"寓言",事情真假可以不论,只是要通过故事说明一定道理罢了。

汲郑列传第六十

【释名】

　　《汲郑列传》是武帝时的名臣汲黯与郑当时的合传,其中又以汲黯为主。至于将此二人合传的原因,牛运震说得很好:"汲、郑同学黄老之言,一则抗言直谏,秉正嫉恶;一则恢宏任侠,喜交游,奉宾客,皆太史公所嘉予乐道者也,故同为列传。"

　　本篇分为两部分。第一部分写汲黯的事迹。这一部分又可分为几段。第一段写汲黯因内行修洁,直言敢谏,而被汉廷君臣敬惮的情形;第二段写汲黯因反对武帝政策的推行者公孙弘、张汤,而屡遭倾陷、排挤的情形;第三段以汲黯守淮阳的政绩与张汤为官的祸国害事相对比,赞扬了汲黯的原则及其远见。第二部分写郑当时的事迹,赞扬了郑当时的直正与敬贤下士。篇末论赞借汲黯、郑当时的升沉遭遇抒发了对汉代世态炎凉的无限愤慨。

　　汲黯字长孺,濮阳人也①。其先有宠于古之卫君②。至黯十世③,世为卿大夫。黯以父任④,孝景时为太子洗马⑤,以庄见惮。孝景帝崩,太子即位⑥,黯为谒者⑦。东越相攻⑧,上使黯往视之。不至,至吴而还,报曰:"越人相攻,固其俗然,不足以辱天子之使⑨。"河内失火⑩,延烧千余家,上使黯往视之。还报曰:"家人失火,屋比延烧,不足忧也。臣过河南,河南贫人伤水旱万余家⑪,或父子相食。臣谨以便宜,持节发河南仓粟以振贫民⑫。臣请归节,伏矫制之罪⑬。"上贤而释之,迁为荥阳令⑭。黯耻为令,病归田里。上闻,乃召拜为中大夫⑮。以数切谏⑯,不得久留内⑰,迁为东海太守⑱。黯学黄老之言⑲,治官理民,好清静,择丞史而任之⑳。其治,责大指而已㉑,不苛小。黯多病,卧闺阁内不出㉒。岁余,东海大治,称之。上闻,召以为主爵都尉㉓,列于九卿㉔。治务在无为而已,弘大体㉕,不拘文法。

【注释】

①濮阳:汉县名,治所在今河南濮阳西南。

②卫君:《集解》引文颖曰:"六国时,卫但称君。"关于卫国衰弱的过程,参见《卫康叔世家》。

③至黯十世:底本作"至黯七世"。张文虎曰:"旧刻'七世'作'十世',与《汉书》合。"按,应作"十世",今据正。

④以父任:由于父亲的担保。任,保任,汉王朝使其官吏保任自己的儿子或兄弟为官的一种制度。

⑤孝景:即汉景帝。太子洗(xiǎn)马:职官名,其员十六人,为太子出行时当先驱,上属太子太傅。

⑥太子:即汉武帝。

⑦谒者:职官名,上属郎中令,为皇帝掌管收发、传达以及赞礼等事。

⑧东越相攻:事在汉武帝建元三年(前138)。详见《东越列传》。东越,指当时建都在东瓯(今浙江温州)的东海王和建都在东冶(今福建武夷山)的闽越王。

⑨ "越人相攻"几句：锺惺曰："'越人相攻，固其俗，不足以辱天子之使'，数语暗暗斩断武帝开边之根。"姚苎田曰："出使半道废命而还，虽曰'持大体'，然亦见汉法宽厚，迥非后世所及。"辱，这里指辛苦、烦劳。

⑩ 河内：汉郡名，治所在今河南武陟西南，因其地处黄河以北，故称"河内"。

⑪ 河南：汉郡名，治所在今河南洛阳东北部。

⑫ 持节：秉持着皇帝所授的旌节，以皇帝的名义。发：调出。河南仓：河南郡内的国家粮库。振：救济。

⑬ 伏矫制之罪：王念孙曰："盖河内失火，武帝使黯往视，道经河南，见贫民伤水旱，因发仓粟振之。是黯未至河内，先过河南，故曰'臣过河南'。"锺惺曰："河内失火，奉使往视，不问；而以便宜发仓粟赈贫民。民惟邦本，易动则危，老成长虑，人知黯之守正，而不知其能达权也。所谓'社稷臣'，'招之不来，麾之不去'，武帝看黯正于此处得之。"矫制，假传皇帝的命令。

⑭ 荥阳：汉县名，治所即今河南荥阳东北之古荥镇。

⑮ 中大夫：职官名，上属郎中令，在皇帝身边掌议论。

⑯ 切谏：直言进谏。

⑰ 留内：留在朝廷。内，指京师，朝廷。

⑱ 东海：汉郡名，治所在今山东郯城西北。

⑲ 黄老之言：以黄帝、老子相标榜的道家学派的一个分支，形成于战国中期，盛行于秦汉之际，其代表学说为《黄帝四经》、司马谈《六家要旨》等，讲顺应环境、清静无为、后发制人等。

⑳ 择丞史而任之：选好几个下属，把郡里的事情都交给他们去办，后文说郑当时"推官属丞史"，与此意同。丞史，指郡丞和郡中的其他曹吏。郡丞是太守的助理，史指掌管文书的吏员，这里即指除郡丞以外的其他属吏。锺惺曰："'为治，择丞史而任之'，不自用

而用人,大臣作用已见一斑。"

㉑大指:大概,大略。指,通"旨"。

㉒闺阁:指内室。闺,内室小门。阁,旁门。后来专指青年女子的卧房。

㉓主爵都尉:职官名,掌管诸列侯的有关事务。

㉔列于九卿:胡三省《通鉴注》曰:"汉太常、郎中令、中大夫令(卫尉)、太仆、大理(廷尉)、大行令(典客)、宗正、大司农、少府,为正九卿;中尉、主爵都尉、内史,列于九卿。"列于九卿,意即"准九卿",享受"九卿待遇"。据《汉书·百官公卿表》,汲黯于建元六年(前135)为主爵都尉,任职十一年,元朔五年(前124)徙为右内史。杨树达曰:"时有窦婴、田蚡之争,黯是魏其。"汲黯主持公道事,见《魏其武安侯列传》。

㉕弘:大,开阔,此处用如动词。

【译文】

汲黯字长孺,是濮阳县人。他的祖先曾受古卫国国君的恩宠。从那时到汲黯共十世,世代都担任公卿大夫。景帝时,汲黯因为父亲在朝中为官而被保荐为太子洗马,由于他素来庄重严肃,所以大家都很敬畏他。景帝死后,太子即位,汲黯做了谒者。闽越人和东瓯人之间发生战争,武帝派汲黯前往视察。汲黯走到吴县便折返而归,他向武帝报告说:"越人互相攻击,他们的习俗就是这样,不值得烦劳天子的使臣去过问。"后来,河内郡发生了火灾,火势蔓延一连烧了一千多户人家,武帝派汲黯前去视察。汲黯回来报告说:"老百姓家里失火,由于住房密集,火势便蔓延开去,不值得忧虑。我路过河南郡时,眼见当地万余户的贫民饱受水旱之灾,有的竟至于父子相食。我就凭所持的符节,自作主张地下令让河南郡打开官仓,赈济贫民。现在我请求缴还符节,请求您惩罚我的假传圣旨之罪。"武帝觉得汲黯贤能,就赦免了他,并任命他去做荥阳县令。汲黯耻于为县令,便称病还乡。武帝听说后,就把汲黯召回朝廷任中大夫。由于汲黯屡次向皇上直言谏诤,没法久留朝中,因而被外派做了东海郡的太守。汲黯研习黄老学说,他做官为政喜好清静无为,他挑选了几个能干的郡丞、掾史放手让他们去干。他治理郡务,不过是督查大的方面,不苛求细枝末节。汲黯体弱多病,经常躺在屋里不出门。过了一年多,东海郡得以大治,深受当地人的称赞。武帝听说后,又把他调回朝廷任主爵都尉,享受九卿的待遇。汲黯在朝廷里仍是无为而治,办事只抓大的方面,不拘泥于法令条文。

　　黯为人性倨[①],少礼,面折[②],不能容人之过。合己者善待之,不合己者不能忍见,士亦以此不附焉。然好学,游侠,任气节[③],内行修絜[④],好直谏,数犯主之颜色,常慕傅柏、袁盎之为人也[⑤]。善灌夫、郑当时及宗正刘弃[⑥]。亦以数直谏,不得久居位。

【注释】

①倨:高傲,不屈礼于人。

②面折:当面指出别人的缺点。折,断,驳回。通常用于平级或下对上。

③任气节:任气直节,意即不掩饰、直出直入。

④修絜:高尚纯洁。絜,通"洁"。

⑤傅柏:《集解》引应劭曰:"梁人,为孝王将,素伉直。"袁盎:文帝、景帝时人。

⑥灌夫:颍川人,事见《魏其武安侯列传》。宗正:职官名,掌皇帝宗族事务,为"九卿"之一。刘弃:事迹不详,应是刘氏皇族,《史记》中仅此一见,《汉书》作"刘弃疾",亦无其他事迹。

【译文】

汲黯为人高傲,不讲究礼数,当面指出别人的缺点,不能包容别人的过失。与自己心性相投的，他就亲近友善；与自己合不来的，他连面都不愿见，士人也因此不愿依附他。但是汲黯好学，为人行侠仗义，有气节，喜欢直言敢谏，曾屡次冒犯过武帝，敬慕以直言敢谏著称的傅柏、袁盎的为人，跟灌夫、郑当时以及宗正刘弃交好。他们都是因为多次直谏，而不得久居官位。

　　当是时，太后弟武安侯蚡为丞相①，中二千石来拜谒②，蚡不为礼。然黯见蚡未尝拜，常揖之。天子方招文学儒者③，上曰吾欲云云，黯对曰："陛下内多欲而外施仁义，奈何欲效唐虞之治乎！"上默然，怒，变色而罢朝。公卿皆为黯惧。上退，谓左右曰："甚矣，汲黯之戆也④！"群臣或数黯，黯曰："天子置公卿辅弼之臣，宁令从谀承意⑤，陷主于不义乎？且已在其位，纵爱身，奈辱朝廷何！"

【注释】

①蚡：即田蚡。汉武帝母王太后的同母异父弟，事见《魏其武安侯列传》。

②中二千石：汉代官阶名，月俸一百八十斛，当时"九卿"都属于这一级。

③招：延纳，进用。文学儒者：念儒学之书的书生。文学，这里指儒学。

④戆（zhuàng）：愚直。

⑤从谀：顺从阿谀。承意：顺承皇帝的意旨。

【译文】

　　当时，太后的弟弟武安侯田蚡担任丞相，那些年俸中二千石的高官来拜见他时都行跪拜之礼，田蚡不还礼。汲黯来见田蚡时从来不给他下拜，只是向他拱手作揖。当时武帝正在招揽文学之士和崇奉儒学的儒生,武帝说自己想如何如何,汲黯便答道:"陛下总是表面上实行仁义,心里欲望很多,这怎么能真正仿效唐尧、虞舜治理好国家呢! 武帝沉默,发怒,脸色大变,宣布罢朝。公卿大臣都替汲黯担心。武帝退朝后,对身边的人说:"汲黯太愚直了!"群臣中有人责备汲黯,汲黯说:"皇上设置三公九卿这些辅佐之臣,难道就是为了让我们阿谀奉承,将君主陷于不义之地吗? 何况我已身居九卿之位,纵然爱惜性命,因未尽职责而辱没国家又该如何是好!"

　　黯多病,病且满三月,上常赐告者数①,终不愈。最后病,庄助为请告②。上曰:"汲黯何如人哉?"助曰:"使黯任职居官,无以逾人。然至其辅少主,守成深坚③,招之不来,麾之不去④。虽自谓贲育亦不能夺之矣⑤。"上曰:"然。古有社稷之臣⑥,至如黯,近之矣。"

【注释】

①赐告:赐给假期,延长其假期。泷川引中井曰:"告,休假也。汉法:病免三月当免官,赐告则不免官而养病。"

②庄助:吴人,以贤良对策受赏识,后曾为中大夫、会稽太守等职。淮南王谋反时,庄助因受牵连被杀。事见《东越列传》。请告:请假。

③守成深坚:原本作"守城深坚",李笠曰:"城,当依《汉书》作'成',此涉下文'深坚'而误为'城'也。深坚,即'招之不来,麾之不去'之谓,非谓城之深坚也。"

④招之不来,麾之不去:指一心拥护少主,没有什么能动摇。

⑤贲育:孟贲、夏育,战国时的著名勇士。据说孟贲能生拔牛角,夏育能力举千钧,生拔牛尾。夺:夺志,使之改变主意。

⑥社稷之臣:身负国家大任的大臣。《袁盎晁错列传》云:"社稷臣,

主在与在,主亡与亡。"

【译文】

汲黯体弱多病,每当他请病假快满三个月,按照规定将被免官的时候,武帝总是再次恩准他休假养病,但他的病始终没有痊愈。他最后一次发病时,庄助去替他请假。武帝问庄助:"汲黯是怎样的一个人?"庄助说:"如果让汲黯任职为官,他没有什么过人之处。但如果让他辅佐一个幼主,他一定能够坚守己责,以利诱之他不会来,以威驱之他不会去。即使自称孟贲、夏育的人,也不能改变他的志节。"武帝说:"是这样的。古代有所谓安邦保国的社稷之臣,我看汲黯就差不多是这样的臣子。"

大将军青侍中[①],上踞厕而视之[②]。丞相弘燕见[③],上或时不冠。至如黯见,上不冠不见也。上尝坐武帐中[④],黯前奏事,上不冠,望见黯,避帐中,使人可其奏[⑤]。其见敬礼如此。

【注释】

①侍中:在皇帝身边侍应。后成为职官名。中,指宫廷中。

②上踞厕而视之:《集解》引如淳曰:"厕,音侧,谓床边,踞床视之。一云,溷厕也。"

③丞相弘:即公孙弘,以儒生为丞相,封平津侯,事见《平津侯主父列传》。燕见:平时入宫求见,与"朝会"相对而言。燕,通"晏",安闲,安乐。

④武帐:《集解》引应劭曰:"织成为武士象也。"又引孟康曰:"今御武帐,置兵阑五兵(译者注:矛、戟、钺、楯、弓矢)于帐中。"《汉书补注》引沈钦韩曰:"帐置五兵,盖以兰绮围四垂,天子御殿之制如此。有灾变,避正殿,寝兵,则不坐武帐也。"

⑤"黯前奏事"几句:杨慎曰:"将言望见黯避帷中,故先从卫青、弘常日见时说来,如此则前所谓尊重,后所谓封侯,皆有不足道矣。"

【译文】

大将军卫青侍奉宫中，武帝坐在床边召见他。丞相公孙弘平时有事求见，武帝有时则会连帽子也不戴就召见他。然而要是汲黯前来求见，武帝不戴好帽子是不出来的。一次，武帝坐在武帐中，适逢汲黯前来启奏公事，当时武帝没戴帽子，望见汲黯，就躲在了帐后，让别人代他批准了汲黯的奏报。汲黯受武帝尊敬礼遇竟到了这种程度。

张汤方以更定律令为廷尉①，黯数质责汤于上前，曰："公为正卿，上不能褒先帝之功业②，下不能抑天下之邪心，安国富民，使图圄空虚③，二者无一焉。非苦就行，放析就功④，何乃取高皇帝约束纷更之为⑤？公以此无种矣。"黯时与汤论议，汤辩常在文深小苛⑥，黯伉厉守高不能屈⑦，忿发骂曰："天下谓刀笔吏不可以为公卿⑧，果然。必汤也，令天下重足而立，侧目而视矣⑨！"

【注释】

①张汤：西汉酷吏之一，事详《酷吏列传》。廷尉：官名，掌刑狱，是全国最高的司法长官，为"九卿"之一。

②褒：奖，这里指发扬、光大。

③图圄（líng yǔ）：监狱。

④非苦就行，放析就功：八字疑有讹误，方苞《史记注补正》曰："明知所行之非，而故为艰苦以成之，如汤为三公，而家产不过五百金，及造请诸公，不避寒暑是也。析言破律，以就其功，如汤兴皮币、造白金、笼盐铁、出告缗令是也。"

⑤纷更：犹言"乱改"。指扰乱更改旧制。

⑥文深小苛：一些琐碎的具体条文。

⑦伉（gāng）厉：刚直严厉。

⑧刀笔吏：刀笔是古代的书写工具，用笔写在竹简或木牍上，有错误则以刀刮去重写。管文牍的小吏要随身带着刀笔以备应用，故人称"刀笔吏"。但后人多以"刀笔吏"称司法部门的小吏，而不指其他行业。

⑨"必汤也"几句：师古曰："重累其足，言惧甚也。"姚苎田曰："黯一生与张汤抵牾，篇中凡三叙责汤之言，其意前后相足，不甚歧异，大概以刀笔吏深文周内，纷改旧章为恨。"重足而立、侧目而视，皆形容人们极其畏惧。

【译文】

　　当时张汤做廷尉，正在参与改定刑律法令，汲黯多次当着武帝的面责备他，说："你身为正卿，却对上不能光大先帝的功业，对下不能遏止天下人的邪恶欲念，安国富民，减少犯罪人口，这两方面你都一事无成。你靠胡乱加罪、使人受苦来办案行事，成就功名，为何还要把高皇帝当初定好的法令乱改一气呢？你日后恐怕为了这个要祸灭九族。"汲黯经常和张汤争论，张汤苛求细节，汲黯耿直正派只在大问题上坚持原则，所以争辩不过张汤，于是怒骂张汤道："天下人都说千万不能让刀笔吏身居公卿之位，看来是一点儿没错。如果一切事情都按照张汤制定的法令去办，那就必然使天下人双足并拢站立而不敢迈步，谁也不敢正眼看人了！"

　　是时，汉方征匈奴，招怀四夷①。黯务少事，乘上间，常言与胡和亲②，无起兵。上方向儒术，尊公孙弘③。及事益多，吏民巧弄。上分别文法④，汤等数奏决谳以幸⑤。而黯常毁儒，面触弘等徒怀诈饰智以阿人主取容⑥，而刀笔吏专深文巧诋⑦，陷人于罪，使不得反其真，以胜为功⑧。上愈益贵弘、汤，弘、汤深心疾黯，唯天子亦不说也⑨，欲诛之以事。

弘为丞相，乃言上曰："右内史界部中多贵人宗室⑩，难治，非素重臣不能任，请徙黯为右内史⑪。"为右内史数岁，官事不废⑫。

【注释】

① 招怀四夷：指武帝时讨伐东越、南越，灭朝鲜，通西南夷，伐大宛等军事行动。名为招怀，实则皆为武力征服。

② 与胡和亲：这是刘邦以及文帝、景帝时对匈奴的政策。

③ 上方向儒术，尊公孙弘：汉武帝时，董仲舒提出"罢黜百家，独尊儒术"主张，公孙弘是获益者。事见《平津侯列传》。曾国藩曰："处处以公孙弘、张汤相提并论，此太史公平生好恶之所在。"

④ 分别：分明，严明。

⑤ 奏决谳（yàn）：进呈重大或是有疑难的案件请皇帝裁决。奏，进。谳，定案。

⑥ 面触：当面触犯，指责。怀诈饰智：内挟欺诈，外露智巧。阿人主：迎合、讨好皇帝。取容：讨好别人以求自己安身。

⑦ 深文巧诋：穿凿法律条文给人无限上纲，挖空心思陷人于罪。

⑧ 以胜为功：判刑越重越好，牵连的案犯越多越好。方苞曰："求胜于民，而自为功也。"汲黯对汉武帝时期儒学和酷吏的看法，也代表了司马迁的观点。

⑨ 唯：即使。不说：不喜欢。说，同"悦"。

⑩ 右内史：内史是治理京师的行政长官，汉景帝时期分为左内史、右内史，分治京师。界部中：此指管辖区域内。

⑪ 请徙黯为右内史：王鸣盛曰："公孙弘疾汲黯，则请徙为右内史；疾董仲舒，则请使相胶西王。《五宗世家》言'胶西王端为人贼戾，所杀二千石甚众'，弘之请使为相，欲杀之也。"方苞曰："黯之为人，不独卫人惮之，大将军贤之，即武安侯亦不闻含怒，而弘、汤独

深心嫉之,欲挤之死,则弘、汤为人又出武安侯下矣!"
⑫官事不废:据《汉书·百官公卿表》,汲黯为右内史在前124—前120年。在任期间,从未荒废过政事。

【译文】

当时,正赶上汉朝征讨匈奴,同时也在招抚各地少数民族。而汲黯主张清静无为,他希望事情越少越好,他总是借机劝武帝与匈奴和亲,不要兴兵打仗。武帝当时倾心于儒家学说,重用公孙弘。等到政事增多,官吏和不法之民都弄巧逞志以逃避法网。武帝增订法律严明法纪,而张汤等人多次进呈疑难案件请武帝裁决以博取武帝的宠幸。与此相反,汲黯常常诋毁儒学,他经常当面斥责公孙弘等人奸诈虚伪、专门以狡猾的手段对武帝阿谀逢迎,同时斥责张汤等一班刀笔吏深抠法律条文,罗织罪名,使人陷入法网,使事实真相不得昭示,都在想整倒别人作为自己的功劳。武帝越来越宠幸公孙弘和张汤,公孙弘和张汤内心痛恨汲黯,即使武帝也不喜欢他,想借故杀了他。公孙弘担任丞相,对武帝说:"右内史的辖区里住着许多达官贵人和皇亲国戚,很难管理,不派一位素有声望的大臣不能当此重任,请调任汲黯为右内史。"汲黯担任右内史几年间,从未荒废过政事。

大将军青既益尊,姊为皇后①,然黯与亢礼②。人或说黯曰:"自天子欲群臣下大将军③,大将军尊重益贵,君不可以不拜。"黯曰:"夫以大将军有揖客,反不重邪?"大将军闻,愈贤黯,数请问国家朝廷所疑,遇黯过于平生④。

【注释】

①姊为皇后:卫青的姐姐卫子夫是皇后,事见《外戚世家》。
②亢礼:以平等礼节相对。亢,同"抗",相等,相当。
③下大将军:即自己甘处大将军之下。

④遇：对待。平生：平素，往日。《汉书》作"平日"，可供参证。锺惺曰："'长揖大将军'，非难事也；独其言曰'夫以大将军有揖客，反不重耳'，此语殊带婉转，安置大将军甚有地步，使人可思，不似戆者之言。而大将军闻，愈贤黯，请问国家朝廷所疑，盖亦隐然以'社稷臣'待黯也。……黯虽伉直，好面折人过，然皆有一段至诚，达于面目，故虽不甚合于主，不甚说于时，亦未有以害之。无其诚而效其戆，未有不殆者也。"

【译文】

大将军卫青的地位日益尊贵，而且他的姐姐卫子夫还是皇后，然而汲黯见了卫青却仍以平等之礼相待。有人就劝汲黯说："连皇上都希望群臣百官们尊崇大将军，大将军的地位已是日益显贵，您见了他可不能不行跪拜之礼。"汲黯说："让大将军有个拱手行礼的客人，反而不是更让人敬重吗？"卫青听说这话后，越发觉得汲黯贤良正直，屡次向他请教国家朝廷中的疑难问题，比平素更看重汲黯了。

淮南王谋反①，惮黯②，曰："好直谏，守节死义，难惑以非。至如说丞相弘③，如发蒙振落耳④。"

天子既数征匈奴有功⑤，黯之言益不用。

【注释】

①淮南王：此指刘安，高祖子刘长在文帝时因欲谋反被流放，途中自杀。文帝十六年（前164），又立刘安为淮南王，都寿春（今安徽寿县）。武帝元狩元年（前122），刘安又因谋反事泄露，自杀，详见《淮南衡山列传》。

②惮：畏惧，忌惮。

③说：游说，说服，这里指劝诱，收买。

④发蒙振落：《正义》曰："如发蒙覆及振欲落之物，言易也。"泷川

曰:"'发蒙'又见《吴王濞传》《淮南王传》。蒙,物之初生也,故草木之初萌,亦谓之蒙。发萌芽,振落木,皆言其易也。"二者皆通。按,史公于此又以公孙弘为汲黯作反衬,凡有可挖苦公孙弘之机会绝不放过。

⑤数征匈奴有功:指汉武帝派卫青等与匈奴几次大战后,匈奴远遁,来自北部的威胁基本解除。数,多次,屡次。

【译文】

淮南王刘安阴谋反叛,十分畏惧汲黯,刘安说:"汲黯敢于直言相谏,能够坚持节义,宁死不屈,很难用不正当的事情诱惑他。至于游说丞相公孙弘,那就像掀开蒙布摇落树叶那般容易。"

武帝在几次征讨匈奴的战争中又连续获胜,汲黯的话就更听不进去了。

始黯列为九卿①,而公孙弘、张汤为小吏。及弘、汤稍益贵,与黯同位,黯又非毁弘、汤等。已而弘至丞相②,封为侯;汤至御史大夫;故黯时丞史皆与黯同列③,或尊用过之。黯褊心,不能无少望④,见上,前言曰:"陛下用群臣如积薪耳,后来者居上⑤。"上默然。有间,黯罢,上曰:"人果不可以无学,观黯之言也日益甚⑥。"

【注释】

①始黯列为九卿:指汲黯任主爵都尉时。

②已而:不久。

③故黯时丞史皆与黯同列:故黯时,指汲黯早在为主爵都尉"列于九卿"时。丞史,即汲黯旧日的僚属。底本作"丞相史","相"字为衍文,《汉书》无。

④黯褊(biǎn)心,不能无少望:杨树达以为此处应断句作"黯褊,心

不能无少望"，可参考。褊心，心地狭隘急躁。少望，些许不满、埋
怨。望，怨恨。

⑤后来者居上：凌稚隆引董份曰："黯以质直责大体，持朝议则可；至
以己官职而望君上，毁人之进，则粗矣，故史著其'褊心'，而汉武
亦得讥其'不学'也。"

⑥日益甚：《汉书补注》引周寿昌曰："言其愚戆日更甚。……下文
帝云'吾久不闻汲黯之言，今又复妄发矣'，则明以此语为妄发可
知。上文云'上方乡儒术，尊公孙弘'，黯常毁儒面触弘等，故帝
以'无学'讥黯也。"

【译文】

　　当年汲黯为主爵都尉享受"九卿"待遇时，公孙弘和张汤不过是小
吏。等到公孙弘、张汤日渐显贵，和汲黯地位相当，汲黯又责难诋毁他
们。又过了些时候，公孙弘当了丞相，封为平津侯；张汤也做了御史大
夫；当年汲黯为主爵都尉时手下的郡丞、掾史也全都升到和汲黯同级，有
的被重用还超过了他。汲黯心地狭隘性格急躁，自然产生了一些不满情
绪，他在朝见武帝时走上前说："陛下您用人的办法就像是堆柴火，越后
来的越是在上头。"武帝听了沉默不语。过了一会儿，汲黯退了下去，武
帝说："人的确不能不学无术，你们听听汲黯这番话，他的愚直越来越严
重了。"

　　居无何，匈奴浑邪王率众来降①，汉发车二万乘。县官
无钱②，从民贳马③。民或匿马，马不具。上怒，欲斩长安
令④。黯曰："长安令无罪，独斩黯，民乃肯出马⑤。且匈奴
畔其主而降汉⑥，汉徐以县次传之⑦，何至令天下骚动，罢弊
中国而以事夷狄之人乎⑧！"上默然。及浑邪至，贾人与市
者，坐当死者五百余人⑨。黯请间，见高门⑩，曰："夫匈奴攻

当路塞⑪,绝和亲,中国兴兵诛之,死伤者不可胜计,而费以巨万百数⑫。臣愚以为陛下得胡人皆以为奴婢,以赐从军死事者家;所卤获,因予之:以谢天下之苦,塞百姓之心⑬。今纵不能,浑邪率数万之众来降,虚府库赏赐,发良民侍养,譬若奉骄子。愚民安知市买长安中物而文吏绳以为阑出财物于边关乎⑭?陛下纵不能得匈奴之资以谢天下,又以微文杀无知者五百余人⑮,是所谓'庇其叶而伤其枝'者也⑯,臣窃为陛下不取也。"上默然,不许,曰:"吾久不闻汲黯之言,今又复妄发矣⑰。"后数月,黯坐小法,会赦免官⑱。于是黯隐于田园。

【注释】

①浑邪王:匈奴西部的一个王,因受汉将霍去病的攻击伤亡惨重,单于恼怒而欲诛之,汉武帝元狩三年(前120),浑邪王归汉,详见《匈奴列传》《卫将军骠骑列传》。

②县官:指国家、政府。

③贳(shì):借贷,这里实指赊欠,买了百姓的马而不给钱。

④长安令:长安县的县令。当时的长安城在长安县境内,长安令管辖京城周围的农村,上属于右内史。

⑤独斩黯,民乃肯出马:时汲黯为右内史,长安令是其属官,为替下级承担责任,故汲黯如此说。

⑥畔:通"叛"。

⑦徐以县次传(zhuàn)之:王先谦曰:"令所过诸县以次给传,徐徐而来也。"给传,即为其提供驿车。按,匈奴降者数万人,"以县次传之",将要拖延到何年何月?又受降如受敌,没有相当数量的战斗部队,如何接受匈奴数万人之投降?汲黯反对"扰民"是也;谓

"徐以县次传之",能日知兵乎?

⑧罢弊:劳乏、耗费。

⑨贾人与市者,坐当死者五百余人:据《卫将军骠骑列传》,匈奴四万人降汉后,开始住在长安,故有与长安商人做交易事。

⑩高门:殿名。《集解》引《三辅黄图》云:"未央宫中有高门殿。"未央宫是皇帝之所居,在当时长安城的西部,今其前殿的基础尚巍然存在。

⑪当路塞:胡三省《通鉴注》曰:"言塞障当匈奴所入之路也。"

⑫巨万:万万,即今之所谓"亿"。

⑬塞:满足,平抚。

⑭市买长安中物:这里的意思实指长安百姓将货物卖给匈奴人。"买"字应读作"卖"。文吏:法官。文,法律条文。绳:指以法惩治。阑出财物于边关:即今所谓"走私"。《集解》引应劭曰:"阑,妄也。律:胡市,吏民不得持兵器及铁出关,虽于京师市买,其法一也。"臣瓒曰:"无符传出入为阑也。"

⑮微文:犹言"酷法""苛法"。微,细,繁密。

⑯庇其叶而伤其枝:为保护树叶而损伤枝条,意指分不清重点。

⑰妄发:信口胡言。

⑱黯坐小法,会赦免官:元狩三年(前120),汲黯之免右内史。此为武帝君臣有意构陷之。

【译文】

时隔不久,匈奴的浑邪王率部众投降了汉朝,汉朝征发两万辆车子去迎接。国库无钱,就向老百姓借钱买马。有些人不愿把自己的马借给国家,就把马藏了起来,因此马总是凑不齐。武帝大怒,想杀长安县令。汲黯说:"长安县令没有罪,您只要杀了我汲黯,老百姓就肯献出马匹了。况且匈奴人背叛了他们的主子来投降汉朝,我们让沿途各县给他们提供驿车粮草,让他们慢慢前来不就行了吗? 为什么要闹得全国骚扰不安,要这样耗费我们自己的财力去侍候那些匈奴人呢!"武帝听了沉默无言。等到浑邪王到达长安后,长安有些商人因为和匈奴人做买卖,被判处死罪的有五百多人。汲黯请求私下见武帝,在未央宫的高门殿被武帝接见,汲黯说:"匈奴人进攻我们要路上的关塞,断绝了和亲,中原发兵征讨,为此死伤的人不计其数,而且耗资数百万。臣愚钝地认为,陛下如果俘虏了匈奴人,一定会把他们当作奴隶,赏给那些从军战死者的家属;缴获来的财物,也会分给他们:以此慰藉天下人付出的辛劳,满足百姓的心愿。如今,即使做不到,但也总不该倾尽官家府库的财物赏赐给浑邪王的几万降兵,征调老实本分的百姓去侍奉他们,把他们当成宠儿一般。今天有些无知的百姓怎会知道只是在长安城里和匈奴人做了些买卖,却被舞文弄墨的官吏以向边关外买卖货物的罪名来惩办呢?陛下纵然不能拿缴获匈奴的物资来慰劳天下人,还要借着隐约不明的法律条文来杀害无知百姓五百多人,这就是人们常说的'砍掉枝干而去保护那些叶子'了,我私下认为您这种做法是不可取的。"武帝听了默不作声,但他的心里根本不赞同,事后他对别人说:"我很久没有听汲黯说话了,今天他又信口胡言了一通。"几个月后,汲黯犯了小罪,适逢武帝大赦,就被罢了官。从此汲黯就归隐田园了。

居数年,会更五铢钱^①,民多盗铸钱,楚地尤甚^②。上以为淮阳楚地之郊^③,乃召拜黯为淮阳太守。黯伏谢不受印,诏数强予,然后奉诏。诏召见黯,黯为上泣曰:"臣自以为填沟壑,不复见陛下,不意陛下复收用之。臣常有狗马病,力不能任郡事,臣愿为中郎^④,出入禁闼,补过拾遗^⑤,臣之愿也。"上曰:"君薄淮阳邪?吾今召君矣。顾淮阳吏民不相得,吾徒得君之重^⑥,卧而治之^⑦。"黯既辞行,过大行李息^⑧,曰:"黯弃居郡,不得与朝廷议也。然御史大夫张汤智足以拒谏，诈足以饰非⑨，务巧佞之语⑩，辩数之辞⑪，非肯正为天下言，专阿主意。主意所不欲，因而毁之；主意所欲，因而誉之⑫。好兴事，舞文法，内怀诈以御主心⑬，外挟贼吏以为威重。公列九卿，不早言之，公与之俱受其僇矣⑭。"息畏汤，终不敢言。黯居郡如故治，淮阳政清⑮。后张汤果败，上闻黯与息言，抵息罪⑯。令黯以诸侯相秩居淮阳⑰。七岁而卒⑱。

【注释】

①更：改铸。五铢钱：武帝元狩五年（前118），废除原来流通的半两钱，改铸五铢钱。铢，重量名称，为一两的二十四分之一。

②楚地：指今江苏西北徐州一带与河南东部等地区，西汉时为朝廷封建的楚国。

③淮阳：汉郡名，治所在今河南淮阳。郊：师古曰："谓交通冲要之处也。"

④中郎：帝王的侍从人员，秩比六百石，上属郎中令。

⑤拾遗：指在皇帝身边随时反映意见，以备参谋顾问之用。凌稚隆引王维桢曰："帝正不欲黯在内，乃自请哉？"

⑥徒：但，只。重：威信，威名。

⑦卧而治之：意即不用过多劳神，可以把大量的事情交给手下人去办，自己躺着养病。《留侯世家》有"卧而傅太子"，"卧"字的用法与此相同。

⑧大行：职官名，"九卿"之一。即"大行令"，也称"典客"，后改称"大鸿胪"，掌管少数民族事务。李息：西汉伐匈奴将领之一，事见《卫将军骠骑列传》。

⑨智足以拒谏，诈足以饰非：《史记》中多处套用这句话，如，《殷本纪》中说纣王"知足以拒谏，言足以饰非"；《五宗世家》说胶西王

　　刘端"强足以距谏,智足以饰非"。

⑩巧佞(nìng):善于阿谀奉迎。

⑪辩数:奸诈花巧。

⑫"主意所不欲"几句:凌稚隆曰:"四句足尽古今奸臣之态。"

⑬御主心:揣摩迎合皇帝的心意。御,逢迎,迎合。

⑭僇:通"戮",诛死,惩处。

⑮黯居郡如故治,淮阳政清:杨树达引《论衡·自然篇》:"淮阳铸伪钱,吏不能禁。汲黯为太守,不坏一炉,不刑一人,高枕安卧而淮阳政清。"

⑯抵息罪:将李息判罪。抵,当,判处。

⑰令黯以诸侯相秩居淮阳:让汲黯以诸侯相的官阶任淮阳太守。令,底本误作"今"。秩,官阶。

⑱七岁而卒:七年后汉武帝元鼎五年(前112)去世,《汉书》谓汲黯居淮阳十年而卒。今河南滑县之南尖庄村东有汲黯墓,冢高六米。

【译文】

　　过了几年,正赶上武帝改铸五铢钱,当时民间很多人私铸钱币,在楚地一带问题尤其严重。武帝认为淮阳郡是楚国的交通要道,就征召汲黯为淮阳郡太守。汲黯伏地辞谢,不肯接受印信,但武帝屡次下诏非让他去不可,汲黯只好接受任命。武帝召见汲黯,汲黯哭着对武帝说:"我自以为将要身死沟壑之中,再也见不到您了,没想到您又起用了我。但是我常年有病,难以胜任郡中政事,我愿意做个中郎,出入宫禁之中,给君上补救过失与缺漏,这是我的愿望。"武帝说:"你是嫌淮阳太守的职位低吗?我很快就会把你调回朝廷来的。只因淮阳地方官民关系紧张,我只好借助你的威望,你去了即使躺在床上不动也能治理好。"汲黯辞别了武帝,又去探望大行令李息,对他说:"我被打发到了淮阳郡,不能参与朝廷议事了。请你注意,御史大夫张汤智谋足以驳回劝谏;奸诈得足以文过饰非,这个人伶牙俐齿,能说会道,但从来不说一句为国为民的话,专门阿谀奉承皇上心意。皇上不想要的,他跟着诋毁;皇上想办的事,他就竭力称赞。他爱生事,舞文弄法,他内心狡猾专会迎合皇上,在朝外挟制为害社会的官吏来加强自己的威势。您位居九卿,如果不及早向皇上进言,那您将来和他一块都会被诛杀。"但李息害怕张汤,始终不敢向皇上进谏。汲黯到淮阳后治理郡务,一如往昔作风,使淮阳郡政事清明。后来张汤果然身败名裂,当武帝听说汲黯曾对李息说过那番话后,就判了李息的罪。让汲黯以诸侯国相的身份继续做淮阳太守。七年后,汲黯去世。

卒后,上以黯故,官其弟汲仁至九卿,子汲偃至诸侯相。黯姑姊子司马安亦少与黯为太子洗马①。安文深,巧善宦②,官四至九卿,以河南太守卒。昆弟以安故③,同时至二千石者十人。濮阳段宏始事盖侯信④,信任宏,宏亦再至九卿。然卫人仕者皆严惮汲黯,出其下⑤。

【注释】

①姑姊:泷川曰:"父之姊为姑姊。"

②安文深,巧善宦:指善于玩弄法律条文,属酷吏性质,《酷吏列传》有"司马安之文恶"一语,与此意同。

③昆弟:兄弟。

④段宏:汲黯同乡。盖侯信:即王信,汉武帝母王太后之兄,以外戚在盖县(今山东沂水西北)封侯。其人杂见于《魏其武安侯列传》《外戚世家》。

⑤然卫人仕者皆严惮汲黯,出其下:杨树达曰:"据《周阳由传》(见《酷吏列传》):'(黯与阳由)俱在二千石列,同车未尝敢均茵伏。'黯虽性倨少礼,为人所惮,固亦别有所惮哉?"严惮,敬畏。

【译文】

汲黯去世后,武帝因为他的缘故,任用汲黯的弟弟汲仁做了九卿,汲黯的儿子汲偃后来官至诸侯国相。汲黯的姑表兄弟司马安年轻时也与汲黯同为太子洗马。但司马安深谙律令，善于钻营，曾四次官至九卿，后来在河南太守任上去世。弟兄们由于司马安的缘故，同时有十个人做官做到二千石。濮阳人段宏最初侍奉盖侯王信，由于王信的推荐，段宏也两次官至九卿。然由卫地做官的人都敬畏汲黯，甘居其下。

郑当时者，字庄，陈人也①。其先郑君尝为项籍将②；籍死，已而属汉。高祖令诸故项籍臣名籍③，郑君独不奉诏④。诏尽拜名籍者为大夫，而逐郑君。郑君死孝文时⑤。

【注释】

①陈：汉县名，治所即今河南淮阳。

②郑君：姓郑，名君。项籍：即项羽。

③名籍：称项羽直呼其名。顾炎武《日知录》曰："谓奏事有涉项王者，必斥其名曰'项籍'也。"

④不奉诏：不听从诏令，即仍称曰"项王"，可见其不忘昔日君臣之分。

⑤孝文：即汉文帝。

【译文】

郑当时，字庄，陈县人。他的祖先郑君曾做过项羽的将领；项羽死后，郑君不久就归顺了汉朝。高祖下令让项羽的那些臣子在说话提到项羽时直呼其名，唯独郑君不服从诏令。于是高祖就把那些直呼项羽名字的人封为大夫，而把郑君给赶走了。郑君死于孝文帝在位时。

郑庄以任侠自喜，脱张羽于厄①，声闻梁、楚之间②。孝景时，为太子舍人③。每五日洗沐，常置驿马长安诸郊，存诸故人，请谢宾客④，夜以继日，至其明旦，常恐不遍。庄好黄老之言,其慕长者如恐不见。年少官薄,然其游知交皆其大父行天下有名之士也⑤。武帝立,庄稍迁为鲁中尉、济南太守、江都相⑥,至九卿为右内史⑦。以武安侯、魏其时议⑧,贬秩为詹事⑨,迁为大农令⑩。

【注释】

①张羽:梁孝王将,在平定七国之乱中有大功,事见《韩长孺列传》《梁孝王世家》。厄:危困。

②梁、楚:约今之河南东部与江苏、安徽之北部地区。梁国都在睢阳(今河南商丘城南),楚国都在彭城(今江苏徐州)。

③太子舍人:属太子太傅,太子的侍从人员。

④"常置驿马长安诸郊"几句:王骏观曰:"谓庄自于长安四郊通道置驿马,以存问故人,通候宾客也。"诸郊,四周的郊区。存,慰问,看望。请谢,问候,拜访。

⑤大父行:祖父一辈的人。大父,祖父。

⑥鲁:诸侯国名,都城即今山东曲阜。汉武帝初年的鲁国诸侯为鲁共王刘馀,汉景帝之子,事见《五宗世家》。中尉:在诸侯国内执掌武事的长官,相当于郡里的都尉。济南太守:济南郡的治所在东平陵,即今山东章丘西北。江都相:江都国的相。江都国的都城广陵即今江苏扬州西北,汉武帝初期的江都王为易王刘非,汉景帝之子,事见《五宗世家》。

⑦至九卿为右内史:据《汉书·百官公卿表》,郑当时为右内史在汉武帝建元四年(前137)至元光四年(前131)。内史只是"列于九卿",非正式之九卿。

⑧武安侯、魏其时议:指"东朝廷辩"。丞相武安侯田蚡与魏其侯窦婴在汉武帝面前相互攻击,汉武帝让群臣评断其是非,郑庄先是

肯定窦婴,后来又不敢坚持,被汉武帝责骂。详见《魏其武安侯列传》。

⑨贬秩:降级,贬官。詹事:职官名,掌管皇后与太子之家的事务。

⑩大农令:职官名,主管全国的粮食、货物,"九卿"之一。后改称大司农。据《汉书·百官公卿表》,郑当时任大农令在元光五年,前130年。杨树达曰:"时当时为渭漕回远,议引渭穿渠至河,见《沟洫》《食货》二志。"

【译文】

郑庄喜好行侠仗义,曾帮助张羽逃脱灾难,在梁、楚一带很有声望。孝景帝时,郑庄曾任太子舍人。每逢五天一次的休假日,总是在长安郊外预先准备好一些驿马,问候朋友,拜访宾客,夜以继日,通宵达旦,还总是担心不够周到。郑庄喜好黄老学说,又敬慕长辈,情意殷切,唯恐见不到似的。尽管他年纪轻,官职卑微,但他所结交访问的朋友都是他祖父一辈的天下名士。武帝即位后,郑庄逐渐升迁,先后做过鲁国的中尉、济南郡的太守和江都国的国相,官至九卿担任右内史之职。在武安侯田蚡与魏其侯窦婴东朝廷辩时,郑庄被贬为詹事,后来又担任大农令。

　　庄为大吏①,诫门下:"客至,无贵贱无留门者②。"执宾主之礼,以其贵下人。庄廉,又不治其产业,仰奉赐以给诸公③。然其馈遗人,不过算器食④。每朝,候上之间,说未尝不言天下之长者。其推毂士及官属丞史,诚有味其言之也,常引以为贤于己⑤。未尝名吏,与官属言⑥,若恐伤之。闻人之善言,进之上,唯恐后。山东士诸公以此翕然称郑庄⑦。

【注释】

①庄为大吏:底本作"庄为太史",《汉书》作"大吏"。郑当时未尝

担任过"太史",而太史也非"大吏"。今据改。

②无留门:不使来访者在门口停留等候。

③奉:通"俸"。诸公:指宾客。泷川曰:"庆长本标记云:徐广曰:
'时人相与,长者为诸公,年少为诸卿。'"

④算器食:《集解》引徐广曰:"(算)竹器。"《索隐》曰:"以言无铜、
漆也。"陈直曰:"竹器谓筐(筥)之属,其时尚铜器、漆器,用竹器
者稀,故传文特纪之。"泷川引中井曰:"算器食,如今盒子食品相
馈者,谓其物之轻微也,非谓其器之贵贱。"

⑤"其推毂(gǔ)士及官属丞史"几句:陈直《史记新证》于此断
句为:"其推毂士及官属丞史,诚有味;其言之也,常引以为贤于
己。"并引《张释之冯唐列传》之"冯公之论将率,有味哉,有味
哉"为参证,杨树达曰:"据《食货志》,东郭咸阳、孔仅二人皆当时
所进言也。"推毂,推车,引申为推荐、推举。

⑥官属:此处指自己的下属。

⑦山东:崤山以东,崤山在今河南灵宝东北。与京城所处的关中地
区相对而言。翕(xī)然:众口一辞且又诚心敬服的样子。

【译文】

郑庄身居高位,经常告诫属下官吏说:"客人到了,无论地位贵贱,都
不能让人家滞留门口等候。"他恭敬待人,礼贤下士。郑庄为人清廉,又
不添置私产,靠着俸禄和赏赐供养宾客。他所赠给人的礼物,不过是用
竹器盛的些许吃食。每逢上朝,遇有向皇上进言的机会,他总会举荐一
些知名的忠厚长者。当他推荐士大夫和各种下属官吏的时候,委实津津
乐道,饶有兴味,言语中时常称举他们比自己贤能。他从未直呼过属吏
的名字,和他们说话时十分谦和,唯恐伤害了自己的下属。听到好的建
议,他就马上报告给皇上,唯恐延迟误事。崤山以东士人诸公众口一词
称赞郑庄。

郑庄使视决河①,自请治行五日②。上曰:"吾闻'郑庄行,千里不赍粮'③,请治行者何也?"然郑庄在朝,常趋和承意,不敢甚引当否④。及晚节,汉征匈奴,招四夷,天下费多,财用益匮⑤。庄任人宾客为大农僦人,多逋负⑥。司马安为淮阳太守,发其事,庄以此陷罪,赎为庶人。顷之,守长史⑦。上以为老,以庄为汝南太守⑧。数岁,以官卒。

【注释】

①使视决河:据《汉书·武帝纪》:元光三年夏五月,"河水决濮阳,泛郡十六",郑当时任大司农,于是被派遣视察黄河决口。

②治行:收拾行装。

③赍(jī):携带。

④不敢甚引当否:对事情的当与不当不敢明确表态。

⑤匮:缺乏。

⑥庄任人宾客为大农僦(jiù)人,多逋(bū)负:郑庄所保任的宾客给大司农雇人搞运输,欠人的工钱不给。任人,《集解》引臣瓒曰:"谓保任见举者。"僦,赁,雇人。逋负,亏欠。

⑦守长史:在丞相属下代行长史之职。守,代理。长史,丞相与大将军部下设长史,为诸史之长,秩千石。

⑧汝南:汉郡名,治所在今河南上蔡西南。

【译文】

郑庄被派去视察黄河决口情况,他请求给五天时间准备行装。武帝说:"我听说'郑庄出门,走一千里也用不着带干粮',现在为什么要用五天时间收拾行李呢?"但是郑庄在朝中,常常是顺从附和皇帝的意见,对事情的当与不当不敢明确表明态度。到了晚年,汉朝屡屡出兵征讨匈奴,招抚各地少数民族,耗费巨大,国家财力物力更加匮乏。这时郑庄推荐的宾客给大司农承办运输，亏欠钱款甚多。淮阳太守司马安揭发了这件事，郑庄因此获罪，赎罪后被削职为平民。过了不久，又做了丞相长史。后来武帝认为他年事已高，于是就又派郑庄去做了汝南郡的太守。几年后，郑庄死在了汝南太守任上。

郑庄、汲黯始列为九卿，廉，内行修絜。此两人中废①，家贫，宾客益落。及居郡，卒后家无余赀财②。庄兄弟子孙以庄故，至二千石六七人焉③。

【注释】

①中废：中途被罢官。

②赀：通"资"。

③至二千石六七人焉：王先谦曰："武帝于汲、郑两人，并以东宫旧恩，加厚待也。"

【译文】

郑庄和汲黯起初位列九卿，为政清廉，注重品行修养。后来他们都中途被罢官，家境贫寒，宾客也日趋没落。后来他们又都出任过外郡郡守，死后家中没有留下什么财产。郑庄的弟兄和子孙们，由于郑庄的缘故，却有六七个人做到了二千石的官职。

太史公曰：夫以汲、郑之贤，有势则宾客十倍，无势则否，况众人乎！下邽翟公有言①，始翟公为廷尉，宾客阗门②；及废，门外可设雀罗③。翟公复为廷尉，宾客欲往，翟公乃大署其门曰："一死一生，乃知交情；一贫一富，乃知交态；一贵一贱，交情乃见。"汲、郑亦云④，悲夫！

史记

【注释】

①下邽：汉县名，治所在今陕西渭南东北。翟公：姓翟，其名不可考。

②阗（tián）门：人多得充塞门庭。阗，充满，充塞。

③可设雀罗：可以支网逮鸟，极言其冷清之状。雀罗，捕鸟的网。师
    古曰："言其寂静无人行也。"

④汲、郑亦云：汲黯、郑当时的结局也是这样。泷川曰："炎凉世态，
    自古而然，廉颇、孟尝事，与此相似。"

【译文】

太史公说：像汲黯、郑当时这样的贤能，尚且在有权势时宾客盈门，
失势时宾客四散，更何况平常人呢！下邽县的翟公曾对我说过，当初他
做廷尉的时候，宾客盈门；等到被罢官后，门外可支网逮鸟。后来翟公又
被起用为廷尉，宾客就又想回来，他就在自己家门上写道："一死一生，乃
知交情；一贫一富，乃知交态；一贵一贱，交情乃见。"汲黯和郑庄当时也
是这样，可悲啊！

【集评】

崔诜曰："汉武帝雄才大略，智臣藻士，或以优蓄，或以颐使，一犯
禁戒，刑辟无少假借，独以严惮黯，不冠不敢见，叹其为'社稷臣'；淮南
王视汉廷公卿，独惮长孺，藏邪谋而不敢发，斯亦近于己正物正者欤！"
（《史记评林》引）

黄震曰："汲黯论帝多欲，劝帝无起兵，谏帝迎浑邪王，切责张汤苛
法，而拳拳愿出入禁闼，补过拾遗，切直忠尽，汉廷第一，帝稍听之，何乃
下轮台之诏耶！郑庄委曲礼下，虽少鲠谅之风，然内行修洁，没无馀财，
与汲黯等，此太史公同传欤？"又曰："黯以纯刚至正之气卓出汉廷之右，
自天子以下皆严惮之。黯言虽不用，汉鼎之增重亦多矣。子曰：'枨也
欲，焉得刚？'黯庶几无欲者欤？后世士大夫一为利禄所泪，虽饰以仁义
累千万言，岂复有是痛快令人心开目明者哉？呜呼，黯所谓人中龙也！"

（《黄氏日钞》）

锺惺曰：“武帝得人最盛，至许‘社稷臣’，独黯一人而已。黯不死，霍光之事当使黯为之。其大节不异于光，文理固胜之耳。汉虽不能究黯之用，而庄助言其‘招之不来，麾之不去’，黯一知己也；武帝许黯‘社稷臣’，黯一知己也；大将军‘数请问国家朝廷所疑’，黯一知己也；淮南王反，惮黯，曰‘好直谏，守节死义，难惑以非’，又黯一知己也。”（《史怀》）

牛运震曰：“汲、郑同学黄老之言，一则抗言直谏，秉正嫉恶；一则恢宏任侠，喜交游，奉宾客，皆太史公所嘉予乐道者也，故同为列传，而述之亹亹不置。汲黯乃太史公最得意人，故特出色写之。当其时，势焰横赫如田蚡，阿谀固宠、怀诈饰智如公孙弘、张汤等，皆太史公所深嫉痛恶而不忍见者，故于灌夫骂坐、汲黯面诋弘，汤之事，皆津津道之如不容口，此太史公胸中垒块借此一发者也。如此文安得不工！”（《史记评注》）

姚苎田曰：“汲长孺，武帝朝第一直臣而不相；李将军，武帝朝第一名将而不得侯。史公盖深惜之，故两传皆用零零碎碎写法，须眉毕著，性情皆活。然黯之为人几于至诚动物，忌之者不能伤，骄之者不能折，爱之者不能私，短之者不能损。危言危行，如蹈康庄，真西汉第一流人物也。”（《史记菁华录》）

【评论】

司马迁在《太史公自序》中说：“正衣冠立于朝廷，而群臣莫敢言浮说，长孺矜焉；好荐人，称长者，壮有溉。作《汲郑列传》。”赞扬汲黯对皇帝敢于犯颜直谏，对执政大臣敢于面折廷争，赞扬郑当时敬贤下士。这些都是本文的主要内容，但除此之外，司马迁在这篇文章里还有更深的寄托，是对武帝政治进行评价的一篇重要文字，应与《平准书》《酷吏列传》《儒林列传》《平津侯主父列传》等同看。

首先，本篇思想实质则是表现了汲黯对武帝时期一系列方针政策如尊崇儒术、征伐四夷、盐铁官营、任用酷吏，和当时朝廷一系列当权人物如公孙弘、张汤等的反对。在这一点上,汲黯可以说是司马迁的代言人。如文中所记:"天子方招文学儒者,上曰'吾欲'云云,黯对曰:'陛下内多欲而外施仁义,奈何欲效唐虞之治乎!'"一下子戳穿了武帝的"尊儒"是搞外儒内法的假面具,同时也是对迎合武帝的"儒者"公孙弘等的批判。再如他屡次在武帝面前责备张汤:"公为正卿,上不能褒先帝之功业,下不能化天下之邪心,安国富民,使囹圄空虚,何空取高皇帝约束纷更之为?"这既是批判张汤舞文弄法,为法务苛,也是批判武帝变更高祖文帝以来的政策,推行酷吏政治。又如他谏武帝厚待来降的浑邪王等而欲诛与之做买卖的五百个商人,既表达了他反对讨伐匈奴的战争,又批判武帝的好大喜功不恤民众。特别是汲黯对李息总评张汤的一段话,活画出酷吏们的真实丑恶面目,是对以张汤为首的酷吏们的无情鞭挞。统观司马迁对汲黯言论的记载,可见汲黯反对汉武帝的"多欲"政治,他的身上带有司马迁理想大臣的光彩。

其次,此篇接在《循吏列传》之后,用意颇深。叶梦得说:"《循吏传》后即次以汲黯,其以黯列于循吏乎?"(《习学记言》)汲黯、郑当时都堪称循吏,但他们在汉的际遇却与《循吏列传》中的五人截然不同。庄王听孙叔敖之言,郑昭君听子产之言,君臣和谐,都达到了国泰民安的效果。而汲黯数次向武帝进言,武帝虽然也尊敬他,忌惮他,但始终不听从他,而执政的公孙弘、张汤也极力排挤他,还想借刀杀人,置他于死地,最终汲黯被赶出了朝廷,到淮阳做太守,任满之后,仍让他以诸侯相秩居淮阳,最后卒于淮阳。汲黯在当时可谓郁郁不得志。在与《循吏列传》中诸人的对比中,我们可以更深刻地感到司马迁对汲黯的同情,对武帝、公孙弘、张汤之流虚伪贪婪的揭露与批判。

最后,文章对武帝时代上流社会的世态炎凉表现了极大愤慨。汲、郑二人在位至九卿时,门下宾客如云,及势败,宾客即四散,文末的"太史公曰"专就此大发议论,并借下邽翟公的话"一死一生,乃知交情;一贫一富,乃知交态;一贵一贱,交情乃见"予以总结,这种情形在《魏其武

安侯列传》《平津主父列传》等篇章中都有所反映,在《孟尝君列传》《廉
颇蔺相如列传》等篇文章中也都述及。司马迁对这类事情感慨尤深,所
以一旦遇到,总是不由自主地记下来,公之于世。

汲黯是司马迁最为喜爱的人物之一,把他写得可钦可敬,又充满了
悲剧精神,但是我们也应该看到,汲黯的思想又明显地有其片面性与落
后性,他对武帝时期的一系列方针政策缺乏应有的客观分析,因而连及
对公孙弘、张汤的评价也就不一定很公允。公孙弘身为丞相,有其柔媚
讨好皇帝的一面,又有其内心阴险的一面,但在汉武帝欲北讨匈奴同时
启衅于西南夷时,他能公开反对,数次进谏,其大臣风度在当时朝廷高官
中是绝无仅有的。公孙弘身为三公,盖布被,吃脱粟之饭,食不重肉,俸
禄接济了朋友亲戚,他的表现和春秋时的晏子差不多,晏子受到大家一
致称赞,可对公孙弘,汲黯却纠弹他“弘位在三公,奉禄甚多,然为布被,
此诈也”,似乎是过于吹毛求疵了。司马迁说汲黯“学黄老之言,治官理
民好清静……责大指而已”。他“耻为令”,让他当淮阳太守,他“伏谢不
受印绶”;他想干的是“出入禁闼,补过拾遗”。这样的一种性格,在武帝
时代能够担当重任吗? 当别人的职位上升,纷纷超过汲黯时,汲黯又发
牢骚说:“陛下用群臣如积薪耳,后来者居上。”锺惺对此说:“黯以质直
责大体持朝议则可,至以己官职而望君上、毁人之进,则粗矣,故史著其
‘褊心’,而汉武亦得讥其‘不学’也。”(《史怀》)

作品写汲黯的笔法也很有特点,正面写汲黯的故事并不多,而让诸
多正面、反面的人物与汲黯相互映衬、相互对照。如文中借淮南王之口
将汲黯与公孙弘对比,说:“(汲黯)好直谏,守节死义,难惑以非。至如
说丞相弘,如发蒙振落耳。”又如将汲黯与大将军卫青朝廷对比:“大将
军青侍中,上踞厕而视之。丞相弘燕见,上或时不冠。至如黯见,上不冠
不见也。”篇中还通过庄助与汉武帝的议论,对汲黯的品格做了判定。庄
助说:“使黯任职居官,无以逾人。然至其辅少主,守成深坚,招之不来,
麾之不去。虽自谓贲育亦不能夺之矣。”武帝也说:“古有社稷之臣,至

如黯,近之矣。"这种写法即吴见思所谓"绿叶扶花之法",强于只写一汲黯,"如画家写像,绝无神气",而能更深刻地使汲黯的性情气概完全显露出来。

儒林列传第六十一

【释名】

本篇简略勾勒了儒学自孔子创立以来,经历代弟子传授发展,以及在秦代遭到焚坑,到汉武帝时被"独尊"一统的经过,概述了五经在汉代的师承沿革,是研究儒家学派的最早也最权威的文献资料。司马迁在本篇先是叙述了儒家学派自孔子创始至武帝尊儒的发展历程,继而给出了西汉前期各门经艺之著名儒生的小传。研读本篇时可参读《史记》中叙述先秦儒学的三篇,即《孔子世家》《仲尼弟子列传》《孟子荀卿列传》。

太史公曰:余读功令,至于广厉学官之路①,未尝不废书而叹也②。曰:嗟乎! 夫周室衰而《关雎》作③,幽厉微而礼乐坏④,诸侯恣行,政由强国。故孔子闵王路废而邪道兴⑤,于是论次《诗》《书》⑥,修起礼乐。适齐闻《韶》⑦,三月不知肉味。自卫返鲁⑧,然后乐正,《雅》《颂》各得其所。世以混浊莫能用⑨,是以仲尼干七十余君无所遇⑩,曰:"苟有用我者,期月而已矣⑪。"西狩获麟⑫,曰:"吾道穷矣。"故因史记作《春秋》⑬,以当王法,以辞微而指博⑭,后世学者多录焉⑮。

【注释】

① 学官：太学里的教官，即当时的"博士"。

② 废书而叹：郭嵩焘曰："武帝广厉学官，诱之于利禄之途，于是儒者之道以熄，三代圣王之留贻涣散遗亡，遂以永绝于天下。武帝之广厉学官，其祸更烈于始皇，此史公所以废书而叹也。"

③《关雎》：《诗经》第一篇，《毛传》称其为歌颂"后妃之德"，司马迁在这里所表现的对《关雎》的理解显然与《毛传》的解释不同。梁玉绳曰："其用《鲁诗》欤？《汉书·杜钦传》曰：'佩玉晏鸣，《关雎》刺之。'《法言·孝至》篇曰：'周康之时，《关雎》作乎上，伤始乱也。'"

④ 幽厉：指周幽王和周厉王。

⑤ 闵：可怜，痛惜。王路废：指天下无道，礼乐征伐不能由天子出。王路，即所谓"王道"。

⑥ 论次：阐发编订。《诗》《书》：《诗经》与《尚书》。前者是我国第一部诗歌总集，后者是我国第一部记言体史书。

⑦《韶》：相传为舜时的乐曲名。

⑧ 自卫返鲁：据《鲁世家》，孔子于鲁定公十二年（前498）五十四岁被排挤出国，在外周游十五年，于鲁哀公十一年（前484）六十八岁返回鲁国。孔子外出时先到卫国（都城在今河南濮阳西南），而后又到过陈国、曹国、郑国、宋国、蔡国、楚国，最后回到卫国，又由卫国回到鲁国（即今山东曲阜）。

⑨ 世以混浊：即"以世混浊"。以，因，由于。泷川曰："'以''已'通。"

⑩ 干七十余君：干，求见。《索隐》曰："后之记者失辞也。……纵历小国，亦无七十余国也。"《庄子·天运篇》写孔子对老聃有所谓"以奸者七十二君……一君无所钩用"，盖极言其奔走碰壁之多。

⑪ 期（jī）月：十二个月周回一遍，即一周年。

⑫西狩获麟：事在鲁哀公十四年。详见《孔子世家》。

⑬因史记作《春秋》：《正义佚文》："因《鲁史记》记年月日而作《春秋》，兼见诸国史所记之事。"

⑭以辞微而指博：辞语简单，包含的意思非常深广。即"春秋大义"。《太史公自序》称《春秋》有所谓"《春秋》文成数万，其指数千，万物之散聚皆在《春秋》"；又有所谓"故《春秋》者，礼义之大宗也。夫礼禁未然之前，法施已然之后；法之所为用者易见，而礼之所为禁者难知"云云，皆可与此相发明。

⑮后世学者多录焉：梁玉绳曰："述《六艺》而独缺孔子赞《易》，班氏补之。"录，记录，传抄。

【译文】

太史公说：我读考核法令，读到广泛推行勉励学官进取的办法时，总是要放下书来感叹一番。我在想：唉！周王室衰败，《关雎》产生了；幽王、厉王衰颓，国家礼崩乐坏，诸侯横行，号令由强国发出。所以孔子伤心王道废毁而邪道大兴，于是编订《诗》《书》，修订、振兴礼乐。他到齐国听到《韶》乐时，竟陶醉得三个月尝不出肉的美味。他从卫国返回鲁国以后，重新订正了音乐，使得《雅》乐、《颂》乐能够各归其位。当时政治混乱，没有一个国君起用他，所以孔子游说七十多个国君却从未得到知遇，他曾说："如果有人任用我，一年之内就可见到成效。"鲁哀公在鲁国西境猎获一只麒麟，孔子说："我的理想实现不了了。"于是他就根据鲁国的历史编纂了一部《春秋》，把它当作一部帝王的法典，因为《春秋》文字不多但意义博大，后代的学者们都常常传抄它。

　　自孔子卒后，七十子之徒散游诸侯①，大者为师傅卿相②，小者友教士大夫，或隐而不见。故子路居卫③，子张居陈④，澹台子羽居楚⑤，子夏居西河⑥，子贡终于齐⑦。如田子方、段干木、吴起、禽滑釐之属⑧,皆受业于子夏之伦,为王者师⑨。是时独魏文侯好学⑩。后陵迟以至于始皇,天下并争于战国⑪,儒术既绌焉⑫,然齐鲁之间,学者独不废也。于威、宣之际⑬,孟子、荀卿之列⑭,咸遵夫子之业而润色之⑮,以学显于当世。

【注释】

①七十子:指孔子的学生。《仲尼弟子列传》:"受业身通者七十有七人。"《索隐》曰:"文翁《孔庙图》作七十二人。"

②大者为师傅卿相:《索隐》曰:"子夏为魏文侯师;子贡为齐、鲁聘吴、越,盖亦卿也;而宰予亦仕齐为卿,余未闻也。"子夏居西河教授,为魏文侯师事;子贡为齐、鲁出使吴、越事,皆见于《仲尼弟子列传》。

③子路居卫:子路曾在卫国任蒲邑大夫,最后死于蒉聩之乱。事见《仲尼弟子列传》。《集解》曰:"子路死于卫,时孔子尚存也。"子路死于鲁哀公十五年(前480),先于孔子二年死。

④子张居陈:子张姓颛孙,名师,字子张。子张在陈国并无活动。详见《仲尼弟子列传》。

⑤澹台子羽:澹台子羽姓澹台,名灭明,字子羽。详见《仲尼弟子列传》。

⑥子夏居西河:子夏姓卜,名商,字子夏。孔子死后,子夏曾居西河教书。西河,相当于今陕西韩城至华阴一带的黄河西岸地区,当时属魏。

⑦子贡:子贡姓端木,名赐,字子贡。善于雄辩,有济世之才,善于经商,事见《仲尼弟子列传》。

⑧田子方、段干木:战国初期魏国的名士,据记载,田子方曾受学于

子贡；段干木曾受学于子夏。吴起：原卫人，曾受学于曾子，先为
鲁将，后至魏国，为魏镇守西河，事见《孙子吴起列传》。禽滑釐：
墨翟的弟子，事见《墨子》，未闻其曾受学于儒门。

⑨为王者师：《魏世家》中李克有所谓"卜子夏、田子方、段干木，此
三人者，君皆师之"之语。

⑩魏文侯：战国初期的魏国国君，《魏世家》曰："文侯受子夏经艺，
客段干木，过其闾，未尝不轼也。秦尝欲伐魏，或曰：'魏君贤人是
礼，国人称仁，上下和合，未可图也。'文侯由此得誉于诸侯。"

⑪后陵迟以至于始皇，天下并争于战国：《汉书》削去"后陵迟以至
于始皇"句。下段"及至秦之季世"乃讲秦始皇时事，似更确。

⑫绌：通"黜"，废弃。

⑬威、宣：齐威王、齐宣王。

⑭孟子、荀卿：皆为战国时期著名的儒学大师。详见《孟子荀卿列
传》。

⑮夫子：犹言"先生"，对学者、老师的敬称。

【译文】

孔子去世以后，他的七十多名弟子分散到各国交游诸侯，成就大的
做到国君的师傅和卿相，成就小的成了士大夫们的师友，也有人隐遁起
来而不再出现。所以子路在卫国，子张在陈国，澹台子羽在楚国，子夏住
在西河，子贡最后死在齐国。像田子方、段干木、吴起、禽滑釐这些人，
都受教于子夏等人的门下，而后成为国君的老师。当时惟有魏文侯爱好
儒学。后来儒学渐渐衰落一直到秦始皇时代，在战国时期天下人争战不
已，儒家学说已不受重视，然而在齐国、鲁国这一带地方，学者们独守儒
学，没有放弃。在齐威王、齐宣王的时代，孟子、荀卿等人，都遵循着孔子
的事业而进一步发扬光大，凭着学问而著称于当世。

及至秦之季世①，焚《诗》《书》，坑术士②，六艺从此缺

焉^③。陈涉之王也^④,而鲁诸儒持孔氏之礼器往归陈王^⑤。
于是孔甲为陈涉博士^⑥,卒与涉俱死。陈涉起匹夫,驱瓦合
適戍^⑦,旬月以王楚^⑧,不满半岁竟灭亡,其事至微浅,然而
缙绅先生之徒负孔子礼器往委质为臣者^⑨,何也?以秦焚其
业,积怨而发愤于陈王也^⑩。

【注释】

①季世:末年。

②焚《诗》《书》,坑术士:二事俱见《秦始皇本纪》。坑术士,据《秦
　始皇本纪》,所坑者乃寻仙求药的方士,当时并非仅指儒学经艺之
　士。师古曰:"今新丰县温汤之处号悯儒乡,温汤西南三里有马
　谷,谷之西岸有坑,古相传以为秦坑儒处也。"

③六艺:指《诗》《书》《礼》《乐》《易》《春秋》。

④陈涉:即陈胜,字涉。

⑤礼器:祭祀用具,如钟、鼎、彝等。

⑥孔甲:《集解》引徐广曰:"孔子八世孙,名鲋,字甲也。"博士:职官
　名,帝王身边的顾问,与汉代尊儒后称太学里讲授五经的教官为
　"博士"不同。

⑦驱瓦合適戍:贾谊《过秦论》:"陈涉,瓮牖绳枢之子,氓隶之人,而
　迁徙之徒也。"瓦合,犹言"乌合",毫无关系地凑在一起。《正义
　佚文》曰:"如众瓦合聚盖屋,先无计谋也。"適戍,同"谪戍",发
　往边疆戍守。

⑧旬月以王楚:起义不到一个月就称了张楚王。旬月,超过一旬,不
　到一月。

⑨缙绅:同"搢绅"。搢,插;绅,带。插笏于带,即指官宦、士大夫。
　委质:托身,意即投靠。也有说认为"委质"指立字据、写保证书。

⑩积怨而发愤于陈王：意为积怨于秦，想跟着陈涉出一口恶气。

【译文】

到了秦朝末期，焚毁《诗》《书》，坑杀术士，六艺从此开始残缺不全。到陈涉称王的时候，鲁地的儒生携带孔氏的礼器去归附了陈王。孔甲因此做了陈涉的博士，最后跟陈涉一同死去。陈涉出身于一个平民，领着一伙被发往边疆戍守的乌合之众，在不到一个月的时间里就在楚地称了王，而后不到半年就灭亡了，他的事业极其微小浅薄，可是那些士大夫竟背着孔子的礼器去向他投靠称臣，这是为什么呢？因为秦朝毁灭了他们的事业，积下怨恨而希望借助陈涉发泄愤懑。

及高皇帝诛项籍，举兵围鲁①，鲁中诸儒尚讲诵习礼乐，弦歌之音不绝，岂非圣人之遗化，好礼乐之国哉？故孔子在陈，曰："归与归与！吾党之小子狂简②，斐然成章，不知所以裁之③。"夫齐鲁之闲于文学④，自古以来，其天性也。故汉兴，然后诸儒始得修其经艺⑤，讲习大射乡饮之礼⑥。叔孙通作汉礼仪⑦，因为太常⑧，诸生弟子共定者，咸为选首⑨，于是喟然叹兴于学⑩。然尚有干戈，平定四海⑪，亦未暇遑庠序之事也⑫。孝惠、吕后时，公卿皆武力有功之臣。孝文时颇征用，然孝文帝本好刑名之言⑬。及至孝景，不任儒者，而窦太后又好黄老之术，故诸博士具官待问⑭，未有进者。

【注释】

①举兵围鲁：刘邦打败项羽后，各地望风归顺，唯有鲁都曲阜不降，因项羽曾被怀王封为"鲁公"。直到确知项羽已死，曲阜才降刘邦，事见《项羽本纪》。

②狂简：狂放简傲，实则称赞他们志高才大。

③裁：剪裁，这里指调教。

④闲于文学：熟悉儒家经典。闲，通"娴"，熟悉。文学，指儒术，儒家经典。不同于今天的"文学"。

⑤修其经艺：研习儒学著作。

⑥大射乡饮之礼：皆为儒家的一些礼节仪式，《仪礼》中有《大射仪》，旧注谓："诸侯将有祭祀之事，与其群臣射，以观其礼。数中者得与于祭，不数中者不得与于祭。"《仪礼》中又有《乡饮酒礼》，指乡官在乡学举行酒会，或为向上推荐的贤士饯行，或为了表示"尊贤养老"等等。

⑦叔孙通：原为秦朝博士，后为刘邦制定了一套严格君臣等级的礼仪，事见《刘敬叔孙通列传》。

⑧因为太常：因此被刘邦任为太常。太常，职官名，也叫奉常，"九卿"之一，主管宗庙与朝廷礼仪。

⑨选首：即中选之首。犹言被选中。

⑩喟（kuì）然：感叹、叹息貌。

⑪然尚有干戈，平定四海：师古曰："言陈豨、卢绾、韩信、黥布之徒相次反叛征伐也。"

⑫亦未暇遑庠序之事也：还顾不上着手兴办教育。未暇遑，"暇""遑"二字同义，来不及，顾不上。庠序，泛指学校，殷曰"序"，周曰"庠"。

⑬刑名之言：法家学派的一种，以申不害为首，主张循名责实，尊君卑臣。因其"本于黄老"，故为文帝所喜。

⑭具官：即所谓"充数"，设职而不用。师古曰："谓备员而已。"

【译文】

　　到汉高祖杀掉项羽，发兵包围曲阜时，曲阜的儒生们还在读儒书、习礼仪，弦歌之声不停，这不就是圣人遗留下来的风范，是喜欢礼乐的国家应有的样子吗？所以孔子在陈国受困时，说道："回去吧！回去吧！我家乡的那些后生们志大才疏，但其行为作风却都彬彬有礼，文采可观，只是有点不知道如何去教导他们。"齐、鲁一带的人们自古以来就爱好诗书礼乐，实在是出于天性。所以大汉新建，那里的儒生们才能重操旧业，讲述和演习大射、乡饮酒等各种礼仪。叔孙通给汉朝制定礼仪制度，因此被封为太常，跟着他一道参与制定礼仪的弟子们，也都成为朝廷优先选中者，于是人们感慨说儒学又要兴起了。但当时还有战事，朝廷忙于平定天下，所以还没有时间顾及兴建学校的事情。孝惠帝、吕后时代，公卿们都是行伍出身的功臣。孝文帝时代才偶尔招用儒学之士，但孝文帝本来喜好刑名之学。到孝景帝时，也不任用儒生，他的母亲窦太后又喜好黄老之术，因而那些博士官不过是留着充数、以备询问而已，没有一个被提拔。

及今上即位^①，赵绾、王臧之属明儒学^②，而上亦乡之^③，于是招方正贤良文学之士^④。自是之后^⑤，言《诗》于鲁则申培公^⑥，于齐则辕固生^⑦，于燕则韩太傅^⑧。言《尚书》自济南伏生^⑨。言《礼》自鲁高堂生^⑩。言《易》自菑川田生^⑪。言《春秋》于齐鲁自胡毋生^⑫，于赵自董仲舒^⑬。及窦太后崩，武安侯田蚡为丞相，绌黄老、刑名百家之言^⑭，延文学儒者数百人^⑮，而公孙弘以《春秋》白衣为天子三公^⑯，封以平津侯^⑰。天下之学士靡然乡风矣^⑱。

【注释】

①今上：即汉武帝刘彻。

②赵绾（wǎn）、王臧：皆为儒家一派的人物。

③上亦乡之：武帝即位后，朝廷大权尚多被以黄老相标榜的窦太后与其亲信所把持，武帝母王太后欲向窦老太后夺权，故标榜尊儒，

以赵绾为御史大夫，以王臧为郎中令，此建元元年事。乡，趋向，赞成。

④方正贤良：也称"贤良方正"。贤良，汉代选用人才的科目名，从汉文帝开始。汉武帝以同样方式选拔儒生，即所谓"文学士"，故称其科曰"方正贤良文学士"。建元元年，汉武帝下诏选拔"贤良文学"，但各地推举来的大都不是儒生，于是作罢。

⑤自是之后：后面提到的诸家并非汉武帝下诏后才开始讲习经艺，故此说不确。《汉书》作"汉兴"。

⑥申培公：姓申名培。公，敬称。申培所传授的《诗经》被后人称作"鲁诗"。

⑦辕固生：姓辕名固。生，敬称。辕固所传授的《诗经》被后人称作"齐诗"。

⑧韩太傅：燕王刘定国的太傅，名婴，燕国人。韩婴传授的《诗经》被后人称作"韩诗"，今尚存《韩诗外传》。

⑨济南：汉初诸侯国，国都东平陵，在今山东章丘西北。伏生：《索隐》曰："张华云名'胜'，《汉纪》云字'子贱'。"

⑩高堂生：《索隐》曰："谢承云：'秦氏季代，有鲁人高堂伯。'则'伯'是其字。云'生'者，自汉已来儒者皆号'生'，亦'先生'省字呼之耳。"

⑪菑川：汉代诸侯国，国都剧县在今山东昌乐西北。田生：史失其名。

⑫胡毋生：《索隐》曰："胡毋，姓，字子都。"

⑬董仲舒：广川国（今河北枣强东）人，事迹详后文。

⑭武安侯田蚡（fén）为丞相，绌黄老、刑名百家之言：此即通常所说的"罢黜百家"。绌，通"黜"。

⑮延文学儒者数百人：元光元年（前134）五月，武帝又下诏书向各郡国征诏儒学之士，董仲舒、公孙弘等即在此时崭露头角。

⑯而公孙弘以《春秋》白衣为天子三公：郭嵩焘曰："武帝之兴文学，

主其议者田蚡，首膺经学之选为'三公'者公孙弘，即所兴之文学
可知矣。此史公微旨。"白衣，指平民百姓。三公，指丞相、太尉、
御史大夫。

⑰封以平津侯：汉初以来的丞相都是先封侯爵，后称相。唯有公孙
弘，无侯爵就当了丞相。后汉武帝将其封为平津侯。从此开了凡
任丞相者一律封侯的先例。

⑱靡然乡风：同"靡然向风"，形容人倾心向往。靡然，相随从貌。

【译文】

到当今皇上即位，赵绾、王臧等人都通晓儒学，而皇上也向往儒学，
于是在全国范围内选拔贤良方正各科儒家学子。从这时开始，讲《诗
经》的在鲁国有申培公，在齐国有辕固生，在燕国有韩婴太傅。讲《尚
书》始自济南人伏生。讲《礼》始于鲁国的高堂生。讲《易》始自淄川
的田生。讲《春秋》的在齐国、鲁国始自胡毋生，在赵国始自董仲舒。到
窦太后去世后，武安侯田蚡担任丞相，他罢斥黄老、刑名等各家学说，延
请儒家学子几百人，其中公孙弘因为精通《春秋》从一介平民升到了皇
帝身边三公的高位，被封为平津侯。天下的学子皆被风吹倒似地归向儒
学了。

公孙弘为学官①，悼道之郁滞②，乃请曰："丞相御史
言③：制曰：'盖闻导民以礼，风之以乐。婚姻者，居室之大
伦也④。今礼废乐崩，朕甚愍焉⑤。故详延天下方正博闻之
士⑥，咸登诸朝。其令礼官劝学讲议，洽闻兴礼，以为天下
先⑦。太常议⑧，与博士弟子⑨，崇乡里之化，以广贤材焉⑩。'
谨与太常臧、博士平等议曰⑪：闻三代之道⑫，乡里有教⑬，夏
曰校⑭，殷曰序⑮，周曰庠⑯。其劝善也，显之朝廷；其惩恶
也，加之刑罚。故教化之行也，建首善自京师始⑰，由内及

外。今陛下昭至德，开大明，配天地，本人伦，劝学修礼，崇化厉贤，以风四方，太平之原也。古者政教未洽，不备其礼，请因旧官而兴焉⑱。为博士官置弟子五十人，复其身。太常择民年十八已上仪状端正者，补博士弟子⑲。郡国县道邑有好文学⑳，敬长上，肃政教，顺乡里，出入不悖所闻者，令相长丞上属所二千石㉑，二千石谨察可者，当与计偕，诣太常㉒，得受业如弟子㉓。一岁皆辄试，能通一艺以上㉔，补文学掌故缺㉕；其高弟可以为郎中者，太常籍奏㉖。即有秀才异等，辄以名闻。其不事学若下材及不能通一艺，辄罢之，而请诸不称者罚㉗。臣谨案诏书律令下者㉘，明天人分际，通古今之义，文章尔雅㉙，训辞深厚，恩施甚美㉚。小吏浅闻，不能究宣，无以明布谕下。治礼次治掌故，以文学礼义为官，迁留滞㉛。请选择其秩比二百石以上㉜，及吏百石通一艺以上㉝，补左右内史、大行卒史㉞；比百石已下㉟，补郡太守卒史：皆各二人㊱，边郡一人。先用诵多者，若不足，乃择掌故补中二千石属㊲，文学掌故补郡属㊳，备员㊴。请著功令。佗如律令。"制曰："可。"自此以来，则公卿大夫士吏斌斌多文学之士矣㊵。

【注释】

①学官：即博士。

②郁滞：停滞不前，不兴。

③丞相御史言：汉代群臣上书，开头的格式皆如此。御史，指御史大夫，当时任此职者为番係。

④居室：家庭。大伦：重要的人际关系准则。

⑤愍：痛心。

⑥详延：普遍邀请。详，悉也。

⑦"其令礼官劝学讲议"几句：礼官，指太常所主管的部门。劝学讲
　议，鼓励人们学习、研讨儒术。洽闻兴礼，以求知识广博，重视礼仪。

⑧太常议：此为汉武帝指令语。大意为：太常找人议论一下。

⑨与博士弟子：给博士配备弟子。与，通"予"。

⑩以广贤材：更加广泛地培养这方面的人才。

⑪太常臧：周寿昌引《文选·两都赋》注引《孔臧集》曰："臧，仲尼
　之后，少以才博知名，稍迁御史大夫。辞曰：'臣代以经学为家，乞
　为太常，专修家业。'武帝遂用之。"博士平：名平，史失其姓，事迹
　不详。

⑫三代之道：夏、商、周三代的教育制度与方法。

⑬乡里有教：从社会基层就设有教育部门。乡里，古代居民编制单
　位名，通常指社会基层。

⑭夏曰校：《正义》曰："校，教也，可教道艺也。"

⑮殷曰序：《正义》曰："序，舒也，言舒礼教。"

⑯周曰庠：《正义》曰："庠，详也，言详审经典。"《孟子·滕文公》
　云："设为庠序学校以教之。庠者，养也；校者，教也；序者，射也。
　夏曰'校'，殷曰'序'，周曰'庠'；'学'则三代共之。"

⑰首善：带头为善，为全国作表率。

⑱因旧官而兴：在旧学官的基础上扩大完备。

⑲补博士弟子：郭嵩焘曰："博士弟子五十人，并由太常选置。"

⑳郡国县道邑：各朝廷直属郡与各诸侯王国所属的各县、各道、各
　邑。张大可说："西汉盛时，凡郡、国一百三，县、邑千三百一十
　四，道三十二，侯国二百四十一。"

㉑令相长丞上属所二千石：按，详此句文意，句首的"令"字似不宜
　理解为"县令"，而应该做"命令""让"字理解。相长丞，万户以

下的小县，其长官称"县长"；县令、县长的副手称县丞；列侯的封邑相当于县级，其行政长官称为"相"。上属所二千石，即把符合条件的人名单上报到自己所属的郡太守与诸侯王相。当时的郡守与诸侯王相都属于"二千石"一级。

㉒当与计偕，诣太常：王骏图曰："汉之计吏得乘传，故令与计偕来也。"

㉓得受业如弟子：可以到太学跟着博士读书，享受博士弟子的待遇。郭嵩焘曰："'受业如弟子'，则郡国岁贡之太常者无员数也。"

㉔艺：指儒家经典。儒家的"六经"亦称"六艺"。

㉕文学掌故：太常属下的官名。以熟悉儒家经典中"故事"著称。

㉖籍奏：造册上奏。籍，簿籍。

㉗请诸不称者罚：请求给予办事不力的人员以惩罚。沈钦韩曰："当是兼坐举主也。《通考》四十：'诸不称者，谓太宰之谬选，博士之失教，及郡国之滥以充赋也。'《功臣表》：'山阳侯张当居，坐为太常择博士弟子故不以实，完为城旦'，则其罚可知矣。"

㉘诏书律令下者：师古曰："下，谓班行也。"王先谦曰："谓平时所班下者，不蒙上言。"

㉙尔雅：本意"近乎正"，通常用为"醇厚""雅正"之意。

㉚恩施：李笠曰："施，亦恩也，读去声。"

㉛"治礼次治掌故"几句：此十六字文意晦涩难解。中井曰："'次治'二字衍文。"师古曰："言治礼、掌故之官，本以有文学、习礼义而用之，又所以迁擢留滞之人。"刘敞曰："言治礼、掌故，其迁常留滞，故请特选用以劝之。"

㉜秩比二百石以上：指官阶略等于二百石以上的"治礼"与"掌故"。秩，官阶。比二百石，略等于二百石。汉代"二百石"月俸三十斛，"比二百石"月俸二十七斛。

㉝吏百石通一艺以上：刘敞曰："吏乃以百石用者，为其晓事，优之

也。"

㉞补左右内史、大行卒史：让他们去给左、右内史与大行令充当卒
　史。左右内史，当时京都长安及郊区的行政长官，东部的称左内
　史，后改称左冯翊；西部的称右内史，后改称右扶风。大行，即大行
　令，也称典客，主管少数民族事务。卒史，秩比百石的办事小吏。

㉟比百石以下：指比百石以下的"治礼"与"掌故"。

㊱各二人：师古曰："内地之郡，郡各补太守卒史二人也。"

㊲掌故：与下文"文学掌故"相对而言，前者指对一般"古事"知道
　得多；后者特别指对儒家"古事""故实"知道得多。中二千石
　属：指九卿手下的属官。属，僚属，下属。

㊳郡属：各郡国守相的下属。按当时规定，二千石分中二千石、二
　千石、比二千石三等，九卿都是"中二千石"，郡国守相是"二千
　石"。"文学掌故"高于一般"掌故"，而公孙弘却派他们到级别较
　低的郡国去，这是因为那些地方更需要懂得儒术的人。

㊴备员：满员，即按沿边各郡一人，内地郡国二人的规定把人配齐。
　钱大昕曰："平津本意，以诏书尔雅深厚，非俗吏所解，故选文学掌
　故补卒史，所谓'以儒术缘饰吏事'也。"

㊵公卿大夫士吏斌斌多文学之士：《文心雕龙·时序》曰："逮孝武
　崇儒，润色鸿业，礼乐争辉，辞藻竞骛。柏梁展朝宴之诗，金堤制
　恤民之咏。……应对固无方，篇章亦不匮，遗风余采，莫与比盛。"
　斌斌，温文尔雅的样子。

【译文】

　　公孙弘担任学官，感伤于儒家之道不通畅，于是向皇帝上书请求说：
"丞相、御史启奏皇上：诏书说：'听说应该用礼仪引导人们，应该用音乐
移风易俗。婚姻是一个家庭中最重要的伦理关系。现在礼崩乐坏，我非
常痛心。因此必须广泛地招纳品行端方、学识渊博的人，把他们都提拔
到朝廷上来。要让主管礼仪的官吏们劝导人们读书上进，他们自己也要

研讨掌握更多的知识,振兴礼仪,成为天下表率。太常找人议论一下,给博士设置弟子的问题,增强乡里的教化,以培养更多的人才。'我谨与太常孔臧、博士平等人商议说:听说夏、商、周三代的制度,乡里都有教育机构,夏代叫校,殷代叫序,周代叫庠。劝勉人们为善,让他们在朝廷上名声彰显;惩治做坏事的人,对他们处以刑罚。所以教化得以推行,是从京师带头做好开始的,从里到外推广。如今皇上弘扬崇高的道德,展现最大的智慧,上配天地,下本人伦,勉励求学,兴修礼乐,崇尚教化,激励贤才,以此来感化四方,这是天下太平的根本。古代的教育工作不甚完备,礼制也不完备,请求利用旧有的学官来振兴。为博士官设置五十个弟子,免除他们的赋税和劳役。太常从民间选择十八岁以上相貌端庄的青年,充当博士弟子。各郡国的县、道、邑中有喜好儒学,尊敬长上,遵纪守礼,友好睦邻,言行都能不违背所学的,让侯相、县长、县丞把他们的名字上报给郡守与诸侯王相,郡守与诸侯王相认真考察认为合格的,让他们跟着计吏一起进京,到太常报到,而后就可以像博士弟子一样在那里上学了。每到年终进行一次考试,能够通晓一门经典的,就可以补充文学掌故的空缺;其中有高才生可以选做郎官的,由太常提出名单上奏。平时发现才学方面出类拔萃的,太常应随时将名单上报。那些不认真学习或是才能低下以及不能通晓一门经典的,就罢免,对那些举荐不当的官员也要一并处罚。我认为皇上所下各种诏书律令,它们阐明天人之间的关系,贯通古今义理,文辞雅正,训辞含义深远,布施恩德美好。下面的小吏见识浅薄,不能深刻地理解宣传,无法透彻地向下传达。负责礼仪、掌故事务的官员,都是因为懂得儒学礼仪而被委任,但他们的升迁却屡屡受到阻碍。我请求选择俸禄二百石以上,和一百石以上而又能通晓一种经书的官吏,补任左右内史和大行卒史;选择一百石以下的官吏,补任郡太守卒史:内地郡每郡两人,边郡每郡一人。先选用那些诵读过大量经书的,如果人员不够,就选派掌故去补任中二千石的属吏,选文学掌故去补任郡守的属吏,配齐定员。请求把这些写进选拔官吏的法令上。其

他仍依照律令办。"皇上批示说:"可以。"此后,公卿大夫和基层小吏中,就有很多人是文质彬彬的经学儒生了。

　　申公者①,鲁人也。高祖过鲁,申公以弟子从师入见高祖于鲁南宫②。吕太后时,申公游学长安,与刘郢同师③。已而郢为楚王,令申公傅其太子戊。戊不好学,疾申公。及王郢卒,戊立为楚王④,胥靡申公⑤。申公耻之,归鲁,退居家教,终身不出门,复谢绝宾客,独王命召之乃往⑥。弟子自远方至受业者百余人⑦。申公独以《诗》经为训以教⑧,无传⑨,疑者则阙不传。

【注释】

①申公:即申培。

②从师:跟从他的老师浮丘伯。《汉书》云:"少与楚元王交俱事齐人浮丘伯,受《诗》。汉兴,高祖过鲁,申公以弟子从师入见于鲁南宫。"

③与刘郢同师:《汉书》云:"高后时,浮丘伯在长安,元王遣子郢客与申公俱卒业。"刘郢,也作"刘郢客",刘交之子,刘邦之侄。前178—前175年继其父为楚王,国都彭城(即今江苏徐州)。

④及王郢卒,戊立为楚王:事在文帝五年(前175),刘戊之元年为前174年。

⑤胥靡:披绳带锁地服苦役。师古曰:"联系使相随,而服役之。"

⑥王命:指鲁王的命令。当时鲁国在位的是恭王刘馀,汉景帝之子,汉武帝之弟,事见《五宗世家》。

⑦受业者百余人:《汉书》于此作"千余人"。杨树达曰:"下文言'学官弟子至大夫郎掌故以百数'者,指申公弟子为博士者之'学官弟子'而言,非谓申公之弟子也。"

⑧为训以教:专门讲解字词之意,不做发挥。训,训诂,解释词意。

⑨传:阐述经义的文字。

【译文】

申培是鲁国人。汉高祖经过鲁国时,申公以弟子身份跟随老师浮丘伯在鲁国的南宫拜见过汉高祖。吕太后执政时,申公到长安游学,与楚元王的儿子刘郢是同门。后来刘郢做了楚王,让申公教育他的儿子刘戊。刘戊不喜欢读书,怨恨申公。等到刘郢死后,刘戊做了楚王,就把申公禁锢起来。申公感到耻辱,返回鲁国,退回家里教书,决心一辈子不再出门,谢绝宾客来往,只有鲁王传令召见时才去。从远方来他家里求学受教的有一百多人。申公只是单给《诗》经的经文做训诂以教授学生,没有写阐发经义的传注,有疑义处就空着不讲。

兰陵王臧既受《诗》①,以事孝景帝为太子少傅②,免去。今上初即位,臧乃上书宿卫上,累迁,一岁中为郎中令③。及代赵绾亦尝受《诗》申公④,绾为御史大夫。绾、臧请天子,欲立明堂以朝诸侯⑤,不能就其事,乃言师申公。于是天子使使束帛加璧安车驷马迎申公⑥,弟子二人乘轺传从⑦。至,见天子。天子问治乱之事,申公时已八十余,老,对曰:“为治者不在多言,顾力行何如耳⑧。”是时天子方好文词,见申公对,默然。然已招致,则以为太中大夫⑨,舍鲁邸,议明堂事。太皇窦太后好老子言,不说儒术⑩,得赵绾、王臧之过以让上,上因废明堂事,尽下赵绾、王臧吏,后皆自杀。申公亦疾免以归,数年卒。

【注释】

①兰陵:汉县名,治所即今山东苍山兰陵镇。

②太子少傅：职官名。太子的辅导官,负责讲解书本与日常生活、操
　行品德方面的训导。

③郎中令：职官名,"九卿"之一,主管守卫宫廷门户,及统领皇帝的
　侍卫人员。

④代赵绾：代郡的赵绾。代在汉初有时为郡,有时为诸侯国,治所在
　今河北蔚县东北。

⑤明堂：古代圣王讲礼、议政的殿堂。

⑥束帛加璧：古代的一种聘礼。《仪礼·士冠礼》疏："束者,十端,每
　端丈八尺,皆两端合卷,总为五匹,故云'束帛'也。"安车：车轮
　裹以软物,以减少颠簸,利于老者乘坐。

⑦轺传（yáo zhuàn）：驿站上使用的小马车。

⑧力行：身体力行,即努力实践,且有要求统治者以身作则的意思。

⑨太中大夫：职官名,皇帝的侍从官员,上属郎中令,秩千石,掌议论。

⑩不说：同"不悦"。

【译文】

　　兰陵人王臧跟着申公学《诗》以后,用它来侍奉孝景皇帝,担任太子
少傅,后被免官。当今皇上即位后,王臧就上书请求做皇上的近卫人员,
他多次升迁,一年之中就当了郎中令。还有代郡的赵绾也曾跟着申公学
过《诗》,赵绾任御史大夫。赵绾、王臧二人请求皇上,想要按照古礼修
建明堂以召集诸侯来朝见,但他们都不知道这件事情究竟是怎么个做
法,就推荐了他们的老师申公。于是皇上派使者带着束帛玉璧赶着一辆
安稳舒适的四匹马拉的车子,两个弟子也乘着驿站上使用的轻便马车跟
着一道去迎请申公。申公进京后,拜见了皇上。皇上向他询问有关治政
的问题,申公这时已经八十多岁了,年老,回答道："治理国家不在于多唱
高调,而是要看他怎样身体力行罢了。"当时皇上正喜欢文辞,听到申公
这么说,便没有再说话。但已经把他请来了,就任命他做太中大夫,让他
住在鲁王在京城的官邸里,商讨如何建明堂的事情。太皇窦太后喜爱老

子的学说，不喜欢儒学，她利用赵绾、王臧的一些过错责备皇上，皇上只好停止了建明堂的事情，并把赵绾、王臧逮捕入狱，两人后来都自杀了。申公也因病被罢免回家，几年后就去世了。

　　弟子为博士者十余人：孔安国至临淮太守^①，周霸至胶西内史^②，夏宽至城阳内史^③，砀鲁赐至东海太守^④，兰陵缪生至长沙内史^⑤，徐偃为胶西中尉^⑥，邹人阙门庆忌为胶东内史^⑦。其治官民皆有廉节，称其好学。学官弟子行虽不备^⑧，而至于大夫、郎中、掌故以百数。言《诗》虽殊，多本于申公^⑨。

【注释】

①孔安国：孔子的后代，曾为多种经书作注。临淮：汉郡名，治所在今江苏泗洪南。

②周霸：其人又见于《封禅书》与《卫将军骠骑列传》。在《封禅书》中为武帝议论封禅礼仪，未果，被武帝罢免；在《卫将军骠骑列传》中劝卫青杀苏建以立威，为卫青所不取。胶西内史：胶西国的内史，主管该国的民政。胶西，汉诸侯国，国都高密，在今山东高密西南。

③城阳：诸侯国名，国都即今山东莒县。

④砀鲁赐：砀县人，姓鲁名赐。汉代砀县治所在今安徽砀山南。东海：汉郡名，治所在今山东郯城西北。

⑤兰陵缪（miào）生：兰陵人，姓缪，史失其名。长沙：诸侯国名，国都临湘，即今湖南长沙。

⑥徐偃：泷川曰："徐偃论封禅祠器，见《封禅书》。"中尉：诸侯国的中尉，职同郡尉，主管该国武事。

⑦邹：汉县名，治所在今山东邹城东南。阙门庆忌：姓阙门，名庆忌。

　胶东：诸侯国，国都即墨，即今山东平度东南。

⑧学官弟子：申公弟子在太学当博士教出来的弟子。行：造诣，德行。

⑨多本于申公：讲《诗经》的大都以申公为依据。

【译文】

　　申公的弟子做博士官的有十多人：孔安国官至临淮太守，周霸官至胶西内史，夏宽官至城阳内史，砀郡的鲁赐官至东海太守，兰陵的缪生官至长沙内史，徐偃任胶西中尉，邹人阙门庆忌任胶东内史。他们为官治民都清廉且有节操，人们称赞他们好学。学官培养出来的弟子们行为虽不完美，但做官当上了大夫、郎中、掌故的有一百多人。后来讲《诗》的人虽然各有特色，但他们多数人的讲法都是源于申公。

　　清河王太傅辕固生者①，齐人也。以治《诗》，孝景时为博士。与黄生争论景帝前②。黄生曰："汤武非受命，乃弑也。"辕固生曰："不然。夫桀纣虐乱，天下之心皆归汤武，汤武与天下之心而诛桀纣③，桀纣之民不为之使而归汤武，汤武不得已而立，非受命为何？"黄生曰："冠虽敝，必加于首；履虽新，必关于足④。何者？上下之分也。今桀纣虽失道，然君上也；汤武虽圣，臣下也。夫主有失行，臣下不能正言匡过以尊天子，反因过而诛之，代立践南面，非弑而何也？"辕固生曰："必若所云，是高帝代秦即天子之位，非邪？"于是景帝曰："食肉不食马肝，不为不知味；言学者无言汤武受命，不为愚⑤。"遂罢。是后学者莫敢明受命放杀者。

【注释】

①清河王太傅：清河王刘乘的太傅。刘乘是汉景帝之子，汉武帝之

弟，事见《五宗世家》。清河国的国都清阳，在今河北清河县东南。辕固生：姓辕，名固。

②黄生：姓黄，史失其名，黄老学派的学者。泷川曰："《史公自序》云太史公'习道论于黄子'，黄生学黄老，黄老之学祖述黄帝，不宪章汤武。"

③与天下之心：顺应天下人心。与，因，顺应。《汉书》作"因天下之心"。

④"冠虽敝"几句：古之习俗语。关，穿。泷川曰："《御览》六百九十七引《六韬》云：'崇侯虎曰：冠虽敝，礼加于首，履虽新，法以践地。'《韩非子·外储说》：'费仲曰：冠虽穿敝，必戴之于头；履虽五采，必践之于足。'文殊意同。"

⑤"食肉不食马肝"几句：刘敞曰："知味者，不必须食马肝；言学者，不必须论汤武，此欲令学者皆置之耳。"师古曰："马肝有毒。"

【译文】

清河王的太傅辕固生，是齐国人。因为研究《诗》，在孝景帝时做博士。他曾和黄生在景帝面前争论。黄生说："汤、武均不是承受天命为王，而是杀主篡位的。"辕固生说："不对。桀、纣暴虐荒淫，天下的人心都已归向了汤、武，汤、武顺应天下人的心愿讨伐桀、纣，连桀、纣的人都不愿听他们的使唤而去归顺汤、武，汤、武是不得已才称王，这不是承受天命是什么？"黄生说："帽子虽破，但也得戴在头上；鞋子虽新，也只能穿在脚上。为什么呢？就因为有上下之分。如今桀、纣即使荒淫无道，但他们也是君上；汤、武即使圣明，但他们也只是臣下。君上有了过错，当臣下的不好好地劝他改过来尊崇天子，反而趁着他犯错就杀了他，自己代替他做王，这不是弑君又是什么？"辕固生说："一定要像你所说，当年高皇帝推翻秦朝登上天子之位，也是错的了？"于是景帝说："吃肉不吃马肝，不能算不懂肉味；谈论学术的人不谈论汤、武受命的事情，不能算是愚蠢。"两个人这才停止了争论。这以后学者们谁也不敢再公开谈论是受命还是弑君的问题了。

　　窦太后好《老子》书①,召辕固生问《老子》书。固曰:"此是家人言耳②。"太后怒曰:"安得司空城旦书乎③?"乃使固入圈刺豕。景帝知太后怒而固直言无罪,乃假固利兵④,下圈刺豕,正中其心,一刺,豕应手而倒。太后默然,无以复罪,罢之。居顷之,景帝以固为廉直,拜为清河王太傅。久之,病免。

【注释】

①《老子》:又称《道德经》,其内容分"道篇"与"德篇"。

②家人言:平民百姓爱讲的话。家人,平民百姓。王骏图曰:"《老子》专讲虚无清静,祇知为己,无益于事,此特是家人女子重身惜命之言耳。"中井曰:"言庶人理身家之术耳,不可施之邦国也。"

③司空城旦书:指被秦始皇下令焚烧的儒家经典。司空,职官名,古代掌管刑官。城旦,指被刺配"昼日伺寇虏,夜暮筑长城"的囚徒。秦始皇下令焚书时,有"令下三十日不烧,黥为城旦"之语。

④假:给予,提供。

【译文】

　　窦太后喜欢《老子》一书,她曾把辕固找来问他对《老子》一书的看法。辕固说:"这些是平民百姓的家常俗话。"窦太后恼怒地问道:"往哪里去找那些狱吏罪犯读的儒家书呢?"就命令辕固下圈去刺野猪。汉景帝知道太后是一时动气,而辕固是因为心直口快,没有什么罪过,于是就给了辕固一把锋利的刀子,辕固下到猪圈里刺野猪,正刺中野猪心窝,野猪当场倒地而死。窦太后默不作声,没法再加罪于他,事情就此罢休。过了不久,景帝认为辕固生廉洁正直,任命他为清河王太傅。又过了好久,辕固因为有病被免职。

今上初即位,复以贤良征固。诸谀儒多疾毁固①,曰固老,罢归之。时固已九十余矣。固之征也,薛人公孙弘亦征②,侧目而视固③。固曰:"公孙子,务正学以言,无曲学以阿世④!"自是之后,齐言《诗》皆本辕固生也。诸齐人以《诗》显贵,皆固之弟子也。

【注释】

①谀儒:阿谀奉承的儒生。

②薛:汉县名,治所在今山东滕州南。

③侧目而视固:谓公孙弘不敢正眼看辕固,害怕辕固。

④无曲学以阿世:不要歪曲儒家学说,以阿谀奉承统治者,取媚于世俗。按,司马迁对公孙弘的厌恶,于此借辕固之语加以痛斥。

【译文】

当今皇上刚即位时,又以贤良名义征召辕固。那些专会阿谀奉承的儒生大都嫉恨、毁谤辕固,说辕固太老了,于是辕固被罢免回家。当时辕固已九十多岁了。辕固被征召时,薛县的公孙弘也在被召之列,他斜着眼注视辕固。辕固说:"公孙先生,你一定要根据正直的学问来发表意见,不要用邪曲之言去讨好世俗!"从此以后,齐国讲《诗》的都是源于辕固先生的见解。齐国那些以讲《诗》而获得显贵的,都是辕固先生的弟子。

韩生者①,燕人也。孝文帝时为博士,景帝时为常山王太傅②。韩生推《诗》之意而为《内外传》数万言③,其语颇与齐鲁间殊,然其归一也④。淮南贲生受之⑤。自是之后,而燕赵间言《诗》者由韩生。韩生孙商为今上博士。

【注释】

①韩生：名婴，以传《诗经》显达，且通晓《周易》。《韩诗外传》称韩
　婴"尝与董仲舒论于上前，其人精悍，处事分明，仲舒不能难也"。

②常山王太傅：常山王刘舜的太傅。刘舜是汉景帝之子，汉武帝之
　弟，景帝中元五年（前145），刘舜被封为常山王。事见《五宗世
　家》。

③《内外传》：《汉书·艺文志》载有《韩故》三十六卷，《韩内传》四
　卷，《韩外传》六卷，《韩诗说》四十一卷。今传本有《韩诗外传》
　十卷。

④归：旨归，即基本意思。

⑤淮南贲（féi）生：淮南国的贲生，史失其名，其事不详。

【译文】

韩婴是燕国人。孝文帝时期为博士，景帝时期担任常山王的太傅。
韩婴推衍《诗》的旨意，写了几万字的《内外传》，他的说法与齐国、鲁国
人的讲法不同，但其思想宗旨是一致的。淮南国的贲生是跟着他学的
《诗》。从此以后，燕国、赵国一带讲《诗》的都是根据韩婴的说法。韩婴
的孙子韩商是当今皇上的博士。

伏生者①，济南人也。故为秦博士②。孝文帝时，欲求
能治《尚书》者，天下无有，乃闻伏生能治，欲召之。是时
伏生年九十余，老，不能行，于是乃诏太常使掌故朝错往受
之③。秦时焚书，伏生壁藏之。其后兵大起④，流亡，汉定，
伏生求其书，亡数十篇，独得二十九篇⑤，即以教于齐鲁之
间。学者由是颇能言《尚书》，诸山东大师无不涉《尚书》

以教矣。

【注释】

①伏生：张晏曰："名胜。"钱大昭引《后汉书·伏湛传》曰："九世祖胜，字子贱，所谓'济南伏生'者也。"

②故为秦博士：可见秦时并未排斥儒士，只是不受重用。

③朝错：即"晁错"，汉景帝时任御史大夫，事见《袁盎晁错列传》。

④兵大起：指陈胜吴广起义和紧接着的楚汉战争，前后延续八年。

⑤亡数十篇，独得二十九篇：相传孔子时《尚书》共约百余篇，经秦末战乱，被伏生藏之于夹壁而得以保存的，仅有二十九篇。

【译文】

伏生是济南人。过去曾当过秦朝的博士。汉孝文帝时，想找能研究《尚书》的人，找遍天下都没有找到，听说伏生能研究《尚书》，要召他进京。这时伏生已经九十多岁了，年迈，无法行走，于是就下诏让太常派掌故晁错前去跟他学习。当初秦朝焚毁书籍时，伏生把一部《尚书》藏在夹壁墙里。后来天下大乱，伏生到处流亡，汉朝平定天下后，伏生找出了他藏的书，丢失了几十篇，只剩下二十九篇，他就拿这些在齐、鲁一带讲授。学者们大多能宣讲《尚书》，东方的那些儒学大师在教授学生时几乎无人不讲《尚书》。

伏生教济南张生及欧阳生①，欧阳生教千乘儿宽②。儿宽既通《尚书》，以文学应郡举③，诣博士受业，受业孔安国。儿宽贫无资用，常为弟子都养④，及时时间行佣赁，以给衣食。行常带经，止息则诵习之。以试第次，补廷尉史⑤。是时张汤方乡学⑥，以为奏谳掾⑦，以古法议决疑大狱⑧，而爱幸宽。宽为人温良，有廉智，自持，而善著书、书奏，敏于文，口不能发明也。汤以为长者，数称誉之。及汤为御史大夫，以兒宽为掾，荐之天子。天子见问，说之。张汤死后六年，兒宽位至御史大夫，九年而以官卒⑨。宽在三公位，以和良承意从容得久⑩，然无有所匡谏；于官，官属易之，不为尽力。张生亦为博士。而伏生孙以治《尚书》征，不能明也。

【注释】

①欧阳生：字伯和，千乘郡（今山东千乘西北）人，史失其名。

②兒（ní）宽：姓兒，名宽，后官至御史大夫，《汉书》有传。

③以文学应郡举：以"贤良文学"的身份，被千乘郡推举到朝廷。

④都养：给许多人做饭。《汉书·兒宽传》师古注曰："都，凡众也；养，主给烹炊者也。"

⑤补廷尉史：被分配在廷尉属下任文学卒史。廷尉，职官名，九卿之一，国家的最高司法长官。

⑥张汤：汉武帝元朔三年（前126）为廷尉，事见《酷吏列传》。

⑦奏谳（yàn）：法官审判结案后，报请皇帝审批的案卷文书。

⑧议决：议定，裁决。疑大狱：有疑问的大案。

⑨兒宽位至御史大夫，九年而以官卒：据推算，兒宽于元封元年（前110）被任为御史大夫，至太初二年（前103）死于御史大夫任，共计八年。《汉书·武帝纪》及年表皆作"八年"。译文从之。

⑩从容：王念孙曰："从谀也。"即给人当应声虫。

【译文】

　　伏生教过济南的张先生和欧阳先生，欧阳先生教过千乘人兒宽。兒宽学通了《尚书》以后，以文学的资格被郡守推荐，到了京师博士门下，跟着孔安国学习。兒宽家贫没有资财用于日常开支，就常常帮助同学们做饭，有时也去给人打点零工，来供给衣食。他无论走到哪里总是把

《尚书》带在身边,休息时就拿出来诵读。凭借考试的名次,被补录为廷尉史。这时廷尉张汤正喜欢儒学,他让兒宽做撰写刑狱文书的属官,兒宽能够根据古代的章程来裁定有疑难的大案,因而受到张汤的宠爱。兒宽性情温和,清廉聪慧,能约束自己,而且擅长著书立说、起草奏章,文思敏捷,但却不长于口头说话。张汤认为他是厚道人,经常称赞他。等到张汤做了御史大夫,便把兒宽调来当属官,并把他推荐给了皇上。皇上召见他问话,也很喜欢他。张汤死后的第六年,兒宽升至御史大夫。在职八年,死在了御史大夫任上。兒宽官至三公,因为温和善良,顺从皇上心意,办事从容,得以长时间居官任职,但他没有什么匡正谏言;做官时,他的下属瞧不起他,不肯为他尽力。张生也做过博士。伏生的孙子因为研究《尚书》被朝廷征召,但他对《尚书》的精义其实并不真正清楚。

　　自此之后,鲁周霸、孔安国,雒阳贾嘉①,颇能言《尚书》事②。孔氏有古文《尚书》③,而安国以今文读之④,因以起其家⑤。逸《书》得十余篇⑥,盖《尚书》滋多于是矣⑦。

【注释】

①贾嘉:师古曰:"贾谊之孙也。"

②颇能言《尚书》事:阎若璩曰:"此指安国通今文,下叙孔氏有古文,起自安国,颇为明白。班固于周霸三人省去孔安国,专归古文,则安国非伏生一派,而《史》及之为赘,甚失迁之意。按:兒宽事欧阳生,又事孔安国,则安国先通今文明矣。古文不列学官,若安国不通今文,无由为博士教授也。"

③古文《尚书》:用先秦东方六国文字所写的《尚书》文本。《汉书·艺文志》曰:"武帝末,鲁共王坏孔子宅,欲以广其宫,而得古文《尚书》及《礼记》《论语》《孝经》凡数十篇,皆古字也。"因"古文《尚书》"出现较晚,"今文"学派不承认它是真的,两派斗

争非常激烈。

④以今文读之:拿今文《尚书》来和它参照阅读。

⑤因以起其家:因而形成了一个新的门派。王引之曰:"起,兴起也;家,家法也。汉世《尚书》多用今文,自孔氏治古文经,读之说之,传以教人,其后遂有古文家。是古文家法,自孔氏兴起也。"

⑥逸《书》得十余篇:《汉书·艺文志》师古注:"壁中书多,以考见行世二十九篇之外,更得十六篇。"

⑦滋多于是:比现行的今文《尚书》篇数更多起来了。郭嵩焘曰:"孔氏古文《尚书》,加增逸《书》十余篇,史公于安国亦从问故,故其选《史记》多采用古文家说也。……即放勋、重华并见于《史记》之文,亦《尚书》之晚出者也。"

【译文】

从此之后,鲁国的周霸、孔安国,洛阳的贾嘉,颇能讲授《尚书》的内容。孔氏有一部家传的古文《尚书》,而孔安国能够用今文去读它,因此兴起了他的一家之学。后来又得到了散失的《尚书》十多篇,大概《尚书》从这时逐渐增加了篇目。

诸学者多言《礼》,而鲁高堂生最本①。《礼》固自孔子时而其经不具②,及至秦焚书,书散亡益多,于今独有《士礼》③,高堂生能言之。

【注释】

①高堂生:姓高堂,史失其名。王先谦引谢承曰:"秦氏季代有鲁人高堂伯,则'伯'是其字。"最本:最早。

②自孔子时而其经不具:早在孔子时,就没有一个完整的本子。《汉书·艺文志》:"及周之衰,诸侯将逾法度,恶其害己,皆灭去其籍,自孔子时而不具。"

③《士礼》：士人使用的礼仪，今《仪礼》中有《士冠礼》《士昏礼》
《士相见礼》《士丧礼》诸篇。梁玉绳曰："《汉书》志、传皆言高
堂生传《士礼》十七篇，即《仪礼》也。而今书若《燕礼》《大射》
《聘礼》《公食大夫》《觐礼》五篇，皆诸侯之礼；《丧服》一篇，总
包天子已下之服制，则所云《士礼》者，十一篇耳。疑今《仪礼》
非高堂原本，或所传实不止于《士礼》耶？"

【译文】

在学者当中研究《礼》的很多，其中以鲁国的高堂先生讲得最接近
原貌。《礼》经本来从孔子时就残缺不全了，到秦始皇焚书以后，篇章损
失更多，到今天只传有一种《士礼》，高堂先生能讲解它。

而鲁徐生善为容①。孝文帝时，徐生以容为礼官大
夫②。传子至孙徐延、徐襄。襄，其天姿善为容，不能通《礼
经》；延颇能③，未善也。襄以容为汉礼官大夫④，至广陵内
史⑤。延及徐氏弟子公户满意、桓生、单次⑥，皆尝为汉礼官
大夫。而瑕丘萧奋以《礼》为淮阳太守⑦。是后能言《礼》
为容者，由徐氏焉。

【注释】

①善为容：茅坤曰："以'容'为礼，礼之亡也，太史公独挈而著之。"
②礼官大夫：官职名，礼官的僚属。礼官，"九卿"之一。指太常，也
称奉常，掌宗庙礼仪。
③颇能：谓略通一点。颇，略，稍稍。
④汉：指朝廷，与各诸侯国相对而言。汉初，各个诸侯国的官制与朝
廷基本相同。
⑤广陵：诸侯国名，国都在今江苏扬州西北。汉武帝于元狩六年

（前117）封其子刘胥为广陵王，事见《三王世家》。

⑥公户满意：姓公户，名满意。桓生：其名不详。单次：《索隐》曰："单，姓；次，名也。"

⑦瑕丘萧奋：瑕丘人姓萧名奋。瑕丘，汉县名，治所在今山东兖州东北。

【译文】

　　鲁国的徐生善于演示礼仪。在孝文帝时，徐生就曾因善于演示礼仪而被封为礼官大夫。他传给了儿子，直到孙子徐延、徐襄。徐襄天生善于演示礼仪，但不会讲《礼经》；徐延虽懂得一些，但也不算精通。徐襄因为演示礼仪做了朝廷的礼官大夫，后又官至广陵内史。徐延和徐氏弟子公户满意、桓生、单次，都曾任汉朝廷礼官大夫。瑕丘县的萧奋凭借通晓《礼》当了淮阳太守。这以后能够讲论《礼》演示礼仪的，都出自徐氏门下。

　　自鲁商瞿受《易》孔子①，孔子卒，商瞿传《易》，六世至齐人田何，字子庄，而汉兴。田何传东武人王同子仲②，子仲传菑川人杨何③。何以《易》，元光元年征，官至中大夫。齐人即墨成以《易》至城阳相④。广川人孟但以《易》为太子门大夫⑤。鲁人周霸，莒人衡胡⑥，临菑人主父偃⑦，皆以《易》至二千石。然要言《易》者本于田何之家⑧。

【注释】

①商瞿：孔子弟子，字子木，见于《仲尼弟子列传》。

②东武：汉县名，治所即今山东诸城，当时为琅邪郡的郡治。王同子仲：名同，字子仲。

③菑川：汉代诸侯国名，国都剧县，在今山东昌乐西北。杨何：字叔元，司马谈曾从之学《易》，见《太史公自序》。

④即墨成：即墨人名成，史失其姓。有人说姓即墨，名成。城阳：汉
　诸侯国，国都即今山东莒县。
⑤广川：汉代诸侯国，都城在今河北枣强东北，此时的广川王为汉武
　帝之侄，汉景帝子刘越之子刘齐。为太子门大夫：为广川王太子
　掌管宫廷门户。
⑥衡胡：姓衡名胡，事迹不详。
⑦主父偃：姓主父，名偃，事见《平津侯主父列传》。
⑧本于田何之家：底本作"本于杨何之家"。梁玉绳曰："当依《汉
　书》作'本于田何'。""田何"为汉初之传《易》者，"杨何"乃其
　后学。今据改。

【译文】

　　自从鲁国人商瞿向孔子学习了《易》，孔子死后，商瞿就传授《易》，传到六代，传到齐国人田何，田何字子庄，这时汉朝已经兴起。田何传给了东武县人王同，王同字子仲，王同又传给了淄川郡的杨何。杨何因为通晓《易》，在武帝元光元年被征召到朝廷，官至中大夫。齐人即墨成靠着通晓《易》做了城阳国相。广川郡的孟但靠着通晓《易》做了太子门大夫。鲁国的周霸、莒县的衡胡、临淄的主父偃，都靠着通晓《易》官至二千石。但大略来说，讲《易》都本于田何这一家。

　　董仲舒，广川人也。以治《春秋》，孝景时为博士。下帷讲诵，弟子传以久次相受业①，或莫见其面，盖三年董仲舒不观于舍园，其精如此。进退容止，非礼不行，学士皆师尊之。今上即位，为江都相②。以《春秋》灾异之变推阴阳所以错行③，故求雨闭诸阳，纵诸阴④，其止雨反是。行之一国，未尝不得所欲。中废为中大夫，居舍，著《灾异之记》⑤。是时辽东高庙灾⑥，主父偃疾之，取其书奏之天子⑦。天子召

诸生示其书，有刺讥。董仲舒弟子吕步舒不知其师书，以为下愚⑧。于是下董仲舒吏，当死，诏赦之。于是董仲舒竟不敢复言灾异⑨。

【注释】

①传以久次相受业：让老弟子依据学习时间长短教新弟子。师古曰："言新学者但就其旧弟子受业，不必亲见仲舒。"

②江都相：江都王刘非之相。刘非为汉景帝之子，汉武帝之兄，汉景帝四年（前153）被封为江都王。

③灾异：指自然灾害和某些特异的自然现象。《春秋》记载这些灾异认为这都是天帝对人类社会的一种信号。错行：交替运行。

④故求雨闭诸阳，纵诸阴：关于求雨、止雨的办法，见《春秋繁露》，这是董仲舒学说中最荒唐的部分之一。师古曰："谓若'闭南门、禁举火'及'开北门、水洒'人之类是也。"

⑤《灾异之记》：专门讲灾异变化，将自然现象与社会生活牵强比附的书。

⑥辽东：汉郡名，治所即今辽宁辽阳。高庙：汉高祖刘邦的庙。

⑦取其书奏之天子：《汉书·董仲舒传》曰："先是辽东高庙、长陵高园殿灾，仲舒居家推说其意，草稿未上，主父偃候仲舒，私见嫉之，窃其书而奏焉。"盖董仲舒用其固有的方法以推算现实中之"灾异"。

⑧下愚：不可救药的蠢材。《论语》有所谓"唯上知下愚不移"。

⑨竟：终究，一直。

【译文】

董仲舒是广川人。他靠着研究《春秋》，在汉景帝时做了博士。他放下帷幕讲授诵读《春秋》，让弟子们依据学习时间的长短、用老生教新生的办法依次传授，有人做了他的学生却连他的面都没有见过，因为董仲舒差不多有三年时间都没有到过自己家的小园里看看，他的专心到了这种程度。他要求自己出入时的行为举止，全部都要符合礼仪，读书人都尊重、效法他。当今皇上即位后，任用他为江都国相。他根据《春秋》上有关自然灾害与特异现象的变化来推测自然界阴阳交替运行的原因，因而他求雨是让一切"阳性"事物都闭藏起来，放任"阴性"事物，如果他想让雨停下来就采用相反的办法。将此用于江都国，都达到了预期目的。后来被降职为中大夫，居家写了一部《灾异之记》。这时辽东郡的高祖庙发生了火灾，主父偃忌恨董仲舒，于是就偷取了这部《灾异之记》上奏皇上。皇上召集众儒生来看这部书，结果发现书中有讽刺时政之意。董仲舒的弟子吕步舒不知道这是他老师的著作，认为书中的说法非常愚蠢。于是皇上就把董仲舒逮捕入狱，判了死刑，后来又下令赦免了他。从此董仲舒直到死也不敢再谈灾异了。

　　董仲舒为人廉直。是时方外攘四夷①，公孙弘治《春秋》不如董仲舒②，而弘希世用事，位至公卿③。董仲舒以弘为从谀。弘疾之，乃言上曰："独董仲舒可使相胶西王④。"胶西王素闻董仲舒有行，亦善待之。董仲舒恐久获罪，疾免居家。至卒，终不治产业，以修学著书为事⑤。故汉兴至于五世之间⑥，唯董仲舒名为明于《春秋》，其传公羊氏也⑦。

【注释】

①外攘四夷：指伐匈奴、朝鲜、大宛、南越等。攘，攘除，斥逐。

②公孙弘治《春秋》不如董仲舒：何焯曰："《弘传》：'少为狱吏，年四十余，乃学《春秋》杂说。'"

③而弘希世用事，位至公卿：公孙弘因阿谀奉承而官至丞相事，见《平津侯主父列传》。郭嵩焘曰："武帝广厉学官，首膺贤良文学

之举以至公卿者，公孙弘也。史公《儒林传》屡及公孙弘，所以深
叹汉世儒术之不能昌也。"

④胶西王：刘端，汉景帝子，汉武帝之兄，为人残暴，朝廷派到胶西的
官吏多被刘端所杀，事见《五宗世家》。陈子龙曰："弘之出仲舒
于胶西，使汲黯为右内史，后之嫉贤者，多本此术。"

⑤以修学著书为事：据《汉书》本传，董仲舒所写的各种奏章、条教
共一百二十三篇，解经著作有《春秋繁露》《春秋断狱》等。

⑥汉兴至于五世之间：指汉高祖、汉惠帝、汉文帝、汉景帝、汉武帝
五代。

⑦公羊氏：即《春秋公羊传》。据说战国时由公羊高开始讲习，用问
答的方式解经，释史简略。与《穀梁传》《左传》一同被称为"《春
秋》三传"，为"儒家十三经"之一。

【译文】

董仲舒为人清廉正直。当时朝廷正在兴兵征讨四方外族，公孙弘研
究《春秋》不如董仲舒，但由于他能迎合世俗办事，因而竟位至公卿。董
仲舒认为公孙弘为人阿谀逢迎。公孙弘非常嫉恨董仲舒，就对皇上说：
"只有董仲舒可以做胶西王的国相。"胶西王平素听说董仲舒的品行好，
就对他很友善。董仲舒害怕时间长了会获罪，便称病辞职回家了。直
到去世，董仲舒始终不置办产业，把专心学问、著书立说作为人生事业。
所以汉朝从建立到武帝在位的五代天子期间，只有董仲舒是以精通《春
秋》而声名卓著的，他传授的是公羊氏的《春秋》。

　　胡毋生①，齐人也。孝景时为博士，以老归教授。齐之
言《春秋》者多受胡毋生，公孙弘亦颇受焉。

【注释】

①胡毋生：姓胡毋，字子都。

【译文】

胡毋生是齐国人。孝景时担任博士,因年纪大便回家教授学生。齐国讲《春秋》的人大都师从胡毋生,公孙弘也曾跟随胡毋生学习。

瑕丘江生为《穀梁春秋》①。自公孙弘得用,尝集比其义,卒用董仲舒②。

【注释】

①瑕丘江生:瑕丘县人,姓江,史失其名。《穀梁春秋》:即《春秋穀梁传》,相传为战国时人穀梁赤所作。儒家"十三经"之一。注重阐释义理,寓褒贬于其中,是研究先秦至西汉儒家思想的重要材料。

②尝集比其义,卒用董仲舒:《汉书·儒林传》曰:"江公与董仲舒并……上使与仲舒议,不如仲舒。丞相公孙弘本为公羊学,比辑其义,卒用董生。于是上因尊公羊家,诏太子受公羊《春秋》,由是公羊大兴。"

【译文】

瑕丘县的江生研究《穀梁春秋》。自从公孙弘受到朝廷重用后,他曾经收集和比较公羊和穀梁两家的学说,最后采纳了董仲舒的解说。

仲舒弟子遂者①:兰陵褚大、广川殷忠、温吕步舒②。褚大至梁相③。步舒至长史④,持节使决淮南狱,于诸侯擅专断,不报,以《春秋》之义正之⑤,天子皆以为是。弟子通者⑥,至于命大夫⑦;为郎、谒者、掌故者以百数。而董仲舒子及孙皆以学至大官。

【注释】

①遂：得志，功成名就。

②温：汉县名，治所在今河南温县西南。

③梁：汉诸侯国，汉景帝之弟梁孝王刘武为首位受封者，国都睢阳，在今河南商丘城南。

④长史：职官名，丞相、大将军属下皆设此职，为诸史之长，地位尊贵。

⑤正：治罪。

⑥弟子：此指吕步舒的弟子。通：处境顺利，做官显达。

⑦命大夫：即指"大夫"，所以称为"命大夫"，因《周礼》有所谓一命为士，再命为大夫，三命为卿之语。

【译文】

董仲舒的弟子中有成就的是：兰陵县的褚大、广川的殷忠、温县的吕步舒。褚大官至梁国相。吕步舒官至长史，当他接受皇帝的命令手持符节去审理淮南王叛乱的案子时，对诸侯王敢于自行审理裁决，并不事先向皇上报告，而是根据《春秋》的义法来进行判决，皇上认为他做得都正确。吕步舒的弟子中官位通达的，当上了朝廷任命的大夫；至于那些当了郎官、谒者、掌故的有几百人。董仲舒的儿子和孙子都由于精通儒学做了大官。

【集评】

蒋伯潜曰："'儒'字本有二义，其一为'学者'之通称，盖凡有学识道术者皆曰'儒'，故《孟荀列传》曰'鄙儒小拘如庄周等'；《论语》子谓子夏曰'汝为君子儒，毋为小人儒'。其二谓'有学识道术，又能教人者，谓之'儒'，犹今言'教育家'耳。私人聚众讲学始于孔子，其弟子如子游、子夏、曾子等皆尝设教，故称之曰'儒'，其后沿袭，遂成学派名称。"（《诸子通考》）

杨慎曰："太史公《平准书》云：'公孙弘以《春秋》之义绳臣下，取汉相’；《自序》云：‘公孙弘以《春秋》白衣为天子三公’，屡书不一，皆反辞见意，深叹夫儒效不白于天下，而文奸饰诈，为经术之羞也。”（《史记评林》引）

方苞曰：“是书叙儒术至汉兴，首曰‘于是叹兴于学’，继曰‘天下之学士靡然乡风’，终曰‘自此以来公卿大夫士吏斌斌多文学之士矣’，骤观其辞，若近于褒美，故废书而叹，皆以为叹六艺之难兴也。然其称‘叹兴于学’也，承太常诸生之为‘选首’；称‘学士乡风’，承公孙弘‘以白衣为三公’；称‘斌斌多文学之士’，承‘选择备员’，则迁之意居可知矣。其述诸经师备及弟子、子孙之为大官，而首于申公之门，别其治官民能称所学者不过数人，而复正言断之曰‘学官弟子行虽不备，而至于大夫、郎中、掌故以百数’，其刺讥痛惜之意不亦深切著明矣乎？由弘以前，儒之道虽郁滞而未尝亡；由弘以后，儒之途通而其道亡矣，此所以‘废书而叹’也。习其读者乃以为赞美之辞，噫，失之矣！”（《望溪先生文集》）

【评论】

本篇清晰揭示了儒学被武帝“独尊”前后的本质不同。在汉武帝接受董仲舒的建议“罢黜百家，独尊儒术”之前，儒学还只是一套由孔、孟、荀为代表的大儒构建出来的一套单纯的思想学说。司马迁对孔子高度尊崇，指出孔子是怀着崇高理想，试图在春秋末期“王路废而邪道兴”的背景下改变“礼崩乐坏”的现实，他“论次《诗》《书》，修起礼乐”，“因史记作《春秋》，以当王法”，一生虽“干七十余君无所遇”，但却为后人开辟了儒学发展的道路。然而到了汉武帝时期，儒学一旦被专制皇权青睐而获得“独尊”地位，便开始发生深刻的转变，一举跃升为官方意识形态，成为一套全面安排人世秩序的思想体系，从一个人自生至死的整个过程，到家、国、天下的构成，都在儒学的范围之内。在两千多年中，通过政治、社会、经济、教育种种制度，儒学已一步步渗入人们生活的每个细节。与此同时，儒学宗旨开始发生质的改变。司马迁所认可的是先秦时期的原始儒学,所崇尚的是先秦儒家学者那种有主见、有节操,且又积极入世的人格;而对汉武帝时期那些追逐名利、阿谀逢迎的儒生如公孙弘、兒宽之流则是深恶痛绝的。

儒学在汉代的变化是专制制度日渐强化的结果。本篇记述了汉景帝时期关于"汤武革命"的一场争论。"汤武革命"是儒家倡导仁政、反对暴君的一个古老的论题。战国时期,齐宣王曾就"汤放桀,武王伐纣"是否属于"臣弑其君"的问题问过孟子,孟子说:"闻诛一夫纣矣,未闻弑君也"(《孟子·梁惠王上》)。荀子也说:"诛暴国之君若诛独夫。"(《荀子·政论》)而法家的韩非则与此相反,他认为汤武是以臣弑君,主张"人主虽不肖,臣不敢侵也"(《韩非子·忠孝》)。到了汉代,辕固和黄生在景帝面前再次讨论这一问题时,黄生和韩非一样,认为汤武的行动是篡逆,而辕固则反驳说:"必若所云,是高帝代秦即天子之位,非邪?"在场的景帝闻听此言,意识到若放任"汤武革命"这一思想的传播对汉代政权是有致命影响的,于是说道:"食肉不知马肝,不为不知味;言学者无言汤武受命,不为愚。"自此以后,"学者莫敢明受命放杀者。"这一经历了上百年的讨论实际上是以法家的胜利而宣告结束的。它预示着在专制制度日渐强化的过程中,原本遭到各国君主冷落的先秦儒学,在汉代一旦被统治者采纳,其面貌是一定会发生改变的。

在司马迁笔下,以公孙弘、兒宽为代表的高踞汉廷的儒生,已经沦为汉武帝面前唯唯诺诺的御用文人。儒学既是他们借以发迹的手段,又是他们为汉武"多欲"政治做缘饰的工具。司马迁还记述了汉代官场所出现的一批将儒者与酷吏两种身份合二为一的人物,比如吕步舒,"持节使决淮南狱,于诸侯擅专断,不报,以《春秋》之义正之,天子皆以为是"。他在淮南大案的审讯中不是从事实出发,而是以引经据典的方式,为刘安罗织罪名,实施残酷打击。

向汉武帝提议"罢黜百家,独尊儒术"的董仲舒是汉代思想界大名鼎鼎的人物,但司马迁非但没有给董仲舒在《史记》中立专传,反而在本篇叙述董仲舒事迹的简短文字中表现了对他的不满。本篇写道:"(董仲舒)以《春秋》灾异之变推阴阳所以错行,故求雨闭诸阳,纵诸阴,其止雨反是。……著《灾异之记》。是时辽东高庙灾,主父偃疾之,取其书奏之天子。天子召诸生示其书,有刺讥。董仲舒弟子吕步舒不知其师书,以为下愚。于是下董仲舒吏,当死,诏赦之。于是董仲舒竟不敢复言灾异。"这究竟是赞扬呢?还是滑稽幽默的讽刺?董仲舒对汉代社会影响最大的是将儒学神秘化,是大讲天人感应,阴阳灾异。如果说这种流毒在《史记》中还表现得不很明显的话,那么到班固的《汉书》中就被宣扬得雾烟瘴气了。在那里,董仲舒已经有了厚厚的专传,还有厚厚的《五行志》,在《五行志》中全文收进了董仲舒的《春秋灾异》。聂石樵说司马迁"正面赞扬董仲舒'为人廉直',不满于公孙弘的'从谀',但在客观的叙述过程中,描写出了董仲舒'以《春秋》灾异之变推阴阳所以错行'的不切实际,特别是记载他因讲灾异获罪后,'竟不敢复言灾异',则委婉地含有讥讽的意味"(《司马迁论稿》)。还说:"董仲舒是当时的儒学大师,对武帝推行的'罢黜百家,独尊儒术'的政策起过决定作用,看来司马迁对此也是不满的。"(同上)将《史记》《汉书》写董仲舒的内容两相比较,就更能看出司马迁的这种"不满",看出在认识汉代儒学问题上他所表现出的难能可贵的批判精神。

酷吏列传第六十二

【释名】

"酷吏"一词当是《史记》首创。本篇共载西汉十二位酷吏,而武帝一朝就占了十个,他们"皆以酷烈为声",其中五个又"以斩杀缚束为务","以恶为治",所以称他们为"酷吏"。《酷吏列传》与"奉职循理,亦可以为治"的《循吏列传》正反相对,为研究西汉由盛转衰提供了珍贵的史料和史鉴。

全篇开头是本篇的小序,表现了作者希望恢宏大体,治本清源,而反对繁刑峻法的政治态度。正文部分写了郅都、宁成、周阳由、赵禹、张汤、义纵、杨仆、王温舒、尹齐、减宣、杜周十一个酷吏为官任政的行实始末。其中重点是张汤、王温舒,又以张汤最为详细。篇末论赞对郅都、杜周等十个酷吏做了客观的比较品评,对汉代吏治每况愈下的形势表示了极大的感慨。

孔子曰:"导之以政,齐之以刑,民免而无耻。导之以德,齐之以礼,有耻且格。"①老氏称②:"上德不德,是以有德;下德不失德,是以无德③。法令滋章,盗贼多有④。"太史公曰:信哉是言也!法令者治之具,而非制治清浊之源也⑤。

昔天下之网尝密矣,然奸伪萌起^⑥,其极也,上下相遁,至于不振^⑦。当是之时,吏治若救火扬沸^⑧,非武健严酷^⑨,恶能胜其任而愉快乎^⑩!言道德者,溺其职矣^⑪。故曰:"听讼,吾犹人也^⑫,必也使无讼乎。""下士闻道大笑之^⑬。"非虚言也。汉兴,破觚而为圜,斫雕而为朴^⑭,网漏于吞舟之鱼^⑮,而吏治烝烝,不至于奸^⑯,黎民艾安^⑰。由是观之,在彼不在此^⑱。

【注释】

①"导之以政"几句:见于《论语•为政》。齐,约束治理。刑,法律条文。免,避免犯罪。格,《论语》何晏注:"格,正也。"

②老氏:即老子。

③"上德不德"几句:见《老子》第三十八章。上德不德,是以有德,河上公注:"因循自然,其德不见。"颜师古曰:"上德体合自然,是以为德。"上德,指具有高尚道德的人。下德,道德层次低的人。不失德,陈鼓应注:"执守着形式上的德。"

④法令滋章,盗贼多有:语出《老子》第五十七章。是与老子正面讲的道理"我无为而民自化,我好静而民自正,我无事而民自富,我无欲而民自朴"相对立的反面现象。滋,越发。章,通"彰",明显。姚苎田曰:"西汉之初,多颂法黄老之言,其与孔、孟之书醇驳,固未暇辨也。起处所引《老子》'上德不德'云云,正所谓德其所德,而非吾所谓德者。今但约举大旨,不必深解,即是解人。"

⑤制治:实现太平。制,此处通"致"。清浊:使浊世变清。

⑥萌起:犹言滋生、丛生。

⑦上下相遁,至于不振:师古曰:"言吏避于君,民避于吏,至乎丧败,不可振救。"上下相遁,上下之间互相蒙混欺骗。遁,欺骗。不振,不可救治。

⑧吏治：官吏治理社会的情景。扬沸：扬汤以止沸。沸，开水。

⑨武健：威猛迅捷，指善于追捕缉拿。

⑩愉快：《汉书》作"媮快"。指苟安一时。媮，通"偷"，意即"苟且"。

⑪言道德者，溺其职矣：《正义佚文》引师古注："言败乱之世，武健严酷才残能薄决耳；若以道德治，则没溺沉滞于政也。"溺，沉滞，淹没，这里指"不胜任"意。

⑫听讼，吾犹人也：语出《论语·颜渊》。听讼，做法官断案。讼，诉讼，打官司。

⑬下士闻道大笑之：语出《老子》第四十一章。下士，见识浅薄的人。

⑭破觚（gū）而为圜，斫雕而为朴：郭嵩焘曰："谓斫除雕镂，以反朴质。"觚，方，这里指棱角。雕，雕琢粉饰。朴，质朴无华。

⑮网漏于吞舟之鱼：极言律令之简，执法之宽。

⑯吏治烝烝，不至于奸：秩序太平良好，社会无人犯罪。《正义佚文》："烝烝，谓纯一。"泷川曰："烝烝，谓美厚也。"《尚书·尧典》云："烝烝，不格奸。"

⑰艾（yì）安：太平，安定。艾，通"乂"，治，安定。

⑱在彼不在此：《集解》引韦昭曰："在道德，不在严酷。"

【译文】

孔子说："用政令来引导百姓，用刑罚来约束百姓，老百姓只求免于犯罪却没有羞耻之心。如果用道德来引导百姓，用礼仪来约束百姓，百姓不仅能懂得耻辱，而且能够达到自觉地修身境界。"老子说："具有高尚道德的人外表看来像是不讲什么道德，这才是真正的道德；道德低下的人执守着形式上的德，这样只能彻底地丧失道德。法令越是繁杂，盗贼反而越多。"太史公说：这话讲得真对啊！法令是治理国家的工具，但不是解决社会问题的根本办法。从前秦朝的法网十分严密，然而奸巧诈伪的事情却层出不穷，最严重的时候，上下欺骗，以至于国家衰败。那时侯,法官办案就像抱薪救火、扬汤止沸一样,以为如不采取强硬严酷的手段,怎么能胜任职守而苟安一时呢! 宣扬道德治国的人,一定会失职的。孔子说:"审理案件,我也和别人差不多,如果一定有什么不同,那就是我可以让社会上不再发生诉讼案件。"老子说:"见识浅薄的人一听别人说道,他就耻笑人家。"这都不是虚妄之言。汉朝兴起后,削去一切棱棱角角,免掉一切繁文缛节,对秦朝法律做了较大变动,如同砍掉外部的雕饰,露出质朴自然的本质一样,法律宽松得就像可以漏掉吞舟大鱼的渔网,然而秩序太平,无人作奸犯科,百姓平安无事。由此看来,治理国家在于道德,而不在于法律的严酷。

高后时,酷吏独有侯封①,刻轹宗室②,侵辱功臣。吕氏已败,遂夷侯封之家。孝景时,晁错以刻深颇用术辅其资③,而七国之乱,发怒于错,错卒以被戮④。其后有郅都、宁成之属。

【注释】

①侯封:其人仅此一见,事迹不详。

②刻轹(lì):侵陵践轧。轹,车轮碾轧。

③刻深:意即严酷。

④"而七国之乱"几句:凌稚隆引王慎中曰:"错非'酷吏'比也,特借言刻者之不可为耳。"晁错为汉代名臣,观其平生事迹,可称为公而忘身,今竟将晁错写作汉代的酷吏之首,可见《史记》议论的偏颇。

【译文】

吕后时,酷吏只有一个侯封,他侵凌践轧刘氏宗室,欺辱功臣。吕氏失败后,侯封遂被灭族。景帝时,晁错苛酷,多用权术来施展才能,而吴、楚等七国叛乱,就从对晁错的怨恨开始,晁错最终也因此被杀。在这之后,以严酷著称的又有郅都、宁成等人。

　　郅都者,杨人也①。以郎事孝文帝②。孝景时,都为中郎将③,敢直谏,面折大臣于朝④。尝从入上林⑤,贾姬如厕⑥,野彘卒入厕⑦。上目都⑧,都不行。上欲自持兵救贾姬,都伏上前曰:"亡一姬复一姬进,天下所少宁贾姬等乎?陛下纵自轻,奈宗庙太后何!"上还,彘亦去。太后闻之,赐都金百斤,由此重郅都。

【注释】

①杨:汉县名,治所在今山西洪洞东南。

②郎:职官名,帝王的侍从,有中郎、郎中等名目,官秩在比三百石至比六百石之间,上属郎中令。

③中郎将:职官名,帝王的侍从武官,上属郎中令。《汉书·百官公卿表》云:"中郎有五官、左、右三将,秩皆比二千石。"

④面折:当面指斥。

⑤上林:即上林苑,秦汉时期的皇家猎场,旧址在今陕西西安西南及周至、西安鄠邑区一带,范围广达数县。

⑥贾姬:汉景帝的宠妃,赵王刘彭祖与中山王刘胜之母,参见《五宗世家》。

⑦野彘(zhì):野猪。卒:同"猝",突然。

⑧目都:给郅都使眼色,令其入救。

【译文】

　　郅都是杨县人。曾以郎官的身份服侍过文帝。景帝在位时,郅都担任中郎将,他敢于直言劝谏,在朝廷上当面斥责大臣。有一次,他跟随景帝到上林苑,贾姬上厕所时,一只野猪突然闯进厕所。景帝用眼神示意郅都去救贾姬,郅都不动。景帝抄兵器想去救贾姬,郅都跪在景帝面前劝阻说:"失去一个姬妾,可以再找一个,难道天下缺少贾姬这样的人吗？陛下纵然不珍惜自己，一旦出事，那整个国家怎么办，太后怎么办？"
于是景帝转身回来，野猪也自行离开了。太后听说这件事后，赏赐给郅
都黄金百斤，郅都从此受到了重视。

　　济南瞷氏宗人三百余家^①，豪猾^②，二千石莫能制^③，于
是景帝乃拜都为济南太守。至则族灭瞷氏首恶^④，余皆股
栗^⑤。居岁余，郡中不拾遗。旁十余郡守畏都如大府^⑥。

【注释】

①济南：汉郡名，治所东平陵（今山东章丘西北），其地原为济南国，
　七国之乱被平后，其地改设为郡。瞷（xián）氏宗人：同"瞷氏家
　族"。瞷，姓。宗人，同一族姓的人。

②豪猾：豪暴无法。猾，乱，目无法纪。

③二千石：汉代官阶名，此处指太守，郡的最高行政长官。汉代太守
　秩二千石。

④族灭：即诛灭其全家。何焯曰："仅诛首恶，法之正也。《史记》
　'诛'字作族灭，此都所以为酷耳。"

⑤股栗：双腿战栗。栗，通"慄"，战抖。

⑥大府：指丞相、太尉、御史大夫的官府。

【译文】

　　济南郡瞷氏的族人有三百余家，强横奸猾，目无法纪，前几任的郡太
守都不能治服他们，于是景帝就任命郅都为济南太守。郅都一到济南郡
所，就把瞷氏的首恶分子灭族，其余的人都心惊肉跳。仅仅一年多时间，
济南郡就变得路不拾遗。附近十几个郡的太守都像害怕上司一样害怕
郅都。

　　都为人勇，有气力，公廉，不发私书^①，问遗无所受^②，请

寄无所听③。常自称曰："已倍亲而仕④，身固当奉职死节官下，终不顾妻子矣。"

郅都迁为中尉⑤。丞相条侯至贵倨也⑥，而都揖丞相。是时民朴，畏罪自重，而都独先严酷，致行法不避贵戚⑦，列侯宗室见都侧目而视⑧，号曰"苍鹰"。

【注释】

①发：启，拆开。

②问遗：指送礼，行贿。问，问候，慰劳。遗，给人东西。

③请寄：请托。寄，托，代人办事。

④倍亲：离开双亲。倍，通"背"，违背。

⑤中尉：职官名，后来改称"执金吾"，掌巡察京师，维持京都治安。

⑥条侯：即周亚夫，汉文帝、汉景帝时期的名将，绛侯周勃之子。因平定七国之乱有功，先为太尉，后又升任丞相，详见《绛侯世家》。贵倨：高贵，傲慢。

⑦致行法不避贵戚：泷川曰："致，极也。""致""行"二字同义，疑有一字为衍文。

⑧列侯：也称"彻侯""通侯"，异姓功臣所能获得的最高官阶，如"留侯""绛侯"等。侧目而视：不敢正眼相看。

【译文】

郅都为人勇敢，有魄力，公正廉洁，谁给他私下写信他都不看，谁送东西他也不接受，不接受任何人说情。他经常自勉说："我既然离开父母出来做官，那就应该奉公尽职，为节操而死在任上，终究顾不上妻子儿女了。"

后来郅都做了掌管京城治安的中尉。那时朝廷里丞相条侯周亚夫地位最高，待人傲慢，可是郅都见了他仅仅是作个揖而已。当时民风朴实,百姓人人守法自重,都害怕犯罪,而郅都却率先实行严刑酷法,他执行法令不避权贵国戚,使得那些诸侯王公和皇家宗室见到他,都要侧目而视,人们给他起了个"苍鹰"的绰号。

临江王征诣中尉府对簿①,临江王欲得刀笔为书谢上②,而都禁吏不予③。魏其侯使人以间与临江王④。临江王既为书谢上,因自杀⑤。窦太后闻之,怒,以危法中都⑥,都免归家。孝景帝乃使使持节拜都为雁门太守⑦,而便道之官,得以便宜从事⑧。匈奴素闻郅都节⑨,居边,为引兵去,竟郅都死不近雁门⑩。匈奴至为偶人象郅都⑪,令骑驰射,莫能中,见惮如此。匈奴患之。窦太后乃竟中都以汉法⑫。景帝曰:"都忠臣。"欲释之。窦太后曰:"临江王独非忠臣邪?"于是遂斩郅都。

【注释】

①临江王:名荣,原是汉景帝的太子,栗姬所生。因栗姬性妒,被王夫人(汉武帝之母)与长公主(汉武帝之姑)所谮毁,栗姬自杀,刘荣也牵连被废为临江王(都江陵)。《五宗世家》云:刘荣被废为临江王后,又"坐侵庙壖垣为宫,上征荣……诣中尉府(对)簿"。对簿:指接受审问。

②刀笔:书写工具,以笔书写于竹简木片,欲修改则以刀刮削之。谢上:向皇帝说明情况。谢,告。

③禁吏不予:王先谦引沈钦韩曰:"恐其告言他事也。"

④魏其侯:窦婴,事见《魏其武安侯列传》。按,刘荣为太子时,窦婴为太子傅;刘荣被废时,窦婴曾极力谏诤。今刘荣又遭诬陷,故窦婴尽力以救之。间与:私下偷偷地给刘荣提供了笔墨。间,空隙。

⑤临江王既为书谢上，因自杀：临江王含冤自杀，事见《五宗世家》。

⑥以危法中都：以险恶罪名强加于郅都。师古曰："谓构成其罪也。"
　　中，陷，加害。

⑦持节：帝王派使者外出传令所持的信物。雁门：汉郡名，治所在今
　　山西左云西。

⑧得以便宜从事：可以根据实际情况处理问题，事先不必向朝廷请
　　示。这是当时帝王授予臣下的一种特别权力，以表示格外信任。

⑨节：气节，谓其正直，敢任事。

⑩"居边"几句："居边"上应有"都"字；"为引兵去"上应有"匈奴"
　　二字，两处皆不可少。

⑪为偶人象郅都：做一个用以当箭靶的郅都像。偶人，木偶、泥塑之类。

⑫竟中都以汉法：最终还是用汉朝的法律条文陷害了郅都。

【译文】

　　临江王刘荣被带到中尉府受审时，临江王想要笔墨写信向皇上谢罪，郅都不让府吏给他。魏其侯派人暗中给临江王送去笔墨。临江王给景帝写了信后就自杀了。窦太后听说后非常生气，以严峻法令强加于郅都，将其罢职为民。景帝就派使者拿着符节任命郅都为雁门太守，让他从家里抄近路直接去雁门赴任，并授予他遇事随机处置的特权。匈奴人早就听说过郅都为人刚直有气节，郅都一上任，匈奴便将军队自行撤去，直到郅都死都未再靠近雁门。匈奴曾做了一个郅都模样的木偶人，叫骑兵们练习射箭，结果没有一个人能射中，郅都居然被人害怕到这种程度。匈奴把他看作心腹之患。窦太后最终还是援引汉朝法律陷害郅都。景帝说："郅都是忠臣。"想释放他。窦太后说："临江王难道不是忠臣吗？"于是就杀了郅都。

　　宁成者，穰人也①。以郎谒者事景帝②。好气③，为人小吏，必陵其长吏④；为人上，操下如束湿薪⑤。滑贼任威⑥。

稍迁至济南都尉⑦，而郅都为守。始前数都尉皆步入府，因吏谒守如县令，其畏郅都如此。及成往，直陵都出其上。都素闻其声，于是善遇，与结驩⑧。久之，郅都死，后长安左右宗室多暴犯法，于是上召宁成为中尉。其治效郅都，其廉弗如，然宗室豪桀皆人人惴恐⑨。

【注释】

①穰：汉县名，治所即今河南邓州。

②以郎谒者事景帝：言先为郎，后又为谒者。谒者，帝王的侍从官名，掌管赞礼、引见宾客及收发传达诸事。郎和谒者的官阶大体相同，皆在三百石至六百石之间，上属郎中令。

③好气：好使气，指好与人较劲，不屈人下。

④为人小吏，必陵其长吏：为小吏，底本作"为人小吏"。郭嵩焘曰："《汉书·百官公卿表》：'县令、长秩千石至三百石，丞、尉秩四百石至二百石，是为长吏；百石以下有斗食、佐史之秩，是为少吏，则长吏、少吏为汉时通称。'认为"为人小吏"应作"为少吏"。供参考。

⑤操下：管制下属。如束湿薪：喻其顺从、服帖之状。《汉书》无"薪"字，作"操下急如束湿"。师古曰："操，执持也。束湿，言其急之甚也，湿物则易束。"

⑥滑贼任威：狡猾狠毒，专用严刑。贼，阴狠。

⑦稍迁：逐步升迁。稍，渐，逐步。都尉：太守副职，佐太守掌管郡中武事。

⑧驩：通"欢"，融洽，交好。

⑨豪桀：威震一方的豪绅、恶霸之流。

【译文】

宁成是穰县人。以郎官、谒者的身份服侍汉景帝。宁成为人好使气,他当别人的小吏,必定要欺凌他的长官;如果他当别人的长官,则对待下属就如同捆湿柴一样将人治得服服帖帖。他狡猾凶残,任性使威。当他逐步迁升到济南郡都尉时,恰好郅都是太守。宁成之前的几任都尉都是步行走入太守府,像县令一样通过府吏传达,然后再去拜见郅都,他们害怕郅都到这个程度。到宁成去见郅都,他径直进去,比郅都还威风。郅都早就听说过宁成,他友善地对待他,和他成了好友。过了一般时间,郅都死了,后来长安城附近的宗室贵戚们横行不法的人又多起来了,景帝便任命宁成为中尉。宁成仿效郅都的办法治理京城,但是不如郅都廉洁,然而皇族豪强都怕他。

　　武帝即位,徙为内史^①。外戚多毁成之短,抵罪髡钳^②。是时九卿罪死即死^③,少被刑,而成极刑^④,自以为不复收^⑤,于是解脱,诈刻传出关归家^⑥。称曰:“仕不至二千石,贾不至千万,安可比人乎!”乃贳贷买陂田千余顷^⑦,假贫民^⑧,役使数千家。数年,会赦。致产数千金^⑨,为任侠,持吏长短^⑩,出从数十骑。其使民威重于郡守^⑪。

【注释】

①内史:职官名,京师行政长官,后来改称京兆尹。

②髡(kūn)钳:两种刑罚名。髡是给犯人剃去头发,钳是以铁箍束颈,从事苦役劳动。

③罪死即死:犯了死罪就自己寻死,不等朝廷惩治。

④而成极刑:钱大昭《汉书辨疑》曰:“文帝深纳贾谊之言,养臣下有节,是后大臣有罪皆自杀。至武帝时,稍复入狱,自宁成始。”极,尽。宁成为“内史”,“内史”非“九卿”,但在“列于九卿”之内,见《汉书·百官公卿表》。

⑤收：收录，录用。

⑥诈刻传（zhuàn）：假造通行证。传，师古曰："所以出关之符也。"类似今天的"通行证""护照"之类。出关：此关应指函谷关或武关。函谷关在今河南灵宝东北，武关在今陕西丹凤东南。

⑦贳（shì）贷：向人借贷。贳，赊借。陂（bēi）田：带有水塘可以灌溉的良田。陂，堤岸，指池塘。

⑧假贫民：租给贫民耕种。

⑨数千金：秦代称黄金一镒（二十四两）为"一金"，汉代称黄金一斤为"一金"。一金可以兑换铜钱一万。

⑩持吏长短：知晓当地官员的阴私和把柄。长短，复词偏义，指短处。

⑪其使民威重于郡守：宁成事暂止于此，其后事见下文"义纵"条下。姚苎田曰："宁成一生只是'尚气'，篇中'陵上''操下''豪杰惴恐处'，虽极写豪暴，然尚无糜烂其民之事也。为吏者苟当骄奢之世，欲力矫狂澜，如子产其人犹谓'政莫如猛'，成又何可厚非乎？故虽抵罪髡钳，而犹得以'素封'威重于世，有以也夫！"

【译文】

武帝即位后，宁成改任内史。由于外戚们大多攻击宁成的缺点，宁成被判髡钳之刑，被剃去了头发，脖子上扣了铁箍。当时位至九卿的大官们犯罪该处死的就处死，很少遭受一般刑罚，而宁成却遭受极重的刑罚，他自己觉得不可能再被起用了，于是解开刑具，伪造了一份出关证明，出了函谷关逃回了老家。他扬言说："做官要是做不到二千石一级的高官，做买卖要是赚不到一千万贯钱，怎能同别人相比呢！"于是就向人借钱，买了一千多顷带有水塘可灌溉的土地，租给贫苦的百姓耕种，受他奴役的佃户达到几千家。过了几年，遇上大赦。这时他已有了几千斤黄金的家产，他好仗义行侠，手中抓着地方官吏们的许多把柄，一出门总跟着几十个随从护卫。他驱使百姓的那股威风劲比郡太守还厉害。

　　周阳由者^①,其父赵兼以淮南王舅父侯周阳^②,故因姓周阳氏。由以宗家任为郎^③,事孝文及景帝。景帝时,由为郡守。武帝即位,吏治尚循谨甚^④,然由居二千石中,最为暴酷骄恣^⑤。所爱者,挠法活之^⑥;所憎者,曲法诛灭之。所居郡,必夷其豪。为守,视都尉如令;为都尉,必陵太守,夺之治^⑦。与汲黯俱为忮,司马安之文恶,俱在二千石列,同车未尝敢均茵伏^⑧。

【注释】

①周阳由:淮南王的表兄弟。淮南王,名长,刘邦之子,文帝之异母弟,事迹见《淮南衡山列传》。

②周阳:故城名,在今山西闻喜东北,绛县之西南。

③任:保任。宗家:《索隐》曰:"与国家有外戚姻属,比于宗室,故曰'宗家'也。"

④循谨:温循谨慎。循,循循然,守礼有次序的样子。

⑤然由居二千石中,最为暴酷骄恣:与前文说郅都"是时民朴,畏罪自重,而都独先严酷"云云,语意相同。郭嵩焘曰:"'民朴,畏罪自重',而郅都为严酷以绳之,是为下扰民而坏乱及于风俗;'吏治尚循谨',而周阳由为暴骄恣以乱之,是为上侵官而争竞达于朝廷。史公著明此二人之罪,严于斧钺矣。"

⑥挠:曲,枉。

⑦"所居郡"几句:按,此与宁成之"为人小吏,必陵其长吏;为人上,操下如束湿薪"表现相同。夷其豪,将所管郡内的豪绅恶霸统统灭掉。夷,平,诛灭。夺之治,将太守的治郡之权夺归己管。

⑧"与汲黯俱为忮(zhì)"几句:谓即使像汲黯那样的忌刻,像司马安那样的善于以法害人,他们又都和周阳由是同一等级,但是他

们与周阳由同车时，也不敢与之平起平坐。忮，忌恨，刻毒。文
恶，玩弄法律条文以害人。同车未尝敢均茵伏，《索隐》曰："均，
等也。茵，车蓐也。伏，车轼也。言二人与由同载一车，尚不敢与
之均茵轼也，谓下之也。"

【译文】

　　周阳由，他的父亲赵兼以淮南王舅父的身份被封为周阳侯，于是便
改姓周阳。周阳由因为是外戚而被任命为郎官，事奉汉文帝和汉景帝。
汉景帝在位时，周阳由为郡守。汉武帝即位后，官员处理政事，崇尚遵循
法度，谨慎行事，在二千石的官吏中，周阳由最为残酷骄暴。他喜欢的
人，就枉法让他活命；他憎恶的人，就歪曲法令置之于死地。他每到一个
郡里任职，一定铲除那里的豪强。他担任郡太守，视都尉如县令；他做都
尉，必然反过来欺侮太守，侵夺太守的权力。即使像汲黯那样的褊狭刚
愎之人，司马安那样的专以玩弄法律条文害人的人，虽然三人都是二千
石一级的官员，但在同坐一辆车子的时候，汲黯和司马安都不敢和周阳
由平起平坐。

　　由后为河东都尉①，时与其守胜屠公争权②，相告言罪。
胜屠公当抵罪③，义不受刑，自杀，而由弃市④。

　　自宁成、周阳由之后，事益多⑤，民巧法⑥，大抵吏之治
类多成、由等矣⑦。

【注释】

　①河东：汉郡名，治所在今山西夏县西北。

　②胜屠公：姓胜屠，史失其名，故泛称"公"。胜屠，同"申徒"，亦即
　　"司徒"。《留侯世家》谓项梁"以良为韩申徒"，《集解》引徐广曰：
　　"即司徒耳，但语音讹转，故字亦随改。"

③当（dàng）：判处。

④弃市：即指处死。古代处决罪犯，常行刑于市头，以示与人共弃
　之，故云。

⑤事益多：指诉讼案件与惩办犯人的事情越来越多。

⑥民巧法：谓巧诈以逃避刑法。

⑦吏之治：官吏们治理政事的情景。

【译文】

　　周阳由后来担任河东郡都尉，时常与郡太守胜屠公争权，互相告发
对方的罪状。胜屠公被判决有罪后，坚决不肯接受刑罚而自杀，周阳由
最后被处以弃市之刑。

　　自宁成、周阳由以后，诉讼案件越来越多，百姓用巧诈的手段以逃避
刑罚，而官吏们治理政事则大多数都像宁成、周阳由那样了。

　　赵禹者，斄人①。以佐史补中都官②，用廉为令史③，事
太尉亚夫。亚夫为丞相，禹为丞相史，府中皆称其廉平。然
亚夫弗任④，曰："极知禹无害⑤，然文深⑥，不可以居大府⑦。"
今上时，禹以刀笔吏积劳，稍迁为御史。上以为能，至太中
大夫⑧。与张汤论定诸律令⑨，作见知⑩，吏传得相监司⑪。
用法益刻，盖自此始。

【注释】

①斄（tái）：汉县名，治所在今陕西武功西南。

②佐史：最低级的小吏。《汉书·百官公卿表》云："百石以下有斗
　食、佐史之秩，是为少吏。"中都官：《索隐》曰："谓京师诸官府
　吏。"

③用廉：因为清廉。用，因，以。令史：掌管文书的小吏，秩百石。

④弗任:不赏识,不称许。

⑤无害:也称"文无害",谓通习法令,处理诸事无凝滞。

⑥文深:谓执法森严酷苛。

⑦大府:即丞相府。

⑧太中大夫:职官名,皇帝的侍从官员,出入皇帝周围,掌议论,秩千石,上属郎中令。

⑨论定:斟酌编定。《集解》引徐广曰:"论,一作'编'。"

⑩见知:知情而不举报。

⑪吏传得相监司:泷川曰:"《汉书》'传'下无'得'字,是也。'传',读为'转';'司',读为'伺'。"何焯曰:"谓互相监察也。"按,《汉书》无"得"字。

【译文】

赵禹是斄县人。以佐史的身份补任京城官府的官员,由于品行廉洁升为令史,跟着太尉周亚夫做事。后来周亚夫做了丞相,赵禹就成了丞相史,丞相府里的人们都称赞他廉洁公正。然而周亚夫不重用他,说:"我深知赵禹通习法令,无人能比,但是这个人执法森严苛刻,不能在丞相府当官。"武帝即位后,赵禹因为从事文书工作而积累功劳,逐渐升迁为御史。武帝认为他能干,逐渐升任太中大夫。赵禹和张汤共同制定各种法令,制定了一种处置知而不报的所谓"见知"之法,让官吏们互相监视、检举。汉朝法令越发严酷,大概就是从这时开始的。

张汤者,杜人也①。其父为长安丞②。出,汤为儿守舍。还而鼠盗肉,其父怒,笞汤。汤掘窟得盗鼠及余肉,劾鼠掠治③,传爰书④,讯鞫论报⑤,并取鼠与肉,具狱⑥,磔堂下⑦。其父见之,视其文辞如老狱吏,大惊,遂使书狱⑧。父死后,汤为长安吏,久之。

【注释】

①杜：汉县名，治所在今陕西西安东南。后宣帝筑陵墓于此，遂称"杜陵"。

②长安丞：长安县丞。丞与尉是县令下属的两个大吏，丞佐令处理政事，尉佐令处理武事。长安是汉代的都城，其行政长官曰"内史"，后改称"京兆尹"。京兆尹除管辖京师长安外，还管辖京师周围的许多县，而最近的郊区即设有长安县，故有"长安令""长安丞"之称。

③劾（hé）：举发罪状，即今之所谓"起诉"。掠治：拷问。掠，笞打。

④传爰书：把犯人的口供记录于文簿。传，录写。爰书，记录口供的文簿。

⑤讯鞫（jū）：推问，审问。鞫，审问。论报：判处。《说文》："报，当（判处）罪人也。"

⑥具狱：成案，定案。

⑦磔（zhé）堂下：在厅前将盗肉的老鼠剁成了碎块。磔，碎尸。

⑧书狱：学习狱律之事。沈川曰："使书狱辞，练习其事也。"

【译文】

张汤是杜县人。他的父亲任长安县丞。有一天张汤的父亲出门，留下年幼的他在家看门。回来发现家里的肉被老鼠偷吃了，父亲很生气，用鞭子打了张汤一顿。于是张汤就挖开老鼠洞捉住了偷肉的老鼠和吃剩的肉，起诉老鼠的罪状并加以拷打审问，记录供词并上报判决，并把老鼠和剩肉拿来，定案后，把老鼠在院子里剁成了碎块。他的父亲看到了这情景，再看各项"公文"简直就像个老练的狱吏写的，特别惊讶，于是就让他学习狱律之事。父亲死后，张汤就当了长安的小吏，做了很长一段时间。

周阳侯始为诸卿时①，尝系长安，汤倾身为之②。及出为侯,大与汤交,遍见汤贵人。汤给事内史^③,为宁成掾^④,以汤为无害,言大府,调为茂陵尉^⑤,治方中^⑥。

【注释】

①周阳侯:此指田胜。田胜是景帝王皇后的同母异父弟,被封为周阳侯,见《魏其武安侯列传》《惠景间侯者年表》。《正义》曰:"周阳,前封赵兼,国除,今封田胜也。"诸卿:指九卿、列于九卿等一类的朝官。泷川引王启原曰:"田胜为卿,《百官表》缺,盖在景帝后元之末。"

②倾身:犹言竭力。为之:《集解》引韦昭曰:"为之先后。"即为之奔走打点。

③给事:任职,效力。

④掾(yuàn):属吏的统称。

⑤茂陵尉:《集解》引如淳曰:"主作陵之尉也。"茂陵,汉武帝的陵墓,在今陕西兴平东北。

⑥治方中:主管土方工程。《集解》引《汉书音义》曰:"方中,陵上土作方也,汤主治之。"

【译文】

周阳侯田胜刚当九卿官时,曾有一次因犯罪被关押在长安狱中,当时张汤曾尽其全力为他奔走。等到田胜出狱被封侯之后,便与张汤成了莫逆之交,他把张汤广泛地引见给当朝权贵。张汤在内史府任职,做宁成的属吏,宁成觉得张汤有才干,将他推荐给上司,于是张汤被调任茂陵尉,主持为武帝建造陵墓的工程。

武安侯为丞相^①,征汤为史,时荐言之天子,补御史,使案事^②。治陈皇后蛊狱^③,深竟党与。于是上以为能,稍迁至

太中大夫。与赵禹共定诸律令，务在深文，拘守职之吏。已
而赵禹迁为中尉，徙为少府④，而张汤为廷尉，两人交欢，而
兄事禹。禹为人廉倨⑤。为吏以来，舍毋食客。公卿相造请
禹⑥，禹终不报谢，务在绝知友宾客之请，孤立行一意而已。
见文法辄取，亦不覆案，求官属阴罪⑦。汤为人多诈，舞智以
御人⑧。始为小吏，乾没⑨，与长安富贾田甲、鱼翁叔之属交
私⑩。及列九卿，收接天下名士大夫⑪，己心内虽不合，然阳
浮慕之⑫。

【注释】

①武安侯：指田蚡，田胜之兄，因系王皇后之同母异父弟，被封为武
　安侯。事见《魏其武安侯列传》。

②案事：巡察、纠检诸事。案，通"按"，巡察。

③陈皇后蛊（gǔ）狱：陈皇后，小字阿娇，汉武帝姑母大长公主之女，
　为汉武帝皇后，专宠十余年。后来卫子夫进幸，陈皇后妒之。"蛊
　狱"，因为巫蛊下狱。据《汉书·外戚传》："后又挟妇人媚道，颇
　觉。元光五年，上遂穷治之。女子楚服等坐为皇后巫蛊祠祭祝
　诅，大逆无道，相连及诛者三百余人，楚服枭首于市。"陈皇后也
　因此被废黜。参见《外戚世家》。蛊，这里指巫蛊，使巫者祠祷鬼
　神以害人。

④少府：职官名，"九卿"之一，主管山林湖泽以及为宫廷服务的手
　工业等，为皇帝的私家理财。

⑤廉倨：有棱角，态度倨傲。

⑥公卿：三公、九卿，指在朝的执政大臣。相造：相继登门造访。请：
　谒，拜见。

⑦"见文法辄取"：三句文意欠明，方苞曰："言见狱辞与文法应，

辄取之,而不复案其事,以求官属阴恶也。"辄取,谓"随即应允""随即据以定案"。取,采,听用。覆案,复查。

⑧舞智:不正当地绞尽脑汁,运用智慧。御:驾御,控制。

⑨乾没:说法不一。《集解》引徐广曰:"随势沉浮也。"

⑩田甲:姓田,史失其名,故以"甲""乙"称呼。

⑪收接:即今"接待""接见"。

⑫阳浮慕之:表面上装出敬慕的样子。阳,通"佯",假装。浮,表面,外表。

【译文】

武安侯田蚡做丞相时,征召张汤做了丞相史,还经常向武帝推荐他,张汤因此被补任为御史,派他办理案件。他处理陈皇后巫蛊案件时,能彻底追查党羽。于是武帝认为他很有才能,提拔他担任太中大夫。他和赵禹一起制订各种法令,务求苛刻严峻,以便约束在职的官吏。不久赵禹做了中尉,又改任九卿之一的少府,而张汤这时做了廷尉,二人交情深厚,张汤以对待兄长的礼节对待赵禹。赵禹为人廉直倨傲。他做官以来,家里不养食客。三公九卿前来拜访,赵禹却始终不回访答谢,他刻意断绝宾客们的请托,按自己的意志处理公务。只要狱词符合法律条文就定案,也不重审,专门打探手下从属官员那些隐秘的罪行。张汤为人奸诈,善施智谋控制他人。他起初做小吏还不为人重视的时候,曾和长安的富商田甲、鱼翁叔等人私下勾结。待至后来位列九卿时,便开始搜罗结交天下名士大夫,对于有些人虽然内心与他们不合,但表面却装出仰慕他们的样子。

是时上方乡文学①,汤决大狱②,欲傅古义③,乃请博士弟子治《尚书》《春秋》补廷尉史,亭疑法④。奏谳疑事⑤,必豫先为上分别其原,上所是,受而著谳决法廷尉絜令,扬主之明⑥。奏事即谴，汤应谢，乡上意所便，必引正、监、掾史贤者⑦，曰："固为臣议，如上责臣，臣弗用，愚抵于此。"罪常释。间即奏事，上善之，曰："臣非知为此奏，乃正、监、掾史某为之。"其欲荐吏，扬人之善蔽人之过如此。所治即上意所欲罪，予监史深祸者⑧；即上意所欲释，与监史轻平者⑨。所治即豪，必舞文巧诋；即下户羸弱，时口言，虽文致法，上财察⑩。于是往往释汤所言⑪。汤至于大吏，内行修也。通宾客饮食⑫，于故人子弟为吏及贫昆弟，调护之尤厚。其造请诸公，不避寒暑。是以汤虽文深意忌不专平⑬，然得此声誉。而刻深吏多为爪牙用者，依于文学之士⑭。丞相弘数称其美。及治淮南、衡山、江都反狱⑮，皆穷根本。严助及伍被⑯，上欲释之。汤争曰："伍被本画反谋，而助亲幸出入禁闼爪牙臣⑰，乃交私诸侯，如此弗诛，后不可治。"于是上可论之⑱。其治狱所排大臣自为功，多此类。于是汤益尊任，迁为御史大夫。

【注释】

①乡文学：指尊儒术。乡，通"向"，倾慕，推崇。文学，学术，学问，这里指儒术。

②决：审理，判决。

③傅：附会，装点。

④亭：平断。

⑤谳（yàn）：平议，定罪。

⑥"上所是"：王先谦曰："言上所允行者，则受而书之于板，著其上请之事，为定法，复举此令以宣布上美。《杜周传》云：后主所是

疏为令也。"谳决法，《汉书》无"决"字，"谳法"即指皇帝的平断
意见。絜，通"挈（qiè）"。陈直曰："《汉书》作'挈令'，谓刻于版
书。"

⑦"奏事即谴"四句：极写张汤的"伪诈"。即，倘若。应谢，认错，道
歉。乡上意所便，赞成皇帝所肯定的意见。正、监，指廷尉正、廷
尉监，皆廷尉手下的大吏，秩千石。掾史，廷尉手下的一般属吏。

⑧监史深祸者：酷苛的僚属。深祸，指狠毒酷苛。

⑨与监史轻平者：派宽和的僚属去审理。与，通"予"。轻平，指宽
厚慈和。

⑩"即下户羸弱"几句：师古曰："言下户羸弱，汤欲佐助，虽具文奏
之，而又口奏言；虽律令之文，合致此罪，听上裁察，盖为此人希恩
宥也。"财，同"裁"，让皇帝量情裁定。

⑪释汤所言：师古曰："于是上得汤言，往往释其人罪。"凌约言曰：
"自'上方乡文学'至'往往释汤所言'，皆汤'多诈舞智以御人'
处，所谓'知阴阳，人主与俱上下'者也。"

⑫通宾客饮食：通，供应，供给。或疑"通"同"同"，谓自己之饮食
与宾客相同。

⑬文深：指执法严格。意忌：用意刻毒。不专平：胡三省《通鉴注》
曰："不专于持平。"

⑭而刻深吏多为爪牙用者，依于文学之士：意谓严酷之吏必与文学
之士配合，才能被张汤重用。汉代酷吏与儒术相结合的格局，首
先形成于张汤。

⑮淮南：指淮南王刘安，刘邦之孙，刘长之子。刘长先被刘邦封为淮
南王，都寿春（今安徽寿县），后于汉文帝时因谋反被迁流，中途
绝食而死。刘安后来被继立为淮南王。武帝元狩元年（前122），
刘安又因谋反被告发，刘安自杀，事见《淮南衡山列传》。衡山：
指衡山王刘赐，刘安之弟。其父自杀后，刘赐被汉文帝封为衡山

王,都于邾县(今湖北黄冈北)。后与其兄刘安同谋造反,元狩元年被审治,刘赐自杀。事见《淮南衡山列传》。二江都:指江都王刘建,汉景帝之孙,刘非之子。刘非被汉景帝封为江都王,都广陵(今江苏扬州西北)。刘非死后,刘建继为王,后因受淮南、衡山谋反之牵连,自杀,事见《五宗世家》。

⑯严助:本来姓"庄",后人因避明帝(刘庄)讳,故改称之曰"严助",辞赋家严忌之子。善辞令文章,武帝时以对策为中大夫,又曾任会稽守,后还朝留为皇帝侍从。"淮南王来朝,厚赂遗助,交私论议。及淮南王反,事与助相连",被杀。事见《东越列传》《南越列传》。伍被:淮南王刘安谋臣,先曾劝阻刘安谋反,后又极力佐助其反,反复无常,终被杀。事见《淮南衡山列传》。

⑰禁闼(tà):指官门。闼,门。

⑱可论之:同意了张汤的意见,遂将伍被、严助处死。郭嵩焘曰:"史公叙张汤诈处,尤在探刺人主隐微,一取顺意行之。其诛严助、伍被,犯颜以争,方以忤意为虑,为所言尤深中人主之微隐也。一言而君臣之大分以明,宜可居之以为功,此其所以为诈也。"

【译文】

这时武帝正倾心儒家学说,张汤每次判决大案,也总想使它附会古代圣人的义理,于是就请了一些研究《尚书》《春秋》的博士弟子们补任廷尉史,让他们讨论疑难案件。向武帝请示疑难案件的处理时,总是预先向武帝分析事情的原委,武帝认为对的,他就接受并写成案卷,并作为判案的法规记载下来,以廷尉的名义加以公布,颂扬武帝的圣明。如果汇报的事情受到武帝责备,张汤便赶紧认错谢罪,顺着武帝的心意,一定列举出自己下属某个有贤名的廷尉正、廷尉监或掾史,说:"他们本来向我提议过,就像皇上批评我的一样,我没有采纳,愚蠢到此地步。"他的过失常被武帝宽恕不究。当他有时向武帝汇报某事,受到称赞,他就说:"我当初本不知道应该这么办,这是我手下的某个廷尉正、廷尉监或掾史要我这么办的。"他就是这么推荐人，这么喜欢扬人之善，隐人之过。他所处理的案件，如果是武帝想要加罪的，他就交给那些严酷的属吏去办；如果是武帝想要宽恕的，他就交给那些执法宽和公平的属吏去办。如果审理的是豪强，那他肯定就要罗织罪名将他治罪；如果审理的是一些平民弱者，就常常在武帝面前为之说情，即使有明确的条文应当判刑，他也要请武帝明察裁定。而武帝也就往往按着张汤所说的宽释了那些人。张汤所以能身居廷尉这样的要职，是因为他要求自己很严。他的饮食和门下的食客一样，对手下的一些老朋友的子弟以及家族的那些贫穷的弟兄们，他照顾得尤为宽厚。无论是寒冬还是酷暑，张汤都经常去拜访朝中的各位公卿大臣。因此张汤虽然执法酷刻，阴狠不公，但却有好名声。那些执法酷烈刻毒的官吏都被他用为属吏，但一定要有儒生跟他们相配合，才被张汤重用。丞相公孙弘多次称赞过他的美德。后来在审理淮南王刘安、衡山王刘赐以及江都王刘建谋反的案件时，张汤都穷追到底。对于刘安的党羽严助、伍被两个人，武帝想宽恕他们。张汤争辩说："伍被是策划谋反的主要人物，严助是皇上亲近宠幸、出入宫廷禁门的护卫之臣，居然敢与外面的诸侯相勾结，这种人如果不诛杀，以后就不好管理臣下了。"于是武帝同意了对他们的判决。张汤在审判案件时经常排挤其他大臣而自己邀功的事大抵如此。张汤因此越发受到尊宠和信任，升任御史大夫。

会浑邪等降[1]，汉大兴兵伐匈奴，山东水旱[2]，贫民流徙，皆仰给县官[3]，县官空虚。于是丞上指[4]，请造白金及五铢钱[5]，笼天下盐铁，排富商大贾[6]，出算缗令[7]，锄豪强并兼之家[8]，舞文巧诋以辅法[9]。汤每朝奏事，语国家用，日晏，天子忘食[10]。丞相取充位[11]，天下事皆决于汤。百姓不安其生，骚动，县官所兴，未获其利，奸吏并侵渔[12]，于是痛绳以罪。则自公卿以下,至于庶人,咸指汤⑬。汤尝病,天子至自视病,其隆贵如此。

【注释】

①浑邪等降:事在元狩二年(前121)秋。《卫将军骠骑列传》云:"降者数万,号称十万。既至长安,天子所以赏赐者数十巨万。"浑邪王是匈奴西部的一个王,因被汉将霍去病等破杀数万人,单于怒,欲杀之,浑邪王恐,率众归汉,事见《匈奴列传》。

②山东水旱:据《汉书·武帝纪》,与汉大伐匈奴同时东方地区之天灾有:元光三年(前132),河决濮阳,氾郡十六;元光五年(前130),螟;元光六年(前129),旱,大蝗;元朔五年(前124),大旱,等等。山东,崤山以东,泛指关中以外的大片地区。

③给:供应。县官:汉时指国家、政府,有时也用以称皇帝。

④丞上指:顺承皇帝的心思而倡言其事。丞,同"承",迎合。

⑤造白金及五铢钱:造"白金"在元狩四年(前119)。《平准书》云:"又造银锡为白金。……其一曰重八两,圆之,其文龙,名曰'白选',直三千;二曰以重差小,方之,其文马,直五百;三曰复小,椭之,其文龟,直三百。"造五铢钱,汉武帝元狩五年(前118)行五铢钱。铢,一两的二十四分之一。

⑥排富商大贾:汉初以来,即明文打击工商业者,视之为二等罪犯;至汉武帝时,更巧立名目地打击、消灭之,如下述之"算缗""告缗"诸令即是实例。排,打压。

⑦出算缗令:底本误作"出告缗令"。"算缗令"颁行于元狩四年(前119),"告缗令"则颁行于元鼎三年(前114),时张汤已死,与之无关。算缗,即向商人征收资产税。师古曰:"有储积钱者,计其缗贯而税之。"缗,穿钱用的丝绳。"算缗"即根据钱数按比例向国家纳税。至于日后再颁之"告缗",则是鼓励人告发自报资

产不实者。法令规定，凡告得者，官以其半与之。可参看《平准
书》。

⑧锄：诛灭。

⑨巧诋：巧做解释陷害，中伤。辅法：弥补法令之不足。

⑩日晏，天子忘食：极言张汤的极度受宠和对天子的蛊惑力量。晏，晚。

⑪充位：充数，徒居其位，而不管事。《集解》引徐广曰："时李蔡、庄
青翟为丞相。"

⑫并：通"傍"，趁，借着。侵渔：侵吞公款，捞取财利。

⑬咸指汤：都指名骂张汤。咸，都。指，指名。何焯曰："盐铁出于弘
羊，告缗出于杨可，然非倚汤不能取信于天子。以酷虐助而成之，
故恶皆归之汤。"前文叙张汤有过归己，有功则属下，又能"造请
诸公，不避寒暑"，人皆赞其"内行修"；至任廷尉，锐于兴功，数年
之间，至"公卿以下，至于庶人，咸指汤"，读之令人感慨。

【译文】

赶上匈奴浑邪王等来降，汉朝连年兴兵讨伐匈奴，又适逢山东各郡
县水旱灾，贫苦百姓流离失所，都靠国家供给衣食，导致国库空虚。于是
张汤便摸准武帝的心思，请求铸造白金和五铢钱，并垄断了全国的盐铁
经营权，排斥打击富商大贾，颁布算缗令，铲锄豪强兼并大户之家，玩弄
法律条文、巧言诬陷，来辅助法律的推行。张汤每次上朝奏事，讲起国家
的财用情况，滔滔不绝，能从早上一直讲到晚上，武帝听得忘记了吃饭。
丞相不过是虚有其位，天下大事都由张汤裁决。百姓们受不了这种严酷
的统治，骚动不宁。国家实行的新的经济政策，没有获得真正的效益，而
许多贪官恶吏从中大肆侵吞公共财产，鱼肉百姓，于是张汤只好又用严
刑酷法来严办。结果导致上自公卿，下至平民百姓，都纷纷指斥张汤。
张汤有一次生病了，武帝竟亲自前往探看，可见张汤的尊贵到如此地步。

匈奴来请和亲①，群臣议上前。博士狄山曰："和亲

便。"上问其便,山曰:"兵者凶器,未易数动^②。高帝欲伐匈奴,大困平城,乃遂结和亲^③。孝惠、高后时,天下安乐^④。及孝文帝欲事匈奴,北边萧然苦兵矣^⑤。孝景时,吴楚七国反,景帝往来两宫间^⑥,寒心者数月。吴楚已破,竟景帝不言兵,天下富实。今自陛下举兵击匈奴^⑦,中国以空虚^⑧,边民大困贫。由此观之,不如和亲。"上问汤,汤曰:"此愚儒,无知。"狄山曰:"臣固愚忠,若御史大夫汤乃诈忠。若汤之治淮南、江都,以深文痛诋诸侯,别疏骨肉^⑨,使蕃臣不自安^⑩。臣固知汤之为诈忠^⑪。"于是上作色曰:"吾使生居一郡^⑫,能无使虏入盗乎?"曰:"不能。"曰:"居一县?"对曰:"不能。"复曰:"居一障间^⑬?"山自度辩穷且下吏^⑭,曰:"能。"于是上遣山乘鄣^⑮。至月余,匈奴斩山头而去。自是以后,群臣震慑^⑯。

【注释】

①匈奴来请和亲:和亲事约在元狩五年(前118)。《匈奴列传》云:"汉两将军大出围单于,所杀虏八九万,而汉士卒物故亦数万,汉马死者十余万。匈奴虽病,远去,而汉亦马少,无以复往。匈奴用赵信之计,遣使于汉,好辞请和亲。"

②兵者凶器,未易数动:这两句乃儒、道两家的老生常谈。《老子》第三十一章谓:"兵者,不详之器。"《六韬》谓:"圣人号兵为凶器,不得已而用之。"数动,屡次动,频繁使用。

③大困平城,乃遂结和亲:事在高祖七年(前200),刘邦因往讨与匈奴相勾结的韩王信,被匈奴围困于平城,不得不求和结亲事,详见《韩信卢绾列传》《匈奴列传》《陈丞相世家》。平城,古邑名,在

今山西大同东北。

④天下安乐：意谓因和亲政策，没有战争，故天下安乐。吕后执政期
　间，匈奴冒顿单于曾致书吕后，有所谓"陛下独立，孤偾独居，两
　主不乐，无以自虞，愿以所有，易其所无"云云，吕后见书大怒，樊
　哙等劝其讨伐匈奴，吕后竟亦未动，从而避免了战争。事见《汉
　书·匈奴传》。

⑤及孝文帝欲事匈奴，北边萧然苦兵矣：文帝时匈奴屡次入侵，汉朝
　消极防御，汉文帝从无主动进攻之事，这里的"欲事匈奴"，似与
　事实不符合；如将"北边萧然苦兵"之原因归过于汉文帝，尤其悖
　于情理。师古曰："萧然，犹骚然，扰动之貌也。"

⑥往来两宫间：吴楚等七国皆刘氏宗室，如今叛乱，汉景帝有许多事
　需裹问太后，故往来于两宫之间。两宫，指未央宫与长乐宫，未央
　宫处于当时长安城的西侧，为皇帝所居；长乐宫处于当时长安城
　的东侧，为太后所居。

⑦陛下举兵击匈奴：汉与匈奴的战争始于武帝元光二年（前133）之
　马邑伏袭匈奴，此役虽因消息泄露无功，但双方战争敌对由此开
　始，至元光六年（前129），卫青等遂大举北伐。

⑧中国：国家中部，即"内地"，与"边民"相对而言。

⑨别疏：意即分离，离间。

⑩蕃臣：指诸侯王。古代称诸侯是天子的藩篱、屏障，其作用是保卫
　王室的安全。蕃，通"藩"。

⑪固知汤之为诈忠：郭嵩焘曰："汉自文、景以来，疏忌骨肉多矣，武
　帝承之，益绳以法。汤之治反狱，穷极根本，所以承上意也。"

⑫使生居一郡：让你去任一郡太守。生，犹言"先生"。师古曰："博
　士之官，故呼为生也。"

⑬障：边境上的塞堡。《正义》曰："障谓塞上要险之处，别筑城置吏
　士守之，以扞寇盗也。"

⑭辩穷：谓无话再说。

⑮乘鄣：驻守一个塞堡。乘，师古曰："登也，登而守之。"鄣，塞堡。

⑯震慑：恐惧，谁也不敢再提反战的意见。姚苎田曰："武帝朝有三
　　大敝政，贵治狱之吏，信兴利之臣，启穷兵之祸是也，惟张汤一传
　　兼有之。即如狄山所议，固不中肯綮，汤特以'愚儒无知'一语驳
　　之。……段后独缀'群臣震慑'一语，便见穷兵之祸皆汤养成，而
　　箝结众口之威，几如指鹿为马，皆文章辣手处。"

【译文】

　　匈奴派使者来汉朝请求和亲，百官群臣在武帝面前讨论此事。博士
狄山说："和亲有利。"武帝问他利在何处，狄山说："战争是凶器，不能频
繁使用。当年高皇帝去讨伐匈奴，被围困在平城，最后还是和匈奴结成
和亲之好。孝惠帝和高皇后在位时没有打仗，天下安宁。后来孝文帝想
征讨匈奴，北方边境地区骚动不安，百姓受尽了战争之苦。孝景帝在位
时，发生了吴楚七国的叛乱，景帝不断往来于未央宫和长乐宫之间，与太
后商议对策，一连几个月都很痛苦。所以吴楚叛乱平定后，景帝到死再
也不提打仗的事，国家也日益富裕殷实。现在自从陛下发兵征讨匈奴以
来，中原财用空虚，边境百姓极为困苦。由此可见，不如和亲。"武帝征求
张汤的意见，张汤回答说："狄山是愚蠢的儒生，无知得很。"狄山说："我
的确是愚忠，像张汤那样是伪忠。像张汤审理淮南王、江都王的案件，用
严酷的法律来肆意诋毁诸侯，离间陛下的骨肉至亲关系，使得诸侯王们
恐慌不安。我知道本来就是张汤伪忠。"于是武帝变了脸色，问狄山说：
"我派你去做个郡太守，你能抵御敌人的入侵吗？"狄山说："不能。"武帝
说："让你去守一个县呢？"狄山回答说："不能。"武帝又说："驻守一个要
塞呢？"狄山暗想，如果再说不行就要被交给司法官治罪了，于是就说：
"能。"于是武帝就派狄山去据守一个要塞。到那里一个多月，狄山的头
就被匈奴砍走了。从此以后，朝中群臣百官恐惧，谁都不敢再提反战的
意见。

汤之客田甲,虽贾人^①,有贤操。始汤为小吏时,与钱通^②,及汤为大吏,甲所以责汤行义过失,亦有烈士风^③。

【注释】

①贾人:商人。

②与钱通:有钱财上的交往。师古曰:"为钱财之交。"

③烈士:慷慨行义的人。

【译文】

张汤的门客田甲,虽然是个商人,却有贤良的品质。当初张汤做小吏的时候,田甲同他有钱财上的往来,等到张汤做了大官,田甲责备张汤品德道义方面的过错,很有忠义之士的风度。

汤为御史大夫七岁,败。河东人李文尝与汤有郤^①,已而为御史中丞^②,恚^③,数从中文书事有可以伤汤者,不能为地。汤有所爱史鲁谒居^④,知汤不平^⑤,使人上蜚变告文奸事^⑥,事下汤,汤治论杀文^⑦,而汤心知谒居为之。上问曰:"言变事纵迹安起^⑧?"汤详惊曰:"此殆文故人怨之。"谒居病卧闾里主人^⑨,汤自往视疾,为谒居摩足。赵国以冶铸为业^⑩,王数讼铁官事^⑪,汤常排赵王。赵王求汤阴事。谒居尝案赵王^⑫,赵王怨之,并上书告:"汤,大臣也,史谒居有病,汤至为摩足,疑与为大奸。"事下廷尉^⑬。谒居病死,事连其弟,弟系导官^⑭。汤亦治他囚导官,见谒居弟,欲阴为之,而详不省。谒居弟弗知,怨汤,使人上书,告汤与谒居谋共变告李文^⑮。事下减宣^⑯。宣尝与汤有郤,及得此事,穷竟其事,未奏也。会人有盗发孝文园瘗钱^⑰,丞相青翟朝^⑱,与汤约俱谢,至前,汤念独丞相以四时行园,当谢^⑲,汤无与也,不谢。丞相谢,上使御史案其事。汤欲致其文丞相见知^⑳,丞相患之。三长史皆害汤^㉑,欲陷之。

【注释】

①河东:汉郡名,治所在今山西夏县西北。郤:通"隙",怨隙,矛盾。

②御史中丞:御史大夫的属官,秩千石。

③恚(huì):恼怒,怨恨。指李文为张汤下属而恼怒张汤。

④所爱史鲁谒居:受张汤宠爱的小吏。史,书吏。

⑤不平:谓其忌恨李文。

⑥上蜚变告文奸事:给皇帝上书告发李文图谋不轨。蜚变,凭空而至的告发文状,即今之匿名信。蜚,通"飞"。奸事,为非作歹之事。

⑦治:审理。论杀:判罪诛杀。

⑧纵迹:来龙去脉。纵,通"踪"。

⑨闾里主人:里巷中的房舍主。

⑩赵国:汉景帝之子刘彭祖的封国,都邯郸,即今河北邯郸。以冶铸为业:盖谓赵王刘彭祖经营此业以谋利。冶铸,冶铁铸器。

⑪王数讼铁官事:元狩四年(前119)前,盐铁可私营,赵王以冶铸为事,利归于己。元狩四年后,盐铁皆归国营,赵王失去冶铸之利,故心怀不满,常挑朝廷派往赵国经营冶铸的官员的毛病,寻衅以告发之。

⑫案:验问,查究。

⑬事下廷尉:据《汉书·百官公卿表》,此时的廷尉名霸,史失其姓。

⑭系导官:被囚禁于导官署。导官,少府的属官。

⑮变告:告发某人欲为变乱。《汉书补注》引郭嵩焘曰:"变告,疑汉人常语。《韩信传》一云'变告',一云'上书变告',正言之,则'告变'也。《黥布传》云'上变事',《史记》作'言变事'。'上

变''言变'与'告变'同。"

⑯减宣:著名酷吏,《汉书》作"咸宣",《延居汉简释文》卷一记有"减宣"名字。减宣时任御史中丞,为张汤之下属。

⑰孝文园:汉文帝的陵园,即霸陵,在今陕西西安灞桥区之毛窑院村。瘗(yì)钱:在陵区埋藏的陪葬铜钱。王先谦引沈钦韩曰:"汉以来丧葬皆有瘗钱,埋墓四隅。传称盗发者,即是四隅所瘗,原不在冢藏中也。"陈直曰:"汉人殉葬用钱,贵族用真钱,一般用陶制,孝文园应为真钱,故有人盗之。"

⑱丞相青翟:庄青翟,事见《张丞相列传》。庄青翟于元狩五年(前118)李蔡自杀后,继任为丞相;至此元鼎二年(前115)为其任丞相的第四年。

⑲谢:道歉,请罪。

⑳欲致其文丞相见知:想把丞相弄成"见知故纵"之罪。文,法也。见知,即"见知故纵",知情不报,故意将罪犯放走。姚苎田曰:"汤喜排陷大臣,总是一腔忮刻之念。然独庄青翟一事,窃谓汤不必有陷人之志,直苟欲自免而已。盖大臣有罪则见谢,所以明奉职无状耳。汤以御史大夫无园陵关系,因不复谢。"

㉑三长史:指庄青翟手下的三个长史朱买臣、王朝、边通。长史,职官名,丞相的属官,以其为诸史之长,故称"长史"。害:忌恨。

【译文】

张汤担任御史大夫七年后,败亡。河东人李文曾经和张汤有隔阂,后来李文做了御史中丞,他心怀怨恨,多次从张汤与朝廷上下往来的文书中找出可以伤害张汤的地方,都绝不放过。张汤有个喜爱的属吏名叫鲁谒居,他知道张汤对此不满,就指示人写匿名信告发李文企图谋反,案件交给张汤审理,张汤就判李文死罪,杀了李文,张汤心里明白,是鲁谒居干的。武帝问张汤:"李文谋反的事是从哪里得到的线索?"张汤却假装惊讶地说:"大概是由于李文的旧相识怨恨他吧。"后来鲁谒居患病住在乡里房东的房子里,张汤亲自去看望他的病情,替鲁谒居按摩脚。当时赵国人以冶铁铸造为业,赵王屡次同朝廷派来主管铸铁的官员打官司,而张汤在处理这些纠纷时常常打压赵王。于是赵王就刻意寻求张汤的隐私之事。鲁谒居曾经审问过赵王的事情,赵王怨恨他,于是就一并上书告发说:"张汤是朝廷大臣,他手下的小吏鲁谒居生病,张汤居然亲自去为他按摩脚,我怀疑他们之间有大问题。"案件交给廷尉审理。鲁谒居病死了,事情牵连到鲁谒居的弟弟,被囚禁于导官署。一次,张汤去导官署审理别的犯人,看到了鲁谒居的弟弟,想暗中营救他,但表面上却假装不认识。鲁谒居的弟弟不知道这个情况,怨恨张汤不救他,于是就让别人上书,告发张汤曾与鲁谒居合谋诬告李文谋反。武帝把这事交给御史中丞减宣审理。减宣曾经和张汤有过节,他接手这个案子后,把案情查得水落石出,但还没有向武帝上奏。恰好这时有人盗挖了孝文帝陵园里的殉葬钱,丞相庄青翟同张汤约好上朝时一起向武帝谢罪,到了武帝跟前,张汤心想按规定只有丞相必须每年四季巡视陵园,丞相应当谢罪,而与自己无关,所以又临时变卦不肯谢罪。丞相谢罪后,武帝让御史审理此事。张汤想给丞相判"见知故纵"的罪名,丞相很害怕。丞相府的三位长史朱买臣、王朝、边通都忌恨张汤,想设法陷害他。

　　始,长史朱买臣①,会稽人也②,读《春秋》③。庄助使人言买臣④,买臣以《楚辞》与助俱幸,侍中⑤,为太中大夫,用事;而汤乃为小吏,跪伏使买臣等前⑥。已而汤为廷尉,治淮南狱,排挤庄助⑦,买臣固心望。及汤为御史大夫,买臣以会稽守为主爵都尉,列于九卿⑧。数年,坐法废,守长史⑨,见汤,汤坐床上,丞史遇买臣⑩,弗为礼。买臣楚士⑪,深怨,常欲死之。王朝,齐人也⑫。以术至右内史⑬。边通,学长短⑭,刚暴强人也,官再至济南相⑮。故皆居汤右,已而失官,守长史,诎体于汤⑯。汤数行丞相事⑰,知此三长史素贵,常凌折之⑱。以故三长史合谋曰:"始汤约与君谢⑲,已而卖君;今欲劾君以宗庙事,此欲代君耳。吾知汤阴事。"使史捕案汤左田信等⑳,曰汤且欲奏请,信辄先知之,居物致富㉑,与汤分之,及他奸事。事辞颇闻㉒。上问汤曰:"吾所为,贾人辄先知之,益居其物,是类有以吾谋告之者。"汤不谢。汤又详惊曰:"固宜有。"减宣亦奏谒居等事。天子果以汤怀诈面欺,使使八辈簿责汤㉓。汤具自道无此,不服。于是上使赵禹责汤㉔。禹至,让汤曰:"君何不知分也㉕。君所治夷灭者几何人矣?今人言君皆有状,天子重致君狱㉖,欲令君自为计,何多以对簿为㉗?"汤乃为书谢曰:"汤无尺寸功,起刀笔吏,陛下幸致为三公,无以塞责㉘。然谋陷汤罪者,三长史也。"遂自杀㉙。

【注释】

①朱买臣:其事迹除此简述外,可见《汉书》本传。

②会稽:汉郡名,治所在今江苏苏州。

③读《春秋》:此指《春秋公羊传》,当时流行的儒家"学问"。

④庄助使人言买臣:郭嵩焘曰:"当云'庄助为上言买臣'。买臣之贵幸,由庄助之荐也。《史》文传写必有误。"

⑤侍中:侍奉皇帝于宫中。

⑥使:听候支使,听候差遣。

⑦排挤庄助:谓想致庄助于死地。

⑧列于九卿:享受"九卿"一级的待遇。

⑨守长史:暂任长史之职。守,犹今之"代理"。

⑩丞史：谓御史大夫的属官御史中丞及一般御史等。

⑪买臣楚士：朱买臣是会稽人，会稽在春秋时属吴，至战国初，吴、越之地皆入于楚，故吴、越之地亦可称"楚"。

⑫齐：汉郡名，治所在今山东淄博之临淄西北。

⑬右内史：京都地区的行政长官，汉景帝时分设左内史与右内史，至武帝太初元年乃合并之，并改称为京兆尹。

⑭长短：即战国纵横之术。《集解》引《汉书音义》曰："长短术兴于六国时，行长入短，其语隐谬，用相激怒。"《汉书》注引张晏曰："苏秦、张仪之谋，趣彼为短，归此为长，《战国策》名'长短术'也。"

⑮再至济南相：两次任济南国相。按，此处"南"字疑误，武帝时有"济北国""济东国"，无济南国。济南国自景帝时因随吴、楚叛乱而被废，改设济南郡，郡治东平陵（今山东章丘西北）。

⑯诎（qū）体于汤：因职位变低，见汤须屈身行礼。诎，低身。

⑰行：代行，代理。

⑱凌折：使之屈辱。

⑲君：当时僚属称其本官，此指丞相庄青翟。

⑳捕案：逮捕，审问。汤左：可以证实张汤有罪的人。《集解》引《汉书音义》曰："左，证左也。"泷川曰："田信，贾人，盖田甲之族，故下文云'贾人辄先知之'。"《资治通鉴》为"贾人田信"。

㉑居物：囤积货物，这里指经商。居，囤，储。

㉒颇：略有，有一些。

㉓簿责：即按照文簿所记的罪状逐条盘查。师古曰："以文簿次第一一责之。"

㉔上使赵禹责汤：时赵禹为太中大夫，皇帝的近侍之臣。

㉕不知分（fèn）：不明白自己应如何做，即责备他不及早自杀。分，分内之事，自己应做的事。

㉖重致君狱：不想将你逮捕下狱。重，师古曰："犹难也。"即"不愿""不好意思"。

㉗何多以对簿为：何必如此反复申说。

㉘无以塞责：没有完成皇上的期望。王先谦曰："塞，答也。言无以答上责望。"责，要求，期望。

㉙遂自杀：王鸣盛曰："公孙弘以儒者致位宰相，封侯，乃与主父偃同传；张汤、杜周皆三公也，乃入之《酷吏传》，子长恶此三人特甚，故其位置如此。"姚苎田曰："古之取人，必视其所与，张汤之所与者，皆非端士也。始因赵兼定交，继为宁成掾属，又为田蚡长史，终与赵禹交欢。天性既优于深刻，薰染俱极其倾邪，宜其为酷吏中之首恶也。"又曰："汤立意亦要锄豪强，振贫弱，收恤故旧，荐扬属吏，及弘奖经术，敦尚廉耻，皆是美事。惟一以诈行之，遂觉无往不阴邪暧昧。史公尽力雕绘，所谓'虽百世可知'也。群酷吏非无暴过于汤者，然用事之专且久，得君之深且笃，则未有及汤者也。所以烦酷之气溢于四海，上自公卿，下及黎庶，无不被其毒。汤即煦煦于故人昆弟，亦何益矣。宛转写来，不留余力也如此。"

【译文】

最初，长史朱买臣是会稽人，研习《春秋》。庄助托人在武帝面前举荐朱买臣，朱买臣因为精通《楚辞》，于是和庄助一并受到了武帝的宠幸，武帝把他们留在身边，封他们为太中大夫，很有实权；那时张汤只是个小吏，在朱买臣等人面前总要跪着听候差遣。后来张汤做了廷尉，在审理淮南王谋反一案时，排挤庄助，朱买臣早已对张汤怀恨在心。等到张汤做了御史大夫，朱买臣从会稽太守调任主爵都尉，位居九卿之列。过了几年，朱买臣又因触犯法律罢官，暂任长史，去拜见张汤，张汤坐在位子上不动，属下的丞史等人不以礼对待朱买臣。朱买臣是楚地名士，对张汤的无礼深为怨恨，常想弄死张汤。长史王朝是齐国人。由于精通术数而做到了右内史。长史边通，研习战国纵横家的思想学说，是一个刚强暴戾的人,曾两次做过济南王的国相。他们三个人原来的职位都比张汤高,后来因为都丢了官,所以才暂任长史,都屈居于张汤之下了。张汤屡次代理丞相的职务,知道这三位长史原来地位很高,就常常欺凌折侮他们。因此,这三位长史就合谋说:"当初张汤说好了要和您一起向皇上谢罪,然后背叛要弄了您;现在他又想借孝文陵园被盗这件事来弹劾您,这分明就是想取代您。我们知道张汤干的那些见不得人的事。"于是丞相就派人逮捕审问可以证实张汤有罪的田信等人,说张汤将要向武帝奏请政事,田信预先就知道,然后囤积物资,发财致富,而后与张汤分赃,此外还有许多其他作奸犯科之事。这些话语传到了武帝的耳朵里。武帝问张汤说:"我准备做的事情,有的商人总是预先知道,于是他们便大批地囤积那些货物,很像是有人把我的计划预先告诉了他们。"张汤不谢罪。张汤又假装吃惊地说:"的确像有此事。"这时御史中丞减宣又向武帝报告了张汤和鲁谒居合谋陷害李文等事情。武帝果然认为张汤心怀诈伪,当面欺君,一连派了八批使者按照记录在案的罪证逐条盘查。张汤自己说没有做过那些事,对于所加给的罪名不服。于是武帝又派赵禹去审问张汤。赵禹一来,就责备张汤说:"你也太不顾自己的身份了。你办理案件时,被你宣判杀头灭族的人有多少?如今人家告你的罪状都有证据,皇上不忍将你下狱,想让你自杀了事,你何必反复申说呢?"张汤于是上书谢罪说:"我没有任何功劳,辛蒙陛下垂用,由一个刀笔小吏而位列三公,我没有完成好皇上交给我的任务,无法推卸罪责。然而设谋陷害我张汤的是丞相府的三位长史。"于是自杀了。

汤死,家产直不过五百金[1],皆所得奉赐[2],无他业。昆弟诸子欲厚葬汤,汤母曰:"汤为天子大臣,被污恶言而死,何厚葬乎!"载以牛车,有棺无椁[3]。天子闻之,曰:"非此母不能生此子[4]。"乃尽案诛三长史。丞相青翟自杀。出田信。上惜汤,稍迁其子安世⑤。

【注释】

①直:同"值"。

②奉赐:俸禄与赏赐。

③载以牛车,有棺无椁(guǒ):言其殡葬之礼简洁。椁,外棺。王先谦曰:"欲令汤贫状上闻,冀冤得白也。"

④非此母不能生此子:王先谦曰:"美汤母之智。"

⑤稍迁:逐步升迁。安世:张安世。汉宣帝时为卫将军,封富平侯,《汉书》有传。且正因张安世为汉宣帝名臣,故班固写《汉书》遂将张汤由《酷吏传》拔出,另立了《张汤传》。

【译文】

张汤死后,家产价值不过五百金,都是他所得到的俸禄和赏赐,没有其他产业。他的兄弟和孩子们想厚葬张汤,他的母亲说:"张汤作为天子的大臣,遭受了别人的诬陷而冤死,何必厚葬呢!"于是就用牛车拉着张汤的棺材,有棺材没有外椁。武帝得悉后,感叹地说:"没有这样的母亲,就不能生养这样的儿子。"于是就把丞相府三位长史一齐查办处死了。丞相庄青翟自杀。田信被释放。武帝怜惜张汤,便逐渐提拔了他的儿子张安世。

赵禹中废,已而为廷尉①。始条侯以为禹贼深②,弗任。及禹为少府,比九卿③。禹酷急,至晚节,事益多,吏务为严峻,而禹治加缓,而名为平。王温舒等后起,治酷于禹。禹以老④,徙为燕相⑤。数岁,乱悖有罪⑥,免归。后汤十余年,以寿卒于家⑦。

【注释】

① 已而为廷尉：赵禹先是在元狩三年（前120）、四年（前119）任廷
　尉，其后曾任少府；元鼎四年（前113），又由少府改任廷尉至元封
　元年（前110）。

② 贼深：狠毒酷苛。

③ 比九卿："少府"本为"九卿"之一，再用"比"字不当。故胡三省
　遂将"比九卿"与下文"禹酷急"连读，曰："言以当时九卿同列者
　比之，禹为酷急也。"胡三省说略好。

④ 以：通"已"。

⑤ 燕相：燕刺王刘旦之相。刘旦为汉武帝之子，元狩六年（前117）
　被封为燕王，都蓟（今北京之西南）。事见《三王世家》与《汉
　书·武五子传》。赵禹任燕相在元封元年（前110）。

⑥ 乱悖（bèi）：即"昏聩"，即老糊涂。悖，乱，谬。

⑦ 后汤十余年，以寿卒于家：大约在元封六年（前105）或太初元年
　（前104）。姚苎田曰："赵禹能识田仁、任安于微贱之中，亦贤大
　夫也，徒以文深为酷吏，须看'与张汤定律''用法益刻自此始'
　数句，可见以三寸管酿祸无穷，正与杀人以梃与刃者同科，史公垂
　戒之深意可见矣。"

【译文】

　　赵禹中途被罢官，后来又做了廷尉。当初条侯周亚夫认为赵禹狠毒
酷苛，不肯重用他。后来赵禹又做了少府，位列九卿。赵禹本来做事严
酷急躁，到了晚年，国家的案件越来越多，当时各级的官吏们都实行严刑
峻法，而赵禹却执法宽和，反倒落了个执法平和的声誉。王温舒等人都
是后起之官，执法都比赵禹严酷。赵禹因为年老，被调任燕国相。过了几
年，因昏乱背逆之罪，被罢官回家。在张汤死后十几年，赵禹老死在家中。

　　义纵者，河东人也。为少年时，尝与张次公俱攻剽为群

盗^①。纵有姊姁^②，以医幸王太后^③。王太后问："有子兄弟
为官者乎？"姊曰："有弟无行^④，不可。"太后乃告上，拜义
姁弟纵为中郎^⑤，补上党郡中令^⑥。治敢行，少蕴藉^⑦，县无
逋事^⑧，举为第一。迁为长陵及长安令^⑨，直法行治，不避贵
戚。以捕案太后外孙脩成君子仲^⑩，上以为能，迁为河内都
尉^⑪。至则族灭其豪穰氏之属，河内道不拾遗。而张次公亦
为郎，以勇悍从军，敢深入，有功，为岸头侯^⑫。

【注释】

①张次公：后为卫青部将，以攻伐匈奴之功，封岸头侯，事见《卫将
　军骠骑列传》。攻剽：袭人劫物。剽，劫夺。

②有姊姁：有姊名姁。姁，本意为安乐温和的样子，此处用为人名。

③王太后：汉武帝之母，详见《外戚世家》。

④无行：犹言"不肖"，没出息。

⑤中郎：职官名，皇帝的侍从人员，秩六百石，上属郎中令。

⑥上党：汉郡名，治所在今山西长子西南。

⑦少蕴藉：师古曰："言其无所含容也。"蕴藉，包容宽贷。

⑧县无逋（bū）事：县里没有遗漏过应办而未办的事情。逋，逃失，
　脱漏。

⑨长陵：园邑名，在今陕西泾阳东南，因高祖刘邦的陵墓在此而得名。

⑩脩成君子仲：脩成君是汉武帝同母异父的姐姐，王太后初嫁金王
　孙时所生的女儿，后被汉武帝接入宫中，号之曰"脩成君"。脩成
　君有子曰仲，为人骄横，"陵折吏民，皆患苦之"。事见《外戚世
　家》。陈子龙曰："义纵以太后故得官，而即捕按太后私属，此示
　公以结于人主。"

⑪河内：汉郡名，治所在今河南武陟西南。都尉：协助太守管理该郡

武事的长官。

⑫有功，为岸头侯：事在元朔二年（前127）。岸头侯的封地在皮氏，

即今山西河津西。

【译文】

　　义纵是河东郡人。年轻时，曾和张次公一块抢劫，结为强盗团伙。义纵有个姐姐叫义姁，以擅长医术受到王太后的宠幸。王太后问她："你有可做官的儿子或兄弟吗？"义姁说："有个弟弟，品行不好，不能做官。"王太后就告诉武帝，让义姁的弟弟义纵当了中郎，后来补任上党郡中的县令。义纵执法严酷，很少有宽和包容的情形，县里该办的事情没有一件拖拉，被推举为全郡第一。后来又调任长陵县和长安县的县令，他严格依法办事，对权贵外戚也从不通融。后来由于逮捕审判王太后的外孙脩成君的儿子仲，被武帝认为能干，提拔他做了河内郡的都尉。义纵到任后，就灭了当地的豪强穰氏等全族，使河内郡出现了道不拾遗的局面。张次公后来也做了郎官，因为他勇敢强悍，从军出战，敢于深入敌军而立下战功，被封为岸头侯。

　　宁成家居，上欲以为郡守。御史大夫弘曰："臣居山东为小吏时，宁成为济南都尉，其治如狼牧羊。成不可使治民①。"上乃拜成为关都尉②。岁余，关东吏隶郡国出入关者，号曰"宁见乳虎，无值宁成之怒"③。义纵自河内迁为南阳太守④，闻宁成家居南阳⑤，及纵至关，宁成侧行送迎⑥，然纵气盛，弗为礼。至郡，遂案宁氏，尽破碎其家。成坐有罪，及孔、暴之属皆奔亡⑦，南阳吏民重足一迹⑧。而平氏朱彊、杜衍杜周为纵牙爪之吏⑨，任用，迁为廷史⑩。军数出定襄⑪，定襄吏民乱败，于是徙纵为定襄太守。纵至，掩定襄狱中重罪轻系二百余人⑫，及宾客昆弟私入相视亦二百余

人⑬。纵一捕鞠⑭,曰"为死罪解脱"⑮。是日皆报杀四百余人⑯。其后郡中不寒而栗,猾民佐吏为治⑰。

【注释】

①不可使治民:不能让他任地方行政长官,如县令、郡守、诸侯相等。董份曰:"弘遏宁成、抑卜式,亦知大体者,但不能持谏,故史恶之耳。"

②关都尉:职官名,把守关塞的武官。郭嵩焘曰:"贾谊《新书》谓秦建武关、函谷、临晋关,为备山东诸侯。都尉典兵,以关为限⋯⋯宁成为关都尉,近距南阳,当属武关。"武关在今陕西丹凤东南。

③宁见乳虎,无值宁成之怒:极言宁成发怒时的凶狠可怕。乳虎,哺育小虎的母虎,据说哺乳期中的母虎特别凶猛。故世俗称恶妇为"母老虎"。值,遇,碰上。

④南阳:汉郡名,治所在今河南南阳。

⑤宁成家居南阳:宁成是南阳郡穰县(今邓州)人,故曰"宁成家居南阳"。

⑥宁成侧行送迎:"侧行"是古时虔敬的迎接之礼,又见于《高祖本纪》《孟子荀卿列传》等篇。宁成对他人凶不可言,而对义纵屈节如此,以见义纵的凶狠又远超宁成。

⑦成坐有罪,及孔、暴之属皆奔亡:谓宁成及孔、暴二家之豪长皆畏罪逃跑。成坐有罪,即宁成被判为有罪。孔、暴,二姓大族。方苞《评点史记》曰:"义纵守南阳,宁成奔亡,而其迹终焉,故叙列于此。"

⑧重足一迹:谓并足而立,所立之处只有一个足迹,极言其谨畏,不敢活动之状。或曰,指人们因畏惧犯罪而行动一致,如走路之足迹相重。

⑨平氏:汉县名,治所在今河南唐河东南,属南阳郡。朱彊:事迹不

详,仅见此处。杜衍:汉县名,治所在今南阳西南,属南阳郡。杜
周:著名酷吏,事见下文。

⑩廷史:即"廷尉史"。梁玉绳曰:"《汉书》作'廷尉史'。此与王温
舒传'廷史'同缺'尉'字。"

⑪定襄:汉郡名,治所在今内蒙古和林格尔西北土城子。

⑫掩:突然逮捕。重罪轻系:重囚按轻囚管押,盖狱吏受贿卖法也。

⑬宾客昆弟:谓在押犯人之宾客兄弟。昆弟,兄弟。私入相视:私自
入狱探看。

⑭一捕鞠:谓一概逮捕审问。鞠,通"鞫",审问。《汉书》作"一切捕
鞠"。

⑮曰"为死罪解脱":判定罪名为"随意给死刑犯摘脱刑具"。《集
解》引《汉书音义》曰:"律,诸囚徒私解脱桎梏钳赭,加罪一等;
为人解脱,与同罪。"

⑯是日皆报杀四百余人:意即连罪犯同探监者一起判罪斩决。报
杀,此处即判定死刑立即斩决。《说文》:"报:当(判决)罪人也。"
陈仁锡读此句为:"是日皆报,杀四百余人"。

⑰佐吏为治:辅佐官府维持地方治安。师古曰:"百姓有素豪猾为罪
恶者,今畏纵之严,反为吏耳目,助治公务以自效。"

【译文】

宁成闲居在家,武帝打算起用他做郡太守。御史大夫公孙弘说:"我
在山东做小吏时,宁成是济南郡的都尉,他治理百姓就像恶狼牧羊一样
凶残。宁成不可用来治理百姓。"于是武帝就任命宁成为武关都尉。过
了一年多,在关东各郡国任职有事出入武关的官吏称,"宁愿碰见哺乳幼
崽的母老虎,也不愿碰见宁成发怒"。这时义纵已经从河内郡调任南阳
太守,他早就听说宁成家住南阳,等到义纵来到武关的时候,宁成恭恭敬
敬地侧着身子往来迎送,而义纵趾高气扬,根本不还礼。义纵一到南阳
郡,立刻查办宁氏一族,搞得他们家破人亡。宁成本人也被牵连获罪,和

孔氏、暴氏等一起逃亡了，南阳郡的官民们都被吓得动也不敢动。而平氏县的朱疆和杜衍县的杜周都是义纵的心腹爪牙，得到重用，都被提拔为廷尉史。这时由于汉军多次从定襄郡出发北伐匈奴，所以定襄的吏民人心散乱、世风败坏，于是朝廷就又调义纵任定襄太守。义纵一到任，就突然袭击抽查定襄狱中二百多个犯重罪而按犯轻罪关押的犯人和私自到狱中探视他们的兄弟、门客二百多人。义纵将他们一概逮捕审问，定罪名说他们是"为死罪解脱"。当天就把这四百多人通通叛罪处决了。从此一郡之人不寒而栗，一贯豪猾为恶的刁民也都反过来帮着官府维持地方治安。

　　是时赵禹、张汤以深刻为九卿矣，然其治尚宽，辅法而行①，而纵以鹰击毛挚为治②。后会五铢钱白金起，民为奸③，京师尤甚，乃以纵为右内史，王温舒为中尉。温舒至恶，其所为不先言纵，纵必以气凌之，败坏其功④。其治，所诛杀甚多，然取为小治⑤，奸益不胜，直指始出矣⑥。吏之治以斩杀缚束为务⑦，阎奉以恶用矣⑧。纵廉⑨，其治放郅都⑩。上幸鼎湖，病久⑪，已而卒起幸甘泉⑫，道多不治。上怒曰："纵以我为不复行此道乎？"嗛之⑬。至冬，杨可方受告缗⑭，纵以为此乱民，部吏捕其为可使者⑮。天子闻，使杜式治，以为废格沮事⑯，弃纵市⑰。后一岁，张汤亦死⑱。

【注释】

　①辅法：依法，按法。这是说赵禹、张汤等即使为非做歹，也还是依　　照法律条文行事，只是在解释条文上下功夫，即所谓"深文"。

　②以鹰击毛挚为治：中井曰："毛，毛虫也，指虎豹之类。挚，以挚杀　　他兽而言。"挚，搏击之意。与张汤、赵禹相比，义纵之凶狠更是

枉顾法律肆意杀人。

③民为奸：指民间偷偷铸造白金与铜钱。《平准书》曰："赦吏民之坐盗铸金钱死者数十万人，其不发觉相杀者不可胜计；赦自出者百余万人，然不能半自出，天下大抵无虑皆铸金钱矣。"

④败坏其功：朝廷以义纵为右内史，主京都行政；以王温舒为中尉，主京都治安，以使二人协作以治长安，而义纵故意寻衅，二酷吏内讧。

⑤取为小治：义纵仅能解决细小琐碎的问题，根本问题并未解决。取，此指仅取得。

⑥直指：也称"绣衣直指"，职官名，朝廷临时派出的视察人员，上属御史大夫，以讨治奸猾，判决大狱为事。其人官级不高，但权力甚大。

⑦斩杀：指将"犯法"者处死。缚束：指将"犯法"者下狱，置之"累绁"之中。

⑧阎奉：曾为水衡都尉，后文有云："水衡阎奉朴击卖请"，具体不详。

⑨纵廉：言义纵为政清廉，非贪黩者所可比也。

⑩放：仿效。

⑪上幸鼎湖，病久：事在元狩五年（前118）。关于武帝此次患病详情见《封禅书》。此次武帝卧病，似应在鼎湖宫。

⑫已：谓病愈。甘泉：山名，在今陕西旬邑南，有秦汉时代帝王的离宫，故秦汉帝王屡次前往。

⑬嗛：同"衔"，怀恨。当时义纵为右内史，甘泉山在其所辖境内，道路不修，故武帝内心恨之。

⑭杨可方受告缗：当时正实行"告缗"制度，而杨可主管其事。受，主管。告缗，鼓励吏民举报工商业主申报资产不实，"告缗"事行于之后的元鼎三年（前114），此时应曰"算缗"，即令工商业者按资产交税。

⑮部吏捕其为可使者：凌稚隆引何焯曰："捕其为杨可所使者，以气凌之，败坏其功，非能为民也。"梁玉绳曰："此乃元狩五年之冬

也，而《汉书·武纪》元鼎三年十一月'令民告缗'，何哉？"司马
迁此处记事疑有误。部吏，部署、派遣官吏。

⑯废格：废置抵拒。沮：破坏。

⑰弃纵市：将义纵弃市，即问斩于长安街头。司马迁痛恨汉武帝实
　　行的"告缗"政策于国计民生有害，比义纵之酷苛尤甚，今写义纵
　　不满"告缗"而被诛，暗含了司马迁的痛惜之意。

⑱后一岁，张汤亦死：梁玉绳曰："'一岁'当作'二岁'，《公卿表》义
　　纵以元狩五年弃市，张汤以元鼎二年死也。"

【译文】

这时赵禹、张汤都凭着执法严酷而官居九卿之列了，但相比之下，他
们治理百姓的方法还算宽缓，总还要找法律依据，而义纵治政则是像苍
鹰猛虎捕猎一般酷烈凶狠。后来赶上朝廷推行五铢钱和使用白金，民间
有人制造假钱，都城长安尤其严重，于是武帝便任命义纵为右内史，任命
王温舒为中尉。王温舒最凶残，他所做的事情，事先都不向义纵打招呼，
而义纵一定会负气欺凌他，破坏他的计划。义纵治理政事，杀了很多人，
结果只能取得小治，实际上作奸犯科的人越来越多，于是朝廷开始派出
绣衣直指使者到各地去专门缉捕盗寇。这时官府整治社会秩序实际上
就是靠着抓人杀人，阎奉就是因为手段毒辣而受到了重用。义纵为人廉
洁，他治理政事仿效郅都。武帝巡幸鼎湖，在那里病了很久，病好后突然
驾幸甘泉宫，发现沿途很多路段没有修好。武帝生气地说："义纵以为我
的病好不了，不会再走这条道了吗？"心中怀恨义纵。到了这年冬天，杨
可正主持实行"告缗法"，义纵认为这将扰乱百姓，因而派出狱吏抓捕了
一些为杨可效力的人。武帝听说这事，就派杜式处理此事，结果给义纵
定了个抗拒皇帝诏命的罪名，将义纵弃市。过了一年，张汤也死了。

　　王温舒者，阳陵人也①。少时椎埋为奸②。已而试补县
亭长，数废。为吏，以治狱至廷史③。事张汤④，迁为御史。

督盗贼，杀伤甚多，稍迁至广平都尉⑤。择郡中豪敢任吏十余人⑥，以为爪牙，皆把其阴重罪，而纵使督盗贼，快其意所欲得，此人虽有百罪⑦，弗法⑧；即有避，因其事夷之⑨，亦灭宗。以其故齐赵之郊盗贼不敢近广平⑩，广平声为道不拾遗。上闻，迁为河内太守。

【注释】

①阳陵：园邑名，在今陕西高陵西南，即景帝陵墓之所在县。

②椎埋：《集解》引徐广曰："椎杀人而埋之。或谓发冢。"

③廷史：此处亦应作"廷尉史"。职官名。

④事张汤：凌稚隆引余有丁曰："自温舒而下皆张汤故吏，故太史公每曰'事张汤'，意深至矣。"

⑤广平：汉郡名，治所在今河北鸡泽东南。

⑥豪敢任吏：豪横敢于任事之吏。"敢任"二字连读。泷川将"豪敢"二字连读，即择其"豪强勇敢"者担任官吏，亦通。

⑦此人：指被王温舒用为爪牙的人。

⑧弗法：不绳之以法。姚苎田曰："豪猾奸吏，持其阴罪而纵使督奸，固亦一法，然曰'快其意所欲得，则赏其罪勿问'，则彼必竟为贼害以希上之旨，而冤抑罹祸有不可胜言者矣。"

⑨即有避，因其事夷之：如果谁有所纰漏，就清算他的老账，杀掉他。即，若，如果。夷，平，这里即杀死。

⑩齐赵之郊：齐、赵两国间的交通要冲。郊，师古曰："谓交通冲要之处也。"

【译文】

　　王温舒是阳陵县人。年轻时当过盗墓贼。后来被试用补任为县里的亭长，中间曾几次被免职。后来做了执法小吏，因善于断案而升任廷尉史。在张汤手下任职，升为御史。负责缉捕盗贼，杀伤的人很多，后来升迁为广平郡都尉。到任后他选拔了郡里十几个胆大敢干的衙役做自己的心腹，他掌握着这伙人隐秘的重大罪行，从而放手让他们去督捕盗贼，只要这人能抓到王温舒想抓的人从而使他快意，纵使他有一百条罪状，也不加惩治；如果谁要是有所避忌不尽心做事，王温舒就依据他过去所犯的罪行把他和他的家族一齐灭掉。由于他使用了这套办法，因而使得齐国、赵国间诸交通要冲的盗贼都不敢靠近广平郡，于是广平郡就有了路不拾遗的好名声了。武帝听说后，提拔王温舒做了河内太守。

　　素居广平时，皆知河内豪奸之家，及往，九月而至①。令郡具私马五十匹，为驿自河内至长安②，部吏如居广平时方略，捕郡中豪猾，郡中豪猾相连坐千余家。上书请，大者至族，小者乃死，家尽没入偿臧③。奏行不过二三日，得可事④。论报⑤，至流血十余里。河内皆怪其奏，以为神速⑥。尽十二月⑦，郡中毋声，毋敢夜行，野无犬吠之盗。其颇不得失⑧，之旁郡国，黎来，会春⑨，温舒顿足叹曰："嗟乎，令冬月益展一月，足吾事矣⑩！"其好杀伐行威不爱人如此。天子闻之，以为能，迁为中尉。其治复放河内，徙诸名祸猾吏与从事⑪，河内则杨皆、麻戊，关中杨赣、成信等。义纵为内史，惮未敢恣治⑫。及纵死，张汤败后，徙为廷尉，而尹齐为中尉⑬。

【注释】

①及往，九月而至：《汉书》作"及往，以九月至"，意思较明晰。

②驿：驿路，古代为官方人员往来开设的道路，沿途有驿站，以供应往来者的食宿及提供交通工具等。

③没入：没收归公。偿臧：偿还掠夺霸占的财物。臧，同"赃"。

④得可事：王先谦曰："得奏可之事。"

⑤论报：二字同义，即处决犯人。

⑥河内皆怪其奏，以为神速：河内，指全郡的人。怪其奏，奇怪其所奏得到批复如此之快。

⑦尽十二月：杨树达曰："温舒以九月到郡，至十二月，不过四月，此言其效速。"

⑧颇：略有，极言其少。

⑨黎来，会春：待至抓捕回来，已到春天。黎，比，等到。

⑩令冬月益展一月，足吾事矣：如果让冬天再延展一个月，我的事情就能全部办完了（指想杀的全部杀完）。师古曰："立春之后，不复行刑，故云然。"

⑪徙诸名祸猾吏与从事：选调那些以奸猾害人出名的恶吏来与之共事。徙，选调。郭嵩焘曰："杨皆、麻戊皆河内人，义纵迁中尉，犹徙以与俱行也。"王念孙认为"徙诸名"应从《汉书》改为"徙请召"，意即"专门聘用"。

⑫惮未敢恣治："惮"上应增"温舒"二字读。师古曰："言温舒惮纵，不得恣其酷暴。"

⑬徙为廷尉，而尹齐为中尉：王温舒为廷尉，尹齐为中尉皆在元鼎三年（前114）。

【译文】

　　王温舒早在广平郡任职时，就清楚河内有哪些豪强奸邪的家族，等到他上任的时候，九月到达河内。王温舒让郡里准备五十四私马，在河内到长安的大路上设立若干驿站，采用在广平郡时的方略部署使用衙役，让他们抓捕郡中那些豪强奸猾之徒，郡中豪强奸猾由此牵连获罪的多达上千家。只要他向上呈报，那就必然是重者灭族，轻者本人处死，家产全部没收抵偿赃款。他呈报的公文每次总是不过两三天就能得到可以照办的批示。宣判处决犯人,就要血流十几里。全郡都纳闷他上报的文书为什么批复得如此神速。到十二月的月底,郡里没有人敢说话,也无人敢夜晚行走,郊野没有因盗贼引起狗叫的现象。那些极少数逃到临近郡县和诸侯国里去的人,待至把他们追捕回来时,已经到了停止行刑的春天了,气得王温舒跺着脚叹息说:"唉呀,要是能让冬季再延长一个月,我的事就办完了!"他嗜杀成性,爱显示威风而不惜人命到如此程度。武帝听说后,认为他很能干,提拔他为中尉。到了京城,王温舒还是采取在河内曾用过的那套办法,又找了一群有名的奸诈刻毒的衙役来帮他办事,从河内带过来的有杨皆、麻戊,从关中新找的有杨赣、成信等人。早在义纵做内史的时候,王温舒因为怕他,还不敢恣意地实行严酷之政。等到义纵被杀、张汤垮台之后,王温舒便升任了廷尉,尹齐当了中尉。

尹齐者,东郡茌平人①。以刀笔稍迁至御史。事张汤,张汤数称以为廉武,使督盗贼,所斩伐不避贵戚。迁为关都尉②,声甚于宁成。上以为能③,迁为中尉,吏民益凋敝。尹齐木强少文④,豪恶吏伏匿而善吏不能为治⑤,以故事多废,抵罪。上复徙温舒为中尉,而杨仆以严酷为主爵都尉。

【注释】

①东郡:汉郡名,治所在今河南濮阳西南。茌平:汉县名,治所在今山东茌平西南。

②迁为关都尉:底本原作"迁为关内都尉",泷川曰:"《汉书》无'内'字,此衍。"今径改。

③上以为能:凌约言曰:"诸酷吏之迁秩者,皆曰'上以为能',词婉而意深矣。"

④木强少文:朴钝而不善文饰。

⑤伏匿:谓退避不为其用。不能为治:干不成事。

【译文】

尹齐是东郡茌平县人。从一个刀笔小吏而逐步升迁成了御史。他曾在张汤手下做事,张汤多次称赞他廉洁果敢,派他去缉捕盗贼,他办理案件时,不回避权贵皇亲。后来升为关都尉,严酷的名声超过了宁成。武帝认为他能干,提拔他做中尉,从此关中的吏民们更加困苦不堪。尹齐处事死板而缺乏文才,一些凶狠狡猾的衙役都躲了起来,而那些老实的人又不能有效地去处理政事,因此政事多半都废弛了,尹齐也因此获罪。武帝又改任王温舒为中尉,而杨仆因办事严酷做了主爵都尉。

杨仆者,宜阳人也①。以千夫为吏②。河南守案举以为能③,迁为御史,使督盗贼关东。治放尹齐,以为敢挚行④。稍迁至主爵都尉,列九卿⑤。天子以为能。南越反,拜为楼船将军,有功,封将梁侯⑥。为荀彘所缚⑦。居久之,病死⑧。

【注释】

①宜阳:汉县名,治所在今河南宜阳西北,上属河南郡。

②以千夫为吏:以"千夫"爵位在宜阳县为小吏。千夫,武功爵名,相当于秦爵的"五大夫",自下而上的第九级,有此爵者可免除从军服役。武功爵是一种因当时军用不足,可以出钱谷购买的爵位,故平民中的富人多有爵级。

③河南:汉郡名,治所在今河南洛阳东北部。案举:考察推荐。

④以为敢挚行:"为"字疑衍。敢挚,果敢猛鸷。挚,同"鸷",猛禽之搏击。《汉书》作"以敢击行",师古曰:"果敢搏击而行其治也。"二者意同。

⑤列九卿:与"九卿"同列,非"九卿"之一。胡三省曰:"汉太常、郎

中令、中大夫令（卫尉）、太仆、大理（廷尉）、大行（典客）、宗正、大司农、少府为正九卿；中尉、主爵都尉、内史列于九卿。"

⑥有功，封将梁侯：杨仆攻破南越的战功，详见《南越列传》。

⑦为荀彘所缚：此句上似有脱文。元封二年（前109），朝鲜攻杀汉之辽东（郡治襄平，即今辽阳）都尉，汉派左将军荀彘与楼船将军杨仆分水旱两路夹击朝鲜。因二将争功，荀彘袭捕了杨仆。事后，荀彘被诛，杨仆被赎为庶人。事见《朝鲜列传》。

⑧居久之，病死：《汉书》作："还，免为庶人，病死。"

【译文】

杨仆是宜阳人。因为他有千夫的武功爵而被任用为官府小吏。河南太守经过考察认为他有才能，于是杨仆被提拔为御史，朝廷派他到关东缉捕盗贼。杨仆治理政事的方法效仿尹齐，以勇猛敢干著称。逐渐升为主爵都尉，位居九卿之列。武帝认为他能干。南越反叛时，杨仆被拜为楼船将军，由于征讨有军功，被封为将梁侯。后来与左将军荀彘征朝鲜时被袭捕。又过了很久，他得病而死。

而温舒复为中尉。为人少文，居它惛惛不辩①，至于中尉则心开②。督盗贼，素习关中俗，知豪恶吏，豪恶吏尽复为用，为方略。吏苛察，盗贼恶少年投缿购告言奸③，置伯格长以牧司奸盗贼④。温舒为人谄，善事有势者；即无势者，视之如奴。有势家，虽有奸如山，弗犯；无势者，贵戚必侵辱。舞文巧诋下户之猾，以焄大豪⑤。其治中尉如此。奸猾穷治，大抵尽靡烂狱中⑥，行论无出者⑦。其爪牙吏虎而冠⑧。于是中尉部中中猾以下皆伏⑨，有势者为游声誉⑩，称治。治数岁，其吏多以权富⑪。

【注释】

①居它惛惛不辩：担任其他职务，则昏昏然神志不清，办不好事。惛，同"昏"。辩，通"办"。底本原文作"居廷惛惛不辩"。"居廷"二字有误，《汉书》作"居它"。师古曰："言为余官则心意蒙蔽，职事不举。"通观前后文似应作"居它"。今据《汉书》改。

②心开：即所谓"心开目明""心明眼亮"。

③投缿（xiàng）购告：投匿名举报信以诬陷人。缿，《索隐》曰："受钱器也，古以瓦，今以竹。以此器受投书。"类似今之"检举箱"。购，同"构"，构陷，诬害。

④伯格长：监督乡民的小官吏。《索隐》曰："'伯'音'阡陌'，'格'音'村落'，言阡陌村落皆置长也。"牧司：监督，伺察。李笠曰："《商君传》云：'令民为什伍而相牧司连坐。'《索隐》曰：'牧司，谓相纠发也。'"奸盗贼：李笠曰："'奸'下似脱'宄'字。"

⑤以焄（xūn）大豪：惩办"下户之猾，以焄大豪"，即今"敲山震虎""杀鸡吓猴"。焄，同"熏"。凌稚隆引董份曰："言以火熏逼也。……温舒不能即禽有势之家，故巧诋下户，而熏逼大豪，使之知惧耳。"

⑥麇：通"縻"。

⑦行论：给犯人判罪。

⑧虎而冠：戴着帽子的猛虎。师古曰："言其残暴之甚也，非有人情。"《项羽本纪》有"沐猴而冠"，句法相同。

⑨部中：犹言"治下"，管辖范围内。中猾：中等量级的恶人。

⑩游：游说，称扬。

⑪以权富：因其掌权，"贪赃枉法"而致富。

【译文】

王温舒二次做了中尉。他缺少文才，在别的职位上昏昏沉沉，办不好事情，而一当中尉就心明眼亮了。他负责缉捕盗贼，由于向来熟悉关中的习俗,知道哪些衙役凶残狡诈,于是凶残狡诈的家伙们就都为他效力,替他出谋划策。官吏们苛刻狠毒,盗贼恶少年投匿名信举报诬陷他人,又设置"伯格长"让他们监督那些作奸犯科的人。王温舒为人谄媚,善于巴结有权势的人;对于没有权势的人,就把他们如同奴仆一样对待。有权势的人家,即使作恶如山,他也不去触犯;没有权势的人家,即使是皇亲国戚他也一定要欺侮。他通过玩弄法令条文整治小户人家来向那些豪强大奸提出警告。他做中尉时就是这样处理政事的。对那些奸猾之徒他必定穷究其罪,只要抓起来差不多就得全部死在狱中,没有一个判过刑的能活着出来。他的爪牙们都像是戴着帽子的老虎一样凶残。于是在中尉府管辖的地面上,中等以下程度的不轨分子都隐伏不敢出来;再加上有权有势的人替他宣扬名声,他的辖区以治理得当著称。他治理政事几年后,属下的官员都靠着手中的权力而富了起来。

温舒击东越还①,议有不中意者,坐小法抵罪免。是时天子方欲作通天台而未有人②,温舒请覆中尉脱卒③,得数万人作。上说,拜为少府。徙为右内史,治如其故,奸邪少禁。坐法失官。复为右辅④,行中尉事,如故操。

【注释】

①击东越:事在元鼎六年(前111)。事见《东越列传》。

②通天台:在甘泉山,作于元封三年(前108)。《封禅书》云:"乃作通天台,置祠具其下,将招来仙神人之属。"

③覆:检查,查对。中尉脱卒:中尉管辖范围内的逃避劳役的人。中井曰:"脱卒,奸巧避役者。"

④右辅:即右内史,也称"右扶风",其治区为京都郊区的西部。"右扶风"与"左冯翊""京兆尹"合称"三辅"。官署皆设于长安。

【译文】

王温舒征讨东越归来后，因为议事不符合武帝的旨意，被加了一些小罪名免官。这时武帝为求仙想修通天台而没有人力，于是王温舒建议清查中尉管辖范围内的逃避劳役的人，结果查出了几万人充当劳力。武帝很高兴，又任命王温舒做了少府。后来又调任右内史，他还是使用他过去那套处理政事的办法，奸邪之事稍稍有所收敛。此后，他又因触犯法律被罢官。又做了右辅，并代行中尉的职权，处理政事的办法还是像过去一样。

岁余，会宛军发①，诏征豪吏，温舒匿其吏华成，及人有变告温舒受员骑钱②，他奸利事③，罪至族，自杀④。其时两弟及两婚家亦各自坐他罪而族⑤。光禄徐自为曰⑥："悲夫，夫古有三族⑦，而王温舒罪至同时而五族乎⑧！"

【注释】

①宛（yuān）军发：即征调军队以伐大宛。发，征发，征调。大宛是当时建立在今新疆西境外吉尔吉斯斯坦一带的小国，汉伐大宛在武帝太初元年（前104），事见《大宛列传》。

②变告：写匿名信向朝廷举报。受员骑钱：谓接受员骑的贿赂，使其免于从军。员骑，在册的骑兵。《正义佚文》曰："置骑有员数。"

③他奸利事："他"上应增"及"字读。奸利，非法谋利。

④自杀：王温舒自杀在太初元年（前104）。

⑤两弟及两婚家：共四家。两婚家，两个弟媳的娘家。

⑥光禄：即光禄勋，原名郎中令，统领皇帝侍从，主管宫殿门户，九卿之一，武帝太初元年改称光禄勋。徐自为：武帝时将领，曾参与对匈奴、羌人的作战，并受命在北方边境筑城，事见《卫将军骠骑列

传》。徐自为元狩六年（前117）为郎中令，太初元年（前104）为光禄勋。

⑦古有三族：意即古有灭三族之律。关于"三族"的说法历来不一，有曰指父族、母族、妻族，有曰指父辈、己辈、子辈。

⑧罪至同时而五族乎：师古曰："温舒与弟同三族，而两妻家各一，故为五也。"姚苎田曰："假他人口中出之，咨嗟涕洟，快耶恨耶，写得妙绝。"

【译文】

一年多以后，恰逢汉朝征兵西伐大宛，武帝下令征召那些豪强官吏，王温舒把他的属官华成隐藏起来，后来有人告发王温舒接受在册骑兵的贿赂以及其他作奸犯科的事，罪行之重应当灭族，王温舒就自杀了。与此同时，王温舒的两个弟弟和弟媳的娘家也分别因为其他罪名而被灭族了。光禄勋徐自为说："可悲啊，自古只有灭三族的事，而王温舒竟至于同时被灭了五族！"

温舒死，家直累千金①。后数岁，尹齐亦以淮阳都尉病死②，家直不满五十金。所诛灭淮阳甚多，及死，仇家欲烧其尸，尸亡去归葬③。

【注释】

①家直累千金：家产值数千金。累，指多个。姚苎田曰："十人中第一无品者，其才亦远不逮宁成辈，只是一个任用猾吏而已。宜其咎连五族，而千金之产适为屠剑之场也。"凌稚隆引王慎中曰："总叙酷吏之自祸，并祸家国，为戒深矣。"

②淮阳：汉初为诸侯国，七国之乱后改为淮阳郡，治所今河南淮阳。

③尸亡去归葬：《集解》引徐广曰："尹齐死，未及敛，恐怨家欲烧之，尸亦飞去。"《论衡·死伪篇》："家人知仇家欲烧其尸，窃尸而逃

耳。"《正义佚文》曰："言妻将其尸亡逃而去,归家葬。"按,史公文字讹误,含义不清,遂使后人推理为说。

【译文】

王温舒死后,家产总值数千金。过了几年,尹齐也病死在淮阳都尉任上,家产不满五十金。由于他在淮阳杀了许多人,待到他死了,那些仇家们便想将他焚尸扬灰,他的家人扬言尸体不翼而飞,实际上偷偷地运回家乡安葬了。

自温舒等以恶为治,而郡守、都尉、诸侯二千石欲为治者①,其治大抵尽放温舒,而吏民益轻犯法,盗贼滋起。南阳有梅免、白政,楚有殷中、杜少,齐有徐勃,燕赵之间有坚卢、范生之属。大群至数千人,擅自号,攻城邑,取库兵,释死罪,缚辱郡太守、都尉,杀二千石,为檄告县趣具食②;小群以百数,掠卤乡里者不可胜数也。于是天子始使御史中丞、丞相长史督之③。犹弗能禁也,乃使光禄大夫范昆、诸辅都尉及故九卿张德等衣绣衣④,持节⑤,虎符发兵以兴击⑥,斩首大部或至万余级⑦,及以法诛通饮食⑧,坐连诸郡,甚者数千人。数岁,乃颇得其渠率⑨。散卒失亡,复聚党阻山川者⑩,往往而群居,无可奈何。于是作"沉命法"⑪,曰群盗起不发觉,发觉而捕弗满品者⑫,二千石以下至小吏主者皆死。其后小吏畏诛,虽有盗不敢发,恐不能得,坐课累府⑬,府亦使其不言。故盗贼寖多,上下相为匿,以文辞避法焉⑭。

【注释】

①诸侯二千石:指诸侯国的傅与相。诸侯王相主管政务,位同于郡

守;诸侯王傅负责诸侯王的训导,秩皆二千石。

②为檄(xí)告县:发布檄文通告各县官吏。檄,檄文,将某事宣告天下的一种文体。趣具食:快速为其部众准备粮食。趣,迅即,赶忙。

③使御史中丞、丞相长史督之:御史中丞是御史大夫手下大吏,丞相长史是丞相手下的大吏,二府联合派大员督促各地政府清剿,足见当时事态之急。

④光禄大夫:职官名,郎中令的属官,掌议论,原名"中大夫",太初元年改称光禄大夫。诸辅都尉:即三辅都尉,汉武帝元鼎四年(前113)置,盖即左辅都尉、右辅都尉、京辅都尉也,皆上属中尉统辖。

⑤节:皇帝派使者外出下达命令所持的信物。

⑥虎符:皇帝派人调动军队所持的信物,以金属制成虎形,分成两半,朝廷与统兵者各执其一。以兴击:师古曰:"以兴击,以军兴之法而讨击也。""军兴"即今"军事动员",以战争为名征调人力、物力。

⑦大部:犹言"大郡"。部,治下,管辖范围。

⑧通饮食:谓供给"强盗"饮食之需。郭嵩焘曰:"即上'为檄告县趣具食'者。"

⑨颇得其渠率:捉到了某些首领。渠率,大头目。渠,大。

⑩阻山川:凭借险要的山川形势为依托。阻,凭藉,凭借。

⑪沉命法:王先谦引应劭曰:"沉,没也,敢蔽匿盗贼者,没其命也。"又引沈钦韩曰:"与之相连俱死也。"

⑫捕弗满品:捕获的人数到不了规定标准。师古曰:"品,率也,以人数为率也。"即所谓"概率""百分比"。

⑬坐课累府:因自己受查究而连累郡府。课,审查,查究。师古曰:"府,郡府也。"

⑭以文辞避法:《集解》引徐广曰:"诈为虚文,言无盗贼也。"梁玉绳

曰:"'自温舒等以恶为治'至'以文辞避法焉'一段,无端横入,不成章法,乃《汉书·减宣传》尾之语,后人妄取入史,而又误置于此也。盖《汉传》减宣已上,皆袭原《史》原文;田广明已下,孟坚自作,故以斯语结之。且徐勃等阻山攻城,天子遣使者绣衣治盗,事在天汉元年,'沉命法'更在后,则非史公所撰益明矣。"

【译文】

　　自从王温舒等采用凶恶狠毒的手段处理政事以来,那些郡太守、都尉,以及诸侯国二千石一级的官僚凡想要做出政绩,大体上都是仿效王温舒的做法,其结果反而是官吏和百姓更加轻率地犯法,盗贼不断兴起。南阳郡有梅免、白政,楚地有殷中、杜少,齐地有徐勃,燕赵地区有坚卢、范生等人。大的团伙聚众几千人,擅自称王称霸,攻打城邑,夺取武库里的兵器,释放监狱里的死囚,捆绑侮辱郡太守、都尉,杀害二千石官员,发布檄文催促各县为他们准备粮食;至于那些人数上百的小股土匪,抢劫乡村的,就多得无法统计了。于是武帝开始派御史中丞、丞相长史等督办剿灭盗匪之事。结果还是不能禁止,于是武帝又派光禄大夫范昆和各位辅都尉以及曾经做过九卿的张德等人,让他们穿着特制的绣衣,手持符节,拿着虎符,发兵征讨盗贼,在镇压大股盗贼时杀死的就有上万人,再处置那些给盗贼供应过吃喝的人,株连数郡,被杀的多达数千人。过了好几年,才抓获一些头目。至于那些被打散的喽啰,又聚集成党,占据险要的山川作乱,往往群居一处,官府对他们也无可奈何。于是国家又颁布了"沉命法",规定凡是成群结伙的强贼出现而没有及时发觉,或是发觉后没有捕获到一定限额的,负责此事的官员上至二千石下至小衙役都要处死。从这以后,小官员怕被诛杀,纵然有盗贼也不敢上报,害怕捕不到,犯法被判刑又连累上级官府,上级官府也让他们不要上报。于是盗贼就越来越多,上下互相隐瞒,玩弄文辞,以逃避法律制裁。

减宣者,杨人也。以佐史无害给事河东守府。卫将军青使买马河东①，见宣无害，言上，征为大厩丞②。官事辨③，稍迁至御史及中丞④。使治主父偃及治淮南反狱⑤，所以微文深诋⑥，杀者甚众⑦，称为敢决疑。数废数起，为御史及中丞者几二十岁⑧。王温舒免中尉，而宣为左内史⑨。其治米盐⑩，事大小皆关其手，自部署县名曹实物⑪，官吏令丞不得擅摇⑫，痛以重法绳之。居官数年，一切郡中为小治辨⑬，然独宣以小致大，能因力行之，难以为经⑭。中废。为右扶风⑮，坐怨成信，信亡藏上林中，宣使郿令格杀信⑯，吏卒格信时，射中上林苑门，宣下吏诋罪⑰，以为大逆⑱，当族，自杀⑲。而杜周任用。

【注释】

①使买马河东：师古曰："将军卫青充使，而于河东买马也。"使，出使，出差。

②大厩（jiù）丞：官职名，太厩令的副官，上属太仆，为皇帝管马。大，通"太"。

③辨：完成任务，办得好。

④稍迁至御史及中丞：减宣升为御史中丞应自元朔二年（前127）之前起。

⑤治主父偃：查办主父偃的案子，事在元朔二年（前127）。主父偃，姓主父，名偃，学纵横之术，汉武帝时为中大夫，后为齐相。事见《平津侯主父列传》。治淮南反狱：淮南王刘安谋反被诛事在元狩元年（前122）。

⑥微文深诋：即"穿凿附会"。微，细，密。诋，毁谤。

⑦杀者甚众：杨树达曰："《淮南王传》云：'所连引与王谋反列侯二千石豪杰数千人，皆以罪轻重受诛。'宣与汤有隙，穷竟汤事，见

汤传。"

⑧为御史及中丞者几二十岁：杨树达曰："杜周传云'与减宣更为中
丞者十余岁'。"几，近，差不多。

⑨王温舒免中尉，而宣为左内史：王先谦曰："据《公卿表》，温舒免
中尉在元鼎六年（应作五年），宣为左内史在元封元年。"

⑩米盐：比喻抓得非常琐碎，犹今所谓"胡子眉毛一把抓"。

⑪自部署县名曹实物：意谓减宣管人管物越俎代庖。郭嵩焘曰：
"县，即左内史所属之县也。名曹，谓县所属诸曹吏。实物，谓山
林、川泽、土田所入，仓储之积也。减宣综核之才，亦殊胜人。"

⑫令丞：左内史所属各县的县令、县丞。

⑬一切：犹言"其他的""一般的"。小治辨：勉强办到，低标准完成
任务。

⑭能因力行之，难以为经：王念孙曰："'因'当作'自'，言独宣能行
之，而他人则不能。"难以为经，《正义》曰："难以为常法也。"经，
常，常法。

⑮为右扶风：减宣为右扶风在太初元年（前104）。

⑯郿令：郿县县令。郿，汉县名，治所在今陕西眉县东北。当时为右
扶风属县。

⑰诋罪：抵罪，犯罪。诋，通"抵"，抵偿。

⑱以为大逆：被认为大逆不道。上林苑是皇帝的猎场，属吏射中林
苑之门，故被定罪为"大不敬"。

⑲自杀：减宣在太初三年（前102）自杀。姚苧田曰："减宣大抵纤
啬苛察之人，其才亦有过人者，然无大臣之度，而又济之以酷急，
则其祸不可胜言矣。"

【译文】

减宣是杨县人。因为当佐史能干，被调到河东太守府任职。一次，
大将军卫青到河东买马，见减宣办事利索，就向武帝推荐，于是减宣被征

召到京城当了大厩丞。由于他把大厩丞分内的事办得好,因而渐渐地升到了御史和御史中丞。武帝派他审理主父偃和淮南王谋反的两个案子,他穿凿附会,深加诬陷,所以被杀的人很多,被称赞为敢于判决疑难案件。此后,他屡次被免官又屡次被起用,前后任御史及御史中丞将近二十年。王温舒被免去中尉之职的时候,减宣任左内史。他处理政务非常琐碎,无论大事小事都要亲自决定,甚至亲自掌管下属各县各部门的财产器物,他制定的规定,府里的官吏和下属的县令县丞都不得擅自改变,不听话的就从重惩处。任职的几年时间,其他郡都只是小有成效,唯独减宣能从小事办到大事,能凭借威力加以推行,但他的办法难以普遍推行。减宣中途被罢官。任右扶风时,与成信有怨隙,成信潜逃藏在了上林苑,减宣便派郿县县令击杀成信,结果吏卒们在射杀成信时,弓箭射中了上林苑的门,于是减宣被交给司法官判罪,被宣判为大逆不道的重罪,应当灭族,于是减宣自杀。之后杜周受到了任用。

　　杜周者,南阳杜衍人。义纵为南阳守,以为爪牙,举为廷尉史。事张汤,汤数言其无害,至御史。使案边失亡[1],所论杀甚众。奏事中上意,任用,与减宣相编[2],更为中丞十余岁[3]。

【注释】

①案边失亡:《正义》曰:“谓边郡被寇,失亡人畜、财物、甲卒多,故使案之。”

②相编:互相穿插交替。

③更:交互。

【译文】

杜周是南阳郡杜衍县人。义纵做南阳太守的时候,把杜周当作得力助手，举荐他做了廷尉史。在张汤手下效力时，张汤多次向武帝称赞他有才能，于是被提拔为御史。武帝派他审理边境士卒逃亡的事，被他判罪杀掉的人很多。他上奏的事情符合武帝的心意，因而受到任用，他和减宣互相接替，轮流做了十几年御史中丞。

其治与宣相放，然重迟^①，外宽，内深次骨^②。宣为左内史，周为廷尉^③，其治大放张汤而善候伺。上所欲挤者，因而陷之；上所欲释者，久系待问而微见其冤状。客有让周曰："君为天子决平，不循三尺法^④，专以人主意指为狱。狱者固如是乎？"周曰："三尺安出哉？前主所是著为律，后主所是疏为令^⑤，当时为是，何古之法乎！"

【注释】

①重迟：说话少，不够敏捷机灵。《汉书》作"少言重迟"。师古曰："迟，谓性非敏速也。"

②内深次骨：内心阴沉，残刻至骨。《索隐》曰："次，至也。"

③周为廷尉：事在元封三年（前109）。

④三尺法：指律令。《集解》引《汉书音义》曰："以三尺竹简书法律也。"

⑤疏：师古曰："谓分条也。"意即"开列""罗列"，亦即"著录""登录"的意思。郭嵩焘曰："秦汉以下，人主之势日尊，汉初廷臣犹能有自举其职者，天子弗能夺也。乃使人主一言皆垂为律令，由杜周此言阶之厉也，悲夫！"

【译文】

杜周治理政事的方法与减宣相仿，但处事慎重，决断迟缓，表面上宽厚，实际上内心里苛刻到了极点。减宣做左内史的时候，杜周做廷尉，他治理政事很像张汤,而且善于窥测迎合武帝的心意。武帝想排挤谁,他就编造罪名陷害谁;武帝想宽释谁,他就长期将其囚禁待审而暗中显露他的冤情。有人责问杜周说:"你替天子断案,不以法律为准绳,而专门看着皇上的脸色行事。能够这样断案吗?"杜周说:"法律是怎么产生出来的?从前的国君认为对的就写成法律;当今皇帝认为对的就成为法令,适合当时的情况就是正确的,哪里有什么古法!"

　　至周为廷尉,诏狱亦益多矣①。二千石系者新故相因②,不减百余人。郡吏大府举之廷尉③,一岁至千余章。章大者连逮证案数百④,小者数十人;远者数千,近者数百里。会狱⑤,吏因责如章告劾⑥,不服,以笞掠定之⑦。于是闻有逮,皆亡匿。狱久者至更数赦十有余岁而相告言⑧,大抵尽诋以不道⑨,以上廷尉及中都官⑩,诏狱逮至六七万人,吏所增加十万余人⑪。

【注释】

①诏狱:由皇帝交下来的案件,也指关押皇帝要查办的罪犯的监狱。

②新故相因:新旧相接续。因,接续。

③郡吏大府举之廷尉:指各郡及丞相府提交到廷尉衙门来的案件。

　　郡吏,《集解》引如淳曰:"郡太守也。"举,提交。

④证案:与案件有关的人。

⑤会狱:即指"过堂""开审"。

⑥责如章告劾(hé):师古曰:"皆令服罪,如所告劾之本章。"责,要求。

⑦以笞掠定之:即屈打成招。笞掠,拷打。

⑧更:经历。而相告言:有人解释为"仍在受到控告",意思大概如此,原文则似有语病。

⑨尽诋以不道：全部被诬蔑成"大逆不道"而定罪。不道，即"大逆不道"。

⑩中都官：师古曰："凡京师诸官府也。"

⑪吏所增加十万余人：师古曰："吏又于此外以文致之，更增加也。"

【译文】

等到杜周做廷尉的时候，奉旨审理的案件越来越多。二千石一级的官员被拘捕的一茬压一茬，人数有上百人。各郡与郡相衙门送交廷尉审理的案件，一年多达一千多件。大的案件要牵连逮捕几百人，小的也有几十人；这些人，远的从几千里以外押解进京，近的也有几百里。一到开审的时候，官吏就逼着犯人按照被告发的罪名招供，如果不服，就屈打成招。因此，人们一听到要被逮捕的消息，就立刻逃亡了。有的案子中间都经过几次大赦，前后拖了十几年还在揭发举报，大多数最后都定成大逆不道的罪名，上报给廷尉和中都官，奉旨审理的案件抓捕的犯人多达六七万，属官增加的有十万多人。

周中废，后为执金吾①，逐盗，捕治桑弘羊、卫皇后昆弟子刻深②，天子以为尽力无私，迁为御史大夫③。家两子，夹河为守④。其治暴酷皆甚于王温舒等矣。杜周初征为廷史，有一马，且不全；及身久任事，至三公列，子孙尊官，家訾累数巨万矣⑤。

【注释】

①后为执金吾：杜周为执金吾在天汉二年（前99）。执金吾，职官名，原称"中尉"，太初元年改，掌巡徼京师，维持京都治安。

②捕治桑弘羊、卫皇后昆弟子刻深：杜周捕治仗势横行的桑弘羊与卫皇后的"昆弟子"，事在天汉三年（前98）。将此事与日后导致

卫皇后、戾太子自杀的"诬蛊案"与桑弘羊"谋反案"无关,被不少名家误读。梁玉绳、顾炎武等皆有说。

③迁为御史大夫:杜周升为御史大夫在天汉三年(前98)。姚苎田曰:"杜周非酷吏,直巧宦耳,张汤亦然。惟二人行径相似,故汤之后有安世,周之后有延年,班史遂将此两人别立传,盖亦不为无见;但史迁十人合传只作一篇文字,其中结撰灵妙,固亦缺一不得。"

④家两子,夹河为守:指杜周之二子延寿、延考分别任河内郡与河南郡之太守。河内郡处黄河之北;河南郡处黄河之南,两郡夹河相对,故称杜氏二子"夹河为守"。

⑤家訾:家产。訾,通"赀"。累数巨万:意即家产值数万金。巨万,即今"亿",即黄金数万斤。何焯曰:"褚先生书田仁事云:'仁刺举三河时,河南河内太守皆杜周子弟,河东太守石丞相子孙,仁已刺三河,皆下吏诛死。'当史迁作《酷吏传》时,未睹其终。"

【译文】

杜周曾中途被罢官,后来当了执金吾,负责追捕盗贼,在逮捕审理桑弘羊与卫皇后的兄弟子侄的案件时,由于执法严酷,被武帝认为是尽职而无私,因而提升为御史大夫。杜周有两个儿子,分别任河南与河内两郡的太守。他们治理政事的暴虐严酷都比王温舒等人还要厉害。杜周开始被调任廷尉史的时候,只有一匹马,连鞍辔都不齐全;后来由于长期为官,位至三公,子孙也做了高官,家中钱财积累数目多达好几亿。

太史公曰:自郅都、杜周十人者①,此皆以酷烈为声。然郅都伉直②,引是非,争天下大体。张汤以知阴阳,人主与俱上下③,时数辩当否④,国家赖其便。赵禹时据法守正⑤。杜周从谀⑥,以少言为重。自张汤死后,网密,多诋严⑦,官事寖以耗废⑧。九卿碌碌奉其官⑨，救过不赡，何暇论绳墨之外乎⑩！然此十人中，其廉者足以为仪表，其污者足以为戒⑪，方略教导，禁奸止邪，一切亦皆彬彬质有其文武焉。虽惨酷，斯称其位矣⑫。至若蜀守冯当暴挫⑬，广汉李贞擅磔人⑭，东郡弥仆锯项⑮，天水骆璧推咸⑯，河东褚广妄杀⑰，京兆无忌、冯翊殷周蝮鸷⑱，水衡阎奉朴击卖请⑲，何足数哉！何足数哉！

【注释】

①自郅都、杜周十人：本文写了郅都、宁成、周阳由、赵禹、张汤、义纵、王温舒、尹齐、杨仆、减宣、杜周十一人。这里大概是约数。凌稚隆引陈仁锡曰："酷吏十人，不数杨仆也。"泷川曰："盖举其大数。"

②伉直：耿直。伉，通"抗"。

③张汤以知阴阳，人主与俱上下：知阴阳，《正义佚文》曰："言知人主意旨轻重。"人主与俱上下，凌稚隆引余有丁曰："谓与人主俱上下也。"李笠曰："阴阳，犹向背也。谓汤能伺人主之志趣忽阴忽阳，与之上下周旋也。"

④时数辩当否：有时也能申辩所行政事的宜与不宜。此处言张汤的优长"时数辩当否，国家其便"，是不因人废言。

⑤时据法守正：赵禹传中未写此事。仅于赞中述及之。

⑥从谀：顺从，阿谀。泷川曰："传云，'上所欲挤者，因而陷之；上所欲释者，久系待问而微见其冤状'，是从谀也。"

⑦诋严：意即"严诋"，即传中"深诋""巧诋""痛诋"等。

⑧寖：渐。耗废：同"耗废"。

⑨奉：行，维持。

⑩何暇：哪里有时间。绳墨：木工取直画线的工具，这里代指法律、规章。

⑪其污者足以为戒：《集解》引徐广曰："一本无此'足以为戒'四字。"按，依徐广说，则此句应连下文作"其污者方略教导，禁奸止邪，一切亦皆彬彬质有其文武焉"，《汉书》即依"一本"改作"其污者方略教导，一切禁奸，亦质有文武焉"。

⑫称其位：与其职位相配。

⑬蜀守：蜀郡太守，治所即今四川成都。暴挫：猛烈地打击人。

⑭广汉李贞：广汉郡太守李贞。广汉郡治所在今四川金堂东南。陈直曰："蜀守冯当，以'守'字总括以下四太守姓名，非各人之籍贯。"

⑮东郡弥仆：东郡太守姓弥名仆。东郡治所在今河南濮阳西南。

⑯天水骆璧：天水郡的太守姓骆名璧。天水郡的治所平襄，在今甘肃通渭西北。推咸：应作"椎（chuí）成"。《索隐》曰："谓椎击之以成狱也。"椎，笞击。

⑰河东褚广：河东郡太守褚广。

⑱京兆无忌：京兆尹名无忌，史失其姓。冯翊殷周：左冯翊姓殷名周。冯翊，即左冯翊，与京兆尹、右扶风合称"三辅"。蝮鸷（zhì）：《索隐》曰："言其酷比之蝮毒鹰攫。"王念孙曰："蝮，读为'愎（bì）'。'愎''鸷'皆狠也，言其愎戾不仁也。"二说皆通。

⑲水衡阎奉：水衡都尉阎奉。水衡，即"水衡都尉"，主管皇家猎场上林苑的长官，秩二千石。朴击卖请：凌稚隆曰："以朴击致人请求买免。"即使用酷刑向其家属勒索钱财，花钱赎买。

【译文】

太史公说：从郅都到杜周十人，都以严酷暴烈而闻名。然而郅都刚直，能援引大是大非来争辩国家重要的事情。张汤善于窥察皇帝的喜怒哀乐而投其所好，总是照皇帝的意思发表意见，当时多次辩论国家大事的是非，国家靠他获益。赵禹时常依据法律坚持正道。杜周则纯粹是阿谀奉承，以少说话为重。自从张汤死后，法网越来越密，办案大多诋毁严酷，而国家的政事逐渐败坏荒废。九卿大臣碌碌无为，保官保命地混日子，连自救都怕来不及，谁还顾得上去管那些层次更高的问题呢！在这十个人中，虽然有的廉洁能作为人的表率，有的贪赃枉法足以引为鉴戒，但他们在治民办事，在惩处坏人方面，都还能做得恩威并施，头头是道。虽然执法严酷，但还都算得上是称职的人。至于像蜀郡太守冯当那样凶暴地摧残百姓，像广汉太守李贞那样把人剥成碎块，像东郡太守弥仆那样用锯锯断人的脖子，像天水太守骆璧那样靠刑讯逼供定案，以及像河东郡太守褚广那样随意杀人，像京兆尹无忌、左冯翊殷周那样像毒蛇苍鹰一样狠毒，像水衡都尉阎奉那样严刑逼供勒索，就更不值得一提了！不值得一提啦！

【集评】

陈仁锡曰："太史公叙酷吏，首郅都，曰'独先严酷'；次宁成，则曰'治效郅都'；次王温舒，则曰'治酷於禹'；次义纵，则曰'治放郅都'；次尹齐，则曰'声甚於宁成'；次杨仆，则曰'治放尹齐'；次杜周，则曰'治与宣相放'，'治大放张汤'，曰'酷甚于温舒'，节节血脉联络回顾。"（《史诠》）

郭嵩焘曰："前序论云：'高后时，独有酷吏侯封，刻轹宗室，侵辱功臣'，赞复引冯当等八人，亦首尾相应，见侯封承吕后之意，以搏击为能，钳制天下；嗣是郅都一人，当景帝之世；自宁成以下，则皆武帝所擢用也。史公以被刑自寄其微意，然而武帝用刑之酷，亦略可见矣。"（《史记札记》）

牛运震曰："《酷吏传》伤武帝之峻刑也。武帝之世，烦文苛法，以严酷为治，怨愁惨伤，民几不聊生。太史公目睹其事，恻然伤之，不忍斥言君上，特借酷吏发之。一篇之中，感慨悲愤，汉廷用人之非与酷吏得报之惨,具见于此。此太史公悲世之书,所以致惓惓垂戒之至意,不独为十人立传也。"又曰:"《酷吏传》别是一种笔墨,立格用意以短悍为主;奥字峭句,隐然有肃杀阴惨之气,其刻深次骨处,往往如老吏断狱,太史公亦可谓文中之'酷吏'矣。赞语与列传意义各别,列传多深疾酷吏之词,满腹痛愤;赞语却摘酷吏之长以为节取,此褒贬之互见而抑扬之并出者也。可见太史公笔法意思,真不可测。"(《史记评注》)

【评论】

　　《酷吏列传》是《史记》中批判性最强的篇章之一。篇中记述了武帝时期酷吏横行、严法诛杀反使"盗贼"日炽的现实,深恶痛绝地否定了这些酷吏的为人,以及由他们和他们的支持者汉武帝所推行的这种"祸国殃民"的制度。正如牛运震所言:"《酷吏传》伤武帝之峻刑也。武帝之世,烦文苛法,以严酷为治,怨愁惨伤,民几不聊生。太史公目睹其事,恻然伤之,……此太史公悲世之书,所以致惓惓垂戒之至意,不独为十人立传也。"(《史记评注》)酷吏政治产生的原因是由于武帝的"多欲",因为"多欲",故而外讨四夷,内事兴作;又由于这种劳民伤财,四海涸敝,从而引起了吏民的不满与反抗,因此,酷吏也就应运而生了。这就是《平准书》所云:"自严助、朱买臣等招徕东瓯、事两越,江淮之间萧然烦费矣;唐蒙、司马相如开路西南夷,凿山通道千余里,以广巴蜀,巴蜀之民罢焉;彭吴灭朝鲜,置沧海之郡,则燕齐之间靡然发动;及王恢设谋马邑,匈奴绝和亲,侵扰北边,兵连而不解,天下苦其劳,而干戈日滋。行者赍,居者送,中外骚扰而相奉,百姓刓弊以巧法,财赂衰耗而不赡。入物者补官,出货者除罪,选举陵迟,廉耻相冒,武力进用,法严令具。"若结合《平准书》《卫将军骠骑列传》《大宛列传》《汲郑列传》等并读,可对本篇有更深刻的理解。

　　司马迁认为"法令者治之具,而非制治清浊之源也",认为法令只是治民的工具,是治标不治本的,要治本还是应该用"德治",也就是他在

《循吏列传》里所说："奉职循理,亦可以为治,何必威严哉?"但是他也看到当时社会存在的种种问题,如地方恶霸的为非作歹,皇亲贵戚的骄纵跋扈,以及不法分子的作奸犯科等等,所以他也承认在这种情况下用峻法打击犯罪的必要性,所以在《太史公自序》中说:"民倍本多巧,奸轨弄法,善人不能化,唯一切严削为能齐之,作《酷吏列传》第六十二。"他所反对的一是酷吏在不该用酷法的时候用酷法,搞坏了社会风气,例如郅都,既能严格执法,又能执法公平、不阿权贵,本质上是位正直的执法官员,但因为他在"是时民朴畏罪"的情况下"独先严酷",所以史公将其列为酷吏之首,"深著都实首恶,以为世戒也"(王鸣盛《十七史商榷》);宁成、周阳由皆由景帝入武帝,时"吏治尚循谨甚,然则居二千石中最为暴",自他们实行严刑酷法之后,"事益多,民巧法,大抵吏之治类成、由等矣",社会风气因而败坏。二是酷吏执法不公,只凭人个爱憎或按武帝心意办事,破坏司法公正,例如张汤"所治即上意所欲罪,予监史深祸者;即上所欲释,与监史轻平者";杜周"上所欲挤者,因而陷之;上所欲释者,久系待问而微见其冤状",还说:"三尺安出哉? 前主所是著为律,后主所是疏为令。 当时为是,何古之法乎?"没有公平的司法还能叫司法吗? 试比较张释之"法者,天子所与天下公共也;廷尉,天下之平也,一倾而天下用法皆为轻重,民安所措其手足"的境界,司马迁对酷吏的指责是多么犀利! 三是酷吏配合武帝的"尊儒",搞以《春秋》决狱,既滥用儒家经典,又破坏了法律的稳定性,张汤"决大狱,欲傅古义,乃请博士弟子治《尚书》《春秋》补廷尉史,亭疑法","刻深吏多为爪牙用者,依于文学之士",汉代酷吏与儒术相结合的格局,首先形成于张汤。回想《平津侯主父列传》写武帝所尊的以公孙弘为代表的一批儒生,他们的特点就是阿主求容,张汤等酷吏也一切看武帝意思,他们配合起来,武帝的意图就成了最高法律,当法律依人的意志而行时,就可以被随意曲解更改,法律哪里还有尊严与稳定可言呢? 郭嵩焘说:"秦汉以下,人主之势日尊,汉初廷臣犹能有自举其职者,天子弗能夺也。 乃使人主一言皆垂为律令,由杜周此言阶之厉也,悲夫!"(《史记札记》)其实杜周只不过是将酷吏们的所做所为如实说出而已,哪里只有他一人是这样做呢?

正是由于酷吏们的这些做法,为武帝的多欲政治保驾护航,到了武帝后期,"吏民益轻犯法,盗贼滋起","大群至数千人,擅自号,攻城邑,取库兵,释死罪,缚辱郡太守、都尉,杀二千石,为檄告县趣具食;小群以百数,掠卤乡里者,不可胜数也";而且由于"沉命法"的颁布,"小吏畏诛,虽有盗不敢发,恐不能得,坐课累府,府亦使其不言。故盗贼寖多,上下相为匿,以文辞避法焉",这不和像秦末的情形差不多了吗?为应对这种局面,武帝只能加大打击力度,于是形成恶性循环。大汉表面上轰轰烈烈,内里已经由盛转衰,幸亏武帝晚年及时转变,又有宣帝的一系列挽救措施,否则西汉真是危殆了。

关于张汤其人,司马迁对他的态度主要是批判、憎恶。在本篇之外,他还在《汲郑列传》中借汲黯对大行李息的话痛斥张汤:"御史大夫张汤智足以拒谏,诈足以饰非,务巧佞之语,辩数之辞,非肯正为天下言,专阿主意。主意所不欲,因而毁之;主意所欲,因而誉之。好兴事,舞文法,内怀诈以御主心,外挟贼吏以为威重。"汲黯是带有司马迁理想色彩的人物,是司马迁的代言人,由此可见司马迁对张汤的深恶痛绝。但司马迁还是对张汤的优点如实地加以记载。如他制定《越官律》,对完善汉律有所贡献;他死后的全部遗产"不过五百金,皆所得奉赐,无他业",出殡时"载以牛车,有棺无椁",可见为官清廉。尤其可贵的是司马迁还如实记载了张汤被陷害而死的过程,写出了他的冤屈,没有因张汤的罪过和自己的憎恶而隐去此节,这确实是难能可贵的"实录"精神,表现出司马迁卓越的"史德"。

司马迁将执法者分成四等,最高者是执法公平、不阿权贵、为官清正,代表者是张释之;第二等是执法严格但不失公平,不阿权贵、为官清廉,代表者是郅都;第三等是执法严酷,专阿上意,而为官清廉,代表者是张汤;最下等是执法严酷,专阿主意,又贪脏枉法,如王温舒、杜周等。

他对张释之、郅都是心怀敬意的，称他们"其廉者足以为仪表，其方略教导，禁奸止邪，一切亦皆彬彬质有其文武焉"，他们的居官尽职是"称其位"的。司马迁所最讨厌、最憎恶的莫过于杜周、王温舒之流，他们已彻底沦为以武帝为首的最高统治集团的爪牙，《酷吏列传》之所以作，就是为了批判杜周、王温舒之流以及其背后的最高统治集团。

史记卷一百二十三

大宛列传第六十三

【释名】

《大宛列传》是关于汉朝通西域,打通"丝绸之路"这一重大历史事件的最早的详细记录,其重要性是无与伦比的。

全篇分为两部分。第一部分写张骞通西域。这一部分又可分四段。第一段写张骞第一次通西域,前后历十三年,终于归汉的艰苦历程。第二段写张骞向武帝陈述出使西域见闻,勾起武帝二次通西南夷。第三段写张骞的第二次出使西域,虽未达到出将入相乌孙攻匈奴的意图,但其副使分别到达大宛、康居等国,扩大了汉王朝的影响力第四段写张骞死后的近十多年间,汉王朝与西域诸国相互来往的情景。第二部分写汉武帝决策,而令李广利统兵远征大宛,以获取大宛马的过程。这一部分又可分为两段。第一段写李广利第一次征大宛,因为轻敌而被大宛打得大败。第二段写李广利二伐大宛,汉军虽然胜利,但损失惨重。篇末论赞探讨了黄河源的问题,表现了司马迁鉴别、使用材料的谨慎态度。

大宛之迹①,见自张骞②。张骞,汉中人③。建元中为郎④。是时天子问匈奴降者,皆言匈奴破月氏王⑤,以其头为饮器⑥,月氏遁逃而常怨仇匈奴,无与共击之⑦。汉方欲事灭胡,闻此言,因欲通使。道必更匈奴中⑧,乃募能使者。骞以郎应募,使月氏,与堂邑氏胡奴甘父俱出陇西⑨。经匈奴,匈奴得之,传诣单于⑩。单于留之,曰:"月氏在吾北⑪,汉何以得往使? 吾欲使越⑫,汉肯听我乎⑬?"留骞十余岁,与妻,有子,然骞持汉节不失⑭。

【注释】

①大宛(yuān):古西域国名。王治贵山城(今乌兹别克斯坦卡散赛)。领地在今中亚费尔干纳盆地。属邑七十余。原始居民似以塞种为主。其民从事农牧业。其地出葡萄、苜蓿,以产汗血马著名。商业也较发达。自张骞通西域后,与汉往来逐渐频繁。汉武帝太初三年(前102)服属汉朝。东汉初曾附属莎车。南北朝称破洛那。

②张骞:西汉官吏、外交家。初任郎,武帝建元三年(前138年。一说为二年)应募出使大月氏,相约共击匈奴。他越过葱岭,亲历大宛(今乌兹别克斯坦费尔干纳盆地)、康居(今巴尔喀什湖与咸海间)、大月氏(今阿姆河流域)、大夏(今阿富汗北部)等地。元朔三年(前126)方归汉。来去途中,皆曾为匈奴扣留,前后达十一年之久,他始终坚贞不屈。

③汉中:治所西城,在今陕西安康西北。

④郎:皇帝的侍从人员,有议郎、中郎、郎中、侍郎之别,上属郎中令。

⑤月氏:西域国名,最初活动在今甘肃的武威、张掖、敦煌一带,南倚祁连山;后被匈奴击败,西迁至今新疆的伊犁河流域;后又被匈奴、乌孙所驱逐,遂西迁至今阿富汗北部的喷赤河流域,在当时的大宛西南。

⑥以其头为饮器:饮器,一说指饮酒、饮水之具;一说指"虎子",即

溺器。王先谦引沈钦韩曰:"《赵策》'以知伯头为饮器',《吕览》云:'断其头以为觞',则云'虎子'者非也。元僧杨琏真伽截理宗顶骨为饮器,胡俗同然。"《正义》引《汉书·匈奴传》曰:"元帝遣车骑都尉韩昌、光禄大夫张猛与匈奴盟,以老上单于所破月氏王头为饮器者,共饮血盟。"显然指饮具。

⑦无与共击之:师古曰:"无人援助也。"无与,无同盟合力者。

⑧道必更匈奴中:汉武帝初年匈奴强大,占据河西走廊,自长安至西域,必经匈奴。更,此处通"经",经过,通过。

⑨与堂邑氏胡奴甘父俱出陇西:王先谦曰:"据下文骞以军臣单于死之岁还为元朔三年(前126),去十三岁,则出使在建元三年(前138)。"堂邑氏胡奴甘父,堂邑县某家富人一个匈奴族的奴隶,名叫甘父,后文即简称"堂邑父"。堂邑,汉县名,治所在今江苏六合西北。陇西,汉郡名,治所在今甘肃临洮。

⑩传:驿车,这里用如动词。诣:至,到。单于:秦汉时匈奴首领之王号。也称"大单于"。此时匈奴单于名曰"军臣",前161—前126年在位。

⑪月氏在吾北:按理应说"月氏在吾西"。或曰"北"通"背",大意指隔着。

⑫越:指南越,古国名。秦末龙川令赵佗兼并桂林、南海和象三郡建。汉高祖四年(前203)赵佗自立为南越武王。建都番禺(今广东广州)。辖境相当今广东、广西两省及越南大部分地区。

⑬听:听任,不予干涉。

⑭汉节:汉天子授予使者作为凭证的符节。

【译文】

大宛这个地方,是张骞最先发现的。张骞是汉中人。汉武帝建元年间担任郎官。当时汉武帝向匈奴投降过来的人询问事情,都说匈奴打败了月氏王,并把月氏王的人头骨做了饮酒的器皿,月氏国百姓逃亡到了他乡,经常怨恨匈奴,但找不到和他们一起反击匈奴的同盟者。而汉朝这时正准备灭掉匈奴,所以武帝一听此言,就想派人去联络月氏人。但是从汉朝到月氏一定要经过匈奴境内,于是武帝公开招募能出使月氏的人。张骞就以郎官的身份应募,出使月氏,他和堂邑氏家的一个名叫甘父的匈奴奴隶一起从陇西出境。在他们经过匈奴领土时,被匈奴人俘获,用驿车把他们押送到了单于那里。单于把他们扣留了下来,说:"月氏国在我们的北方,汉朝怎么能派人到那里去呢? 如果我们要派人去南越国,汉朝人能允许吗?"于是扣留了张骞十余年,给他娶了妻室,生了孩子,但是张骞却一直手持汉朝的符节没有抛掉。

居匈奴中,益宽,骞因与其属亡,乡月氏西走数十日[①],至大宛。大宛闻汉之饶财,欲通不得,见骞,喜,问曰:"若欲何之?"骞曰:"为汉使月氏,而为匈奴所闭道。今亡,唯王使人导送我[②]。诚得至,反汉,汉之赂遗王财物不可胜言。"大宛以为然,遣骞,为发导绎[③],抵康居[④],康居传致大月氏。大月氏王已为胡所杀[⑤],立其太子为王[⑥]。既臣大夏而居[⑦],地肥饶,少寇,志安乐,又自以远汉,殊无报胡之心。骞从月氏至大夏,竟不能得月氏要领[⑧]。

【注释】

①乡月氏:向着大月氏的方向逃去。乡,通"向"。

②唯:表示请求的发语词。

③导绎:翻译。绎,通"译"。

④康居:古西域国名。汉时地处大宛西北,大月氏之北,乌孙以西,奄蔡之东,丁零、坚昆以南。王都卑阗城(当今塔什干或其母肯特地)。以游牧为主。

⑤已为胡所杀：即前文匈奴人杀月氏王以其头为饮器事。

⑥立其太子为王：《集解》曰："一云'夫人为王'。"按，《汉书·张骞传》作"立其夫人为王"。王先谦引齐召南曰："外国固时有女王，然以下文推之，似《史》是。"

⑦大夏：西域国名，在当时的月氏以南，今之阿富汗北部，国都蓝氏城（今阿富汗巴里黑）。

⑧不能得月氏要领：琢磨不透月氏人的想法。师古曰："要，衣要也；领，衣领也。凡持衣者，则执要与领。言骞不能得月氏意趣。"

【译文】

张骞他们在匈奴居住时间一长，匈奴人对他们的看管就渐渐放松了，于是张骞就乘机带着他的随从逃跑了，一起向着月氏的方向逃去，他们向西走了几十天，到达了大宛。大宛王早就听说汉朝物产丰富，国家富有，想要通使却没有机会，如今见到张骞，喜出望外，问张骞说："你们想去什么地方呢？"张骞说："我受汉朝派遣出使月氏，而半路上被匈奴拦住了去路。今天逃到了这里，希望大王能够派人引导护送我们去月氏。如果我们能到达月氏，再回到汉朝，那么汉朝赠送给大王的财物是用言语说不尽的。"大宛王觉得有理，就给他配了向导和翻译，打发张骞他们上路了，他们先到了康居，康居人又转送他们到了大月氏。当时大月氏的国王已经为匈奴所杀，人们就立了他的儿子当国王。他们已经征服大夏并在那里居住了下来，那里土地肥沃，物产丰富，很少有敌人侵犯，因而他们耽于安乐，再加上觉得离汉朝很远，所以根本没有向匈奴报仇的打算。张骞又从月氏到大夏，终究没有得到月氏对联合汉朝抗击匈奴的明确态度。

　　留岁余，还，并南山①，欲从羌中归②，复为匈奴所得。留岁余，单于死③，左谷蠡王攻其太子自立④，国内乱，骞与胡妻及堂邑父俱亡归汉⑤。汉拜骞为太中大夫⑥，堂邑父为

奉使君⑦。骞为人强力，宽大信人⑧，蛮夷爱之。堂邑父故胡
人，善射，穷急射禽兽给食。初，骞行时百余人，去十三岁，
唯二人得还。

【注释】

①南山：古山名。指昆仑山、阿尔金山、祁连山。

②羌中：古地区名。指羌人居住地区。此处主要指今新疆东南部的
　阿尔金山与其西面"南山"北麓居住的羌族部落。

③单于死：指军臣单于死，事在元朔三年（前126）。

④左谷蠡王：匈奴东部地区的头领，位在左贤王之下，此人是军臣单
　于之弟，名伊稚斜，前126—前114年在单于位，称伊稚斜单于。

⑤骞与胡妻及堂邑父俱亡归汉：时为元朔三年（前126）。吴见思
　曰："一人再逃奇矣，乃又挈妇逃，堂邑父亦逃，极写张骞谋勇。"
　胡妻，即前文所说张骞在匈奴被扣时所娶的匈奴妻子。李贽曰：
　"张骞持汉节入匈奴，十三年而不失，与苏武何异？同时百十人皆
　没，独骞与堂邑父两人在耳，身所经历者，大夏、大宛、乌孙、康居
　诸国，不下万余里，所至戎狄皆爱而信之，以故两度得脱，无困迫
　忧，则其才力固有大过人者。"

⑥太中大夫：皇帝身边的侍从官员，掌议论，秩比千石，上属郎中令。

⑦奉使君：官号。西汉置。天子使节之属官。秩俸不详。

⑧宽大信人：待人宽厚，能使人信服。

【译文】

　张骞在月氏住了一年多，动身回国，他沿着南山往东走，想通过羌人
居住的地方回到长安，不料半道上又被匈奴人停获。被拘禁了一年多，
老单于死了，左谷蠡王攻打单于的太子自己做了单于，匈奴国内大乱，于
是张骞就趁机带着他的胡人妻子和堂邑父一起逃回汉朝。汉朝封张骞
为太中大夫，封堂邑父为奉使君。张骞为人坚毅果敢，心胸宽大，讲究信

用,那些蛮夷们都很喜欢他。堂邑父本来就是个匈奴人,善于射箭,路上当他们没有吃的东西时就射杀飞禽走兽充饥。当初,张骞出发时带着一百多个随从,去了十三年,只有他和堂邑父两个人回到汉朝。

　　骞身所至者大宛、大月氏、大夏、康居,而传闻其旁大国五六①,具为天子言之②。曰:

　　　　大宛在匈奴西南,在汉正西,去汉可万里。其俗土著③,耕田,田稻麦。有蒲陶酒④。多善马⑤,马汗血,其先天马子也⑥。有城郭屋室。其属邑大小七十余城,众可数十万。其兵弓矛骑射。其北则康居,西则大月氏,西南则大夏,东北则乌孙⑦,东则扜罙、于阗⑧。于阗之西,则水皆西流,注西海⑨;其东水东流,注盐泽⑩。盐泽潜行地下,其南则河源出焉⑪。多玉石⑫,河注中国⑬。而楼兰、姑师邑有城郭⑭,临盐泽⑮。盐泽去长安可五千里。匈奴右方居盐泽以东⑯,至陇西长城⑰,南接羌⑱,鬲汉道焉⑲。

【注释】

①传闻:指从他人之传说中得知。

②具为天子言之:具,详细。据《西南夷列传》,张骞于元狩元年(前122)为汉武帝讲说西域新闻。

③土著:指住房子,有村落。

④蒲陶:即"葡萄"。

⑤多善马:《索隐》引《外国传》云:"外国称天下有三众:中国人众,大秦宝众,月氏马众。"

⑥马汗血,其先天马子也:师古曰:"大宛国有高山,其上有马,不可

得，因取五色母马置其下与集，生驹，皆汗血，因号曰'天马子'云。"王先谦引沈钦韩曰："《通典》：吐火罗国城北有颇黎山，山南崖穴中有神马，国人每牧马于其侧，时产名驹，皆汗血焉。其北界，则汉时大宛之地。"马汗血，通常即谓其马出汗呈血红色。王先谦曰："今伊犁马之强健者，前髆及脊往往有小疮出血，名曰伤气。必在前肩髆者，以用力多也。前贤未目验，故不知其审。"

⑦乌孙：古民族名，古西域国名。据张骞在匈奴所闻，乌孙初在祁连、敦煌间。汉文帝后元三年（前161）左右西迁今伊犁河和伊塞克湖一带。国都赤谷城（今吉尔吉斯斯坦伊塞克湖洲伊什提克一带）。汉武帝元狩四年（前119）张骞出使乌孙，其后以宗室之女细君公主、解忧公主远嫁乌孙王。

⑧扜采（wū mí）：古西域国名。亦作"扜弥""拘弥"。西汉神爵二年（前60）属西域都护府。其地望：一说在今新疆于田克里雅河以东（《西域图志》）；一说在克里雅以北（岑仲勉《汉书西域传地里校释》）；一说在今策勒县（《新疆简史》）。于阗：亦作"于寘"，古西域国名，在今新疆和田一带。

⑨"于阗之西"几句：郭嵩焘曰："于寘西隔葱岭，其水无从流注入西海。《汉书》称'其河北流，与葱岭河合，东注蒲昌海'。斯为得之，此史公误也。"按，于阗以及其西之蒲犁，其西北之莎车、疏勒，河水都是向东北流；只有到了大月氏、大宛、康居一带，河水才向西流。西海，即所说的咸海。

⑩盐泽：即今新疆东部的罗布泊。

⑪河源：黄河的源头。《汉书·西域传》曰："河有二源，一出葱岭，一出于阗。"《山海经》云："河出昆仑东北隅。"按，以上皆古人称说。依今天科学的说法，黄河乃发源于青海之巴颜喀拉山北麓。

⑫多玉石：司马迁谓盐泽以南山区（即今之阿尔金山）盛产玉石。

⑬河注中国：当时人们认为黄河发源于昆仑山，连通罗布泊，再东行

经积石山（今甘肃临夏西北）流入中原地区。《山海经》郭璞注：
"河南出昆仑，潜行地下，至葱岭，出于阗国，复分流歧出，合而东
流，注泑泽（即今罗布泊），已复行潜行，南出于积石山，而为中国
河。"

⑭楼兰：古西域国名。在今新疆罗布淖尔一带，地当丝绸之路要冲。
国都楼兰城（遗址在今新疆罗布泊西北岸）。汉武帝初通西域，
使者往来均经楼兰。楼兰曾攻劫汉使。元封三年（前108）赵破
奴率兵讨伐，俘获其王。其后楼兰向汉与匈奴两面称臣。昭帝元
凤四年（前77）汉立尉屠耆为王，改名鄯善，迁都扜泥城（今新疆若
羌附近）。汉朝遣吏卒屯田于楼兰故城。姑师：也叫"车师"，古
西域国名。在今新疆吐鲁番西北交河故城。约在公元前48年，汉
朝分其地为车师前、后两部，车师前部（治交河城，即今吐鲁番西
交河古城）、车师后部（治务涂谷，在今吉木萨尔南山中）。邑有城
郭：车师前国的交河城现存的遗址主要为唐代及其以后的建筑。

⑮临盐泽：就实际情况看，楼兰的确临近罗布泊，而车师则与罗布泊
尚有相当距离。郭嵩焘曰："（姑师）为车师前王庭，亦名土鲁蕃，
南距罗布泊约八百里。"

⑯匈奴右方居盐泽以东：武帝反击匈奴以前的右贤王所部，东境占
据着今内蒙古河套一带，对着汉王朝的上郡（今陕西东北部）；后
被卫青、霍去病等猛烈攻击，始大幅度西移。郭嵩焘曰："匈奴地
不能南及盐泽，盖其时西域诸小国多臣属匈奴者。"匈奴右方，即
匈奴之右贤王所部。

⑰陇西长城：汉王朝之西北边界。秦代长城的西南部分，西起甘肃
岷县，东北行经临洮、渭源、宁夏固原、甘肃环县、陕西吴旗、靖
边、榆林，北上内蒙古的准格尔旗，再向北至黄河南岸。

⑱羌：指羌族部落。当时居住在今甘肃河西走廊与青海东部地区。

⑲鬲（gé）：通"隔"。

【译文】

张骞所到达的地方有大宛、大月氏、大夏、康居，传说这些国家的附近还有五六个大国，他把这些情况一一地向武帝做了汇报。他说：

大宛在匈奴的西南方，在汉朝的正西面，距离汉朝大约有一万里。那里的风俗是定居，靠耕田为业，种的庄稼有稻子和麦子。会酿造葡萄酒。那里盛产骏马，马出的汗是红色的，据说这些马的祖先都是天马的后代。那里有城郭房屋。大宛管辖着大小七十余座城池，人口约有几十万。他们使用的兵器有弓和矛，善于骑马射箭。大宛的北边是康居，西边是大月氏，西南面是大夏，东北面是乌孙，东边是扞罙、于阗。从于阗往西所有的河水都是从东往西流，注入西海；于阗以东的河水都是从西往东流，注入盐泽。盐泽是一条地下河，它的南面就是黄河的源头。那里盛产玉石，河水流向中原地区。楼兰、姑师都有城郭，离盐泽很近。盐泽距离长安约有五千里。匈奴的右边处在盐泽的东面，向东一直到陇西的长城，南与羌族居住区相连，阻断了汉朝与西域诸国的通道。

乌孙在大宛东北可二千里，行国①，随畜，与匈奴同俗。控弦者数万，敢战。故服匈奴，及盛，取其羁属②，不肯往朝会焉③。

康居在大宛西北可二千里，行国，与月氏大同俗④。控弦者八九万人。与大宛邻国。国小，南羁事月氏⑤，东羁事匈奴。

奄蔡在康居西北可二千里⑥，行国，与康居大同俗。控弦者十余万。临大泽，无崖，盖乃北海云⑦。

【注释】

①行国：没有定居，随畜迁移之国。与"土著"之国相对而言。

②取其羁属：与其保持一种大面上受其统属，而内部实自由独立的局面。羁属，"羁縻"性质的归属，即只有一种松散的口头上的臣服。羁縻意为用绳子松散地拢着。

③朝会：朝拜、进见，为附属国对宗主国应有的礼节。

④大同俗：风俗大致相同。

⑤羁事："羁縻"性的侍奉、服从，意同"羁属"。

⑥奄蔡：西域古民族名，古国名。也称"阖苏"，其地在今俄罗斯境内的咸海、里海一带。

⑦北海：古海名。所指因时而异。初为北方僻远地域的泛称。此处指哈萨克斯坦与乌兹别克斯坦交界的咸海及哈萨克斯坦与俄罗斯、阿塞拜疆、伊朗交界的里海。与《汉书·苏武传》之称"北海"指贝加尔湖者不同。

【译文】

　　乌孙在大宛东北约两千里，是个赶着牲畜逐水草而居的游牧国家，跟匈奴人的习俗相同。能拉弓射箭的兵卒有几万人，他们勇敢善战。曾受匈奴统辖，后来强盛起来，就成了匈奴羁縻的属国，不肯去朝拜匈奴。

　　康居在大宛的西北约两千里，是个游牧国家，与月氏的生活习俗大体相同。能拉弓射箭的兵卒有八九万人。与大宛是邻国。这个国家很小，往南臣服于月氏，往东臣服于匈奴。

　　奄蔡在康居的西北约两千里，是个游牧国家，和康居国的生活习俗大体相同。能拉弓射箭的兵卒有十多万。靠近一片无边无际的大泽，据说那就是北海。

　　大月氏在大宛西可二三千里，居妫水北①。其南则大夏,西则安息②,北则康居。行国也,随畜移徙,与匈奴同俗。控弦者可一二十万。故时强,轻匈奴③,及冒顿立④,攻破月氏,至匈奴老上单于⑤,杀月氏王,以其头为饮器⑥。始月氏居敦煌、祁连间⑦,及为匈奴所败,乃远去,过宛,西击大夏而臣之,遂都妫水北为王庭。其余小众不能去者,保南山羌⑧,号小月氏。

【注释】

① 妫水:古水名。即今中亚阿姆河。源出兴都库什山脉北坡,西北流经今土库曼、乌兹别克境,注入咸海。

② 安息:西亚古国名。即帕提亚帝国。原为波斯帝国属地。公元前四世纪,曾被马其顿亚历山大占领,后属塞琉西王国。国都番兜域(今伊朗达姆甘),后都阿蛮(今哈马丹)和斯宾(即达斯罗)。为古代"丝绸之路"必经之地。226年为波斯萨珊王朝阿尔达希一世攻灭。

③ 故时强,轻匈奴:据《匈奴列传》,战国末年及秦朝统一时,"东胡强而月氏盛",当时匈奴的头曼单于曾派其太子冒顿到其西邻的月氏国为人质。当时的月支国居住在今甘肃河西走廊。

④ 冒顿(mò dú):约前209—前175年在位。匈奴单于。姓挛鞮。秦二世元年(前209)杀其父头曼自立。英武有权略,东破东胡,西击月支,南并楼烦,并进占秦之河南地(今河套一带),势力强大。西汉初,常南下侵扰,构成对西汉王朝的巨大威胁。

⑤ 老上单于:冒顿之子,前174—前161年在位。

⑥ 杀月氏王,以其头为饮器:具体年月不详,此役更使月氏人受到致命打击,遂向西逃过葱岭,到达今阿姆河流域。

⑦ 敦煌:汉郡名,治所在今甘肃敦煌西。祁连:古山名。有广义、狭

义之分。广义的祁连山为今甘肃西部和青海东北部边境山地之总称,因在河西走廊南,亦称南山,作西北—东南走向,西北接阿尔金山,东南接秦岭、六盘山,有几支平行山脉组成,绵延1000公里。狭义的祁连山指今甘肃酒泉、张掖以南一支。

⑧南山:即祁连山。

【译文】

　　大月氏在大宛以西约二三千里,处于妫水的北面。它的南面是大夏,西面是安息,北面是康居。是一个游牧国家,赶着牲畜逐水草而居,跟匈奴的生活习俗相同。能拉弓射箭的兵卒可以达到一二十万人。过去强盛时,轻视匈奴,等到冒顿做了单于后,打败了月氏,到了匈奴老上单于时,杀死了月氏的国王,用月氏王的头骨做饮酒器皿。原先月氏人居住在敦煌与祁连山之间,等到被匈奴打败后,便向西远远地迁徙,越过了大宛,向西打败大夏令其屈服于自己,就在妫水北面建立了都城,作为王庭。剩下的一些小部落不能跟着西下的,就跑到南山投靠羌人,称为小月氏。

　　安息在大月氏西可数千里。其俗土著,耕田,田稻麦,蒲陶酒。城邑如大宛。其属小大数百城,地方数千里,最为大国。临妫水①,有市,民商贾用车及船,行旁国或数千里②。以银为钱,钱如其王面③,王死辄更钱,效王面焉。画革旁行以为书记④。其西则条枝⑤,北有奄蔡、黎轩⑥。

【注释】

①临妫水:其东北境达到今阿姆河一线。按,今之各历史地图未见绘其西汉时境界至阿姆河一线者。

②行旁国：指商人到其他周边国家做买卖。

③钱如其王面：银币上铸有其国王之相。据《汉书·西域传》，其银币有文字的一面铸有其王之相，没有文字的一面铸有其王后之相。

④画革旁行：以皮革为纸，横行书写。郭嵩焘曰："西洋古书皆皮为之，盖安息遗俗也。"

⑤条枝：也作"条支"，西域国名。地处安息以西，临波斯湾，约在今伊拉克境内。

⑥奄蔡：古国名。一作阖苏、阿兰聊，皆为希腊、罗马文音译。约分布在今咸海、里海北部草原，从事游牧。东汉时属康居，后因匈奴西迁，奄蔡亦逐渐西迁，部分去欧洲，在今伏尔加河和顿河下游之间，部分则滞留在高加索以北。黎轩：西域古国名。亦作犁靬、犁鞬、睐靬、犁鞬、靬轩，皆同音异字。其地历来众说纷纭。有说在今土耳其境内，黎轩在安息之西北方。也有说指古埃及，也有说指古罗马帝国，此二者皆不在安息之北。

【译文】

　　安息在大月氏以西大约几千里的地方。它们的习俗是定居生活，耕种田地，种植稻麦等作物，出产葡萄酒。它的城镇建设很像大宛。管辖的城池有大小几百座，国土面积纵横几千里，是那一带最大的国家。它靠近妫水，有集市贸易，百姓们出去做生意都用车船运载货物，有时运到附近的国家或者几千里以外的地方。他们用银子铸造钱币，钱币的正面是他们国王的头像。如果国王死了，就要更换旧的钱币，另铸一种带有新国王头像的钱。他们在皮革上写字，文字书写方向横向。安息的西面是条枝，北边有奄蔡和黎轩。

　　条枝在安息西数千里，临西海①。暑湿。耕田，田稻。有大鸟，卵如瓮②。人众甚多，往往有小君长，而安息役属之，以为外国。国善眩③。安息长老传闻条枝有弱水、西王母④,而未尝见。

　　大夏在大宛西南二千余里妫水南。其俗土著,有城屋,与大宛同俗。无大君长⑤,往往城邑置小长。其兵弱,畏战。善贾市。及大月氏西徙⑥,攻败之,皆臣畜大夏⑦。大夏民多,可百余万。其都曰蓝市城⑧,有市贩贾诸物。其东南有身毒国⑨。

【注释】

①条枝在安息西数千里,临西海:若依"条支在伊拉克境内"之说,伊拉克不临"西海",只有一角临近波斯湾,遂有人说"条枝"在叙利亚者。

②有大鸟,卵如瓮:这里指驼鸟。郭嵩焘曰:"鸟形如驼,故名驼鸟。今阿剌伯产此鸟,甚繁。"

③眩:指魔术、杂技之类。师古曰:"今吞刀吐火,植瓜种树,屠人截马之术皆是也。"

④弱水、西王母:神话中的河水与神仙。乃战国时中原人对西方的一种想象,见于《山海经》《穆天子传》等书。现汉朝人又将这些说法加到条枝人头上,恐皆出使者之所为。《索隐》引《玄中记》云:"天下之弱者,有昆仑之弱水,鸿毛不能载也。"《山海经》云:"玉山,西王母所居。"郭嵩焘曰:"此因武帝求仙人长生之术而傅会及之。"

⑤无大君长:意即没有太大的部落。

⑥大月氏西徙:指月氏人在伊犁河流域被匈奴打败,其王被老上单于所杀,其余部西越葱岭迁来大夏之时也。

⑦臣畜大夏:像对奴仆一样统治大夏人。畜,养,这里即指对待。

⑧蓝市城:也作"蓝氏城",今阿富汗之巴里黑。

⑨身毒国：也写作"天竺"，印度河流域古国名。古印度的别译。其
　领域有时也包括印度河以东南亚次大陆。

【译文】

　　条枝在安息以西几千里，靠近西海。炎热潮湿。人们耕田，种
稻。那里有一种大鸟，鸟蛋像瓮那样大。人口众多，每个聚居的地
方都有小君长，安息役使统辖着他们，把他们作为自己的附属国。
那里的人们擅长变魔术。安息的老人们传说条枝国有弱水、西王
母，但是谁也没有见过。

　　大夏在大宛西南两千多里的妫水以南。那里的风俗是定居生
活，有城镇和房屋，跟大宛的生活习俗相同。没有大的君长，每个城
镇都设置小君长。这个国家的军队软弱，害怕打仗。百姓善于做买
卖。当大月氏西迁时，打败了他们，从此大月氏就统治了整个大夏。
大夏人口众多，大约有一百多万。他们的都城叫蓝市城，城里有商
人贩卖货物的贸易市场。大夏的东南方是身毒国。

　　骞曰："臣在大夏时，见邛竹杖、蜀布①。问曰：'安得
此？'大夏国人曰：'吾贾人往市之身毒。身毒在大夏东南
可数千里。其俗土著，大与大夏同，而卑湿暑热云。其人民
乘象以战。其国临大水焉②。'以骞度之，大夏去汉万二千
里，居汉西南。今身毒国又居大夏东南数千里，有蜀物，此
其去蜀不远矣。今使大夏，从羌中③，险，羌人恶之；少北，
则为匈奴所得④；从蜀宜径⑤，又无寇。"天子既闻大宛及大
夏、安息之属皆大国，多奇物，土著，颇与中国同业，而兵弱，
贵汉财物；其北有大月氏、康居之属，兵强，可以赂遗设利朝
也。且诚得而以义属之，则广地万里，重九译，致殊俗⑥，威
德遍于四海。天子欣然，以骞言为然，乃令骞因蜀犍为发间

使⑦，四道并出：出駹⑧，出冉⑨，出徙⑩，出邛、僰⑪，皆各行一二千里。其北方闭氐、筰⑫，南方闭巂、昆明⑬。昆明之属无君长，善寇盗，辄杀略汉使，终莫得通⑭。然闻其西可千余里有乘象国，名曰滇越⑮，而蜀贾奸出物者或至焉⑯，于是汉以求大夏道始通滇国⑰。初，汉欲通西南夷⑱，费多，道不通，罢之。及张骞言可以通大夏，乃复事西南夷。

【注释】

①邛竹杖：邛都（今四川西昌一带）出产的竹制手杖。蜀布：蜀郡（今成都一带）出产的一种细布。吴见思曰："遥遥万里，忽见故物，如游客归乡，怳然感目。"

②其国临大水焉：即临近今印度洋。

③从羌中：经由今甘肃、青海边界，以及新疆东南部、南部的羌族地区，即当时所说的"南路"。

④少北，则为匈奴所得：即指经由当时的所谓"北路"。

⑤从蜀宜径：从成都一带寻路西出应该是近捷的。径，直捷，近便。

⑥重九译，致殊俗：锺惺《史怀》曰："揣摩雄主妄想虚愿如见。"重九译，通过多重翻译。

⑦因：就近调派。蜀：蜀郡，治所即今成都。犍为：犍为郡，治所"僰道"在今四川宜宾西南。发间使：悄悄地派出秘密使节。

⑧駹（máng）：成都西北部的少数民族部落名，其地约在今四川茂县北。

⑨冉：成都西北部的少数民族部落名，其地约在今四川松潘南。"冉""駹"两个部落的居住区域邻近，都属于羌族系统，故有时以"冉"联称。

⑩徙：成都西南部少数民族部落名，其地约在今四川天全一带，属羌族系统。

⑪邛、僰（bó）：这里即指邛都，今四川西昌。

⑫北方闭氐、筰：由北路而出的使者被筰族、氐族部落挡住。氐、筰，本为两个少数民族部落名。筰属羌族系统，其居住地在筰都。氐，少数民族名，这里指与筰族杂居的氐族部落。故常以"氐羌"连称。这里即指筰都，在今四川汉源一带。

⑬南方闭嶲（xī）、昆明：由南路而出的使者被"嶲"与"昆明"两个部落所挡住。嶲、昆明，两个少数民族名，属羌族系统。嶲族居于今云南西部的保山以北，昆明族居于今云南洱海南面。关于氐、筰、嶲、昆明等族的活动，可参看《西南夷列传》。

⑭辄杀略汉使，终莫得通：据《西南夷列传》，汉使"至滇，滇王尝羌乃留，为求道西十余辈，岁余，皆闭昆明，莫能通身毒国"。

⑮滇越：古民族名。"西南夷"的一支。分布在今云南德宏州地区一带。

⑯奸出物：即今"走私"，私自携带违禁商品外出交易。

⑰滇国：古国名。在今云南东部滇池附近地区。战国时楚将庄蹻率兵入滇，"以其众王滇"，建立滇国。王都在今云南晋宁。其主体民族为僰族（僰族分布范围不仅限于滇国）。从事农、牧、渔、纺织等业，并经营青铜铸造。汉武帝元封二年（前109）于其地置益州郡。

⑱初，汉欲通西南夷：建元六年（前135），由唐蒙倡起，先收买、引诱今贵州境内的夜郎国（即所谓"南夷"之一）归附汉王朝，在其北设立犍为郡，于元光三年（前132）由犍为筑路，东南直通夜郎；元光六年（前129），又由司马相如倡议，在"西夷"的邛都、筰都一带设立了十个县，一个都尉。后因有些民族不服，经常叛乱，元朔三年（前126）"上罢西夷，独置南夷夜郎两县、一都尉，稍令犍为自葆就"，详见《西南夷列传》。

【译文】

　　张骞说："我在大夏时，曾见到过邛都产的竹杖和蜀地织的布。便问他们：'是从哪里得到的这些东西？'大夏人回答说：'是我们这里的商人

去身毒国买的。身毒国在大夏东南大约几千里。那里的人们也都是定
居生活，跟大夏国相似，但地势低洼，气候潮湿炎热。那里的人们骑着大
象打仗。那个国家紧挨着一条大河。'根据我的推测，大夏距离汉朝一万
二千里，在汉朝的西南。身毒国又在大夏东南几千里，那里有蜀地出产
的物品，说明身毒离蜀地不远。现在我们出使大夏，要经过羌人的地盘，
路途艰险，羌人很讨厌我们从那里通过；要是稍微向北走，就会被匈奴俘
获；如果我们从蜀地寻路前往应该比较近，而且没有侵扰者。"武帝一听
大宛、大夏、安息等都是大国，出产很多珍稀物产，又都习惯定居生活，与
汉朝的风俗相似，而且他们的军力较弱，喜欢汉朝的东西；他们北面的大
月氏、康居等国家，兵力强大，可以用赏赐去诱使他们来朝拜汉朝。而且
假如能够采用道义手段使他们归属汉朝，那么汉朝就可以拓疆万里，经
过辗转翻译，招来不同风俗的人们，可以使汉朝的声威德政传播于四海。
武帝非常高兴，认为张骞说得很对，于是就命令张骞从蜀郡、犍为郡派遣
秘密使者，分四路同时出发：一路从駹出发，一路从冉出发，一路从徙出
发，一路从邛、僰出发，各走了一两千里。结果走北路的使者中途被氐人、
筰人阻拦，走駹南路的使者被嶲人、昆明人截住，都没能过去。昆明那一
带的少数民族没有君长，惯于杀掠抢劫，多次杀死和掠夺汉朝的使者，因
此，这条道路始终没能打通。然而，听说昆明西边一千余里的地方，有个
人民都骑象的国家，名叫滇越，蜀地的商人曾偷偷地带着货物到那里售
卖，于是汉朝为了寻找去大夏的通路开始同滇越有了交往。当初，汉朝
想和西南夷沟通，只是由于费用太多，道路不通，只好作罢。这次听张骞
说从西南夷可以通到大夏，于是开辟西南夷的工作就又重新开始了。

　　　骞以校尉从大将军击匈奴①，知水草处②，军得以不乏，
乃封骞为博望侯③。是岁元朔六年也④。其明年⑤，骞为卫
尉⑥，与李将军俱出右北平击匈奴⑦。匈奴围李将军，军失亡

多；而骞后期当斩，赎为庶人。是岁汉遣骠骑破匈奴西域数万人⑧，至祁连山。其明年⑨，浑邪王率其民降汉⑩，而金城、河西西并南山至盐泽空无匈奴⑪。匈奴时有候者到⑫，而希矣⑬。其后二年⑭，汉击走单于于幕北⑮。

【注释】

①校尉：职官名。秦汉时高级将领之下的中级武官。当是根据部队一部一校的编制而来，地位略次于将军。

②知水草处：因张骞在匈奴中生活过十多年，故有此表达。

③博望侯：《正义》曰："《地理志》：'南阳博望县。'"博望，汉县名，治所在今河南南阳东北。

④元朔六年：前123年。

⑤其明年：梁玉绳曰："当依《汉书·张骞传》作'后二年'。"按，《李将军列传》亦作"后二年"，即元狩二年（前121）。

⑥卫尉：职官名。秦汉时九卿之一。职掌统辖宫廷卫士，管辖宫内宿卫。秩中二千石。

⑦李将军：即李广，当时以郎中令率军四千人与张骞俱出右北平，分道北击匈奴，事见《李将军列传》《卫将军骠骑列传》。右北平：汉郡名，治所在今辽宁凌源西南。

⑧骠骑：指霍去病，卫青的外甥，时为骠骑将军。匈奴西域，指匈奴西部地带。

⑨其明年：元狩三年（前120）。

⑩浑邪王：西汉诸侯。一作"混邪王"，《汉书》又作"昆邪王"。匈奴人。汉武帝时拥兵数万，活动在今祁连山及河西走廊一带，常犯边境。

⑪金城：汉郡名，治所在今甘肃永靖西北。河西：指今宁夏一带的黄

　　河以西地区。并：傍，沿着。南山：此指甘肃境内的祁连山。

⑫候者：侦察骑兵。

⑬希：稀疏。

⑭其后二年：元狩四年（前119）。

⑮单于：此指伊稚邪单于。幕北：即漠北。幕，通"漠"。

【译文】

　　张骞后来以校尉的身份跟随大将军卫青讨伐匈奴，因为他知道有水草的地方，所以军队的给养没发生困难，于是被封为博望侯。这是汉武帝元朔六年的事。第二年，张骞又以卫尉的身份，和将军李广一道从右北平出发讨伐匈奴。结果李广的军队被匈奴大军包围了，损失惨重；而张骞则因为没能按规定时间到达被判为死刑，自己花钱赎罪成了平民。也是在这一年，汉朝派骠骑将军霍去病击败匈奴西部的几万人，一直追击到了祁连山。第二年，浑邪王带着他的部众投降了汉朝，从此金城、河西西边及南山到盐泽一带，再也没有匈奴人了。只有匈奴的探马偶尔出现，而这种事情也很少发生。又过了两年，汉朝的军队追击匈奴单于，一直把他们赶到了大沙漠以北。

　　是后天子数问骞大夏之属。骞既失侯，因言曰："臣居匈奴中，闻乌孙王号昆莫①，昆莫之父，匈奴西边小国也。匈奴攻杀其父②，而昆莫生，弃于野。乌嗛肉蜚其上③，狼往乳之④。单于怪以为神⑤，而收长之⑥。及壮，使将兵，数有功，单于复以其父之民予昆莫，令长守于西域⑦。昆莫收养其民，攻旁小邑，控弦数万，习攻战。单于死⑧，昆莫乃率其众远徙，中立，不肯朝会匈奴。匈奴遣奇兵击⑨，不胜，以为神而远之，因羁属之，不大攻。今单于新困于汉⑩，而故浑邪地空无人。蛮夷俗贪汉财物，今诚以此时而厚币赂乌孙，招以益东,居故浑邪之地^⑪,与汉结昆弟,其势宜听,听则是断匈奴右臂也。既连乌孙,自其西大夏之属皆可招来而为外臣^⑫。"天子以为然,拜骞为中郎将^⑬,将三百人,马各二匹,牛羊以万数,赍金币帛直数千巨万^⑭,多持节副使^⑮,道可使,使遗之他旁国^⑯。

【注释】

①乌孙王号昆莫:现任乌孙国王,号为昆莫。

②匈奴攻杀其父:据《汉书·张骞传》:"昆莫父难兜靡,本与大月氏俱在祁连、焞煌间,小国也。大月氏攻杀难兜靡,夺其地,人民亡走匈奴。"

③嗛:此处通"衔"。蜚:通"飞"。

④乳:哺乳,喂奶。

⑤单于:此指匈奴之冒顿单于。

⑥收长之:收养使其长大。盖乌孙王被月氏人所杀,月氏人又被匈奴人驱逐,故昆莫被匈奴人所"收长"也。《汉书·张骞传》接上文云:"子昆莫新生,傅父布就瓴侯抱亡,置草中,为求食,还见狼乳之,又乌衔肉翔其旁。以为神,遂持归匈奴,单于爱养之。"

⑦令长守于西域:令其长期驻守于匈奴人之西侧境外。

⑧单于死:指文帝六年(前174)冒顿单于死。

⑨遣奇兵:派轻便灵活的偷袭部队。

⑩今单于:指伊稚斜单于。

⑪招以益东,居故浑邪之地:郭嵩焘曰:"乌孙之东,车师、蒲类诸国环列,何以能东及浑邪故地? 此亦张骞'凿空'之言也。"益,渐,稍稍。

⑫招来:招纳。来,同"徕(lái)",意同"招"。

⑬ 中郎将：职官名。秦代郎中令下有"郎"，西汉因之，设有议郎、中郎等郎官。均为光禄勋属官。其中"中郎"又设五官署、左署、右署，各置中郎将，秩比二千石。此外，光禄勋属官有羽林中郎将，秩比二千石，系宣帝令中郎将、骑都尉监羽林，主管羽林郎。东汉时又有虎贲中郎将，主管虎贲宿卫，秩比二千石。统率皇帝之侍卫而随从左右，或领禁军。

⑭ 赍（jī）：携带。金币帛：黄金与币帛。币帛，礼品，指玉璧、绢帛等。数千巨万：即"数千亿"。"巨万"，也称"大万"，即"亿"，指铜钱。

⑮ 多持节副使：给张骞配了许多"持节"的副使，以便临时派往某个地区。持节，手持旌节，以表明皇帝特派身份。

⑯ 使遗之他旁国：凌稚隆曰："'自骞失侯'至'遗之他旁国'一段，与上'天子既闻大宛'一段暗相应，前推武帝好大喜功之心，后原张骞失位怏怏遂致逢君之欲。君臣病根总来只一'贪'字为累，便贻国家无穷之戚如是。"

【译文】

这以后，武帝又多次向张骞询问大夏诸国的情况。张骞此时已失掉了侯爵，于是说："我在匈奴的时候，听说乌孙的国王名叫昆莫，而昆莫的父亲是匈奴西边的一个小国的君主。匈奴人攻杀了昆莫的父亲，昆莫一出生就被扔在荒郊野地里。乌鸦衔着肉在他的上空盘旋喂他，有母狼跑去给他喂奶。匈奴单于感到很神奇，于是就收留养大了他。等到昆莫长大后，单于派他去领兵打仗，他屡次立功，于是单于就把昆莫父亲的那些老部下还给了昆莫，让他带着去长期守卫匈奴的西部边陲。昆莫把他的部众收拢起来以后，领着他们攻击附近的小部落，渐渐地拥有了几万能拉弓打仗的士兵，昆莫又进一步训练他们作战的本领。等到匈奴单于一死，昆莫就率领着他的部众远远地向西方迁移，中立，不肯去朝拜匈奴。匈奴派遣奇兵袭击过他们，但未能取胜，于是匈奴也就觉得昆莫是神人而不再逼近他们了，只是名义上管辖着他们，不再对他们大动干戈。如今，匈奴单于刚被汉朝打败，而过去浑邪王控制的地方又没人守卫。蛮夷们总是贪图汉朝财物，现在如果能趁机用厚礼去拉拢乌孙，让他们东迁，住到浑邪王过去居住的地方，让他们与汉朝结为兄弟之好，从现在的形势看来，昆莫是会接受我们建议的，如果接受建议和我们结成联盟，那就等于斩断了匈奴的右臂。而且我们一旦联合了乌孙，那么乌孙以西的大夏等国就都可以招引来做我们的外臣属国。"武帝认为张骞说得有道理，于是就封张骞为中郎将，让他率领着三百人，每人两匹马，牛羊几万只，携带价值几千万的金银布帛，还派了好多手持旌节的副使，只要道路可通，就派遣他们出使别的国家。

　　骞既至乌孙，乌孙王昆莫见汉使如单于礼^①，骞大惭。知蛮夷贪，乃曰："天子致赐，王不拜则还赐。"昆莫起拜赐，其他如故。骞谕使指曰^②："乌孙能东居浑邪地，则汉遣翁主为昆莫夫人^③。"乌孙国分，王老，而远汉，未知其大小，素服属匈奴日久矣，且又近之，其大臣皆畏胡，不欲移徙，王不能专制。骞不得其要领。昆莫有十余子，其中子曰大禄，强，善将众，将众别居万余骑。大禄兄为太子^④，太子有子曰岑娶，而太子蚤死。临死谓其父昆莫曰："必以岑娶为太子，无令他人代之。"昆莫哀而许之，卒以岑娶为太子。大禄怒其不得代太子也，乃收其诸昆弟^⑤，将其众畔，谋攻岑娶及昆莫。昆莫老，常恐大禄杀岑娶，予岑娶万余骑别居，而昆莫有万余骑自备，国众分为三，而其大总取羁属昆莫，昆莫亦以此不敢专约于骞^⑥。

【注释】

①见汉使如单于礼：谓昆莫接见汉朝使者与匈奴单于接见汉朝使者的礼数相同。

②指：通"旨"。

③翁主：诸侯家的女儿。旧说，皇帝的女儿出嫁，由公爵主婚，故谓之"公主"；诸侯的女儿出嫁，则由父亲主婚，故谓之"翁主"。按，此处应为"公主"。

④太子：此处即"接班人""继承人"。

⑤收：拘捕。

⑥专约：独自做主与张骞结约。

【译文】

　　张骞到达乌孙后，乌孙王昆莫接见汉朝使者的礼节如同接见单于使者的礼节一样，张骞觉得受到了莫大的耻辱。他知道蛮夷贪爱汉朝的财物，就说："天子赠送礼物给你们，如果国王不拜谢，就要把礼物还回去。"于是昆莫才起身拜谢接受了礼物，但其他的礼节还是照他们的原样。张骞向昆莫说明这次出使的意图，说："乌孙如果能够向东迁移到浑邪王的旧地上去住，那么汉朝将遣送一位诸侯王的女儿做昆莫的妻子。"但是由于乌孙国已经分裂，国王昆莫年老，再加上他们离着汉朝又远，也不知道汉朝究竟有多大，他们长期以来是附属于匈奴的，而且距离匈奴又近，所以他们的大臣们都害怕匈奴，不想东迁，昆莫自己不能独断专行。张骞因而没能得到乌孙王的明确表态。这时昆莫有十几个儿子，他的排行居中儿子叫大禄，为人强悍，善于领兵，他带着一万多骑兵单独住在另外一个地方。大禄的哥哥是太子，太子的儿子叫岑娶，而太子死得早。他临死前对父亲昆莫说："我死后请您一定让岑娶做接班人，不要让别人代替他。"昆莫因为可怜儿子就答应了他的请求，最终把岑娶立为太子。大禄因为自己不能取代太子而十分愤怒，于是就把他的兄弟们聚集起来，领着他们的部下造反了，蓄谋进攻岑娶和昆莫。昆莫老迈，常担心大禄杀害岑娶，于是他就给了岑娶一万多骑兵让他住在另一个地方，而昆莫自己身边也带着一万多人用以自卫，这样乌孙国就一分为三了，各个部落名义上都归昆莫统辖，但实际上昆莫面对这种形势，不敢自作主张与张骞结约。

　　骞因分遣副使使大宛、康居、大月氏、大夏、安息、身毒、于阗、扜罙及诸旁国。乌孙发导译送骞还，骞与乌孙遣使数十人，马数十匹报谢，因令窥汉，知其广大。

　　骞还到，拜为大行①，列于九卿②。岁余，卒③。

　　乌孙使既见汉人众富厚，归报其国，其国乃益重汉。其后岁余，骞所遣使通大夏之属者皆颇与其人俱来，于是西北国始通于汉矣。然张骞凿空④，其后使往者皆称博望侯，以为质于外国⑤，外国由此信之。

【注释】

①大行：职官名。即大行令，也称"典客"，汉时为职掌朝廷接待宾客等事之官。武帝太初元年（前104）又改大鸿胪。

②列于九卿："列于九卿"指中尉、内史等职而言。大行是九卿之一，不能说"列于九卿"。

③岁余，卒：据《汉书·百官公卿表》，张骞于元鼎二年（前115）为大行令，三年（前114）卒。锺惺曰："骞之远使，是古今第一人。"

④凿空：《集解》引苏林曰："凿，开；空，通，骞通西域道。"师古曰："空，孔也。犹言始凿其孔穴也。"《索隐》曰："谓西域险厄，本无道路，今凿空而通之也。"

⑤以为质于外国：以取信于外国人。泷川引中井曰："后使漫自称博望侯也，外国乃信之。"质，信，凭证。

【译文】

张骞于是就派他的副使们分别出使大宛、康居、大月氏、大夏、安息、身毒、于阗、扜罙以及附近的其他国家。乌孙派向导和翻译送张骞回汉朝，张骞带着乌孙所派的使者几十个人，好马几十匹，一起回到了长安回报和答谢汉天子，趁机让他们窥探汉朝的虚实，看看汉帝国到底有多大。

张骞回到朝廷后，被封为大行，官位排列在九卿之中。又过了一年多，张骞去世了。

乌孙使者看到汉朝人口众多、物产丰富后，回去报告了国王，从此乌孙才越来越重视汉朝。在这以后的一年多里，张骞派到大夏等国去的那些副使们也都带着所去国家的使臣相继回到了汉朝，于是，西北各国从这时开始与汉朝互通往来了。因为这条路是张骞首先开创的，以后前往西域各国的使者都称博望侯，用他的名声来取得外国的信任，而外国人也的确因此而相信这些汉朝的使者。

自博望侯骞死后，匈奴闻汉通乌孙，怒，欲击之。及汉使乌孙，若出其南，抵大宛、大月氏相属①，乌孙乃恐，使使献马，愿得尚汉女翁主②，为昆弟③。天子问群臣议计，皆曰"必先纳聘，然后乃遣女"。初，天子发书《易》④，云"神马当从西北来"⑤。得乌孙马好，名曰"天马"。及得大宛汗血马，益壮，更名乌孙马曰"西极"，名大宛马曰"天马"云。而汉始筑令居以西⑥，初置酒泉郡以通西北国⑦。因益发使抵安息、奄蔡、黎轩、条枝、身毒国。而天子好宛马，使者相望于道。诸使外国一辈大者数百，少者百余人，人所赍操大放博望侯时⑧。其后益习而衰少焉。汉率一岁中使多者十余，少者五六辈，远者八九岁，近者数岁而反⑨。

【注释】

①若出其南,抵大宛、大月氏相属:郭嵩焘曰:"'若'字有故作声势,以悚骇乌孙之意……汉使遮布其南,径西至大宛、月氏,势足以临逼,乌孙乃恐。"若,假装。相属,相连,即今所谓"络绎不绝"。

②尚:上配,高攀,即"娶"。翁主:此处仍应作"公主"。

③为昆弟:意即结为兄弟之国。

④发书《易》:王先谦引宋祁曰:"古本(《汉书》)作'发《易》书'。"《集解》引《汉书音义》曰:"发《易》书以卜。"

⑤云"神马当从西北来":今《周易》中无此语,因为当事人为杜撰。陈直以为此处应断句为"天子发书,《易》云……"。

⑥令居:汉县名,治所在今甘肃永登西北。

⑦酒泉郡:治所即今甘肃酒泉。

⑧大放博望侯时:即"牛羊以万数,金币帛直数千巨万"。大放,大致相仿。

⑨近者数岁而反:凌稚隆引茅瓒曰:"使外国者,每一辈不下数百人,而又率一岁使十余,或五六辈,又必八九岁或数岁而后还焉,张骞之贻祸甚哉。太史公委曲详叙,意可概见矣。"反,同"返"。

【译文】

自从博望侯张骞死后,匈奴听说汉朝和乌孙通好,非常愤怒,就想进攻乌孙。而汉朝在向乌孙派遣使者的同时,还一批批地派人往南到大宛、大月氏等,连续不断,乌孙感到害怕,于是派使者向汉朝献马,要求娶汉朝诸侯王的女儿,与汉朝结为兄弟之国。武帝向群臣征求意见,群臣都说"应该让他们先来纳聘,然后我们才能派人送亲"。在此以前,武帝看《易》,见里边有"神马当从西北来"这句话。后来他得到了乌孙送来的好马,于是就将其命名为"天马"。等到后来又得到了大宛的汗血马,这种马更加高大健壮,于是把乌孙马改名为"西极",而称大宛马为"天马"。接着汉朝开始修筑令居以西的长城亭障,在那里设置了酒泉郡,作为通往西北各国的基地。从此派往安息、奄蔡、黎轩、条枝、身毒等国的使者越发多了。由于皇帝喜欢大宛马,所以派往大宛的使者更是连续不断。当时派往外国的使团多的一批有几百人,少的也有百余人,每批所带的东西大致都和张骞所带的差不多。此后出使之事习以为常,使团人数和所带的东西就减少了。汉朝大致一年派出的使者,多的时候十余批,少的时候五六批,远的地方,使者八九年才能回来,近的也得要好几年才能回来。

　　是时汉既灭越^①,而蜀、西南夷皆震,请吏入朝^②。于是置益州、越嶲、牂柯、沈黎、汶山郡^③,欲地接以前通大夏^④。乃遣使柏始昌、吕越人等岁十余辈,出此初郡抵大夏^⑤,皆复闭昆明,为所杀,夺币财,终莫能通至大夏焉。于是汉发三辅罪人^⑥,因巴蜀士数万人,遣两将军郭昌、卫广等往击昆明之遮汉使者^⑦,斩首虏数万人而去^⑧。其后遣使,昆明复为寇,竟莫能得通。而北道酒泉抵大夏,使者既多,而外国益厌汉币,不贵其物。

【注释】

①汉既灭越:指元鼎六年(前111)灭南越事,详见《南越列传》。

②请吏入朝:指少数民族地区的头领请朝廷设郡县,派官吏,请求入朝拜见。详见《西南夷列传》。

③益州:汉郡名,治所在今云南晋宁东北。越嶲(xī):汉郡名,治所邛都,今四川西昌东南。牂柯(zāng kē):汉郡名,治所在今贵州黄平西南。沈黎:汉郡名,治所在今四川汉源东北。汶山:汉郡名,治所在今四川茂县城北。按,汉之置益州郡在元封二年(前109),与元鼎六年(前111)置越嶲、牂柯、沈黎、汶山诸郡不在同

　　一年，不宜并叙。

④欲地接以前：《集解》曰："欲地界相接至大夏。"即不断地扩大地盘，直到与大夏相接。

⑤出此初郡抵大夏：由这些新设立的前沿郡县出发，西通大夏。

⑥三辅：指京兆尹、左冯翊、右扶风，即首都及周边三个郡。

⑦郭昌、卫广：据《汉书·武帝纪》，郭昌时为将军，卫广时为中郎将。

⑧斩首虏：即斩敌之首与俘获生敌。

【译文】

　　这时汉朝已经灭亡了南越，因而蜀地和西南夷诸国都很震恐，请求入朝拜见天子。于是汉朝设置了益州郡、越嶲郡、牂柯郡、沈黎郡、汶山郡，想从这些地方向外延伸以便西通大夏。于是一年就派了柏始昌、吕越人等十余批使者，由这些新设置的郡县出发前往大夏，结果又都在昆明地区受阻，使者被杀，财物被夺，最终也没能到达大夏。于是汉朝就调动了三辅地区的罪人，加上巴、蜀地区的几万士兵，派郭昌、卫广两位将军率领前往昆明去讨伐那些拦截汉朝使者的人，杀死和俘获了几万人才离去。但到后来汉朝派出使者时，昆明人仍是拦截，最后还是未能沟通大夏。这时从北路经由酒泉通往大夏的使者越来越多，而外国对汉朝的礼物也渐渐感到厌烦，不再看重了。

　　自博望侯开外国道以尊贵，其后从吏卒皆争上书言外国奇怪利害，求使。天子为其绝远，非人所乐往，听其言，予节，募吏民毋问所从来，为具备人众遣之，以广其道。来还不能毋侵盗币物①，及使失指②，天子为其习之，辄覆案致重罪③，以激怒令赎，复求使。使端无穷，而轻犯法。其吏卒亦辄复盛推外国所有，言大者予节④，言小者为副，故妄言无行之徒皆争效之。其使皆贫人子，私县官赍物⑤，欲贱市以私其利⑥。外国亦厌汉使人人有言轻重⑦，度汉兵远不能至，而禁其食物以苦汉使。汉使乏绝积怨，至相攻击。而楼兰、姑师小国耳，当空道⑧，攻劫汉使王恢等尤甚⑨。而匈奴奇兵时时遮击使西国者。使者争遍言外国灾害⑩，皆有城邑，兵弱易击。于是天子以故遣从骠侯破奴将属国骑及郡兵数万⑪，至匈河水⑫，欲以击胡，胡皆去。其明年⑬，击姑师，破奴与轻骑七百余先至，虏楼兰王，遂破姑师⑭。因举兵威以困乌孙、大宛之属。还，封破奴为浞野侯。王恢数使，为楼兰所苦，言天子，天子发兵令恢佐破奴击破之⑮，封恢为浩侯⑯。于是酒泉列亭鄣至玉门矣⑰。

【注释】

①来还：出使回来的人。

②使失指：没能正确体现出使的宗旨。

③覆案致：又追察、审问。覆，犹"复"，又。

④言大者予节：谁能说大话就让谁当正使。

⑤县官：此处指国家、公家。

⑥以私其利：底本原文作"以私其利外国"。泷川曰："《汉书》无'外国'二字。言所赍官物，视同私有，贱卖自利，不尽入官也。"

⑦汉使人人有言轻重：《集解》引服虔曰："汉使言于外国，人人轻重不实。"即每人对事情的轻重利害各有说法。

⑧当空道：正对着东西方往来的通道。空，孔。

⑨王恢：此与建言伏兵马邑以诱击匈奴者非同一人。

⑩争遍言外国灾害：《汉书》作"争言外国利害"，"利害"更顺。

⑪以故遣从骠侯破奴：《汉书》削"以故"二字。周寿昌曰："时从

骠已失侯,此应称'故从骠侯'。"按,依周说,此处应削"遣"字。
破奴,赵破奴,详见《卫将军骠骑列传》。属国骑:其他民族归降
汉朝,汉朝将其按原部落安置在沿边郡县者,称之为"属国"。师
古曰:"存其国号而属汉朝,故曰'属国'。"元狩二年,匈奴浑邪
王率四万人降汉,汉置五属国以处之。赵破奴所率的"属国骑",
就是这些匈奴人。

⑫匈河水:在今甘肃永登北"数千里"。郭嵩焘曰:"疑此当为居延
海之下流。"按,赵破奴此次出击匈奴在元鼎六年(前111)。

⑬其明年:元封元年(前110)。

⑭虏楼兰王,遂破姑师:《卫将军骠骑列传》记此事于元封二年,《建
元以来侯者年表》云在元封三年。三处说法不同。梁玉绳曰:
"赵破奴为匈河将军攻胡在元鼎六年,而《大宛传》谓虏楼兰为击
胡之明年,乃元封元年,与《汉》传合。盖破奴深入匈奴,不见一
人,遂还师击西域也。《大事记》载于元封元年,极确。"

⑮令恢佐破奴击破之:《集解》引徐广曰:"为中郎将。"谓王恢以中
郎将的身份佐赵破奴击破楼兰。

⑯封恢为浩侯:据《建元以来侯者年表》,王恢于元封四年(前107)
"以故中郎将将兵捕得车师王功侯",此处史文乃云以佐破奴击楼
兰封侯,盖事件与时间皆误。

⑰亭鄣:古代设置在边疆险要之处以供防守的堡垒。鄣,也作
"障"。玉门:此指玉门关,在今甘肃敦煌西北小方盘城。汉武帝
置。因西域输入玉石取道于此而得名。西南有阳关。两关同为
古代通往西域各地的门户,出玉门关者为北道,出阳关者为南道。

【译文】

自从张骞因为开辟了通往外国的道路而得到尊官和富贵之后,那些
曾经跟随张骞出使的吏卒们也都争着上书向皇帝描述外国的奇闻异事、
利害得失,要求充当使者出使。武帝觉得这都是一些非常遥远的地方,

并非人人乐意前往,因此就答应他们的请求,授予他们符节,招募官吏和百姓而不问他的出身,为他们配备人员,派遣他们出使,以拓展通往西域的道路。这些使臣们在往来出使的过程中不可能不出现侵吞布帛财物的情况,以及背离天子之意的事情,天子因为他们熟悉出使的道路,于是就故意按照法律判他们以重罪,以便刺激他们让他们花钱赎罪,继续要求充任使者。渐渐地这些出使者应付朝廷的手段越来越多,也不把犯法当回事了。那些官吏士卒也常常反复称赞外国出产,说得好的可以得到符节,说得差的也可以充当副使,因而使得一些专会胡说八道的无耻之徒争相效法他们。那些出使的都是贫苦人家的子弟,他们把带去的一部分朝廷送给西域各国的礼物占为己有,想用低价卖出,以获取私利。外国也讨厌汉朝使者所说有轻重不真实的成分,他们估量着两国距离遥远,汉朝军队是不可能前来的,因而就断绝使者们的食物,使汉朝使者遭受困苦。汉朝使者生活困乏,物资断绝,以至于相互攻击。楼兰、姑师虽然都是小国,但它们正处在交通要道上,它们攻击劫夺汉朝使者王恢等人尤其厉害。另外,匈奴的小股骑兵也常常在半道上拦劫汉朝出使西域的人。这些出使回来的人都争着说外国发生灾害,说各国都有城镇,兵力弱小,容易攻打。于是武帝就派从骠侯赵破奴率领着属国骑兵和从各郡征调来的步兵数万人,出击匈奴,他们来到匈河水,想要攻打匈奴,结果匈奴人早就撤走了。第二年,他们又攻打姑师,赵破奴领着骑兵七百多人首先到达,俘虏了楼兰王,接着攻破了姑师。接着又乘胜围困乌孙、大宛等国。回汉朝后,赵破奴受封为浞野侯。王恢多次出使,被楼兰屡屡围困,他把这些事告诉了武帝,武帝遂命王恢辅佐赵破奴打败敌人,王恢被封为浩侯。从此,汉朝的岗哨据点就由酒泉一直排列到玉门关了。

　　乌孙以千匹马聘汉女,汉遣宗室女江都翁主往妻乌孙[1],乌孙王昆莫以为右夫人。匈奴亦遣女妻昆莫,昆莫以为左夫人。昆莫曰"我老"[2],乃令其孙岑娶妻翁主。乌孙多马,其富人至有四五千匹马。

【注释】

①江都翁主:江都王刘建的女儿。刘建是汉景帝子刘非之子,汉武帝之侄,于元狩二年(前121)因罪自杀。据《汉书·西域传》,刘非之女名细君,于元封年间(前110—前105)远嫁乌孙。细君在乌孙曾作歌曰:"吾家嫁我兮天一方,远托异国兮乌孙王。穹庐为室兮毡为墙,以肉为食兮酪为浆。居常土思兮心内伤,愿为黄鹄兮归故乡。"

②昆莫曰"我老":昆莫生于冒顿晚年,冒顿死于前174年,至武帝元封年间,昆莫年六十有余。

【译文】

乌孙王用一千匹马聘娶汉朝姑娘,汉朝派遣宗室江都王刘建的女儿嫁给乌孙王为妻,乌孙王昆莫把她封作右夫人。后来匈奴也派遣公主嫁给昆莫,昆莫封她为左夫人。昆莫说"我老了",于是就让他的孙子岑娶娶了江都王的女儿为妻子。乌孙国盛产良马,那些富有人家的马竟多至四五匹。

初,汉使至安息,安息王令将二万骑迎于东界①。东界去王都数千里。行比至②,过数十城,人民相属甚多③。汉使还,而后发使随汉使来观汉广大,以大鸟卵及黎轩善眩人献于汉④。及宛西小国驩潜、大益⑤,宛东姑师、扜罙、苏薤之属⑥,皆随汉使献见天子。天子大悦。

而汉使穷河源,河源出于阗⑦,其山多玉石,采来⑧,天子案古图书⑨,名河所出山曰昆仑云⑩。

【注释】

①安息王:即帕提亚国王密特里达提。令将二万骑:此处"将"字应
　重出,作"令将将二万"。

②比至:及至,到。

③人民相属:谓国内居民彼此连续不绝。

④大鸟卵:驼鸟蛋。善眩人:王念孙曰:"'眩'上本无'善'字,后人
　以上文云'条支国善眩',因加'善'字也。"眩人,魔术师。

⑤驩潜:西域小国名,今属乌兹别克斯坦。其地约在今阿姆河下游,
　接近咸海一带。大益:古西域国名,丁谦以为即阿拉伯人。

⑥苏薤(xiè):古西域国名。苏薤,当即《汉书·西域传》所载康居
　五小王之一"苏䩂"。岑仲勉以为苏䩂为"粟特"之异译,即后来
　之康国,在今乌兹别克斯坦撒马尔罕一带。

⑦河源出于阗:张骞通西域前,古人都说黄河发源于昆仑山。张骞
　通西域后,始说黄河发源在于阗(今新疆和田一带)。

⑧采来:《集解》曰:"汉使采取,将持来至汉。"张文虎以为是一种玉
　石的名称:"采乃彩色之彩,来乃'琜'之借字。"

⑨案古图书:根据古书所言。古图书,此指《山海经》《穆天子传》
　《禹贡》等。

⑩名河所出山曰昆仑:沈川曰:"以于阗河源为昆仑,始于武帝。"
　按,其实黄河之源头不在昆仑山,在今青海之巴颜喀拉山北麓。

【译文】

　　最初,汉朝使者到达安息国时,安息王总是让人带着两万骑兵到东
边的国境上迎接。东部国境距离安息国都有数千里。从东边的国境前
往国都,要经过几十座城池,一路上人烟稠密。汉朝使者回国时,安息也
派出了使者跟着来观察汉朝领土的广大,带着他们那里产的大鸟蛋和黎
轩的魔术师来献给汉朝。后来大宛西面的小国驩潜、大益,大宛东面的
姑师、扜罙、苏薤等,都跟着汉朝使者来进献贡品和拜见天子。天子非常

高兴。

汉朝的使者曾去探寻过黄河的源头,黄河的源头在于阗国,那里的山上盛产玉石,汉朝使者顺便采回来了一些,武帝根据古书上的记载,给黄河发源的那座山起名叫昆仑山。

是时上方数巡狩海上①,乃悉从外国客,大都多人则过之②,散财帛以赏赐,厚具以饶给之③,以览示汉富厚焉④。于是大觳抵⑤,出奇戏诸怪物⑥,多聚观者,行赏赐,酒池肉林,令外国客遍观各仓库府藏之积,见汉之广大,倾骇之。及加其眩者之工⑦,而觳抵奇戏岁增变⑧,甚盛益兴,自此始。

【注释】

①巡狩:指皇帝的出游,实际指巡行视察各地诸侯为国家守护疆土的情况。狩,通"守"。

②大都多人则过之:专门找那种城市大、人口多的地方走。

③厚具:多准备东西。饶给:多给,出手大方。

④览示:夸示。

⑤大觳(jué)抵:指大规模地举行摔跤一类的表演。觳抵,即"角抵",即摔跤、相扑之类。

⑥奇戏:指各种杂技表演。诸怪物:各种稀奇古怪的动物。

⑦加其眩者之工:谓使中国的魔术技巧更加超过黎轩人。

⑧觳抵奇戏岁增变:各种摔跤、杂技的逐年变化翻新。

【译文】

这时武帝正频繁地到沿海一带巡视,每次都让这些外国客人跟随其后,大凡人多的城镇都要经过,散发钱财布帛,准备丰厚的礼物多多赏赐当地人,目的是以此来向外国人夸耀汉朝的富有。还要举行盛大的摔跤比赛,演出各种杂技,展示稀奇古怪的动物,引来许多人围观,趁机大行赏赐,聚酒成池,挂肉成林,让外国客人遍观各地仓库中储藏的物资,以显示汉朝的广大、富有,让他们倾心惊叹。从这时开始,那些魔术技巧越来越高,那些摔跤以及各种杂技的花样也越来越新鲜,越来越兴盛了。

　　西北外国使,更来更去。宛以西,皆自以远,尚骄恣晏然^①,未可诎以礼羁縻而使也^②。自乌孙以西至安息,以近匈奴,匈奴困月氏也^③,匈奴使持单于一信^④,则国国传送食^⑤,不敢留苦^⑥;及至汉使,非出币帛不得食,不市畜不得骑用。所以然者,远汉,而汉多财物,故必市乃得所欲,然以畏匈奴于汉使焉^⑦。宛左右以蒲陶为酒,富人藏酒至万余石,久者数十岁不败^⑧。俗嗜酒,马嗜苜蓿^⑨。汉使取其实来,于是天子始种苜蓿、蒲陶肥饶地。及天马多,外国使来众,则离宫别观旁尽种蒲萄、苜蓿极望^⑩。自大宛以西至安息国,虽颇异言,然大同俗,相知言。其人皆深眼,多须髯,善市贾,争分铢^⑪。俗贵女子,女子所言而丈夫乃决正^⑫。其地皆无丝漆,不知铸钱器。及汉使亡卒降^⑬,教铸作他兵器。得汉黄白金,辄以为器,不用为币。

【注释】

①晏然:安然,神态悠闲的样子。

②未可诎(qū)以礼:不能以礼节约束,使之变得谦卑。诎,谦卑。羁縻而使:加以笼络,联络牵制。羁,马络头。縻,牵牛绳。

③匈奴困月氏:"困"上应增"尝"字读,即冒顿、老上两次大破月氏事。《汉书·西域传》作"匈奴尝困月氏"。

④信：信物，凭证。

⑤传：通"转"，辗转。

⑥留苦：耽搁为难。

⑦然以畏匈奴于汉使焉：这是因为他们怕匈奴人更甚于怕汉朝使者。以，因。郭嵩焘曰："畏匈奴甚于汉使，是以待汉使加薄也。"方苞曰："为贰师伐宛，当道小国不肯给食张本。"

⑧数十岁不败：泷川转引《后凉录》曰："吕光入龟兹城，胡人奢侈，富于生养，家有蒲萄酒，或至千斛，经十年不败。"

⑨苜蓿：植物名。亦作目宿、木粟、牧粟等。一年或多年生草本。原产西域，汉武帝时从大宛传入内地。为马牛等牲口的重要饲料，也用作绿肥，其嫩茎叶可当蔬菜。

⑩极望：远望，尽目力所及。

⑪争分铢：指必争分毫。分、铢，皆为极小的重量单位，一两的二十四分之一叫一铢，一两的百分之一叫一分。

⑫决正：决定，以妻子之言作为丈夫判断事物的准则。

⑬亡卒：逃亡的士卒。

【译文】

从此，西域各国到汉朝来的使者，往来络绎不绝。这时大宛以西的国家，都认为自己的国家远离汉朝，态度上还都比较傲慢，表现出毫不在乎的样子，对于这些国家汉朝还不能以礼节约束他们。从乌孙以西直到安息诸国，因为他们距离匈奴近，而匈奴又曾整治过月氏，所以匈奴的使者只要拿着单于的一封信，这些国家就轮流供给他们食物，不敢阻留使他们受苦；至于汉朝使者到达，不拿出钱币、布帛就得不到吃的，不自己买牲畜就没有骑的。他们所以这样做，就是因为距离汉朝远，而且汉朝使者手里的财物又多，所以就非得自己花钱才能有东西用，但也是由于他们畏惧匈奴使者甚于汉朝使者的缘故。大宛附近的国家擅长用葡萄造酒，富人家的地窖里有的藏着多达万余石，储藏的时间有的可以长达几十年而不变味。当地的人们都爱喝酒,那里的马爱吃苜蓿。汉朝的使者曾从那里带回了一些葡萄、苜蓿的种子,于是武帝开始把这些苜蓿、葡萄种植在土质肥沃的地方。等到后来天马越来越多,外国的使者也越来越多时,汉朝的离宫别苑旁边种的葡萄、苜蓿就一眼望不到边了。从大宛往西一直到安息,各国的语言虽然不一样,但他们的风俗习惯都大致相同,说话也可以相互明白。那里的人都是眼睛凹陷,络腮胡子,善于做生意,对钱财斤斤计较。那里女子的地位高,女人一说男人就都照办。那里没有丝织物和漆器,也不懂得铸造钱币和器皿。等到汉朝使者的逃亡士卒投降了他们,才开始教给他们铸造兵器和器物。他们得到了汉朝的黄金白银,往往拿来制造器物,不用它来铸造钱币。

　　而汉使者往既多,其少从率多进熟于天子①,言曰:"宛有善马在贰师城②,匿不肯与汉使。"天子既好宛马,闻之甘心③,使壮士车令等持千金及金马以请宛王贰师城善马④。宛国饶汉物,相与谋曰:"汉去我远,而盐水中数败⑤,出其北有胡寇⑥,出其南乏水草⑦。又且往往而绝邑,乏食者多。汉使数百人为辈来,而常乏食⑧,死者过半,是安能致大军乎?无奈我何。且贰师马,宛宝马也。"遂不肯予汉使。汉使怒,妄言,椎金马而去⑨。宛贵人怒曰:"汉使至轻我⑩!"遣汉使去,令其东边郁成遮攻⑪,杀汉使,取其财物。于是天子大怒。诸尝使宛姚定汉等言宛兵弱,诚以汉兵不过三千人,强弩射之,即尽虏破宛矣。天子已尝使浞野侯攻楼兰,以七百骑先至,虏其王,以定汉等言为然,而欲侯宠姬李氏⑫,拜李广利为贰师将军⑬,发属国六千骑,及郡国恶少年数万人⑭,以往伐宛。期至贰师城取善马,故号"贰师将军"。赵始成为军正^⑮，故浩侯王恢使导军^⑯，而李哆为校尉，制军事^⑰。是岁太初元年也^⑱。而关东蝗大起，蜚西至敦煌^⑲。

【注释】

①少从：师古曰："汉时谓随使而出外国者为'少从'，总言其少年而从使也。"进熟：进言熟知的西域事。也有说即进献甜言蜜语。中井曰："谓美语为熟者，取烹熟甘美之义也。"王阎运曰："进熟，谓进见熟习也，以习熟故无所不言，而言及马矣。"

②贰师城：古城名。在今吉尔吉斯斯坦西南部马尔哈马特。大宛城邑。

③甘心：此处意即动心，兴心。师古曰："志怀美悦，专事求之。"

④使壮士车令等持千金及金马以请宛王贰师城善马：陈直曰："《盐铁论·西域》篇云：'张骞言大宛之天马汗血，安息之真玉大鸟，县官既闻如甘心焉，乃大兴师伐宛，历数期而克之。'《盐铁论》此文多本于太史公《大宛传》。"壮士车令，有位壮士姓车名令。

⑤盐水：即罗布泊。数败：指凡欲通过罗布泊者，往往被恶劣的自然气候所摧垮。

⑥出其北：向北绕开罗布泊，即经由前文所述之"北路"西行。

⑦出其南：即沿前文所述"南路"西行。

⑧常：这里通"尚"，尚且。

⑨椎：砸碎。

⑩至轻我：竟然敢轻视我们。至，竟。或曰，汉使轻视我们达到了极点。至，极。

⑪郁成：大宛的城镇名，在大宛国都贵山城的东南，贰师城的东北，今安集延的正东。《汉书》于此作"郁成王"。徐孚远曰："欲讳杀使之迹，故纵之去，而令郁成遮要之。"

⑫欲侯宠姬李氏：想让宠姬李夫人的亲属为侯。有关李夫人的事略

见《外戚世家》。

⑬贰师将军:以行动目的地为将军称号,亦如赵破奴为"匈河将军""浚稽将军"。

⑭恶少年:师古曰:"无行义者。"按,虽"无行义",但亦尚非"罪人"者。

⑮军正:军中的司法官。

⑯故浩侯:王恢于元封四年(前107)被封浩侯,不久因"出使酒泉,矫制",被废,故此称"故浩侯"。

⑰而李哆(chǐ)为校尉,制军事:制军事,主管军中事物。陈子龙曰:"贰师于将略,未必长也,故以李哆制军事。"中井曰:"详具三人职事,而校尉更称'制军事',可见将军无所掌也。唯与具往还,取封侯而已矣。"

⑱是岁太初元年也:前104年。按,司马迁专门标出李广利伐大宛之年,以警示此事劳民伤财。

⑲而关东蝗大起,蜚西至敦煌:关东大范围蝗灾,蔓延至敦煌。在这全国大灾之年,发动了对大宛"劳民伤财"的战争,司马迁有无限叹息。关东,函谷关以东,泛指今河南、河北、山西、山东等广大地区。蜚,通"飞"。敦煌,汉郡名,治所在今甘肃敦煌城西。

【译文】

汉朝使者出使西域的多了以后,那些从少年时代就跟着别人出使的人大都向武帝汇报熟悉的情况,说:"大宛的贰师城里有好马,他们把它藏匿起来,不肯给汉朝使者。"武帝喜欢大宛马,一听这话就很心动,于是派了壮士车令等人带着千金和一匹用金子铸成的马送给大宛王,请求交换贰师城的好马。这时大宛已经有很多汉朝的东西了,他们互相商议说:"汉朝距离我们路途遥远,经过盐泽来我国屡次失败,走北边就会有匈奴人找他的麻烦,走南边又缺少水草。而且这一路上又有许多地方没有人烟,没有食物。汉朝的使者一批来几百人,路上还常常没东西吃,死亡过半,这样汉朝怎能派大军前来呢? 他们对我们无可奈何。再说贰师城里的马是我们大宛国的宝马。"于是就决定不把马给汉朝使者。汉朝的使者非常生气,大骂一通,把带去的金马也砸了怀恨而去。大宛的贵族们也很生气,说:"汉朝的使者也太轻视我们了!"他们遣送汉朝使者回国,命令他们东部地区的郁成王半路上拦截攻杀了汉朝使者,抢去了他们的财物。武帝闻讯大怒。曾经到过大宛的姚定汉等人说大宛的兵力很弱,若真能率领汉军前往,不超过三千,用强弓劲弩射击他们,就可以全部俘获打败他们。在此以前,武帝曾派浞野侯赵破奴进攻过楼兰,赵破奴带领着七百骑兵最先到达,俘虏了楼兰王,所以武帝相信姚定汉的话,而另一方面他也是想给他的宠姬李氏的家人封侯,于是他就任命李广利为贰师将军,调发属国的六千骑兵,和从各郡国调来的几万名恶少年,前去讨伐大宛。因为目的是到贰师城去夺取好马,所以称李广利为"贰师将军"。派赵始成为军正,派原来的浩侯王恢给军队做向导,派李哆为校尉,主管军中的各项事务。这一年是武帝太初元年。也就在这一年里,关东发生了严重的蝗灾,这些蝗虫居然向西一直飞到了敦煌一带。

　　贰师将军军既西过盐水,当道小国恐,各坚城守,不肯给食。攻之不能下。下者得食,不下者数日则去。比至郁成,士至者不过数千,皆饥罢[①]。攻郁成,郁成大破之,所杀伤甚众。贰师将军与哆、始成等计:"至郁成尚不能举,况至其王都乎?"引兵而还。往来二岁。还至敦煌,士不过什一二。使使上书言:"道远,多乏食;且士卒不患战,患饥。人少,不足以拔宛。愿且罢兵,益发而复往。"天子闻之,大怒,而使使遮玉门[②],曰:"军有敢入者辄斩之!"贰师恐,因留敦煌。

【注释】

①饥罢:饥饿疲劳。罢,疲劳,衰弱。

②遮:堵,拦截。

【译文】

贰师将军李广利的军队向西渡过了盐泽后,在行军路上的小国都害怕汉军,各自坚守城堡,不给汉朝军队供给一点食物。汉军进攻又不能攻下来。他们只有在攻下城来的地方才能得到食物,而攻不下来的地方攻几天只好赶紧走。这样等到走到郁成地区时,李广利的兵士剩下来的已经不过几千人了,而且全都饥饿疲惫。他们进攻郁成,结果被郁成人打得大败,死伤很多。贰师将军李广利与李哆、赵始成等人商量说:"我们连一个郁成都攻取不了,何况他们的国都呢?"于是收兵回来了。他们往来共用了两年时间。等他们回到敦煌时,士兵们剩下的已经不过十分之一二了。李广利派人向武帝上书说:"道路遥远,经常缺乏食物;士兵们并不怕打仗,而是怕饿肚子。这次去的人太少,不可能攻克大宛。我们请求暂且罢兵,将来多派军队再前去讨伐。"武帝一看奏书,勃然大怒,派使臣到玉门去拦着他们说:"你们谁要胆敢进关,就把谁斩首处死!"李广利害怕了,只好把军队驻扎在了敦煌。

其夏①,汉亡浞野之兵二万余于匈奴②。公卿及议者皆愿罢击宛军,专力攻胡。天子已业诛宛③,宛小国而不能下,则大夏之属轻汉,而宛善马绝不来,乌孙、仑头易苦汉使矣④,为外国笑。乃案言伐宛尤不便者邓光等⑤,赦囚徒材官⑥,益发恶少年及边骑,岁余而出敦煌者六万人,负私从者不与⑦。牛十万,马三万余匹,驴骡橐它以万数⑧。多赍粮,兵弩甚设⑨,天下骚动,传相奉伐宛,凡五十余校尉⑩。宛王城中无井,皆汲城外流水,于是乃遣水工徙其城下水空以空其城⑪。益发戍甲卒十八万酒泉、张掖北，置居延、休屠以卫酒泉⑫，而发天下七科适⑬，载糒给贰师⑭。转车人徒相连属至敦煌⑮。而拜习马者二人为执驱校尉⑯，备破宛择取其善马云。

【注释】

①其夏：太初二年（前103）夏。

②汉亡浞野之兵二万余于匈奴：据《卫将军骠骑列传》，太初二年，赵破奴"为浚稽将军，将二万骑击匈奴左贤王。左贤王与战，兵八万骑围破奴，破奴生为虏所得，遂没其军"。

③已业：同今"业已""既已"。诛：讨伐。

④仑头：古西域国名，其地在今新疆轮台东南，当时乌孙以东。易苦汉使：轻视汉朝使者，使汉朝使者吃苦头。易，瞧不起。按，此处似应作"益苦汉使"，因为汉使在此以前已经在吃他们的苦头。

⑤案言伐宛尤不便者：惩治了那些特别反对伐大宛的人。案，惩办，通常指处死。

⑥赦囚徒材官：赦免监狱中的囚徒与材官中的犯罪者。材官，以多力善射为长的特种兵。中井曰："'材官'上似脱一字。"

⑦负私从者：自己备办鞍马衣粮随军前去的志愿者。《匈奴列传》有"私负从马十四万匹"，意同。

⑧橐（luò）它：骆驼。

⑨兵弩甚设：兵器弓弩都很充足。设，齐备，盛多。

⑩凡五十余校尉：总共有五十多个校尉受命为李广利部做后勤运输工作。

⑪"宛王城中无井"几句：汲，打水，从下往上提水。徙其城下水空，使流向贵山城的河水改道。水空，水道。按，此处二十八字横空

阑入,冲断上下文气,似应移至下文,与"决其水源"云云一并叙述,不宜分做两截。

⑫居延:居延都尉,驻地在今内蒙古额济纳旗东南。休屠:休屠都尉,驻地在今武威北。

⑬七科適:七种罪犯。適,此处通"谪"。《集解》引张晏曰:"吏有罪,一;亡命,二;赘婿,三;贾人,四;故有市籍,五;父母有市籍,六;大父母有籍,七。"

⑭载糒(bèi)给贰师:用车拉着干粮以供应李广利的伐宛大军。糒,原指干饭,这里指干粮。底本作"及载糒给贰师","及"字使用无理。国家所以调发七科谪,就是让他们给李广利的西征大军运送粮草,而不是除七科谪外还有一批专门运送粮草的人役。故削经处"及"字。

⑮转车人徒:即"载糒以给贰师"的人。

⑯执驱校尉:师古曰:"一人为执马校尉,一人为驱马校尉。"吴见思曰:"详叙出师之事,见气势赫奕如此。"

【译文】

这一年的夏天,汉朝又在匈奴损失了浞野侯赵破奴的两万多人。朝里的公卿和议事的官员都希望停止进攻大宛的军事行动,而集中力量攻打匈奴。而武帝则觉得讨伐大宛的战争已经开始了,如果连大宛这个小国都攻不下来,那么像大夏国之类的其他国家就会轻视汉朝,就会断绝大宛马的来源,而乌孙、仑头这些国家也就会更轻易地整治汉朝的使者了,那还不被外国所耻笑! 于是他惩办了说讨伐大宛不利的邓光等人,赦免了囚徒和材官中的犯罪者,更多地征调各地区的恶少年和边关上的骑兵,在一年多的时间里共有六万多人从敦煌出发,这还不包括那些自带衣食随军参战的人。带去的牲口有牛十万头,马三万多匹,驴、骡子、骆驼等几万头。这次他们带着大量的粮食,各种弓弩兵器都很齐全,为准备这些导致全国骚动不安,为了保证供给讨伐大宛的人力物力,总共有五十多个校尉为李广利辗转服务。大宛首都的城中没有水井,都要汲取城外流进城内的流水,汉朝军队就派遣水工改变城下的水道,使城内无水可用。这时武帝又增发了戍守西方的甲兵十八万人前往增援,在酒泉、张掖的北面设置了居延、休屠两个县,以护卫酒泉郡,征调全国各地七种罪犯组成庞大的装运干粮给贰师将军。转运物资的人员络绎不绝,从敦煌一直到大宛。武帝又找了两个善于养马的人,让他们做执驱校尉,准备在攻破大宛时去那里挑选良马。

　　于是贰师后复行[①],兵多,而所至小国莫不迎,出食给军。至仑头,仑头不下,攻数日,屠之。自此而西,平行至宛城[②],汉兵到者三万人。宛兵迎击汉兵,汉兵射败之,宛走入葆乘其城[③]。贰师兵欲行攻郁成,恐留行而令宛益生诈[④],乃先至宛,决其水源,移之[⑤],则宛固已忧困。围其城,攻之四十余日,其外城坏,虏宛贵人勇将煎靡[⑥]。宛大恐,走入中城。宛贵人相与谋曰:"汉所为攻宛,以王毋寡匿善马而杀汉使[⑦]。今杀王毋寡而出善马,汉兵宜解;即不解,乃力战而死,未晚也。"宛贵人皆以为然,共杀其王毋寡,持其头遣贵人使贰师,约曰:"汉毋攻我。我尽出善马,恣所取,而给汉军食。即不听,我尽杀善马,而康居之救且至。至,我居内,康居居外,与汉军战。汉军熟计之,何从[⑧]?"是时康居候视汉兵,汉兵尚盛,不敢进。贰师与赵始成、李哆等计:"闻宛城中新得秦人[⑨],知穿井,而其内食尚多。所为来,诛首恶者毋寡。毋寡头已至,如此而不许解兵,则坚守,而康居候汉罢而来救宛[⑩],破汉军必矣。"军吏皆以为然,许宛之约。宛乃出其善马,令汉自择之,而多出食食给汉军[⑪]。汉军取其善马数十匹,中马以下牡牝三千余匹^⑫,而立宛贵人之故待遇汉使善者名昧蔡以为宛王,与盟而罢兵。终不得入中城。乃罢而引归^⑬。

【注释】

①于是贰师后复行:贰师将军在太初三年(前102)第二次出征。

②平行:顺利通行。师古曰:"无寇难。"宛城:即大宛国都贵山城。

③葆:通"保"。乘:登。

④贰师兵欲行攻郁成,恐留行而令宛益生诈:此二句乃补叙贰师之所以围大宛都城之迅疾。欲行攻郁成,原想在行进中首先攻下郁成。留行,耽误行程。

⑤决其水源,移之:在河水源头掘堤,令河水改道。

⑥贵人勇将煎靡:既是大宛的亲贵,又是军中的猛将,名唤"煎靡"。

⑦王毋寡:大宛国王名曰"毋寡"。

⑧汉军熟计之,何从:师古曰:"令贰师熟计之,而欲攻战乎?欲不攻而取马乎?"

⑨秦人:《汉书》作"汉人"。王先谦曰:"外夷称中国,'秦''汉'一也。"

⑩罢:疲惫。

⑪食给:犹言"供应"。

⑫牡牝(pìn):称兽类之雄雌。

⑬乃罢而引归:史珥曰:"以数万民命,易少少之马,真优孟之所谓'贱人贵马'者矣。"

【译文】

　　于是贰师将军李广利又一次出征了,由于他带领的军队多,所以沿途经过的小国没有一个敢不出来迎接的,都拿出食物供应汉朝军队。等汉军到达仑头,仑头坚守不降,汉军攻了几天,攻下后血洗了仑头。从此往西，一路畅通无阻，等到达大宛都城，汉军还有三万人。大宛出兵迎战，汉兵射箭打败了他们，大宛人只好退入城内据城固守。李广利的军队本来是想先顺路攻取郁成，害怕滞留不进从而让大宛越发做出诡诈之事，于是就率军先扑大宛城，他们从上游切断了大宛城里的水源，让城下小河改了道，这就使大宛城里的人陷入了困境。接着李广利又包围大宛城，攻打了四十多天，大宛的外城被攻破，俘虏了大宛的贵族猛将煎靡。大宛人惊恐地退进了中城。这时他们的贵族们相互商议说："汉朝之所以派兵来攻大宛，是因为大宛王毋寡藏匿良马又杀了汉朝使者的缘故。现在我们如果把毋寡杀掉，给汉人献出好马，那么汉军应该就会撤围而去；如果他们到那时还不撤兵，再奋力战斗而死，也不晚。"大宛的贵族们都认可这一做法，于是就一齐杀死了国王毋寡，派一个贵族把毋寡的人头送给了李广利，向李广利提出条件说："汉军不要再攻打我们。我们把好马全都献出来，让你们任意挑选，而且我们可以供应汉军的军粮。如果汉军不答应，我们就把好马全部杀光，而康居的援兵也将到来。等到救兵一到，我们在城内，康居军队在外围，我们将里应外合地决一死战。希望汉军仔细考虑，何去何从？"其实当时康居的侦察兵正在暗中窥探汉朝军队情况，他们见汉军还强盛，不敢前来救大宛。李广利和赵始成、李哆等人计议说："听说大宛城中最近找到一个关中人，此人熟悉打井技术，而且城内的粮食还很多。我们来这里的目的，不就是要消灭罪魁祸首毋寡吗？现在毋寡的人头已经送来了，如果不答应人家的解围撤兵的要求，那他们就一定坚守，而康居国正在等候我们军队疲惫时来救援大宛，到那时我们必然要被他们打败了。"大家都觉得是这个道理，于是答应了大宛的条件。大宛就献出了他们的好马，让汉军自己挑选，也拿出了许多食物供给汉军。汉军从他们的马群中挑了几十匹好马，中等以下的公马、母马三千多匹，又立了大宛贵人中从前对待汉使很好的名叫昧蔡的为大宛王，和他订立了盟约并撤兵。就这样汉军最终没能进入大宛的内城。于是就撤军回来了。

　　初,贰师起敦煌西,以为人多,道上国不能食,乃分为数军,从南北道。校尉王申生、故鸿胪壶充国等千余人①,别到郁成。郁成城守,不肯给食其军。王申生去大军二百里,偾而轻之②,责郁成。郁成食不肯出,窥知申生军日少③,晨用三千人攻,戮杀申生等,军破,数人脱亡,走贰师。贰师令搜粟都尉上官桀往攻破郁成④。郁成王亡走康居⑤,桀追至康居。康居闻汉已破宛,乃出郁成王予桀,桀令四骑士缚守诣大将军⑥。四人相谓曰:"郁成王汉国所毒⑦,今生将去,卒失大事⑧。"欲杀,莫敢先击。上邽骑士赵弟最少⑨,拔剑击之,斩郁成王,赍头⑩,弟、桀等逐及大将军。

【注释】

①鸿胪:即大鸿胪,朝官名,原称典客,也称大行令,主管少数民族事务。路充国曾任大鸿胪,此时正免官,故称"故鸿胪"。

②偾:同"偾",仆倒。

③窥知申生军日少:《汉书》只作"军少",无"日"字。日少,逐日减员。

④搜粟都尉:主管筹集粮秣的军官名,刘邦为汉王时有"治粟都尉",盖与此同。上官桀:姓上官名桀。齐召南曰:"《外戚传》并不言左将军桀从贰师伐宛有功,则此搜粟都尉后为少府者,另是一人。左将军桀与霍光同辅政者在此人后,姓名偶同耳。"

⑤郁成王:郭嵩焘曰:"郁成为大宛属城,亦称'王'者,《汉书·大宛传》云'有副王、辅国王',如匈奴之有'左、右贤王'也。"

⑥诣(yì):到,此处指押解到。大将军:《集解》引如淳曰:"时多别将,故谓贰师为'大将军'。"据《集解》意,"大将军"是特定官名,前之卫青,后之霍光,皆曾为此职。而李广利则未为此职,故

此处"大将军"意如"总指挥""都统制"等。

⑦毒:痛恨。

⑧卒失大事:王先谦曰:"恐其猝佚去,事重大也。"卒,同"猝"。

⑨上邽:汉县名,即今甘肃天水。

⑩赍(jī):持。

【译文】

最初,贰师将军李广利从敦煌向西出发时,认为人多,沿途的国家无法供应食物,于是就把军队分成了几路,从南、北两路前进。校尉王申生和原大鸿胪壶充国等一千多人,从另一条路直奔郁成。郁成人据城坚守,不给汉军供应食物。这时王申生距离大部队有二百多里,他依仗着汉军的声势轻视敌人,向郁成求索粮食。郁成人不给,他们打探到王申生的人马天天减员,于是就在一个早晨用三千人突袭王申生的部队,杀了王申生等,汉军被打败,只有很少的几个人得以逃脱,跑到了李广利那里。李广利派搜粟都尉上官桀率军前往攻破了郁成。郁成王逃到了康居,上官桀又跟着追到了康居。康居人听说汉朝已经打败了大宛,于是就把郁成王交给上官桀,上官桀派了四个骑兵将郁成王捆绑上押送到李广利那里。这四个骑兵商量说:"郁成王是汉朝最痛恨的人,现在我们押送活的,万一要是让他半道上跑了,那就要坏大事。"于是他们想杀死他,可是谁也不敢先动手。这时来自上邽、年纪最小的骑士赵弟拔出剑来杀了郁成王,带着他的人头,和上官桀等一起追上了李广利的大军。

初,贰师后行,天子使使告乌孙,大发兵并力击宛。乌孙发二千骑往,持两端,不肯前。贰师将军之东,诸所过小国闻宛破,皆使其子弟从军入献,见天子,因以为质焉。贰师之伐宛也,而军正赵始成力战,功最多;及上官桀敢深入,李哆为谋计①,军入玉门者万余人,军马千余匹②。贰师后行,军非乏食,战死不能多,而将吏贪,多不爱士卒,侵牟之③,以此物故众。天子为万里而伐宛,不录过,封广利为海西侯④。又封身斩郁成王者骑士赵弟为新畤侯⑤。军正赵始成为光禄大夫⑥,上官桀为少府⑦,李哆为上党太守⑧。军官吏为九卿者三人⑨,诸侯相、郡守、二千石者百余人⑩,千石以下千余人⑪。奋行者官过其望⑫,以適过行者皆绌其劳⑬。士卒赐直四万金⑭。伐宛再反,凡四岁而得罢焉⑮。

【注释】

①"而军正赵始成力战"几句:司马迁意指皆三人力也,李广利仅守成而已。

②军入玉门者万余人,军马千余匹:茅坤曰:"汉武穷兵数年,所得不过如此。"

③侵牟:侵吞,克扣。牟,取。牟,是一种食苗虫,故用为"牟取"意。

④海西侯:以其立"功"之地为封号。

⑤新畤:地名,《汉书·功臣表》以为在齐地。

⑥光禄大夫:光禄勋的属官,原称中大夫,皇帝的侍从,掌议论,秩比二千石。

⑦少府:九卿之一,秩中二千石,主管为皇帝的私家理财。

⑧上党:汉郡名,治所在今山西长子西南。

⑨军官吏为九卿者三人:依上文所述,仅有上官桀一人,余赵始成、李哆皆未及,不知尚有何人。

⑩诸侯相、郡守、二千石:汉代的诸侯王国例由朝廷所派的"相"主持政事,故诸侯国相的权力与中央各郡的太守相同,级别都是二千石。此外朝廷和军队里还有一批二千石级的官员,如典属国、内史、主爵都尉等。

⑪千石：如丞相长史、太中大夫、御史中丞等皆秩千石。

⑫奋行者：志愿前往者，即前文之"负私从者"。

⑬以適过行者皆绌其劳：意即将功折罪，赦为庶人。师古曰："言以罪谪而行者，免其所犯，不叙功劳。"绌，通"黜"。

⑭士卒赐直四万金：王先谦引郭嵩焘曰："汉法，凡赏赐有帛、有金、有钱，各分数品。云'直四万金'，通金、币数者合计之。"凌稚隆引余有丁曰："历叙贰师出师，再及侵牟失亡，得马之数，赏功之次，则贰师功罪，汉计失得，不待言而自见矣。"直，价值。汉代称黄金一斤曰"一金"，"一金"值铜钱一万。

⑮凡四岁而得罢：据《汉书·武帝纪》，李广利于太初元年（前104）八月首次伐大宛，太初二年春败归。又于太初三年至太初四年（前101）春第二次伐大宛，前后共历四个年头。

【译文】

当初，贰师将军后一次出兵，武帝派使者告诉乌孙国，要求他们多派兵合力攻打大宛。乌孙出动二千骑兵前往大宛，却采取骑墙态度，观望不前。贰师将军胜利东归，路过的各个小国听说大宛已被打败，都派他们的子弟随汉军前往汉朝进贡，拜见天子，顺便留在汉朝做人质。贰师将军攻打大宛，军正赵始成奋力战斗，功劳最大；上官桀勇敢地率兵深入，李哆能够出谋划策，从而使回到玉门关的汉军有一万多人，军马一千多匹。贰师将军后一次出兵，军队并不缺乏食物，战死者也不算多，但他手下将吏们贪污腐败，大多不关爱士卒，侵夺士卒粮饷，因此导致死人很多。武帝考虑他们千里迢迢讨伐大宛，不计较他们的过失，而封李广利为海西侯。又封亲手杀郁成王的骑士赵弟为新畤侯。军正赵始成为光禄大夫，上官桀为少府，李哆为上党太守。军官中被升为九卿的有三人，升任诸侯国相、郡守、二千石一级官员的共有一百多人，升为千石一级以下的官员有一千多人。自愿参军者所得到的军职超过了他们的愿望，因有罪受罚而参军的人都罪过抵。对士卒的赏赐价值四万金。两次讨伐大宛,总共花了四年时间才得以结束军事行动。

　　汉已伐宛,立昧蔡为宛王而去。岁余,宛贵人以为昧蔡善谀,使我国遇屠,乃相与杀昧蔡,立毋寡昆弟曰蝉封为宛王,而遣其子入质于汉。汉因使使赂赐以镇抚之^①。

　　而汉发使十余辈至宛西诸外国,求奇物,因风览以伐宛之威德^②。而敦煌置酒泉都尉^③;西至盐水,往往有亭^④。而仑头有田卒数百人^⑤,因置使者护田积粟,以给使外国者^⑥。

【注释】

①赂赐以镇抚之:凌稚隆引董份曰:"贰师唯立一昧蔡为功,而宛复诛之。汉又赂赐,美刺自见。"赂赐,赏赐,收买。镇抚,实则勉强求得其表面上承认而已。

②风览:风喻,炫耀。览,展示。

③敦煌置酒泉都尉:依《集解》引徐广说此句应作"敦煌、酒泉置都尉",梁玉绳从之。据《汉书·地理志》,当时的敦煌郡内设有中部都尉、宜禾都尉、阳关都尉、玉门关都尉;酒泉郡内设有东部都尉、北部都尉、西部都尉,驻军林立,亦可谓戒备森严者矣。

④亭:亭候,亭燧,用于观测敌情;亦有亭驿,接待过往官员,可充驿站之用。

⑤田卒:屯田的士兵。

⑥以给使外国者:陈直曰:"《居延汉简释文》卷三、三十八页有简文云:'田卒大河郡平富西里公士昭遂,年卅九。'盖汉代戍边之人民统称为'戍卒'。至戍所后,因职守之不同,而卒之名称亦异,以居延、敦煌全部木简考查,有戍卒、田卒、河渠卒、鄣卒、守谷卒五种名称。"给,供应。

【译文】

汉军打败大宛后，立昧蔡做了大宛的国王就撤走了。一年多后，大宛的贵族们认为由于昧蔡阿谀汉人，才使得大宛遭到杀戮，于是他们串通起来杀了昧蔡，拥立毋寡的弟弟蝉封做了国王，而后又派了蝉封的儿子到汉朝来当人质。汉朝无奈也只好派人去给他们送了些礼物加以安抚。

后来汉朝又派过十多批使臣到大宛以西的那些国家去寻求奇异之物，借机向他们宣传汉朝攻伐大宛的声威与德政。同时又在敦煌设置了酒泉都尉；从敦煌一直向西到盐泽，处处有汉军的岗亭。因为汉朝在仑头驻有屯田的士兵几百人，于是就在那里设置了使者，专门负责保护田地和积蓄粮食，以便供应来往路过的汉朝出使者。

　　太史公曰：《禹本纪》言"河出昆仑①。昆仑其高二千五百余里，日月所相避隐为光明也②。其上有醴泉、瑶池"③。今自张骞使大夏之后也，穷河源，恶睹《本纪》所谓昆仑者乎④？故言九州山川⑤，《尚书》近之矣⑥。至《禹本纪》《山海经》所有怪物⑦，余不敢言之也⑧。

【注释】

①《禹本纪》：王应麟、梁玉绳等以为即《三礼义宗》所引的《禹受地记》和王逸《离骚注》、郭璞《山海经注》所引的《禹大传》，是古代的一本带有神话性质的书。河出昆仑：《索隐》曰："案《山海经》：'河出昆仑东北隅。'……则河源本出昆仑，而潜流至于阗，又东流至积石始入中国，则《山海经》及《禹贡》各互举耳。"

②日月所相避隐为光明也：意即此出彼入，交替发光。

③醴泉：其泉水如酒。醴，甜酒。瑶池：传说中的仙境。《穆天子传》云："觞西王母于瑶池之上。"后起的《神仙传》云："昆仑阆风苑

有玉楼十二层,左瑶池,右翠水。"

④恶睹《本纪》所谓昆仑者乎:王先谦曰:"不敢斥言武帝志穷荒远之失,举昆仑之非实以寓讽也。"

⑤九州:古称中国有冀州、幽州、青州、兖州、徐州、荆州、扬州、雍州、梁州九个州,后以"九州"代指中国。

⑥《尚书》:此指《尚书》中专门讲地理的《禹贡》。

⑦《山海经》:一本保存了许多神话传说的古老奇书。

⑧余不敢言之也:这句话表现了司马迁的唯物思想。其实《禹本纪》《山海经》中的古代神话传说,主要价值是在文化史、艺术史。

【译文】

太史公说:《禹本纪》里有所谓"黄河发源于昆仑山。昆仑山高两千五百多里,是日月在那里此出彼入、交替发光之处。昆仑山上有醴泉、瑶池"等一类的说法。如今从张骞出使大夏后,探寻到黄河的源头,哪里有见到《禹本纪》中所说的昆仑山呢? 所以看起来古书上有关九州山川的记载,还是《尚书》记载的最接近实际情况。至于《禹本纪》《山海经》里记载的那些奇谈怪论,我是不敢谈论的。

【集评】

吴见思曰:"此一篇叙西北诸国,详叙八国,为大宛、乌孙、康居、奄蔡、大小月氏、安息、条支、大夏;附叙九国,为扞采、于阗、楼兰、姑师、黎轩、身毒、骊靬、大益、苏薤;带序西南十国,为冉、駹、徙、邛、僰、氐、筰、巂、昆明、滇越。其中叙乌孙、大宛更详,而传文以大宛起、大宛结,故以大宛名篇。"(《史记论文》)

黄震曰:"甚矣,小人逢君之恶何甚也。汉欲通西南夷,费多道不通,尝罢之矣;张骞言可通大夏,天子复欣然为之。是穷民西南之祸不在汉武,而在张骞。然骞从月氏至大夏,竟不得月氏要领。其后复使乌孙,亦不得要领。间关万里,困苦终身,骞果何利于此? 自是弃骨肉于万里外,以妻乌孙;自是没士马于万里外,以取宛马,天下骚动,耗费巨万万,骞又果何利于汉?呜乎甚矣,小人逢君之恶者,不可晓也。"(《黄氏日钞》)

王鸣盛曰:"《大宛传》始之以张骞,终之以李广利。叙骞事作结束之笔则云'于是西北始通汉矣,然张骞凿空';著其首倡邪谋也;叙广利事作提倡之笔则云'欲侯宠姬李氏,拜广利为贰师将军,以往伐宛',见此举志荒矣。班氏以二人截分两传,体例明整,马不如班;文笔离奇,班不如马。"(《十七史商榷》)

赵翼曰:"苏武使匈奴,守节不屈,十九年乃得归,人皆知之。张骞先使月氏,道半为匈奴所得,留十年,持汉节不失。后乃逃出,由大宛、康居至月氏、大夏,从羌中归,又为匈奴所得,岁馀,乘其国内乱乃脱归。是骞之崎岖险阻更甚于武也。然至今但称武而已,则有幸有不幸,岂不重可叹哉!"(《廿二史札记》)

锺惺曰:"骞之远使,是古今第一人。天授,非人力,正武帝诏中所谓'茂才异等,可使绝国'者。……因战失侯,乃有通乌孙一段枝节。绝处逢生,此辈功名之路,其可以一节尽哉?"(《史怀》)

李贽曰:"张骞持汉节入匈奴,十三年而不失,与苏武何异?同时百十人皆没,独骞与堂邑父两人在耳,身所经历者,大夏、大宛、乌孙、康居诸国,不下万余里,所至戎狄皆爱而信之,以故两度得脱,无困迫忧,则其才力固有大过人者。"(《藏书》)

【评论】

《大宛列传》是中西交流史的珍贵资料,具有重要的文献价值。本篇围绕张骞两次通西域与李广利两次伐大宛,介绍了西域地区的二十多个国家,这是我国有史以来最早的关于西域问题的生动资料。

张骞作为我国最早的大探险家,其勇敢坚毅,忠于国家的精神,是令人敬佩的。他第一次出使,是应募为武帝出使月氏,经匈奴西行,被匈奴人抓住,困居匈奴十余年。在这段时间里,张骞曾结婚生子,但他坚守民族气节,正义凛然,坚守使臣的耿耿初心始终不变。他得间脱身后,不是逃回汉王朝,而是义无反顾地继续向着大月氏的方向进发。而后经大宛、康居入大月氏。大月氏无东向报仇之志,张骞又去大夏,前后历岁余。欲傍南山经羌中而归,又被匈奴所获。在匈奴又经岁余。值匈奴内乱,张骞与胡妻、堂邑父等逃出归汉。张骞于建元三年(前138)出使,历十三年,于元朔三年(前126)回归汉王朝。这次出使虽然没有达到联合大月氏共同对付匈奴的目的,但他却实现了对西域许多国家的实地访问、实地考察,并与他们建立了国与国之间的联系,这对于其后大名鼎鼎的"丝绸之路"的开拓与形成,迈出了坚实的第一步。第二次出使的主要目的是联合乌孙,劝说乌孙王率众东移,以与汉王朝共同攻击匈奴。由于乌孙内部当时正处于分裂状态,国王不能行权决事,故张骞这次出使的主要任务未能达到,但所派的副使分别到达了大宛、康居、大月氏、大夏、安息、身毒、于阗、扜采等国,使汉王朝的影响远播于中亚、西南亚、南亚。在他死后的十多年间,汉王朝的使者仍借他的名声来往于汉与西域诸国之间。本篇对张骞那种矢志不移,不达目的永不罢休的奋斗精神,描绘得淋漓尽致,就张骞的实际品质与其历史贡献而言,应该是远远地高出于当时另一位单纯以"民族气节"著称的苏武之上的。虽然司马迁由于反对汉武帝的穷兵黩武、劳民伤财而批评张骞"生事""阿意兴功",但我们必须认识到张骞的"凿空"对于东西方各国的政治、经济、文化间的交流所做出的杰出贡献,对于世界文明发展做出的巨大贡献。尤其在今天,在世界各国与人民都在纪念"丝绸之路"的时候,在我们大力推进"一带一路"的开拓、发展、建设,倡导各国人民的合作、发展、互惠、共赢的时候,张骞更无疑是一面鲜艳的、经两千年而不褪色的旗帜!

李广利的两次伐大宛,客观上也对打通"丝绸之路"有所贡献,但这场战争却的确是非正义的。可以说在汉王朝与周边国家所进行的战争中,对大宛的战争是最为无理、最为轻敌冒进,从而也是最为劳民伤财,损失最为惨重的。战争的起因是汉武帝想要得到大宛汗血马,遂派使者盛气凌人地向大宛国强买,大宛人不卖;使者出言不逊,大宛袭杀汉使。汉武帝自恃泱泱大国,身边又有一群好战分子怂恿,再加上他以为这是一场可以轻易取胜的战争,正好可以让他宠妃李夫人的哥哥李广利为将而立功封侯,于是轻率地发动了战争。战争的结果是李广利因为轻敌而被大宛轻松打败,前后花费两年时间,生还者不过十分之一二。汉武帝大怒,发动了第二次伐大宛的战争。于是"赦囚徒材官,益发恶少年及边骑,岁余而出敦煌者六万人,负私从者不与。牛十万,马三万余匹,驴骡橐它以万数。多赍粮,兵弩甚设,天下骚动,传相奉伐宛,凡五十余校尉",真可谓是轰轰烈烈、劳师动众,大张挞伐了。结果,汉兵围困大宛后,大宛内部发生分裂,他们杀了旧国王,新主事人向汉军请求:汉军不要进大宛城,大宛可以给汉军交出一定数量的大宛马,并给汉军提供紧急需要的粮食与草料。于是双方结盟,"汉军取其善马数十匹,中马以下牡牝三千余匹",罢兵而引归。此次出兵也用了两年,结果是"惨胜","军入玉门者万余人,军马千余匹"。司马迁在此尖锐地指出并批判了汉武帝的扩张欲及私心,坚决地表明了反对发动这场战争的态度。这是司马迁谴责汉武帝对外战争的最深刻有力的一段文字。

司马迁对于李广利及其部下的无能也进行了揭露与讽刺。文中分析了第二次伐大宛损失惨重的原因说:"贰师后行,军非乏食,战死不能多,而将吏贪,多不爱士卒,侵牟之,以此物故众。"而汉武帝却并未对其进行惩戒,而是"不录过,封广利为海西侯"。这是多么地不公平!文中写在大军即将进入大宛国境的时候,他们分成了几路,其中有一路的将领是王申生与壶充国。当他们前进到郁成的时候,由于轻敌而被郁成人全部消灭。等到大宛投降后,当地人将杀死王申生等人的郁成王交给了汉将上官桀,上官桀命四个骑士押解郁成王去见李广利。四个骑士害怕郁成王中途逃脱,他们决定将郁成王杀死,带着人头去交差。但四个人相互推诿,谁也不敢下手,最后还是被一个名叫赵弟的最年轻骑士把郁成王杀了。而回朝后论功行赏的时候,这个敢于杀死一名被俘敌将的赵弟居然被封为了新畤侯。而又令人奇怪的是在《建元以来功臣侯者年表》中又怎么也找不到李广利所封的"海西侯"与赵弟所封的"新畤侯"这两个封爵的名称,其中原因颇可玩味。

篇末论赞,司马迁结合张骞的所见所闻,对于黄河源的问题进行了探讨。他否定了战国以来说黄河是发源于昆仑山的说法,而对于张骞等认为今新疆南部之于阗河为黄河源头的说法也不赞成。司马迁倾向《尚书·禹贡》之"导河积石,至于龙门"的说法,他认为黄河是经由今甘肃临夏的积石山向东北流来,黄河的源头应该在积石山更加西南的方向上。

由于司马迁与张骞生世相接,熟闻其通西域事,因而本篇对西域诸国的文化地理描述非常准确,凡其地理山川、风光景色、物产所有、人生情态、面容肤色、语言习俗等等,都活灵活现地展现在中原人面前,使人眼界大开。李景星统计文中所述,正叙八国:大宛、乌孙、康居、奄蔡、大小月氏、安息、条枝、大夏;附叙九国:扜罙、于窴、楼兰、姑师、黎轩、身毒、骊靬、大益、苏薤。

游侠列传第六十四

【释名】

《游侠列传》中的"游侠"是指那些平民中的自觉地为救善良于水火而不惧繁难、不惜生命、不顾法律约束的仁义之士。本篇即是司马迁为汉初这些"布衣之侠"所立的类传。

本篇开篇序言,以儒、侠对举,以儒为侠作反衬,歌颂了游侠的言必信、行必果、不爱其躯以急人之困的可贵精神。正文部分记述了朱家、剧孟、郭解几位游侠的事迹,又以郭解为主,写其行侠尚义及被汉武帝、公孙弘等强加罪名杀害的情形。篇末论赞表达了对郭解为人的敬慕,对其悲惨结局的惋惜与愤慨。

《韩子》曰①:"儒以文乱法,而侠以武犯禁②。"二者皆讥③,而学士多称于世云④。至如以术取宰相卿大夫⑤,辅翼其世主,功名俱著于春秋⑥,固无可言者⑦。及若季次、原宪⑧,闾巷人也,读书怀独行君子之德,义不苟合当世⑨,当世亦笑之⑩。故季次、原宪终身空室蓬户,褐衣疏食不厌⑪。死而已四百余年,而弟子志之不倦⑫。今游侠,其行虽不轨于正义⑬,然其言必信,其行必果⑭,已诺必诚,不爱其躯,赴士之厄困^⑮,既已存亡死生矣^⑯,而不矜其能,羞伐其德^⑰,盖亦有足多者焉。

【注释】

①韩子:韩非,战国末期韩国人,曾与李斯俱受学于荀况,为法家学派中集大成的人物。著有《韩非子》,事迹见《老子韩非列传》。

②儒以文乱法,而侠以武犯禁:二语见《韩非子·五蠹》。以文乱法,即《秦始皇本纪》中李斯所谓"今诸生不师今而学古,以非当世……人善其所私学,以非上之所建立"之类。以武犯禁,逞个人的勇力,不顾法制约束。

③二者皆讥:韩非对儒家与游侠都是否定的,在《五蠹》中都称它们为社会的"蠹虫"之一。

④学士:指儒家学者。称于世:受称道于汉世。

⑤以术取宰相卿大夫:指公孙弘、张汤等人,公孙弘以儒术为武帝丞相,张汤先为廷尉,后又为御史大夫。皆以阿谀人主,取名当世,深为司马迁所不满。公孙弘、张汤事见《平津侯主父列传》《酷吏列传》《儒林列传》。

⑥春秋:泛指国史。

⑦无可言者:犹言"不必说""用不着说"。反语嘲讽,意实鄙之。

⑧季次、原宪:都是孔子的学生,事迹见《仲尼弟子列传》。季次,名公皙哀,字季次,生平未曾出仕。原宪,字子思,曾居于乱草蓬蒿的穷巷,而不以贫为耻。

⑨义不苟合当世:绝不为了官爵俸禄而改变个人的品格、操行。"义"即"义不帝秦""义无反顾"之"义"字。当世,现实社会,实指现实社会的官场。

⑩当世亦笑之:《仲尼弟子列传》云:"孔子卒,原宪遂亡在草泽中。子贡相卫,而结驷连骑,排藜藿入穷阎,过谢原宪。宪摄敝衣冠见

子贡。子贡耻之，曰：'夫子岂病乎？'"此即一例。

⑪褐衣疏食不厌：意即连最低的生活条件都得不到满足。褐衣，粗布短衣，古代贱者所服。疏食，犹言"粗饭"。疏，粗也。厌，通"餍"，足。《正义》曰："《庄子》云：'原宪处居环堵之室，蓬户不完，以桑为枢而瓮牖，上漏下湿，独坐而弦歌'也。"

⑫弟子志之不倦：意谓这种穷书生在汉代也颇受人称道。志，记，怀念。倦，停止。

⑬不轨：不遵轨辙，意即与传统的礼法、道德相对抗。

⑭行必果：办事一定办成。果，坚定，不改变。

⑮不爱其躯，赴士之厄困：为了帮别人解脱困境，而不惜牺牲自己。厄困，灾难，困境。厄，险也。

⑯存亡死生：指打抱不平，使遇害将亡者得存，使仗势害人者身死。钱锺书曰："观本传记郭解'身所杀甚众'，即'死生'也，杀生人使之死也；又记'既振人之命'，即'存亡'也，拯垂亡者俾得存也。二事相反相成，而游侠锄强助弱之道不外乎此。"

⑰伐：炫耀。

【译文】

《韩非子》说："儒生舞文弄墨以古非今反对国家法度，游侠逞用个人勇力违犯国家禁令。"这两种人韩非子都持批评态度，但儒生在今天常常被世人所称赞。至于那些凭借儒术取得宰相卿大夫职位，辅佐君主，功名载入青史的，本来就不用多说。至于像季次、原宪，他们是平民书生，读书独守君子节操，不与世俗同流合污，当时的人们也嘲笑他们。所以他们终生住着家徒四壁的破房子，穿着粗布短衣，吃着最下等的食物，而且这些也没有保证。但是他们虽然已经死去四百多年了，儒家弟子却至今仍然不停地称道着他们。如今的游侠，他们的行为虽然不合世俗的规矩法令，但是他们说话一定算数，办事一定要有结果，已有承诺一定要兑现，他们不惜牺牲自己的生命，去解救别人的危急，等到遇害将亡的人得到了新生，仗势害人的人得到了惩罚，他们却不夸耀自己的才能，以吹嘘自己的德行为羞耻，这也有值得称赞之处吧。

且缓急①，人之所时有也。太史公曰：昔者虞舜窘于井廪②，伊尹负于鼎俎③，傅说匿于傅险④，吕尚困于棘津⑤，夷吾桎梏⑥，百里饭牛⑦，仲尼畏匡⑧，菜色陈、蔡⑨。此皆学士所谓有道仁人也，犹然遭此菑⑩，况以中材而涉乱世之末流乎⑪？其遇害何可胜道哉！

【注释】

①缓急：复词偏义，即紧急。

②虞舜窘于井廪（lǐn）：虞舜未为帝时，曾被其父与其弟多次陷害，舜治井修廪，都遭到父亲的破坏。详见《五帝本纪》。窘，困。廪，仓库。

③伊尹负于鼎俎（zǔ）：伊尹名挚，商汤时贤臣，曾辅佐商汤灭夏建商。据载，伊尹曾背着煮锅和案板去见商汤，以做菜的道理比喻其对于政事的见解，被汤重用。详见《殷本纪》。鼎，古代烹煮的锅。俎，切肉或切菜时的案板。

④傅说（yuè）匿于傅险：傅说，商武丁时名臣，据说他先前在傅险（地名，在今山西平陆东）做苦工，后被武丁发现，任以政事。详见《殷本纪》。匿，隐，"埋没""不得志"之意。

⑤吕尚困于棘津：吕尚，即姜尚，周朝开国名臣，曾辅佐周武王灭商建周，因功被封于齐。据说吕尚七十岁还卖食于棘津，事见《正义》引《尉缭子》。棘津，古水名，在今河南延津东北。

⑥桎梏（zhì gù）：一种戴在脚和手上的刑具，引申为兵败被囚事。

⑦百里饭牛：百里奚，春秋时秦穆公贤臣，曾辅佐秦穆公称霸西戎。

"饭牛"事,见于《孟子·万章》云:"百里奚自鬻于秦养牲者五羊之皮,食牛以要秦穆公。"亦见于《管子·小问》《盐铁论》等。

⑧仲尼畏匡:孔子由卫到陈,路过匡邑(在今河南长垣西南,当时属卫),被当地人误认作曾经侵暴过他们的鲁国阳虎,将孔子包围,弄清真相后才被释放。

⑨菜色陈、蔡:指孔子在陈、蔡两国饿得面黄肌瘦,陈、蔡担忧孔子至楚于己不利,发兵围之,使之绝粮七日,后楚兵来迎,才免于此难,事见《孔子世家》)。

⑩菑:同"灾"。

⑪中材:中等才智的人,亦谦辞,委婉地包含了自己在内。涉:经历,遭逢。乱世之末流:郭嵩焘《史记札记》曰:"秦为乱世,自秦以后皆乱世之末流也。史公值汉盛时而言此,诚亦有伤心者哉。"

【译文】

再说危难变故是人们常常遇到的。太史公说:过去虞舜在治井和修仓的时候曾遭人暗算,伊尹曾当过厨师,傅说曾被埋没在傅险做苦工,吕尚曾在棘津困顿不堪,管仲做过俘虏,百里奚给人放过牛,孔子曾在匡地被围困,又在陈国和蔡国受困挨饿。他们都是儒生们所称赞的有崇高道德的仁人义士,尚且遭到这样的灾祸,何况那些只有中等才干又遭逢乱世的人呢? 他们遇到的灾难又怎么说得完呢?

鄙人有言曰①:"何知仁义,已飨其利者为有德②。"故伯夷丑周③,饿死首阳山④,而文武不以其故贬王;跖、跻暴戾⑤,其徒诵义无穷。由此观之,"窃钩者诛,窃国者侯,侯之门,仁义存"⑥,非虚言也。

【注释】

①鄙人:草野之人,指平民百姓。

②何知仁义,已飨其利者为有德:张文虎《舒艺室随笔》曰:"'已'
当作'己',谓身受其人之利,即其人为仁义矣。"

③伯夷:殷末人,因不满周武王伐纣,隐于首阳山;又以食周粟为耻,
最后饿死。事见《伯夷列传》。

④饿死首阳山:首阳山有多处,如河南偃师西北、甘肃陇西境内都有
首阳山,山西永济附近之雷首山也称首阳山。都说是伯夷饿死之
地,其实都是后人附会。参见《伯夷列传》。

⑤跖、蹻:盗跖、庄蹻,古代传说的两个大"盗"。盗跖事见《庄
子·盗跖》,庄蹻事见《西南夷列传》。

⑥"窃钩者诛"几句:语出《庄子·胠箧》。张文虎曰:"侯之门仁义
存,谓众以仁义称之,受其利故也。"方苞曰:"窃钩者诛,喻侠客
之捍文网也;窃国者侯,喻弘、汤诬上残民,以窃高位也;侯之门仁
义存,讥世人不知弘、汤之丑而称美之也。"

【译文】

老百姓的俗话说:"谁知道什么是仁义,对我有好处的就是好人。"
因此尽管伯夷憎恶武王伐纣,饿死在首阳山,但文王、武王的声誉却并不
因此而降低;盗跖、庄蹻凶狠残暴,可是他们的党徒却长久地传颂着他们
的义气。这样看来,"偷带钩的人被诛杀,偷国家的人被封侯,仁义都存
在于王侯之家",这不是一句假话啊。

今拘学或抱咫尺之义①,久孤于世②,岂若卑论侪俗,与
世沉浮而取荣名哉③!而布衣之徒,设取予然诺④,千里诵
义,为死不顾世,此亦有所长,非苟而已也。故士穷窘而得
委命,此岂非人之所谓贤豪间者邪⑤?诚使乡曲之侠⑥,予季
次、原宪比权量力,效功于当世,不同日而论矣⑦。要以功见
言信,侠客之义又曷可少哉!

【注释】

①拘学:拘于一偏之见而顽固不化的学者。抱咫尺之义:谨守他所
　信奉的狭隘教条。

②久孤于世:中井曰:"于时无偶也。"张文虎曰:"此谓拘守志节,独
　行踽踽,不见知于世也。"孤,违,背离。

③岂若卑论侪(chái)俗,与世沉浮而取荣名哉:这里表现了司马迁
　对于游侠悲惨遭遇的愤慨不平。泷川曰:"史公固非恶'拘学之
　士',尚'荣名'之徒者,盖故反言之以耸动人听也。班固不得其
　意,则曰'序游侠则退处士而进奸雄',误矣。"卑论侪俗,降低自
　己的调门儿,和世俗的人们站在一个行列。侪,同类,同辈,这里
　用如动词。

④设取予然诺:注重待人接物的义气,不随便取予,说话算数。设,
　讲究,重视。《仲尼弟子列传》说澹台灭明"设取予去就,名施乎
　诸侯",可与此参证。

⑤贤豪间者:泷川引中井曰:"'间'字疑衍。"

⑥乡曲之侠:与下文"闾巷之侠""匹夫之侠"相同,皆为平民中的
　侠义之士。乡曲,犹言"乡下",有时兼含贫穷荒僻之意。

⑦不同日而论:犹言"不可同日而语",指游侠远远不及季次、原宪。
　此句本于贾谊《过秦论》:"试使山东之国与陈涉度长絜大,比权
　量力,则不可同年而语矣。"刘辰翁曰:"叩其意,本不取季次、原
　宪等,盖言其有何功业而志之不倦? 却借他说游侠之所为有过之
　者,而不见称,特其语厚而意深也。"刘说甚是。

【译文】

　　现在有些拘泥偏执的学者死守着教条不放,违背当世的通行做法
而久居困境,哪如降低论调混同世俗,随波逐流地牟取功名富贵呢? 而
那些平民中的游侠,他们不苟取、不苟予,答应别人的一定要做到,为了
正义不远千里为人申冤报仇,不怕牺牲,不顾世人的议论,也有他们的长

处,不是随便可以做到的。所以当人们走投无路时能够向他们求救,这不就是人们所说的贤士豪杰吗?假如让这些平民之侠和季次、原宪比较在社会上的权威和影响力,考查他们的社会贡献,那是不可同日而语的。然而从办事见效果,说话守信用看,那些游侠的道义又怎么可以被轻视呢?

古布衣之侠①,靡得而闻已。近世孟尝、春申、平原、信陵之徒②,皆因王者亲属③,藉于有土卿相之富厚,招天下贤者,显名诸侯,不可谓不贤者矣。比如顺风而呼,声非加疾,其势激也④。至如闾巷之侠,修行砥名⑤,声施于天下⑥,莫不称贤,是为难耳。然儒、墨皆排摈不载⑦。自秦以前,匹夫之侠,湮灭不见,余甚恨之。以余所闻,汉兴有朱家、田仲、王公、剧孟、郭解之徒,虽时扞当世之文罔⑧,然其私义廉洁退让,有足称者。名不虚立,士不虚附。至如朋党宗强比周⑨,设财役贫⑩,豪暴侵凌孤弱,恣欲自快,游侠亦丑之。余悲世俗不察其意,而猥以朱家、郭解等令与暴豪之徒同类而共笑之也⑪。

【注释】

①古:这里指春秋以前。

②近世孟尝、春申、平原、信陵之徒:近代的孟尝君、春申君、平原君、信陵君等人。底本作“近世延陵、孟尝、春申、平原、信陵之徒”,“延陵”指春秋后期吴国公子季札,因其封地在延陵,故亦称“延陵季子”,事见《吴太伯世家》。梁玉绳曰:“延陵季子非侠,且不可言‘近世’与四公子相比。疑衍‘延陵’二字。”崔适《史记探源》曰:“下文专承四豪为义,岂有一字涉于延陵者,其为衍文明

矣。"今据此去掉"延陵"二字。

③皆因王者亲属：孟尝君为齐威王之孙，齐宣王之侄；平原君是赵武
　灵王之子，惠文王之弟；信陵君是魏昭王之子，安釐王之弟。春申
　君与楚王是什么关系，《史记》语焉不详。据钱穆、杨宽考证，春
　申君是楚怀王之子，顷襄王之弟，其说可信，详见《春申君列传》。

④"比如顺风而呼"几句：语出《荀子·劝学》云："顺风而呼，声非
　加疾也，而闻者彰。"疾，迅速，强劲。激，鼓荡。

⑤砥（dǐ）名：打名节。砥，打磨，修炼。

⑥施（yì）：延，传播。

⑦儒、墨皆排摈不载：战国时学派甚多，儒、墨两家在当时是"显
　学"，同时儒家讲"仁义"，墨家讲"兼爱"，都与侠客思想有相通
　之处。这两家都排斥不载，其他更可想而知。摈，排斥，抛弃。

⑧扞（hàn）：抵触，违犯。文罔：犹今之"法网"，法律，规章。

⑨朋党：指为谋私利而勾结起来的帮派。宗强：犹言"豪绅"。比
　周：皆"依从""亲密"之义。"周"原为褒词，"比"为贬词，如《论
　语·为政》："君子周而不比，小人比而不周。"后世二字常连用为
　贬义，犹今之"狼狈为奸""朋比为奸"。

⑩设：依靠，凭藉。

⑪猥：曲。

【译文】

上古时代平民之侠的情况，现已不得而知了。近代的孟尝君、春申
君、平原君、信陵君等人，都因为是国君的亲属，凭借着他们封地的丰厚
收入和卿相的高贵地位，招揽天下的贤士，在诸侯中声名显赫，不能说他
们不是贤能的人。但这好比顺着风向呼喊，声音没有加大，但声音可以
借风势传得很远。至于平民之侠，他们修炼品德，确立名节，依靠这些而
扬名于天下，没有人不称赞他们贤能，这才是困难的。然而儒家和墨家
的典籍都排斥他们，不记载他们的事迹。从秦朝往前，平民之侠都湮没

无闻，我对此非常遗憾。据我所知，汉朝建立以来，有朱家、田仲、王公、剧孟、郭解等人，他们虽然有时触犯国家的法律，但是他们本身为人正直谦让，有足以称赞之处。他们的名声不是凭空确立的，人们对他们的依附也不是虚情假意的。至于那些臭味相投互相勾结的强宗豪族，他们结党营私，利用钱财奴役穷人，强横凶暴欺负孤弱，肆无忌惮为所欲为，真正的游侠也鄙视他们。我感叹世人不能理解游侠，竟然错误地把朱家、郭解等人与那些土豪恶霸们混为一谈而加以嘲笑。

鲁朱家者①，与高祖同时。鲁人皆以儒教，而朱家用侠闻。所藏活豪士以百数②，其余庸人不可胜言。然终不伐其能，歆其德③，诸所尝施，唯恐见之。振人不赡④，先从贫贱始。家无余财，衣不完采⑤，食不重味，乘不过轺牛⑥。专趋人之急，甚己之私。既阴脱季布将军之厄⑦，及布尊贵，终身不见也。自关以东⑧，莫不延颈愿交焉⑨。

【注释】

①鲁：汉诸侯国，都城即今山东曲阜。

②藏活：收留庇护使之脱险。

③歆：自我欣赏。德：恩惠。

④振人不赡：救济别人的困乏。振，救济。不赡，不足，衣食缺乏。

⑤衣不完采：衣服上连一处完整的花纹都没有，极言其破旧。

⑥轺（qú）牛：郭嵩焘《史记札记》曰："犹言'驾牛'。"即乘坐牛车。轺，《说文》："轭下曲也。"郭嵩焘曰："轭者，辕端横木，以驾马领，轺以状其下曲也。"这里用如动词。沈钦韩曰："此时贱牛车，言其贫薄。"

⑦阴脱季布将军之厄：季布原为项羽的将领，项羽死后，季布先藏于濮阳周氏家，后因刘邦悬赏捉捕，又被周氏转送朱家。朱家通过

夏侯婴向刘邦求情,季布才获赦免,后官至中郎将、河东太守,详
见《季布栾布列传》。

⑧自关以东:自函谷关以东,泛指秦以前的六国之地。函谷关在今
河南灵宝东北。

⑨延颈:伸长脖子,极言其企慕之状。

【译文】

鲁国的朱家,是汉高祖时候的人。鲁国人都喜欢儒术,而朱家却因
为任侠而闻名。被他收留庇护而脱险的,光豪杰贤士前后就有几百人,
其他一般人就更多的说不上来了。但他从不自我夸耀,不为自己的恩惠
而洋洋自得,凡是被他施恩救助过的人,他都避免再与他们见面。他救
济陷于困顿的人,总是先从贫贱的开始。他自己家里没有多余的钱财,
穿的衣服很朴素,吃的饭没有两种肉菜,出门坐的是牛车。他专门奔救
别人的急难,超过了自己的私事。他暗中帮助季布将军脱离困境后,到
季布尊贵了,他终身都没有再去见季布。从函谷关往东,没有一个人不
企盼和他结交。

　　楚田仲以侠闻①,喜剑,父事朱家,自以为行弗及。田仲
已死,而雒阳有剧孟②。周人以商贾为资③,而剧孟以任侠显
诸侯④。吴楚反时,条侯为太尉⑤,乘传车将至河南⑥,得剧
孟,喜曰:"吴楚举大事而不求孟⑦,吾知其无能为已矣。"天
下骚动,宰相得之,若得一敌国云⑧。剧孟行大类朱家,而好
博,多少年之戏。然剧孟母死,自远方送丧盖千乘。及剧孟
死,家无余十金之财⑨。而符离人王孟亦以侠称江淮之间⑩。

【注释】

①楚:汉诸侯国,都城即今江苏徐州。

②雒阳:古都邑名,在今河南洛阳东北部。剧孟:姓剧名孟。

③周人:指洛阳一带的人,因春秋、战国时周国建都于洛阳,故后世称洛阳人为"周人"。以商贾为资:以经商为谋生之计。

④任侠:即做事讲义气,爱打抱不平。如淳曰:"相与信为任,同是非为侠。"师古《汉书·季布传注》曰:"任,谓任使其气力;侠之为言挟也,以权力侠辅人也。"

⑤条侯:周亚夫,因封地在条,故称条侯。为平定吴楚七国之乱的将领,详见《绛侯世家》。

⑥传(zhuàn)车:驿车,驿站为过往官员准备的临时车马。河南:汉郡名,治所在今洛阳。

⑦举大事:指造反。也即《陈涉世家》中的"举大计"。

⑧宰相得之,若得一敌国云:极言剧孟身价、地位之重要。敌,与自己势均力敌的国家。《通鉴考异》曰:"剧孟一游侠之士耳,亚夫得之,何足为轻重? 盖其徒欲为孟重名,妄撰此言,不足信也。"《汉书》于此处将"宰相"改为"大将军",底本将此句置于引号外,作叙述语。于是注者以为此处"宰相"指周亚夫。但联系上下文,欠妥,似不如放引号内,作为周亚夫的推崇话较为便当。

⑨及剧孟死,家无余十金之财:姚苎田曰:"朱家传虚矣,而剧孟传更虚。盖朱家传尚从正面着笔,而剧孟传皆从四面八方着笔也。始言宰相得之若得敌国,则其倾动公卿,隐然操朝廷之重何如? 次言母死而送者千乘,则其风靡四海,俨然驾王公之上何如? 终言死无余财,则其振人之急,不遗余力何如? 盖因孟之行事大类朱家,则不容更复一语,故除却死法,更寻活法也。古人文字金针,亦大可识矣。"

⑩符离:汉县名,治所在今安徽宿州东北。江淮之间:长江与淮水之间,大体相当于今安徽与江苏之中部地区。

【译文】

楚国的田仲也以任侠闻名,他喜欢击剑,像对待父亲一样对待朱家,

觉得自己的行为比不上朱家。田仲死后,洛阳又出现了剧孟。洛阳人本
来都以经商为生,而剧孟却以任侠扬名于各郡国。吴楚七国之乱时,条
侯周亚夫为太尉,他乘着驿车快到河南时,得到了剧孟,高兴地说:"吴楚
造反却不网罗剧孟,我可以断定他们成不了什么事了。"当时天下动乱,
宰相得到剧孟,就像得到了一个与自己势均力敌的国家一样喜悦。剧孟
的行为很像朱家,但喜欢六博,喜欢年轻人玩的游戏。但剧孟的母亲死
时,从远方来送丧的马车差不多有一千辆。等到剧孟死时,家里的遗产
还不到十金。当时符离人王孟也以任侠闻名于江淮一带。

　　是时济南瞷氏、陈周庸亦以豪闻①,景帝闻之,使使尽
诛此属②。其后代诸白、梁韩无辟、阳翟薛兄、郏韩孺纷纷复
出焉③。

【注释】

①济南:汉郡名,治所在今山东章丘西北。瞷(xián):姓。陈:汉县
　名,治所即今河南淮阳,此时为淮阳国国都。
②景帝闻之,使使尽诛此属:《酷吏列传》云:"济南瞷氏宗人三百余
　家,豪猾,二千石莫能制,于是景帝乃拜(郅)都为济南太守。至
　则族灭瞷氏首恶,余皆股栗。"
③代诸白:代郡的几个姓白的。代,汉郡名,有时是诸侯国名,郡治
　代县(今河北蔚县东北之代王城)。梁韩无辟:梁国的韩无辟。
　梁国的都城为睢阳(今河南商丘城南)。阳翟:汉县名,治所即今
　河南禹州,当时亦为颍川郡的郡治所在地。郏韩孺:底本此处作
　"陕韩孺",《集解》引徐广曰:"陕,疑当作'郏'字,颍川有郏县。"
　《索隐》曰:"陕,当为'郏'。"今据改。郏县在阳翟东南,属颍川
　郡;至于"陕县",在今河南三门峡市西,汉时属弘农郡,作"陕"
　者误。

【译文】

当时,济南的䦺氏、陈县的周庸也以豪侠闻名,汉景帝听说后,派人把他们全杀掉了。后来又有代郡几个姓白的、梁地的韩无辟、阳翟的薛兄、郏县的韩孺等纷纷出现。

郭解,轵人也①,字翁伯,善相人者许负外孙也②。解父以任侠,孝文时诛死。解为人短小精悍,不饮酒。少时阴贼,慨不快意③,身所杀甚众。以躯借交报仇,藏命作奸④,剽攻不休⑤,及铸钱掘冢⑥,固不可胜数。适有天幸,窘急常得脱,若遇赦。及解年长,更折节为俭⑦,以德报怨,厚施而薄望。然其自喜为侠益甚。既已振人之命,不矜其功,其阴贼著于心,卒发于睚眦如故云⑧。而少年慕其行,亦辄为报仇,不使知也⑨。解姊子负解之势,与人饮,使之嚼⑩。非其任,强必灌之。人怒,拔刀刺杀解姊子,亡去。解姊怒曰:"以翁伯之义⑪,人杀吾子,贼不得。"弃其尸于道,弗葬,欲以辱解。解使人微知贼处。贼窘自归,具以实告解。解曰:"公杀之固当,吾儿不直。"遂去其贼,罪其姊子,乃收而葬之。诸公闻之,皆多解之义,益附焉。

【注释】

①轵:汉县名,治所在今河南济源南。

②许负:西汉初期善相人者,其事见于《外戚世家》《绛侯世家》。

③慨不快意:《汉书》作"感慨不快意"。意谓"稍有不快""略一动气"。慨,愤激不平。

④藏命:窝藏亡命徒。作奸:犹言"犯科""违法"。

⑤剽攻：劫夺。

⑥铸钱：指汉武帝实行铸钱官营后仍私自铸钱。

⑦节：品性，风操。俭：敛也，即"检束""谨慎"的意思。

⑧卒：同"猝"，突然。睚眦（yá zì）：因为别人瞪了他一眼的怨恨。

⑨亦辄为报仇，不使知也：司马迁书此为后面之郭解被害做伏笔。

⑩使之嚼：强迫人家"干杯"。嚼，通"釂"。师古曰："尽酒曰'釂'。"《说文》："釂，饮酒尽也。"

⑪以翁伯之义：凭着你郭解的名义、人格。

【译文】

郭解是轵县人，字翁伯，是当时擅长看相的相士许负的外孙。郭解的父亲因为任侠，在孝文帝时被处死。郭解为人矮小，精明强悍，不喝酒。他少年时阴险狠毒，心中愤怒不高兴时，亲手杀死的人很多。他不顾自己的性命为朋友报仇，窝藏亡命徒，犯法抢劫，以及私造钱币、挖坟掘墓等，数也数不清。但他很有运气，每次碰到危难总是能够逃脱，或者遇上朝廷大赦。到郭解年纪稍长，改变品性成了一个行为节制的人，用恩德回报别人的仇怨，给别人的多而希望得到的少。但他更加喜欢行侠仗义。他救了人家的命之后，从不夸耀自己的功劳，但他把残忍藏在内心深处，最终会像从前一样因一点小事而突然爆发起来。许多年轻人仰慕他的行为，也常常为他报仇，而不让他知道。郭解姐姐的儿子倚仗郭解之势，和人喝酒，一定要让那人喝干。那人喝不了，就强行灌他。那人发了怒，拔刀杀了郭解的外甥，逃走了。郭解的姐姐发怒说："凭着翁伯的名声义气，有人杀了我的儿子，竟然抓不到凶手。"把儿子的尸体扔在路上，不埋葬，想要羞辱郭解。郭解暗中让人打听到了凶手在哪里。凶手走投无路自己来找郭解，如实地说出事情的经过。郭解说："你是应该杀了他，是我们的孩子不对。"于是放凶手走了，归罪于自己的外甥，收尸埋葬了。众人听说这件事后，都称赞郭解的义气，归附他的人越来越多了。

解出入，人皆避之。有一人独箕倨视之①，解遣人问其名姓。客欲杀之。解曰："居邑屋至不见敬②，是吾德不修也，彼何罪！"乃阴属尉史曰③："是人，吾所急也，至践更时脱之④。"每至践更，数过，吏弗求。怪之，问其故，乃解使脱之。箕踞者乃肉袒谢罪⑤。少年闻之，愈益慕解之行。

【注释】

①箕踞视之：双腿交叉坐在地上，直眼看着郭解。箕踞，古代都是傲慢不敬的样子。

②邑屋：犹今"街坊"。

③阴属：暗中嘱咐。阴，暗中。属，嘱托。尉史：职官名，县尉手下的小吏，主管征发徭役等事。

④践更：谓受人钱代人服徭役者。《汉书·昭帝纪》注引如淳曰："更有三品，有卒更，有践更，有过更。古者正卒无常人，皆当迭为之。一月一更，是谓卒更也。贫者欲得雇更钱者，次直者出钱雇之，月二千，是谓践更也。天下人皆直戍边三日……一岁一更，诸不行者出钱三百入官，官以给戍者，是谓过更也。"脱：免除。

⑤肉袒：脱掉衣袖，露出臂膀，古人请罪时一般都会这么做，比如廉颇对蔺相如的"负荆请罪"。

【译文】

郭解出入，人们都恭敬地给他让路。有一个人岔开双腿坐在那里直视郭解，郭解派人去询问他的姓名。门客想要杀了他。郭解说："住在同一个街巷而不被敬重，是我没有修养好德行，他有什么罪！"于是暗中嘱咐尉史说："那个人，是我所关照的，到轮到他出徭役时请免了他的差事。"因此好几次轮到那个人该去服徭役时，县吏都没找他。他很奇怪，就去问是什么缘故，这才知道是郭解让免了他的徭役。于是这个人就脱掉上衣来向郭解请罪。年轻人听说这件事，更加仰慕郭解的品行了。

　　雒阳人有相仇者,邑中贤豪居间者以十数^①,终不听。客乃见郭解。解夜见仇家,仇家曲听解。解乃谓仇家曰:"吾闻雒阳诸公在此间,多不听者。今子幸而听解,解奈何乃从他县夺人邑中贤大夫权乎!"乃夜去,不使人知,曰:"且无用,待我去,令雒阳豪居其间,乃听之^②。"

【注释】

　　①居间:从中调停。师古曰:"居中间为道地和辑之。"

　　②"且无用"几句:凌稚隆曰:"应前不矜其功。"

【译文】

　　洛阳有人互相结了仇,当地几十个贤士豪杰给他们调停,他们始终不听。于是有人就去请郭解。郭解夜间约仇家见面,仇家勉强接受了调停。郭解对仇家说:"我听说洛阳的许多贤士豪杰都曾给你们调解过,你们不肯听。现在你们给我面子听从我的调停和解了,我怎么能到别的县去侵夺人家城镇的贤士豪杰的调停权力呢?"于是连夜离开了洛阳,不让别人知道,说:"你们暂时先别听我的话和解,等我走后,当洛阳的贤豪们再来调解时,你们再听命和解。"

　　解执恭敬,出未尝有骑,不敢乘车入其县廷^①。之旁郡国,为人请求事,事可出,出之^②;不可者,各厌其意,然后乃敢尝酒食。诸公以故严重之^③,争为用。邑中少年及旁近县贤豪,夜半过门常十余车,请得解客舍养之^④。

【注释】

　　①出未尝有骑,不敢乘车入其县廷:两句言郭解态度恭谨。县廷,县衙前的大院。"出未尝有骑"五字,底本在后文"已又杀杨季主"

句上,今依照中井积德说移至此。中井积德的说法见后文。

②出:解决,获释。

③严重:敬重,尊重。

④舍养:接到自己家去养。

【译文】

　　郭解为人恭敬,出门从不骑马,不敢坐车子进县衙。到别的郡国为人办事时,事情可以解决的,就尽量解决好;不能解决的,也尽量能让每个人都感到满意,然后他才能吃得下饭去。大家因此更加尊重他,争着为他效力。本城的年轻人以及其他邻县的贤豪,往往夜间有十来批人驾着车到郭解家去接藏在他家里的逃亡者回去供养。

　　及徙豪富茂陵也①,解家贫,不中訾②,吏恐,不敢不徙③。卫将军为言:"郭解家贫不中徙。"上曰:"布衣权至使将军为言,此其家不贫。"解家遂徙。诸公送者出千余万④。轵人杨季主子为县掾,举徙解⑤。解兄子断杨掾头,由此杨氏与郭氏为仇。

【注释】

①徙富豪茂陵:把郡国富豪迁徙到茂陵,事在元朔二年(前127)。之所以如此,可参照《平津侯主父列传》主父偃的上书:"茂陵初立,天下豪杰并兼之家,乱众之民,皆可徙茂陵,内实京师,外销奸猾,此所谓不诛而害除。"茂陵,汉武帝的陵墓,在今陕西兴平东。《通鉴考异》曰:"荀悦《汉纪》以郭解事著于建元二年,当时卫青、公孙弘皆未贵。又,元朔二年,徙郡国豪杰于茂陵,此乃徙解之时也。"

②不中訾:够不上规定搬迁的财产数目。訾,通"赀",钱财。

③吏恐,不敢不徙:让郭解搬迁是朝廷之命,故吏人明知其"不中

誉”，亦不敢违背朝廷之令。

④出千余万：汉代“一金”抵铜钱一万，“千余万”铜钱即“千金”之资。

⑤轵人杨季主子为县掾（yuàn），举徙解：据此可知，郭解之所以在搬迁之列，乃先由“杨季主子”自下提名，丞相公孙弘汇总后，报至汉武帝处。轵人杨季主子，郭解的同乡杨季主的儿子。掾，各种属吏的统称。

【译文】

等到汉武帝下令各地的富豪往茂陵搬迁时，郭解家里穷，财产够不上搬迁的标准，但是当地的官吏害怕上面怪罪，不敢不让他搬迁。大将军卫青为郭解求情说："郭解家里穷，不够搬迁标准。"武帝说："一个平民权势到了能让将军替他说情，他家绝不穷。"于是郭解家就只得搬迁了。大家都来送行，出资至一千多万钱。轵县人杨季主的儿子在县里为县掾，是他提名郭解搬迁的。郭解哥哥的儿子就砍了这个县吏的头，从此杨家与郭家结了仇。

解入关，关中贤豪知与不知，闻其声，争交欢解①。解已又杀杨季主②。杨季主家上书，人又杀之阙下。上闻，乃下吏捕解。解亡，置其母家室夏阳③，身至临晋④。临晋籍少公素不知解⑤，解冒⑥，因求出关。籍少公已出解，解转入太原⑦，所过辄告主人家。吏逐之，迹至籍少公。少公自杀，口绝。久之，乃得解。穷治所犯⑧，为解所杀，皆在赦前。轵有儒生侍使者坐，客誉郭解，生曰："郭解专以奸犯公法，何谓贤！"解客闻，杀此生，断其舌。吏以此责解，解实不知杀者。杀者亦竟绝，莫知为谁。吏奏解无罪。御史大夫公孙弘议曰："解布衣为任侠行权⑨，以睚眦杀人，解虽弗知，此罪甚于解杀之⑩。当大逆无道。"遂族郭解翁伯⑪。

【注释】

①交：交友结欢。

②已又杀杨季主：不久又杀了杨季主。已，不久，后来。此句接上文“解兄子断杨掾头，由此杨氏与郭氏为仇”。底本原文在此句前有“解为人短小，不饮酒，出未尝有骑”三句，梁玉绳曰：“‘为人短小，不饮酒’七字衍。”泷川引中井曰：“‘解为人短小，不饮酒’，是复出，误写耳；‘出未尝有骑’句，当在前文‘不敢乘上’句上。”今据改。

③夏阳：汉县名，治所在今陕西韩城西南。

④临晋：汉县名，治所在今陕西大荔东，其地有临晋关，为关中入河东之重要渡口。

⑤籍少公：姓籍，名少公。

⑥冒：指冒然相投，以自己之真情相告，请其酌量而行。

⑦太原：汉郡名，治所在今山西太原西南。

⑧穷治：彻底追查。

⑨任侠行权：意即打报不平，作威作福。行权，行使他不该行使的权力。

⑩解虽弗知，此罪甚于解杀之：此句表达了司马迁对汉代儒生的反感。史珥《四史剿说》曰：“平津之议，即从武帝‘其家不贫’语推出，平津逆推上旨而杀之也。”泷川引中井曰：“弗知之罪，甚于亲杀，是老吏弄文处。”

⑪遂族郭解翁伯：梁玉绳引王孝廉曰：“‘翁伯’二字衍，是处何必复表其字耶？”凌稚隆引王韦曰：“必字之者，惜之也。”族，灭族，满门抄斩。

【译文】

郭解搬迁入关后，关中的贤豪无论认识他的还是不认识他的，听到郭解的名声，都争先恐后地来和郭解结交。郭解后来又杀了杨季主。杨季主家里的人来京上书告郭解，又被人杀死在皇宫大门外。汉武帝知道后，下令相关官员逮捕郭解。郭解逃跑了，他把母亲家属安置在夏阳，自己逃到了临晋。把守临晋的籍少公之前不认识郭解，郭解贸然相投，请求出关。籍少公把他放出关后，郭解辗转到了太原，到哪里都把自己的实际情况告诉接纳他的人家。官府一路追踪，追到籍少公这里。籍少公自杀，线索从此断绝。很久以后，官府才抓到了郭解。他们彻查郭解的罪行，发现郭解杀人的事都发生在大赦以前。轵县有一个儒生，陪着前来访查郭解罪行的使者谈话，座中有人称赞郭解，这个儒生说："郭解专门违法犯案，怎么能说是好人？"郭解的门客听说了，杀了这个儒生，割了他的舌头。办案吏员追问郭解，但郭解确实不知道杀人的是谁。而杀人者也竟从此销声匿迹，根本查不出是谁了。办案吏员只好上奏郭解无罪。这时御史大夫公孙弘说："郭解作为一介平民，竟然充好汉行使他不该行使的权力，因为一点小事杀人，他虽然不知情，但其罪比他自己杀人还要重。应该定大逆不道之罪。"就这样，郭解全族都被诛杀了。

　　自是之后，为侠者极众，敖而无足数者①。然关中长安樊仲子②，槐里赵王孙③，长陵高公子④，西河郭公仲⑤，太原卤公孺⑥，临淮儿长卿⑦，东阳田君孺⑧，虽为侠而逡逡有退让君子之风⑨。至若北道姚氏⑩，西道诸杜⑪，南道仇景⑫，东道赵他、羽公子⑬，南阳赵调之徒⑭，此盗跖居民间者耳，曷足道哉！此乃乡者朱家之羞也⑮。

【注释】

①敖而无足数者：一个个狂傲不逊，没什么可说的。敖，同"傲"，傲慢。《汉书》此句无"敖"字。

②长安：汉代国都，旧址在今西安城北。

③槐里：汉县名，治所在今陕西兴平东南。赵王孙：姓赵，名王孙。

④长陵：汉县名，刘邦陵墓所在地，在今西安北，咸阳东北，阳陵的西
　　侧。高公子：姓高，名公子。

⑤西河：汉郡名，治所在今内蒙古准噶尔旗西南。

⑥卤公孺：姓卤，名公孺。《汉书》作"鲁公儒"。

⑦临淮：汉郡名，治所在今江苏泗洪南。兒（ní）长卿：姓兒，名长卿。

⑧东阳：汉县名，治所在今安徽天长西北。

⑨逡逡（qūn）：谦逊退让的样子。

⑩北道姚氏：北部地区姓姚的。

⑪西道诸杜：西部地区几个姓杜的。

⑫南道仇（qiú）景：南部地区的仇景。

⑬东道赵他、羽公子：东部地区的赵他、羽公子。也有认为赵他、羽
　　公子为一人者，姓"赵"，名"他羽"，字"公子"。以上之所谓"北
　　道""西道""南道""东道"，师古曰："据京师而言，指其东、西、
　　南、北谓也。"

⑭南阳：汉郡名，治所在今河南南阳。

⑮乡者：犹言"昔者""前者"。

【译文】

　　从此以后，做游侠的人很多，但都傲慢无礼不值一提。但关中长安
的樊仲子，槐里的赵王孙，长陵的高公子，西河的郭公仲，太原的卤公孺，
临淮的兒长卿，东阳的田君孺，他们虽然做任侠之事，但谦逊退让有君子
的风度。至于北方姓姚的，西方几个姓杜的，南方的仇景，东方的赵他、
羽公子，南阳的赵调这类人，都是隐藏在民间的盗跖一样的强盗，哪值得
一说！他们是过去朱家会为之感到羞耻的人。

　　太史公曰：吾视郭解①，状貌不及中人，言语不足采者。
然天下无贤与不肖，知与不知，皆慕其声，言侠者皆引以为
名。谚曰："人貌荣名，岂有既乎②！"於戏③，惜哉④！

【注释】

①吾视郭解：据此可知，司马迁应见过郭解，此有助于考订司马迁之生年。

②人貌荣名，岂有既乎：人的相貌好坏，和人的道德名声高低，难道有直接的关系吗！《集解》引徐广曰："人以颜状为貌者，则貌有衰落矣；唯用荣名为饰表，则称誉无极也。既，尽也。"李笠《史记订补》曰："《方言》六：'既，定也。'此言郭解状貌不取，而得荣名，故以人貌荣名无定为解。"

③於戏：同"呜呼"，感叹语。

④惜：可惜。泷川引中井曰："惜其不令（善）终也。"《史记评林》引赵恒曰："为公孙弘议族解而发叹。"按，后说为长，感慨中深寓无限愤怒。

【译文】

太史公说：我见过郭解，看他的形相面貌比不上一个中等人，言语也不是很出色。但天下不论是贤人还是庸才，不论认识他的还是不认识他的，都仰慕他的名声，当游侠的人都称引郭解以提高自己的身份。俗话说："人的相貌好坏，与人的道德名声高低，并没有直接的联系。"唉，太可惜了！

【集评】

黄震曰："朱家周人之急，家无馀财，而终身不自以为德，太史公慕焉。郭解折节赈人，人为解杀人，解不知，而公孙弘族解，太史犹为之痛惜。愚谓朱家诚贤矣，为人忘己，墨氏之弊。而解之见杀，则亦其平昔嗜杀所致。孔子有言，古之学者为己，孟子亦谓穷则独善其身，士亦何必务名誉，出于寻常之外也哉！"（《黄氏日钞》）

姚苎田曰："朱家、剧孟一以振人之意为主，郭解则急欲著己之奇，如人杀姊子，必令其窘急自归，然后舍之；箕踞不敬，必使其知感谢罪，然后

满志。由此而推,则可知其执恭谨以待人者,皆欲假此以倾动天下,而阴贼剽攻实其根于性而不可回者矣。"(《史记菁华录》)

张照曰:"迁意所不满,莫若公孙丞相及卫、霍,观《佞幸传》之阑入卫、霍可见。此言儒不如侠,其所为儒,即指公孙辈言。而班固谓其'是非颇谬于圣人',亦不达其旨矣。"(殿本《史记》考证)

牛运震曰:"'儒侠'二字一篇眼目。太史公援儒称侠,谓侠客之义有合于士君子之行也。……后文则以卿相之侠形出布衣之侠。而又称游侠之士与豪暴之徒不同,以终一篇之旨。意思最为深厚,评量极为平允,往复跌宕,淋漓尽致,太史公最有斟酌用意文字,不得以'退处士而进奸雄'议之也。"(《史记评注》)

【评论】

《游侠列传》是司马迁为汉初"布衣之侠"所立的类传,也是司马迁对汉代统治集团进行无情揭露、愤怒声讨的文章。司马迁在文中毫不隐讳自己的鲜明爱憎,这种直接、强烈的抒情性在《史记》中大概也只有《伯夷列传》可与之相比了。

《游侠列传》以"儒侠"二字为全篇眼目,援儒称侠,在对比反衬中,将"朝廷之儒"迫害"布衣之侠"的事实公示于天下,为游侠代言。司马迁歌颂"布衣之侠"的"其言必信,其行必果,已诺必诚,不爱其躯,赴士之厄困,既已存亡死生矣,而不矜其能,羞伐其德"的高尚品质,敬佩赞美他们的"义行",更对他们所遭遇的不公、不幸表示了极大的愤慨;同时司马迁揭露了公孙弘等儒生打着儒术的招牌舞文弄法,以配合武帝搞集权恐怖统治的伪善嘴脸,抨击了汉武帝的独尊儒术和酷吏政策。如与《儒林列传》《酷吏列传》《平津侯主父列传》并看,其义更明。

自汉武帝搞尊儒、搞酷吏政治以来,儒生、酷吏为了阿谀人主、猎取功名,不惜歪曲国家法律、草菅人命,造成了极大的社会不公;少数"读书怀独行君子之德,义不苟合当世"的人,也仅追求高名,对社会现实毫无裨益。那些被迫害、被冤枉的善良的人们想通过正当的渠道讨回公道几乎不可能，而游侠们为他们报仇雪恨，或者掩护他们免遭杀害，人们自然爱戴游侠，依附游侠。可这在统治者眼里是"以匹夫之细，窃生杀之权，其罪已不容于诛"（《汉书·游侠传》）。所以他们有意地混淆游侠与恶霸的区别，找各种理由打击杀害游侠。为此司马迁悲愤填膺，他要为这些民间英雄鸣不平，他要让这些侠士的光辉永照丹青。《游侠列传》就是他为这些"布衣之侠"树立的丰碑。

郭解是当时游侠的代表，影响最大，而最后竟然为一桩他自己都不知情的罪被灭了门。郭解的冤案正是汉武帝与御史大夫公孙弘一起定的，公孙弘给他拟定的罪名是"解布衣为任侠行权，以睚眦杀人，解虽弗知，此罪甚于解杀之。当大逆无道"。司马迁原原本本地记载了郭解获罪、定罪的过程，为其鸣冤，为其树碑立传，这种敢于冒天下之大不韪的勇气正表现了司马迁卓越的"史德"。班固等人却因此而攻击他"叙游侠则退处士而进奸雄"，正可见他们这些顽固文人永远无法望司马迁之项背。

急人之难、见义勇为、不畏强权、救助弱小的侠义精神是难能可贵的，也是历来被社会所赞赏的，尽管今天的世界、今天的中国已经进入法制社会，但侠义精神仍然弥足珍贵，因为不论是国内与国际间，黑暗的、邪恶的、恃强凌弱的、善良受欺的现象，仍比比皆是。解决问题要靠"法律"，但"法律"能否起作用也需要有巨大的力量去推动吧？更何况还有许多法律管不到或是不起作用的地方呢？侠义精神与"公正""慈爱""助人为乐"等精神应该永远并存。可是在现实社会中出现了对"见义勇为""解人之难"者的无动于衷，任其负伤、牺牲、受诬陷，乃至为邪恶势力所害而得不到社会的表彰、鼓励，以至于围观者如堵而无人施一援手，这是多么令人痛心。司马迁写《游侠列传》，是在两千年前就渴望、呼唤侠义精神，时到今日，似乎在中国更感迫切。

佞幸列传第六十五

【释名】

　　"佞幸"指善于谄谀而得君主宠幸的人。本篇中的"佞幸"是指那些帝王身边的弄臣,具体到汉代,"佞幸"就是皇帝的男宠。本篇就是这类人的"类传"。

　　全篇分两大部分。第一部分写高祖至景帝时代的佞幸。高祖有籍孺,惠帝有闳孺,文帝有邓通、赵同、北宫伯子,景帝有周文仁。其中重点写了文帝宠臣邓通的发迹、盛宠直至死亡。第二部分写武帝时的佞幸。主要写了韩嫣、李延年二人得宠时的忘乎所以,骄纵胡行以及终被诛杀的下场。篇末论赞感慨佞幸的可鄙亦复可怜。

　　谚曰:"力田不如逢年,善仕不如遇合①。"固无虚言。非独女以色媚,而士宦亦有之②。

【注释】

　　①力田不如逢年,善仕不如遇合:慨叹志士怀才不遇,愤慨小人凭巧言令色飞黄腾达。力田,努力从事田间劳动。逢年,指赶上风调雨顺。善仕,会做官,指努力巴结逢迎。遇合,遇上赏识自己的君主。《集解》引徐广曰:"遇,一作'偶'。"

②士宦：士人与宦者。凭巧言令色获得皇帝欢心的男宠。梁玉绳
　　曰："《封禅》《河渠》《平准》及此传，前叙独无'太史公曰'四字，
　　何也？"

【译文】

　　俗语说："努力种田，不如遇到丰年；好好为官，不如碰到赏识自己的
君王。"这不是没有根据的空话。不光女子用美色谄媚取宠，就是士人
和宦官也有这种情况。

　　昔以色幸者多矣①。至汉兴，高祖至暴抗也②，然籍孺
以佞幸③；孝惠时有闳孺。此两人非有材能④，徒以婉佞贵
幸⑤，与上卧起⑥，公卿皆因关说⑦。故孝惠时郎、侍中皆冠
鵔鸃⑧，贝带，傅脂粉⑨，化闳、籍之属也⑩。两人徙家安陵⑪。

【注释】

①以色幸者：如春秋时受晋献公宠爱的梁五、东关嬖五，受卫灵公宠
　　爱的弥子瑕；战国时受楚襄王宠爱的鄢陵君与寿陵君等。

②高祖至暴抗：此处与他处称刘邦"恢宏大度"欠统一。有人解释
　　为"恢宏大度"，是与项羽相对而言的，刘邦也有"暴伉"的一面，
　　如爱骂人、侮辱人等。暴伉，《索隐》曰："暴猛伉直。"

③籍孺：《正义》曰："籍、闳，皆名也。孺，幼小也。"以佞幸：靠着巧
　　言令色取媚于人。佞，巧于辞令。

④材能：材质、能力。

⑤婉佞：柔媚，巧于辞令。

⑥与上卧起：与皇上同卧同起，是说闳孺是汉惠帝的男宠。

⑦皆因关说：都通过闳孺向皇帝进言、获得指示。《索隐》曰："关，训
　　'通'也，谓公卿因之而通其词说。"《郦生陆贾列传》曾记平原君

朱建为营救辟阳侯审食其,而求见闳孺,请其向景帝代为求情事,
即为此例。

⑧郎、侍中:职官名,皆为帝王身边的侍卫,郎有中郎、郎中、侍郎等
名目。冠鵕鸃(jùn yí):头戴以鵕鸃鸟的羽毛为饰的帽子。

⑨傅:敷,涂抹。

⑩化:受其影响而成为风气。

⑪安陵:汉惠帝的陵墓,此指安陵所在的"陵邑",在今陕西咸阳东
北。汉代皇帝的惯例,从即位第二年,即为自己建陵墓,并设立一
个行政区域专门管理这个陵墓,叫做"陵邑",相当于一个县,其
长官地位略高于县令。在建造陵墓的同时,即从各地向该区域移
民,搬移的多是有钱有势的人家。

【译文】

从前用美色取得宠幸的人很多。到汉朝建国时,汉高祖为人极其暴
猛刚直,但却有籍孺以谄媚得宠;孝惠帝时有个闳孺也是这样。这两个
人并没有才能,只是靠婉顺和谄媚得到了显贵和宠爱,竟同皇上同起同
卧,连朝里的大臣们要办什么事情也都得通过他们转达。孝惠帝时的郎
官、侍中们之所以都戴着插有鵕鸃鸟羽毛的帽子,系着饰有贝壳的衣带,
涂脂抹粉,这是受了闳孺和籍孺之流影响的结果。后来,闳孺和籍孺都
把家搬到了安陵。

　　孝文时中宠臣,士人则邓通,宦者则赵同、北宫伯子①。
北宫伯子以爱人长者;而赵同以星气幸②,常为文帝参乘③;
邓通无伎能。邓通,蜀郡南安人也④,以濯船为黄头郎⑤。孝
文帝梦欲上天,不能,有一黄头郎从后推之上天,顾见其衣
裻带后穿⑥。觉而之渐台⑦,以梦中阴目求推者郎,即见邓
通,其衣后穿,梦中所见也。召问其名姓,姓邓氏⑧,名通,

文帝说焉，尊幸之日异。通亦愿谨^⑨，不好外交，虽赐洗沐，不欲出。于是文帝赏赐通巨万以十数^⑩，官至上大夫^⑪。文帝时时如邓通家游戏^⑫。然邓通无他能，不能有所荐士^⑬，独自谨其身以媚上而已。上使善相者相通，曰当贫饿死。文帝曰："能富通者在我也。何谓贫乎？"于是赐邓通蜀严道铜山^⑭，得自铸钱^⑮，"邓氏钱"布天下^⑯。其富如此。

【注释】

①赵同：即赵谈，司马迁为避父司马谈之讳而改"谈"为"同"。《汉书》径作"谈"。北宫伯子：师古曰："姓北宫，名伯子。"

②星气：指善于观测天文气象。

③参乘：原指站在帝王身边，为其充当警卫，这里指陪着皇帝坐车。赵同为汉文帝参乘事，见《袁盎晁错列传》。

④蜀郡南安：蜀郡所属的南安县。蜀郡的治所即今四川成都，南安县的治所即今乐山。钱大昕曰："《地理志》，南安属犍为郡，不属蜀郡。"

⑤濯（zhào）船：即棹（zhào）船，划船。棹，船桨，这里用如动词。黄头郎：头戴黄帽子专管为汉文帝划船的郎官。《史记正义佚存》曰："濯船，持楫行船也。黄头，著黄帽也，以土胜故也。"

⑥衣袴（dú）带后穿：袴，衣背中缝。李笠曰："谓其衣之背缝自带以下穿破也。《汉书》作'顾见其衣尻带后穿'，尻为脊骨尽处，与背缝适相当，故师古谓衣当尻上而居革带之下处也。"穿，破了个窟窿。

⑦渐台：师古曰："未央殿西南有苍池，池中有渐台。"

⑧姓邓氏："姓"与"氏"原为两个概念，司马迁常将二者连用或混用。

⑨愿谨：老实谨慎。愿，老实。

⑩巨万：即今"亿"，单位是铜钱。

⑪上大夫:即太中大夫。《张丞相列传》直称邓通为"太中大夫"。

⑫文帝时时如邓通家游戏:《张丞相列传》云:"是时太中大夫邓通方隆爱幸,赏赐累巨万,文帝尝燕饮通家。"

⑬不能有所荐士:《史记评林》引杨维桢曰:"邓通何者,而责以荐达贤才之事?盖汉世士大夫率贵于荐士,所以司马迁被刑之后,其故人任安责以古贤臣荐士之义。"

⑭严道:汉县名,治所即今四川荥经。《正义》引《括地志》曰:"雅州荥经县北三里有铜山,即邓通得赐铜山铸钱者。"

⑮得自铸钱:汉初允许私人铸钱,至汉武帝时全部收归国营。凌稚隆引董份曰:"文帝作一露台惜百金,而赏赐通不惜十巨万,亦异也。"张之象曰:"文帝尝衣绨衣,所幸慎夫人令衣不得曳地,帏帐不得衣绣,以示敦朴,为天下先。虽宠幸邓通,必不若是之甚。史氏之言,未可尽信也。"

⑯"邓氏钱"布天下:《平准书》曰:"邓通,大夫也,以铸钱财过王者,故吴、邓氏钱布天下。"布,散布,流通。《正义》引《钱谱》云:"(邓氏钱)文字称两,同汉四铢文。"

【译文】

孝文帝时宫中的宠臣,士人有邓通,宦官有赵同、北宫伯子。北宫伯子是因为仁慈厚道而被宠幸;赵同是因为善于观测星气,经常陪着孝文帝一起坐车;邓通则没有任何本领。邓通是蜀郡南安人,因善于划船当了黄头郎。有一天孝文帝做梦想要上天,但上不去,有一个黄头郎从身后推着他上去了,孝文帝回头看,见这个人上衣背后的腰带下有个窟窿。梦醒后,文帝前往渐台,按梦中情景暗中寻找推他上天的黄头郎,看到了邓通,他身后的衣带上有个洞,正是梦中见到的样子。文帝把他召来询问姓名,他说姓邓名通,文帝喜欢他,尊宠一日胜似一日。邓通也老实谨慎,不喜欢和外人交往,虽然皇帝给予休假的恩赐,他也不想外出。于是孝文帝赏赐给他的钱多达数十亿,官职升到上大夫。文帝常常到邓通家玩耍。但是邓通没有别的什么才能,不能推荐贤士,只是自己处事谨慎,谄媚皇上而已。有一次,皇上让善于相面的人给邓通相面,那人相面以后说邓通会因为贫穷被饿死。孝文帝说:"能让邓通富贵的是我。他日后怎么还会穷呢?"于是就把蜀地严道的铜山赐给了邓通,让他可以自己铸钱,从此"邓氏钱"流布全国。他的富有达到了这个程度。

　　文帝尝病痈,邓通常为帝唶吮之①。文帝不乐②,从容问通曰:"天下谁最爱我者乎?"通曰:"宜莫如太子。"太子入问病,文帝使唶痈,唶痈而色难之③。已而闻邓通常为帝唶吮之,心惭,由此怨通矣。及文帝崩,景帝立,邓通免,家居④。居无何,人有告邓通盗出徼外铸钱⑤,下吏验问,颇有之,遂竟案⑥,尽没入邓通家,尚负责数巨万⑦。长公主赐邓通⑧,吏辄随没入之,一簪不得着身⑨。于是长公主乃令假衣食⑩。竟不得名一钱⑪,寄死人家⑫。

【注释】

①唶(zé)吮:吮吸。

②文帝不乐:心有所思而郁郁不乐,非谓不乐邓通。

③唶痈而色难之:《汉书》"唶痈"上有"太子"二字,此不宜省。色难,神情为难,有不甚乐意的样子。

④"及文帝崩"几句:这就是"一朝天子一朝臣",作宠臣、宠妾者亦极可悲。及,等到。文帝崩,景帝立,在文帝后元七年(前157)。

⑤盗出徼(jiào)外铸钱:有两种解释,一是指邓通偷偷到边界线外去铸造货币;另一种则如郭嵩焘所言:"邓通所铸钱,私窃行之徼外。"即拿到徼外去花。这两种说法都行得通。徼外,边境线外。徼,立木栅以为界。当时四川南部及云南、贵州一带尚未归附汉

王朝,所以国境线离邓通的家乡南安不远。

⑥竟案:彻底查办。案,查办。

⑦尚负责数巨万:负责,同"负债",还欠着公家的钱。师古曰:"积其前后所犯合没官者,数多,除其见在财物以外,尚负官数巨万。"锺惺曰:"嗜痈,邓通所以取宠于文帝;铸钱,则文帝所以宠通也。然景帝之怒,藏于嗜痈,而发于铸钱,竟以饿死。则嗜痈者,即饿死之根也。"

⑧长公主:汉文帝之女,汉景帝之姊,陈皇后之母,事见《外戚世家》。赐邓通,赐给邓通钱财。邓通之人身此时尚未被拘禁。

⑨一簪不得着身:一个簪子也不让戴,意即连一点值钱的东西也不给他,由此可见汉景帝的报复心理。簪,用以绾发的饰品,贵族常以金、银或玉为之。

⑩假衣食:给他吃的穿的。长公主所以如此关照邓通,可以理解为代其父存问旧臣;也可以理解为其本人与邓通素有情谊。凌稚隆引田汝成曰:"通无他能,独长公主赐之,假之,殆有微词焉。"

⑪不得名一钱:指邓通没有一文钱。"一文不名"即由此而来。名,占有。

⑫寄死人家:客居而死,即死在向别人家借住的一间房子里。寄,客居。

【译文】

文帝曾经得了痈疽病,邓通常为文帝吮吸脓血。这倒勾起了孝文帝的心事,他假装随意地问邓通:"当今天下谁最爱我呢?"邓通说:"应该没有谁比得上太子更爱您的了。"太子前来看望文帝病情,文帝让他吮吸脓血,太子虽然吮吸了脓血,可是脸上却显露出为难的样子。过后太子听说邓通常为文帝吮吸脓血,心里感到惭愧,也因此而怨恨邓通。等到文帝去世,景帝一上台,就立即罢免了邓通,让他回到蜀郡老家去住。不久,有人告发邓通私自到境外铸钱,景帝把这事交给法官审理,结果确有此事,于是就结案,把邓通家的钱财全部没收充公,就这样他家还欠着国家好几个亿。景帝的姐姐长公主赐给了邓通一些财物，但随即又被官吏们没收去了，以至于连根簪子也不留。长公主无法，只好让人送给他一些衣服和食物，以维持生活。到这时邓通真是连一文小钱也没有，寄食在别人家里，直到死去。

孝景帝时中无宠臣①，然独郎中令周文仁②，仁宠最过庸，乃不甚笃③。

【注释】

①中无宠臣：皇帝的身边没有男宠，这在西汉诸帝中略显与他人不同。

②然独郎中令周文仁：意即只宠爱郎中令周仁。郎中令，职官名，"九卿"之一，统领侍卫，守卫宫门。周文仁，《索隐》曰："仁，字文。"《史记》中时有对一个人"名""字"连称的例子，如《游侠列传》"遂族郭解翁伯"。周仁获汉景帝格外宠幸的事，见《万石张叔列传》。

③仁宠最过庸，乃不甚笃：陈仁锡曰："既云'中无宠臣'，又云'然独周文仁'；既云'仁宠最过庸'，又云'乃不甚笃'，见景帝愈于诸帝。"庸，平常，一般人。笃，深厚。

【译文】

孝景帝时，宫中没有受宠的臣子，却只有一个郎中令周仁，他的受宠虽然超过一般人，但是仍不很深厚。

今天子中宠臣，士人则韩王孙嫣①，宦者则李延年②。嫣者，弓高侯孽孙也③。今上为胶东王时④，嫣与上学书相爱。及上为太子，愈益亲嫣。嫣善骑射，善佞⑤。上即位，欲事伐匈奴，而嫣先习胡兵⑥，以故益尊贵，官至上大夫，赏赐拟于邓通⑦。时嫣常与上卧起。江都王入朝⑧，有诏得从入猎上林中⑨。天子车驾跸道未行⑩，而先使嫣乘副车，从数十百骑，鹜驰视兽⑪。江都王望见，以为天子，辟从者⑫，伏谒道傍。嫣驱不见。既过，江都王怒，为皇太后泣曰⑬："请得归国入宿卫⑭，比韩嫣。"太后由此嗛嫣⑮。嫣侍上，出入永巷不禁⑯，以奸闻皇太后。皇太后怒，使使赐嫣死。上为谢，终不能得，嫣遂死。而案道侯韩说⑰，其弟也，亦佞幸。

【注释】

①韩王孙嫣：指韩王信之孙韩嫣。韩嫣的曾祖父韩信是战国时期韩国的后代，因帮刘邦打天下有功，于汉二年被封为韩王。为与淮阴侯韩信区分，历史上通常称为"韩王信"。韩王信后来在北方叛乱，逃入匈奴，又兵败被杀。事见《韩信卢绾列传》。

②李延年：汉武帝宠妃李夫人之兄。

③弓高侯：指韩颓当，封地为弓高县。韩颓当在平定吴、楚七国之乱中立有战功，事见《吴王濞列传》。孽（niè）孙：非嫡子生的儿子，地位低下。

④今上为胶东王时：指汉武帝刘彻被封为胶东王的时候。汉景帝的太子原来是刘荣，景帝前元七年（前150）刘荣被废，被立为太子。详见《外戚世家》。

⑤善佞：擅于巧言令色地迎合皇上。

⑥先习胡兵：陈子龙曰："嫣固世将，且其先久居胡中，故先习胡兵也。"

⑦拟于邓通：陈仁锡曰："叙韩嫣，则云'赏赐拟于邓通'；叙延年，则云'埒于韩嫣'，血脉联络处。"王先谦引《西京杂记》曰："韩嫣好弹，常以金为丸，所失者日有十余。长安为之语曰：'苦饥寒，逐金

丸。'京师儿童每闻嫣出弹,辄随之,望丸之所落辄拾焉。"拟,类似,不相上下。

⑧江都王:刘非,汉景帝之子,汉武帝的同父异母兄,前153—前128年为江都王,汉武帝建元四年(前137)曾来京朝见,事见《五宗世家》。江都国的都城广陵,在今江苏扬州西北。

⑨上林:即上林苑,当时皇家猎场,旧址在今陕西西安西南。

⑩跸道:清道戒严。

⑪骛(wù)驰:犹言奔驰。骛,马奔跑。

⑫辟从者:让跟从的人都回避。

⑬皇太后:即王太后,指汉武帝的生母,事见《外戚世家》。

⑭入宿卫:入宫给皇帝充当卫士。

⑮嗛(xián):怀恨。

⑯出入永巷:可以随便出入皇帝嫔妃住的地方。永巷,宫廷深巷,泛指嫔妃、宫女居住的地方。

⑰韩说:韩嫣之弟,以攻伐东越之功被汉武帝封为案道侯("案道"是封地名),事见《东越列传》。后来在巫蛊之案中被太子刘据所杀,事见《汉书·武五子传》。王先谦引钱大昕曰:"说、增父子已附《韩王信传》,说以爱幸,故又牵连书于《嫣传》。"

【译文】

当今天子宫中的宠臣,士人则有韩王的曾孙韩嫣,宦官则有李延年。韩嫣是弓高侯韩颓当的庶孙。当今天子做胶东王时,韩嫣是天子的伴读,二人相互友爱。到天子当了太子,越发亲近韩嫣。韩嫣善于骑马射箭,善于谄媚。天子即位,想讨伐匈奴,韩嫣就首先练习匈奴的兵器,因此越来越尊贵,升为上大夫,天子的赏赐比拟于邓通。当时韩嫣经常和皇帝同睡同起。有一次江都王进京朝见,有诏让他随从天子到上林苑打猎。皇上的车驾因为清道还没有出发,就先派韩嫣乘坐副车,后边跟随着上百个骑兵狂奔向前,去观察兽类的情况。江都王远远望见,以为是皇上到了，便让随从者躲避起来，自己趴伏在路旁拜见。韩嫣却打马急驰而过，不见江都王。韩嫣过去后，江都王感到愤怒，就向皇太后哭着说："请允许我把封国归还朝廷，回到皇宫当个值宿警卫，和韩嫣一样。"太后由此怀恨韩嫣。韩嫣侍奉皇上，出入永巷不受禁止，他的奸情终于被太后知道。皇太后很生气，派人赐韩嫣死。武帝亲自去为他求情，太后不允，韩嫣就被处死了。案道侯韩说，是韩嫣的弟弟，也是靠着阿谀奉承得到了皇帝的宠爱。

李延年，中山人也①。父母及身兄弟及女，皆故倡也。延年坐法腐②，给事狗监中③。而平阳公主言延年女弟善舞④，上见，心说之。及入永巷，而召贵延年。延年善歌，为变新声⑤，而上方兴天地祠⑥，欲造乐诗歌弦之。延年善承意，弦次初诗⑦。其女弟亦幸，有子男⑧。延年佩二千石印，号协声律⑨。与上卧起，甚贵幸，埒如韩嫣也⑩。久之，寖与中人乱⑪，出入骄恣。及其女弟李夫人卒后⑫，爱弛，则禽诛延年昆弟也。

【注释】

① 中山：汉代诸侯国，国都即今河北定州。汉武帝前期的中山王为刘胜，汉武帝同父异母兄。

② 坐法腐：因犯法被处宫刑。腐，宫刑。

③ 给事狗监中：在皇家的养狗部门当差。给事，犹今"服务""供职"。底本此处作"给事狗中"。狗中，《集解》引徐广曰："主猎犬也。"据《司马相如列传》，司马相如之所以能够获得汉武帝接见，就是凭着"狗监"杨得意的介绍。今据此增加"监"字。

④ 平阳公主：汉武帝之胞姊，同为王太后所生。"平阳公主"原号

"阳信公主"（封地在"阳信"），因嫁与"平阳侯"为妻，也被称为
"平阳公主"。言延年女弟善舞：此"延年女弟"即日后异常受宠的
"李夫人"。按，卫子夫和李夫人都是平阳公主发现举荐的人才，
卫子夫事见《外戚世家》，李夫人事见《外戚世家》与《封禅书》。

⑤变新声：即谱新曲，改编出一种崭新风格的乐曲。

⑥方兴天地祠：正在各地建筑祭祀天地的坛台庙宇，详见《封禅
书》。

⑦弦次初诗：为新写的歌辞谱曲配乐。弦次，李笠曰："当作'弦
歌'。"初诗，新写的歌辞。《汉书·礼乐志》云："至武帝定郊祀之
礼，祠太一于甘泉，就乾位也；祭后土于汾阴，泽中方丘也。乃立
乐府，采诗夜诵，有赵、代、秦、楚之讴。以李延年为协律都尉，多
举司马相如等数十人造为诗赋，略论律吕，以合八音之调，作十九
章之歌。"

⑧其女弟亦幸，有子男：李夫人生昌邑王刘贺，刘贺于汉昭帝死后曾
一度为帝，后被霍光所废。崔适《史记探原》曰："卫后色衰，而李
夫人进，乃召贵延年，当在元鼎、元封之间。"

⑨号协声律：《汉书·佞幸传》作"为协律都尉"。郭嵩焘曰："汉制
掌武事曰尉……《百官表》：水衡都尉，掌上林苑。张晏曰：'有卒
徒，故曰尉。'协律者，以声律授乐人，使调习之，亦卒徒之属也，
因以都尉名其官。《百官表》凡都尉官，皆比二千石。"

⑩埒（liè）：相等，相比。

⑪寖与中人乱：寖，渐，逐渐。中人，犹言"宫人"，泛指妃嫔与宫女
等。按，李延年已受腐刑，不可能与宫人乱。《集解》引徐广曰：
"一云，坐弟季与中人乱。"

⑫李夫人卒：关于李夫人临死的情景，详见《汉书·外戚传》。

【译文】

李延年，是中山国人。他的父母兄弟和他自己以及兄弟姐妹，原来

都是歌舞艺人。李延年因犯法被施以宫刑，然后到狗监任职。武帝的姐姐平阳公主向武帝说起李延年妹妹擅长舞蹈的事，武帝见到后，很喜欢她。待到李延年妹妹被召进宫中后，又召李延年进宫，使他显贵起来。李延年善于唱歌，创作了新的歌曲，这时皇上正修造天地庙，想创作歌词配乐歌唱。李延年善于迎合皇上的心意办事，配合乐曲唱了新作的歌词。他妹妹也得到武帝的宠幸，生了儿子。李延年佩带二千石官职的印章，称作"协声律"。他经常和皇上同卧同起，非常显贵宠幸，受宠的程度和韩嫣差不多。时间长了，渐渐地又与宫里的女人有了关系，出入宫中骄傲放纵。等到他的妹妹李夫人去世后，皇帝对他的宠爱衰减了，于是李延年及其兄弟们被拘捕杀死。

　　自是之后，内宠嬖臣大底外戚之家①，然不足数也。卫青、霍去病亦以外戚贵幸，然颇用材能自进②。

【注释】

　　①嬖（bì）臣：受宠幸的近臣，通常指帝王的男宠。大底：同"大抵"，大概。

　　②颇用材能自进：徐孚远曰："太史公轻卫、霍，一至于此。"

【译文】

　　从此以后，宫内被皇上宠幸的臣子，大都是外戚之家，但是这些人都不值得一谈。卫青和霍去病也是因为外戚而得到皇帝宠幸显贵起来的，但他们都能凭自己的才能而获得提升。

　　太史公曰：甚哉爱憎之时①！弥子瑕之行②，足以观后人佞幸矣③。虽百世可知也。

【注释】

①甚哉爱憎之时：意指这些人的失宠全在帝王的爱憎之间，真是太可怕了。

②弥子瑕之行：《韩非子·说难》记载，当弥子瑕被卫灵公宠幸时，他曾偷用卫灵公的车驾，还把自己咬过的桃给卫灵公吃；一旦失宠，卫灵公便旧事重提，重重地惩治了他。

③观后人佞幸：由此推断后代佞幸的下场。

【译文】

太史公说：受到宠爱和憎恶的时运实在太可怕了！从弥子瑕的经历，就足以叫人看出做一个佞幸之人的结局了。哪怕是百代以后，也是可以知道的。

【集评】

王充曰："孔子曰：'君子处易以俟命，小人行险以徼幸。'佞幸之徒，闳、籍孺之辈，无德薄才，以色称媚，不宜爱而受宠，不当亲而得附，非道理之宜，故太史公为之作传。邪人反道而受恩宠，与此同科，故合其名谓之佞幸。"（《论衡》）

陈仁锡曰："《佞幸传》，讥朝廷非以德懋官也，令忠臣志士扼腕丧气，太史公寄慨颇深。"（《史诠》）

李景星曰："孔子曰：'惟女子与小人难养也，近之则不逊，远之则怨。'孟子一生，最称守正，然于臧仓、王驩、弥子之事，未尝讳言之。千章之木，坏于蛀虫；万丈之堤，溃于蚁穴。物固有之，人亦宜然。故孔子又曰'远佞人'、曰'恶利口之覆邦家者'。孟子亦曰'有事君人者，事是君，则为容悦者也。'太史公之传佞幸，即本此意。或以为佞幸不足传，或以为佞幸传无深旨，是史公不经意之作，皆非深知史公者也。通篇列许多人，有整叙者，有散叙者，有实叙者，有虚叙者，大旨以籍孺、闳孺等引起邓通，以周文仁引起韩嫣、李延年，而又段段牵挽，处处回合，通首一气，直贯到底。用字既极其清新，措辞又时带调笑。写美人必用簪花格，固其宜也。其尤难堪者，曰'非独女以色媚，而仕宦亦有之。'曰'士人则邓通'，曰'嫣与上学书'，曰'延年善承意，弦次初诗'，为士君子以才艺邀宠者，痛下针砭。篇末以卫、霍结，更是毒笔。史公之意，鄙薄卫、霍极矣。……赞语却借弥子瑕一证，便自回环变化，勿作等闲视之。"（《史记评议》）

【评论】

"佞幸"本身既无功又无德，本不值得为之立传，但由于他们总在皇帝身边，得到皇帝的宠爱，从而可能影响到皇帝的用人、决策等等，这就不是一般问题了，《韩非子·八奸》里的"在旁"一类，就是说的这种人。孔子说"远佞臣"，又说"恶利口之覆邦家者"，司马迁写《佞幸列传》就是此意，提醒汉代的统治者要注意这些人的恶劣影响。所以说本文之作绝不是揭露统治者阴私腐朽生活那么简单。

在封建社会里作为一个最高统治者的皇帝，后宫姬妾成千上万，身边再有几个男宠，倒也无须大惊小怪。但如果一个长达二百年王朝的历代皇帝几乎每个人都有这种爱好，那就显然是值得注意的问题了。刘邦的身边有籍孺，但没有实例证明他有什么侍候刘邦以外的活动，因此其地位与一个宫女没有多大不同，对此可以忽略不计。惠帝身边有闳孺，此人可以交通朝臣，《郦生陆贾列传》曾记有平原君朱建为营救辟阳侯审食其而求见闳孺，使其向惠帝代为求情，从而获免事，这就不再是小问题，这与招权纳贿也就是仅差咫尺之遥了。汉文帝身边有邓通，邓通除了柔媚没有别的特别之处，但大名鼎鼎的汉文帝竟然能因为喜爱邓通，怕邓通日后受穷饿死而特地赏给他一座四川的铜山，让他尽情采铜铸钱，以至于达到了"邓氏钱，布天下"的地步。单从这件事看来，汉文帝究竟是明君还是昏君？汉武帝身边有韩嫣，韩嫣可以乘着汉武帝的车驾招摇过市，以至于让汉武帝的哥哥江都王刘非误以为是汉武帝的车驾来临而跪伏于道旁叩拜。这些就都不再是个人私密的小节，而是牵涉到法制与朝廷政令的大问题了。汉文帝、汉武帝都是汉代的英主明君，尚犹如此；更何况其后那些平庸的皇帝呢？汉元帝因宠爱佞幸石显而令石显执掌朝权，"事无大小，因显以决"，于是光是死在石显之手的朝廷大臣就有萧望之、京房、张猛、陈咸、贾捐之等等。更有甚者，汉哀帝宠爱佞幸董贤，董贤"常与上卧起"，"尝昼寝，偏藉上袖，上欲起，贤未觉，不欲动贤，乃断袖而起"。他甚至对董贤笑着说："我想效法尧舜禅让，把江山社稷全都传给你。"普天下的奇闻闹剧还有比这些更荒唐、更离谱的么？有人统观西汉二百年的历史，称司马迁写《佞幸列传》是见微知著，是"履霜坚冰之惧也，其垂戒深矣"（程余庆《史记集说》），单读《佞幸列传》这篇小文，也许会觉得这是小题大作；但如果是通观西汉的历史，尤其是读过《汉书》的《佞幸传》之后，就不会认为这是求之过深了。

　　篇中最后说："自是之后，内宠嬖臣大底外戚之家，然不足数也。卫青、霍去病亦以外戚贵幸，然颇用材能自进。"这突然地一转，把卫青、霍去病也归入了"佞幸"一类，就如同《酷吏列传》连带提及晁错一样，李景星说这是司马迁的"毒笔"，"鄙薄卫、霍极矣"。这应该是司马迁对卫青、霍去病严重不满的表现。卫青与霍去病虽然都身为贵戚，但他们的地位与功名却不是因贵戚而获得，写历史与读历史都不应该对此抱有偏见。其实司马迁在《史记》中还是客观如实地写出了卫青与霍去病的历史功勋，只是在感情上不能释怀而已。

滑稽列传第六十六

【释名】

本篇是"滑稽"人物的类传。在司马迁的心目中,"滑稽"指用滑稽的手段行正义之事,通过轻松幽默的形式解决关系民生的大问题。本篇司马迁笔下的淳于髡、优孟、优旃就是这样的人,而后面褚少孙所补的几人中,西门豹是符合这一标准的,而其他郭舍人、王先生等则仅有滑稽的形式,而没有正义的内涵,不可同日而语。

本篇分两大部分。第一部分是司马迁的原文。在这一部分,开篇是一篇小序,提出了滑稽人物存在的意义。正文是淳于髡、优孟、优旃三人的事迹:包括淳于髡以滑稽方式劝说齐威王改行向善,从而使齐国富强称霸,优孟以诙谐幽默劝导楚庄王纠正过错,优旃以幽默、滑稽劝谏秦始皇、秦二世,取得显著效果。最后是论赞,与开头小序相呼应,称道了淳于髡等以幽默滑稽所取得的"解纷"效果。第二部分是褚少孙补充的几个故事。包括郭舍人以滑稽手段帮衬武帝大乳母;东方朔的几个滑稽故事,东郭先生劝卫青献金王夫人之亲,淳于髡巧言为自己脱罪,王先生教长官谄媚人主,西门豹惩罚为河伯娶妇巫妪与恶吏,修渠利民。

孔子曰:"六艺于治一也①。《礼》以节人②,《乐》以发和③,《书》以道事④,《诗》以达意⑤,《易》以神化⑥,《春秋》

以义⑦。"太史公曰:天道恢恢⑧,岂不大哉! 谈言微中,亦可以解纷⑨。

【注释】

①六艺:即《诗》《书》《礼》《乐》《易》《春秋》。汉武帝尊儒后,被儒生奉为经典。

②《礼》:指《仪礼》,我国最早关于礼的文献,主要阐述春秋战国时期士大夫阶层的礼仪,讲"丧礼"尤为琐细。节:节制,规范人的一言一行,一举一动。

③《乐》:讲音乐的书。儒家讲究以"礼""乐"治国,也特别重视"音乐"。发和:促进人们关系的融洽和睦。发,诱导,促进。

④《书》:《尚书》,我国第一部记言体史书,夏、商、周时期的历史资料汇编。道事:讲述往古的历史,以供人们借鉴。

⑤《诗》:即《诗经》,我国第一部诗歌总集,分"风""雅""颂"三部分。达意:传达前代圣贤们的感情旨意。汉代经师们认为《诗经》中的作品都是"思无邪",都是表现往世贤圣的重要旨意的。

⑥《易》:即《周易》,本为卜筮之书,古代一部用于算卦的书,被统治者与儒家鼓吹成沟通人神关系的手段,把统治者的治理手段神秘化,即"神道设教"。其实《周易》并非简单的占卜之书,它囊括了天地万物变化之理,是华夏文明智慧的起源。神化:《太史公自序》重出此文时作"道化",即讲述变化。

⑦《春秋》:一部以记事为主的编年体著作,旧说由孔子修订,记事谨严而过于简略。以义:告诉人该做和不该做的事情。义,宜也。

⑧恢恢:形容广阔无边。

⑨谈言微中,亦可以解纷:泷川引冈白驹曰:"解纷乱即是治,岂独止六艺耶? 天道之所以大也。"曾国藩《求阙斋读书录》曰:"言不特六艺有益于治世,即滑稽之谈中亦有裨于治道也。"姚苎田曰:

"此序固甚有滑稽之风,然其意亦极明划。将'天道恢恢'一句总揽六艺,将'亦可以'句顶着六个'以'字,见滑稽之雄固将掇六艺之菁英而无不可者也。"谈言微中,这里指滑稽人物的话偶尔说到点子上。中,中的,中肯。解纷,解决问题。

【译文】

孔子说:"六经对治理国家一样重要。《礼》可以规范人的言行,《乐》可以促进人们之间关系和睦,《书》可以讲述往古历史供人借鉴,《诗》可以传达前贤的感情旨意,《易》可以囊括事物的神妙变化,《春秋》可以告诉人做事是否适宜。"太史公说:世上的道理广阔无边,岂不伟大吗!言谈话语偶尔说到点子上,也是能解决些问题的。

淳于髡者①,齐之赘婿也②。长不满七尺③,滑稽多辩④,数使诸侯,未尝屈辱。齐威王之时喜隐⑤,好为淫乐长夜之饮,沉湎不治,委政卿大夫⑥。百官荒乱,诸侯并侵,国且危亡,在于旦暮⑦,左右莫敢谏。淳于髡说之以隐曰:"国中有大鸟,止王之庭,三年不蜚又不鸣⑧,王知此鸟何也?"王曰:"此鸟不飞则已,一飞冲天;不鸣则已,一鸣惊人⑨。"于是乃朝诸县令长七十二人⑩,赏一人,诛一人⑪,奋兵而出。诸侯振惊,皆还齐侵地。威行三十六年。语在《田完世家》中⑫。

【注释】

①淳于髡:姓淳于,名髡,战国时齐国人,事见《孟子荀卿列传》。

②赘婿:招赘到女方家生活的女婿。《索隐》曰:"赘婿,女之夫也。比于子,如人疣赘,是余剩之物也。"自先秦至汉代,赘婿不仅社会地位低,而且还受法律上的摧残,等同于罪犯。如《汉书·食货志》注引应劭所谓"秦时以谪发之,名曰'谪戍',称'发吏有过

及赘婿、贾人，后以尝有市籍者发'云云是也"。

③长不满七尺：周时一尺约当今六寸，七尺尚不到今之1.40米。

④滑稽：即后文中的"以谈笑讽谏"和"善为笑言"，后世遂用为诙谐、幽默之称。《索隐》曰："滑，乱也。稽，同也。言辩捷之人言非若是，说是若非，能乱异同也。"《正义》引颜师古曰："滑稽，转利（语言流利）之称也。滑，乱也；稽，碍也，言其变化无留滞也。"

⑤齐威王：名因齐，战国时齐国最有作为的国君，前356—前320年在位。

⑥卿大夫：春秋初期以前，周天子的治政大臣称"卿"，诸侯国的大臣通常称"大夫"。春秋中期以后各大国诸侯的大臣已例皆为"卿"，"大夫"遂成了中级官员。

⑦"百官荒乱"几句：此为故事渲染气氛的手法。齐国自田姓以来，一直为东方大国。齐威王即位之初，也不至于如此。

⑧蜚：通"飞"。

⑨"此鸟不飞则已"几句：此故事亦见于《楚世家》，作伍举谏楚庄王；而《吕氏春秋·重言》又作成公贾父谏楚庄王。

⑩朝诸县令长：让其所属的各个县令、县长都来朝见。七十二人：此亦大体言之而已，战国与秦汉时代，人称齐国之大皆称其有"七十余城"，见《乐毅列传》《田单列传》《淮阴侯列传》等。

⑪赏一人，诛一人：赏治县有实效的即墨大夫，他由于不奉承齐王身边的人，反而蒙受恶名；诛治县成绩糟的阿大夫，他由于能贿赂齐王左右的人，名声一向很好，见《田敬仲完世家》。

⑫语在《田完世家》中：这就是司马迁的"互见法"。语，记载。梁玉绳曰："《田完世家》无隐谏一节，疑是后人删之。或谓此传虚述，乃史公不精之咎，恐不然也。"

【译文】

淳于髡是齐国的一个上门女婿。他身高不到七尺，滑稽幽默，口才很好,多次出使诸侯国,从没给齐国丢过脸。齐威王喜欢听隐语。他当时正没日没夜地沉迷于酒色中,把国家政事都丢给了卿大夫。结果百官胡作非为,诸侯各国都来讨伐,国家危在旦夕,齐王左右的人都不敢劝谏。淳于髡用隐语劝齐王说:"国中有一只大鸟,落在大王的院子里,三年来不飞也不叫,大王您知道这只鸟怎么了吗?"齐威王说:"这只鸟不飞则已,一飞冲天;不鸣则已,一鸣惊人。"于是诏令全国七十二个县的县长、县令都来入朝奏事,奖赏一人,诛杀一人,又发兵御敌。诸侯十分惊恐,都把侵占的土地归还给齐国。从此齐威王称霸三十六年。详情记在《田完世家》中。

　　威王八年①,楚大发兵加齐②。齐王使淳于髡之赵请救兵③,赍金百斤、车马十驷④。淳于髡仰天大笑,冠缨索绝⑤。王曰:"先生少之乎?"髡曰:"何敢!"王曰:"笑岂有说乎?"髡曰:"今者臣从东方来,见道傍有禳田者⑥,操一豚蹄,酒一盂,祝曰:'瓯窭满篝⑦,污邪满车⑧,五谷蕃熟,穰穰满家⑨。'臣见其所持者狭而所欲者奢,故笑之。"于是齐威王乃益赍黄金千溢、白璧十双、车马百驷⑩。髡辞而行,至赵。赵王与之精兵十万,革车千乘⑪。楚闻之,夜引兵而去。

【注释】

①威王八年:相当于楚宣王二十一年,前349年。

②楚大发兵加齐:此时的楚国都城在郢,即今湖北荆州之纪南城。钱大昕《廿二史考异》曰:"按《世家》及《表》,是年无齐、楚交兵事。此传所言,多不足信。"

③之赵:前往赵国。此时的赵国君主为赵肃侯,前349—前326年在位,赵国的都城邯郸,即今河北邯郸。

④赍:携带。百斤:当时的一斤约合今之半市斤略多一点。十驷:犹
　　言十辆,古代一车四马谓之一驷。

⑤冠缨索绝:言其由于张嘴大笑,把系在下颏底下的帽带都崩断了。
　　索,尽,完全。

⑥禳(ráng)田:祭祀以祈求农事无灾害。禳,祭祀以驱除不祥。

⑦瓯窭(ōu lóu)满篝:高坡贫瘠之地,尚求收成装满筐笼。瓯窭,泷
　　川曰:"盖方言,言高地也。"篝,筐笼之类。

⑧污邪:《集解》引司马彪曰:"下地田也。"谓低洼易涝之地。

⑨穰穰:众多的样子。

⑩黄金千溢:由此句之特别标出"黄金",知前文之所谓"赍金千斤"
　　者,乃指黄铜。溢,通"镒",一镒为二十四两。

⑪革车:战车。《孙子兵法·作战》:"凡用兵之法,驰车千驷,革车千
　　乘。"叶大庆《考古质疑》:"古者车兼攻守,合而言之,皆曰革车;
　　分而言之,曰轻车、重车。"

【译文】

　　齐威王八年,楚国派大军攻打齐国。齐王派淳于髡去赵国请求救
兵,让他带着黄铜百斤、马车十辆作为礼物。淳于髡一看仰天大笑,把帽
带都笑得迸断了。齐王说:"先生是嫌礼物太少吗?"淳于髡说:"我怎么
敢嫌礼物少!"齐王说:"那你笑的原因是什么?"淳于髡说:"刚才我从东
方来的时候,看见路边有个农民在祭祀祈求农事顺利,他拿着一只猪蹄,
一杯酒,祝祷说:'请保佑我高坡的旱地收成可以一筐筐装,坑洼的涝地
收成可以成车成车装,五谷丰登,谷仓满满。'我看他拿的祭品少得可怜,
想要的东西却不少,所以我笑的是他。"于是齐威王就把礼物加到黄金
千镒、白璧十对、马车百辆。淳于髡辞别齐威王,到达赵国。赵王支援他
精兵十万,战车千辆。楚军得知,连夜撤兵回去了。

　　威王大说,置酒后宫,召髡赐之酒。问曰:"先生能饮几

何而醉?"对曰:"臣饮一斗亦醉^①,一石亦醉。"威王曰:"先生饮一斗而醉,恶能饮一石哉! 其说可得闻乎?"髡曰:"赐酒大王之前,执法在傍,御史在后^②,髡恐惧俯伏而饮,不过一斗径醉矣。若亲有严客^③,髡帣韝鞠腅^④,侍酒于前,时赐余沥,奉觞上寿,数起,饮不过二斗径醉矣。若朋友交游,久不相见,卒然相睹^⑤,欢然道故,私情相语,饮可五六斗径醉矣。若乃州闾之会^⑥,男女杂坐,行酒稽留^⑦,六博投壶^⑧,相引为曹^⑨,握手无罚,目眙不禁^⑩,前有堕珥,后有遗簪,髡窃乐此,饮可八斗而醉二参^⑪。日暮酒阑,合尊促坐^⑫,男女同席,履舄交错^⑬,杯盘狼藉。堂上烛灭,主人留髡而送客^⑭,罗襦襟解^⑮,微闻芗泽^⑯,当此之时,髡心最欢,能饮一石。故曰酒极则乱,乐极则悲:万事尽然。"言不可极,极之而衰,以讽谏焉。齐王曰:"善。"乃罢长夜之饮,以髡为诸侯主客^⑰。宗室置酒,髡尝在侧^⑱。

【注释】

① 一斗:周时之一斗不到今一斗的五分之一。

② 御史:执掌纠察、弹劾的官员。

③ 亲:指父母。严客:尊贵庄严的客人。

④ 帣韝(juǎn gōu):《索隐》曰:"帣,音卷,谓收衣袖也。韝,音'沟',臂捍也。"即挽起衣袖,戴上皮套袖。鞠腅(jū jì):弯腰下跪。鞠,躬身。腅,同"跽",长跪。

⑤ 卒然相睹:突然见面。卒,通"猝",突然。

⑥ 州闾之会:指乡里之间不拘仪法的饮宴。州闾,义同"州里""闾里""邻里",古代最基层的编制单位。《论语·卫灵公》注云:"二

千五百家为州，五家为邻，五邻为里。"《周礼》："五家为比，五比为闾。"是"比""邻"同义，"闾""里"同义，通常用以泛指民间、乡里之意。

⑦行酒稽留：指长时间的饮宴。行酒，依次敬酒。稽留，逗留。稽，停。

⑧六博投壶：古代的两种游戏。六博，亦称"博陆"，约当于今之走棋。投壶，在一定距离外，把箭投入瓶状的壶中，以此赛准度。

⑨相引为曹：自相聚伙。曹，伙，辈。

⑩握手无罚，目眙（chì）不禁：指男女之间可以任意调情。眙，直视。

⑪醉二参：有二三分醉意。

⑫合尊：犹言"并桌"，把剩余的酒、菜归并在一张桌上。尊，同"樽"，酒器。促坐：剩下没走的人都靠近坐在一起。

⑬履舄（xì）交错：男人女人的鞋子错杂地放在一起。履，鞋子。舄，木底鞋。古人上堂必须脱鞋，故男女"促坐"时便有所谓"履舄交错"了。

⑭主人留髡而送客：意谓主人出去送客，只剩下淳于髡一人和妇女们在一起。

⑮罗襦（rú）：薄纱制作的短上衣。襦，短衣。

⑯芗泽：女人身上散出的香气。芗，通"香"。

⑰诸侯主客：职官名，即"大鸿胪"，秦称典客，汉时为九卿之一。职掌朝廷接待宾客等事。

⑱髡尝在侧：监督帝王的亲族，不令其沉湎过度。尝，通"常"。

【译文】

齐威王非常高兴，在后宫摆设酒宴，招来淳于髡赐给他酒喝。齐威王问："先生能喝多少酒才会醉？"淳于髡回答："我喝一斗也醉，喝一石也醉。"齐威王说："先生喝一斗就醉了，怎么能喝一石呢？能说说是怎么回事吗？"淳于髡说："好比说大王当面赐我酒喝，执法官在旁边盯着，御史在背后看着，我胆战心惊跪在地上喝，这样用不了一斗就醉了。再好比说家里长辈来了贵客,让我挽起衣袖,戴上皮套袖,弯腰下跪地伺候喝酒,客人时不时赏给我喝点,我举杯敬酒祝寿,多次起身,这样喝不到二斗我也就醉了。那要是老朋友好久不见,突然见面,开心地唠唠过去的事,好好地吐吐心里话,这样大概五六斗就醉了。如果是乡里聚会,男女混杂坐在一起,爱喝多久就喝多久,酒席上还有六博、投壶等游戏,大家可以自行拉帮结伙一起喝,拉拉扯扯、眉目传情都可以,甚至前面有掉下的耳环,背后有遗落的簪子,我喜欢这样的场面。这种情况下,就算喝上八斗也不过二三分醉意。如果再碰上天色已晚,酒席已残,大家伙把剩余的酒菜归并在一张桌上,男女同席而坐,鞋子错杂而放,杯盘随意放置。堂上的蜡烛已烧完,主人出去送客,单留下我在座,这时女人们的纱衣已解开衣襟,仿佛可以闻到肌肤的香气,每当此时,我心中最为快乐,能够喝上一石那么多。所以说,酒喝多了就会生乱,欢乐到极点就会转悲:一切都是如此。”这就是说,无论什么事情都不能过分,过分了就会走向衰败,淳于髡是想借着说喝酒来劝谏齐威王。齐威王说:“讲得好!”于是立刻停止了彻夜纵酒为乐的习惯,让淳于髡掌管接待各国来往使节等事。此后齐国贵族摆宴时,都要请淳于髡在旁进行监督。

　　其后百余年,楚有优孟[1]。

　　优孟者,故楚之乐人也[2]。长八尺[3],多辩,常以谈笑讽谏[4]。楚庄王之时[5],有所爱马,衣以文绣,置之华屋之下,席以露床[6],啖以枣脯。马病肥死,使群臣丧之,欲以棺椁大夫礼葬之。左右争之[7],以为不可。王下令曰:“有敢以马谏者,罪至死。”优孟闻之,入殿门,仰天大哭。王惊而问其故。优孟曰:“马者王之所爱也,以楚国堂堂之大,何求不得,而以大夫礼葬之,薄,请以人君礼葬之[8]。”王曰:“何如?”对曰:“臣请以雕玉为棺,文梓为椁,楩、枫、豫章为题凑⑨,发甲卒为穿圹,老弱负土,齐、赵陪位于前,韩、魏翼卫其后⑩,庙食太牢⑪,奉以万户之邑⑫。诸侯闻之,皆知大王贱人而贵马也。"王曰:"寡人之过一至此乎! 为之奈何?"优孟曰:"请为大王六畜葬之⑬。以垄灶为椁⑭,铜历为棺⑮,赍以姜枣⑯,荐以木兰⑰,祭以粮稻⑱,衣以火光,葬之于人腹肠。"于是王乃使以马属太官⑲,无令天下久闻也。

【注释】

①优孟:优者名孟。

②故楚:旧时的楚国,此汉朝人以称春秋、战国时之楚国,与汉代的诸侯王国楚国相对而言。

③长八尺:战国时秦尺一尺相当于今之23.1厘米,八尺约当今之184厘米。

④以谈笑讽谏:这也是作者自己解释的"滑稽"含义。

⑤楚庄王:春秋时期的楚庄王,名侣,前613—前591年在位,是有名的"春秋五霸"之一。但此处的所谓"楚庄王"乃指战国后期的楚顷襄王,名横,怀王之子,前298—前263年在位。

⑥席:用如动词,垫着,垫在脚下。露床:没有帷帐的床。

⑦争:谏诤,劝阻。

⑧人君:帝王,国王。

⑨梗、枫、豫章:皆为贵重的木料名。题凑:《集解》引苏林曰:"以木累棺外,木头皆内向,故曰题凑。"题,头。累木为四周之墙,以保护棺椁。汉代贵族墓葬有所谓"黄肠题凑",今已出土甚多。

⑩齐、赵陪位于前,韩、魏翼卫其后:陪位,陪同守灵。翼卫,拱卫,护卫。按,此处之"齐""赵""韩""魏"都是战国时的诸侯国,韩国的都城即今河南新郑;魏国的都城大梁,即今河南开封。

8104　史记

⑪庙食太牢:为之立庙,并使其享受太牢之礼的祭祀。太牢,古代帝
　王、诸侯祭祀社稷,牛、羊、豕三牲皆用者曰太牢。太牢,亦作"大
　牢"。

⑫奉以万户之邑:以万户之邑的赋税收入,供给它祭祀、洒扫之用。

⑬六畜:指马、牛、羊、鸡、犬、豕。

⑭垄灶:即今之所谓灶堂、锅台。《正义》曰:"土垄为灶,居鬲(lì)外
　如椁。"

⑮铜历:铜锅。历,通"鬲",古代的炊具。

⑯赍以姜枣:即以枣姜作调料。泷川曰:"赍,当作齐(剂),调也。"

⑰荐:衬垫,即"加入""加进"。木兰:香料。

⑱祭以粮稻:加之以黄粮、稻米,与之一道使用。张文虎曰:"'粮
　稻',中统本、毛本作'粳粮'。"泷川曰:"枫山、三条本作'粳
　粮'。"

⑲太官:职官名。太官令之简称。秦置,汉沿置。掌膳食。

【译文】

在淳于髡以后一百多年,楚国出了个优孟。

优孟是以前楚国的乐工。他身高八尺,口才不错,经常通过说笑对
楚王进行讽谏。楚庄王在世的时候,有匹爱马,他给它披上华丽的彩缎,
把它养在华丽的房子里,脚下垫着没有帷帐的大床,喂它吃的是枣干。
可惜这匹马由于吃喝太好肥死了,楚庄王很伤心,让大臣为它办理丧事,
照着给大夫办丧事的规格来置办马的棺椁、行使礼仪。左右大臣纷纷劝
阻,认为这样不可以。楚王下令说:"谁敢再来劝阻葬马的问题,一律处
死。"优孟听说后,走进殿门,仰天大哭。楚王奇怪地问这是为什么。优
孟说:"这匹马是大王喜欢的,我们堂堂楚国,要什么没有? 仅仅用大夫
的礼仪埋葬它,太薄待它了,请以埋葬国君的礼仪埋葬它。"楚王问:"那
是怎样的呢?"优孟说:"用雕刻着花纹的白玉做棺材,用纹路漂亮的梓
木做外椁,再用楩、枫、豫章等贵重木料做题凑,发动士兵给它挖坟坑,叫

老人小孩都来背土修筑陵墓，让齐国、赵国使者陪同守灵，让韩国、魏国使者在后护卫，给它立庙，让它享用太牢的祭祀，以万户之邑的赋税收入供给祭祀、洒扫之用。让天下都知道大王贱人而爱马。"楚王说："我的过失这么严重了吗？我该怎么办呢？"优孟说："可以用对待六畜的办法来埋葬它。用土灶给它做外椁，用铜锅给它做内棺，用姜枣为佐料，再放点香料木兰，加以稻米，以大火为衣裳，最后把它埋葬进人的肚肠。"于是庄王把马交给主管膳食的太官，不让天下人张扬此事。

　　楚相孙叔敖知其贤人也①，善待之。病且死，属其子曰："我死，汝必贫困。若往见优孟，言我孙叔敖之子也。"居数年，其子穷困，负薪逢优孟，与言曰："我，孙叔敖子也。父且死时，属我贫困往见优孟。"优孟曰："若无远有所之②。"即为孙叔敖衣冠，抵掌谈语③。岁余，像孙叔敖，楚王左右不能别也④。庄王置酒，优孟前为寿。庄王大惊，以为孙叔敖复生也，欲以为相⑤。优孟曰："请归与妇计之，三日而为相⑥。"庄王许之。三日后，优孟复来。王曰："妇言谓何？"孟曰："妇言慎无为，楚相不足为也。如孙叔敖之为楚相，尽忠为廉以治楚，楚王得以霸。今死，其子无立锥之地，贫困负薪以自饮食⑦。必如孙叔敖，不如自杀。"因歌曰："山居耕田苦，难以得食。起而为吏，身贪鄙者余财，不顾耻辱。身死家室富，又恐受赇枉法⑧，为奸触大罪，身死而家灭。贪吏安可为也！念为廉吏，奉法守职，竟死不敢为非。廉吏安可为也⑨！楚相孙叔敖持廉至死，方今妻子穷困负薪而食，不足为也！"于是庄王谢优孟，乃召孙叔敖子，封之寝丘四百户，以奉其祀⑩。后十世不绝。此知可以言时矣⑪。

【注释】

①孙叔敖：春秋时期楚庄王的贤相，事见《左传》及《循吏列传》。按，孙叔敖不与优孟同时，反因"楚庄王"缀合在一起。可见此事并非真有，可作寓言故事看。

②若无远有所之：《索隐》曰："谓'汝无远有所之，适他境，恐王（曰）后求汝不得'也。"之，去，往。

③抵掌：击掌、鼓掌，谈话时从容自得的样子。

④楚王左右不能别也：底本作"楚王及左右不能别也"，黄善夫本原文无"及"字，此写优孟化妆见楚王左右之情景；"及"字无理。据下文楚王见优孟，惊其为孙叔敖复生，欲任以为相，则知楚王此前未见优孟之化妆成孙叔敖。今依黄本削"及"字。

⑤以为孙叔敖复生也，欲以为相：刘知几《史通》曰："孙叔敖之殁，时日已久，岂有一见无疑，而遽欲加以宠荣，复其禄位者哉？"泷川引中井曰："楚王亦喜其貌肖耳，非为真敖而不疑也。"

⑥三日而为相：三日后再回答是否受命为相。

⑦自饮食：自己养活自己。

⑧赇（qiú）：贿赂。

⑨廉吏安可为也：上数句言贪吏不可为，此数句言廉吏不可为，两节的句式应大体相似。此"廉吏安可为也"六字应与下文"不足为也"四字归并。

⑩封之寝丘四百户，以奉其祀：姚苎田曰："优孟，古之节侠士也，特隐于伶官以玩世耳。孙叔敖秉政之际，堂堂楚国，众材济济，独于一伶人冷眼觑定，以为托妻寄子之友，君子读此文也，为之淋漓感慨，又为之尽然而伤心也。"寝丘，楚邑名。在今河南沈丘东南。

⑪此知可以言时矣：优孟的这种智慧，可以说是抓住时机了。知，同"智"。时，及时，恰中时机。泷川曰："史公不知时而言，以遭惨刑，六字有感而发。"

【译文】

　　楚国的相国孙叔敖知道优孟贤良，待他很好。后来孙叔敖病重将死时，对他儿子说："我死之后，你一定会很穷困。到时你去找优孟，就说我是孙叔敖的儿子。"过了几年，孙叔敖的儿子果然陷入穷困，有天他背着柴草在路上碰到优孟，说："我是孙叔敖的儿子。父亲临死前叮嘱我，让我穷困时来见你。"优孟说："你待在家里，不要出远门。"优孟回去后就穿戴着类似孙叔敖的衣帽，言谈手势都模仿孙叔敖。一年后，模仿得很像孙叔敖了，楚王身边的人都不能分辨出来。一天，楚庄王置办酒宴，优孟上前敬酒。庄王大惊，以为孙叔敖死而复生，就想叫他做楚相。优孟说："请让我回家和妻子合计下，三天后来告诉您是否答应。"庄王应允。三天后，优孟又来见庄王。庄王问他："你妻子说什么了？"优孟说："我妻子说千万不要答应，楚国的相国不能做。孙叔敖做楚相，忠贞廉洁治理楚国，辅佐楚王称霸天下。结果他死后，儿子甚至没个立足之地，穷得靠着打柴养活自己。要是像孙叔敖那样活着，那还不如自杀算了。"优孟又唱道："山上的人耕田辛苦，觅食不易。当个小官反而家财用不完，死后家里还很富裕，那是因为贪婪无耻。死了家里还很富裕，就得担心受贿犯罪，杀身灭家。贪吏有什么可美慕的？那就做个奉公守法的清官吧，终身不做一点坏事。可是清官又怎么能当呢？看那楚相孙叔敖保持廉洁到死，如今他的妻儿却穷得靠打柴觅食，当个清官也不值当！"于是庄王感谢优孟，派人找来孙叔敖的儿子，把寝丘之地四百户封给他，供祭祀先人之用。此后传了十代没有断绝。优孟的这种智慧，可以说是能抓住时机了。

　　其后二百余年，秦有优旃①。

　　优旃者，秦倡侏儒也②。善为笑言③，然合于大道④。秦始皇时，置酒而天雨，陛楯者皆沾寒⑤。优旃见而哀之，谓之曰："汝欲休乎？"陛楯者皆曰："幸甚。"优旃曰："我即呼汝，汝疾应曰诺。"居有顷,殿上上寿呼万岁。优旃临槛大呼曰⑥:"陛楯郎!"郎曰:"诺!"优旃曰:"汝虽长,何益,雨中立⑦。我虽短也,幸休居。"于是始皇使陛楯者得半相代⑧。

【注释】

①优旃(zhān):秦朝人。"优"指俳优,"旃"为其字,姓不详。

②秦倡:秦朝宫廷内的优伶。侏儒:发育畸形、身材特别矮小的人。

③善为笑言:司马迁于此处以"笑言"释"滑稽"之名。

④合于大道:合乎仁、义、礼、智、信。

⑤陛楯者:在殿陛下面持械侍立的武士。陛,天子宫殿前的台阶。楯,同"盾",此处即指武器。沾寒:犹言"受冻"。

⑥临槛:站在栏杆边,居高临下。槛,殿阶上的栏杆。

⑦雨中立:底本作"幸雨立",王念孙《读书杂志》曰:"《初学记》人部,《御览》人事部、乐部引此,'益'下无'幸'字,'雨'下有'中'字。盖今本'幸'字涉下文而衍,又脱'中'字。"今据此删去"幸"字,补"中"字。

⑧半相代:分成两半,一半侍立,一半休息,相互轮换。

【译文】

在优孟之后二百多年,秦国又出了个优旃。

优旃是个在秦国宫廷当歌舞艺人的侏儒。他擅长谈笑,却常常说得合乎大道。有一次,秦始皇举行宴会时赶上下大雨,殿陛下持械侍立的士兵都在淋雨受冻。优旃看着很同情他们,就问他们道:"你们想休息一会儿吗?"士兵都说:"那就太好了。"优旃说:"等下我喊你们,你们赶紧答应。"不久,殿上大臣向秦始皇敬酒,高呼万岁。优旃在栏杆边上向下大喊:"卫兵!"卫兵赶紧答应道:"有!"优旃说:"你们虽然高大,那有什么用? 你们只能在雨中淋着。我虽然矮小,却有幸在屋里休息。"秦始皇于是让士兵一半侍立,一半休息,相互轮换。

始皇尝议欲大苑囿①,东至函谷关②,西至雍、陈仓③。优旃曰:“善。多纵禽兽于其中,寇从东方来,令麋鹿触之足矣。”始皇以故辍止④。

二世立⑤,又欲漆其城。优旃曰:“善。主上虽无言,臣固将请之。漆城虽于百姓愁费,然佳哉! 漆城荡荡⑥,寇来不能上。即欲就之⑦,易为漆耳,顾难为荫室⑧。”于是二世笑之,以其故止。居无何,二世杀死⑨,优旃归汉,数年而卒。

【注释】

①苑囿(yòu):指上林苑,故址在今陕西西安之西南部,周遭数百里,广达数县。

②函谷关:在今河南灵宝东北,是陕西东出的重要门户。

③雍:春秋时期的秦国都城,在今陕西凤翔南。其地有祭祀上帝的坛台,故秦汉时代的皇帝经常去雍城祭祀、游览。陈仓:秦县名。治所在今陕西宝鸡东。

④辍:中途停下。

⑤二世:名胡亥,秦始皇的第十八子,与赵高、李斯勾结,篡改秦始皇遗诏,杀其兄扶苏而即帝位,称“二世皇帝”,前210—前207年在位。详见《秦始皇本纪》。

⑥荡荡:光亮明净的样子。

⑦即欲就之:倘欲漆好这座城。即,若。就,完成。

⑧荫室:遮蔽太阳,晾干漆器的棚屋。泷川引冈白驹曰:“凡漆新器物,露于外则漆流,必入之荫室而干。”

⑨二世杀死:二世被赵高所杀,详见《秦始皇本纪》。

【译文】

秦始皇曾和臣下商量,想扩大猎场向东达函谷关,向西达雍县和陈仓。优旃说:"好。在里面多多养些野兽,敌人从东边打过来,让麋鹿去顶他们就足够抵抗了。"秦始皇于是停止了扩大猎场的计划。

秦二世即位后,想要油漆城墙。优旃说:"好。哪怕陛下不提,我也正想提议呢。油漆城墙使百姓破费钱财受苦,但这确实做得好! 城墙又亮又光,敌人来了爬不上。漆好城墙倒是不难,搭棚子晾干它可就难了。"于是秦二世笑笑,油漆城墙因此作罢。没多久,秦二世被人杀死,优旃归附了汉朝,几年后才死去。

太史公曰:淳于髡仰天大笑,齐威王横行①。优孟摇头而歌,负薪者以封。优旃临槛疾呼,陛楯得以半更②。岂不亦伟哉③!

【注释】

①横行:意即称霸诸侯。

②半更:即上文"半相代",分成两半,轮流替换。更,替代。

③岂不亦伟哉:杨慎曰:"太史公赞滑稽语,亦近滑稽。韩文公铭樊宗师亦学樊宗师,实祖此也。"

【译文】

太史公说:因为淳于髡的仰天大笑,齐威王才称霸诸侯。因为优孟的摇头歌唱,打柴者才获得封邑。因为优旃靠近栏杆大喊,站岗的卫士才能轮流休息。这些难道不伟大么!

褚先生曰①:臣幸得以经术为郎②,而好读外家传语③。窃不逊让,复作故事滑稽之语六章,编之于左。可以览观扬意④,以示后世,好事者读之,以游心骇耳⑤,以附益上方太史公之三章。

【注释】

①褚先生：名少孙，西汉元帝、成帝时为博士。曾受学于王式，《鲁诗》中有褚氏之学。事见《汉书·儒林传》。褚少孙是《史记》众多补纂者中的一位。今本《史记》中明确标有"褚先生曰"的共八段，见于《三代世表》《外戚世家》《梁孝王世家》《三王世家》《田叔列传》《滑稽列传》《日者列传》《龟策列传》。另有《张丞相列传》中的一段，不言谁补，司马贞认为亦系褚少孙所为。

②以经术为郎：经术，经学。郎，帝王的侍从人员，有中郎、郎中、侍郎等名目，上属郎中令。汉武帝尊儒，规定太学里的学生成绩优异者可以直接为郎中，事见《儒林列传》，褚少孙之"以经术为郎"或即此类。

③外家传语：即司马迁《史记》。顾炎武曰："褚少孙以传记杂说为'外家'，盖以六经为'内'也。"陈直《史记新证》曰："汉人以诸子百家之语为'外家'。"

④扬意：王伯祥《史记选》曰："扩大见闻。扬，开张，发扬。意，意志，观念。"

⑤游心骇耳：发人遐想，动人听闻。

【译文】

　　褚先生说：我幸而凭着读"六经"做了郎官，但我也喜欢读诸子百家的书。私底下不自量力，又写了六篇滑稽故事，编排在下面。可以看看扩大见闻，留给后世好事者阅读，以发人遐想，动人听闻，特把它们增附在上面太史公三则滑稽故事的后面。

　　武帝时有所幸倡郭舍人者①，发言陈辞虽不合大道，然令人主和说②。武帝少时，东武侯母常养帝③，帝壮时，号之曰"大乳母"。率一月再朝④。朝奏入⑤，有诏使幸臣马游卿以帛五十匹赐乳母[6]，又奉饮糒飧养乳母[7]。乳母上书曰："某所有公田，愿得假倩之[8]。"帝曰："乳母欲得之乎？"以赐乳母。乳母所言，未尝不听。有诏得令乳母乘车行驰道中[9]。当此之时，公卿大臣皆敬重乳母。乳母家子孙奴从者横暴长安中，当道掣顿人车马[10]，夺人衣服。闻于中[11]，不忍致之法。有司请徙乳母家室处之于边。奏可。乳母当入至前，面见辞。乳母先见郭舍人，为下泣。舍人曰："即入见辞去，疾步数还顾。"乳母如其言，谢去，疾步数还顾。郭舍人疾言骂之曰："咄！老女子！何不疾行！陛下已壮矣，宁尚须汝乳而活邪？尚何还顾！"于是人主怜焉悲之，乃下诏止无徙乳母，罚谪谮之者[12]。

【注释】

①所幸倡：受汉武帝宠幸的男性歌舞伎人。郭舍人：姓郭，"舍人"为其职务，名字不详。战国时期称官僚贵族门下的亲幸用人曰"舍人"。后来成为官名，如太子舍人、中书舍人等。这里用以尊称具有某种技艺的人，亦犹称医生曰"大夫"、称艺人曰"待诏"。

②和说：平和喜悦。说，同"悦"。

③东武侯：刘邦功臣郭蒙的封号。汉文帝五年（前175）郭蒙死，其子郭他袭父爵为东武侯。这里所说的"大乳母"，即郭蒙之妻，郭他之母。常养帝：曾经为武帝喂奶。常，通"尝"，曾经。

④率：大致，一般。一月再朝：一个月两次进宫朝见皇帝。

⑤朝奏：给皇帝上的章表书疏，这里指请求接见的名帖之类。

⑥马游卿：事迹不详，《史记》中仅见此处。

⑦奉饮糒飧（bèi sūn）养乳母：意即给乳母端上喝的吃的。糒，干饭。

⑧假倩:犹言"借用"。这里实为绕着弯地讨要。假,借。倩,请托,
　此处也是"借"的意思。

⑨驰道:天子车马所走的大道。《正义佚文》曰:"谓御道也。"

⑩当道:在大路上,意即光天化日之下。挈(chè)顿:掠夺或扣押。
　挈,拉扯,此处即抢夺。顿,拦截,扣押。

⑪中:宫内,指皇帝。

⑫罚谪谮之者:《索隐》曰:"谓武帝罚谪谮乳母之人也。"罚谪,犹言
　"惩罚"。谮,说人坏话。

【译文】

　　武帝时有个宠幸的艺人郭舍人,他开口说话虽然不合大道,却
能让武帝听了平和喜悦。武帝小时候曾吃过东武侯郭他母亲的奶,
长大后,称她为"大乳母"。大乳母差不多一个月两次进宫拜见武
帝。每当她将名帖交给门卫往里送,武帝便让幸臣马游卿赏给她帛
五十匹,还给她端上吃的喝的。大乳母上书说:"某处有所公田,我
想借用借用。"武帝说:"乳母是想要吗?"就把那处公田赐给她。不
管大乳母要什么,武帝全都答应。武帝还诏令让她坐着车子在皇帝
专用的御道上行驶。一时间,满朝文武都对她敬重有加。大乳母家
的子孙和奴仆在长安城作威作福,光天化日之下拦路抢劫,夺人衣
服。武帝得知后,不忍心将他们绳之以法。主管此事的官员请求把
大乳母全家迁到边疆去。武帝同意了。大乳母应当入宫面见武帝
辞行。她先去见郭舍人,对着郭舍人抹眼泪。郭舍人出主意说:"等
会儿你见过皇帝离开时,一边快步走一边频频回头。"大乳母记着
他的话,见过武帝告辞后,一面向外疾走一面频频回头。郭舍人厉
声呵斥道:"喂,老太婆! 还不快点走! 皇上已经长大了,难道还要
吃你的奶才能活吗,你回头看什么!"武帝于是心生悲怜之意,下诏
不要让她家搬迁,责罚了那位建议贬斥她的官员。

　　武帝时,齐人有东方生名朔①,以好古传书,爱经术,多所博观外家之语。朔初入长安,至公车上书②,凡用三千奏牍③。公车令令两人共持举其书④,仅然能胜之。人主从上方读之,止,辄乙其处⑤,读之二月乃尽⑥。诏拜以为郎,常在侧侍中⑦。数召至前谈语,人主未尝不说也。时诏赐之食于前。饭已,尽怀其余肉持去,衣尽污。数赐缣帛,襜揭而去⑧。徒用所赐钱帛,取少妇于长安中好女。率取妇一岁所者即弃去⑨,更取妇。所赐钱财尽索之于女子。人主左右诸郎半呼之"狂人"。人主闻之,曰:"令朔在事无为是行者,若等安能及之哉!"朔任其子为郎⑩,又为侍谒者⑪,常持节出使⑫。朔行殿中,郎谓之曰:"人皆以先生为狂。"朔曰:"如朔等,所谓避世于朝廷间者也⑬。古之人,乃避世于深山中。"时坐席中,酒酣,据地歌曰:"陆沉于俗⑭,避世金马门⑮。宫殿中可以避世全身,何必深山之中,蒿庐之下⑯?"金马门者,宦者署门也⑰,门傍有铜马,故谓之曰"金马门"。

【注释】

①齐:汉代诸侯国,功臣韩信初被封齐,后被改封为楚王,刘邦遂封其私生子刘肥为齐王,都城临淄。其后曾一度为郡。至前117年,武帝又封其子刘闳为齐王;至前110年刘闳死,又改齐国为齐郡。东方生:姓东方的先生。东方朔是西汉著名的文学家,见《汉书·东方朔传》。

②公车:官署名。汉代为卫尉的下属机构设公车司马令(省称"公

车令"），秩六百石，负责警卫宫殿中的司马门和夜间宫中巡逻。凡臣民上书和朝廷征召，均由公车令掌管。

③凡用三千奏牍：极言上书的篇幅之长。陈直《史记新证》曰："以木简例之，每简平均三十字，全奏约十万字左右。"奏牍，给皇帝上书所用的简牍。

④公车令令两人共持举其书：公车令派两个人抬着这些木牍进呈皇帝。底本原文作"公车令两人共持举其书"，意思不清，此句中的"令"字应重出。今重出"令"字。

⑤止，辄乙其处：每读完一段要停下来时，在刚读完的那句话下面画钩做记号。《通俗编》曰："辄乙其处，谓止绝处乙而记之，如今人读书，以朱识其所止作乚形，非'甲乙'之'乙'也。"

⑥读之二月乃尽：陈子龙《史记测义》曰："朔书虽多，不过如今数十卷，武帝以二月读尽，可见人主爱重其书，非以多而难尽也。"

⑦侍中：职官名。秦始置。为丞相属吏，于殿内东厢管理奏事，故称侍中。西汉沿置，只作为加官，可入侍天子，出入宫中，分掌天子乘舆服物，或顾问应对，谏议政事。

⑧檐：通"担"，挑着。揭：举，此处指抱着、扛着。

⑨一岁所：一年左右。所，犹言"许"，约略词。

⑩任其子为郎：保任其子为郎官。按，汉代有父兄为官而保任子弟为郎的制度，如司马迁之为郎、冯唐子之为郎、李广三子之为郎等皆是。

⑪侍谒者：即"谒者"，职官名。秦汉时郎中令属官。为皇帝掌管赞礼、传达与收授文书等事。

⑫持节：手持旄节。旄节是帝王的信物，使者持之以为信。

⑬避世于朝廷间：和"隐居于市朝"同义，既为官食禄又浑浑噩噩。但东方朔还是一个正义之人，此处是他发牢骚，抒发不遇之情。

⑭陆沉于俗：在世俗的社会上随波逐流。《庄子·则阳》："方且与世

违,则心不屑与之俱,是陆沉者也。"郭璞注:"人中隐者,譬无水
而沉也。"陆沉,陆地无水而人沉。比喻避世隐居。

⑮避世金马门:意即上文之"避世于朝廷间"。金马门,古宫门名。
在今陕西西安西北汉长安城内。未央宫北门。原名鲁班门,因汉
武帝时门外立铜马,故名金马门。

⑯蒿庐:草屋,贫困者或隐者之所居。

⑰宦者署:管理宦者的机构。

【译文】

武帝时,齐国有位先生姓东方名字叫朔,好读古书、喜爱儒术,
博览过很多诸子百家的书。东方朔初到长安时,到公车府上书,一
共用了三千片木简。公车令派两个人抬着他的奏章,仅能抬得起
来。武帝坐在上面读这些木简,每读完一段要停下来时,就在那里
画钩做上记号,读了两个月才读完。任命东方朔为郎官,让他经常
在身边侍候。曾多次把东方朔叫到面前交谈,没有一次武帝不开
心。有次武帝赏东方朔在御前用餐。东方朔吃罢,把剩下的肉都打
包带走,衣服也被油污弄脏了。武帝还几次赐给他缣帛,他都大包
小包扛着挑着带回去。东方朔用得来的所有钱财,在长安城里寻
找年轻漂亮的女子娶以为妻。娶回来差不多一年后就抛弃,再换
一个。所有钱财都花在女子身上。武帝身边的郎官一多半都叫他
"狂人"。武帝听到后,说:"如果东方朔一心做官没这些花花事,你
们谁能赶得上他!"东方朔保任自己的儿子为郎官,这个儿子后来
又当了谒者,经常受持旌节出使。东方朔在殿中行走,有个郎官对
他说:"人人都说先生你是个狂人。"东方朔说:"像我东方朔,就是所
谓的避世于朝廷的隐士,古代的隐士才避世隐居到深山里去。"有一
次他在宴会上喝酒,喝到酣畅时,伏在地上唱道:"我在世俗的社会
上随波逐流,避世在金马门。宫殿之中自可避世全身,何必非得到
荒野草屋去呢?"所谓金马门,是宫廷中管理宦官的机构,门旁边有

铜马，因此称之为"金马门"。

　　时会聚宫下博士诸先生与论议，共难之曰^①："苏秦、张仪一当万乘之主^②，而都卿相之位^③，泽及后世。今子大夫修先王之术^④，慕圣人之义，讽诵《诗》《书》百家之言，不可胜数。著于竹帛，自以为海内无双，即可谓博闻辩智矣^⑤。然悉力尽忠以事圣帝，旷日持久，积数十年，官不过侍郎，位不过执戟^⑥，意者尚有遗行邪^⑦？其故何也？"东方生曰："是固非子之所能备也。彼一时也，此一时也，岂可同哉！夫张仪、苏秦之时，周室大坏，诸侯不朝，力政争权^⑧，相禽以兵^⑨，并为十二国^⑩，未有雌雄，得士者强，失士者亡^⑪，故说听行通，身处尊位，泽及后世，子孙长荣。今非然也。圣帝在上，德流天下，诸侯宾服，威振四夷，连四海之外以为席^⑫，安于覆盂^⑬，天下平均^⑭，合为一家，动发举事，犹如运之掌中。贤与不肖，何以异哉^⑮？方今以天下之大，士民之众，竭精驰说，并进辐凑者^⑯，不可胜数。悉力慕义，困于衣食，或失门户^⑰。使张仪、苏秦与仆并生于今之世，曾不能得掌故^⑱，安敢望常侍郎乎^⑲？传曰^⑳：'天下无害灾，虽有圣人，无所施其才；上下和同，虽有贤者，无所立功^㉑。'故曰时异则事异^㉒。虽然，安可以不务修身乎？《诗》曰：'鼓钟于宫，声闻于外^㉓。''鹤鸣九皋，声闻于天^㉔。'苟能修身，何患不荣！太公躬行仁义七十二年，逢文王^㉕，得行其说^㉖，封于齐^㉗，七百岁而不绝^㉘。此士之所以日夜孜孜,修学行道,不敢止也。今世之处士^㉙,时虽不用,崛然独立^㉚,块然独处^㉛,上观许由,下察接舆^㉜,策同范蠡^㉝,忠合子胥^㉞,天下和平,与义相扶^㉟,寡偶少徒^㊱,固其常也。子何疑于余哉!"于是诸先生默然无以应也^㊲。

【注释】

①时会聚宫下博士诸先生与论议,共难(nàn)之曰:以下对话取自东方朔的《答客难》。《答客难》中的客难主答,是东方朔自己首创的一种表达方式,并非实有其事。时,有一次。博士,职官名。战国末齐、魏、秦等国首置,秦汉相沿。为奉常(太常)属官。诸子、诗赋、方技、术数等皆曾立博士,职掌议论顾问,充当君主参谋,并兼有礼官性质。汉武帝建元五年(前136)初置五经博士。

②苏秦、张仪:战国时期的纵横家。苏秦和张仪的事迹详见《苏秦列传》《张仪列传》。一当:一旦遇到。万乘之主:指战国时代七大国的君主。

③都卿相之位:张仪曾任秦国、魏国、楚国之相;苏秦曾任燕国、齐国、赵国之相。颜师古引如淳曰:"都,居也。"

④子大夫:犹言"先生您",对东方朔的尊称。师古曰:"子者,人之嘉称;大夫,举官称也。"

⑤即:意同"则"。辩智:雄辩而多智。

⑥官不过侍郎,位不过执戟:意即官位不过是一个小小的执戟守卫宫廷的郎官。侍郎,郎官的一种,与议郎、中郎、郎中等都属于郎中令,守卫宫廷门户,为宫廷近侍。

⑦意者:莫非,难道。遗行:操行有缺失。王念孙曰:"遗者,失也,谓尚有过失之行。"

⑧力政：以武力把持政权，行霸者之道。

⑨禽：同"擒"，攻杀。

⑩并为十二国：战国时的十二国，颜师古以为指秦、楚、齐、燕、韩、赵、魏、宋、卫、中山、鲁、郑。前七个即通常所说的"战国七雄"，后五个已逐渐沦为七国的附庸。周寿昌曰："郑为韩所灭，在周烈王元年，去仪、秦时已远，似不当有'郑'也。"刘向编《战国策》，其所分之十二国，无"鲁""郑"，有"东周""西周"。

⑪得士者强，失士者亡：当时各国招贤纳士的情景，是齐有孟尝君，赵有平原君，魏有信陵君，楚有春申君，秦有吕不韦，都以养士著称；齐宣王筑稷下学宫，燕昭王筑黄金台，更以招贤闻名。

⑫席：座垫。

⑬覆盂：叩放的钵盂，钵盂之类。口大底小，叩放则不会倒翻。

⑭天下平均：指中央王朝对各地区、各民族一视同仁；而各地区、各民族也同心同德拥护中央王朝。

⑮贤与不肖，何以异哉：因为国家无事，所以有才干的人也就没有表现的机会，显不出他们与庸人的不同。不肖，不类其父，通常即指没出息，不成材。

⑯辐凑：车之辐条四周聚合车毂。这里比喻各地赶往都城钻营的人。凑，通"辏"。

⑰失门户：颜师古曰："言不得所由入也。一曰：谓被诛戮，丧其家室也。"

⑱曾：还，根本。掌故：职官名。《袁盎晁错列传》集解引应劭曰："百石吏，主故事（先朝及往古事例）。"《索隐》引《汉旧仪》曰："太常博士弟子试射策中甲科，补郎；中乙科，补掌故也。"

⑲安敢望常侍郎：底本原作"何敢望常侍侍郎"。《汉书·东方朔传》作"何敢望常侍郎"，西汉时尚无"常侍"之名。今据此削一"侍"字。

⑳传（zhuàn）：汉代泛称"六经"以外所有前代贤人的著作,此处据下引文当指《淮南子》,汉武帝时代淮南王刘安组织门下宾客所编。

㉑"天下无害灾"几句：见《淮南子·本经训》,其原文作："世无灾害,虽神无所施其德；上下和辑,虽贤无所立其功。"

㉒时异则事异：时代变了,社会上发生的事情也就不同。语出《韩非子·五蠹》："时异则事异","事异则备变"。

㉓鼓钟于宫,声闻于外：语出《诗经·小雅·白华》。颜师古曰："言苟有于中,必形于外也。"

㉔鹤鸣九皋,声闻于天：语出《诗经·小雅·鹤鸣》。颜师古曰："言处卑而其声彻高远。"皋,沼泽。

㉕太公躬行仁义七十二年,逢文王：《齐太公世家》曰："吕尚盖尝穷困,年老矣,以渔钓奸周西伯。"《说苑》称"吕望年七十钓于渭滨",遇周文王。太公,指姜尚,吕尚,周朝开国元勋,事见《齐太公世家》。

㉖得行其说：《齐太公世家》称周文王遇吕尚后,"与语大说,曰：'自吾先君太公曰：当有圣人适周,周以兴。子真是耶？'"又称"周西伯昌之脱羑里归,与吕尚阴谋修德以倾商政,其事多兵权与奇计,故后世之言兵及周之阴权皆宗太公为本谋"；又称"天下三分,其二归周者,太公之谋计居多"。

㉗封于齐：吕尚佐助周武王灭商后,被封于齐国,都营丘,今山东淄博之临淄城北。

㉘七百岁而不绝：自太公封齐,到田和篡齐,前后六百四十余年；若算到齐康公死,则六百六十余年。

㉙处士：隐士,即指自己。

㉚崛然独立：言其操行之孤高。崛然,山石挺立的样子。

㉛块然：孤独的样子。

㉜上观许由,下察接舆：言自己的操行可以和许由、接舆排列在一

起。许由，尧时的隐士，据说尧曾想让位于他，他逃避不受，且以
为是玷污了自己的耳朵，见《伯夷列传》正文及注。接舆，春秋
时楚国的隐士，曾唱着《凤兮歌》嘲笑孔子到处奔走以求行道，见
《论语·微子》。

㉝范蠡：春秋末期越国谋臣，曾辅佐越王勾践灭吴称霸。事见《国
语·越语下》与《越王句践世家》。

㉞子胥：春秋末期吴国忠臣，曾辅佐吴王阖庐破楚称霸，后又劝吴王
夫差灭越除患，而不要北上争胜于中原，结果被吴王夫差所杀。
事见《伍子胥列传》。

㉟与义相扶：指终身行义，以义修身。

㊱寡偶少徒：即无志同道合者。偶，侣，匹。徒，众，同伙。

㊲于是诸先生默然无以应也：这是汉代辞赋体文章通用的结尾形
式。泷川曰："东方朔《答客难》，盖仿宋玉对楚王问，《汉书》本
传、《文选》载其全文。自朔作《答客难》，扬雄有《解嘲》、班固有
《答宾戏》、韩愈有《进学解》。"

【译文】

　　有一次博士先生们聚在宫廷里与东方朔争论，一起责难他说：
"苏秦、张仪一旦遇到有万乘兵车的大国君主，都能得到卿相之位，
恩泽代代相传。如今先生您学了先王治国之术，追慕圣人之义，阅
读了数不胜数的《诗》《书》等百家著作。您还写文章，自以为天下
无敌，算得上学问渊博、雄辩多智了。可是您全心全意侍候圣上，旷
日持久，达到几十年，官位不过是个小小的持戟守卫宫廷的郎官，您
莫非品行还有缺失吗？怎么就成了这个样子呢？"东方朔说："这本
来就不是你们能理解的。彼一时，此一时，怎么能相提并论呢！苏
秦、张仪那时候，周王室十分衰败，诸侯不去朝拜，他们以武力相互
兼并，互相攻杀，后来形成十二个国家，难分上下。那时各国招贤纳
士，得到贤才的就成功，失去贤才的就灭亡。所以才能言听计从，身

处高位，恩泽代代相传，子孙长久享福。现在可不是这样。圣明的皇帝在上执政，恩泽流遍天下，诸侯归附，威震四方，将四海之外的疆土连接成片，比叩倒放置的盘盂还要安稳，天下平均，融为一体，一旦有所行动，都像在手掌中转一下那么容易。有无才干，凭什么看得出来呢？如今天下这么大，人口这么多，那些殚精竭虑、赶往都城钻营的人，多得数不清。还有很多人苦心孤诣修行一辈子，缺衣少食，最后连当官的门路都摸不到。如果让苏秦、张仪和我同时生活在今天，他们甚至连个掌故也当不成，怎么敢奢望像我这样当常侍郎呢？古书上讲：'天下没有灾害，就算圣人也难以施展才能；上下和睦同心，就算是贤者也无法立功。'这就是韩非子说过的'时代不同，社会上发生的事情也就不同'。尽管如此，怎能不严格修身呢？《诗经》上说：'在屋里击钟，声音会传扬到外面。'又说：'白鹤在大泽里啼鸣，声音可以上彻高天。'如果能修炼好自己，何愁不会发达呢！姜太公躬行仁义七十二年才遇到周文王，自己的学说才得以施行，封在齐国，传国七百年不断绝。这就是许多士人日夜孜孜矻矻，修学行道，不敢松懈的原因。生活在当今的隐士，即使不得任用，仍然修养操行，自甘寂寞，他们持守着许由、接舆的清高，掌握范蠡一样的权谋，保持伍子胥一样的忠心，但在这种和平年代没有表现机会，之后终身行义，同道稀少，这是很自然的事情。你们何必怀疑我呢？"于是诸位博士先生被说得哑口无言。

建章宫后阁重栎中有物出焉[1]，其状似麋。以闻，武帝往临视之。问左右群臣习事通经术者，莫能知。诏东方朔视之。朔曰："臣知之，愿赐美酒粱饭大飧臣[2]，臣乃言。"诏曰："可。"已飧，又曰："某所有公田鱼池蒲苇数顷，陛下以赐臣，臣朔乃言。"诏曰："可。"

于是朔乃言曰③："所谓驺牙者也④。远方当来归义，
而驺牙先见⑤。其齿前后若一，齐等无牙⑥，故谓之驺
牙⑦。"其后一岁所⑧，匈奴混邪王果将十万众来降汉⑨。
乃复赐东方生钱财甚多。

【注释】

①建章宫：汉代宫殿名，在当时长安城西墙外，与城内的未央宫隔墙
　为邻。一般都说建章宫建于汉武帝太初元年（前104），但《卫将
　军骠骑列传》说卫青在建元（前140—前135）中即"给事建章"，
　则建章宫恐非建于太初元年也。后：后门。阖：小门。重栎（lì）：
　双重栏杆。《索隐》曰："栏楯之下，有重栏处也。"栎，栏杆。

②大飨臣：让我大吃一顿。飨，此处用为动词，使食。

③于是朔乃言曰：底本原作"于是朔乃肯言曰"，"肯"字繁复不顺，
　乃涉上文而衍者，今削。

④驺牙：兽名，也叫"驺虞""驺吾"。《诗经·召南·驺虞》毛传曰：
　"驺虞，义兽也，白虎黑文，不食生物，有至信之德则应之。"

⑤先见：提前出现。见，同"现"。

⑥齐等无牙：牙齿完全相同，犬齿、白齿不分。《本草纲目》："两旁曰
　牙，当中曰齿。"

⑦故谓之驺牙：因为该兽的牙齿前后相同，又排列得像驺骑一样齐
　整，所以就叫"驺牙"。驺，骑兵仪仗队。

⑧其后一岁所：差不多过了一年，即汉武帝元狩二年（前121）秋天。

⑨混邪王：匈奴西部的一个部落首领，曾被汉将霍去病打得大败，单
　于怒而欲诛之，遂降汉，具体过程见《匈奴列传》《卫将军骠骑列
　传》。

【译文】

　　建章宫后阁的双重栏杆里面有只动物跑了出来，形状很像麋

鹿。有人上报,武帝前往观看。他问左右大臣中博雅多闻通晓经学的人,没人知道它是什么。武帝叫东方朔来看。东方朔说:"我知道,希望先用美酒美食赐给我大吃一顿,我才说。"武帝说:"可以。"东方朔吃饱喝足,又说:"某处有块几顷大的带有鱼池蒲苇的公田,请先把它赐给我,我才告诉您。"武帝又答应了。东方朔这才说道:"这就是所谓的驺牙。凡是将有远方之人前来归附,这种驺牙就会提前出现。这种动物的牙齿前后一样,不分臼齿、犬齿,排列整齐,所以称之曰驺牙。"差不多过了一年,果然有匈奴的混邪王率领十多万兵马来投降汉朝。武帝又赐给东方朔很多钱财。

　　至老,朔且死时,谏曰:"《诗》云'营营青蝇,止于蕃。恺悌君子,无信谗言。谗言罔极,交乱四国'①。愿陛下远巧佞,退谗言②。"帝曰:"今顾东方朔多善言?"怪之。居无几何,朔果病死。传曰:"鸟之将死,其鸣也哀;人之将死,其言也善。"此之谓也。

【注释】

①"营营青蝇"几句:见《诗·小雅·青蝇》。朱熹《诗集传》:"诗人以王好听谗言,故以青蝇飞声比之,而戒王以勿听也。"营营,《毛传》曰:"往来貌。"蕃,同"藩",篱笆。恺悌,和乐平易的样子。罔极,没头儿,没边儿。交乱四国,挑起四方国家与华夏的战乱。交乱,犹言"构患"。交,构,造成。

②愿陛下远巧佞,退谗言:徐孚远《史记测义》曰:"武帝末年有巫蛊之祸,东方生所言,盖指此也。"巧佞,善于阿谀逢迎。佞,巧言而心术不正。谗言,说坏话毁谤人。

【译文】

　　东方朔年老将死,进谏说:"《诗经》上讲'营营青蝇,止于蕃。

恺悌君子，无信谗言。谗言罔极，交乱四国’。希望陛下您远离小人，不要相信搬弄是非、挑拨离间的话。”武帝惊奇地说：“今天东方朔怎么说这么严肃的话？”没过多久，东方朔就病死了。古书上说：“鸟快死时，叫声特别悲哀；人临终时，言语非常善良。”说的就是这个意思吧。

　　武帝时，大将军卫青者，卫后兄也，封为长平侯。从军击匈奴①，至余吾水上而还②。斩首捕虏，有功来归，诏赐金千斤。将军出宫门，齐人东郭先生以方士待诏公车③，当道遮卫将军车，拜谒曰：“愿白事。”将军止车前，东郭先生旁车言曰④：“王夫人新得幸于上⑤，家贫。今将军得金千斤，诚以其半赐王夫人之亲，人主闻之必喜。此所谓奇策便计也⑥。”卫将军谢之曰：“先生幸告之以便计，请奉教。”于是卫将军乃以五百金为王夫人之亲寿。王夫人以闻武帝。帝曰：“大将军不知为此。”问之安所受计策，对曰：“受之待诏者东郭先生。”诏召东郭先生，拜以为郡都尉⑦。东郭先生久待诏公车，贫困饥寒，衣敝，履不完。行雪中，履有上无下，足尽践地。道中人笑之，东郭先生应之曰：“谁能履行雪中，令人视之，其上履也，其履下处乃似人足者乎⑧？”及其拜为二千石⑨，佩青绲⑩，出宫门，行谢主人⑪。故所以同官待诏者，等比祖道于都门外⑫。荣华道路，立名当世。此所谓衣褐怀宝者也⑬。当其贫困时，人莫省视⑭；至其贵也，乃争附之。谚曰：“相马失之瘦，相士失之贫。”其此之谓邪？

【注释】

①从军击匈奴：应为"率军击匈奴"。

②至余吾水上而还：即元狩四年（前119）卫青大破匈奴于漠北事。此役使匈奴远遁，从此"漠南无王庭"。余吾水，在今蒙古境内，乌兰巴托（当时的单于王庭）之西。

③东郭先生：姓东郭，其名不详。方士：方术之士。古代讲仙道、炼丹术，求长生不老之人。后将从事医、卜、星、相的人称为方士。

④旁：挨近。

⑤王夫人：汉武帝的宠妃。《外戚世家》云："及卫后色衰，赵之王夫人幸，有子，为齐王。王夫人早卒。"

⑥便：利，对自己有大利。

⑦郡都尉：也称郡尉，协助郡守执掌该郡武事，官阶为"比二千石"。

⑧其履下处乃似人足：雪地上留下的仍是光着脚的脚印。乃，通"仍"。

⑨拜为二千石：即指为郡都尉。

⑩青绸（guā）：即青绶。绸，紫青色的绶带。绶是系印的丝带。《汉书·百官公卿表》："凡吏秩比二千石以上，皆银印青绶。"

⑪行谢主人：前往旅店与店主告辞。主人，旅店的店主。

⑫等比：即"结伙""一道儿"。祖道：祭道神，即今"饯行"。

⑬衣褐怀宝：通常比喻境遇低微而实有才干的人。褐，粗毛布的短上衣，贫者所服。《老子》第七十章："知我者希，则我者贵，是以圣人被褐怀玉。"

⑭人莫省视：没人瞧得起。省，看。

【译文】

　　武帝时，大将军卫青是皇后卫子夫的哥哥，被封为长平侯。他率军攻打匈奴，打到余吾水才返回。这次出征，杀敌斩首捕获俘虏，凯旋而归，武帝下诏赐金上千斤。卫将军带着赏赐正要出宫，这时正以方士身份在公车门听宣的齐国人东郭先生前来,当道拦住卫将军的车子行礼道:"有事想对将军说。"卫将军停下车子,东郭先生靠近车子对卫将军说:"王夫人新受皇上宠爱,但她娘家很穷。如今将军您得金上千斤,如果能拿一半赠予王夫人的父母,皇上知道一定很高兴。这个办法绝妙,对您有利。"卫将军听了感激地说:"先生幸好把这个妙计告诉我,我一定照办。"于是卫将军便将金五百斤赠予王夫人的双亲为他们祝寿。王夫人把这事告知武帝。武帝说:"大将军自己是想不到这么办的。"便问卫将军是谁出的主意。卫将军说:"是在公车门听宣的东郭先生。"武帝便把东郭先生招来,任命他为郡都尉。东郭先生在公车门听宣很长时间,生活困窘,衣服鞋子都很破旧。冬天在雪地上走,脚背上像是穿着鞋,脚底却踩在雪上。行人看见都笑话他,东郭先生回应说:"谁还能在雪上走,从上看像是穿着鞋,同时又能把脚底印在雪地上呢?"等他做了二千石的郡都尉,身佩青色绶带走出宫门,去旅店和房东告别。过去那些和他同在公车门听宣的人集合起来在京城门外设筵为他送别。道路两旁的人歆美不已,东郭先生名噪一时。东郭先生不就是所谓的境遇低微却实有才干的那种人吗? 当他穷困时没人瞧得起,一旦发达起来,人们立刻争相跑去巴结。俗话说:"相马因其外表消瘦而错失良马,相士因其看似贫困而错失人才。"难道说的就是这种情景吗?

王夫人病甚,人主至自往问之曰:"子当为王,欲安所置之?"对曰:"愿居洛阳。"人主曰:"不可。洛阳有武库、敖仓①,当关口②,天下咽喉③。自先帝以来,传不为置王④。然关东国莫大于齐⑤,可以为齐王。"王夫人以手击头⑥,呼"幸甚"。王夫人死,号曰"齐王太后薨"⑦。

【注释】

①武库:储藏兵器的仓库。在当时洛阳城内。敖仓:古粮仓名。在今河南荥阳东北敖山。秦时建立,并有城。地当黄河与古济水分流处。汉、魏仍设仓于此。

②当关口:向西对着函谷关。当时的函谷关在今河南灵宝东北,是东方各郡国西入长安的必经之地。

③天下咽喉:谓洛阳处于长安与东方各郡国相互往来的交通要道上。

④传不为置王:历来不在这个地方封王建国。传,历来。按,秦朝灭亡后,项羽分封天下,曾封其部将申阳为河南王,都洛阳。汉二年(前205),刘邦东伐项羽,申阳以河南降汉,从此刘邦遂在河南置郡,再未封给别人。

⑤关东国莫大于齐:齐国自战国以来就十分强盛,刘邦称帝后,将齐国封给长子刘肥,规定除齐国旧有的疆域外,"诸民凡齐言者皆予齐王",因此齐国之大为任何别国所不及。自吕后掌权开始,齐国逐渐被侵削;吴楚七国之乱后,齐国益弱,至武帝元朔二年(前127),刘肥的后代刘次昌(一作刘次景)自杀,无后国除,改为齐郡。今武帝又欲改齐郡为齐国,以封其子刘闳。

⑥以手击头:因不能起身叩谢,故以此示意。

⑦号曰"齐王太后薨":当时齐王尚未封出,王夫人之葬礼即以齐王太后称之,以见其受宠幸之甚。陈仁锡《史记考》曰:"东郭先生章末,有王夫人一节,与上文不相属,岂后人剿入之。"

【译文】

　　王夫人病情加重,武帝亲自去看她,问:"你生的儿子理应封王,你希望把他封在哪里?"王夫人说:"希望把他封在洛阳。"武帝说:"不可以。洛阳有储藏兵器的仓库,又挨着国家的大粮仓,正对着函谷关,是天下各地往来首都的咽喉之地。自高祖以来,历代都不把洛阳分封给诸侯。函谷关以东的诸侯国没有比齐国更大的了,我可以把你的儿子封为齐王。"王夫人用手拍头致谢说"太好了"。于是王夫人死后,便称"齐王太后薨"。

　　昔者,齐王使淳于髡献鹄于楚①。出邑门②,道飞其鹄。徒揭空笼③,造诈成辞,往见楚王曰:"齐王使臣来献鹄,过于水上,不忍鹄之渴,出而饮之,去我飞亡。吾欲刺腹绞颈而死,恐人之议吾王以鸟兽之故令士自伤杀也。鹄,毛物,多相类者。吾欲买而代之,是不信而欺吾王也。欲赴佗国奔亡④,痛吾两主使不通。故来服过,叩头受罪大王。"楚王曰:"善,齐王有信士若此哉!"厚赐之,财倍鹄在也⑤。

【注释】

①齐王:此处应是齐威王,名因齐,前356—前320年在位。献鹄(hú)于楚:与齐威王同时的楚王是楚宣王(前369—前340年在位)。鹄,鸿鹄,天鹅。

②邑:筑有城堡的居民城镇,在战国与秦汉时期通常指县或乡,此处指齐国的都城临淄。

③徒:但,只。揭:举,托着。

④佗国:别国。佗,同"他"。

⑤财倍鹄在也:比有鸿鹄所得的赏赐多一倍。

【译文】

　　从前,齐王派淳于髡向楚王进献天鹅。出了齐国都城的城门后,走在半路上天鹅突然飞走了。淳于髡便托着空鸟笼,现编了一套说辞,去见楚王说:"齐王派我来给您进献天鹅,经过水边时,我不忍心看到天鹅口渴,便把它放出笼子喝水,结果天鹅出来就突然飞走了。我想刺肚子抹脖子自杀谢罪，又担心人们议论您竟然因为一只天鹅就逼人自杀。天鹅不过是只鸟，样子和它差不多的多的是。我想再买一只代替飞走的那只，但这样做不诚实是在欺骗大王您。我想逃到别国去，又痛感我们两国国君断了来往。因此硬着头皮前来认错，叩头接受大王责罚。"楚王说："好啊，齐国竟然有这么守信用的人！"重重地赏赐淳于髡，赏赐的财物比把天鹅送到的赏赐还要多一倍。

　　武帝时，征北海太守诣行在所①。有文学卒史王先生者②，自请与太守俱："吾有益于君③，君许之。"诸府掾功曹白云④："王先生嗜酒，多言少实，恐不可与俱。"太守曰："先生意欲行，不可逆。"遂与俱。行至宫下，待诏宫府门⑤。王先生徒怀钱沽酒，与卫卒仆射饮⑥，日醉，不视其太守。太守入跪拜。王先生谓户郎曰⑦："幸为我呼吾君至门内遥语。"户郎为呼太守。太守来，望见王先生。王先生曰："天子即问君何以治北海令无盗贼，君对曰何哉？"对曰："选择贤材，各任之以其能，赏异等，罚不肖。"王先生曰："对如是，是自誉自伐功，不可也。愿君对言'非臣之力，尽陛下神灵威武所变化也'。"太守曰："诺。"召入，至于殿下，有诏问之曰："何以治北海，令盗贼不起？"叩头对言："非臣之力，尽陛下神灵威武之所变化也。"武帝大笑，曰："於呼！安得长者之语而称之⑧！安所受之？"对曰："受之文学卒史。"帝曰："今安在？"对曰："在宫府门外。"有诏召拜王先生为水衡丞⑨，以北海太守为水衡都尉⑩。传曰："美言可以市尊,美行可以加人⑪。""君子相送以言,小人相送以财⑫。"

【注释】

①北海:汉郡名,治所在今山东潍坊西南。行在所:也称"行在",帝王出游途中停顿、休息的地方。这里即指京城。《后汉书·光武纪》注引蔡邕《独断》曰:"天子以四海为家,故谓所居为'行在所'。"

②文学卒史:掌管文书的属吏。卒史,职官名。亦作"卒吏"。秦始置,西汉因之,西汉中叶后,渐由曹掾所代替。为中央诸官府和地方郡守的主要属吏。

③君:汉代各部门吏役皆称其长官曰"君"。

④府掾(yuàn):中央机构及地方郡县衙门内诸曹负责官吏之通称。掾,吏员的总称。功曹:职官名。也称功曹史,府掾之一,两汉郡守最重要的属吏,主管考功赏罚。大约始置于西汉中叶。

⑤官府门:即"金马门"或"公车门",都是应诏等候皇帝召见的处所。

⑥卫卒仆射(yè):守卫宫门的卫兵头目。仆射,秦汉时职官名。因秦时重武,多用善射者为官,故曰"仆射",各随所管之事称号,如军屯仆射、永巷仆射等。

⑦户郎:看守宫门的郎官。《汉书·百官公卿表》云:"郎掌守门户,出充车骑。"

⑧长者:厚道人,有修养的人。

⑨水衡丞:水衡都尉的僚属。

⑩水衡都尉:职官名。简称"水衡"。汉武帝元鼎二年(前115)初置。主掌上林苑,兼管皇室园圃、器物、铸钱、船只、马匹、税收、仓库等事。古山林之官曰衡,其主苑池,故称水衡。秩二千石。按,以上王先生教其太守归功于皇帝事,见《汉书·循吏传》,乃

汉宣帝征龚遂入京时事。今褚少孙乃削去龚遂之名,书其事于汉武帝时,误。

⑪美言可以市尊,美行可以加人:语出《老子》第六十二章"美言可以市,尊行可以加人"。《淮南子》引《老子》此语作"美言可以市尊,美行可以加人",今注《老子》者多已随《淮南子》校改。市,买,指取得效果。加人,高出别人,受人尊敬。

⑫君子相送以言,小人相送以财:语见《晏子春秋·内篇》《荀子·大略篇》,文字略异。《孔子世家》亦引之,作"富贵者送人以财,仁人者以言"。

【译文】

汉武帝时,召北海太守到皇帝行宫。有个执掌文书的府吏王先生,自动请求与太守一同前往,他说:"我跟着去一定对您有好处,请您准许吧。"太守的其他属吏纷纷反对说:"王先生嗜好喝酒,喜欢夸夸其谈,还是不要带他的好。"太守说:"王先生想要去,不好违背他的意愿。"于是就和他一同去了。来到宫门外,在宫府门等候召见。王先生只是拿钱买酒,和宫廷前的守门人头目一道喝酒,天天喝得大醉,而不管他的太守在干什么。太守进宫跪拜,王先生对守门的郎官说:"请帮我喊我们太守回到宫门附近,我远远地跟他说句话。"守门的郎官把北海太守喊回来了。太守回来,看见王先生。王先生说:"假如皇上问您'你用什么方法治理北海的,为什么能把北海治理得看不见盗贼',您怎么回答?"太守说:"选拔贤能之士,量才任用,遇到好人好事就奖赏,遇到坏人坏事就处罚。"王先生说:"您这么回答,是自我吹捧,可不能这么说。您应该说'这不是我的本事,全都仰仗着陛下您的神灵威武和大智慧'。"太守说:"好。"太守进入内殿,武帝问他:"你是用什么办法治理北海,使北海看不到盗贼的?"太守叩头回答说:"这不是臣的本事,全都仰仗着陛下您的神灵威武和大智慧。"武帝大笑说:"啊呀!你是从哪里学到的这种厚道人的话！是受了谁的指点？"太守回答说："是我带的一个文学卒史教的。"武帝说："他现在在哪里？"北海太守说："正在宫门外面。"武帝下令任王先生为水衡丞，任北海太守为水衡都尉。古书上说："美好的话可以换来尊贵，美好的行为可以换来尊敬。"又说："君子用良言益语赠予别人，小人就知道送人钱财。"

　　魏文侯时^①，西门豹为邺令^②。豹往到邺，会长老，问之民所疾苦。长老曰："苦为河伯娶妇^③，以故贫。"豹问其故，对曰："邺三老、廷掾常岁赋敛百姓^④，收取其钱得数百万，用其二三十万为河伯娶妇，与祝巫共分其余钱持归^⑤。当其时，巫行视小家女好者，云是当为河伯妇，即娉取^⑥。洗沐之，为治新缯绮縠衣^⑦，闲居斋戒^⑧；为治斋宫河上^⑨，张缇绛帷^⑩，女居其中。为具牛酒饭食^⑪，行十余日。共粉饰之，如嫁女床席^⑫，令女居其上，浮之河中。始浮，行数十里乃没。其人家有好女者，恐大巫祝为河伯取之，以故多持女远逃亡。以故城中益空无人，又困贫，所从来久远矣。民人俗语曰'即不为河伯娶妇，水来漂没，溺其人民'云。"西门豹曰："至为河伯娶妇时，愿三老、巫祝、父老送女河上^⑬，幸来告语之，吾亦往送女。"皆曰："诺。"

【注释】

①魏文侯：名斯，战国初期魏国国君，前445—前396年在位。

②西门豹：姓西门，名豹。邺：邺城，在今河北临漳西南，当时属魏国。

③河伯：河神。此处指流经邺城的漳河河神。《六国年表》"秦"格

灵公八年有所谓"初以君主妻河"。《索隐》曰:"'君主'犹'公主'也,'妻河'谓嫁之河伯,故魏俗犹为河伯娶妇,盖其遗风。"杨宽曰:"世界各地沿河部族皆有此风俗。"

④三老:周时天子养老,曾设三老五更,为年老更事致仕者,周天子以父兄供养,示天下之孝悌。春秋战国及秦汉时则为乡官名。秦置"乡三老",汉增置"县三老"(东汉又增"郡三老"),择乡民中有声望年五十以上者充任,掌乡里教化,帮助县令、丞、尉推行政令。三老非行政职务,无俸禄,只免徭役,有一定的社会地位,可与县令丞分庭抗礼,并可直接上书皇帝。两汉统治者为诱使人民服从统治,常有意对三老屡加赏赐,以示优崇。延掾:职官名。汉制,县属吏分曹置掾,与郡属吏同。常岁:每年,年年。

⑤祝巫:以祭祀鬼神为职业的人。《说文解字》:"祝,祭主赞词者。巫,女能事无形以舞降神者也。"

⑥娉取:嫁娶,此处指留下"聘礼",抢人而去。

⑦缯(zēng):古代丝织品的统称。绮(qǐ):有花纹的丝织物。縠(hú):轻薄的丝织物。

⑧闲居:与别人分开单独住。

⑨斋宫:供斋戒用的宫舍。

⑩张缇(tí)绛帷:斋宫里挂着橙色和红色丝绸的帐子。缇,橙色丝绸,此指橙色。绛,朱红色。

⑪具:准备。

⑫如嫁女床席:此句不顺,缺少谓语,似应作"为床席如嫁女者"。

⑬愿三老、巫祝、父老送女河上:西门豹唯恐该受惩的人不到场,故将"三老、巫祝"挨个点出,令其必须到,已埋下杀机。

【译文】

　　战国魏文侯在位时,西门豹任邺县县令。他来到邺县上任,会集县里有名望的老人,向他们询问民间疾苦。老人们说:"最苦的是要替河伯娶亲，因为这个折腾得百姓很穷。"西门豹问是怎么回事，老人们说："邺县的三老、县府的僚吏每年都要横征暴敛，搜刮百姓钱财达几百万，他们把其中的二三十万为河伯娶亲，剩下的就和巫婆瓜分了。每逢那时候，巫婆就一家家去看，见到穷人家有漂亮的女孩子，就说该给河神做媳妇，留下点"聘礼"就把女孩带走了。他们给这个女孩沐浴，让她穿上新做的丝衣，让她一个人居住，斋戒准备；在河边搭建斋房，里面挂着橙色和红色的帷帐，让女孩住在里面。备办酒肉饭食让女孩吃，一连住十多天。他们一起给女孩梳妆打扮，给她准备出嫁那样的床帐枕席，让女孩坐在上面，然后把床帐推进河里。开始还漂着，漂出几十里就沉了。那些有漂亮女儿的人家，都害怕女儿被巫婆挑中被河泊娶走，所以都带着女儿远远地逃走了。于是县里居民越来越少，留下来的也越来越穷，这种情形已经很久了。人们都说'如果不替河神娶媳妇，河神就要发大水，淹死所有人'。"西门豹说："下次到河神娶亲那天，请三老、巫婆和父老乡亲都去给河神的新娘送行，也希望你们来跟我打个招呼，我也去送亲。"大家都说："好。"

　　至其时，西门豹往会之河上。三老、官属、豪长者、里父老皆会①，以人民往观之者三二千人。其巫，老女子也，已年七十。从弟子女十人所②，皆衣缯单衣，立大巫后。西门豹曰："呼河伯妇来，视其好丑。"即将女出帷中，来至前。豹视之，顾谓三老、巫祝、父老曰："是女子不好，烦大巫妪为入报河伯③，得更求好女，后日送之。"即使吏卒共抱大巫妪投之河中④。有顷，曰："巫妪何久也？弟子趣之⑤！"复以弟子一人投河中。有顷，曰："弟子何久也？复使一人趣之！"复投

一弟子河中。凡投三弟子。西门豹曰："巫妪、弟子是
女子也,不能白事,烦三老为入白之。"复投三老河中。
西门豹簪笔磬折,向河立待良久⑥。长老、吏傍观者皆
惊恐。西门豹顾曰："巫妪、三老不来还,奈之何?"欲复
使廷掾与豪长者一人入趣之。皆叩头,叩头且破,额血
流地,色如死灰。西门豹曰："诺,且留待之须臾。"须
臾,豹曰:"廷掾起矣。状河伯留客之久⑦,若皆罢去归
矣。"邺吏民大惊恐,从是以后,不敢复言为河伯娶妇。

【注释】

①官属:县里除三老以外的其他官吏。豪长者:即"豪绅",当地有
　势力的人物。里父老:乡里有名望的老人。"里"是古代居民的基
　层单位,据说五家为"邻"(也有说八家、十家),五邻为"里",其
　上又有"乡",有"党"云云。

②从弟子女十人所:跟着十来个女弟子。弟子女,即女弟子。十人
　所,犹言"十来个人"。所,许,大约。

③妪(yù):老年妇女。

④即使吏卒共抱大巫妪投之河中:董份曰:"娶女本神奇之事,故投
　巫亦以神奇用之。大巫妪诸弟子及三老等以娶妇杀女者不可计,
　今悉按死,亦未足快,但不能震诚恶俗,故乘其时而投之,民乃惊
　恐,虽行谲而正者也。"

⑤趣:催促。

⑥西门豹簪笔磬折,向河立待良久:西门豹的这种神情状貌,即"滑
　稽"处,也是褚少孙将西门豹补入《滑稽列传》的缘由。西门豹
　此时的威严,较之大发雷霆者,更有震慑力。《正义》曰:"簪笔,
　谓以毛装簪头,长五寸,插在冠前,谓之为笔。言插笔备礼也。磬

折,谓曲体揖之,若石磬之形曲折也。""簪笔"是什么礼节,史无明载,大约是祭祀所戴礼帽上的一种装饰。

⑦状:看样子。

【译文】

　　到了娶亲那天,西门豹来到河边与大家会合。三老、县府的僚吏、当地权门缙绅、各村有名望的老人家都来了,还有看热闹的百姓两三千人。巫婆是个七十多岁的老婆子。跟着十多个女徒弟,都穿着丝衣,站在老巫婆身后。西门豹说:"请河神的新媳妇过来,让我瞧瞧好不好看。"人们把那个女孩扶出帐子,来到跟前。西门豹看了看,回头对三老、巫婆及父老们说:"这个姑娘长得不太漂亮,麻烦老仙姑下河对河神说说,就说等我另外给河神找个更漂亮的,改天送去。"说罢便让士兵把老巫婆抬起来扔进河中。等了一会儿,西门豹说:"老仙姑怎么这么久还没回来啊,去个徒弟催催吧!"又让人把一名女徒弟扔进河中。又过了一会儿,西门豹说:"这个弟子怎么这么久不回来,再去个人催催。"又把一名徒弟扔进河中。一连扔进去三个徒弟。西门豹说:"老仙姑和徒弟都是女的,不会禀报事情,麻烦三老去说吧。"于是又把三老扔进河里。西门豹整整礼帽,面向河水恭立好久,这时乡里的长老、县府里的僚吏和看热闹的人们都吓坏了。西门豹回头看着他们说:"老仙姑与三老还不回来,这可如何是好?"他想让县吏与缙绅各自再去一个人下河催促。那些人都吓得叩头不迭,头皮都磕破了,血流在地上,面如死灰。西门豹说:"好吧,我们就再等等看。"又等了一会儿,西门豹说:"县吏起来吧。看样子是河神想留他们多待会儿,你们都回去吧。"邺县县吏和百姓都心惊胆战,此后再也没人敢提给河神娶亲的事了。

　　西门豹即发民凿十二渠,引河水灌民田,田皆溉①。当其时,民治渠少烦苦②,不欲也。豹曰:"民可以乐成,不可与虑始③。今父老子弟虽患苦我,然百岁后期令父老子孙思我言④。"至今皆得水利,民人以给足富⑤。十二渠经绝驰道⑥。到汉之立,而长吏以为十二渠桥绝驰道,相比近⑦,不可。欲合渠水,且至驰道合三渠为一桥。邺民人父老不肯听长吏,以为西门君所为也,贤君之法式不可更也。长吏终听置之。故西门豹为邺令,名闻天下,泽流后世,无绝已时,几可谓非贤大夫哉⑧!

【注释】

①引河水灌民田,田皆溉:凌稚隆引董份曰:"西门豹若徒沉巫妪不泄水,魏方有河患,娶妇之说益行矣。凿渠者不独灌田,所以泄水去患、除害破惑也。此豹政本。"

②少:意思同"稍",略微。

③民可以乐成,不可与虑始:《商君书·更法》亦有此二句,然西门豹在商鞅之前,或者此乃后人以商君语状写西门豹。以,与。

④期:必,一定。

⑤给:衣食够用,不缺。

⑥经绝:犹言"横穿"。绝,横穿,横过。驰道:天子车驾所走的大道。

⑦比近:靠近,挨近。

⑧几可:同"岂可",怎么能。

【译文】

　　西门豹立即组织民工开凿了十二条渠道,引河水灌溉农田,农田都灌溉到了。开始修渠时难免劳苦,大家都不乐意干。西门豹说:"百姓只能事成后分享成绩,别指望事先与他们商量。现在父老子弟虽然觉得我让他们劳苦,但是百年后你们的子孙一定会感念我的话。"至今邺县仍在享受着西门豹治水带来的好处,百姓的日子也从那时富足起来。十二条河渠横穿驰道。汉朝建立后,地方官嫌这十二条渠道离得太近,让驰道横过十二渠的架桥工作增加了难度,不好办。他们想把渠道进行归并,合三渠共建一桥。邺县父老不肯听从,他们认为这是西门官长所建,古代贤君确定的章程不能变。地方官终于同意了,放弃了归并渠道的计划。所以西门豹任邺县令,名闻天下,恩德传扬到后世,没有终止,怎么能说他不算是贤大夫呢!

　　传曰:"子产治郑,民不能欺①;子贱治单父,民不忍欺②;西门豹治邺,民不敢欺。"三子之才能谁最贤哉? 辨治者当能别之③。

【注释】

①子产治郑,民不能欺:言子产为政明察,善于治理。子产,春秋后期的郑国贤相,其事见《循吏列传》。

②子贱治单父,民不忍欺:言子贱用仁德感化人。子贱,姓宓名不齐,字子贱,孔子的学生。单父,春秋鲁邑名,即今山东单县。

③辨治者:明白事理的人。

【译文】

　　古书上说:"子产治理郑国,百姓谁也没法欺骗他;子贱治理单父县,百姓全都不忍心欺骗他;西门豹治理邺县,百姓没谁敢欺骗他。"他们三人的才能谁最好呢? 研究治道的人,当会分辨出来。

【集评】

刘勰曰:"昔齐威酣乐,而淳于说甘酒;楚襄宴集,而宋玉赋《好色》,意在微讽,有足观者。及优旃之讽漆城,优孟之谏葬马,并谲辞饰说,抑

止昏暴。是以子长编史,列传滑稽。以其辞虽倾回,意归义正也。"(《文心雕龙·谐隐》)

姚苎田曰:"《滑稽传》所载三人,一层深一层。髡语劝百而讽一者也,舌辩之雄固不必有裨于国。孟语笃友谊于死生,明功臣于没世,节侠之流也。旃语惜陛楯之沾寒,警寇机于未至,忠厚之发也。史公特为讽谏立传,非徒以谈锋调笑见长。褚先生不得其旨而妄续之,则夸而无当矣。"(《史记菁华录》)

吴见思曰:"史公一书,上下千古,三代之礼乐,刘项之战争,以至律历天官,文词事业,无所不有。乃忽而撰出一调笑嬉戏之文,但见其齿牙伶俐,口角香艳,清新俊逸,另用一种笔意,亦取其意思所在而已,正不必论其事之有无也。而已开唐人小说传奇之祖矣。"(《史记论文》)

梁玉绳曰:"少孙所续六章,惟郭舍人、东方生、东郭先生、王先生四章为类,但方朔虽杂诙谐,颇能直言切谏,安可与齐赘优伶比?说卫青者,《青传》是宁乘,此云东郭先生,岂东郭即乘邪?至王先生从太守就征,乃宣帝征勃海守龚遂,《汉书·循吏传》甚明。而以为武帝征北海太守,王先生请俱,妄矣。且东郭之白卫将军,王生之语太守,皆便计美言,何谓滑稽?其余二章,淳于髡已见本传;若夫西门豹,古之循吏也,而列于滑稽,尤为不伦。然叙次特妙,非他所续之芜弱,董份疑为旧文,褚生取而编之耳。"(《史记志疑》)

【评论】

《滑稽列传》由司马迁的原作与褚少孙的补作构成,由于司马迁与褚少孙对"滑稽"的理解不同,因此此篇前后两部分的写作旨趣、价值取向也就有了不同。

我们先看司马迁写的前半部分。在这部分中,司马迁写的淳于髡是赘婿,优孟、优旃是倡优,他们都是社会最下层的人物,社会地位极低,但他们不因为自己的地位低就自轻自贱、行为苟且,而是利用自己特殊的身份,用看似滑稽的不合情理的行为言论去迎合主上的荒唐决定,实则是指出主上决定的荒谬,在笑声中避免劳民伤财、国破家亡,为国家为百姓做了很多好事。由此可知,司马迁在篇前小序中说"谈言微中,亦可以解纷",所"中"者乃是"正道",所解之"纷"当指百姓国家的忧患,这也就是他在《太史公自序》中所说"为道之用"的真正含义。

司马迁在《太史公自序》中还说滑稽人物"不流世俗,不争势利",就是说他们不与世俗同流合污,不争权谋利,这实际上暗有所指。武帝朝的"世俗"是满朝大臣唯唯诺诺,看皇帝脸色行事。如执政的宰相公孙弘、御史大夫张汤、大将军卫青,都是迎合武帝的一切想法,苟合取容;万石君石奋一门则是在皇帝面前装聋作哑,谨小慎微,以求保官保命。与这些看起来威仪赫赫的"大人物"相比,这些滑稽的小人物敢于把皇帝荒谬绝伦的想法顶回去,那种批逆鳞、论大事的勇气是多么难能可贵啊。司马迁满怀热情地歌颂他们,正是借此以讽刺现实,感慨世风,其用意是深远的。

这些滑稽人物地位低下,但他们的操行见解、智慧勇气却是远超朝堂上的衮衮诸公,这是让司马迁感慨极深的。《史记》中出现这么一篇《滑稽列传》,这本身就是对汉代上流社会的一种莫大的"滑稽"与讽刺。这里表现出司马迁重视小人物、歌颂小人物的民主精神,与他写作《游侠列传》《刺客列传》《日者列传》《扁鹊仓公列传》等专门为下层人物树碑立传,以及《孟尝君列传》之写鸡鸣狗盗、《平原君列传》之写毛遂、李同,歌颂下层人物品德才干的思想是一致的。

不过仔细品味起来,作品所写三个人物的事迹还应该加以区分。淳于髡谏齐威王是巧妙地用了一个比喻,"滑稽"的特点并不突出。其受命齐威王赴赵国请援事,虽然也是比喻,但"滑稽"的色彩分外浓烈,令人捧腹。至于他与齐威王的论说饮酒,就完全不是"滑稽",而是令人深省的一篇谠言正论了。应该说,淳于髡的三个故事就是三个比喻,遇上了善于招贤纳谏的齐威王就起到了良好的作用。优孟劝阻楚庄王为其良马出殡的故事,使用的是归谬法,有一定的"滑稽"效果;至于他用仿效已死的孙叔敖的行为做派打动楚庄王,让楚庄王封赠孙叔敖后代,既不能令人相信,也没有任何"滑稽"的效果。优旃谏阻秦始皇扩大猎场与谏阻秦二世以漆漆城的故事也都使用了归谬法,虽然其真实性未必能令人相信,但"滑稽"的韵味是很强烈的。与之极其类似的是《新五代史·伶官传》中敬新磨的一个故事:"庄宗好畋猎,猎于中牟,践民田。中牟县令当马切谏,为民请,庄宗怒,叱县令去,将杀之。伶人敬新磨知其不可,乃率诸伶走追县令,擒至马前责之曰:'汝为县令,独不知吾天子好猎耶?奈何纵民稼穑以供税赋!何不饥汝民而空此地,以备吾天子之驰骋?汝罪当死?'因前请亟行刑,诸伶共唱和之。庄宗大笑,县令乃得免去。"敬新磨不仅有言辞,还有表演,既有很强的"滑稽性",又有很突出的真实性。敬新磨真是一位"滑稽"的天才,在《红楼梦》中曹雪芹曾将敬新磨与唐伯虎、祝枝山等一批高人才子并列,称他们"其聪俊灵秀则在万万人之上,其乖僻邪谬不近人情之态又在万万人之下",是一种特殊的令人喜爱的人。

再看褚少孙写的后半部分。褚少孙只看到了"滑稽"二字的表面,而不细参"滑稽"的精神实质,所补六事,除西门豹的故事外,再无一件与司马迁的本意相贴合。他所记滑稽人物,多是凭言辞机巧为自己谋利,选材的不同,说明在他看来言辞机巧有趣就是"滑稽"了。比如,表面上看,郭舍人谏留大乳母与优孟谏封孙叔敖之子都有不忘旧德的意思,但优孟使该赏的得赏,郭舍人却使该罚的未被罚,相形之下,褚少孙与司马迁的思想境界高下立见。又,关于东方朔,他的《答客难》是一篇愤世嫉俗的辞赋体杰作,而褚少孙竟摘取了其中的一些语句写成了东方朔的历史,这不仅不"滑稽",而且竟是像依照宋玉的《对楚王问》与屈原的《渔父》来写宋玉、屈原的历史一样的荒谬了。

西门豹治邺的主体是"河伯娶妇"的故事,西门豹以他的机智,狠狠打击了欺骗、残害人民,为害一方,中饱私囊的巫妪与恶吏,为百姓做了一件大好事。同时，西门豹的高明之处是他在行事之前就已经想好杀掉巫妪、恶吏后，更要兴修水利，真正解除水患，以平息百姓间流传的不为河伯娶妇就会被大水淹没的谣言，以事实解除百姓的后顾之忧。这一破一立，树立起西门豹高瞻远瞩又机智过人的高大形象。这段文字不但在思想意义上与司马迁所记"滑稽"相匹配，它所反映出的褚少孙的文学才华也与司马迁堪称比肩。此段文字叙事之曲折，描写之形象，形容之细微，都让人击节赞叹。清代吴见思说："先写女子绛帷，再写三老巫妪，至此乃写西门豹，写其簪笔磬折，疑神疑鬼，极有神情，极有意味，千载下尚如见之。"（《史记论文》）西门豹越是"虔诚"，其对恶势力的震慑威力也就越大，而正义的一方也就越是开心，褚少孙的这段文字的确妙不可言。但需要指出的是，以西门豹的作为，应该入《循吏列传》，褚少孙只以西门豹在惩治巫师等人时用了"以其人之道还治其人之身"的手段，可谓既惊心动魄，又妙趣横生，就将其写入《滑稽列传》，实在是埋没了西门豹了。这也再一次证明褚少孙的史识与史才的不相匹配。

史记卷一百二十七

日者列传第六十七

【释名】

　　本篇是张晏所说的"十篇有目无书"中的一篇。据《太史公自序》"齐、楚、秦、赵为日者，各有俗所用。欲循观其大旨，作《日者列传》"，可知此篇应是齐、楚、秦、赵的一群日者的合传，如《滑稽列传》《游侠列传》等的样子，而本文则只写了一个司马季主，文体也不是传记，而是一篇辞赋，因此这篇《日者列传》一定不是司马迁的原文，其作者究竟是谁，也无从查考。

　　自古受命而王，王者之兴何尝不以卜筮决于天命哉①！其于周尤甚②，及秦可见③。代王之入，任于卜者④。太卜之起⑤，由汉兴而有⑥。

【注释】

　　①卜筮：占卜吉凶。以龟甲占卜称"卜"，以蓍草占卜称"筮"。

　　②于周尤甚：在周朝尤为盛行。《索隐》曰："《周礼》有太卜之官。"

　　③及秦可见：秦始皇迷信神仙，祈求长生不老。占卜的事情，仅偶尔为之，见《秦始皇本纪》。

　　④代王之入，任于卜者：指刘邦之子刘恒（汉文帝）入京为帝前，曾

进行占卜,得"大横之兆"(龟甲上裂出一道横纹)。占卜者告诉
他此事大吉。详见《孝文本纪》。代王,指刘邦之子刘恒,高祖十
一年(前196),平定陈豨叛乱,定代地。将其封为代王。吕后八年
(前180),周勃等消灭诸吕叛乱,派人请刘恒入京为帝。任,听信。

⑤太卜:职官名,专门主管占卜之事,属"九卿"之一的太常。

⑥由汉兴而有:《索隐》曰:"《周礼》有太卜之官。此云'由汉兴'
者,谓汉自文帝卜大横之后,其卜官更兴盛焉。"张照曰:"言汉兴
以来即有之矣。汉兴即有太卜官,不因文帝而更兴盛也。"

【译文】

　　自古以来只有承受天命的人方能称王,君王的兴起哪一个不是通过
卜筮来占卜天命的呢? 这种手段在周朝尤为盛行,到秦朝时还经常可以
看到。孝文帝从代国来长安继承皇位时,就是先听取了卜者的意见。太
卜官的设立,就是从汉朝开始的。

　　司马季主者①,楚人也②。卜于长安东市③。

　　宋忠为中大夫④,贾谊为博士⑤,同日俱出洗沐⑥,相从
论议,诵易先王圣人之道术⑦,究遍人情⑧,相视而叹⑨。贾
谊曰:"吾闻古之圣人,不居朝廷,必在卜医之中⑩。今吾已
见三公九卿朝士大夫,皆可知矣。试之卜数中以观采⑪。"
二人即同舆而之市,游于卜肆中。天新雨,道少人,司马季
主闲坐,弟子三四人侍,方辩天地之道⑫,日月之运,阴阳吉
凶之本⑬。二大夫再拜谒。司马季主视其状貌,如类有知
者⑭,即礼之,使弟子延之坐。坐定,司马季主复理前语,分
别天地之终始,日月星辰之纪⑮,差次仁义之际⑯,列吉凶之
符⑰,语数千言,莫不顺理。

【注释】

①司马季主：姓司马，名季主。其人最早即见于司马迁此文，其他典籍不载。

②楚：汉初诸侯国，国都彭城，即今江苏徐州。

③长安东市：据《三辅黄图》，当时长安有九市，六市在南北大道之西，三市在南北大道之东，东市为规模之大者，后来晁错即被杀于此。

④宋忠：其人不详，不见于《史记》他篇。中大夫：职官名，皇帝身边的侍从，掌议论，秩千石，上属郎中令。

⑤贾谊：西汉著名政论家、文学家，详见《屈原贾生列传》与《汉书·贾谊传》。博士：皇帝身边职掌议论顾问，充当参谋，上属太常。

⑥俱出洗沐：犹言洗沐之日都外出游玩。洗沐，即今所谓"公休"。《正义》曰："汉官五日一假洗沐也。"

⑦诵易：张文虎曰："《御览》引'诵易'作'讲习'，疑今本误。""诵易"，此处即"诵习"。道术：指治国平天下的法术。

⑧究遍人情：透彻研究了世态人情。

⑨相视而叹：彼此相互赞叹。吴见思曰："先从宋、贾写起，写宋、贾矫矫出尘，正反形季主也。"

⑩卜医：指卜者和医生，皆为当时地位低下者，泛指社会下层。

⑪卜数：卜筮一类的行业。观采：观望其风采。冈白驹曰："采，风采也。言遗才隐贤或在卜医之中者，欲观其风采。"泷川曰："观采，犹言物色。"

⑫天地之道：天地剖辟，以及二者关系的种种道理。

⑬阴阳吉凶之本：阴阳二气及人世吉凶产生的由来。

⑭如类有知者："如""类"二字语义重复，应削其一。

⑮纪：规律，头绪。

⑯差次：分别，排列，这里即宣讲、演说。仁义之际：仁义道德对治理国家社会的作用。

⑰符:征兆,证验。

【译文】

司马季主是楚国人,在长安的东市开卜馆。

此时宋忠任中大夫,贾谊任博士,一天两人结伴外出洗沐,边走边谈,谈到先王圣人所讲的种种道理,并广泛地探究世道人情时,不由得相视慨叹。贾谊说:"我听说古代的圣人,如果不在朝廷做官,就必然隐藏在医师、卜者中。如今我已全部观察过朝中的三公、九卿及士大夫,他们的才学人品都可以说了解了。现在我们再到占卜的行业中去观察一下吧。"于是二人就一同乘车来到长安东市,漫步于一家卜馆。天刚下过雨,街上行人很少,司马季主闲坐馆中,身边陪侍着三四个弟子,他们师徒正在谈论天地间的道理,日月的运转情形以及阴阳吉凶的本源。宋忠和贾谊过去向司马季主拜了两拜。司马季主看看这俩人的形貌举止,像是很有知识的人,于是就还礼作答,让弟子引他们就座。宾主坐定后,司马季主又接着讲前面的内容,分析天地的起源与终止,日月星辰的运行法则,还不时地把天道与仁义联系起来,又列举了许多吉凶祸福的征兆,说了洋洋数千言,没有不合情合理的。

宋忠、贾谊瞿然而悟①,猎缨正襟危坐②,曰:"吾望先生之状,听先生之辞,小子窃观于世,未尝见也。今何居之卑③,何行之污④?"司马季主捧腹大笑曰:"观大夫类有道术者⑤,今何言之陋也,何辞之野也! 今夫子所贤者何也? 所高者谁也? 今何以卑污长者?"

【注释】

①瞿然:恍然有所醒悟的样子。

②猎缨正襟:《索隐》曰:"猎,犹'揽'也,揽其冠缨而正其衣襟,谓

变而自饰也。"危坐：挺直身子坐好，一副严肃恭敬的样子。

③居：处，处境。

④行：从事的行业。

⑤道术：指既懂得高远宏深之道，又有具体的治国之才。

【译文】

宋忠、贾谊恍然有所醒悟，赶紧整理冠带，正襟危坐地说："我们看到您的仪表，听了您的谈吐，晚辈窃以为，在当今之世从来还没有见到过。可是您为什么竟居于这么卑微的地位，为什么干这么下贱的工作呢？"司马季主一听捧腹大笑说："看你们的样子像是有学问的人，可是怎么会说出这种浅薄的话，使用这么粗野的措辞呢！你们所认为的贤者是什么样的人呢？你们所说的高贵的人又究竟是指什么样的人呢？为什么你们把我视为卑下污浊的人呢？"

二君曰："尊官厚禄，世之所高也，贤才处之。今所处非其地①，故谓之卑。言不信，行不验②，取不当，故谓之污。夫卜筮者，世俗之所贱简也③。世皆言曰：'夫卜者多言夸严以得人情④，虚高人禄命以说人志⑤，擅言祸灾以伤人心，矫言鬼神以尽人财⑥，厚求拜谢以私于己⑦。'此吾之所耻，故谓之卑污也。"司马季主曰："公且安坐。公见夫被发童子乎⑧？日月照之则行，不照则止，问之日月疵瑕吉凶⑨，则不能理。由是观之，能知别贤与不肖者寡矣。

【注释】

①非其地：不是做高官享厚禄。

②言不信，行不验：谓卜筮者都是在编造谎话骗人，没有任何灵验。

③贱简：地位卑微手法浅陋。这里用如动词，即被人瞧不起。

④多言夸严以得人情：通过夸张、说谎以揣摩听者的心理。夸严，王
　念孙曰："犹言'夸诞'，谓多言夸诞以惑人。"

⑤说：同"悦"。

⑥矫：曲，假造。

⑦拜谢：指谢礼，为感谢占卜者而花的钱财。

⑧被发童子：指幼年儿童。古代儿童披发，至少年则梳成两角；至二
　十岁则行束发加冠之礼，从此为成人。被，同"披"。

⑨日月疵瑕吉凶：指日蚀、月蚀，以及这些"天变"对人间社会的影响。

【译文】

　　两位大夫说："高官厚禄，是世人所看重的，贤者应该占据那种地位。可是您并没有处在那种地位，所以我们说您卑微。如果一个人所言不真实，所行不灵验，所取不恰当，那就是言行卑污。而你们这些以卜筮为业的人，就正是被世俗百姓所鄙视的。世人都说：'以占卜为业的人总是多用夸大怪诞之辞，来迎合人们的心意，他们或者以多福多寿来取悦人心，或者编造灾祸来吓唬人，或者假托鬼神来诈取钱财，总之是希望得到人们厚重的酬谢以满足自己的私欲。'这些都是我们所认为的可耻的行径，所以我们说您的工作卑微污浊！"司马季主说："你们暂且坐下来。你们见过那些披发童子吗？有太阳月亮的时候，他们就出来活动；太阳月亮落下去了，他们就回家睡觉，如果要问他们日月之食和人事吉凶，他们说不出道理。由此看出，真正能够识别贤者与不贤者的人真是太少了。

　　"贤者之行也①，直道以正谏，三谏不听则退②。其誉人也不望其报，恶人也不顾其怨，以便国家利众为务。故官非其任不处也③，禄非其功不受也；见人不正，虽贵不敬也；见人有污，虽尊不下也；得不为喜，去不为恨④；非其罪也，虽累辱而不愧也⑤。

【注释】

①贤者之行也：底本作"贤之行也"，泷川曰："枫山本'贤'下有'者'字。"按，此"者"字不可少，今据此增。

②三谏不听则退：《礼记·曲礼下》："三谏而不听则逃之。"退，指辞官不干。

③官非其任不处：不是自己能胜任的官职就不要去当。《论语·季氏》孔子曰："陈力就列，不能者止。"非其任，不是自己能胜任的。

④得不为喜，去不为恨：得到某个官职，并不特别为之喜悦；被免去某个官职，也不为之感到遗憾。恨，缺憾。《循吏列传》说孙叔敖："三得相而不喜，知其材自得之也；三去相而不悔，知非己之罪也。"即此之类。

⑤累辱：泷川曰："'累'读为'缧'。"缧辱，即下监狱、披绳索受辱。《论语·公冶长》孔子曰："公冶长可妻也，虽在累绁之中，非其罪也。"

【译文】

"大凡贤者居官做事，应该是坚持正道以正言规谏君主，多次规谏不被听从，就辞官引退。他们称誉人并不图其回报，他们憎恨人时也不怕因此招来什么怨恨，只要是对国家对百姓有利的事情他们就努力去做。所以官职不是自己能胜任的就不担任，凡是自己不该得到的俸禄就不去享受；见到一个人行为不端，即使身份高贵也不敬重他；见到一个人品德恶劣，虽高居尊位也不屈就他；得到荣华富贵也不以为喜，失去富贵荣华也不以为恨；如果不是自己的过错，即使多次受到牵累侮辱也不感到羞愧。

"今公所谓贤者，皆可为羞矣。卑疵而前①，嵲趋而言②；相引以势，相导以利；比周宾正③，以求尊誉，以受公奉；事私利，枉主法，猎农民④；以官为威，以法为机⑤，求利逆暴:譬无异于操白刃劫人者也。初试官时,倍力为巧诈,饰虚功,执空文以调主上⑥,用居上为右⑦;试官不让贤,陈功,见伪增实,以无为有,以少为多,以求便势尊位;食饮驱驰,从姬歌儿,不顾于亲,犯法害民,虚公家:此夫为盗不操矛弧者也⑧,攻而不用弦刃者也⑨,欺父母未有罪而弑君未伐者也。何以为高贤才乎⑩?

【注释】

①卑疵:卑躬屈膝的样子。

②㰨(qiān)趋:一副谄媚讨好的样子。《索隐》曰:"谓足恭也。"

③比周:相互依附,即今所谓朋党比周,狼狈为奸。宾正:排斥正直的人。宾,通"摈",排挤。

④猎:像打猎一样地掠取。

⑤机:机关,此以机关、陷阱等猎人捕兽之举动以比喻官吏之蓄意害民。

⑥调(wǎng):哄骗。

⑦用居上为右:以求得做大官、居上职。用,以。右,汉代以"右"为上。

⑧矛弧:长矛与弓弩。弧,弓。

⑨弦刃:弓弩与战刀。弦,弓弦,这里指弓弩。

⑩何以为高贤才乎:凌稚隆引王维桢曰:"语虽涉谩骂,然曲尽宦情。"

【译文】

　　"现在先生们所说的贤者,都是为他们感到羞耻的人。他们卑躬屈膝,谄媚逢迎;以权势相互勾结,以利益相诱导;他们植党营私,排斥正人君子,为的是骗取尊崇美誉,以获得更多俸禄;他们为了谋取私利而不惜破坏国家法令,掠夺贫民财产;他们倚仗官位逞威风,利用法律做工具,为了获得私利逆行横暴:这好像与手持利刃在光天化日下去抢劫没什么区别。在他们刚被试用为官员的时候,极力伪装,粉饰虚假的功劳,靠着报虚功、说假话来骗取君主的信任,以便占据高位;在委任官职后,不肯把职位让给比自己强的人,却自夸其功,把假的说成真的,把没有的说成有的,把少的改为多的,用这种手段来博取更高的地位和权势;他们自己吃喝玩乐,声色犬马,置他们的亲族于不顾,专做犯法害民勾当,肆意挥霍,虚耗公家财产:这些人做强盗却不带戈矛,攻击他人不用弓箭,欺凌父母而未曾定罪,弑君作乱不被讨伐的一伙人。凭什么认为这些人是品德高尚的贤才呢?

　　"盗贼发不能禁,夷貊不服不能摄①,奸邪起不能塞②,官耗乱不能治,四时不和不能调,岁谷不孰不能适③。才贤不为,是不忠也④;才不贤而托官位⑤,利上奉,妨贤者处,是窃位也;有人者进⑥,有财者礼⑦,是伪也。子独不见鸱枭之与凤皇翔乎⑧? 兰芷芎䒪弃于广野⑨,蒿萧成林⑩。使君子退而不显众,公等是也。

【注释】

①夷貊(mò):泛指境外的少数民族国家。夷,旧时用以称东方与西南方的少数民族。貊,旧时用以称东北地区的少数民族。摄:通"慑",震慑,威服。

②塞:止,削平。

③四时不和不能调,岁谷不孰不能适:谓不能调理阴阳,以消除自然灾害。四时不和,四季的节令失常。岁谷,农业收成。不孰,不成熟,不能丰收。孰,同"熟"。适,《索隐》曰:"适,音'释',犹调也。"

④不忠:不负责,不尽责。

⑤托：寄，处。

⑥有人：指有靠山、有背景。进：升官。

⑦礼：指受尊敬、受重用。

⑧鸱枭之与凤皇翔：指小人与君子掺杂一起，善恶不分。鸱枭，猫头鹰，旧时将其视为恶禽的代表。

⑨兰芷芎䓖（xiōng qióng）：皆为香草名，这里比喻德高有才的人。

⑩蒿萧成林：比喻坏人当道，充斥整个官场。蒿萧，都是臭草名。

【译文】

"盗贼作乱不能禁止，四方的蛮夷叛乱他们不能慑服，奸邪得势他们不能遏止，公家损耗他们不能整治，四时不和不能调节，年成不好不会调剂。如果他们有贤才而不去做，这是不忠；如果他们根本没有才能而寄居官位，享受皇上的俸禄，妨碍着贤人做官，这就是窃居官位；有靠山的人就能进用，有钱财的人就能受礼待，这就是弄虚作假。你们难道没有看见现在猫头鹰和凤凰一起飞翔了吗？现在是兰芷、芎䓖这样的香草被遗弃在旷野，蒿、萧这样的杂草却茂密成林。如今正人君子隐退而不能扬名显众，这就是你们这些人造成的。

"述而不作①，君子义也。今夫卜者，必法天地②，象四时③，顺于仁义，分策定卦，旋式正棋④，然后言天地之利害，事之成败。昔先王之定国家，必先龟策日月，而后乃敢伐⑤；正时日⑥，乃后入⑦；家产子必先占吉凶，后乃有之⑧。自伏羲作八卦⑨，周文王演三百八十四爻而天下治⑩。越王句践放文王八卦以破敌国，霸天下⑪。由是言之，卜筮有何负哉！

【注释】

①述而不作：只为前贤做阐发，自己不做新的开创。这里司马季主

借此语说明自己都是根据《周易》的经传为人占卜的，并非自己
杜撰。《论语·述而》孔子曰："述而不作，信而好古，窃比我于老
彭。"

②法天地：以天地为法则。

③象四时：仿效春、夏、秋、冬四季的节令。

④分策定卦，旋式正棋：皆为占卜时的具体操作。《索隐》曰："式，即
'栻'也，栻之形上圆象天，下方象地。用之则转天纲加地之辰，
故云'旋式'。棋者，筮之状。正棋，盖谓卜以作卦也。"策，也称
"筮"，占卜用的竹棍，有的也用蓍草秆。

⑤而后乃致伐：伐，底本作"代"。泷川曰："代，枫山本作'伐'，义
较长。"伐，指讨伐暴君。今据此改。

⑥正时日：意即选择吉日良辰。日，时辰。古代将一昼夜分成子、
丑、寅、卯等十二个时辰。

⑦乃后入：按，底本将下句中的"家"字上提，作"正时日，乃后入
家"，今不取。

⑧必先占吉凶，后乃有之：先占卜结果是否吉利，然后才决定是否要
这个孩子。《索隐》曰："谓若卜之不祥则或不收也。卜吉而后有，
故云'有之'。"

⑨伏羲：远古传说中的帝王，司马贞将其称为"三皇"之一。孔颖达
引《易乾凿度》云："孔子曰：'上古之时，人民无别，群物未殊，未
有衣食器用之利，伏牺乃仰观象于天，俯观法于地，中观万物之
宜，于是始作八卦。'"

⑩周文王演三百八十四爻：《周本纪》中，周文王被囚于羑里的时
候，"益《易》之八卦为六十四卦"，每卦再推衍为六爻，即三百八
十四爻。天下治：后代帝王都将占卜作为治理国家的一种手段，
在国家有大的政治军事活动前，都要进行占卜。《周本纪》中即有
周公在处理政事前进行占卜的记载。

⑪越王句践放文王八卦以破敌国,霸天下:《左传》《越语》《越王句践世家》中皆无如此记载,相反《吴语》中倒有文种劝句践曰"天占既兆,人事又见,我蔑卜筮矣"之语。

【译文】

"只传述圣人的东西而不独自创作,这是君子们的道义。现在占卜的人,必取法于天地,必取象于四时,依循仁义之道,来分别龟策确定卦象,旋转栻盘端正筮棋,这样之后才能解说天地之间的利害,人事的吉凶成败。从前先王平定天下之后,必定先用龟策占卜日月,然后才敢取代旧王朝;要选准吉日,而后才能进入旧王朝的宫门;生了孩子也要先占明吉凶,而后才能决定是不是养育这个孩子。自从伏羲创作八卦,周文王演化成三百八十四爻,从而天下大治。后来越王句践又仿效着周文王的八卦行事,终于破灭敌国,称霸天下。由此说来,卜筮有什么短处呢?"

"且夫卜筮者,扫除设坐,正其冠带,然后乃言事,此有礼者也①。言而鬼神或以飨②,忠臣以事其上,孝子以养其亲,慈父以畜其子,此有德者也③。而以义置数十百钱④,病者或以愈⑤,且死或以生⑥,患或以免⑦,事或以成⑧,嫁子娶妇或以养生⑨:此之为德,岂直数十百钱哉!此夫《老子》所谓'上德不德,是以有德'⑩。今夫卜筮者利大而谢少⑪,老子之云岂异于是乎?

【注释】

①此有礼者也:底本作"此有礼也",依下文"此有德者也",此句"礼"下应有"者"字,今补。

②言:指占术人对求卜者讲过道理后。鬼神或以飨:该祭祀的鬼神得到了祭祀,也就是有些本来不敬鬼神的人经过占卜后改为祭鬼

神了。

③此有德者也：指占术人能教育问卜者改恶向善而言。

④以义：按照实际情况。义，宜。置数十百钱：指问卜者给占术人留下几十乃至百数个铜钱。

⑤病者或以愈：指心理治疗产生效果。

⑥且死或以生：指通过思想开导，想自杀的不自杀了。且，将。

⑦患或以免：如通过劝诱，不再铤而走险。

⑧事或以成：指代为筹谋策划，办事成功。

⑨嫁子：即嫁女。子，古代兼举男女。养生：犹言"养育"，生养并抚育其成人。

⑩上德不德，是以有德：语见《老子》第三十八章。

⑪谢少：指占术人向社会、向人类索取的报酬少。谢，即前文之所谓"拜谢"，谢礼，卦金。

【译文】

"而且从事卜筮的人，每次占卜之前一定要扫除洁净，摆好座位，端正冠带，而后才会开始谈论吉凶祸福，这是合礼的表现。通过我们的言论，使鬼神得以享用祭品，臣子进忠奉事国君，儿子尽孝供养双亲，父亲慈爱抚育孩子，这是有道德的表现。前来问卜的人们出于道义付给我们几十、上百钱，而他们得到的是：生病的人或许因而痊愈，将死的人或许因而得生，祸患或许因而免除，事情或许因而成功，嫁女娶妇或许因而得以生养子女并抚育成人：像这样的功德，难道只值几十、上百文钱吗？这就是《老子》所说的'具有大德者并不以有德自居，这才是真正的有道德'。如今我们这些卜筮行业的人给人们带来的好处多，而所得到的报酬少，老子所说的话难道和我们卜筮者的这些表现有什么不同吗？

"《庄子》曰：'君子内无饥寒之患，外无劫夺之忧，居上而敬，居下不为害，君子之道也①。'今夫卜筮者之为业也，积之无委聚②,藏之不用府库,徙之不用辎车③,负装之不重④,止而用之无尽索之时⑤。持不尽索之物⑥,游于无穷之世⑦,虽庄氏之行未能增于是也⑧,子何故而云不可卜哉⑨?天不足西北,星辰西北移;地不足东南,以海为池⑩;日中必移,月满必亏⑪;先王之道,乍存乍亡。公责卜者言必信,不亦惑乎!

【注释】

①"君子内无饥寒之患"五句:不见于今本《庄子》,但其大旨与庄周所讲的"清静无为,顺时保命"相合。居上而敬,居上位而能对下属谦敬。居下不为害,指居于普通人位置而不作恶。

②积之无委聚:有点积蓄也甚少,不至成堆成垛。委聚,堆积。

③徙:搬家。辎车:载物的大车。

④负装之不重:指占卜所用的工具分量很轻,背着上路不沉重。

⑤索:尽。

⑥不尽索之物:指占卜工具。

⑦游于无穷之世:指卖卜者四海为家,可以到处游荡。

⑧庄氏之行:庄周理想的为人处世,即《庄子·逍遥游》所谓"乘天地之正,而御六气之辩,以游无穷者"云云。

⑨不可卜:指不可操占卜之业。

⑩天不足西北,星辰西北移;地不足东南,以海为池:《淮南子·天文训》:"昔者共工与颛顼争为帝,怒而触不周之山,天柱折,地维绝,天倾西北,故日月星辰移焉;地不满东南,故水潦尘埃归焉。"

⑪日中必移,月满必亏:古代俗语,《易经·丰卦》有所谓"日中则昃,月盈则蚀"。哲学家以此讲事物的发展变化,物极必反;而本文则讲万物都有"缺点",连天地日月都不例外。

【译文】

"《庄子》说过：'君子内无饥寒的忧患，外无被劫夺的顾虑，居上位慎重严谨，处下位与世无争，这就是君子之道。'如今卜筮者所从事的职业，积蓄无须成堆，储藏不用府库，迁徙不用辎车，就是背着扛着也不会太重，停留下来开张营业也不会有用完的时候；我们拥有着这个取之不尽用之不竭的财源，周游在这个没有尽头的世界上，即便是庄子本人的为人处世也不见得能比我们更好，你们凭什么说不能从事占卜这个行业呢？因为天不足西北，所以日月星辰都向西北移动；因为地不足东南，所以东南都成了海洋；太阳到了正午就会向西移动，月亮圆了就必定出现亏缺；先王之道时隐时现，时存时亡。而你们二位却要求卜筮者的每一句话都能兑现，这不是很荒唐吗！

"公见夫谈士辩人乎[①]？虑事定计，必是人也，然不能以一言说人主意，故言必称先王，语必道上古；虑事定计，饰先王之成功[②]，语其败害，以恐喜人主之志[③]，以求其欲。多言夸严，莫大于此矣。然欲强国成功，尽忠于上，非此不立[④]。今夫卜者，导惑教愚也。夫愚惑之人，岂能以一言而知之哉[⑤]！言不厌多。

【注释】

①谈士辩人：如张良、郦生、陆贾等等。

②饰：粉饰，夸说。

③以恐喜人主之志：以失败帝王之所行恫吓之，以成功帝王之所行鼓舞之。

④非此不立：没有这一套"多言夸严"就行不通。

⑤知：使之醒悟，明白。

【译文】

"你们见过能言善辩的谋士吗？给君主出主意做决定的就是他们，但他们也不能用只言片语就说服君主，因此他们一说话就必定托称先王，论说必定引述上古；审时定计时，或夸饰先王事业的成功，或述说其失败的情形，使人主的心意或喜或惧，从而达到自己的目的。说大话故弄玄虚的，没有比他们更厉害的了。但是为了使国家强盛，事业成功，为了真正地效忠君主，就非这样干不可。如今我们这些卜筮者，是在启发教导那些愚昧的百姓。那些愚昧迷惑的人，怎么能用一两句话就让他们明白呢！所以说话就不厌其多。

"故骐骥不能与罢驴为驷①，而凤皇不与燕雀为群，而贤者亦不与不肖者同列。故君子处卑隐以辟众②，自匿以辟伦③，微见德顺以除群害，以明天性④，助上养下，多其功利，不求尊誉。公等喁喁者也⑤，何知长者之道乎！"

【注释】

①罢驴：劣等的驴子。罢，通"疲"。疲劳，衰弱。为驷：同驾一辆车，古称四马并驾曰"驷"。

②处卑隐以辟众：找个僻静之处躲起来，避开你们这些世俗之辈。卑隐，低下，隐蔽。辟，同"避"，躲开。

③匿：隐藏。伦：群，众人。

④以明天性：以表明上天的本性是爱善乐施的，如阳光雨露。

⑤公等：你们这些人。底本此处作"公之等"，"之"字不顺。泷川曰："《御览》七百二十五，'公'下无'之'字。"今据削。喁喁（yóng）：众鱼排在水面，口皆向上的样子。本篇用以比喻众人随声附和，人云亦云。

【译文】

"所以千里马不能和瘦驴同驾一车,凤凰不能和燕雀混为一群,而真正的贤才也不跟那些没本事的人同伍。因此君子常常甘愿处于卑微的地位以避开世人,故意隐藏起来以避开俗人,但是他们暗中察明世间道德顺应之情状,帮着世人兴利除害,以说明天性是助善的,帮助国君养育百姓,做出的贡献很多,但却没有去追求什么尊位与荣誉。你们都是些随声附和的人,哪里理解长者的所作所为呢?"

宋忠、贾谊忽而自失,芒乎无色①,怅然噤口不能言②。于是摄衣而起③,再拜而辞。行洋洋也④,出门仅能自上车,伏轼低头⑤,卒不能出气⑥。

【注释】

①忽而自失,芒乎无色:形容人失神丧气的样子。忽,恍惚。自失,忘掉了自己的存在。芒乎无色,茫茫然,两眼看不见东西。

②怅然:失意落寞的样子。

③摄衣:提起衣襟。

④洋洋:茫然不知所往的样子。

⑤伏轼:把头低在车前横木上。轼,车厢前的横木,可供乘车者凭靠休息。

⑥卒不能出气:汉代辞赋体的文章通常都是这样结尾。如《上林赋》说"子虚""乌有"被"无是公"折服的样子是"二子愀然改容,超然自失,逡巡避席"云云。这种写法源于《庄子·盗跖》,写"孔丘"被"盗跖"抢白的狼狈状有所谓"孔丘再拜趋走,出门上车,执辔三失,目茫然无见,色若死灰,据轼低头,不能出气"云云,用词都几乎相同。

【译文】

宋忠、贾谊听罢精神恍惚而若有所失，茫然失色，神情惆怅，只能张嘴而说不出一句话来。于是他们整衣而起，拜了两拜告辞出来。走起路来像喝醉了酒一样不辨东西南北，出门后勉强能爬上自己的车子，低头伏在车前的横木上，始终不能喘上气来。

居三日，宋忠见贾谊于殿门外，乃相引屏语相谓自叹曰[①]："道高益安，势高益危。居赫赫之势，失身且有日矣[②]。夫卜而有不审，不见夺糈[③]；为人主计而不审，身无所处。此相去远矣，犹天冠地屦也[④]。此老子之所谓'无名者万物之始'也[⑤]。天地旷旷，物之熙熙，或安或危，莫知居之。我与若，何足预彼哉[⑥]！彼久而愈安，虽庄氏之义，未有以异也[⑦]。"

久之，宋忠使匈奴，不至而还，抵罪[⑧]。而贾谊为梁怀王傅[⑨]，王堕马薨，谊不食，毒恨而死[⑩]。此务华绝根者也[⑪]。

【注释】

①相引屏语相谓自叹：这种写宋忠、贾谊三天情绪尚未缓解的情景，也是源于《庄子·盗跖》。在《盗跖》中，孔丘被盗跖吓得像丧家狗一般回到鲁国后，在东门外碰到盗跖的哥哥柳下季，"柳下季曰：'今者阙然数日不见，车马有行色，得微往见跖耶？'孔子仰天而叹曰：'然。'柳下季曰：'跖得无逆汝意若前乎？'孔子曰：'然，丘所谓无病而自灸也。疾走料虎头，编虎须，几不免虎口哉！'"屏语，避人而语。屏，这里即指避开。

②失身：丧命。

③夺糈：把已付给占卜者的钱财再要回去。糈，《集解》引《离骚》曰："怀椒糈而要之。"王逸注："糈，精米，所以享神。"泷川引中井

曰:"糈字起于米,而通于财货。上文所谓数十百钱,亦是糈矣。"关于"糈"字的读音,《集解》引徐广曰:"音'所'。"《索隐》曰:"'糈'音'所'。"今《现代汉语词典》《辞源》皆音xǔ。

④天冠地屦(jù):天之冠,地之鞋,极言其相差之远。屦,鞋。

⑤无名者万物之始:越是无法名状的东西,越是万物的根本。以言居官的势位,不如卜者的默默无闻。语出《老子》第一章:"无名,万物之始;有名,万物之母。"

⑥何足预彼:哪能与他(司马季主)相比。预,与,相提并论。

⑦虽庄氏之义,未有以异也:底本作"虽曾氏之义,未有以异也"。《集解》引徐广曰:"曾,一作'庄'。"按,应作"庄",即庄周的为人处世准则。今据此改。

⑧宋忠使匈奴,不至而还,抵罪:"宋忠使匈奴"事不见于其他记载,不知是否真确。抵罪,因犯罪而受惩处。

⑨梁怀王:名揖,汉文帝之幼子。汉文帝二年(前178)封梁王(国都睢阳,在今河南商丘城南),汉文帝十一年(前169)骑马摔死。傅:太傅,诸侯王辅导官,秩二千石。

⑩谊不食,毒恨而死:贾谊卒于汉文帝十二年(前168),卒年三十二岁,事见《屈原贾生列传》。毒恨,痛悔。毒,痛。恨,憾,愧悔。

⑪务华绝根:为贪慕官场虚荣而断绝性命。华,花,喻指官场虚荣。根,喻指人身,性命。《索隐》曰:"言宋忠、贾谊皆务华而丧其身,是绝其根本也。"

【译文】

过了三天,宋忠在殿门外碰到了贾谊,两人便凑到一起避开旁人谈论此事,慨叹说:"道德越高就能越安全,权势越高就会越危险。一个人如果处在炙手可热的显赫地位,那杀身的日子就指日可待了。给人占卜即使占卜得不对,也没见谁被讨回占卜费;可是替君王出谋划策如果不周密,那就没有葬身之地了。这两者的差别真是太大了,就像天冠地屦不可同日而语一样。这就是老子说的'无法名状的东西是万物生长的开端'啊。天地是那么空阔无边,万物是那样兴盛和乐,有的安全,有的危险,让人不知道究竟处在哪里好。我和你,怎么能够同司马季主相比呢?他的职业越长久越平安,即使是庄子的境界,和他也没有什么两样啊!"

过了很久,宋忠被派出使匈奴,没有到达目的地就回来了,被判了罪。而贾谊在做梁怀王太傅时,怀王不慎坠马而死,贾谊痛苦地吃不下饭,悔恨自己没有尽到责任,含恨而死。这两个人都是因为醉心功名而丢了命。

太史公曰:古者卜人所以不载者,多不见于篇①。及至司马季主,余志而著之②。

【注释】

①所以不载者,多不见于篇:句子不顺,且意思重复。

②及至司马季主,余志而著之:李景星曰:"《日者传》是一篇架空文字,如庄生之寓言。即司马季主,亦不必实有其人,所述事迹更无论矣。即以有其人而论,亦是当时才人借题发挥,不必出自宋、贾。即云出自宋、贾,亦是设为问答,自抒愤懑,如《离骚》《渔父》之类。太史公想是爱其文,感其事,故加以序赞,而为此传。又以司马季主操日者之业,故名之《日者列传》也。其文汪洋恣肆,诞忽深渺,虽多排语,自成奇作。盖史公胸有锤炉,即偶尔采录,亦自成其为史公之文,非他人所能及。"

【译文】

太史公说:古代的卜者我之所以没有记载,是因为他们的事迹多不见于文献记载。近来有了司马季主,我便将其言行记述成篇。

褚先生曰:臣为郎时①,游观长安中,见卜筮之贤大夫，观其起居行步，坐起自动[2]，誓正其衣冠而当乡人也[3]，有君子之风。见性好解妇来卜[4]，对之颜色严振[5]，未尝见齿而笑也[6]。从古以来，贤者避世，有居止舞泽者[7]，有居民间闭口不言，有隐居卜筮间以全身者。夫司马季主者，楚贤大夫，游学长安，通《易经》[8]，术黄帝、老子[9]，博闻远见。观其对二大夫贵人之谈言，称引古明王圣人道，固非浅闻小数之能[10]。及卜筮立名声千里者[11]，各往往而在。传曰[12]："富为上，贵次之[13]；既贵各各学一伎能立其身。"黄直，丈夫也[14]；陈君夫，妇人也：以相马立名天下。齐张仲、曲成侯以善击刺学用剑[15]，立名天下。留长孺以相彘立名[16]。荥阳褚氏以相牛立名[17]。能以伎能立名者甚多，皆有高世绝人之风，何可胜言。故曰："非其地，树之不生；非其意，教之不成。"夫家之教子孙，当视其所以好[18]，好舍苟生活之道，因而成之[19]。故曰："制宅命子[20]，足以观士；子有处所，可谓贤人。"

【注释】

①郎：帝王的侍卫官员，有郎中、中郎、议郎等，官秩在三百石至六百石之间。

②坐起自动：词语生涩。坐起，犹言"坐立"。自动，不知所云，或指"行动"。

③誓正其衣冠而当乡人也：泷川曰："枫山本'誓'作'整'，为是。""整正"意即"端正"。当，面对。冈白驹曰："虽乡人，必正衣冠以待之。"

④性好解妇：性情温和、善解人意的妇女。

⑤严振：严肃庄重。振，庄重。

⑥见齿而笑：笑得露牙齿，古人认为这是一种轻浮之态。

⑦居止：居住。止，处。舞泽：泷川曰："舞，读为'芜'。""芜泽"即荒芜的草泽。

⑧《易经》：原称《易》，古代的卜筮书，汉代尊儒，乃奉之为儒家的经典之一。

⑨术黄帝、老子：讲述黄帝、老子的学说。泷川曰："术，读为'述'。"意即研究，讲述。老子的学说见《道德经》，"黄帝"的思想可参看《黄帝四经》。"黄老"是道家学派的一个分支，流行于战国后期与秦汉之际。

⑩小数：小学问，小智略。

⑪及卜筮立名声千里者："及"字不顺，疑当作"以"。

⑫传：汉代用以称前代贤哲之书。

⑬富为上，贵次之；既贵各各学一伎能立其身：按，以上数语，不知出自何书。李笠曰："'各'字衍其一。"

⑭黄直，丈夫也：底本作"黄直，大夫也"。黄本作"丈夫"，意即"男人"，与下文"妇人"相对而言。前后皆讲下层人，不宜突然冒出一个"大夫"。今据黄本改。

⑮曲成侯以善击刺学用剑：汉武帝时有两个"曲成侯"，一个是景帝子中山靖王刘胜之子刘万岁，因其父为诸侯王，于武帝元朔五年（前124）被推恩封为曲成侯，封地在今河北涿州，元鼎五年（前112）因犯罪国除，见《建元已来王子侯者年表》。另一个是刘邦的开国功臣蛊逢（也作"虫达"）之孙蛊皋柔（也作"虫皇柔"），建元二年（前139）被封为曲城侯，封地在今山东莱州东北，元鼎三年（前114）因犯罪失侯，国除。此褚少孙所谓"善击刺"者不知指何人。又，曾经为侯而以"击刺"见称，亦必在失侯为庶民时事。

⑯留长孺:留县人名长孺,史失其姓。留,汉县名,治所在今江苏沛县东南。

⑰荥阳:汉县名,治所即今河南荥阳东北之古荥镇。褚氏:姓褚,史失其名。凌稚隆引张之象曰:"此段祖《货殖传》末段总叙之意。"

⑱当视其所以好:"以"字不顺,似应削。

⑲好舍苟生活之道,因而成之:底本"舍"作"含"。泷川曰:"南本、宋本、凌本'含'作'舍'。""好舍"即爱好什么与舍弃什么。这里是偏义复词,就是"爱好"的意思。全句谓只要孩子的爱好也是一种谋生之道,那么家长便可以顺其自然而成就之。

⑳制宅:管家。命子:教训孩子。

【译文】

褚先生说:我在担任郎官的时候,在长安城中游览,看见那些从事卜筮行业的贤人们,我注意观察他们的言行举止,见他们即使面对乡野之民也正襟危坐,一派君子的风范。遇有性情温和、善解人意的妇女前来占卜,占卜者也态度严肃,不曾露齿而笑。自古以来,贤者逃避世俗社会,有隐居于荒芜的洼地的,有隐居在民间而闭口不言的,也有隐居在卜筮行业以求保全自己的。司马季主是楚地贤大夫,游学长安,精通《周易》,能够陈述黄帝、老子之道,可称得上是有远见博识。看他与贾谊、宋忠谈论的那些话语,称述引用古代明王圣人之道,实在不是一般的见识浅薄、能力低下之辈能望其项背的。以卜筮为职业而能名扬千里的,往往到处都有。古书上讲:"富是第一位的,贵在其次,显贵之后要学会一技之长以立其身。"黄直是男子,陈君夫是妇女:都以善于相马闻名天下。齐国张仲、曲成侯,都以擅长击剑而名扬天下。留县的长孺以相猪扬名。荥阳的褚氏以相牛闻名。能以技能立名的人很多,都有超出世俗常人的风采,怎么能说得尽呢? 因此俗话说:"不是那种合适的土壤,种什么它也不会生长;不是他想学的,老师教得好他也学不会。"家长要想教导子孙,应当看清孩子的爱好,只要他喜好的是一种谋生之道,就要顺着他的爱好因势利导使之成功。所以俗话说:"通过一个人的管家教子,足以见出他的本领才干;能让孩子在社会上立足,这样的家长就算是贤人。"

　　臣为郎时,与太卜待诏为郎者同署①,言曰:"孝武帝时,聚会占家问之②,某日可取妇乎?五行家曰可③,堪舆家曰不可④,建除家曰不吉⑤,丛辰家曰大凶⑥,历家曰小凶⑦,天人家曰小吉⑧,太一家曰大吉⑨。辩讼不决,以状闻。制曰⑩:'避诸死忌,以五行为主。'"人主取于五行者也⑪。

【注释】

①太卜待诏:为占卜官,听候皇帝呼唤的人。

②聚会:召集。

③五行家:以研究金、木、水、火、土五者相生相克为"学问"的职业者。

④堪舆家:即风水先生。探测方位、时日,为人相宅、相墓等。

⑤建除家:以选择时日,占测吉凶为事的职业者,他们以建、除、满、平、定、执、破、危、成、败、开、闭为十二神,轮流值日,周而复始,视其碰在何日,以定吉凶。

⑥丛辰家:也是以占测吉凶,选择时日为事的职业者,他们把子、丑、寅、卯等十二辰,与金、木、水、火、土相配,以组成各种善、恶之神,以定其所值之日的所宜所忌。

⑦历家:观测日月星辰的运行,以推测人事吉凶的人。

⑧天人家:以研究天人感应为事的人。

⑨太一家:也称太乙家,是利用一种特制的圆盘,以占测吉凶的职业者。

⑩制：皇帝的命令。

⑪人主取于五行者也：底本作"人取于五行者也"，意思不清，"人"下当有"主"字。"人主取于五行"正与武帝诏所云"避诸死忌，以五行为主"句相应。今据增"主"字。梁玉绳曰："褚复缀四百余字，更为蛇足。"

【译文】

　　我当年做郎官的时候，与一个太卜待诏的郎官在同一衙门办公，他对我说："汉武帝时，曾把各种占卜行业的人召集在一起，问他们：'某某日能娶亲吗？'五行家说可以，堪舆家说不可以，建除家说不吉利，丛辰家说大凶，星历家说小凶，天人家说小吉，太一家说大吉。各持己见相持不下，只能将有关情况奏明武帝。武帝下旨说：'避开死凶忌讳，应以五行家的意见为依据。'"于是武帝就选择了五行家的意见。

【集评】

　　泷川曰："史公自序云：'齐楚秦赵，为日者各有俗所用，欲循观其大旨，作《日者列传》第六十七。'《史》别有《龟策传》，则'日者'斥占候时日者而言，传谬叙'卜者'事，《索隐》亦混同。此篇有褚氏补传，则本传之成必在少孙前，而非史公手笔。篇中但叙楚人司马季主事，不及齐、秦、赵诸国人，与自序所言异。"（《史记会注考证》）

　　梁玉绳曰："《史》缺此传，褚生取记司马季主事补之，序论亦伪托，然其文汪洋恣肆，颇可爱诵。黄震《古今纪要》二言吕东莱谓欧公每制文，必先取《日者传》读数过。疑当时有此文，如《客难》《宾戏》之比。故《史记考要》云：'季主传盖沉沦隐遁，不得志于时者之言，未必出少孙。'董份曰：'所记季主，自有当时旧文，而褚述之。'应或然也。"（《史记志疑》）

　　凌稚隆曰："此借日者以讥尊官厚禄，而不忠不才，妨圣窃位，直与蒿萧鸱枭寇盗等耳。岂能如日者之隐居卜筮,不求荣宠,而有礼有德哉！篇中反复议论,虽其愤激之词,而亦足以风世之贪位慕禄者。"(《史记评林》)

吴见思曰:"《史记》俱借事行文,此独是司马公凭空幻出一人,造出一篇文字,骂当日士大夫,故回环转折,极为尽意。此文全以赋体行文,故其中句法,俱组练错绣,甚为精彩,而排处句句变,落处段段收,是《史记》中一篇虚空抑扬文字。"(《史记论文》)

【评论】

就本文题目与《太史公自序》所说的写作题旨看,本文应该是一篇类传,不应该只写一个人;又从后面还有《龟策列传》以述卜者之事看,则本文应该是严格的记述"日者",即占测时日吉凶的迷信职业者而言,而不应该记述卜筮者,以致与《龟策列传》相重复。王充《论衡》中有《讥日》《卜筮》两篇,即分别为揭露、批判"日者"与"卜筮"两种行业的虚妄而写。"日者"与"卜者"分属两种迷信行业,其界线是很清楚的。赵生群说:"推步日月星宿运行,占候时日以决吉凶者,是为'日者';从事龟卜蓍筮以决其疑,以定吉凶者,是为'卜人'。此二者分工明确,区别甚显,太史公分别为之作传,更不容相混。今存《日者列传》载'卜人'之事,乃是续补者不明'日者''龟策'二传分工所致。"(《太史公书研究》)泷川、姚苧中等也持相同意见,他们对此文真伪的看法比较合乎实际。

本文以辞赋的形式借司季主反驳宋忠、贾谊以卜者为卑污,揭露、批判了处高位、世称"贤才"的达官贵人的丑恶嘴脸:他们是"卑疵而前、蠨趋而言"的佞幸,是"相引以势,相导以利"的势利鬼,是"比周宾正,以求尊誉,以受公奉"的结党营私之辈,是"枉主法,猎农民"的豪强,是"以官为威,以法为机,求利逆暴"的酷吏。这些人最为险恶也最为虚伪,因此司马季主斥责他们是"为盗不操矛弧者",是"攻而不用弦刃者",是"欺父母未有罪而弑君未伐者"。他们哪里是有真才实学,讲究道德操守的贤才,分明是一群"操白刃劫人"的强盗。

　　相反，卜筮是古之圣人所做，关乎国家大事；卜者的行为也合乎礼，其结果合乎德。卜者通过"导惑教愚"获得应得的报酬，是正当的，问心无愧的。至于宋忠、贾谊所谓卜者"言不信、行不验"，司马季主理直气壮地反驳道："先王之道，乍存乍亡。公责卜者言必信，不亦惑乎！"通过这种对比，更显出了上流社会的卑鄙龌龊，这就使本文显出强烈地社会批判色彩。而后文"居三日"一段及记叙宋忠、贾谊各自不幸结局的一段，一方面表现了官场的险恶，另一方面则是对司马季主观点的进一步发挥，从宋忠、贾谊这两个为官者的角度，再次进行社会批判。如果说司马季主的批判是观局者清的批判，虽然犀利，但尚显宽泛；宋忠、贾谊的自我批判则是清醒了的"当局者"的批判，更为深切实际，因其批判的力度也更大了。

　　本文通过司马季主发泄了下层人士对贤愚颠倒的社会现实的强烈不满，表达了他们坚持操守、不同流合污的旨趣。由于奸佞当道，所以真正的贤才反不得其位，正所谓"兰芷芎䓖弃于广野，蒿萧成林。使君子退而不显众"；而真正的君子更不屑于与这些人为伍："故骐骥不能与罢驴为驷，而凤皇不与燕雀为群，而贤者亦不与不肖者同列。"他们宁愿"处卑隐以辟众，自匿以辟伦，微见德顺以除群害，以明天性，助上养下，多其功利，不求尊誉"。与其涉足官场蝇营狗苟，不如埋首山林，保留个性的自由，品德的完满。

　　强烈的社会批判精神，执着的保持自我的态度，体现出此文的思想明显倾向于老庄，而文中也屡次以老庄之说为至论。尤其是文章的结构布局，明显受《庄子·盗跖》的影响，特别是宋忠、贾谊被驳之后"忽而自失，芒乎无色，怅然嗫口不能言，于是摄衣而起，再拜而辞。行洋洋也，出市仅能自上车，伏轼低头，卒不能出气"一段描写，完全是模仿《盗跖篇》的写法，何焯就明确指出："此文学《庄子》而为之者也，托之季主以诋訾当世。"（《义门读书记》）。

　　本文是一篇散体赋，在形式上与《答客难》等相同，采取主客问难形式,在人物设定上,司马季主据褚少孙说世有其人;贾谊、宋忠也是世有其人,但在此文中,应该看作与"子虚""乌有""亡是公"一样,是两种意见的代表符号,与其真实的历史形象倒不一定相符,这是我们在阅读时应该注意的。柯维骐《史记考要》中强调此文"本赋体、非传体也",李景星《史记评议》说"《日者传》是一篇架空文字,如庄生之寓言",都是强调此文的虚构性、寓言性,不可做信史看。

龟策列传第六十八

【释名】

　　司马迁所作的《龟策列传》的正文在汉代即已亡佚。本篇"太史公曰"至"褚先生曰"的这部分文字，一般认为是司马迁所作的《龟策列传》的论赞，叙述了卜筮的发展历史，认为对卜筮不可轻视，但也不能一味迷信。自"褚先生曰"以后的大段文字，为褚先生所补，写了卫平劝宋元王杀龟取甲，以及各种卦体与命兆之辞。

　　太史公曰：自古圣王将建国受命①，兴动事业，何尝不宝卜筮以助善②！唐虞以上，不可记已。自三代之兴，各据祯祥③。涂山之兆从而夏启世④，飞燕之卜顺故殷兴⑤，百谷之筮吉故周王⑥。王者决定诸疑，参以卜筮，断以蓍龟⑦，不易之道也。蛮、夷、氐、羌虽无君臣之序⑧，亦有决疑之卜。或以金石，或以草木⑨，国不同俗。然皆可以战伐攻击，推兵求胜⑩，各信其神，以知来事。

【注释】

　　①受命：指承受上天之命。

② 宝：重视。卜筮（shì）：占卜。古代筮法，用火灼烧龟甲，根据裂纹预测吉凶，叫"卜"；以蓍草反复排列而成卦，以占吉凶祸福，叫"筮"。卜与筮合称卜筮。

③ 祯祥：吉祥，吉兆。

④ 涂山：即涂山氏，传说中远古部族名，相传禹娶涂山氏之女为妻。从：顺从，吉利。夏启：禹的儿子。世：承袭，世袭。

⑤ 飞燕之卜顺故殷兴：相传帝喾次妃有娀氏之女简狄，吞燕卵而生契，契为商朝的始祖。

⑥ 百谷之筮吉故周王：相传弃年幼便好种麻菽，成人后善农耕，被尧举为农师，成为周朝始祖。

⑦ 蓍：草名，即蓍草，古人用其茎占卜。

⑧ 蛮、夷、氐、羌：泛指四方少数民族。

⑨ 或以草木：也作"或以革木"。

⑩ 推兵：进兵，进军。

【译文】

太史公说：自古以来的圣明君王，在将要建立国家、承受天命、创办事业之时，何曾不重视卜筮来助成善事！唐尧、虞舜以前的历史，不可能有记述了。从夏、商、周三代的兴起情形看，都各自依据了吉兆。禹娶涂山氏之女的卜兆吉利因而夏启承袭了王位，简狄吞燕子卵的卜兆吉利因此殷族兴邦，弃喜好种植百谷的筮兆吉利故而周室称王。君王在决定各种疑难时，参考卜筮的结果，用蓍草、龟甲进行推断，这是不可改变的方法。蛮、夷、氐、羌各族即使没有君臣上下的秩序，也有解决疑难的占卜。有的用金石，有的用草木，各国风俗不同。然而都可用占卜来决定征伐攻击，进军求胜，各自相信自己的神明，来预测未来的事情。

略闻夏殷欲卜者，乃取蓍龟，已则弃去之，以为龟藏则不灵，蓍久则不神。至周室之卜官，常宝藏蓍龟；又其大小先后①，各有所尚，要其归等耳②。或以为圣王遭事无不定，决疑无不见③，其设稽神求问之道者④，以为后世衰微，愚不师智，人各自安，化分为百室⑤，道散而无垠⑥，故推归之至微⑦，要絜于精神也⑧。或以为昆虫之所长⑨，圣人不能与争。其处吉凶⑩，别然否，多中于人⑪。至高祖时，因秦太卜官⑫。天下始定，兵革未息。及孝惠享国日少，吕后女主，孝文、孝景因袭掌故⑬，未遑讲试⑭，虽父子畴官，世世相传⑮，其精微深妙⑯，多所遗失。至今上即位，博开艺能之路，悉延百端之学⑰，通一伎之士咸得自效，绝伦超奇者为右⑱，无所阿私⑲，数年之间，太卜大集。会上欲击匈奴，西攘大宛⑳，南收百越㉑，卜筮至预见表象㉒，先图其利。及猛将推锋执节㉓，获胜于彼，而蓍龟时日亦有力于此㉔。上尤加意，赏赐至或数千万。如丘子明之属㉕，富溢贵宠，倾于朝廷。至以卜筮射蛊道㉖，巫蛊时或颇中。素有睚眦不快㉗，因公行诛㉘，恣意所伤，以破族灭门者，不可胜数。百僚荡恐㉙，皆曰龟策能言。后事觉奸穷㉚，亦诛三族。

【注释】

①大小先后：指龟甲与蓍草的运用大小先后的问题。郭嵩焘曰："按《左氏传》'蓍短龟长'，即'大小'之义。《礼记》'先卜后筮'，即'先后'之义。"

②要：重要、关键的。归：旨归，目的。

③决疑：决断疑惑。

④稽神求问：拜神求问吉凶。稽，叩首。

⑤化分为百室：各种学说五花八门。

⑥道散而无垠：大道散漫得无边无际。

⑦推归之至微：推求旨归到精微奥妙的极点。

⑧要絜（xié）：度量，探测。精神：事物的精微所在。

⑨昆虫：指龟。

⑩处吉凶：预测吉凶。

⑪中（zhòng）：猜准。

⑫因：延续。太卜：主管占卜的官。

⑬因袭掌故：沿袭旧制。掌故，典章制度。

⑭未遑：来不及。

⑮父子畴官，世世相传：指父子世袭畴官。畴官，又称"畴人"，掌管天文历算与祭祀鬼神的官。

⑯精微深妙：指占卜的妙用。

⑰悉：尽。延：引。百端之学：犹言百家之学。汉武帝虽独尊儒术，但并非绝对"罢黜百家"，而是兼采道、法、阴阳诸学，笃信鬼神，重视卜筮。

⑱绝伦：无与伦比，独一无二。为右：为上，居上。

⑲阿（ē）：曲，偏向，徇私。

⑳攘：攻击，讨伐。大宛（yuān）：古西域国名，在今哈萨克斯坦境内，首都贵山城（今卡赛散）。

㉑百越：即古越族。一作"百粤"。秦汉前已广泛分布于长江中下游以南地区。从事农耕、渔猎，以水上航行、金属冶炼著称。有断发文身习俗。因其支系很多，"各有种姓"，故称"百越"。

㉒预见表象：预先表现出胜败的征兆。

㉓摧锋执节：摧毁敌锋，节制进退。执节，节制，控制。

㉔蓍龟：卜筮者。时日：占测时日者。

㉕丘子明：汉武帝时的卜者名。

㉖射：猜度，推测。蛊（gǔ）道：用巫术诅咒或将木偶人埋地下借以

害人的迷信方法。

㉗眦睚（zì yá）：瞪眼睛，引申为细小的怨恨。

㉘因公行诛：即公报私仇。

㉙荡恐：惶恐不安。

㉚事觉奸穷：指以巫蛊害人者的奸谋暴露。

【译文】

大略听闻夏商时代打算占卜的人，就取来蓍草、龟甲，占卜结束后就丢弃它们，认为龟甲收藏起来就不灵，蓍草用久了就不神了。到了周王室的卜官，却常常珍藏蓍草、龟甲；还有他们对蓍草、龟甲的运用大小先后，各有崇尚的办法，总的来说其目的都是相同的。有人认为圣人遇到事情没有不能决定的，决断疑难问题没有明白可见的，他们之所以设置求神问卜的办法，是认为后代衰微，愚蠢却不向智者学习，人们各自追求安乐，各种学说五花八门，大道散漫无边，所以把事理推演归纳到最精微处，概括到事物的精神。有人认为龟的长处，圣人也不能和它们相争。它们预测吉凶，辨别可否，大多比人猜得更准确。到汉高祖时，因袭秦制设立太卜官。天下刚平定，战争尚未平息。到孝惠帝时，在位时间很短，吕后是女君主，孝文帝、孝景帝因袭旧制，来不及研究试行，即使有的父子是掌天文历算的畴官，代代相传，可是其精深微妙之处，多有遗亡失散。到了当今皇上即位，广开技艺才能的门路，全面引进百家之学，精通一技的人都能自己效力，才智超群之士身居上位，没有偏私。几年之间，太卜大量聚集。适逢皇上打算攻击匈奴，向西攻夺大宛，南下收复百越，卜筮精确地预见了各种征兆，提前谋划有利的做法。待到那些猛将在前线直摧敌锋、掌握节制、指挥进退，在战争中取胜，这边朝廷里卜筮者和占测时日者也出了很大力气。皇上特别重视，赏赐有时高达数千万。像丘子明这类人，富贵至极，尊贵宠幸，地位压倒朝廷大臣。至于用卜筮猜测谁用巫蛊害人，有时也猜得很准。平时与卜官稍有矛盾，卜官就会官报私仇，任意伤害，因此族破家灭的数不胜数。百官惶恐不安，都说蓍草、龟甲能说话。后来卜官以卜筮害人的事情被发现,奸计败露,他们也被诛灭三族。

　　夫撠策定数①,灼龟观兆②,变化无穷,是以择贤而用占焉,可谓圣人重事者乎!周公卜三龟,而武王有瘳③。纣为暴虐,而元龟不占④。晋文将定襄王之位,卜得黄帝之兆,卒受彤弓之命⑤。献公贪骊姬之色,卜而兆有口象⑥,其祸竟流五世⑦。楚灵将背周室,卜而龟逆⑧,终被乾豀之败⑨。兆应信诚于内,而时人明察见之于外,可不谓两合者哉!君子谓夫轻卜筮,无神明者,悖⑩;背人道,信祯祥者⑪,鬼神不得其正。故《书》建稽疑⑫,五谋而卜筮居其二,五占从其多⑬,明有而不专之道也⑭。

【注释】

①撠(féng)策:手持蓍草分次数,每次数剩下零余夹在两指之间。撠,执持,犹夹。策,占卜用的蓍草。数:定数,即指吉凶。

②灼龟观兆:占卜者根据龟甲灼烧形成的裂纹预测吉凶。

③周公卜三龟,而武王有瘳(chōu):据《尚书·金縢》,周武王患重病,周公筑坛向太王、王季和文王祝告,祈求代替武王死。祝告毕,"乃卜三龟,一习吉。启篇见书,乃并是吉……王翼日乃瘳。"瘳,病愈。

④元龟:大龟。不占:未得吉兆。

⑤彤弓:朱红色的弓。天子赐诸侯彤弓,即表明赋予其征伐之权。

⑥口象:口之形状,比喻齿牙为祸之象。

⑦其祸竟流五世:据《国语·晋语》,晋献公伐骊戎获胜,得骊戎君之女骊姬,十分宠幸。骊姬欲使其子奚齐得立为太子,在献公前

　　谗害太子申生及诸公子,逼使申生自尽,诸公子流亡。晋献公死后,晋国陷于动荡,历经奚齐、悼子、惠公夷吾、怀公子圉、文公重耳五君,政局才趋于安定。

⑧龟逆:龟兆不吉利。

⑨终被乾谿之败:据《楚世家》,楚灵王在乾谿乐而忘返,国人苦役,公子弃疾、公子比、公子黑肱等趁机谋反,“入杀灵王太子禄,立子比为王,公子子皙为令尹,弃疾为司马”。楚灵王见大势已去,自杀于申亥家。乾谿,楚邑名,在今安徽亳县东南。

⑩悖:迷惑,糊涂。

⑪背人道,信祯祥:不顾民意,只重占卜。鬼神不得其正:鬼神也不可能享受正常的祭祀。

⑫《书》建“稽疑”:据《尚书·洪范》,周武王向箕子咨询治国之道,箕子回答了九种办法,其中第七种是“稽疑”,即考察疑惑。

⑬五占从其多:这是司马迁的观点。依照《洪范》,当龟筮的意见不一致时,才是五占从其多;若龟筮均反对,即使王、卿士、庶民都同意,做事也不吉利,可见龟筮具有最高权威。

⑭有而不专:不放弃占卜,但又不痴迷占卜。

【译文】

　　排列蓍草来断定气数,灼烧龟甲来观察征兆,兆象变化无穷,因此要选择贤人来进行占卜,可说圣人是慎重对待这件事的啊! 周公三次用龟甲占卜,武王的病因此痊愈。殷纣行事暴虐,因而用大龟占卜不出现吉兆。晋文公准备稳定周襄王的王位,占卜得到黄帝战于阪泉的吉兆,最终接受了周天子赐予的彤弓,获得征伐之权。晋献公贪恋骊姬的美色,占卜有将祸于口舌的征兆,其祸害竟然流传了五代。楚灵王想要背叛周室,用龟甲占卜后得到不祥的征兆,最终遭受乾谿的失败。征兆在内部确切真实地应验,而当时人从外部通过观察征兆明察到了事理,这能不说是两相吻合吗? 君子认为那些轻视卜筮、不相信神明的人是荒谬的;

背弃人道、迷信祥瑞的人,鬼神得不到正常的祭祀。所以《尚书》提出了解决疑惑的办法,规定当周王遇有重大疑难时,有五种请教的途径,其中龟卜、筮占就占了两种。五次占卜,就听从多数占卜的结果,这表明不放弃占卜却并不专用占卜的道理。

　　余至江南,观其行事①,问其长老,云龟千岁乃游莲叶之上,蓍百茎共一根②。又其所生,兽无虎狼,草无毒螫③。江傍家人常畜龟饮食之,以为能导引致气④,有益于助衰养老,岂不信哉!

【注释】

①行事:指占卜行业的状况。

②蓍百茎共一根:《集解》引徐广曰:"刘向云:'龟千岁而灵,蓍百年而一本生百茎。'"

③毒螫:指蛇、蝎一类的毒虫。

④导引:古养生术。指俯仰呼吸,活动手足和筋骨,让全身血脉贯通,以促进健康。

【译文】

　　我到江南,观察当地占卜行业的状况,询问当地的长老,他们说龟一千岁才在莲叶上游戏,蓍草一条根能长出百条枝茎。又说在它们生长的地方,野兽中没有虎狼,草丛中没有毒虫。长江边的居民常常蓄养龟,喝龟血,吃龟肉,认为龟能够舒筋活血,获取元气,有益于防止衰老和养护老人。这些话难道不是真实可信的吗?

　　褚先生曰①:臣以通经术②,受业博士③,治《春秋》,以高第为郎④,幸得宿卫,出入宫殿中十有余年。

窃好《太史公传》⑤。《太史公之传》曰⑥："三王不同龟⑦，四夷各异卜，然各以决吉凶，略窥其要，故作《龟策列传》⑧。"臣往来长安中，求《龟策列传》不能得⑨，故之大卜官⑩，问掌故文学长老习事者⑪，写取龟策卜事⑫，编于下方。

【注释】

①褚先生：名少孙，颍川（今河南禹州）人，为西汉后期史学家，补作《史记》。

②经术：儒家经学。

③博士：原为帝王的侍从官，在帝王身边以备顾问；武帝尊儒后，又成为太学里的教官，教授博士弟子。

④以高第为郎：读儒书成绩优秀者可任为郎官，在皇帝周围当侍从。

⑤《太史公传》：又称《太史公书》，即今之所称《史记》。

⑥《太史公之传》：有人标点为"太史公之《传》"。《正义》曰："传，即卜筮之书。"意谓即此《龟策列传》。

⑦三王：指夏、商、周三代的开国之君夏禹、商汤及周文王、周武王。不同龟：指各有不同的龟卜之法。

⑧故作《龟策列传》：泷川曰："此史公《自序》之文。"

⑨臣往来长安中，求《龟策列传》不能得：余嘉锡据此以为今之《龟策列传》非司马迁所作，曰："考褚少孙之应博士弟子选，在宣帝五凤中，然已求《龟策传》不能得，是杨恽所宣布之《太史公》书，固无此篇。今之《龟策传》，必不出于太史公，可不待繁言而解也。"

⑩大卜：即太卜。

⑪掌故：太常属官，掌管礼乐制度等方面的故实。文学：官名，汉朝

于州郡及王国置文学，或称"文学掾""文学史"，为后世教官所由
来，负责管理学校、教授生徒，参与郡国礼仪、教化之事。
⑫写取：抄录。

【译文】

褚先生说：我因为通晓儒家经学，受教于博士，研究《春秋》，以
优异成绩担任郎官，有幸能够在宫中值宿警卫，出入宫殿十多年。
我私下很喜欢《太史公传》。《龟策列传》说："夏禹、商汤及周文王
各有不同的龟卜之法，四方少数民族也各有其不同的卜筮之术，然
而各自都用卜筮来判断吉凶。我大致了解其中的要领，所以创作了
《龟策列传》。"我往来于长安城中，求《龟策列传》而不能得到，所以
到大卜官那里，向那些知识丰富的掌故、文学长老们询问请教，记下
龟策占卜的事情，编录在下面。

　　闻古五帝、三王发动举事①，必先决蓍龟。传曰②：
"下有伏灵③，上有兔丝④；上有捣蓍⑤，下有神龟。"所谓
伏灵者，在兔丝之下，状似飞鸟之形。新雨已，天清静
无风，以夜捎兔丝去之⑥，即以籥烛此地⑦，烛之火灭，
即记其处，以新布四丈环置之，明即掘取之，入四尺至
七尺，得矣，过七尺不可得。伏灵者，千岁松根也⑧，食
之不死。闻蓍生满百茎者，其下必有神龟守之，其上
常有青云覆之。传曰："天下和平，王道得⑨，而蓍茎长
丈，其丛生满百茎。"方今世取蓍者，不能中古法度⑩，
不能得满百茎长丈者，取八十茎已上，蓍长八尺，即难
得也。人民好用卦者，取满六十茎已上，长满六尺者，
即可用矣。记曰⑪："能得名龟者，财物归之，家必大富
至千万。"一曰"北斗龟"，二曰"南辰龟"，三曰"五星

龟”，四曰“八风龟”，五曰“二十八宿龟”，六曰“日月龟”，七曰“九州龟”，八曰“玉龟”：凡八名龟。龟图各有文在腹下⑫，文云云者，此某之龟也。略记其大指⑬，不写其图⑭。取此龟不必满尺二寸，民人得长七八寸，可宝矣。今夫珠玉宝器，虽有所深藏，必见其光，必出其神明，其此之谓乎！故玉处于山而木润，渊生珠而岸不枯者⑮，润泽之所加也。明月之珠出于江海，藏于蚌中，蛟龙伏之⑯。王者得之，长有天下，四夷宾服。能得百茎蓍，并得其下龟以卜者，百言百当⑰，足以决吉凶。

【注释】

①发动举事：意谓凡有大的举动。

②传（zhuàn）：《索隐》曰：“此传即太卜所得古占卜之说也。”

③伏灵：即茯苓，寄生在松根上的菌类植物，可入药。

④兔丝：即菟丝子，又名女萝，蔓生，茎细长，常缠绕在其他植物上，子可入药。

⑤捣蓍：即藂蓍，丛生的蓍草。藂，或作“丛”。捣，同“稠”。《索隐》曰：“捣是古‘稠’字也。”

⑥捎：割，刈。

⑦篝（gōu）：通“篝”，竹笼，此处为“以笼罩火”意。《集解》引徐广曰：“篝，笼也。盖然火而笼罩其上也。音沟。《陈涉世家》曰：‘夜篝火’也。”烛：用作动词，照。

⑧松根：当作“松脂”。王念孙曰：“伏灵，今茯苓，松脂所化，非松根也。‘根’当作‘脂’。”

⑨王道得：王道得以实现。

⑩中：准，符合。

⑪记：古代记事之书，略同于上文"传"。

⑫龟图：占卜书上所画的龟之图形。后以为歌颂帝王瑞应之辞。

⑬指：通"旨"，意向，意思。

⑭写：临摹，照画。

⑮渊生珠而岸不枯：《集解》引徐广曰："一无'不'字。许氏说《淮南》以为滋润钟于明珠，致令岸枯也。"

⑯蚨（jué）龙：即"蛟龙"。蚨，通"蛟"。

⑰当：准，应验。

【译文】

　　我听说五帝、三王有大的举动时，一定先用蓍草龟甲决断。古代占卜书说："下面有伏灵，上面就有兔丝；上面有捣蓍，下面就有神龟。"所谓伏灵，在兔丝的下面，形状好像飞鸟的样子。第一场雨停后，天气清静无风，在夜晚将兔丝割除，就用灯笼照着此地，火灭之后，就在这里做标记，用四丈长的新布环绕该地，天亮后就把伏灵挖取出来，入地深至四尺到七尺，就可以得到，超过七尺就不能得到。伏灵是千年古松的根，吃了可以长生不死。听说蓍草长出百条枝茎，它下面一定有神龟守护着，它的上面经常有青云遮盖着。古代占卜书说："天下太平，王道实现，蓍草的茎可长到一丈，它的一丛会长满百茎。"在当代取得蓍草的人，办事不能符合古代的制度，不能得到长满百茎、长达一丈的蓍草，能获取八十茎以上、长八尺的蓍草，就已经难得了。喜好算卦的百姓，取得六十茎以上、长满六尺的蓍草，就可使用了。古代记事之书说："能得到名龟的人，财物归于他，家里必定大富多至千万。"第一种叫"北斗龟"，第二种叫"南辰龟"，第三种叫"五星龟"，第四种叫"八风龟"，第五种叫"二十八宿龟"，第六种叫"日月龟"，第七种叫"九州龟"，第八种叫"玉龟"：一共有八种名龟。龟图上各有文字显示于龟腹之下，文字的内容是，这是某某龟。我记述了它们的大致要旨，不摹写它们的图形。不必等到龟长满一尺二寸才可取用，百姓得到身长七八寸的龟，就可将其视为宝物。如今那些珠玉宝器，即使有被深藏的，也必然会显露它们的光芒，必然会显示它们的神明，说的大概就是这个意思吧。所以美玉处于山中，山中树木就会光润；深渊中生有珍珠，水岸就不会枯裂，那是珠玉滋润的效果。如明月般美丽的珍珠出自江海，藏身于蛤蚌之中，蛟龙伏在它的上面。君王得到它，会长久拥有天下，四方少数民族会称臣归附。能得到长满百茎的蓍草，以及得到蓍草下面的龟来进行占卜的话，就会百言百中，足以决断吉凶。

　　神龟出于江水中，庐江郡常岁时生龟长尺二寸者二十枚输太卜官[1]，太卜官因以吉日剔取其腹下甲。龟千岁乃满尺二寸。王者发军行将，必钻龟庙堂之上[2]，以决吉凶。今高庙中有龟室[3]，藏内以为神宝[4]。

【注释】

[1]庐江郡：楚、汉之际分九江郡置，辖有今安徽长江以南大部分地区。西汉汉景帝后移辖江北地，治所在舒县，在今安徽庐江西南。输：送，缴纳。

[2]钻龟庙堂：在庙堂上进行占卜。庙堂，指帝王接受朝见、议论政事的殿堂。

[3]高庙：汉高祖之庙。

[4]藏内（nà）：收藏。内，同"纳"。

【译文】

　　神龟出自江水之中，庐江郡经常每年按时把二十只长一尺二寸的活龟缴纳给太卜官，太卜官就在吉日剔取其腹下的甲。龟活千年就会长满一尺二寸。君王行军调兵遣将，一定会在庙堂之上钻凿龟甲,来决断吉凶。如今高祖的庙里有一间龟室,收藏着龟甲,把它们看成神圣的宝物。

　　传曰:"取前足臑骨穿佩之①,取龟置室西北隅悬之,以入深山大林中,不惑。"臣为郎时,见《万毕·石朱方》②,传曰③:"有神龟在江南嘉林中。嘉林者,兽无虎狼,鸟无鸱枭,草无毒螫,野火不及,斧斤不至,是为嘉林。龟在其中,常巢于芳莲之上。左胁书文曰④:'甲子重光⑤,得我者匹夫为人君,有土正⑥,诸侯得我为帝王。'求之于白蛇蟠杅林中者⑦,斋戒以待,谻然⑧,状如有人来告之,因以醮酒佗发⑨,求之三宿而得。"由是观之,岂不伟哉! 故龟可不敬与?

【注释】

①前足臑(nào)骨:指龟的前肢骨。臑骨,牲畜的前肢骨。肩下谓之臂,臂下谓之臑。

②《万毕·石朱方》:《索隐》云:"《万毕术》中有《石朱方》。"据此,万毕为一方士,撰有《万毕术》一书,《石朱方》乃书中的一篇。

③传:指《石朱方》。

④胁:肋,胸部的两侧。

⑤甲子:指甲子年。重光:指有日晕现象,古人以为祥瑞。

⑥土正:有土之官长。正,长。

⑦白蛇蟠杅(wū)林:《索隐》云:"林名白蛇蟠杅林,龟藏其中。杅音乌。谓白蛇尝蟠杅此林中也。"蟠杅,盘曲而居。

⑧谻(yí)然:恭敬虔诚貌。《索隐》曰:"言求龟者斋戒以待,常然也。"

⑨醮(jiào)酒:用酒祭祀。佗(tuó)发:即披发。"佗",通"扡""拖"。

【译文】

古代占卜书说:"取龟的前肢穿起来佩带在身上;取龟放置在房屋的西北角悬挂起来,这样进入深山老林中,就不会迷失方向。"我做郎官时,见到《万毕·石朱方》,书中写道:"有神龟活在江南的嘉林中。所谓嘉林,猛兽没有虎狼这样的,鸟类中没有鸱枭这样凶的恶鸟,草丛中没有毒虫,野火烧不到,斧头砍不着,这就是嘉林。龟生活在嘉林中,经常在芳莲之上筑巢。龟的左肋骨写有文字道:'在甲子年出现日晕现象的那一天,有能得到我的,普通百姓将变成人君,成为有封地的官长,诸侯得到我将成为帝王。'在白蛇蟠杆林中寻求龟的人,斋戒以后等待,态度恭恭敬敬,他的形貌就好像有人来告诉他有关龟的消息似的,还以酒浇地敬祭,披散着头发,求了三天三夜才得到龟。"由此看来,难道不伟大吗? 所以对龟能不敬重吗?

南方老人用龟支床足,行二十余岁①,老人死,移床,龟尚生不死。龟能行气导引②。问者曰:"龟至神若此,然太卜官得生龟,何为辄杀取其甲乎?"近世江上人有得名龟,畜置之,家因大富。与人议,欲遣去。人教杀之勿遣,遣之破人家。龟见梦曰:"送我水中,无杀吾也。"其家终杀之。杀之后,身死,家不利。人民与君王者异道③。人民得名龟,其状类不宜杀也。以往古故事言之,古明王圣主皆杀而用之。宋元王时得龟④,亦杀而用之。谨连其事于左方⑤,令好事者观择其中焉。

【注释】

①行:经过。

②行气：道教语。指呼吸吐纳等养生方法的内修功夫。

③异道：为人处世的道理不同。

④宋元王：应作"宋元公"，名佐，谥元，前531—前517年在位。

⑤左方：即"下方"，旧时书写由右向左，故称。

【译文】

　　南方有位老人用龟支撑床腿，经过二十多年，老人去世，移开床，龟还活着没死。龟能以行气导引的办法来养生。有人问道："龟如此神通，然而太卜官得到活龟，为什么总是杀掉它获取其甲呢？"近年来长江边上有人得到一只名龟，把它蓄养安置起来，家里因而变得十分富裕。主人与人商议，打算送龟离开。有人教他杀掉龟不要放生，如果放走它就会败坏家业。龟在他梦中出现说："把我送回水中，不要杀我。"那家人最终把龟杀死了。杀了龟以后，主人死去，家中不安。百姓和君王对待龟的办法是不同的。百姓得到名龟，看样子不应将其杀死。根据以前惯例来说，古代圣明的君主都是杀死龟并利用它。宋元王时得到一只龟，也杀掉并用了它。我把这件事记录在下面，让喜好此事的人从中观察、选择。

　　宋元王二年，江使神龟使于河，至于泉阳①，渔者豫且举网得而囚之②，置之笼中。夜半，龟来见梦于宋元王曰："我为江使于河，而幕网当吾路③。泉阳豫且得我，我不能去。身在患中，莫可告语。王有德义，故来告诉。"元王惕然而悟④。乃召博士卫平而问之曰⑤："今寡人梦见一丈夫，延颈而长头，衣玄绣之衣而乘辎车⑥，来见梦于寡人曰：'我为江使于河，而幕网当吾路。泉阳豫且得我，我不能去。身在患中，莫可告语。王有德义，故来告诉。'是何物也？"卫平乃援式而起⑦，仰天而视月之光,观斗所指,定日处乡⑧。规矩为辅,副以权衡。四维已定⑨,八卦相望⑩。视其吉凶,介虫先见⑪。乃对元王曰:"今昔壬子⑫,宿在牵牛⑬。河水大会,鬼神相谋。汉正南北⑭,江河固期⑮,南风新至,江使先来。白云壅汉⑯,万物尽留。斗柄指日,使者当囚。玄服而乘辎车,其名为龟。王急使人问而求之。"王曰:"善。"

【注释】

①泉阳:其位置不详。

②豫且(jū):《庄子·外物篇》、《水经注》并作"余且"。

③幂网:大网。当:挡住。

④惕然:害怕的样子。

⑤博士卫平:"博士"官名始于战国,卫平是春秋时人,当然无从任此职,此处有误。

⑥玄绣之衣:黑色的绣花服。辎车:古代一种有帷盖的大车,既可载物,也可卧息。

⑦援:拉,拿。式:即"栻",古代占卜时的器具,后世称为星盘。

⑧定日处乡:确定太阳在天空中所处的位置。乡,通"向"。

⑨四维:指东南、东北、西南、西北四个角度。

⑩八卦:《周易》中八种基本图案。由阳"—"、阴"– –"两个符号,连叠三层,组成八卦:乾、坤、坎、震、巽、离、艮、兑。《周易·说卦》说:"乾为天,坤为地,震为雷,巽为风,坎为水,离为火,艮为山,兑为泽。"意即这八种图案,分别象征着天、地、雷、风、水、火、山、泽。作者认为,这八种东西是构成世界万物的基础,而乾坤是八卦的主脑,天地为八种基本物质的基础。八种物质相互作用,

产生世界万物。八种图案,按照八个方位排列,构成一个完整图
形。过去占卦先生用来测字算命,似乎能测知未来吉凶祸福,军
事家曾用它演成八阵图。

⑪介虫:这里指龟。

⑫今昔壬子:昨晚壬日子时。《索隐》曰:"今昔犹昨夜也。以今日言
之,谓昨夜为今昔。"

⑬宿(xiù)在牵牛:太阳运行到牛宿的位置。牵牛,二十八星宿之一。

⑭汉正南北:天河成南北方向。张文虎曰:"夜半时箕斗在子,天汉
正当南北也。"汉,指天河。

⑮江河固期:江神与河神有所约会。固,原本,原来。

⑯壅:堵塞。

【译文】

　　宋元王二年,长江神派神龟出使黄河,到泉阳时,渔夫豫且撒
网得到神龟把它囚禁起来,放在笼子里。半夜,神龟托梦给宋元王
说:"我为长江神出使黄河,但是渔网挡住了我的路。泉阳豫且抓到
我,我不能离开。身在危难之中,没有人可以求告。君王有德义,所
以特来相告。"元王猛然惊醒。于是召见博士卫平问他说:"今天我
梦见一个男人,伸着脖子长长的头,穿着黑色绣衣乘坐着辎车,来托
梦给我说:'我为长江神出使黄河,但是渔网挡了我的路。泉阳豫且
抓到了我,我不能离开。身在危难之中,没有人可以求告。君王有
德义,所以特来相告。'这是什么人物?"卫平就拿出栻具站起来,仰
望天空观看月光,观察北斗星斗柄指的方向,确定太阳所处的位置。
以圆规和矩尺为辅佐,并加上秤锤和秤杆。东南、东北、西南、西北
四隅确定后,乾、坤、震、巽、坎、离、艮、兑八卦彼此相望。观察其中
的吉凶之兆,龟甲首先显现。于是才对元王说:"昨晚壬子时,太阳
位于牵牛星宿。黄河河水大聚,鬼神相互谋划。天河正当南北相
贯,长江神与黄河神原本有约,南风刚到,长江神的使者先到。白云

雍塞天河,万物全被滞留。北斗星的长柄指向太阳,长江神的使者当被囚禁。这位使者身穿黑衣乘坐辎车,它的名字叫龟。大王应当赶快派人打听寻求它。"元王说:"好。"

于是王乃使人驰而往问泉阳令曰:"渔者几何家?名谁为豫且?豫且得龟,见梦于王,王故使我求之。"泉阳令乃使吏案籍视图①,水上渔者五十五家,上流之庐,名为豫且。泉阳令曰:"诺。"乃与使者驰而问豫且曰:"今昔汝渔何得?"豫且曰:"夜半时举网得龟②。"使者曰:"今龟安在?"曰:"在笼中。"使者曰:"王知子得龟,故使我求之。"豫且曰:"诺。"即系龟而出之笼中,献使者。

【注释】

①案籍视图:按照户口簿籍,查找居民分布图。案,通"按",按照。

②夜半时举网得龟:《集解》曰:"《庄子》曰'得白龟圆五尺'。"

【译文】

于是元王就派人疾驰赶到泉阳,问泉阳令道:"渔民共有多少家?谁的名字叫豫且?豫且获得一只龟,龟托梦给君王,君王因此派我来寻找它。"泉阳令就派官吏按照户籍簿查找居民分布图,水上渔民共有五十五家,上游的房屋简陋,户主就是豫且。泉阳令说:"好。"就与使者疾驰赶往那里,问豫且道:"昨晚你捕鱼得到了什么?"豫且说:"我半夜撒网时得到了一只龟。"使者问:"龟现在在哪里?"豫且说:"在笼子里。"使者说:"君王知道你捕得一只龟,所以派我寻求它。"豫且说:"好吧。"就把龟拴住从笼子中取出来,献给使者。

　　使者载行,出于泉阳之门。正昼无见,风雨晦冥①。云盖其上,五采青黄②;雷雨并起,风将而行③。入于端门④,见于东箱⑤。身如流水,润泽有光。望见元王,延颈而前,三步而止,缩颈而却,复其故处。元王见而怪之,问卫平曰:"龟见寡人,延颈而前,以何望也? 缩颈而复,是何当也?"卫平对曰:"龟在患中,而终昔囚,王有德义,使人活之。今延颈而前,以当谢也,缩颈而却,欲亟去也。"元王曰:"善哉! 神至如此乎,不可久留;趣驾送龟⑥,勿令失期。"

【注释】

①晦冥:昏黑如夜。

②五采:原指青、黄、赤、白、黑五种颜色,此处意思为五彩斑斓。采,同"彩"。

③将:送,吹送。

④端门:宫殿南面的正门。

⑤见于东箱:在东配殿将龟送给宋元王看。东箱,东厢房,东配殿。

⑥趣(cù):赶快。

【译文】

　　使者带着龟出发,出了泉阳的城门。当时是白天却什么都看不见,风雨交加天昏地暗。云彩覆盖在龟身上,五彩斑斓;雷雨交加,风吹送着他们行进。进入端门,使者在东配殿把龟取了出来。龟身就像流水,润泽有光彩。它望见元王,伸长脖子往前爬,爬了三步却停下来,缩着脖子后退,又回到原地。元王见到这种情形感到奇怪,问卫平:"龟见到我,伸长脖子往前爬行,它用这种举动表示的期望是什么? 缩着脖子退回原处,这表示的又该是什么?"卫平回答道:

"龟在患难中,整晚被囚禁,君王有德义,派人使它活了下来。如今它伸长脖子往前爬,应该是以此表示对您的谢意,缩着脖子退回原处,是想赶紧离开。"元王说:"太好了!龟竟然如此神通广大,不可久留;赶快驾车送龟离开,不要让它误期。"

卫平对曰:"龟者是天下之宝也,先得此龟者为天子,且十言十当,十战十胜。生于深渊,长于黄土。知天之道,明于上古。游三千岁,不出其域。安平静正,动不用力。寿蔽天地①,莫知其极。与物变化,四时变色。居而自匿,伏而不食。春仓夏黄②,秋白冬黑。明于阴阳,审于刑德③。先知利害,察于祸福。以言而当,以战而胜,王能宝之④,诸侯尽服。王勿遣也,以安社稷。"

元王曰:"龟甚神灵,降于上天,陷于深渊,在患难中,以我为贤。德厚而忠信,故来告寡人。寡人若不遣也,是渔者也。渔者利其肉,寡人贪其力⑤,下为不仁,上为无德。君臣无礼,何从有福?寡人不忍,奈何勿遣!"

【注释】

①寿蔽天地:意即比天地的寿命还要长。蔽,遮盖。

②仓:通"苍",青色。

③审:明白。

④宝之:指杀之取甲,用为占卜之用。

⑤贪其力:贪图龟的神力。

【译文】

卫平回答说:"龟是天下的宝物,先得到这只龟的人能成为天子，而且还十言十中，十战十胜。龟生在深渊中，成长在黄土中。了解天下的规律，明白上古的历史。游历三千年，不离开它生活的领域。它安详平和守静中正，行动不用力气。寿命比天地长久，没有人知道它的极限。它随着万物一起变化，随着四季交替而改变颜色。它平时呆着时自我隐蔽起来，趴着不吃东西。春天青色夏天黄色，秋天白色冬天黑色。了解阴阳，明白刑德。预知利害，明察祸福。用它言事一定准确，用它卜战一定取胜，君王若能用它作占卜的宝物，诸侯全都会来归附。您不要送走它，应用它来安定国家。”

元王答道：“这只龟非常神灵，从天而降，陷在深渊，在危难之中，认为我是个贤人。它仁德忠厚且忠诚信实，所以托梦来告求寡人。我如果不送走它，就和那位渔民没差别了。渔民以它的肉获利，我贪图它的神力，身处下位的是不仁，身处高位的是无德。君臣之行都不合礼仪，从哪里获得福气呢？我不忍心这么做，怎么可能不送走它呢？”

卫平对曰：“不然。臣闻盛德不报[1]，重寄不归[2]；天与不受，天夺之宝[3]。今龟周流天下[4]，还复其所，上至苍天，下薄泥涂[5]，还遍九州[6]，未尝愧辱，无所稽留[7]。今至泉阳，渔者辱而囚之。王虽遣之，江河必怒，务求报仇。自以为侵，因神与谋。淫雨不霁[8]，水不可治。若为枯旱[9]，风而扬埃，蝗虫暴生[10]，百姓失时。王行仁义，其罚必来。此无佗故[11]，其祟在龟。后虽悔之，岂有及哉！王勿遣也。”

元王慨然而叹曰：“夫逆人之使[12]，绝人之谋[13]，是不暴乎？取人之有，以自为宝，是不强乎？寡人闻之，暴得者必暴亡，强取者必后无功。桀纣暴强，身死国亡。今我听子，是无仁义之名而有暴强之道。江河为汤武，我为桀纣。未见其利，恐离其咎⑭。寡人狐疑⑮，安事此宝，趣驾送龟，勿令久留。"

【注释】

①盛德：对方施予的恩德太大。

②重寄：保存的东西太贵重。

③与：授给，授与。

④周流：周游。

⑤下薄：犹言"下至"。薄，迫，接近。

⑥还：环绕。九州：《尚书·禹贡》作冀州、兖州、青州、徐州、扬州、荆州、豫州、梁州、雍州。

⑦稽留：滞留，扣留。

⑧淫雨：持续不停的过量的雨。霁（jì）：雨后天晴。

⑨若为枯旱：要不就是闹旱灾。若，或。

⑩暴生：突然闹起。

⑪佗（tuō）故：其他原因。佗，同"他"。

⑫逆：阻挡。

⑬绝：断绝，破坏。

⑭离：同"罹"，遭。咎：祸殃。

⑮狐疑：疑惑，因狐性多疑，故云。

【译文】

卫平回答道："不是这样的。我听说恩德太大就不去报答，寄存物贵重就不用归还；上天赠予的不接受，上天就会夺回宝物。现在这只龟周游天下，返回它的住所，上至苍天，下近泥地，游遍九州，未曾遭受羞愧屈辱，没有在任何地方被滞留。现在到了泉阳，渔民羞辱并囚禁了它。君王即使送走它，长江和黄河之神也一定会恼怒，一定会想着报仇。神龟自己就会来侵袭，依靠神灵参与谋划来对付您。到时会阴雨不停，不见晴天，水患不可治理。或者是遭遇旱灾，刮风扬尘，蝗虫迅猛繁衍，百姓错过农时。君王施行仁义而放走龟，处罚必然会来临。这没有其他的缘故，就是那只龟在作祟报仇。以后您即使后悔这件事，难道还来得及吗？大王不要送走这只龟。"

元王感慨而叹道："阻挠别人的使者，破坏别人的谋划，这不是残暴吗？夺取别人有的东西，当成自己的宝物，这不是强横吗？我听说过，突然得到的东西必然会突然被夺走，强横掠取的东西日后必然缺乏功效。夏桀、商纣残暴强横，身死国亡。现在我听从您的话，就会没有仁义的美名却具有残暴强横的手段。长江神和黄河神成了商汤、周武王一样的圣主，我却成了夏桀、商纣一样的暴君。未曾见到神龟的利益，恐怕要遭受它带来的祸殃。我疑惑不决，怎能事奉这个宝物？赶快驾车送走这龟，不要让它久留。"

卫平对曰："不然，王其无患。天地之间，累石为山。高而不坏，地得为安。故云物或危而顾安，或轻而不可迁；人或忠信而不如诞谩，或丑恶而宜大官，或美好佳丽而为众人患。非神圣人，莫能尽言。春秋冬夏，或暑或寒。寒暑不和，贼气相奸①。同岁异节，其时使然。故令春生夏长，秋收冬藏。或为仁义，或为暴强。暴强有乡②，仁义有时。万物尽然，不可胜治。大王听臣，臣请悉言之。天出五色，以辨白黑。地生五谷，以知善恶。人民莫知辨也，与禽兽相若。谷居而穴处，不知田作。天下祸乱，阴阳相错。匆匆疾疾，通而不相择③。妖孽数见④，传为单薄。圣人别其生，使无相获。禽兽有牝牡⑤，置之山原；鸟有雌雄，布之林泽；

有介之虫⑥，置之溪谷。故牧人民，为之城郭，内经闾术⑦，外为阡陌⑧。夫妻男女，赋之田宅，列其室屋。为之图籍，别其名族⑨。立官置吏，劝以爵禄⑩。衣以桑麻，养以五谷。耕之耰之⑪，锄之耨之⑫。口得所嗜，目得所美，身受其利。以是观之，非强不至⑬。故曰田者不强，囷仓不盈⑭；商贾不强，不得其赢；妇女不强，布帛不精；官御不强⑮，其势不成；大将不强，卒不使令；侯王不强，没世无名⑯。故云强者，事之始也，分之理也⑰，物之纪也⑱。所求于强，无不有也。王以为不然，王独不闻玉椟只雉⑲，出于昆山；明月之珠，出于四海；镌石拌蚌⑳，传卖于市㉑：圣人得之，以为大宝。大宝所在，乃为天子。今王自以为暴，不如拌蚌于海也；自以为强，不过镌石于昆山也。取者无咎，宝者无患。今龟使来抵网，而遭渔者得之，见梦自言，是国之宝也，王何忧焉。"

【注释】

①贼气相奸（gān）：奸邪之气相互冲突。奸，冲突。

②乡：方向，对象。

③通而不相择：男女交媾而无选择。

④妖孽数见：奇怪的事情屡屡出现。《说文》云："衣服歌谣草木之怪谓之妖，禽兽虫蝗之怪谓之孽。"妖孽，即"妖孽"。

⑤牝牡：禽兽的雌雄。牝为雌性，牡为雄性。

⑥介：甲壳。

⑦内经闾术：在城内划分出里巷街道。闾，里巷。术，街道。

⑧阡陌：田间的小路，东西为"阡"，南北为"陌"。

⑨名族：姓名家族。

⑩劝：劝勉，鼓励。爵禄：爵位，俸禄。

⑪耰（yōu）：碎土的农具，此处指用耰翻土，掩盖种子。《正义》曰："耰，覆种也。《说文》云：'耰，摩田器。'"

⑫耨（nòu）：除草的农具，此处意为除草。

⑬非强不至：不强就达不到目的。此句针对宋元王"强取者必后无功"而发。

⑭囷（qūn）仓：泛指粮仓。《说文》曰："圆者谓之'囷'，方者谓之'廪'。"不盈：得不到利润。

⑮官御：掌权的官僚。

⑯世：终生。按，以上十一句与《淮南子·修务训》相近，其文曰："是故田者不强，囷仓不盈；官御不厉，心意不精；将相不强，功烈不成；侯王懈惰，后世无名。"

⑰分之理：名分确定的道理。

⑱物之纪：各种事物的纲纪。

⑲玉椟（dú）：用匣子装着的玉。只雉：应作"双雉"，成对的野鸡。

⑳镌（juān）石：凿开山石以取玉。镌，凿，掘。拌蚌：剖开海蚌以取珠。拌，通"判"，分割，剖开。

㉑传卖：贩卖。

【译文】

　　卫平回答道："不是这样的，大王不要忧虑。天地之间，堆积石头成为高山。山高而不倒塌，大地得以平安。所以说事物有的看似危险却很安全，有的看似轻微而实则无法移动；有的人忠实诚信却不如那些荒诞欺诈的，有的人丑恶却适宜做大官，有的人美好佳丽却成为众人的祸害。若不是神圣之人，没有人能完全说清其中的道理。春、秋、冬、夏四季，有炎热，有寒冷。寒暑不和，邪气相侵。一年有不同的季节，是时令使它如此。所以让春生夏长，秋收冬藏。有人仁义，有人强暴。施行强暴有对象，施行仁义有时机。万物都是如此，不能完全研究清楚。大王听听我的意见，我请求详尽地说说这件事。上天呈现五色，是用来辨别白天黑夜。大地长出五谷，是用来了解善恶。人们不懂得辨别，与禽兽相似。居住在山谷洞穴，不懂种田耕作。天下祸乱，阴阳颠倒。匆匆忙忙，男女通婚却不加选择。妖孽多次出现，传宗接代体质单薄。圣人让各种生物生活在不同的地方，使它们无法相互捕食。禽兽有公母之分，把它们安置到山区原野；鸟有雌雄之分，把它们分布到丛林水泽；有甲壳的虫类，把它们安置在河流溪谷。所以圣人管理百姓，为他们建筑城郭，在城内划分里巷街道，在郊外划分田间分界。夫妻男女，给予他们田地住宅，编列他们的房屋。为他们编制户籍，区别他们的姓名家族。设置官吏，用爵位俸禄勉励他们。让他们穿桑麻织品，食用五谷。耕田翻土，锄地除草。嘴巴能吃到美味，眼睛能看到美色，身体能享受那些好处。由此看来，不靠强力，就达不到目的。所以说农夫不强，谷仓不满；商人不强，不能赢利；妇女不强，布帛不精；官僚统治不强，就无法形成权势；大将不强，士卒就不听从命令；侯王不强，终生无名。所以说强，是事业的开始，是名分确定的根据，是万物的法则。从强出发追求目标，没有什么实现不了。大王认为不是这样。大王难道就没有听说过玉匣雄鸟，出自昆山；明月之珠，出自四海；凿开山石取玉，剖开海蚌取珠，把它们拿到市场上贩卖：圣人得到它们，把它们当作贵重的宝物。宝物在谁那里，谁就是天子。如今大王自认为把龟留下是强暴，其实不如从大海中剖取明珠；认为将神龟留下是强横，其实也不如从昆山凿石取玉。获取宝物的人没有罪过，珍藏宝物的人没有祸患。现在神龟使者前来自投罗网，遇上渔民捕到它，托梦大王自述，这是国家的宝物，大王担心什么呢？”

元王曰："不然。寡人闻之,谏者福也,谀者贼也①。人主听谀,是愚惑也。虽然,祸不妄至,福不徒来。天地合气,以生百财。阴阳有分,不离四时,十有二月,日至为期。圣人彻焉②,身乃无灾。明王用之,人莫敢欺。故云福之至也,人自生之;祸之至也,人自成之。祸与福同,刑与德双。圣人察之,以知吉凶。桀纣之时,与天争功,拥遏鬼神③,使不得通。是固已无道矣,谀臣有众④。桀有谀臣,名曰赵梁。教为无道,劝以贪狠⑤。系汤夏台⑥,杀关龙逢。左右恐死,偷谀于傍。国危于累卵,皆曰无伤。称乐万岁,或曰未央⑦。蔽其耳目,与之诈狂。汤卒伐桀,身死国亡。听其谀臣,身独受殃。春秋著之,至今不忘。纣有谀臣,名为左彊。夸而目巧⑧,教为象郎⑨。将至于天,又有玉床。犀玉之器⑩,象箸而羹⑪。圣人剖其心⑫,壮士斩其胻⑬。箕子恐死,被发佯狂。杀周太子历⑭,囚文王昌。投之石室,将以昔至明⑮。阴兢活之⑯,与之俱亡。入于周地,得太公望。兴卒聚兵,与纣相攻。文王病死,载尸以行⑰。太子发代将,号为武王。战于牧野⑱,破之华山之阳⑲。纣不胜,败而还走,围之象郎。自杀宣室⑳,身死不葬。头悬车轸㉑,四马曳行。寡人念其如此,肠如涫汤㉒。是人皆富有天下而贵至天子,然而大傲㉓。欲无猒时㉔,举事而喜高,贪很而骄㉕。不用忠信,听其谀臣,而为天下笑。今寡人之邦,居诸侯之间,曾不如秋毫。举事不当,又安亡逃!"

【注释】

①贼：害。

②彻：贯通。

③拥遏：阻碍，断绝。拥，通"壅"，阻塞。

④谀臣有众：谄谀的臣子又很多。有，通"又"。

⑤劝以贪狼：怂恿夏桀肆意贪婪凶狠。

⑥夏台：又作"钧台""均台"，在今河南禹州南，相传桀曾系汤于此。
　　参见《夏本纪》。

⑦未央：未尽。央，尽。

⑧夸而目巧：夸说自己目巧，可不用规矩准绳。《集解》引郑玄曰：
　　"但用目巧善意作室，不用法度。"目巧：目测的技巧。

⑨教为象郎：怂恿殷纣造为象牙之廊。《淮南子·本经训》："帝有桀、
　　纣，为琁室、瑶台、象廊、玉床。"高诱注："象廊，用象牙饰廊殿。"

⑩犀玉之器：用犀牛角和玉石雕刻的精美器物。

⑪象箸而羹：用象牙制成的筷子吃饭。羹，原指带汤的食物，此处用
　　作动词，为"进食"。

⑫圣人剖其心：指比干被殷纣王剖心。

⑬胻（héng）：胫，小腿。

⑭杀周太子历：《索隐》曰："'杀周太子历'文在'囚文王昌'之上，
　　则近是季历。季历不被纣诛，则其言近妄，无容周更别有太子名历
　　也。"据载，被纣王杀的周太子只有文王太子伯邑考，此或误。

⑮昔：通"夕"，夜晚。

⑯阴兢：周大夫。

⑰尸：指周文王的牌位。

⑱牧野：地名，一作"坶野"，在今河南淇县西南。

⑲华山：非指今陕西华阴的华山，联系上文"伐于牧野"，则此山当
　　在牧野附近。阳：指山的南面。古人以山南为阳，山北为阴。

⑳宣室:《集解》引徐广曰:"太子之居名曰宣室。"王叔岷曰:"案《淮南子·氾论篇》:'纣拘于宣室。'《本经篇》:'武王甲卒三千,破纣牧野,杀之于宣室。'高注:'宣室,殷宫名。一曰宣室,狱也。'此言'自杀宣室',盖武王逼杀之耳。"又曰:"《说文》:'宣,太子宣室也。'段注:'盖谓大室,如璧大谓之瑄。''天子宣室',盖礼家相传古语。"

㉑轸(zhěn):车厢底部后面的横木。

㉒涫(guàn)汤:滚沸的开水。

㉓大傲:极度傲慢。大,通"太"。

㉔猒(yàn):满足。

㉕很:同"狠",狠毒,残忍。

【译文】

　　元王说:"不是这样。我听说,进谏带来福气,阿谀奉承带来祸害。人主听从阿谀之言,是愚蠢糊涂的。即使这样,灾祸不会无缘无故降临,福气也不会平白无故地来到。天地聚合元气,产生出各种财物。阴阳分别,离不开四季。一年有十二个月,日子满了便为一个周期。圣人透彻地了解这些道理,自身才无灾祸。明君运用这些道理,没有谁敢欺骗他。所以说福气的到来,是人们自己创造的;灾祸的降临,是人们自己造成的。灾祸与幸福同在,刑罚与德义成双。圣人明察这些,就了解吉凶。夏桀、商纣之时,与上天争功,阻遏鬼神,使之不得来往。这本来已经无道了,何况还有众多阿谀之臣。夏桀有个阿谀之臣,名字叫赵梁。教唆夏桀残暴无道,鼓励他贪婪凶戾。将商汤囚禁在夏台,杀了关龙逢。他的近臣怕被杀死,在其身旁苟且偷生、阿谀奉承。国家已经比累卵还危险,人们却都说没有妨害。欢乐地高呼万岁,有人还说国运无尽。蒙蔽夏桀的耳目,与他一起狡诈狂妄。终于商汤讨伐夏桀,使他身死国亡。他听信其阿谀之臣的教唆,自己遭受祸殃。古代史书上记载了这件事,

使人至今不忘。商纣有个阿谀之臣,名叫左彊。他夸夸其谈而凭巧
目筑室,怂恿殷纣造象牙廊。象牙廊高大宏丽,直薄云天,还制作了
玉床。用犀牛角和玉石雕刻精美器物,拿着象牙筷子吃饭。圣人比
干被挖掉心脏,壮士被砍掉小腿。箕子害怕被杀死,披头散发假装
疯狂。商纣杀死周太子历,囚禁周文王姬昌。将文王投进石室,打
算从夜晚囚禁至天明。阴兢救出文王,与他一起逃亡。文王进入周
地,得到太公望姜尚。文王发动士卒聚集兵器,与商纣交战。文王
病死,周人载着他的牌位前行。太子姬发代替周文王统领军队,号
为武王。在牧野作战,在华山之南打败纣军。纣王不能取胜,兵败
逃回,武王把他围困在象廊。纣王于宣室自杀,身死却不得埋葬。
头被悬挂在车子横梁上,被四匹马拉着行进。我一想到纣王如此下
场,内心就像沸水一样翻腾。夏桀、商纣这些人虽然都富有天下,位
居天子尊位,但是都太傲慢了。欲望没有满足的时候,办事喜欢好
高骛远,贪婪、狠毒而骄横。他们不任用忠信之人,却听从那些阿谀
奉承的大臣,被天下人耻笑。现在我的国家处在各诸侯国之间,连
秋毫都不如。办事若不妥当,哪能逃脱亡国的厄运!"

　　卫平对曰:"不然。河虽神贤,不如昆仑之山;江
之源理①,不如四海,而人尚夺取其宝,诸侯争之,兵革
为起。小国见亡,大国危殆,杀人父兄,虏人妻子,残国
灭庙,以争此宝。战攻分争,是暴强也。故云取之以暴
强而治以文理②,无逆四时,必亲贤士;与阴阳化③,鬼
神为使;通于天地,与之为友。诸侯宾服,民众殷喜。
邦家安宁,与世更始④。汤武行之,乃取天子;春秋著
之,以为经纪⑤。王不自称汤武,而自比桀纣。桀纣为
暴强也,固以为常。桀为瓦室⑥,纣为象郎。征丝灼

之⑦，务以费氓⑧。赋敛无度，杀戮无方⑨。杀人六畜⑩，以韦为囊⑪。囊盛其血，与人县而射之，与天帝争强⑫。逆乱四时，先百鬼尝⑬。谏者辄死，谀者在傍。圣人伏匿，百姓莫行。天数枯旱，国多妖祥⑭。螟虫岁生⑮，五谷不成。民不安其处，鬼神不享⑯。飘风日起⑰，正昼晦冥。日月并蚀，灭息无光。列星奔乱，皆绝纪纲。以是观之，安得久长！虽无汤武，时固当亡。故汤伐桀，武王克纣，其时使然。乃为天子，子孙续世；终身无咎，后世称之，至今不已。是皆当时而行，见事而强，乃能成其帝王。今龟，大宝也，为圣人使，传之贤王。不用手足，雷电将之；风雨送之，流水行之。侯王有德，乃得当之⑱。今王有德而当此宝，恐不敢受；王若遣之，宋必有咎。后虽悔之，亦无及已。"

【注释】

①源理：犹言"源流"。

②取之以暴强而治之以文理：即通常"逆取顺守"。文理，指政令教化。

③与：随着。

④更始：重新开始。

⑤经纪：纲领，准则。

⑥瓦室：瓦屋。殷纣时瓦还属于奢侈物。《集解》曰："《世本》曰：'昆吾作陶。'张华《博物记》亦云：'桀作瓦。'盖是昆吾为桀作也。"

⑦征丝灼之：从百姓那里征敛蚕丝当作木柴烧。《索隐》曰："按，灼谓燔也。烧丝以当薪，务费人也。"

⑧费氓：耗费民财。氓，即"民"。

⑨无方：无极，无限。

⑩六畜：指马、牛、羊、鸡、犬、豕。

⑪以韦为囊：用皮革做成口袋。韦，熟皮。

⑫囊盛其血，与人县（xuán）而射之，与天帝争强：《殷本纪》曰："帝武乙无道，为偶人谓之天神，与之搏，令人为行。天神不胜，乃僇辱之。为革囊，盛血，仰而射之，命曰'射天'。"县，悬挂。

⑬先百鬼尝：在祭祀祖先之前就尝用。百鬼，此处指已故的祖先。古人敬祖，先将四时鲜味奉祭祖先，然后才敢享用。

⑭妖祥：妖异之兆。祥，预兆。

⑮螟虫岁生：害虫连年滋生。螟，害虫。岁生，连年滋生。

⑯不享：不享用祭品。

⑰飘风：大风，烈风。

⑱当：遇上。

【译文】

卫平回答说："不是这样。黄河虽然神灵贤明，不如昆仑山；长江水流通畅，不如四海。然而人们尚且夺取黄河、长江的宝物，各诸侯国争夺它们，战争因此爆发。小国被灭亡，大国形势危险，杀害别人的父兄，掳掠别人的妻子儿女，破人国土毁人宗庙，来争夺这些宝物。攻战争夺，这是残暴强横。因此说夺取它用残暴强横的手段，但治理它用政令教化的办法。不违背四时，必能亲近贤士；随阴阳变化，鬼神能被役使；与天地沟通，和它们成为朋友。诸侯臣服，民众富足欢喜。国家安宁，与社会一起除旧布新。商汤、周武施行这种办法，就取得了天子的尊位；古代史书记载了这些事情，把它们当成规范准则。君王不自称商汤、周武王，却将自己比成桀、纣。桀、纣施行残暴强横，原本以此为常。夏桀建了瓦室，商纣建了象廊。征敛蚕丝当作木柴燃烧，一心耗费民财。征收赋税没有限度，杀人无数。屠杀百姓的六畜，拿熟皮做成袋子。在皮袋里盛满牲畜的血,悬挂起来,与别人一起用箭射它,与天帝争强。违背四时的秩序,抢先在祭祀祖先前就尝用各季时鲜。劝谏的人总是被杀死,阿谀奉承的人却留在身旁。于是圣人隐藏起来,百姓不能行动。气候频频干旱,国内常有妖异之兆。蝗灾年年发生,五谷没有收成。百姓不能安居,鬼神不能享用祭品。大风天天刮,白昼天昏地暗。日食月食一起出现,黯淡无光。群星胡乱奔驰,一切都不按秩序运行。由此看来,桀、纣的统治哪里能长久!即使没有商汤、周武,到时必当灭亡。因此商汤攻伐夏桀,武王战胜殷纣,是时势导致了这种结果。商汤、周武于是成为天子,子孙世代相继为王;终身没有过错,后代称赞他们,至今没有停止。这些人都是适应形势而行动,遇事能尽力而为,才能成就帝王事业。现在这只龟是贵重的宝物,为圣人出使,传给贤王。神龟行动不用手脚,雷电帮助它,风雨护送它,流水运载它,使它顺流而行。侯王有仁德,才能配得上它。现在大王有仁德,配得这个宝物,却因害怕而不敢接受;大王如果送走它,宋国必定有灾祸。以后即使后悔,也来不及了。”

　　元王大悦而喜。于是元王向日而谢①,再拜而受。择日斋戒,甲、乙最良②。乃刑白雉,及与骊羊;以血灌龟,于坛中央。以刀剥之,身全不伤。脯酒礼之③,横其腹肠。荆支卜之,必制其创④。理达于理,文相错迎⑤。使工占之⑥,所言尽当。邦福重宝⑦,闻于傍乡⑧。杀牛取革,被郑之桐⑨。草木毕分,化为甲兵⑩。战胜攻取,莫如元王。元王之时,卫平相宋,宋国最强,龟之力也。

【注释】

①向日而谢:《索隐》曰:“盖欲神之以谢天也。天之质暗,日者天之

光明,著见者莫过也。"

②甲、乙最良:甲、乙两日最吉利。

③脯酒:干肉和酒。

④创(chuāng):此指裂纹。

⑤理达于理,文相错迎:王念孙曰:"'理达于理',文不成义。'理达'当为'程达'。'程'、'理'右半相似,又涉下'理'字而误也。'程'与'呈'古字通。灼龟为兆,其理纵横,呈达于外,故曰'程达于理,文相错迎'也。《太平御览·方术部》引此正作'程达于理'。"错迎,纵横交错。

⑥工:指太卜官。

⑦福:副,藏,这里即指占有。

⑧傍乡:邻国。

⑨杀牛取革,被郑之桐:《集解》引徐广曰:"牛革桐为鼓也。"被,蒙。郑之桐,郑国出产的桐木。桐木质轻而坚韧,适于制作乐器、箱箧等。

⑩甲兵:甲胄、兵器。泛指武器。

【译文】

宋元王非常高兴而欢喜。于是元王面向太阳拜谢上天,拜谢两次后接受了神龟。选择吉日进行斋戒,甲、乙两日最吉利。就杀了白鸡及黑羊,在祭坛中央用它们的血浇灌了神龟。用刀剥割神龟,龟身完好未受丝毫伤害。献上干肉和酒以礼相待,打开龟的肚肠。用荆木枝灼烧龟甲占卜,一定要灼出裂痕。龟身呈现纹理,交错纵横。让卜官占卜,所说的都很准确。国家藏有重宝,名声传到邻邦。宋人杀牛剥取皮革,蒙在郑国出产的桐木上,做成了鼓。草木都分别做成甲胄兵器。在取得战争胜利方面,没有人能与元王相比。在元王时期,卫平担任宋国的国相,宋国的力量最为强大,这应归功于神龟的力量。

　　故云神至能见梦于元王,而不能自出渔者之笼;身能十言尽当,不能通使于河,还报于江;贤能令人战胜攻取,不能自解于刀锋,免剥刺之患①;圣能先知亟见②,而不能令卫平无言。言事百全,至身而挛③;当时不利,又焉事贤! 贤者有恒常,士有适然。是故明有所不见④,听有所不闻;人虽贤,不能左画方,右画圆;日月之明,而时蔽于浮云。羿名善射,不如雄渠、蠭门⑤;禹名为辩智,而不能胜鬼神。地柱折⑥,天故毋椽⑦,又奈何责人于全? 孔子闻之曰:"神龟知吉凶,而骨直空枯⑧。日为德而君于天下,辱于三足之乌⑨。月为刑而相佐⑩,见食于虾蟆⑪。蝟辱于鹊⑫,腾蛇之神而殆于即且⑬。竹外有节理,中直空虚;松柏为百木长,而守门闾⑭。日辰不全,故有孤虚⑮。黄金有疵,白玉有瑕。事有所疾,亦有所徐。物有所拘,亦有所据⑯。罔有所数,亦有所疏⑰。人有所贵,亦有所不如。何可而适乎? 物安可全乎? 天尚不全,故世为屋,不成三瓦而陈之,以应之天⑱。天下有阶,物不全乃生也。"

【注释】

①"故云神至能见梦于元王"至"免剥刺之患":本于《庄子·外物篇》:"仲尼曰:'神龟能见梦于元君,而不能避余且之网;知能七十二钻而无遗策,不能避刳肠之患。"神,言龟的神灵、神通。

②先知亟见:意即先知先觉。亟,快,迅速。

③至身而挛:指不能预防自身被拘系。挛,痉挛,这里指受拘束。

④明有所不见:最好的眼睛也有看不到的地方。

⑤雄渠:春秋时楚国人。一称"雄渠子"。传说中的射箭能手,其射术胜过羿。《集解》引《新序》云:"楚雄渠子夜行,见伏石当道,以为虎而射之,应弦没羽。"蠭门:又作"逢蒙",传说曾学射于羿,后超过其师。

⑥地柱折:支撑天地的柱子断了。《淮南子·天文训》云:"昔者共工与颛顼争为帝,怒而触不周之山,天柱折,地维绝。天倾西北,故日月星辰移焉;地不满东南,故水潦尘埃归焉。"

⑦天故毋椽:天上本来也没有木椽。故,本来。

⑧骨直空枯:龟骨的中间是空枯的。《正义》曰:"凡龟其骨空中而枯也。直,语发声也。"王叔岷曰:"'骨直中枯'犹言'中乃空虚'。"直,乃。

⑨辱于三足之乌:古代传说太阳里有三足乌,故太阳中间有黑点。王充曰:"儒者曰:日中有三足乌,月中有兔,蟾蜍。"

⑩月为刑而相佐:月主刑罚以辅佐太阳。汉代五行家认为日为阳,主德;月为阴,主刑。

⑪见食于虾蟆:被虾蟆吃掉,即月蚀。《淮南子·说林训》:"月照天下,食于詹诸(即蟾蜍,蛤蟆)。"

⑫猬辱于鹊:《集解》引郭璞曰:"猬能制虎,见鹊仰地。"猬,刺猬。

⑬腾蛇:同"螣蛇",传说中一种能飞的蛇。殆:危害。即且(jū):蜈蚣。《正义》曰:"即吴公也,状如蚰蜒而大,黑色。"《集解》引郭璞曰:"蝍蛆,似蝗,大腹,食蛇脑也。"

⑭闾:里巷的大门。

⑮日辰不全,故有孤虚:古人以干支记日,天干叫"日",地支叫"辰"。裴骃集解:"甲乙谓之日,子丑谓之辰。孤虚,古代方术用语。即计日时,以十天干顺次与十二地支相配为一旬,所余的两地支称之为"孤",与孤相对者为"虚"。古时常用以推算吉凶祸福及事之成败。

⑯物有所拘,亦有所据:物各有所短,亦各有所长。拘,拘束,局限。据,依据,此处指可依据的特长。

⑰罔有所数(cù),亦有所疏:网孔时密(眼小)时疏(眼大)。罔,通"网"。数,密。

⑱不成三瓦而陈之,以应之天:盖房时房顶要少放三块瓦,以与天之不完整相对应。《集解》引徐广曰:"为屋成,欠三瓦而栋之也。"《索隐》曰:"刘氏云:'陈'犹'居'也。"《正义》曰:"言为屋不成,欠三瓦以应天,犹陈列而居之。"

【译文】

所以说龟有神通能托梦给元王,却不能自己从渔夫的牢笼中逃出;自身能够十言皆中,却不能通使黄河神,返还答复长江神;具有的才能能让人取得战争的胜利,却不能自己从刀锋下解脱出来,免除被割剥的灾难;圣明能敏锐地预见未来,却不能让卫平不说话。预言事情能做到准确无误,却不能预防自身被拘系;碰上的时机不利,又怎么事奉贤明的人!贤人有一定的规则,士人有合适的言行。所以说视力再好也有看不见的地方,听力再好也会有听不见的内容;人即使贤明,也不能同时左手画方,右手画圆;日月虽然明亮,有时会被浮云遮蔽。后羿号称善射,技艺却不如雄渠、蠭门;大禹号称善辩智慧,却不能战胜鬼神。地柱断折,天原本就没有椽子,又怎能对人求全责备呢?孔子听说神龟的事后,说:"神龟知道吉凶,但骨头里面却是空枯的。太阳遍施仁德而君临天下,却被三足乌侮辱。月亮主施刑罚来辅佐太阳,却被蛤蟆吞食。刺猬能制服老虎却被喜鹊侮辱,腾蛇神通却被蝍蛆所害。竹子的表面有骨节纹理,腹中空虚;松柏是百树之长,却用来做看守里巷的大门。日辰不完全,所以会出现孤虚。黄金有疵,白玉有瑕。有的事物变化快,有的事物变化慢。万物各有所短,也各有所长。网有细密的,也有稀疏的。人有高贵之处,也有不如意的地方。什么人可以做到完美无缺呢?对事物怎可求全责备呢？上天尚且不完美，所以世人建筑房屋，要少放三块瓦片，以对应天之不完整。天下事物有差别，而万物正因并非完整无缺才能生存下去。"

　　褚先生曰：渔者举网而得神龟，龟自见梦宋元王，元王召博士卫平告以梦龟状，平运式，定日月①，分衡度②，视吉凶，占龟与物色同，平谏王留神龟以为国重宝，美矣。古者筮必称龟者，以其令名，所从来久矣。余述而为传。

　　三月　二月　正月③　十二月　十一月　中关内高外下④　四月　首仰⑤　足开⑥　胎开⑦　首俛大五月　横吉　首俯大⑧　六月　七月　八月　九月十月

【注释】

①定日月：推定日月的位置。

②分衡度：分辨量度。

③三月、二月、正月：《正义》曰："言正月、二月、三月右转周环终十二月者，日月之龟，腹下十二黑点为十二月，若二十八宿龟也。"日月之龟的腹下有十二个黑点，象征十二个月，占卜时以黑点附近的兆纹断定吉凶。

④中关内高外下：指兆的中关呈内高外低之状。《正义》曰："此等下至'首俯大'者，皆卜兆之状也。"

⑤首仰：指兆的首端呈仰起之状。《正义》曰："谓兆首仰起。"

⑥足开：指兆的足端呈开放之状。

⑦胎（qín）开：张文虎曰："当作'足胎'。"足胎，指兆的足端呈收敛

之状。

⑧首俯大：指兆的首端呈下俯而较大之状。张文虎曰："三字应删。"

【译文】

　　褚先生说：渔夫撒网而捕得神龟，神龟自己托梦给宋元王，元王召见博士卫平将梦见神龟的情状告诉他。卫平运转占卜的器具，测定日月的位置，分辨量度，以观察吉凶，占卜得知神龟与元王梦中之龟的颜色相同。卫平劝谏元王留下神龟，把它作为国家的重宝，真是美好的事啊。古人占卜必定称道龟，是因为它有美名，这由来已久。我记述下来写成这篇传记。

　　三月　二月　正月　十二月　十一月　中关内高外下　四月首仰　足开　胻开　首俛大　五月　横吉　首俯大　六月　七月　八月　九月　十月

　　卜禁曰①：子亥戌不可以卜及杀龟②。日中如食已卜。暮昏龟之徼也③，不可以卜。庚、辛可以杀④，及以钻之。常以月旦祓龟⑤，先以清水澡之⑥，以卵祓之⑦，乃持龟而遂之⑧，若常以为祖⑨。人若已卜不中⑩，皆祓之以卵，东向立，灼以荆若刚木⑪，土卵指之者三，持龟以卵周环之⑫，祝曰："今日吉，谨以粱卵焍黄祓去玉灵之不祥⑬。"玉灵必信以诚，知万事之情，辩兆皆可占⑭。不信不诚，则烧玉灵，扬其灰，以征后龟⑮。其卜必北向，龟甲必尺二寸。

【注释】

①卜禁：占卜的禁忌。

②子亥戌：三个时辰的名称。子时为晚十一点至次日凌晨一点，亥

时为晚九点至十一点,戌时为晚七点至九点。

③暮昏:黄昏。徼(jiǎo):通"缴",缠绕。《索隐》曰:"谓徼绕不明也。"

④庚、辛:指庚日、辛日。可以杀:可以杀龟。

⑤月旦祓(fú)龟:每个月的初一通过祭祀以去除龟的不祥。

⑥澡之:清洗龟甲。

⑦以卵祓之:《正义》曰:"以鸡卵摩而视之。"

⑧持龟而遂之:用龟甲进行占卜。遂,决断。

⑨若常以为祖:这就是通常的方法。《索隐》曰:"'祖',法也。言以为常法。"

⑩已卜不中:占卜过一回不灵验。

⑪灼以荆若刚木:《索隐》曰:"古之灼龟,取生荆枝及生坚木烧之,斩断以灼龟。"若,或者。

⑫土卵指之者三,持龟以卵周环之:《正义》曰:"言卜不中,以土为卵,三度指之,三周环之,用厌不祥也。"

⑬以梁卵焬(dì)黄:《索隐》曰:"梁,米也。卵,鸡子也。焬,灼龟木也,音'次第'之'第'。言烧荆枝更递而灼,故有焬名。一音梯,言灼之以渐,如有阶梯也。黄者,以黄绢裹梁卵以祓龟也。必以黄者,中之色,主土而信,故用鸡也。"《正义》曰:"焬音题。焬,焦也。言以梁米鸡卵祓去龟之不祥,令灼之不焦不黄。若龟焦及黄,卜之不中也。"玉灵:对龟的敬称。

⑭辩兆皆可占:辨认龟纹都可以占卜。

⑮以征后龟:以惩戒后来的神龟。征,通"惩",惩戒。《太平御览》卷七二五引作"惩"。

【译文】

　　占卜禁忌如下:子时、亥时、戌时,不可以占卜与杀龟。中午如有日食要停止占卜。黄昏时分龟兆不明,不可以占卜。庚日、辛日可以杀龟，也可以在龟甲上钻凿。通常在每月初一祭祀去除龟的不祥，先用清水清洗龟甲，再用鸡蛋摩擦以消灾祈福，然后才用龟甲占卜，并做出决断，上述步骤当作为固定法则。人们占卜后，如果不应验，都要用鸡蛋在龟甲上摩擦以去除龟的不祥，面向东方站立，以荆条或硬木烧灼龟甲，用土做成鸡蛋的形状向龟指三次，手持龟用鸡蛋围着它绕圈，祝祷说："今日大吉，谨用粱米、鸡蛋、荆枝、黄绢以去除神龟的不祥。"玉灵神龟必定守信真诚，知道万事的情形，兆纹能被辨别，这样的龟都可用来占卜。不守信真诚，就烧掉玉灵神龟，扬弃它的骨灰，以惩戒日后用来占卜的神龟。占卜时一定要面向北方，龟甲的长度一定要有一尺二寸。

　　卜先以造灼钻①，钻中已，又灼龟首，各三；又复灼所钻中曰正身，灼首曰正足②，各三。即以造三周龟③，祝曰："假之玉灵夫子④。夫子玉灵，荆灼而心，令而先知⑤。而上行于天，下行于渊，诸灵数箣，莫如汝信⑥。今日良日，行一良贞⑦。某欲卜某，即得而喜⑧，不得而悔。即得，发乡我身长大⑨，首足收人皆上偶⑩。不得，发乡我身挫折⑪，中外不相应⑫，首足灭去⑬。"

【注释】

①以造灼钻：在荆枝烧灼的地方钻凿。《索隐》曰："造，谓烧荆之处。"也指荆枝。

②灼首曰正足：张文虎曰："'灼首'下疑脱'曰正首，灼足'五字。"意即此文应作"灼首曰'正首'，灼足曰'正足'"。

③以造三周龟：持荆枝绕龟甲行三周。

④假之玉灵夫子：借助神龟您的神力。张文虎曰："假之，疑'假尔'

误。下文'假之'同。"玉灵夫子,《索隐》曰:"尊神龟而为之作号。"

⑤令而先知:让您成为先知先觉。而,你,您。

⑥诸灵数筴(cè),莫如汝信:各种蓍草都没有你灵验。筴,应作"荚",即指蓍草。

⑦良贞:好的占卜。

⑧即得:假若占得好卦。

⑨发:显示。

⑩上偶:对称地上扬。

⑪挫折:短小,弯曲。

⑫中外:里边的纹理与外围的纹理。

⑬首足灭去:首足的纹理消失。

【译文】

　　占卜时,首先要在荆木灼烧的地方钻凿龟甲,在龟甲的中间钻凿之后,又灼烧龟的头部,钻凿、灼烧各做三次;又重灼烧钻凿的中部叫正身,灼烧龟的头部与足部分别叫作正首与正足,各进行三次。持荆枝绕龟甲行三周,祝祷说:"我们借用神龟先生您的神力了。神龟先生,我们用荆木烧灼您的心,使您能先知先觉。您上行于苍天,下行于深渊,各种神灵的蓍草,没有哪一个比您灵验。今天是良辰佳日,请给我们做一次好的占卜。某人想卜问某事,如果卜得吉兆就高兴,卜不到吉兆就懊悔。如果卜得吉兆,就向我们显示又长又大的兆身,首足收敛,兆纹都对称地向上舒展。如果得不到吉兆,就显示出短小曲折的兆身,纹理里外无法对称,首足纹理消失。"

　　灵龟卜祝曰[①]:"假之灵龟,五筮五灵,不如神龟之灵[②],知人死,知人生。某身良贞,某欲求某物。即得也,头见足发,内外相应;即不得也,头仰足肣,内外自垂。可得占③。"

卜占病者祝曰:"今某病困。死,首上开④,内外交
骇,身节折⑤;不死,首仰足肐。"

卜病者祟曰⑥:"今病有祟无,呈无⑦,祟有,呈兆
有。中祟有内,外祟有外。"

【注释】

①灵龟卜祝曰:张文虎曰:"'灵龟'二字疑衍。"

②五巫五灵,不如神龟之灵:各种蓍草之灵都没有神龟您灵验。巫,
应作"筮"。

③可得占:三字疑衍。

④首上开:王叔岷曰:"'首上开',盖本作'首足开'。'足'坏为
'止',复误为'上'耳。上文言'首足收入',与'首足开'文意相
反。"

⑤身节折:兆身的纹路曲折。

⑥卜病者祟:占卜此人之病是否为鬼神作祟。

⑦呈无:不显露兆文。郭嵩焘曰:"按《玉篇》,'呈,赤也,见也。'"

【译文】

用神龟占卜时祝祷道:"借用神龟先生您的神力,各种各样的蓍
草再灵验,也不如神龟您灵验,能预知人的死,预知人的生。某人亲
自做一次良好占卜,某人想求得某件物品。如果能够得到,就显露
兆头与兆足,兆象内外对称;如果不能得到,就兆头仰起,兆足收敛,
兆象内外自然垂下。如此就可得到占卜的结果。"

为病人占卜时祝祷道:"现有某人被疾病困扰。如果会病死,请
将兆首向上伸展,兆纹内外交错,兆身的纹路曲折;如果不会病死,
请将兆首仰起,兆足收敛。"

为病人占卜有无鬼神作祟,祝祷说:"现在病人家中如果没有妖怪作祟,兆象就不要显示;如果有妖怪作祟,兆象显示出来。若家中有妖怪为害,兆象就呈现于内;若家外有妖怪为害,兆象就呈现于外。"

卜系者出不出。不出,横吉安[①];若出,足开首仰有外。

卜求财物,其所当得。得,首仰足开,内外相应;即不得,呈兆首仰足肣。

卜有卖若买臣妾马牛[②]。得之,首仰足开,内外相应;不得,首仰足肣,呈兆若横吉安。

卜击盗聚若干人,在某所,今某将卒若干人,往击之。当胜,首仰足开身正,内自桥[③],外下;不胜,足肣首仰,身首内下外高[④]。

卜求当行不行。行,首足开;不行,足肣首仰,若横吉安,安不行。

卜往击盗,当见不见。见,首仰足肣有外;不见,足开首仰。

卜往候盗,见不见[⑤]。见,首仰足肣,肣胜有外[⑥];不见,足开首仰。

卜闻盗来不来。来,外高内下,足肣首仰;不来,足开首仰,若横吉安,期之自次[⑦]。

卜迁徙去官不去[⑧]。去,足开有肣外首仰[⑨];不去自去[⑩],即足肣,呈兆若横吉安。

卜居官尚吉不。吉，呈兆身正，若横吉安；不吉，身节折，首仰足开。

卜居室家吉不吉。吉，呈兆身正，若横吉安；不吉，身节折，首仰足开。

卜岁中禾稼孰不孰[11]。孰，首仰足开，内外自桥外自垂；不孰，足胎首仰有外。

卜岁中民疫不疫。疫，首仰足胎，身节有强外[12]；不疫，身正首仰足开。

卜岁中有兵无兵。无兵，呈兆若横吉安；有兵，首仰足开，身作外强情[13]。

卜见贵人吉不吉。吉，足开首仰，身正，内自桥；不吉，首仰，身节折，足胎有外，若无渔[14]。

卜请谒于人得不得。得，首仰足开，内自桥；不得，首仰足胎有外。

卜追亡人当得不得。得，首仰足胎，内外相应；不得，首仰足开，若横吉安。

卜渔猎得不得。得，首仰足开，内外相应；不得，足胎首仰，若横吉安。

卜行遇盗不遇。遇，首仰足开，身节折，外高内下；不遇，呈兆[15]。

卜天雨不雨。雨，首仰有外，外高内下；不雨，首仰足开，若横吉安。

卜天雨霁不霁。霁，呈兆足开首仰；不霁，横吉[16]。

【注释】

①横吉安：兆象名。

②卜有卖若买臣妾马牛：占卜买、卖奴仆牛马是否吉利。若，或者。臣妾，男女奴仆。

③内自桥：里面的纹路高起。桥，高。

④身首内下外高：《集解》引徐广曰："首，一作'简'。"

⑤卜往候盗，见不见：占卜往探盗匪，能否发现。候，侦察，窥伺。

⑥胗胜有外：按，"胗胜"二字衍，应削。张文虎曰："'胗'字疑衍，而'胜'又'胗'之讹衍。"

⑦期之自次：强盗会在预期的日子之后到来。

⑧去官不去：会不会丢掉官职。

⑨足开有胗外首仰：张文虎曰："'胗'字疑衍"。

⑩不去自去：张文虎曰："'自去'二字疑衍。"

⑪岁中禾稼孰不孰：今年的庄稼收成好不好。孰，通"熟"，丰收。

⑫身节有强外：张文虎曰："'有'、'强'二字疑倒。"

⑬身作外强情：张文虎曰："有脱误。"

⑭若无渔：郭嵩焘曰："按外起而中陷，若虚无物然，故曰'无渔'。渔者举网而得鱼，凡侵取所有者谓之渔也。下文'命曰渔人'，亦此义。"泷川曰："'无渔'二字有讹脱。"

⑮呈兆：兆象名。

⑯横吉：即横吉安，兆象名。

【译文】

　　为被囚禁的人占卜，了解能否出狱。若不能出狱，兆象为横吉安；若能出狱，兆足分开，兆首仰起，兆象有外。

　　为能否得到财物占卜。如能得到，兆首仰起，兆足分开，兆象内外相应；如不能得到，兆象就显示出首仰足敛的形状。

　　为买卖奴仆马牛是否顺利占卜。若买卖顺利，显示首仰足开的形状,兆象内外相应;若买卖不顺利,显示首仰足敛的形状,显现的兆象如同横吉安的形状。

为追击盗贼的结果占卜,盗贼聚集了若干人,在某处,现在某某率领将士若干人,前往攻击他们。如能取胜,兆象为首仰足开身正,里面的纹路自然高起,外面的低下;不能取胜,兆象为足敛首仰,身首内下外高。

为应不应该出行占卜。如能出行,兆象为首足张开;若不能出行,兆象为足敛首仰,如同横吉安的形状,安则不宜出行。

为前往攻击盗贼能否遇见盗贼占卜。如能遇见,兆象为首仰足敛有外;如不能遇见,兆象为足开首仰。

为前往侦察盗贼时能否见到盗贼占卜。如能见到,兆象为首仰足敛,敛胜有外;如不能见到,兆象为足开首仰。

听说有强盗要来,为强盗是否来占卜。如果会来,兆象为外高内下,足敛首仰;如果不会来,兆象为足开首仰,如同横吉安的形状,强盗会在预测时间之后到来。

为调动职务是否会丢官而占卜。如果会丢官,兆象为足开有敛外首仰;如果不会丢官,兆象为足敛,呈现出的兆象如同横吉安的形状。

为当官是否吉利占卜。如果吉利,呈现的兆象为身正,如同横吉安的形状;如果不吉利,兆象为兆身曲折,首仰足开。

为居家吉利不吉利卜问。如果吉利,呈现的兆象为身正,如同横吉安的状;如果不吉利,兆象为兆身曲折,首仰足开。

为今年庄稼能否丰收占卜。如果丰收,兆象为首仰足开,内自高起,外自下垂;如果不丰收,兆象为足敛首仰有外。

为今年民间是否有瘟疫而占卜。如果有瘟疫,兆象为首仰足敛,身节有强外;如果没有瘟疫,兆象为身正首仰足开。

为今年有无战争占卜。如果无战争,呈现出的兆象如同横吉安；如果有战争，兆象为首仰足开，身作外强情状。

为拜见贵人是否吉利占卜。如果吉利，兆象为足开首仰，身正，里面的纹路自然高起；如果不吉利，兆象为首仰，兆身曲折，足敛有外，如同内部空虚无物的样子。

为求见他人是否有收获而占卜。如有收获，兆象为首仰足开，里面的纹路自然高起；如果没有收获，兆象为首仰足敛有外。

为追捕逃亡的人能否成功而卜问。如果捕得到，兆象为首仰足敛，内外相应；如果捕不到，兆象为首仰足开，如同横吉安。

为捕鱼打猎能否有所收获卜问。如有收获，兆象为首仰足开，内外相应；如没有收获，兆象为足敛首仰，如同横吉安。

为出行是否会遇见强盗而占卜。如遇见强盗，兆象为首仰足开，兆身曲折，外高内下；如不会遇见强盗，兆象为呈兆。

为天是否下雨而占卜。如下雨，兆象为首仰有外，外高内下；如不下雨，兆象为首仰足开，如同横吉安。

为下雨能否转晴占卜。若转晴，兆象为足开首仰；若不晴，兆象为横吉。

命曰横吉安①。以占病，病甚者一日不死；不甚者卜日瘳②，不死。系者重罪不出③，轻罪环出④；过一日不出，久毋伤也。求财物、买臣妾马牛，一日环得；过一日不得。行者不行。来者环至；过食时不至，不来。击盗不行，行不遇；闻盗不来。徙官不徙。居官、家室皆吉。岁稼不孰。民疾疫无疾。岁中无兵。见人行，不行不喜。请谒人不行得。追亡人、渔猎不得。行不遇盗。雨不雨。霁不霁。

命曰呈兆。病者不死。系者出。行者行。来者来。市买得。追亡人得，过一日不得。问行者不到。

命曰柱彻。卜病不死。系者出。行者行。来者
来。市买不得。忧者毋忧。追亡人不得。

命曰首仰足肣有内无外。占病，病甚不死。系者
解。求财物、买臣妾马牛不得。行者闻言不行。来者
不来。闻盗不来。闻言不至。徙官闻言不徙。居官有
忧。居家多灾。岁稼中孰。民疾疫多病。岁中有兵，
闻言不开⑤。见贵人吉。请谒不行，行不得善言。追亡
人不得。渔猎不得。行不遇盗。雨不雨甚。霁不霁。
故其莫字皆为首备⑥。问之曰，备者仰也，故定以为
仰。此私记也。

命曰首仰足肣有内无外⑦。占病，病甚不死。系
者不出。求财、买臣妾不得。行者不行。来者不来。
击盗不见。闻盗来，内自惊，不来。徙官不徙。居官、
家室，吉。岁稼不孰。民疾疫有病甚。岁中无兵。见
贵人吉。请谒、追亡人不得。亡财物，财物不出得。渔
猎不得。行不遇盗。雨不雨。霁不霁。凶。

命曰呈兆首仰足肣。以占病，不死。系者未出。
求财物、买臣妾马牛不得。行不行。来不来。击盗不
相见。闻盗来不来。徙官不徙。居官久多忧。居家室
不吉。岁稼不孰。民病疫。岁中毋兵。见贵人不吉。
请谒不得。渔猎得少。行不遇盗。雨不雨。霁不霁。
不吉。

命曰呈兆首仰足开。以占病，病笃死⑧。系囚出。

求财物、买臣妾马牛不得。行者行。来者来。击盗不见盗。闻盗来不来。徙官徙。居官不久。居家室不吉。岁稼不孰。民疾疫有而少。岁中毋兵。见贵人不见吉。请谒、追亡人、渔猎不得。行遇盗。雨不雨。霁，小吉。

命曰首仰足肣。以占病，不死。系者久，毋伤也。求财物、买臣妾马牛不得。行者不行。击盗不行。来者来。闻盗来。徙官闻言不徙。居家室不吉。岁稼不孰。民疾疫少。岁中毋兵。见贵人得见。请谒、追亡人、渔猎不得。行遇盗。雨不雨。霁不霁。吉。

命曰首仰足开有内。以占病者，死。系者出。求财物、买臣妾马牛不得。行者行。来者来。击盗行不见盗。闻盗来不来。徙官徙。居官不久。居家室不吉。岁孰。民疾疫有而少。岁中毋兵。见贵人不吉。请谒、追亡人、渔猎不得。行不遇盗。雨霁。霁小吉，不霁吉。

【注释】

①命：名，取名。

②卜日瘳（chōu）：占卜的这一天病愈。瘳，病愈，痊愈。

③系者：被囚禁的人。

④环出：旋即出狱。环，通"旋"，旋即。

⑤闻言不开：张文虎曰："'开'疑当作'来'。"

⑥故其莫字皆为首备：郭嵩焘曰："按'莫'同'幕'。《释名》：'幕，终也，谓络缀成文。'《汉书·西域传》：'钱幕'。韦昭曰：'幕，钱

背也。'龟兆之折文,视其背,故亦谓之'幕'。"

⑦命曰首仰足肣有内无外:吴树平、冯晓林曰:"此兆名与上完全相同。据上文,得此兆'系者解','岁稼中孰','岁中有兵'。而在这一兆中……卜得的结果显然不同。由此可以推定,此兆名肯定有讹误。"

⑧笃:沉重,厉害。

【译文】

兆象命名为横吉安。用它占卜病情,病情严重的人一天之内不会死;病得不重的人在占卜当天可痊愈,不会死。被囚禁的人,犯重罪的不能出狱,犯轻罪的立即获释;如果过了一天还不能出狱,即使长久被拘禁也没什么伤害。求取财物、买奴仆马牛的,一天内就可很快获得;过了一天就会一无所获。想出行的人不宜出行。要来的人很快会来到;如果过了食时还不来,就不会来了。追击强盗的人不宜出行,出行也不会与强盗相遇;听闻盗贼要来,但不会来。调任官职的不会调任。居官、在家都很吉利。当年的庄稼不会丰收。民间不会发生瘟疫。年内没有战事。求见他人的可出行,不成行就不会有喜事。拜见他人的,不去就没收获。追捕逃犯、捕鱼打猎会一无所获。出行不会遇见盗贼。卜问天是否下雨,不会下雨。卜问天是否会晴,不会晴。

兆象命名为呈兆。生病的人不会死。被囚禁的人可出狱。想出行的人可以出行。要来的人会来到。去市场买东西可以买到。追捕逃犯可以抓到,过了一天就不会追到。卜问出行能否到达目的地,不会。

兆象命名为柱彻。卜问病情,病人不会死去。被囚禁的人可出狱。想出行的人可以出行。要来的人会来到。去市场买东西会买不到。忧愁的人不用忧愁。追捕逃犯不会抓到。

兆象命名为首仰足肣有内无外。卜问病情,病情严重却不会死。被囚禁的人能出狱。求取财物、买奴仆不会有收获。想出行的人听闻传言就不会出行。要来的人不会来到。听闻有盗贼来但不会来。传言要来却没有来。调任官职听到传言不会调任。居官有忧患。居家多灾殃。当年的庄稼有中等收成。民间有瘟疫并且多病。年内有战争，听说有战争却没有发生。求见贵人很吉利。拜见他人的，不宜前往，如果前往则听不到好话。追捕逃犯则不会追到。捕鱼打猎会一无所获。出行不会遇见盗贼。卜问天是否下雨，不会下得太大。卜问天是否会晴，不会晴。所以兆纹的形状都像首备的字形。询问卜官，回答说备是仰，所以把它定为仰。这些是我私下记录的。

兆象命名为首仰足肹有内无外。卜问病情，病情严重却不会死。被囚禁的人不能出狱。求取财物、买奴仆不会有收获。要出行的人不会出行。要来的人不会来到。追击盗贼不会遇见。传言盗贼要来，自己内心惊恐。盗贼却不会来。调任的官职不能调任。居官、在家闲居吉利。当年的庄稼有没有收成。民间有瘟疫很严重。年内没有战争。求见贵人很吉利。拜见他人、追捕逃犯不会有收获。丢了财物，但财物没有运出。捕鱼打猎会一无所获。出行不会遇见盗贼。卜问天是否下雨，不会下得太大。卜问天是否会晴，不会晴。为凶兆。

兆象命名为呈兆首仰足肹。用它占卜病情，病人不会死。被囚禁的人不能出狱。求取财物或者买奴仆马牛的不会有收获。要出行的人不宜出行。要来的人不会来。追击盗贼不会遇见。听闻盗贼要来却不会来。想调迁官职的不能调迁。居官时间久会有很多忧患。在家闲居不吉利。当年的庄稼没有丰收。民间为疫情所困。年内没有战争。求见贵人不利吉。拜见他人不会有收获。捕鱼、打猎则所得很少。出行不会遇见强盗。卜问天是否下雨，不会下得太大。卜问天是否会晴，不会晴。不吉利。

　　兆象命名为呈兆首仰足开。用它占卜病情,病人病重会死亡。被囚禁的人会出狱。求取财物、买奴仆马牛会一无所获。想出行的人可以出行。要来的人会来。追击盗贼却不见盗贼。听闻盗贼要来却不会来。想调迁官职的能够调迁。居官时间不会长久。闲居在家不吉利。当年的庄稼不会丰收。民间虽有疫情但不严重。年内没有战争。求见贵人却没有见到,吉利。拜见他人、追捕逃犯、捕鱼打猎的,都一无所获。出行会遇见强盗。卜问天是否下雨,不会下雨。天会转晴,小吉。

　　兆象命名为首仰足胗。卜得此兆的,病人不会死。被囚禁的人虽然被关押了很长时间,却不会受到伤害。求取财物、买奴仆马牛的,都一无所获。要出行的人不宜出行。追击盗贼的不宜出行。要来的人会来。听闻盗贼要来,盗贼就会来。想要调迁官职,听到传言不会调迁。闲居在家不吉利。今年的庄稼不会丰收。民间少有疫情。年内没有战争。求见贵人就能够见到。拜见他人、追捕逃犯或捕鱼打猎的,均一无所获。出行会遇见强盗。卜问天是否下雨,不会下雨。卜问天是否会晴,不会晴。吉利。

　　兆象命名为首仰足开有内。用它卜问病情,病人会死。被囚禁的人会出狱。求取财物、买奴仆马牛的,都一无所获。想出行的人可出行。要来的人会来。追击盗贼的出行不会遇见盗贼。听说盗贼来袭却不会来。想调迁官职的能够如愿。居官时间不会长久。闲居在家不吉利。当年的庄稼会丰收。民间虽有疫情却不严重。年内没有战争。求见贵人不吉利。拜见他人、追捕逃犯、捕鱼打猎的,都一无所获。出行不会遇见强盗。卜问天下雨还是转晴,天若放晴则为小吉,天若不晴则为吉利。

　　命曰横吉内外自桥。以占病,卜日毋瘳死[①]。系者毋罪出。求财物、买臣妾马牛得。行者行。来者来。

击盗合交等②。闻盗来来。徙官徙。居家室吉。岁孰。民疫无疾③。岁中无兵。见贵人、请谒、追亡人、渔猎得。行遇盗。雨霁，雨霁大吉④。

命曰横吉内外自吉⑤。以占病，病者死。系不出。求财物、买臣妾马牛、追亡人、渔猎不得。行者不来。击盗不相见。闻盗不来。徙官徙。居官有忧。居家室、见贵人、请谒不吉。岁稼不孰。民疾疫。岁中无兵。行不遇盗。雨不雨。霁不霁。不吉。

命曰渔人。以占病者，病者甚，不死。系者出。求财物、买臣妾马牛、击盗、请谒、追亡人、渔猎得。行者行来⑥。闻盗来不来。徙官不徙。居家室吉。岁稼不孰。民疾疫。岁中毋兵。见贵人吉。行不遇盗。雨不雨。霁不霁。吉。

命曰首仰足胎内高外下。以占病，病者甚，不死。系者不出。求财物、买臣妾马牛、追亡人、渔猎得。行不行。来者来。击盗胜。徙官不徙。居官有忧，无伤也。居家室多忧病。岁大孰。民疾疫。岁中有兵不至。见贵人、请谒不吉。行遇盗。雨不雨。霁不霁。吉。

命曰横吉上有仰下有柱。病久不死。系者不出。求财物、买臣妾马牛、追亡人、渔猎不得。行不行。来不来。击盗不行，行不见。闻盗来不来。徙官不徙。居家室、见贵人吉。岁大孰。民疾疫。岁中毋兵。行不遇盗。雨不雨。霁不霁。大吉。

命曰横吉榆仰。以占病，不死。系者不出。求财物、买臣妾马牛至不得⑦。行不行。来不来。击盗不行，行不见。闻盗来不来。徙官不徙。居官、家室、见贵人吉。岁孰。岁中有疾疫，毋兵。请谒、追亡人不得。渔猎至不得。行不得⑧。行不遇盗。雨霁不霁。小吉。

命曰横吉下有柱。以占病，病甚不环有瘳无死。系者出。求财物、买臣妾马牛、请谒、追亡人、渔猎不得。行来不来⑨。击盗不合。闻盗来来。徙官居官吉，不久。居家室不吉。岁不孰。民毋疾疫。岁中毋兵。见贵人吉。行不遇盗。雨不雨。霁。小吉。

【注释】

①以占病，卜日毋瘳死：泷川曰："'卜日'二字，'者'字坏文。"当作"以占病者毋瘳死"。

②合：会合，遭遇。交：交锋。

③民疫无疾：张文虎曰："'疫'字衍，或在'无'下。"

④雨霁，雨霁大吉：张文虎曰："疑当作'雨雨，霁霁'。"

⑤横吉内外自吉：张文虎曰："'吉'字疑误。"

⑥行者行来：郭嵩焘曰："案'行者行'下，衍一'来'字。"泷川曰："'来'下疑脱'者来'二字。"

⑦买臣妾马牛至不得：郭嵩焘曰："案'至不得'，疑衍一'至'字，下'渔猎至不得'亦同。"

⑧行不得：郭嵩焘曰："案此'行不得'三字，义无所系，疑是衍文。"

⑨行来不来：郭嵩焘曰："案此当云'行不行，来不来'。疑'行'下

脱'不行'二字。"

【译文】

兆象命名为横吉内外自桥。用它占卜病情，病人占卜当天就会不治而亡。被囚禁的人无罪释放。求取财物、买奴仆马牛的，都能有收获。要出行的可以出行。要来的人会来。追击盗贼会与之交锋，双方势均力敌。听说盗贼要来就会来。想迁调官职的能调迁。闲居在家吉利。当年的庄稼会丰收。民间没有疾疫。年内没有战争。拜见贵人、拜见他人、追捕逃犯或捕鱼打猎，都有收获。出行会遇见强盗。占卜下雨还是放晴。下雨与天晴均为大吉。

兆象命名为横吉内外自吉。用它占卜病情，病人会死。被囚禁的人不会出狱。卜求财物、买奴仆马牛、追捕逃犯、捕鱼打猎的，都一无所获。出行的人不宜出行。追击盗贼却不会相见。听说盗贼要来却不会来。想调迁官职的能被调迁。当官有忧愁。闲居在家、求见贵人、拜见他人，都不吉利。当年的庄稼不会丰收。民间有疫情。年内没有战争。出行不会遇见强盗。卜问是否下雨，不会。卜问是否转晴，不会。不吉利。

兆象命名为渔人。卜问病情，病人病得很重却不会死。被囚禁的人可以获释。求取财物、买奴仆马牛、击杀盗贼、谒见他人、追捕逃犯、捕鱼打猎，都有收获。想出行的人可以出行。听说盗贼要来却不会来。想调迁官职的不会调迁。闲居在家吉利。当年的庄稼不会丰收。民间有疫情。年内没有战争。求见贵人吉利。出行不会遇见强盗。卜问天会是否下雨，不会。卜问天是否会放晴，不会。吉利。

兆象命名为首仰足肣内高外下。卜问病情，病人病得很重却不会死。被囚禁的人不会出狱。求取财物、买奴仆马牛、追捕逃犯、捕鱼打猎，都有收获。想出行的人不宜出行。要来的人会来。击杀盗贼会获胜。想调迁官职的不会调迁。当官有忧患，却不会受伤害。

闲居在家多有忧愁疾病。当年的庄稼会获得大丰收。民间有疫情。年内有战争却不会殃及当地。求见贵人、谒见他人，不吉利。出行会遇见强盗。卜问天是否会下雨，不会。卜问天是否会放晴，不会。吉利。

兆象命名为横吉上有仰下有柱。卜问病情，病人病得很久却不会死。被囚禁的人不会出狱。求取财物、买奴仆马牛、追捕逃犯、捕鱼打猎，都一无所获。想出行的人不宜出行。要来的人不会来。攻击盗贼的不宜出行，即使出行也不会遇见盗贼。听闻盗贼要来却不会来。想调迁官职的不会调迁。闲居在家，求见贵人，吉利。当年的庄稼会获得大丰收。民间有疫情。年内没有战事。出行不会遇见盗贼。卜问天是否会下雨，不会。卜问天是否会放晴，不会。大吉。

兆象命名为横吉榆仰。卜问病情，病人不会死。被囚禁的人不会出狱。求取财物、买奴仆马牛的，都一无所获。想出行的人不宜出行。要来的人不会来。击杀盗贼的人不宜出行，出行也不会遇见盗贼。听闻盗贼要来却没有来。想调迁官职的不会调迁。居官、闲居在家，求见贵人，吉利。当年的庄稼会丰收。年内民间有疫情，没有战争。拜见他人或追捕逃犯，均一无所获。捕鱼打猎没有收获。出行不会遇见强盗。卜问天会下雨还是转晴，不会转晴。小吉。

兆象命名为横吉下有柱。卜问病情，病人病得很重，不会很快痊愈，但不会死。被囚禁的人可出狱。求取财物、买奴仆马牛、拜见他人、追捕逃犯、捕鱼打猎，都一无所获。想出行的人不宜出行。要来的人不会来。追击盗贼不会与之交战。听说盗贼要来就来了。调迁官位或当官任职，都为吉利，但不会长久。闲居在家不吉利。当年的庄稼不会丰收。民间没有疫情。年内没有战争。求见贵人吉利。出行不会遇见强盗。卜问天是否会下雨，不会。天会放晴。小吉。

　　命曰载所[①]。以占病，环有瘳无死。系者出。求财物、买臣妾马牛、请谒、追亡人、渔猎得。行者行。来者来。击盗相见不相合。闻盗来来。徙官徙。居家室忧。见贵人吉。岁孰。民毋疾疫。岁中毋兵。行不遇盗。雨不雨。霁霁。吉。

　　命曰根格。以占病者，不死。系久毋伤。求财物、买臣妾马牛、请谒、追亡人、渔猎不得。行不行。来不来。击盗盗行不合。闻盗不来。徙官不徙。居家室吉。岁稼中。民疾疫无死。见贵人不得见。行不遇盗。雨不雨。大吉。

　　命曰首仰足肸外高内下。卜有忧，无伤也。行者不来。病久死。求财物不得。见贵人者吉。

　　命曰外高内下。卜病不死，有祟。市买不得。居官、家室不吉。行者不行。来者不来。系者久毋伤。吉。

　　命曰头见足发有内外相应[②]。以占病者，起。系者出。行者行。来者来。求财物得。吉。

　　命曰呈兆首仰足开。以占病，病甚死。系者出，有忧。求财物、买臣妾马牛、请谒、追亡人、渔猎不得。行不行。来不来。击盗不合。闻盗来来。徙官、居官、家室不吉。岁恶。民疾疫无死。岁中毋兵。见贵人不吉。行不遇盗。雨不雨。霁。不吉。

　　命曰呈兆首仰足开外高内下。以占病，不死，有外祟。系者出，有忧。求财物、买臣妾马牛，相见不会。

行行。来闻言不来。击盗胜。闻盗来不来。徙官、居官、家室、见贵人不吉。岁中民疾疫，有兵。请谒、追亡人、渔猎不得。闻盗遇盗。雨不雨。雾。凶。

命曰首仰足肣身折内外相应。以占病，病甚不死。系者久不出。求财物、买臣妾马牛、渔猎不得。行不行。来不来。击盗有用胜。闻盗来来。徙官不徙。居官、家室不吉。岁不孰。民疾疫。岁中有兵不至。见贵人喜。请谒、追亡人不得。遇盗凶。

命曰内格外垂。行者不行。来者不来。病者死。系者不出。求财物不得。见人不见。大吉。

命曰横吉内外相应自桥榆仰上柱足肣。以占病，病甚不死。系久，不抵罪。求财物、买臣妾马牛、请谒、追亡人、渔猎不得。行不行。来不来。居官、家室、见贵人吉。徙官不徙。岁不大孰。民疾疫有兵。有兵不会。行遇盗。闻言不见。雨不雨。霁霁。大吉。

命曰头仰足肣内外自垂。卜忧病者甚，不死。居官不得居。行者行。来者不来。求财物不得。求人不得。吉。

命曰横吉下有柱。卜来者来。卜日即不至，未来。卜病者过一日毋瘳死。行者不行。求财物不得。系者出。

命曰横吉内外自举。以占病者，久不死。系者久不出。求财物得而少。行者不行。来者不来。见贵人见。吉。

　　命曰内高外下疾轻足发。求财物不得。行者行。病者有瘳。系者不出。来者来。见贵人不见。吉。

　　命曰外格。求财物不得。行者不行。来者不来。系者不出。不吉。病者死。求财物不得。见贵人见。吉。

　　命曰内自举外来正足发。行者行。来者来。求财物得。病者久不死。系者不出。见贵人见。吉。

【注释】

①命曰载所：郭嵩焘曰："案此等皆因坼兆而为之名，如今《六壬》、《奇门》之各主课名，由秦、汉间术士为言。《周礼》太卜：'其经兆之体皆百有二十，其颂皆千有二百。'必无此等巧立名目也。"

②头见足发有内外相应：郭嵩焘曰："案'头见足发'下，疑衍一'有'字。"

【译文】

　　兆象命名为载所。用它占卜病情，病人可以很快痊愈不会死。被囚禁的人可以出狱。求取财物、买奴仆马牛、拜见他人、追捕逃犯、捕鱼打猎均有收获。想出行的人可出行。要来的人会来到。追击盗贼，与之相遇却不会交战。听闻盗贼要来盗贼就会来。想调迁官职的能够调迁。闲居在家的会有忧患。求见贵人吉利。年内庄稼会丰收。民间没有疫情。年内没有战争。出行不会遇见强盗。卜问天是否会下雨，不会。卜问天是否会转晴，会。吉利。

　　兆象命名为根格。用它占卜病情，病人不会死。被囚禁的人虽然在狱中待了很久，却不会受伤害。求取财物、买奴仆马牛、拜见他人、追捕逃犯、捕鱼打猎都一无所获。想出行的人不宜出行。要来的人不会来。追击盗贼，盗贼离去，不会与之交战。听闻盗贼要来却不会来。想调迁官职的不会调迁。闲居在家吉利。当年的庄稼会有中等收成。民间有疫情却不会死人。求见贵人却见不到。出行不会遇见强盗。卜问天会不会下雨，不会。大吉。

兆象命名为首仰足肷外高内下。用它占卜会有忧患，却不会有伤害。出行的人不会来到。病得很久的人会死亡。求取财物却得不到。求见贵人吉利。

兆象命名为外高内下。用它占卜病情，病人不会死，有鬼神作祟。到市场上会买不到东西。居官、闲居在家不吉利。想出行的人不宜出行。要来的人不会来到。被囚禁的人关押了很长时间却不会受伤害。吉利。

兆象命名为头见足发有内外相应。用它占卜病情，病人会痊愈。被囚禁的人会出狱。想出行的人可出行。要来的人会来。求取财物能够得到。吉利。

兆象命名为呈兆首仰足开。用它占卜病情，病人会病重而死。被囚禁的人会出狱，却有忧患。求取财物、买奴仆马牛、拜见他人、追捕逃犯、捕鱼打猎，均一无所获。想出行的人不宜出行。要来的人不会来。追击盗贼不会与之交战。听闻盗贼要来，盗贼就会来。调任官职、做官、闲居在家都不吉利。当年的收成很不好。民间有疫情但无人死亡。年内没有战争。求见贵人不吉利。出行不会遇见强盗。卜问天会不会下雨，不会。天会放晴。不吉。

兆象命名为呈兆首仰足开外高内下。用它占卜病情，病人不会死，有鬼神作祟。被囚禁的人会出狱，却有忧患。求取财物、买奴仆马牛，有机会却不会成功。想出行的可以出行。有人要来听闻传言不会来了。追击盗贼会取得胜利。听说盗贼要来却不会来。调任官职、当官、闲居在家、求见贵人，都不吉利。年内民间有疫情，也会有战祸。拜见他人的、追捕逃犯、捕鱼打猎的，都一无所获。听说有盗贼就会遇见盗贼。占卜天会不会下雨，不会。天会放晴。凶。

兆象命名为首仰足肷身折内外相应。用它占卜病情，病人病情

严重却不会死。被囚禁的人会关押很久不能出狱。求取财物、买奴
仆马牛、捕鱼打猎,都一无所获。要出行的人不宜出行。要来的人
不会来。攻击强盗会取得胜利。听说盗贼要来盗贼就会来。想调
迁官职的不会被调迁。做官、闲居在家,都不吉利。当年的庄稼不
会丰收。民间有疫情。年内有战争却不会殃及本地。求见贵人大
喜。拜见他人、追捕逃犯,均一无所获。会遇见强盗,凶。

　　兆象命名为内格外垂。出行的人不宜出行。要来的人不会来。
病人会死。被囚禁的人不会出狱。求取财物得不到。求见他人见
不到。大吉。

　　兆象命名为横吉内外相应自桥榆仰上柱足胕。用它占卜病情,
病人病情严重却不会死亡。被囚禁得很久但不会判罪。求取财物、
买奴仆马牛、拜见他人、追捕逃犯、捕鱼打猎,都一无所获。出行的
人不宜出行。要来的人不会来。做官的、闲居在家、求见贵人,吉
利。想调迁官职的不会被调迁。当年的收成不会很好。民间有疫
情,也有兵祸。但此地不会发生战争。出行会遇见强盗。听说的传
言不会实现。卜问天是否会下雨,不会。卜问天是否会转晴,会。
大吉。

　　兆象命名为头仰足胕内外自垂。卜问病情,忧愁生病的人,虽
然病情严重,却不会死亡。做官的人会失去官职。出行的人可以出
行。要来的人不会来。求取财物不会得到。求人办事不会成功。
吉利。

　　兆象命名为横吉下有柱。卜问要来的人会来。若占卜当天没
有来到,就不会来了。为病人占卜,如果病人过了一天还没有好转,
就会死亡。出行的人不宜出行。求取财物不会得到。被囚禁的人
会出狱。

　　兆象命名为横吉内外自举。用它占卜病情,病人生病很久也不
会死去。被囚禁的人关押了很长时间也不会出狱。求取财物能够

得到一些,但所得会很少。出行的人不宜出行。要来的人不会来。求见贵人能够见到。吉利。

兆象命名为内高外下疾轻足发。求取财物得不到。出行的人可出行。病人可痊愈。被囚禁的人不会出狱。要来的人会来。求见贵人见不到。吉利。

兆象命名为外格。求取财物得不到。出行的人不宜出行。要来的人不会来。被囚禁的人不会出狱。不吉利。病人会死。求取财物得不到。求见贵人可见到。吉利。

兆象命名为内自举外来正足发。要出行的人可出行。要来的人会来。求取财物可得到。病人病了很久却不会死。被囚禁的人不会出狱。求见贵人可见到。吉利。

此横吉上柱外内自举足胕①。以卜有求得。病不死。系者毋伤,未出。行不行。来不来。见人不见。百事尽吉。

此横吉上柱外内自举柱足以作②。以卜有求得。病死环起。系留毋伤,环出。行不行。来不来。见人不见。百事吉。可以举兵。

此挺诈有外。以卜有求不得。病不死,数起。系祸罪。闻言毋伤。行不行。来不来。

此挺诈有内。以卜有求不得。病不死,数起。系留祸罪无伤出。行不行。来者不来。见人不见。

此挺诈内外自举。以卜有求得。病不死。系毋罪。行行。来来。田贾市、渔猎尽喜。

此狐狢。以卜有求不得。病死,难起。系留毋罪难出。可居宅。可娶妇嫁女。行不行。来不来。见人不见。有忧不忧。

此狐彻。以卜有求不得。病者死。系留有抵罪。行不行。来不来。见人不见。言语定。百事尽不吉。

此首俯足肣身节折。以卜有求不得。病者死。系留有罪。望行者不来。行行。来不来。见人不见。

此挺内外自垂。以卜有求不晦③。病不死，难起。系留毋罪，难出。行不行。来不来。见人不见。不吉。

此横吉榆仰首俯。以卜有求难得。病难起，不死。系难出，毋伤也。可居家室，以娶妇嫁女。

此横吉上柱载正身节折内外自举。以卜病者，卜日不死，其一日乃死。

此横吉上柱足肣内自举外自垂。以卜病者，卜日不死，其一日乃死。

为人病首俯足诈有外无内。病者占龟未已，急死。卜轻失大，一日不死。

首仰足肣。以卜有求不得。以系有罪。人言语恐之毋伤。行不行。见人不见。

【注释】

①此横吉上柱外内自举足肣：郭嵩焘曰："案褚少孙补此传，略记其大旨，不写其图，褚少孙所见龟策补事，必皆有图者，云'此'者，即据图而为之说也。上云'卜'，就事言之；云'命曰'二十七，就卜者所命之词言之，为龟策正文。云'此'者十一，就图言之，盖

卜事之余义，推衍而为之图也。"

②作：张文虎曰："疑'诈'字之讹。"

③以卜有求不晦：张文虎曰："'晦'字疑误。"

【译文】

　　这个兆象是横吉上柱外内自举足胎。用它占卜有求必得。生病不会死。被囚禁拘留的人不会受伤害，但不能出狱。要出行的人不宜出行。要来的人不会来。要见他人见不到。百事都会吉利。

　　这个兆象是横吉上柱外内自举柱足以作。用它占卜有求必得。病重将死的人会很快痊愈。被囚禁拘留的人不会受伤害，很快就能出狱。要出行的人不宜出行。要来的人不会来。要见的人见不到。百事都会吉利。可以发兵。

　　这个兆象是挺诈有外。用它占卜，想求取却得不到。生病不会死去，多次有所好转。被囚禁拘留的人因祸致罪。听闻不好的传言却不会受伤害。要出行的人不宜出行。要来的人不会来。

　　这个兆象是挺诈有内。用它占卜，想求取却得不到。生病不会死去，多次有所好转。被囚禁拘留的人因祸致罪，却不会受到伤害，可以出狱。要出行的人不宜出行。要来的人不会来。要见的人见不到。

　　这个兆象是挺诈内外自举。用它占卜，想求取就能得到。生病不会死去。被囚禁拘留的人不会判罪。要出行的人可以出行。要来的人会来。耕田、做买卖、捕鱼打猎，都有喜事。

　　这个兆象是狐狢。用它占卜，想求取却得不到。生病会病死，很难有好转。被囚禁拘留的人无罪，很难出狱。可以在家里居住。可以娶媳妇嫁女儿。要出行的人不宜出行。要来的人不会来。要见的人见不到。占卜有忧愁，没有忧愁。

　　这个兆象是狐彻。用它占卜，想求取却得不到。生病会病死。被囚禁拘留的人会抵罪。想出行的人不宜出行。要来的人不会来。

要见的人见不到。讨论的事情将确定下来。百事都不吉利。

这个兆象是首俯足胎身节折。用它占卜,想求取却得不到。生病会病死。被囚禁拘留的会获罪。希望出行的人来到却不会来。要出行的人可出行。要来的人不会来。要见的人见不到。

这个兆象是挺内外自垂。用它占卜,想求的事不会暧昧不明。病人不会死,但很难痊愈。被囚禁拘留的人无罪,但很难出狱。要出行的人不宜出行。要来的人不会来。要见的人见不到。不吉利。

这个兆象是横吉榆仰首俯。用它占卜,要求取很难得到。病人很难痊愈,却不会死。被囚禁拘留的人很难出狱,却不会受伤害。可以住在家里,可以娶媳妇嫁女儿。

这个兆象是横吉上柱载正身节折内外自举。用它占卜,病人,在占卜当天不会死,但过了一天就会死。

这个兆象是横吉上柱足胎内自举外自垂。用它占卜,病人在占卜的当天不会亡,但过了一天才会死。

为病人占卜的兆象是首俯足诈有外无内。用它占卜,病人在龟甲占卜还未结束时就会很快死亡。卜问的虽是小事,但有大的损失。一天之内不会死。

这个兆象是首仰足胎。用它占卜,要求取却得不到。被囚禁拘留的人会被判罪。别人的言论使他惊恐,但他不会受伤害。要出行的人不宜出行。要见的人见不到。

　　大论曰[①]:外者人也[②],内者自我也;外者女也,内者男也。首俯者忧。大者身也,小者枝也。大法[③],病者,足胎者生,足开者死。行者,足开至[④],足胎者不至。行者,足胎不行,足开行。有求,足开得,足胎者不得。系者,足胎不出,开出。其卜病也,足开而死者,内高而外下也。

【注释】

①大论：总论，总结。《索隐》曰："褚先生所取太卜杂占卦体及命兆之辞，义芜，辞重沓，殆无足采，凡此六十七条别是也。"

②人：指他人，外人。

③大法：大致方法。

④行者，足开至：张文虎曰："'行'疑当作'来'。"

【译文】

总论如下：外是他人，内是自我；有时外指女人，内指男人。首俯是忧患。大指兆身，小指兆纹的细枝。一般方法是，占卜病情，兆象为足敛形状的能活，兆象为足开形状的会死。如果为出行者占卜，兆象为足开的能到达目的地，兆象为足敛的不能到达目的地。如果为能否出行占卜，兆象为足敛的不宜出行，兆象为足开的可以出行。如果为所求结果占卜，兆象为足开的有收获，兆象为足敛的没有收获。如果为被囚禁的人占卜，兆象为足敛的不会出狱，兆象为足开的能够出狱。如果为病人占卜病情，兆象为足开的病人就会死，这是因为还出现了内高而外下的兆象。

【集评】

刘知几曰："寻子长之列传也，其所编者唯人而已矣。至龟策异物，不类肖形，而辄与黔首同科，俱谓之传，不其怪乎？且龟策所记，全为志体。向若与八书齐列，而定以书名，庶几物得其朋，同声相应者矣。"（《史通》卷四）

司马贞曰："'三王不同龟，四夷各异卜'，其书既亡，无以纪其异。今褚少孙唯取太卜占龟之杂说，词甚烦芜，不能裁剪，妄皆穿凿，此篇不才之甚也。"（《太史公自序》索隐）

　　董份曰："《龟策传》，闳博精雅，惜其文不全，而为褚先生补耳。"（《史记评林》引）

　　杨慎曰："宋元王杀龟事，连类衍义三千言，皆用韵语，又不似褚先生笔。必先秦战国文所记，亦成一家，不可废也。"（《史记评林》引）

　　李景星曰："《龟策传》盖叙古今卜筮之事，太史公正文原始要终，探赜索隐，本自精博娴雅。观其言曰：'是以择贤而用占焉，可谓圣人重事者乎！'又曰：'谓夫轻卜筮无神明者悖，背人道信祯祥者，鬼神不得其正。'是即孔子所谓'敬鬼神而远之也。'立言如此，可谓能见其大。'褚先生曰'以下，杂引故事，证明龟策之灵验，其心境眼孔，已低史公一层。文字亦古雅错落，然在后来文人中可称先进，而无史公之疏宕奇气也。后附卜筮之法，只可备考，并无深意。"（《史记评议》）

【评论】

　　关于本篇的论赞，有学者否定它是司马迁所作。如余嘉锡认为今本所存的《龟策列传》"必不出于太史公，可不烦言而解"。他认为篇前的小序，"观其下笔遣词，以三代之兴应三王，以蛮夷氏羌应四夷；以略闻夏殷周之事至于终篇应略窥其要：可谓相题行文，亦步亦趋矣。及究其旨趣，则失之弥远。"他说："虽依附自序为文，而实不能周知三王四夷之事，故但略加点缀，敷演成篇而已。"至于小序最后的"余至江南，观其行事，问其长老……以为能导引致气，有益于助衰养老，岂不信哉"云云，余嘉锡说："此明是（后人）用褚先生传敷演成文，不独非太史公书，亦必不出于少孙之手也。"（《余嘉锡论学杂著·太史公亡篇考》）

　　但有更多的学者坚持认为本篇"太史公曰"的部分是司马迁的原文。如李景星说："《龟策传》盖叙古今卜筮之事。太史公正文原始要终，探赜索隐，本自精博娴雅。观其言曰：'是以择贤而用占焉，可谓圣人重事者乎！'又曰：'谓夫轻卜筮无神明者悖，背人道信祯祥者，鬼神不得其正。'是即孔子所谓'敬鬼神而远之也。'立言如此，可谓能见其大。'褚先生曰'以下杂引故事,证明龟策之灵验,其心境眼孔,已低史公一层。"
(《史记评议》)姚奠中说:"《龟策传》中,司马迁对龟策虽不全否定,但却
强调'轻卜筮无神明者悖,背人道信祯祥者鬼神不得其正'。显然'人
道'占着重要位置;而且传中对'今上'(武帝)亦有微词,这都和他《史
记》全书中的思想感情相合。通看褚少孙补文,就有什么'能得龟策者,
财物归之,家必大富',充满了迷信,所以褚补和司马迁原文,绝不可混。"
(《文献》1988年第3期)

　　我们同意这种看法。司马迁在《龟策列传》的论赞中记述了有史以
来卜筮活动的发展历史,以及这些卜筮活动在不同地区、不同民族所采
取的不同手段和方式;考查分析了卜筮活动所产生的背景及社会原因,
认为古人为了生活或为了战争的胜利,希望自己能有一种预知未来的
能力,因而"参以卜筮,断以蓍龟",这是可以理解的。他还认为,真正的
"圣王",有的是聪明才干,办什么事情都有自己的主意,这就用不着占
卜;只有到了"后世衰微",人心邪恶,当权者又"愚不师智"的时候,类
似卜筮的这种东西才让人迷信到如醉如痴的地步。司马迁说:"君子谓
夫轻卜筮、无神明者,悖。"意即在某种情况下,对卜筮应当相信;但又指
出如果自己的行为本来就荒谬,是"背人道"的,那就"鬼神不得其正",
不会有好结果。总之,司马迁对卜筮的态度是:可以使用,但要"有而不
专",更主要的还是要在"人事"上多下功夫。

　　司马迁在论赞中还记述了汉武帝时代卜筮者的祸国殃民。当时的
卜筮者在汉武帝讨伐四夷的战争中为汉朝军队占卜,他们"猛将推锋执
节,获胜于彼,而蓍龟时日亦有力于此",占卜者"赏赐至或数千万。如
丘子明之属,富溢贵宠,倾于朝廷"。此外,司马迁还揭露了卜筮者在
"巫蛊之祸"中推波助澜,起了非常恶劣的作用。他写道:"至以卜筮射
蛊道,巫蛊时或颇中。素有眦睚不快,因公行诛,恣意所伤,以破族灭门
者,不可胜数。"最严重的甚至逼得皇后自杀,逼得太子造反,以至于太
子发兵与丞相大战于长安城中,死者数万。而其中挑起事变的阴谋家如

江充之流，"后事觉奸穷，亦诛三族"，这就是那些害人者的下场。在这场惨痛的事变中，卜筮者无疑都充当了罪恶的帮凶。这是最高统治者一手制造的闹剧、悲剧，司马迁对此颇有微词，表现了勇于批判时政的可贵精神。

褚少孙所补通篇，固然与司马迁之写史为历史人物立传无关，但其中所叙神龟向宋元王托梦求救，而最后仍被宋元王所杀的故事，曲折生动，委婉动人。这个故事本来是讲述一个庄、列学派的寓言哲理，而放在本篇就显得无所取裁，莫知所欲云。然其对后世之影响甚大，至《西游记》中有秦叔宝梦中斩龙事，犹其余韵也。梁玉绳曰："褚枚述宋元一节及占卜命召之辞，《索隐》《正义》讥其烦芜鄙陋，良然。"李慈铭曰："'宋元王二年，江使神龟使于河。'梁氏《志疑》曰：'衍《庄子·外物篇》宋元君得龟事。二千八百余言皆用韵语，奇姿自喜，亦必当时旧文，而褚述之。惟语多悖谩，不可以训。'慈铭按，褚氏上明言连其事于左方，令好事者观择，则为采用它书可知。考《汉书·艺文志》载《龟书》五十二卷至《杂龟》十六卷凡五种，此当出于诸书中，其文奥衍恣肆，多可以考见古音古义，必周秦间人所为，不得以经传正义绳之。"（《史记札记》卷二）

篇末附记的占卜禁忌、方法和命兆之辞，当即褚少孙从太卜那里"问掌故文学长老习事者"，抄录下来的"龟策卜事"。这些内容并无可取之处，但它们很可能出自汉代档案，从中可见当时占卜的实际情形，是珍贵的历史资料。《史记》中《秦始皇本纪》后附《秦纪》，《历书》后附《历术甲子篇》，《扁鹊仓公列传》中附仓公五十二医案，以及本篇附录的这些内容都有着保存资料的意义，似可视为《史记》的一种特别体例。

货殖列传第六十九

【释名】

"货殖"即谓经商营利。《货殖列传》就是司马迁专门为从事工商业的商人所立的一篇类传。本篇对工商业在国民经济发展中的重要地位以及工商业发展过程中的种种问题进行了深入研究,是研究汉代经济问题的重要历史文献。

全篇可分为几部分。第一部分从理论上分析阐述了商业发展、商人出现,以及人们追求财物的现象,都是事势、事理之必然,以破除儒、道、法诸家以及秦汉统治者对此类问题的荒谬看法。第二部分记载了范蠡、计然、子贡、白圭、猗顿、郭纵、乌氏倮、寡妇清等先秦著名商人的言论与活动。第三部分记载了全国各地的地形、物产,以及各自不同的风俗人情。第四部分分析论述了财货对人类活动、对社会等级形成的决定作用,肯定了追求财富乃人性之必然。第五部分记载了汉兴以来卓氏、程郑、宛之孔氏、曹邴氏、刀闲、师史、任氏、无盐氏等著名商人的活动情况。

《老子》曰:"至治之极,邻国相望,鸡狗之声相闻,民各甘其食,美其服,安其俗,乐其业,至老死不相往来①。"必用此为务,铤近世涂民耳目,则几无行矣②。

【注释】

①"《老子》曰"以下引文:见《老子》第八十章,今本《老子》无开头之"至治之极"四字,而"乐其业"下有"邻国相望"四字。泷川曰:"言至极之治,不知有货殖。"凌稚隆引杨慎曰:"将伸己说,而先引《老子》破之,以为必不然,此健吏舞文手也。"《老子》,也称《道德经》,相传为老聃所作,全书共八十一章。道家学派的代表作,被称为诸子之首。至治之极,最理想太平的政治局面。甘其食,美其服,安其俗,乐其业,意即活在当下,能知足常乐。

②辁近世涂民耳目,则几无行矣:文字生涩。大概谓后代统治者要想挽救后世的"衰颓"之风,只有把百姓们的眼睛、耳朵都堵起来,否则行不通。又,泷川引胡鸣玉曰:"'辁'与'挽'通。'挽近世',用此挽近世之俗也。"涂,堵塞。几,几乎。无行,行不通。

【译文】

《老子》里说:"秩序最好的国家,彼此相邻可以互相望见,鸡鸣狗叫之声可以互相听见,人们都认为自己吃的穿的挺好,安于自己的风俗习惯,喜欢自己从事的工作,直至老死不相往来。"一定要把这些当作追求的目标,靠把人们的耳朵眼睛都堵塞蒙蔽起来挽救后世颓风,几乎是行不通的。

太史公曰①:夫神农以前②,吾不知已。至若《诗》《书》所述虞夏以来③,耳目欲极声色之好,口欲穷刍豢之味④,身安逸乐,而心夸矜埶能之荣⑤,使俗之渐民久矣⑥,虽户说以眇论⑦,终不能化。故善者因之⑧,其次利道之⑨,其次教诲之⑩,其次整齐之⑪,最下者与之争⑫。

【注释】

①太史公曰:以下是作者的论赞,《史记》的论赞大多数置于传文之后,篇幅不长;此篇置于篇首,属于变体,篇幅较长。

②神农以前：指没有历史记载的荒古时代。神农，传说中的古代帝王名，因教人稼穑，故称"神农氏"，被后人称为"三皇"之一。神话传说中人物。相传他用木制作耒、耜，教民种植五谷，发明农业，被奉为"神农"。又尝百草，作医书以疗民疾，发明医药，后世传为"神农本草"。还开始饲养家畜；"耕而作陶"，从事原始制陶业；"织而衣"，进行纺织操作；设立集市，交易有无；作五弦之琴；演八卦为六十四卦，名之曰"归藏"。《五帝本纪》中有"轩辕之时，神农氏世衰，诸侯相侵伐，暴虐百姓，而神农氏弗能征"之语，则司马迁认为神农氏的统治时代在黄帝之前。

③《诗》《书》所述虞夏以来：即已有历史记载的虞舜、夏禹、商、周以来。《诗》《书》，《诗经》《尚书》。虞夏，虞舜、夏禹。

④穷：尽，意即吃尽、吃遍。刍豢：朱熹《孟子集注》："草食曰刍，牛羊是也；谷食曰豢，犬豕是也。"

⑤夸矜：夸耀，显摆。埶能：势力，才能。埶，通"势"。

⑥使俗之渐民久矣：百姓们受这种风气的薰染已经很久了。俗，风气、风俗。渐，浸染，薰染。按，泷川本将"使"字与"俗"字连读，谓"上使此等流俗渐染人民也"。且云："或谓'使俗'当作'流俗'，字之讹也。"此处"使"字似应削。

⑦眇论：精妙的言论，指老子学说。眇，通"妙"。

⑧因：顺。

⑨利道之：借着有利形势而引导。道，同"导"。

⑩教诲之：经过说理、规劝，使之奉行。

⑪整齐之：用规章、法律强制其奉行。

⑫最下者：最坏的办法。此指国家官办各种企业与实行平准、均输诸政而言。

【译文】

太史公说：神农氏以前的状况，我不清楚。至于像《诗经》《尚书》

所讲的虞舜、夏禹以来,人们都是耳朵想听最好的声音,眼睛想看最好的颜色,嘴巴想尝到最好的滋味,身体想追求最好的享受,精神上想追求最大的权势和最高的荣耀,人们受这种风气的浸染已久,即使是挨家挨户地用精妙的言论去劝说,终究也是感化不了的。所以善于治理国家的就顺其自然,其次是引导它,再次是教化它,再次是规范它,最坏的办法是同他们竞争。

　　夫山西饶材、竹、穀、纑、旄、玉石①;山东多鱼、盐、漆、丝、声色②;江南出柟、梓、姜、桂、金、锡、连、丹沙、犀、玳瑁、珠玑、齿革③;龙门、碣石北多马、牛、羊、旃裘、筋角④;铜、铁则千里往往山出棋置⑤:此其大较也。皆中国人民所喜好,谣俗被服饮食奉生送死之具也⑥。故待农而食之,虞而出之⑦,工而成之,商而通之。此宁有政教发征期会哉⑧?人各任其能,竭其力,以得所欲。故物贱之征贵,贵之征贱⑨,各劝其业⑩,乐其事,若水之趋下,日夜无休时⑪,不召而自来,不求而民出之。岂非道之所符⑫,而自然之验邪⑬?

【注释】

①山西:古地区名。战国、秦、汉时通称华山(今陕西境)或崤山(今河南境)以西地区为山西。犹如其时关中之称。穀:《索隐》曰:"木名,皮可为纸。"纑:《索隐》曰:"山中纻,可以为布。"旄:旄牛尾,古代用以作为旌节上的装饰。

②山东:古地区名。战国、秦、汉时通称华山或崤山以东地区为山东。犹如其时关东之称。一般专指黄河流域。有时也泛指秦以外六国领土,包括长江中、下游地区。声色:指歌舞女色。陈子龙曰:"声色,指美女,亦列于货物矣。"

③江南:古地区名。泛指长江以南地区。柟、梓:两种名贵的木材名。柟,同"楠"。连:《集解》引徐广曰:"铅之未炼者。"犀:犀牛角。泷川曰:"枫本'犀'下有'象'字,与《通志》合。"玳瑁:龟属动物,甲壳可以为饰物。珠玑:谓珠宝。

④龙门:古山名。在今山西河津西北及陕西韩城东北。碣石:山名。在今河北昌黎北。旃裘:亦作"毡裘"。古代北方及西北地区人民用兽毛等制成的衣服。旃,通"毡"。筋:动物的筋,可以熬胶制弓。角:可以用作饰物。

⑤铜、铁则千里往往山出棋置:意谓出产铜、铁的矿山,千里之间星罗棋布。《正义》引《管子》曰:"凡天下名山五千二百七十,出铜之山四百六十七,出铁之山三千六百有九。山上有赭,其下有铁;山上有铅,其下有银。"

⑥谣俗:犹言"风俗""风尚"。下文云"其谣俗犹有赵之风也";《汉书·李寻传》"参人民谣俗",字义皆同。被服:犹言"穿戴"。被,同"披"。

⑦虞:原指管理山林薮泽的官吏,这里指经营、开发山林薮泽的人。

⑧政教:政令、法规。发征:征调。期会:按时送达。

⑨物贱之征贵,贵之征贱:意谓一种物品如果太贱就意味着要变贵,价格太贵就意味着要变贱。之,义同"则"。征,征兆,这里用为动词。凌稚隆曰:"此二句即下文'贵上极则反贱'二句。"

⑩劝:劝勉,努力从事。

⑪若水之趋下,日夜无休时:《商君书·君臣》:"民之于利也,若水于下也,四旁无择也。"《汉书·食货志》载晁错上书云:"民者,在上所以牧之,趋利如水走下,四方无择也。"盖当时习用此说。

⑫道之所符:符合"大道"的事情。道,犹今之自然法则。

⑬自然之验:合乎自然规律的证明。按,司马迁认为"农""虞""工""商"的分工合作才符合自然大道,反对老子"老死不相往

　　来"的思想。

【译文】

　　太行山以西地区盛产木材、竹子、穀枝、纻布、旄牛、玉石；太行山以东地区盛产鱼、盐、漆、丝，以及歌儿舞女；江南地区盛产楠木、梓木、姜、桂、金、锡、铅、丹砂、犀角、玳瑁、珍珠以及象牙、皮革等；龙门、碣石以北盛产马、牛、羊、毡袍、筋、角；出产铜、铁的矿山，千里之间星罗棋布：这是就其大概而言。这些东西都是中原人们所喜爱，都是世间穿戴食用以及养生送死的东西。这些东西都要等待农民去种植它，管理山林湖海的人们去开发它，工匠去加工它，商人们去流通四方。这难道有政令法规征发他们按日子去做吗？人们都各自凭着自己的本领，竭尽自己的力气，来获取自己想要的东西。一种东西价格便宜时就贩到别处寻求高价卖出，价格昂贵时就到外地寻求低价买入，人们都努力从事自己的职业，都喜欢干自己的事情，就如同水昼夜不停地往低处流，不用谁号召，人们就自己来；不用谁要求，人们就自己干。这难道不正是符合了规律，体现了自然的法则吗？

　　《周书》曰①："农不出则乏其食，工不出则乏其事，商不出则三宝绝，虞不出则财匮少②。"财匮少而山泽不辟矣③。此四者，民所衣食之原也④。原大则饶，原小则鲜。上则富国，下则富家。贫富之道，莫之夺予⑤，而巧者有余，拙者不足。故太公望封于营丘⑥，地潟卤⑦，人民寡，于是太公劝其女功，极技巧，通鱼盐，则人物归之⑧，繦至而辐凑⑨。故齐冠带衣履天下⑩，海岱之间敛袂而往朝焉⑪。其后齐中衰，管子修之⑫，设轻重九府⑬，则桓公以霸⑭，九合诸侯⑮，一匡天下⑯；而管氏亦有三归⑰，位在陪臣⑱，富于列国之君⑲。是以齐富强至于威、宣也⑳。

【注释】

①《周书》：书名。又作《逸周书》《周史记》。撰者不详。七十一篇。周时诰、誓、命、记言之书。也有人认为《周书》指《尚书》中叙述周朝事迹的诸篇。

②农不出则乏其食，工不出则乏其事，商不出则三宝绝，虞不出则财匮少：此处次序不清，后两句应调换顺序，"商不出则三宝绝"中"三宝"即指农所出之"食"，工所成之"事"，虞所出之"财"（材料、货物）。这三者都要靠商贾来使之流通交换，四种人缺一不可，故下文接云"此四者，民所衣食之原也"。泷川引中井曰："盖以'食'、'事'、'财'为'三宝'也，则'三宝'句当在末。"按，此四句今本《逸周书》《尚书》中皆无。

③财匮少而山泽不辟矣：按，此句单讲"虞"的作用，不知何故？郭嵩焘曰："农、工、商、虞四者并重，而于虞通山泽之利尤郑重言之。"李笠曰："'而'同'则'。"辟，开辟，开发。

④此四者，民所衣食之原也：原，同"源"。郭嵩焘曰："《周礼》曰：'虞衡作山泽之材。'天地自然之利，一出于虞人。史公之言与《周礼》之'以九职任万民'者相适应。自汉兴始为'重农抑末'之说以困辱商人，今无复有能知此义者矣。"

⑤夺：改变。

⑥故：当初。太公望：姜太公吕望，周武王的开国元勋，因功被封于齐，为齐国首封之君，事见《齐太公世家》。营丘：古邑名，后改称临淄，齐国国都，即今山东淄博临淄区。

⑦潟（xì）：盐碱地。

⑧人物归之：各个国家的人民纷纷投奔齐国。物，亦指人。

⑨辐凑：车之辐条四周聚合车毂。这里比喻四方诸侯聚合。凑，通"辏"。

⑩冠带衣履：皆用为动词，言天下各国的冠带衣履皆为齐国所造。

⑪海岱之间：指北海（渤海）、东海与泰山之间的各小国诸侯。

⑫管子：即管仲，齐桓公时杰出政治家，事见《管晏列传》。修：治，治理齐国。

⑬设轻重九府：意即实行许多新的经济政策。轻重九府，主管金融货币的官府。《正义》引《管子》云："轻重，谓钱也。夫治民有轻重之法，周有大府、玉府、内府、外府、泉府、天府、职内、职金、职币，皆掌财币之官，故云九府也。"

⑭桓公：即齐桓公，名小白，齐釐公之子，齐襄公之弟，前685—前643年在位。

⑮九合诸侯：多次召集诸侯会盟。九，泛指多数。据《左传》，齐桓公曾先后十一次召集诸侯会盟。

⑯匡：正，端正，稳定。

⑰三归：众说不一。《论语·八佾》集解引包咸曰："三归，娶三姓女，妇人谓嫁曰归。"即有三房家室。《说苑·善说》："管仲筑三归之台以自伤于民。"此则为台名。《晏子春秋·内篇》："（晏子）身老，赏之以三归，泽及子孙。"此则为地名。郭嵩焘曰："所谓'三归'者，市租之常例归之公者也。桓公既霸，遂以赏管仲。"此则指税收。

⑱陪臣：指诸侯国大夫，以其对周天子自称"陪臣"，故云。

⑲列国之君：各诸侯国的国君。

⑳富强至于威、宣：谓齐国的富强自桓公开始，一直富强到齐威王、齐宣王。威，齐威王，战国时齐国国君，前356—前320年在位。宣，齐宣王，威王之子，前319—前301年在位。按，齐桓公至齐威王、齐宣王虽然都是齐国，但其间已经过改朝换代。齐桓公小白姓姜，齐威王因齐则姓田。

【译文】

《周书》上讲："农夫不干活人们就没有吃的，工匠不干活人们就没有用的，商人不活动东西就无法流通，虞人不开发山林湖海物资就要短缺。"物资短缺，许多事情就无法进行了。农、工、商、虞这四者，都是人们衣食的"源泉"。"源泉"丰沛物资就富裕，"源泉"细小物资就短缺。这四者上可以使国家富裕，下可以使家庭富足。贫富的规律，是谁也改变不了的，聪明善于经营的就富，笨拙不善于经营的就穷。当年姜太公被封在营丘，那里土地盐碱贫瘠，人口稀少，于是姜太公就鼓励妇女们纺织刺绣，提高工艺技能，齐国的鱼盐流通到各个诸侯国，各个地方的人都投奔了齐国，就像钱串子串起铜钱，辐条齐聚于车毂。原来齐国制造的鞋帽衣物等远销于天下各国，东海和泰山之间的许多小国都恭恭敬敬地去齐国朝拜。后来齐国一度衰落，待至管仲执政，重新修明国政，实行许多新的经济政策，辅佐齐桓公成了春秋时的霸主，多次召集诸侯会盟，又一度平定了周王室的内乱，率诸侯以尊周室，匡正了天下；而管氏家族也获得了巨大的经济利益，他虽然是个大夫，但比其他国家的一个诸侯还富。因此齐国的富强一直持续到战国时代的齐威王、齐宣王。

　　故曰："仓廪实而知礼节，衣食足而知荣辱①。"礼生于有而废于无。故君子富，好行其德；小人富，以适其力②。渊深而鱼生之，山深而兽往之，人富而仁义附焉。富者得势益彰，失势则客无所之，以而不乐，夷狄益甚③。谚曰："千金之子，不死于市④。"此非空言也。故曰："天下熙熙，皆为利来；天下壤壤，皆为利往⑤。"夫千乘之王⑥，万家之侯⑦，百室之君⑧，尚犹患贫，而况匹夫编户之民乎⑨！

【注释】

①仓廪实而知礼节，衣食足而知荣辱：语见《管子·牧民》。仓廪，储藏米谷的仓库。实，充满。

②适其力：谓恰当使用力量，不胡作非为。即《平准书》所谓"人人
　自爱而重犯法"。适，恰当，得当。

③以而不乐，夷狄益甚：八字不知所云，泷川引中井曰："'以而不乐'
　句疑有脱误。"

④千金之子，不死于市：何焯曰："不死于市者，知荣辱，耻犯法也。"
　还有一种情况，富家之子犯法，可用钱赎罪，不至于"死于市"。
　如《越王句践世家》有范蠡救子。

⑤天下熙熙，皆为利来；天下壤壤，皆为利往：言天下人的活动，都是
　为了利。熙熙、壤壤，皆言人来人往的样子。按，司马迁这几句话
　揭示出追求物质利益是人的本性，是推动社会发展的原动力。

⑥千乘（shèng）之王：指战国时各国国君与汉建国初的各诸侯王。
　千乘，千辆兵车。乘，一车四马。

⑦万家之侯：即"万户侯"，大概享有一个县的采邑。

⑧百室之君：享有百家之邑的小封君，如越王句践欲封吴王夫差于
　"甬东，君百家"。

⑨匹夫：指平民。编户之民：编入国家户籍的平民。

【译文】

所以说："仓库充实，人们才懂得礼节；衣食丰足，人们才会知道荣
辱。"礼产生于富裕而在贫困时废止。所以有身份地位的人富有，就喜
欢行善积德；普通百姓富了，就会恰当使用力量。水深了鱼才会多，山深
了野兽才会去，人要富了仁义之名才能依附。富有的人有了势力，名声
就会越来越大；失去了权势的人，门前来客也就不多了，因而不高兴。中
原地区如此，夷狄比这还要厉害。俗话说："富人家的孩子，绝不会被处
死在街头。"这不是假话。所以说："天下人来来往往，一切活动都是为
了利。"具有千辆战车的国王，具有万户领地的诸侯，具有百家领地的封
君，尚且还担心受穷，更何况一般的平民百姓呢！

昔者越王句践困于会稽之上①，乃用范蠡、计然②。计

然曰："知斗则修备,时用则知物,二者形则万货之情可得而观已。故岁在金,穰③;水,毁④;木,饥;火,旱。旱则资舟,水则资车⑤,物之理也。六岁穰,六岁旱,十二岁一大饥⑥。夫粜,二十病农,九十病末⑦。末病则财不出,农病则草不辟矣⑧。上不过八十,下不减三十,则农末俱利,平粜齐物⑨,关市不乏⑩,治国之道也。积著之理⑪,务完物⑫,无息币⑬。以物相贸,易腐败而食之货勿留⑭,无敢居贵。论其有余不足,则知贵贱。贵上极则反贱,贱下极则反贵。贵出如粪土,贱取如珠玉。财币欲其行如流水。"修之十年,国富,厚赂战士⑮,士赴矢石,如渴得饮,遂报强吴⑯,观兵中国⑰,称号"五霸"⑱。

【注释】

①越王句践:春秋末期的越国国君,前496—前465年在位。详见《越王句践世家》。

②范蠡:春秋末年越国大夫。字少伯。楚国宛(今河南南阳)人。越为吴所败。曾赴吴为人质二年。回越后,与句践深谋二十多年,终于灭亡吴国。称上将军。后游齐国,齐人闻其贤,以为相。他竟归相印,尽散其财,间行以去,止于陶(今山东定陶西北),又改名陶朱公,以经商致富,资累巨万。计然:《集解》引徐广曰:"范蠡之师也,名研,故谚曰'研、桑心算'。"又引《范子》曰:"葵丘濮上人,姓辛氏,字文。其先,晋之亡公子也。尝南游于越,范蠡师事之。"《吴越春秋》称之曰"计倪"。今人何兹全曾以为"计然"即"文种"。

③岁在金,穰:岁星运行到西方,这一年农业就丰收。岁,岁星,即木星。金,指西方,古人常以五行的"木""火""金""水"来和东、

南、西、北相配,故称西方曰"金"。穰,农业丰收。

④水,毁:岁星运行到北方,这一年农业就歉收。水,"岁在水"的省文,下同。毁,歉收。泷川引冈白驹曰:"虽不至饥,比穰之三分之一耳。"

⑤旱则资舟,水则资车:《正义》引《国语》:"大夫种曰:'贾人夏则资皮,冬则资,旱则资舟,水则资车,以待之也。'"郭嵩焘曰:"有旱则有水,有水则有旱,循环自然之理,先为之资以备之。计然之术,大抵因时观变,先事预防,承其乏而居以为奇。"资,储存,预备。

⑥六岁穰,六岁旱,十二岁一大饥:此等语与《天官书》中的"木星与土合,为内乱,饥;金在南曰牝牡,年谷熟"等许多说法颇相似,皆过于绝对。

⑦二十病农,九十病末:《索隐》曰:"言米贱则农夫病也,若米斗值九十,则商贾病,故云病'末'。"病,用如动词,伤害。末,末业,指商业,这里指商人。所谓"二十""九十"是指所花铜钱的数目,单位是"文"。

⑧辟:开辟,开垦。

⑨平粜:以平价出售粮食。齐物:保持物价的平衡。

⑩关市:原指设在交通要道的市集。后专指边境互市市场。

⑪积著:贮藏货物。著,通"贮"。

⑫务完物:一定要贮藏上好的货物。完物,《正义佚文》曰:"完牢之物。"

⑬无息币:泷川曰:"《索隐》、《正义》本'币'作'弊',义长。""无息弊"即不要贮藏劣质的商品,与上句"务完物"相对成文。

⑭腐败而食之货勿留:意谓凡变质的东西应断然抛弃。李笠曰:"食,蚀也。"

⑮赂:以金钱收买,这里指赏赐。

⑯报强吴:指灭掉吴国,报了旧仇,详见《越王句践世家》。

⑰观兵中国：向中原地区的国家炫耀武力。《越王句践世家》云："句践已平吴，乃以北渡淮，与齐、晋诸侯会于徐州，致贡于周。周元王使人赐句践胙，命为伯。当时，越兵横行于江淮东，诸侯毕贺，号称霸王。"

⑱五霸：指齐桓公、晋文公、楚庄王、吴王阖庐、越王句践。

【译文】

过去越王句践被吴兵围困在会稽山上，就任用了范蠡、计然。计然说："懂得战斗的人总是平时就做好准备，要想随时会用平时就要了解这些东西，明白这两种道理，那各种事物的规律就都能看清了。岁星在西方，这年就要丰收；岁星在北方，这年就没有收成；岁星在东方，这年就饥荒；岁星在南方，这年就会大旱。干旱的年头要事先准备船，发大水的年头要及早准备车，世上的道理就是这样。六年丰收，接着就会有六年干旱，十二年有一次大饥荒。粮食的价钱，如果降到一斗二十钱那就要伤害农民，如果涨到一斗九十钱那就对商人不利。对商人不利商人们就不进行商业买卖，对农民不利农夫也就不开荒种地了。粮价最贵不超过每斗八十钱，最贱不低于每斗三十钱，那么农民商人都获利，调整物价维持物价的稳定，使市场上的货物充足，税收不缺乏，这就是治国之道。商人储存货物，一定要买好的，不要贮藏劣质的商品。要及时地买卖，容易腐败变质的东西一定不能久留，不要追涨。弄清了市场上什么多什么少，就知道什么东西贵什么东西贱。一种东西的价格贵到顶点就要变贱，一种东西的价格贱到极点反而变贵。当价格变贵时，手里的东西要像粪土一样及时抛出；当物价变贱的时候，对别人的东西要像珍宝一样及时买入。要使货币像流水一样流通起来。"越王这样实行了十年，国家富裕，于是重赏奖励士兵，士兵们冲锋陷阵，像渴极了的人得到水喝一样，于是灭掉吴国报了仇，并在中原显示兵威，最终成了"五霸"之一。

范蠡既雪会稽之耻,乃喟然而叹曰①:"计然之策七②,越用其五而得意③。既已施于国,吾欲用之家。"乃乘扁舟浮于江湖④,变名易姓,适齐为鸱夷子皮⑤,之陶为朱公⑥。朱公以为陶天下之中,诸侯四通,货物所交易也。乃治产积居⑦,与时逐而不责于人⑧。故善治生者,能择人而任时⑨。十九年之中三致千金⑩,再分散与贫交疏昆弟⑪。此所谓富好行其德者也。后年衰老而听子孙,子孙修业而息之⑫,遂至巨万⑬。故言富者皆称陶朱公。

【注释】

①喟然:叹气的样子。

②计然之策七:梁玉绳曰:"《吴越春秋》《越绝》皆作'九术','七'字与《汉传》'十'字同误。"有人认为计然即文种。《越王句践世家》句践谓文种曰:"子教寡人伐吴七术,寡人用其三而败吴。"此即其证,然亦未详列"七术"之目。

③得意:犹言"得志",指灭吴复仇称霸。

④扁(piān)舟:小舟。扁,小。《集解》引《汉书音义》曰:"特舟也。""特舟"即孤舟。浮于江湖:《国语·越语下》谓越国灭吴后,范蠡"遂乘轻舟以浮于五湖,莫知其所终极"。

⑤适齐为鸱夷子皮:到了齐国就叫"鸱夷子皮"。鸱夷,皮口袋。师古曰:"言若盛酒之鸱夷,多所容受,而可卷怀,与时张弛也。鸱夷,皮之所为,故曰'子皮'。"

⑥之陶为朱公:到了陶邑,又自称为朱姓某人。陶,古邑名,在今山东定陶西北,当时属宋。蒙文通曰:"《越世家》所说范蠡浮海出齐,'变姓名自谓鸱夷子皮';又言'间行以去,止于陶,自谓陶朱公',全妄诞,小说家言也。"

⑦治产:即经商。王先谦引刘攽曰:"治产,治凡可以生息者。"积
　居:犹言"囤积",贮存货物以待价高而售。

⑧与时逐:与时机周旋,指掌握物价规律,看准时机买入卖出。逐,
　竞争。责:求,讨。

⑨释人而任时:底本作"择人而任时"。泷川曰:"'择'当作'释'。
　'释人而任时',即'与时逐而不责于人'也。"按,泷川说是。今
　据改。

⑩三致千金:三次将财产扩大到千金之多。按,秦时称黄金一镒
　(二十两或二十四两)曰"一金","一金"大约折合一万枚铜钱。

⑪再分散:两度将财产分配赠与众人。贫交:穷朋友。疏昆弟:疏远
　同族兄弟。

⑫修业:继承父、祖辈的事业。息:生,增殖,即扩大资产。

⑬巨万:万万,即今之"亿"。按,此处钱的单位应为铜钱,万万铜钱
　约黄金万镒。

【译文】

　　范蠡辅佐句践洗雪了会稽受困的耻辱,于是感慨叹息说:"计然的七
条建议,越王只用了五条就得偿所愿。他已经把它用在治国上了,我将
要把它用在发家上。"于是他便乘着小船在江湖上漫游,改名换姓,到了
齐国改名为鸱夷子皮,到了宋国的陶邑改名为朱公。他认为陶邑地处天
下之中,四通八达,是个从事贸易的好地方。于是他便在这里采买贮存货
物,看准时机买进卖出不责求人力。所以善于经商的人,能够不靠人算而
是把握住时机。于是他在十九年中先后三次积累了千金家财,两次把这
些财产分给穷困的亲戚和朋友。这大概就是人们所说的"富人容易做
好事"吧。后来范蠡老了就听凭子孙经营,子孙继承他的事业从事商业
活动,于是积聚了上亿家产。所以人们一提到富豪都会说"陶朱公"。

　　子赣既学于仲尼①,退而仕于卫②,废著鬻财于曹、鲁之

间③,七十子之徒④,赐最为饶益⑤。原宪不厌糟糠⑥,匿于穷巷⑦。子贡结驷连骑⑧,束帛之币以聘享诸侯⑨,所至,国君无不分庭与之抗礼⑩。夫使孔子名布扬于天下者,子贡先后之也⑪。此所谓得势而益彰者乎?

【注释】

①子赣:春秋时卫国人。字子贡,孔子门人,善于辞令,以言语见称。曾在卫、鲁做官,又游说于齐、吴等国。后弃官经商于曹、鲁之间,家累万金。后死于齐国。

②卫:西周、春秋、战国时国名。始封之君为周武王弟康叔。成王时,周公平定武庚及三监叛乱后封,居河、淇之间,为当时大国。都朝歌(今河南淇县)。卫懿公九年(前660),为翟所破,靠齐桓公的帮助,卫文公二年(前658)迁都楚丘(今河南滑县东),从此成为小国。详见《卫康叔世家》。

③废著鬻财:即囤积居奇,以时获利之意。废著,犹言"废居",亦即"屯积"。废,停。著,通"贮"。鬻财,即指做买卖。曹:古国名。周初封国。姬姓。始封之君为周武王之弟叔振铎。建都陶丘(今山东定陶西北),辖地约有今山东西部。鲁:古国名。周初分封的诸侯国。姬姓。开国君主为周公旦。建都曲阜(今山东曲阜鲁故城)。

④七十子:概称孔子的学生,《仲尼弟子列传》有所谓"受业身通者七十有七人"之语,此言其成数。

⑤饶益:富裕,富足。

⑥原宪:春秋时鲁国人,一说宋人。字子思,亦称"原思""仲宪",孔子弟子。为人洁身自好,事见《仲尼弟子列传》。

⑦匿于穷巷:《仲尼弟子列传》说子贡往见原宪时,是"排藜藋入穷阎",则原宪所居之贫困可知。

⑧结驷:意即乘坐着高车四马。连骑:谓车驾前后跟从许多骑侍。

⑨束帛之币:古代贵族互相聘问时所用的礼物。《周礼·春官》贾
　疏云:"束者十端,每端丈八尺。皆两端合卷,总为五匹,故云束
　也。"币,古代用以称礼品,凡玉、马、皮、珪、璧、帛等皆称为币。
　聘享:朝问贡献物品。古代天子于诸侯,或诸侯之间,派其卿大夫
　相问候皆曰聘。而诸侯向天子贡献物品则曰享。

⑩分庭与之抗礼:《庄子·渔父》成玄英疏:"抗,对也。分处庭中,
　相对设礼。"相互之间行对等的礼数。师古曰:"为宾主之礼。"

⑪使孔子名布扬于天下者,子贡先后之也:此处夸大了子贡的能量,
　意在赞扬子贡经商的能力。司马迁极力赞扬子贡经商,可见其卓
　越的经济思想,非一般儒生能望其项背。先后之,先为之打点。

【译文】

　　子贡跟着孔子学成之后,回来在卫国做官,他囤积货物,在曹国、鲁
国之间做买卖,孔子的七十多个学生中,子贡最为富有。原宪穷得连糟
糠都吃不饱,藏在一条偏僻的小巷子里。子贡则是高车大马前呼后拥,
带着厚礼聘问各国诸侯,他所到之处,诸侯国君没有不与他分庭抗礼的。
使孔子能够名扬天下的原因,是子贡为他活动的结果。这就是人们所说
的"势力越大而名声越响"吧?

　　白圭,周人也。当魏文侯时①,李克务尽地力②,而白圭
乐观时变③,故人弃我取,人取我与。夫岁孰取谷,予之丝
漆;茧出取帛絮,予之食。太阴在卯,穰;明岁衰恶。至午,
旱;明岁美。至酉,穰;明岁衰恶。至子,大旱;明岁美,有
水④。至卯,积著率岁倍⑤。欲长钱,取下谷;长石斗⑥,取上
种。能薄饮食,忍嗜欲,节衣服,与用事僮仆同苦乐,趋时若
猛兽挚鸟之发⑦。故曰:"吾治生产,犹伊尹、吕尚之谋,孙

吴用兵,商鞅行法是也⑧。是故其智不足与权变⑨,勇不足以决断,仁不能以取予,强不能有所守,虽欲学吾术,终不告之矣。"盖天下言治生祖白圭。白圭其有所试矣⑩,能试有所长,非苟而已也。

【注释】

①魏文侯:战国时魏国国君。姬姓,魏氏,名都,一作"斯"。魏桓子之孙。注意招贤纳士,师事卜子夏、田子方、段干木,重用翟璜、吴起、西门豹、乐羊等人。又以李悝为相,进行改革。

②李克:应作"李悝(kuī)",战国早期的经济名臣。《汉书·艺文志》有"李悝三十二篇",属法家。《汉书·食货志》亦有"李悝为魏文侯作尽地力之教"之语。魏文侯时亦有李克,其人不讲经济。尽地力:即努力发展农业,充分发挥土地的潜能。

③白圭乐观时变:善于观察、捕捉市场的时机变化,即上文"与时逐"。乐,犹言"善"。

④"太阴在卯"几句:此段与前文"六岁穰,六岁旱,十二岁一大饥"云云相同,均过于机械。太阴在卯,即今所说的"兔年"。太阴,这里指岁星(木星)。岁星十二年绕行一周天,回到原来位置,于是我国古代天文学就把这十二年一周的岁星轨道分成了十二段,分别用子、丑、寅、卯等十二地支表示出来。至午,谓太阴在午,即马年。至酉,即鸡年。至子,即鼠年。

⑤至卯,积著率岁倍:在卯年买进货物,贮藏一段再卖,往往获利翻一番。率,大抵,一般都是。郭嵩焘曰:"上文云'太阴在卯,穰',岁穰则百货流通,而所居积常赢也。是以至卯而居积,视余岁以倍论。"

⑥长石斗:高产量。

⑦趋时:指捕捉商机。鸷鸟:猛禽。

⑧伊尹:名挚,商朝开国功臣,事见《殷本纪》。吕尚:即"太公望",周朝开国功臣,事见《周本纪》《齐太公世家》。孙吴:指孙武、吴起,皆古代著名军事家。孙武曾佐吴王阖庐破楚入郢,吴起在鲁、在魏均有杰出战功,事见《孙子吴起列传》。商鞅:古代著名的改革家,曾佐秦孝公实行变法,使秦国富强。详见《商君列传》。

⑨不足与权变:与下文"不足以决断"句式相同。与,用同"以"。权变,随机应变。

⑩试:试行,实践检验。

【译文】

　　白圭是周国人。在魏文侯的时代,李克提倡充分利用土地条件发展农业,而白圭则是注意观测时机,所以人家不要的东西他大量购入,人家抢着买的东西他大量抛出。丰收的年头他买进谷物,卖出丝、漆;而蚕丝上市的季节他就大量收购蚕丝,抛出粮食。岁星运行到卯时,粮食丰收;第二年必定有灾荒。岁星运行到午时,天气干旱;第二年一定丰收。岁星运行到酉时,粮食丰收;第二年一定有灾。岁星运行到子时,天下大旱;第二年一定丰收,雨水多。岁星运行到卯时,如果囤积货物一年之间利润必能翻一番。要是想赚钱,囤积谷物他就囤积下等的;要是想提高产量,他买种子就买上等的。他能节衣缩食,忍住自己的喜好,与自己家的奴仆同甘苦,而抓住赚钱时机则像猛虎苍鹰发动袭击一样迅速。所以他说:"我做买卖,就像伊尹、姜太公用计谋,就像孙子、吴起用兵,还能像商鞅执法。因此如果智慧不能随机应变,勇敢不能当机立断,仁爱不能合适地决定取舍,刚强不能坚持原则,这种人即使想学习我的方法,我也不会教给他。"大约天下经商做买卖的都以白圭为祖师爷。白圭所讲的都是经过实践检验的,检验后确实有其长处,绝不是一般地说说而已。

　　猗顿用盬盐起①。而邯郸郭纵以铁冶成业②,与王者埒富③。

　　乌氏倮畜牧④，及众，斥卖⑤，求奇缯物⑥，间献遗戎王⑦。戎王什倍其偿，与之畜，畜至用谷量马牛⑧。秦始皇帝令倮比封君⑨，以时与列臣朝请⑩。而巴寡妇清⑪，其先得丹穴⑫，而擅其利数世，家亦不訾⑬。清，寡妇也，能守其业，用财自卫，不见侵犯。秦皇帝以为贞妇而客之，为筑女怀清台⑭。夫倮鄙人牧长⑮，清穷乡寡妇，礼抗万乘，名显天下，岂非以富邪⑯？

【注释】

①用盬（gǔ）盐起：因经营池盐而发家致富。盬盐，时人用以称今山西西南部所产的一种池盐。或亦用作盐池名，在今山西临猗南。

②邯郸：古都邑名，即今河北邯郸，战国时为赵国国都。

③与王者埒（liè）富：谓其家财之富有可与王者相匹敌。埒，相等。

④乌氏倮：乌氏人，其名曰倮，史失其姓。乌氏，秦县名，治所在今甘肃平凉西北。

⑤斥卖：卖出。斥，弃逐，这里即卖。

⑥缯：丝织品。

⑦间：潜，私下。献遗：进献。遗，送给。戎王：秦国西北境外的少数民族君长，当时居住在义渠，今甘肃宁县西北。

⑧用谷量马牛：极言其慷慨豪侠之状。

⑨比封君：与有封地的君长地位相当。

⑩以时：按照规定的时节。列臣：朝廷在位之诸大臣。朝请：指进见皇帝。春曰朝，秋曰请。

⑪巴寡妇清：巴郡的寡妇名清，史失其姓。巴，秦郡名，治所江州（今重庆北）。

⑫先：谓先辈，祖辈。丹穴：丹砂矿。

⑬訾（zī）：计算。

⑭为筑女怀清台：中井曰："怀，疑女之姓氏。"又云："虽称'始皇帝'，而是事盖在未并吞之时，故军兴有资于其力也，非徒嘉其富厚。"《正义》引《括地志》曰："寡妇清台山俗名贞女山，在涪州永安县东北七十里也。"在今四川长寿南。

⑮鄙人牧长：边疆地区的地方官吏，这里指少数民族的地方头领。鄙，边邑。牧长，牧主、县长，这里指地方头领。

⑯岂非以富邪：茅坤曰："太史公只因无钱赎罪，遂下蚕室，故此多感戚之言。"

【译文】

　　猗顿是靠着经营池盐发家的，邯郸的郭纵是靠着炼铁发家的，他们的财富都多得可以和国王相比。

　　乌氏倮以畜牧为业，当牲畜繁殖多了，他就把它们卖出，而采购一批美丽的丝绸，偷偷运出境外送给戎王。戎王出十倍的价钱，以牲畜支付，牛马多得要用山谷为单位计数。秦始皇让乌氏倮享受封地君长的待遇，让他能定时与其他大臣们共同进京拜见皇帝。巴郡的寡妇清，她的先人发现了一个丹砂矿，她们家几代人享受这份利益，财产多得无法计算。清，作为一个寡妇，能守住自己的家业，用钱财来保卫自己，不受外力侵犯。秦始皇认为她是一位贞洁女子而以客礼对待她，为她建筑了怀清台。乌氏倮是边境地区的一个牧民头领，寡妇清是一个穷乡寡妇，能让天子以客礼对待他们，名闻天下，难道不是因为他们的富有吗？

　　汉兴，海内为一，开关梁①，弛山泽之禁，是以富商大贾周流天下，交易之物莫不通，得其所欲，而徙豪杰诸侯强族于京师②。关中自汧、雍以东至河、华③，膏壤沃野千里，自虞夏之贡以为上田，而公刘适邠④，太王、王季在岐⑤，文王作丰⑥,武王治镐⑦,故其民犹有先王之遗风,好稼穑,殖五谷,地重⑧,重为邪⑨。及秦文、德、缪居雍⑩,隙陇蜀之货物而多贾⑪。献公徙栎邑⑫,栎邑北却戎翟⑬,东通三晋⑭,亦多大贾。孝、昭治咸阳⑮,因以汉都,长安诸陵⑯,四方辐凑并至而会,地小人众,故其民益玩巧而事末也⑰。南则巴蜀。巴蜀亦沃野⑱,地饶卮、姜、丹沙、石、铜、铁、竹、木之器⑲。南御滇僰⑳,僰僮㉑。西近邛笮㉒,笮马、旄牛。然四塞,栈道千里,无所不通,唯褒斜绾毂其口㉓,以所多易所鲜。天水、陇西、北地、上郡与关中同俗㉔,然西有羌中之利㉕,北有戎翟之畜,畜牧为天下饶。然地亦穷险,唯京师要其道㉖。故关中之地,于天下三分之一,而人众不过什三;然量其富,什居其六。

【注释】

①关:关塞。梁:渡口,桥梁。

②豪杰:指各地豪绅,如朱家、郭解之类。诸侯强族:指散布于各诸侯国内的世家大族。

③汧(qiān)、雍:秦县名。汧县治所在今陕西陇县南,因有汧水得名。雍县治所在今陕西凤翔南。河、华:黄河、华山,皆位于今陕西东部。

④公刘:相传为周朝之祖先。姬姓。后稷之曾孙,鞠之子,时夏道中衰,公刘失其稷官,便率领周部族迁居于豳(今陕西旬邑西),复修后稷之业,务耕种,使行者有资,居者有蓄积,人民赖其善政。百姓怀之,纷纷来归。周道之兴从此开始。邠(bīn):古邑名,在今陕西彬州东北。

⑤太王:即周文王之祖古公亶父,亦称周太王。王季:即周文王之父

季历,后尊之曰"王季"。岐:山名,在今陕西岐山北。当时周国都城在岐山东南。

⑥丰:古都名,在今陕西西安西南之古丰水西侧。

⑦镐:古都名,在今陕西西安西南之古丰水东侧,在丰都东北方。

⑧地重:土地被人们所看重。

⑨重为邪:《索隐》曰:"重者,难也,畏罪不敢为邪恶。"重,看重,不轻易。

⑩秦文、德、缪:分别指秦文公、秦德公、秦缪公。雍:古都名,旧址在今陕西凤翔南。

⑪隙:孔道,这里用如动词,意思即"通"。陇:陇坂以西,指今甘肃一带。蜀:指今成都一带。

⑫献公:名师隰,战国时的秦国国君,前384—前362年在位。栎邑:亦称栎阳,旧址在今西安之阎良区,秦献公二年将都城由雍州东迁于此。

⑬戎翟:同"戎狄"。

⑭三晋:指战国时韩、赵、魏三国,因其皆由晋国分出。其地域相当于今之山西与河南北部、河北南部一带地区。

⑮孝、昭:即秦孝公和秦昭王。孝,秦孝公,献公之子,前361—前338年在位。昭,秦昭王,名则,孝公之孙,武王之弟,前306—前251年在位。咸阳:在今陕西咸阳东北,秦国于孝公十二年由栎阳迁都咸阳。

⑯因以汉都,长安诸陵:八字略生涩,大意谓秦既已都于咸阳,而汉又接着都于长安,汉代皇帝的陵墓也都在长安周围,这就使得关中更成了"四方辐凑、并至而会"的地方。

⑰玩巧:玩弄机巧。事末:从事工商活动。郭嵩焘曰:"关中风俗,至秦而变。"

⑱巴蜀亦沃野:这里主要指蜀郡,巴郡恐难说是"沃野"。

⑲卮（zhī）：栀子，可做黄颜料。

⑳御：迎，接连，这里也是"通"的意思。滇：战国以来的小国名，武帝时归汉，设其地为益州郡，治所滇池，在今云南晋宁东北。僰（bó）：僰道，古邑名，在今四川宜宾西南。当时为犍为郡的郡治所在地。

㉑僰僮：僰族人被掠卖为奴者。这里是指有僰僮被掠到巴蜀来卖。

㉒邛：邛都，当时为越巂（xī）郡的治所所在地，在今四川西昌东。笮（zuó）：笮都，曾为沈黎郡的治所所在地，在今四川汉源东北。

㉓褒斜：古道路名，因取道于褒、斜二水的河谷而得名，是古代巴蜀经南郑通往关中的重要通道之一。绾毂：《索隐》曰："言褒斜道狭，绾其道口，有若车毂之凑，故云绾毂也。"绾，收束，控制。

㉔天水：汉郡名，治所平襄，在今甘肃通渭西。陇西：汉郡名，治所狄道，今甘肃临洮。北地：汉郡名，治所马岭，在今陕西庆阳西北。上郡：汉郡名，治所肤施，在今陕西横山东。

㉕羌中：古地区名。指羌人居住地区。指今青海与甘肃中部以西地区。

㉖要其道：谓长安扼制着他们东出、南来的通道。《正义》曰："言要束其路也。"

【译文】

汉朝建国以后，天下统一，国内取消了关卡，放松了开发山林湖海的禁令，因此商人们遍行天下，使得各地的货物得以充分流通，而他们自己也得到了自己想要赚的钱，正好这时候国家强行把各地的豪绅富户和世家大族迁到京城长安附近。关中地区从汧县、雍县以东到黄河、华山，这其间沃野千里，从虞舜、夏禹以来一直按照上等土地向朝廷进贡，后来周朝的祖先公刘由戎狄地区迁到了邠县，接着太王、王季又迁到了岐山，到周文王时建都于丰，周武王时又迁到了镐，所以那里的人们一直保持着先王的传统，他们爱农业，种植五谷，乡土观念较强，不轻易为非作歹。等到秦文公、德公、缪公建都于雍，雍县是关中和蜀郡之间的货物集散之地,商人很多。等到秦献公迁都到了栎邑,栎邑北靠戎狄,东连三晋,也有很多大商人。秦孝公、秦昭王建都咸阳,后来汉朝又继续在这一带建都,长安和周围的一些皇陵所在县成了天下交通的枢纽,地少人多,所以这里的百姓们越来越会玩弄巧诈手段从事商业活动了。关中以南是巴蜀。巴蜀也有广阔的肥沃土地,而盛产卮、姜、丹砂、石、铜、铁以及竹、木制造的器具。巴蜀南接滇越国僰道,有僰族的人口被劫掠来卖。巴蜀又西接邛都、笮都,因而有人往来贩卖笮马、旄牛。但巴蜀四面有山,因为山中有千里栈道,四通八达,只有褒斜道控制巴蜀通往北方的出口,巴蜀人通过这条道用多余的东西交换所需要的东西。天水、陇西、北地、上郡这一带,和关中地区风俗相同,但向西它可以和羌人做买卖,向北可以买到戎翟的牲畜,因此这里的牲畜是全国最多的。然而这里土地贫瘠险阻,只有京师长安控制它的通道。所以关中地区,地域面积占全国的三分之一,而人口还不到十分之三;但估量这里的财富,却占到了全国的十分之六。

　　昔唐人都河东①,殷人都河内②,周人都河南③。夫三河在天下之中④,若鼎足,王者所更居也,建国各数百千岁⑤,土地小狭,民人众,都国诸侯所聚会⑥,故其俗纤俭习事⑦。杨、平阳西贾秦、翟⑧,北贾种、代⑨。种、代,石北也⑩,地边胡⑪,数被寇。人民矜懻忮⑫,好气,任侠为奸⑬,不事农商。然迫近北夷,师旅亟往,中国委输时有奇羡⑭。其民羯羠不均⑮,自全晋之时固已患其僄悍⑯,而武灵王益厉之⑰,其谣俗犹有赵之风也。故杨、平阳陈掾其间⑱,得所欲。温、轵西贾上党⑲,北贾赵、中山⑳。中山地薄人众,犹有沙丘纣淫地余民㉑,民俗懁急㉒,仰机利而食㉓。丈夫相聚游戏,悲歌忼慨,起则相随椎剽㉔,休则掘冢作巧奸冶㉕,多美物㉖,为倡优^㉗。女子则鼓鸣瑟,跕屣^㉘,游媚贵富,入后宫,遍诸侯。

【注释】

①唐人:指尧。河东:古地区名。战国、秦、汉时称今山西西南部为河东,因地处黄河以东而得名。尧都平阳(今山西临汾西南),地属河东。

②河内:古地区名,指今河南黄河以北地区,商朝曾经先后都于邢(今河南温县东北)、殷(今河南安阳西)、朝歌(今河南淇县),其地皆属河内。

③河南:古地区名,指今河南西部之黄河以南地区。东周都洛阳,地属河南。

④三河:即上述之河东、河内、河南。

⑤数百千岁:按,夏朝四百余年,商朝六百余年,周朝八百余年。

⑥都国诸侯所聚会:意谓这一带是历朝天子建都和许多诸侯建国的地方。都,用如动词,建都。

⑦纤俭:吝啬,俭朴。

⑧杨:汉县名,治所在今山西洪洞东南。平阳:汉县名,治所在今山西临汾西南。按,底本"平阳"下原有"陈"字。《索隐》曰:"'陈'盖衍字,以下有'杨、平阳陈掾',此因衍也。"今据删。西贾秦、翟:向西与秦人、翟人做买卖。《正义》曰:"秦,关内也;翟,隰、石等州部落稽也。延、绥、银三州皆白翟所居。"翟,西北地区的少数民族,有赤翟、白翟两支。

⑨种:《正义》曰:"古邑名,在恒州石邑县北,盖蔚州(今山西灵丘西南一百三十里)也。"代:汉县名,治所即今河北蔚县东北之代王城,当时亦为代郡的治所所在地。

⑩石北:石邑县之北。石邑,汉县名,治所在今河北石家庄西南,当时属常山郡。

⑪边胡：靠近胡人地区。胡，当时指匈奴族。

⑫矜懻忮（jì zhì）：以懻忮相高。懻忮，强直刚戾。《正义佚文》曰："强直而很（执拗）也。"

⑬任侠为奸：讲义气而不顾犯法。奸，干，犯法。

⑭中国委输：内地运来供应前方的物资。奇（jī）羡：剩余。奇，余数。羡，剩余。陈子龙曰："用兵之地，资财所聚，民得以贸易获利。"

⑮羯羠（jié yí）不均：即今"桀骜不驯"。均，端正，平和。《索隐》引徐广曰："（羯、羠）皆健羊也，其方人性若羊，健悍而不均。"

⑯全晋之时：晋国的全盛时期。当时种、代属晋。僄悍（piào hàn）：敏捷勇猛。

⑰武灵王：即赵武灵王，曾胡服骑射，改革制度，对赵国的发展起了重要作用。详见《赵世家》。厉：磨炼，鼓励。

⑱陈掾：犹言"因缘""凭藉"，谓利用其形势进行谋利。

⑲温：汉县名，治所在今河南温县西南。轵（zhǐ）：汉县名，治所在今河南济源东南。温、轵二县汉代皆属河内郡。上党：汉郡名，治所在今山西长子西南。

⑳赵：战国时诸侯国，都邯郸（今河北邯郸）。中山：古国名。春秋时我国北方少数民族白狄所建。在今河北正定东北。本称鲜虞，春秋晚年改称中山。战国初期建都于顾（今河北定州）。《赵世家》：赵献侯十年"中山武公初立"，烈侯元年"魏文侯伐中山"，即此。约在周威烈王二十年（前406）被魏攻灭。后约于周安王二十四年（前378）复国，迁都灵寿（今河北平山东北）。

㉑犹有沙丘纣淫地余民：文字略不顺，其意盖谓这里有殷纣王所筑的沙丘台，这里还留着殷纣王荒淫享乐的余风。沙丘台在今河北广宗西北大平台，据说纣王曾在这里畜养禽兽。

㉒懁（xuān）急：性情急躁。懁，急。

㉓仰机利：靠着投机以谋利。

㉔椎：用椎打。剽：劫取。

㉕作巧奸冶：《正义佚文》曰："制做巧伪之物,奸荡淫冶也。"

㉖美物：《集解》引徐广曰："'美'一作'弄'。"梁玉绳以为应作"弄"。弄物,即男宠,男妓。

㉗倡优：古代以乐舞、谐戏、杂技为职的艺人。

㉘跕屣（tiē xǐ）：拖拉着鞋子。跕,拖着鞋走路。屣,鞋之无后跟者。

【译文】

唐尧曾建都于河东地区,商朝人建都于河内地区,周朝人建都于河南。这河东、河内、河南三郡,三足鼎立于天下之中,是历代帝王交替建都的地方,每个朝代都存了几百年到上千年,这里土地狭小,人口众多,而且其中还夹杂着许多诸侯小国,所以这里的民风俭朴,善于经营。这个地区向北可以通过杨县、平阳县和关中以及狄人做买卖,向北可以和种邑、代县做买卖。种邑、代县都在石邑县以北,与匈奴人相邻,屡次受到匈奴人的侵扰。因此这里的人们讲究侠义,任性好斗,不愿从事农业商业活动。但由于这一带迫近北部夷狄,军队经常来往,内地运送的物资经常会有些剩余,从而使这里的人们受益。这里的人们桀骜不驯,从春秋时代晋国时其他国本就害怕他们的敏捷勇猛,到战国时代赵武灵王让他们更加厉害了,以至于他们的风俗还有着当年赵国的遗风。杨县和平阳县的人正是凭借着这种形势谋利,获得收益。温县、轵县向西与上党做生意,向北与赵国、中山做生意。中山一带地薄人多,还有当年殷纣王在沙丘台吃喝玩乐的风气留存,这里的人生性急躁,靠投机谋利。男人们聚集嬉戏,慷慨悲歌,出门就结伙杀人越货,在乡里就去挖坟或造假货,多有玩物,充当优伶。而女人们喜欢弹琴鼓瑟,拖拉着鞋子,取悦于贵族富豪之门,这里的美女几乎遍布于各王侯的后宫。

　　然邯郸亦漳、河之间一都会也①。北通燕、涿②，南有郑、卫③。郑、卫俗与赵相类，然近梁、鲁④，微重而矜节⑤。濮上之邑徙野王⑥，野王好气任侠，卫之风也⑦。

【注释】

①漳、河：漳水、黄河。漳水也叫洺水，流经当时的邯郸北，东北入黄河。

②燕：西周的诸侯国，亦汉初之诸侯国，都于蓟县（今北京）。涿：汉郡名，治所即今河北涿州。

③郑：春秋时期的诸侯国，国都即今河南新郑。战国时期的韩国亦都于新郑。卫：西周时期的卫国都于今河南淇县，春秋中期以后迁于今河南濮阳西南。

④梁：此指今河南开封一带，其地战国时期属魏（梁）。汉代亦有梁国，都睢阳（今河南商丘南）。鲁：指今山东曲阜一带，西周至春秋时为周公后代的封国，汉代亦封其子弟于鲁国。

⑤重：稳重，持重。矜节：以节义相高。梁玉绳以为应作"务节"，以气节为务。意思相近。

⑥濮上之邑徙野王：事在秦王政六年（前241）。时秦兵伐魏，拔魏二十城，又拔濮阳，设东郡。迁魏之附庸卫元君及其支属于野王（今河南沁阳）。濮上之邑，指濮阳（今河南濮阳西南），原为卫元君所居之地，后为秦国东郡治所。

⑦卫之风也：荆轲即卫人，事见《刺客列传》。

【译文】

　　然而邯郸也是漳水、黄河间的一个重要都市。它北通燕都、涿郡，南接郑、卫两国。郑、卫两国的风俗和赵国类似，但由于它南接梁、鲁两国，所以这里的人们比较稳重，讲究气节。战国末魏的附庸卫君迁到了野王，野王一带的人们之所以也讲气节重侠义，就是卫国风气浸染的结果。

夫燕亦勃、碣之间一都会也①。南通齐、赵②，东北边胡。上谷至辽东③，地踔远④，人民希⑤，数被寇，大与赵、代俗相类，而民雕捍少虑⑥，有鱼盐枣栗之饶。北邻乌桓、夫馀⑦，东绾秽貉、朝鲜、真番之利⑧。

【注释】

①勃、碣：渤海、碣石。碣石，山名，在今河北昌黎西北。

②通：通连，即"靠近"。

③上谷：燕国、秦朝、汉朝皆有上谷郡，治所在今河北怀来东南。辽东：亦燕国、秦朝、汉朝之郡名，治所在今辽宁辽阳。

④踔（chuō）远：犹言"遥远"。踔，路远。

⑤希：通"稀"，稀少。

⑥雕捍：《索隐》曰："如雕性之捷悍也。"陈直曰："今江淮人谓处事接物圆转者曰'刁'，盖即'雕'字简写。"按，今北方称"爱挑剔"曰"刁"。捍，通"悍"。

⑦乌桓：当时活动于今内蒙古通辽、林西一带的少数民族名。夫馀：当时居住在今吉林长春一带的少数民族名。

⑧绾：约束，控制。秽貉：当时建立在今朝鲜东北部的小国。朝鲜：当时建立在今朝鲜西北部的小国，国都在今平壤南，汉武帝时被汉所灭，设乐浪郡。真番：汉武帝时期曾在今朝鲜境内设立的郡名，辖境约当今黄海北道的大部分和黄海、京畿南道的北部地区。

【译文】

燕都也是渤海、碣石之间的一个重要城市。它南通齐国、赵国，东北与匈奴接壤。它西起上谷，东至辽东，土地辽阔，人口稀少，经常受到匈奴的侵扰，大概与赵国、代国习俗差不多，而人们生性剽悍，办事少考虑，盛产鱼盐枣栗。这里北接乌桓、夫馀等少数民族地区，东部可以收聚控制秽貉、朝鲜、真番的利益。

　　洛阳东贾齐、鲁,南贾梁、楚。故泰山之阳则鲁^①,其阴则齐。

　　齐带山海^②,膏壤千里,宜桑麻,人民多文彩布帛鱼盐^③。临菑亦海岱之间一都会也^④。其俗宽缓阔达,而足智,好议论,地重,难动摇,怯于众斗,勇于持刺,故多劫人者^⑤,大国之风也。其中具五民^⑥。

【注释】

①泰山之阳:泰山的南面。凡山之南水之北曰"阳",山之北水之南曰"阴"。

②带山海:被山海环抱,其围如带。盖指其南侧有泰山,北侧有北海(今渤海),南侧有黄海。

③人民多文彩布帛鱼盐:指手工业、海洋捕捞之业发达。

④临菑:春秋、战国时齐国国都,即今山东淄博之临淄城。海岱:大海与泰山。岱,岱宗,即泰山。

⑤故多劫人者:《刺客列传》有曹沫劫齐桓公事,可参照。

⑥五民:指士、农、工、商、贾。一说,指五方之人。《索隐》引如淳曰:"游子乐其俗不复归,故有五方之民。"

【译文】

　　洛阳向东可与齐、鲁两国做买卖,向南可和梁、楚两国做买卖。所以泰山的南面是鲁国,泰山的北面是齐国。

　　齐地以泰山和东海为边境,中间沃野千里,适合种植桑麻,因此人们富有丝绸、布帛、鱼盐。临淄也是大海和泰山之间的一个重要都市。这里的人们生性宽厚豁达,富有智慧,好谈论,乡土观念深,不轻易出外活动,疆场上作战不太勇敢,却勇于击刺,所以有不少靠抢劫为生的,这也是齐国作为大国的风气。临淄城里居住着士、农、工、商、贾等各行各业的人。

　　而邹、鲁滨洙、泗①,犹有周公遗风,俗好儒,备于礼,故其民龊龊②。颇有桑麻之业,无林泽之饶。地小人众,俭啬,畏罪远邪。及其衰,好贾趋利,甚于周人③。

【注释】

①邹:汉县名,在今山东邹城东南,孟子的故乡。洙、泗:二水名,洙水在曲阜东流入泗水,泗水流经曲阜北、邹城南,东南入淮水。

②龊龊:拘谨貌。

③周人:洛阳一带的人,以善于经商闻名。《苏秦列传》有所谓“周人之俗,治产业,力工商,逐什二以为务”,即此之谓。

【译文】

　　而邹国、鲁国靠着洙水、泗水,至今这里仍有周公的余风,民俗好儒,礼数周备,所以这里的人们行为拘谨。这里出产的桑麻较多,缺乏山林水泽。地少人多,俭朴吝啬,害怕犯罪,守正避邪。及至后世衰败,热衷经商,追逐财利,比洛阳人还厉害。

　　夫自鸿沟以东①,芒、砀以北②,属巨野③,此梁、宋也④。陶、睢阳亦一都会也⑤。昔尧作游成阳⑥,舜渔于雷泽⑦,汤止于亳⑧。其俗犹有先王遗风,重厚多君子,好稼穑,虽无山川之饶,能恶衣食⑨,致其蓄藏。

【注释】

①鸿沟:古运河名。约战国时魏惠王十年(前360)开通。故道自今

河南荥阳北引黄河之水，东流至蒲田泽（今河南中牟西），又从蒲田泽东出至大梁（今开封）北，折而南流经通许东、太康西，至淮阳入颍水。鸿沟既通，济、濮、汴、睢、颍、涡、汝、泗、菏等河道遂互相联结，形成黄淮平原水上交通网。对促进各地经济、文化交流有巨大作用。

②芒、砀（dàng）：汉代二县名。芒县治所在今河南永城西北，砀县治所在今河南夏邑东南。

③属：连接，挨近。巨野：古代薮泽名，在今山东巨野北，梁山、郓城南。

④梁、宋：指今山东定陶、河南商丘一带地区。宋，西周以来的诸侯国，国都商丘，在今河南商丘南，战国时被齐国所灭。汉代的梁国都于睢阳，即当初宋国的都城。

⑤陶：定陶，在今山东定陶西北。汉代曾为梁国都城，后为济阴郡治所所在地。

⑥成阳：汉县名，治所在今山东菏泽东北。

⑦雷泽：古薮泽名，在今山东菏泽北，成阳即在其侧。

⑧亳（bó）：古邑名，在今山东曹县东南。也有人说指"南亳"，在今河南商丘东南。

⑨能恶衣食：意指能省吃俭用。

【译文】

从鸿沟以东，芒山、砀山以北，一直到巨野泽，这里是梁国、宋国的地盘。陶县、睢阳也是这一带的重要都市。当年尧在这里的成阳建都游止，舜在这里的雷泽捕鱼，汤也在这里的亳县居住。这里的民俗至今仍有先王的遗风，朴实厚道有很多君子，喜欢农耕，虽然没有山川提供的财富，但他们能通过节衣缩食，积累家财。

越、楚则有三俗①。夫自淮北沛、陈、汝南、南郡②，此西楚也。其俗剽轻③，易发怒，地薄，寡于积聚。江陵故郢都，西通巫、巴④，东有云梦之饶⑤。陈在楚夏之交⑥，通鱼盐之货，其民多贾。徐、僮、取虑⑦，则清刻⑧，矜已诺⑨。

【注释】

①越、楚：《正义》曰："越灭吴，则有江淮以北；楚灭越，兼有吴越之地，故言'越楚'也。"大约相当于长江中下游，以及今河南南部与安徽、江苏之淮河以北地区。

②沛：汉郡名，治所在今安徽睢溪西北。陈：汉县名，治所即今河南淮阳。汝南：汉郡名，治所在今河南上蔡西南。南郡：汉郡名，治所即江陵西北之纪南城。

③剽轻：勇猛而轻举好动。

④巫：巫峡，在今重庆巫山县东。巴：汉郡名，治所在今重庆北。

⑤云梦：古代薮泽名，古泽薮名。本有二：一在今湖北江陵以东江、汉之间监利、潜江等地一带，面积约与司马相如《子虚赋》所谓"方九百里"相当；一在今湖北汉水以北应城、天门等地一带，由于泥沙填淤，战国时已成为一片耕地。

⑥陈在楚夏之交：《正义》曰："夏都阳城。言陈南则楚，西及北则夏，故云'楚夏之交'。"按，《正义》所说"阳城"，在今河南登封东南，陈县之西北方。又，"夏"指中原地区，春秋时代之陈国，即处于楚和中原诸国之间。

⑦徐、僮、取虑：皆汉县名，当时属泗水郡。徐县治所在今江苏泗洪南，僮县治所在今安徽泗县东北，取虑治所在今安徽灵璧东北。

⑧清刻：廉洁苛刻。

⑨矜已诺：即"重然诺"，说话算数。

【译文】

越国、楚国的风俗可以按地域分成三种。淮水以北的沛郡、陈郡、汝南郡和南郡，这一带属西楚。这里的风俗是勇悍轻率，容易发怒，土地贫瘠,家无积蓄。江陵是当年楚国的郢都,它西通巫山、巴郡,东有云梦泽的富饶出产。陈郡处在楚国和北方华夏诸国交界处,可以转运鱼盐之类货物,这里的人们大多从事商业活动。徐县、僮县、取虑县一带的人们,则清廉自律,说话算话。

彭城以东^①,东海、吴、广陵^②,此东楚也。其俗类徐、僮。朐、缯以北^③,俗则齐。浙江南则越^④。夫吴自阖庐、春申、王濞三人招致天下之喜游子弟^⑤,东有海盐之饶,章山之铜^⑥,三江、五湖之利^⑦,亦江东一都会也^⑧。

【注释】

①彭城:即今江苏徐州。

②东海:汉郡名,治所在今山东郯城西北。吴:汉县名,治所即今江苏苏州。广陵:在今江苏扬州西北,西汉时曾为吴国、广陵国的都城。

③朐、缯:皆汉县名。朐县,治所在今江苏连云港西南;缯县,治所在今山东枣庄东北。

④浙江南则越:钱塘江以南是越人的风俗。浙,即今之钱塘江。

⑤吴:指今苏州与其周围地区。阖庐:春秋末期的吴国国君,是有名的"五霸"之一。国都即今苏州,事见《吴太伯世家》。春申:春申君黄歇,战国末期的楚国贵族,事见《春申君列传》。王濞:吴王刘濞,高祖刘邦之侄,发动七国之乱,被诛。事见《吴王濞列传》。喜游子弟:好交游的游说、游侠之士。

⑥章山:秦县名,治所在今浙江安吉西北。

⑦三江:历代解释不一。或说为江、湖分歧杂错之意,并非专指三条水道。五湖:先秦、秦汉古籍记载吴越地区的湖泊。后人解释不一。今按《国语·越语》及《河渠书》意,五湖最初当指太湖,后

又泛指太湖流域所有湖泊。

⑧江东：古地区名。长江在芜湖、南京作西南南、东北北流向，习惯上称此以南地区为江东。

【译文】

彭城以东，一直到东海郡、吴郡、广陵郡，这一带是东楚。这里的风俗和徐县、僮县相似。朐县、缯县以北，民俗接近齐国。浙江以南民俗接近越国。吴县自从当年吴国阖庐、楚国春申君、后来的吴王刘濞在这一带广招各地的游士以来，向东可以获得海盐的利益，向西可得章山里的铜，有三江、五湖的利源，吴县也是江东地区的一个重要都市。

衡山、九江、江南豫章、长沙①，是南楚也，其俗大类西楚。郢之后徙寿春②，亦一都会也。而合肥受南北潮③，皮革、鲍、木输会也④。与闽中、干越杂俗⑤，故南楚好辞，巧说少信⑥。江南卑湿，丈夫早夭。多竹木。豫章出黄金，长沙出连、锡，然堇堇物之所有⑦，取之不足以更费⑧。九疑、苍梧以南至儋耳者⑨，与江南大同俗，而杨越多焉⑩。番禺亦其一都会也⑪，珠玑、犀、玳瑁、果、布之凑⑫。

【注释】

①衡山：汉初诸侯国，都于邾，在今湖北黄冈西北。九江：汉郡名，治所在今安徽寿县。江南豫章、长沙："豫章、长沙"前加"江南"二字，为表明其方位在长江之南。《正义》曰："此言大江之南豫章、长沙二郡，南楚之地耳。"豫章，汉郡名，治所即今江西南昌。长沙，汉代诸侯国，都临湘，在今湖南长沙。

②郢之后徙寿春：战国后期，楚国为避秦国攻击，于顷襄王时由江陵迁都于陈，考烈王时又由陈迁都寿春。地名都称作"郢"，但实际

已变了三个地方。

③合肥：汉县名，治所即今安徽合肥。受南北潮：《正义》曰："言江
淮之潮，南北俱至庐州（即合肥）也。"实指长江流域和淮河流域
的货物，都可由水路运到合肥。

④鲍：干鱼。有人以为"鲍"应作"鞄"，制革工匠。输会：运输的荟
萃之地。

⑤闽中：郡名。秦王政二十五年（前222）"降越君"后置。郡治冶
县（今福建福州市。一说在今闽侯）。辖境相当今浙江宁海及
其以南的灵江、飞云江流域和福建省。秦末废。干越：犹言"吴
越"。《荀子·劝学》："干越夷貉之子。"杨倞注："干越，犹言吴
越。"约当今之江苏南部、浙江北部一带。

⑥南楚好辞，巧说少信：盖如宋玉、景差、唐勒等人的作品。

⑦堇堇：少，指获利很少。王骏图曰："犹'仅仅'。"

⑧更：王骏图曰："即训'偿'也。"

⑨九疑：即九疑山，古山名。"疑"一作"嶷"。又名苍梧山。在今湖
南宁远县南。相传为虞舜葬地。苍梧：汉郡名，治所在今广西梧
州。儋耳：汉武帝元封元年（前110）取海南岛后置郡。治所儋
耳县（今海南儋州西北南滩）。辖境相当今海南省西部地区。

⑩杨越：即指越。杨，应作"扬"。古代越地属于《禹贡》的扬州，故
称越为"扬越"。略当今广东、广西一带地区。

⑪番禺：古县名。治所在今广东广州。秦置。秦末汉初为南越国都。

⑫凑：集，集散之地。

【译文】

衡山郡、九江郡，以及长江以南的豫章、长沙二郡，这一带是南楚，风
俗大致和西楚相似。楚国国都后来迁到了寿春，寿春也是这一带的重要
都市。合肥是南北水路货物交流的中心，是皮革、干鱼、木材的集散地。
南楚和闽中、吴越的风俗交杂，所以南楚人喜好夸夸其谈，花言巧语缺乏

信用。江南低下潮湿,男人往往早逝。竹子木材的出产比较丰富。豫章郡出产黄金,长沙郡出产铅、锡,但数量都不多,甚至还不足以抵偿开采的花费。九疑山、苍梧郡以南直到儋耳,风俗和江南地区大致相同,尤其与杨越的风俗更相像。番禺也是这一带的重要都市,是珍珠、犀角、玳瑁、水果、布匹的集散地。

　　颍川、南阳①,夏人之居也②。夏人政尚忠朴③,犹有先王之遗风。颍川敦愿。秦末世,迁不轨之民于南阳。南阳西通武关、郧关④,东南受汉、江、淮。宛亦一都会也。俗杂,好事业,多贾。其任侠,交通颍川,故至今谓之"夏人"。

　　夫天下物所鲜所多,人民谣俗⑤,山东食海盐,山西食盐卤⑥,领南、沙北固往往出盐⑦,大体如此矣。

【注释】

①颍川:汉郡名,治所在今河南禹州。南阳:汉郡名,治所即今河南南阳。

②夏人之居:《正义》曰:"颍川、南阳,皆夏地也。"按,据说夏禹都于阳城,阳城即在今禹州西北。

③夏人政尚忠朴:盖与殷人事鬼、周人尚文相对而言。

④武关:古关名。在今陕西商南东南丹江北岸,是南阳一带通往关中地区的重要孔道。战国秦置。郧关:古关名。在今湖北十堰郧阳区东北,是南阳一带通往汉中地区的重要孔道。

⑤夫天下物所鲜所多,人民谣俗:二句生涩,似有脱误。刘辰翁曰:"犹具题目,其说见下。"

⑥盐卤:谓池盐,盐的一种。

⑦领南:古地区名。指五岭以南地区,约当今之广东、广西及越南北部一带。领,应作"岭"。沙北:《正义》曰:"谓池汉之北也。"

【译文】

颍川郡、南阳郡，是夏朝人当年居住的地方。夏朝人崇尚忠厚朴实，这一带还保留着夏朝的遗风。颍川人宅心仁厚。秦朝末年，曾把一批不安分的人迁到了南阳。南阳西通武关、郧关，东南靠近汉水、长江、淮水。宛城是这一带的重要都市。这里风俗混杂，人们好活动，好经商。其中那些侠义之士，与颍川人声气相通，所以这里的人至今还被称作"夏人"。

各地的物产多什么少什么，影响着各地人们的生活习惯，例如崤山以东地区吃海盐，崤山以西地区吃池盐，岭南和沙北也都各自出产盐，大体情况即如以上所说。

总之，楚越之地，地广人希，饭稻羹鱼，或火耕而水耨①，果隋蠃蛤②，不待贾而足，地埶饶食，无饥馑之患③，以故呰窳偷生④，无积聚而多贫。是故江淮以南，无冻饿之人，亦无千金之家⑤。沂、泗水以北⑥，宜五谷桑麻六畜⑦，地小人众，数被水旱之害，民好畜藏，故秦、夏、梁、鲁好农而重民。三河、宛、陈亦然，加以商贾。齐、赵设智巧，仰机利。燕、代田畜而事蚕。

【注释】

①火耕而水耨（nòu）：谓先以火焚毁杂树野草，而后下种、浇水，再有草则随时芟除。耨，除草。

②果隋：同"果蓏（luǒ）"。梁玉绳曰："'隋'即'堕'也，与'蓏'同。《易·说卦》'果蓏'，《释文》言京本作'隋'，可证。"王引之、张文虎说同。果蓏，瓜果的总称。果指木类植物的果实；蓏为葫芦科植物的果实（瓜类）和薯蓣科植物的块茎（薯类）之通称。蠃蛤（luó gé）：蠃和蛤。水生动物名。蠃，通"螺"，螺类动物的统

称。蛤,指蛤蜊等蚌蛤类动物的统称。

③饥馑:灾荒,庄稼收成很差或颗粒无收。《论语·先进》注:"谷不熟曰饥,蔬不熟曰馑。"

④呰窳(zǐ yǔ)偷生:懒惰,得过且过。意即好说懒做。王骏图曰:"呰,口毁也;窳,惰也。"

⑤千金:千镒黄金。秦时称黄金一镒曰"一金"。一镒相当于二十两,或曰二十四两。

⑥沂:古水名。在今山东、江苏境。古沂水源出山东沂源鲁山,南流经临沂、郯城,至江苏邳州合泗水,又东南至淮阴入淮水。泗:泗水。古水名。在今山东省中部,源出泗水(县)东蒙山南麓,因四源并发,故名泗水。

⑦五谷:稻、菽、麦、黍、稷。六畜:马、牛、羊、鸡、犬、豕。

【译文】

总的看来,楚越地区,地广人少,这里的人们吃的是稻饭和鱼羹,习惯用火耕水耨,这里的水果蚌类,不用钱买就足够食用,地理条件提供了丰富的食物,不必担心饥荒,所以养成了人们苟且懒惰的习性,家里没有什么积蓄而大多贫穷。所以说长江、淮水以南,既没有挨冻受饿的人,也没有积累千金的富贵之家。沂水、泗水以北,适合于种植五谷桑麻,饲养各种牲畜,那里地少人多,经常遭受水旱灾害,因而人们习惯于积攒贮藏,所以秦地、夏地、梁国、鲁国一带的统治者们也都爱好农业而重视农民。三河地区和宛城、陈郡这些地方也是如此,同时也经营商业。齐地、赵地的人们则善用心计,靠机灵获利。而燕地、代地则主要以耕田放牧和养蚕织布为业。

由此观之,贤人深谋于廊庙,论议朝廷①,守信死节隐居岩穴之士设为名高者安归乎?归于富厚也。是以廉吏久,久更富,廉贾归富②。富者,人之情性,所不学而俱欲者也。故壮士在军,攻城先登,陷阵却敌,斩将搴旗③,前蒙矢石,不避汤火之难者,为重赏使也。其在闾巷少年,攻剽椎埋④,劫人作奸,掘冢铸币,任侠并兼,借交报仇⑤,篡逐幽隐⑥,不避法禁,走死地如骛者⑦,其实皆为财用耳。今夫赵女郑姬⑧,设形容,揳鸣琴⑨,揄长袂⑩,蹑利屣⑪,目挑心招,出不远千里,不择老少者,奔富厚也。游闲公子,饰冠剑,连车骑,亦为富贵容也⑫。弋射渔猎⑬,犯晨夜,冒霜雪,驰坑谷,不避猛兽之害,为得味也。博戏驰逐⑭,斗鸡走狗,作色相矜⑮,必争胜者,重失负也。医方诸食技术之人⑯,焦神极能,为重糈也⑰。吏士舞文弄法,刻章伪书,不避刀锯之诛者,没于赂遗也⑱。农工商贾畜长⑲,固求富益货也。此有知尽能索耳⑳,终不余力而让财矣。

【注释】

①论议朝廷:"朝廷"上应增"于"字读。

②廉吏久,久更富,廉贾归富:廉吏能久处其位,久处其位亦能变富,不贪婪的商人反而赚钱获利更多。这符合老子"少则得,多则惑"的辩证法。

③搴(qiān)旗:拔取敌人的战旗。搴,拔取。

④攻剽:侵扰劫夺。椎埋:发冢,盗墓。

⑤借交报仇:为给朋友报仇而不顾个人安危,如同把自己的身体借给朋友去使用。

⑥篡逐:指劫夺财物。幽隐:指无人之地。

⑦骛:马跑。

⑧赵女郑姬:指倡伎。

⑨撽（jiá）：抚，弹奏。

⑩揄（yú）：引，拂动。

⑪蹑：拖，趿拉，这里即指穿。利屣：舞鞋。

⑫为富贵容：为扩大自家的富贵而修饰招摇。

⑬弋射渔猎：泛指一切打猎。弋射，指射鸟类。渔，指捕捉水中动物。猎，指捕捉地上的动物。

⑭驰逐：竞马。

⑮相矜：自己夸耀，一定要压倒对方。

⑯医方：医生与方士。

⑰重糈：厚重的财礼。糈，祭神用的精米，后用以指报谢巫祝及占卜等方伎之士的财礼。

⑱没：沉溺，因受诱惑而不顾一切。赂遗：即今贿赂。遗，给。

⑲畜长：畜货长利。

⑳知尽能索：竭尽一切智能而后已。知，同"智"。索，尽，竭。

【译文】

由此看来，官员们在庙堂上运筹决策，在朝廷上讨论国家大政，讲究信义气节的隐士们隐居深山追求高名，他们的根本目的在哪里呢？归根结底都是为了富贵。官员清廉就可以长久地做官，时间长了所得利益就会更多，商人越是不贪心最后赚钱就更多。追求富裕，是人们的本性，不用学就会。所以将士们在作战中，攻城先登，冲锋陷阵，打败敌人，斩将拔旗，冒着枪林箭雨前进，赴汤蹈火不怕牺牲，是为了重赏啊。街头巷尾的流氓子弟，劫道杀人，为非作歹，盗坟墓铸私钱，斗殴火并，互为生死，明抢暗夺，不避法网，向死路飞奔，实际上都是为了钱啊。如今赵地、郑地的美女，梳妆打扮，鼓瑟弹琴，挥动长袖，脚踏舞鞋，抛送媚眼，费心勾引，不顾离家千里，不管老少地跟着人家，是奔着富贵啊。一些大家子弟，精心修饰自己的衣帽佩剑，高车大马前呼后拥地到处奔走，也是为了更加富贵啊。那些捕鱼打猎的，披星戴月，冲风冒雪，不怕地形危险，不怕野兽伤害,是想得到他们想吃的东西啊。赛车赌马,斗鸡走狗,面红耳赤互相竞争,一定要取胜,就是怕输钱啊。医生、方士以及各种手艺人,花尽心思极尽技艺,是为了得到更多的报酬啊。刀笔吏们舞文弄法,刻假图章,伪造笔迹,不怕犯法杀头,是为了得到贿赂啊。农民、工人、商人们生产储存货物,就是为让财产越来越多啊!这些人都竭尽一切心思,谁也不会不尽全力而把钱财让给别人。

谚曰:“百里不贩樵,千里不贩籴①。”居之一岁,种之以谷②;十岁,树之以木;百岁,来之以德③。德者,人物之谓也。今有无秩禄之奉,爵邑之入,而乐与之比者,命曰“素封”④。封者食租税,岁率户二百⑤。千户之君则二十万,朝觐聘享出其中⑥。庶民农工商贾,率亦岁万息二千,百万之家则二十万,而更徭租赋出其中⑦。衣食之欲,恣所好美矣。故曰陆地牧马二百蹄,牛蹄角千⑧,千足羊⑨,泽中千足彘⑩,水居千石鱼陂⑪,山居千章之材⑫。安邑千树枣⑬;燕、秦千树栗;蜀、汉、江陵千树橘⑭;淮北、常山已南⑮,河、济之间千树萩⑯;陈、夏千亩漆⑰;齐、鲁千亩桑麻;渭川千亩竹⑱;及名国万家之城⑲,带郭千亩亩钟之田⑳,若千亩卮茜㉑,千畦姜韭:此其人皆与千户侯等。然是富给之资也,不窥市井㉒,不行异邑,坐而待收,身有处士之义而取给焉。若至家贫亲老,妻子软弱,岁时无以祭祀进醵㉓,饮食被服不足以自通,如此不惭耻,则无所比矣。是以无财作力,少有斗智,既饶争时㉔,此其大经也。今治生不待危身取给,则贤人勉焉㉕。是故本富为上,末富次之,奸富最下㉖。无岩处奇士之行,而长贫贱,好语仁义,亦足羞也㉗。

【注释】

①百里不贩樵,千里不贩籴:言其利不偿费。樵,薪柴。籴,买入粮食,这里指粮食。

②居之一岁,种之以谷:《管子·修权》云:"一年之计,莫如种谷;十年之计,莫如种树;终身之计,莫如树人。"盖当时俗语如此。

③来之以德:指以道德招纳人来归。来,同"徕",招纳。

④素封:《正义》曰:"言不仕之人自有园田收养之给,其利比于封君,故曰'素封'也。"《索隐》曰:"素,空也。"

⑤率:大概。

⑥朝觐:诸侯朝见天子的总称。《周礼·春官·大宗伯》载:"春见曰朝,秋见曰觐。"此指诸侯朝见天子的费用。聘享:朝问贡献物品。古代天子于诸侯,或诸侯之间,派其卿大夫相问候皆曰聘。而诸侯向天子贡献物品则曰享。实指诸侯向天子进献和诸侯之间相互访问互赠物品。

⑦更徭:轮流服劳役。

⑧马二百蹄:指五十匹。由一马四蹄算出。牛蹄角千:指一百头,每头牛八瓣蹄子,两只角。

⑨千足羊:指二百五十只羊。

⑩千足彘:指二百五十头猪。

⑪千石鱼陂(bēi):每年可捕捞千石鱼的池塘。石,百二十斤。陂,堤堰。陈直曰:"汉代鲤鱼长尺至三尺者,枚值五十。"按,汉代一尺约当今之23.1厘米。

⑫千章之材:千根木材。中井曰:"材木一根谓之章。"

⑬安邑:汉县名,治所在今山西夏县西北,汉代为河东郡的治所所在地。

⑭汉:指汉中郡,治所西城,在今陕西安康西北。

⑮淮北:淮河以北,今江苏、安徽北部与河南之东南部。常山:汉郡名,治所元氏,在今河北元氏西北。

⑯河、济之间：古代济水与黄河交汇处一带。约当今之河南东北部与山东西北部一带地区。萩：梁玉绳引师古曰："即'楸'字，二字多讹。"楸，乔木名。

⑰陈：今河南淮阳。夏：即前文所言颍川郡与南阳郡。

⑱渭川：今陕西中部渭水流域。

⑲名国：犹言"名都"，如邯郸、临淄等。

⑳带郭：指城市郊区。带，围绕。郭，外城。亩钟之田：亩产一钟的良田。钟，六斛（石）四斗。

㉑卮：灌木名，结子可做黄染料。茜（qiàn）：草名，可做红染料。

㉒不窥市井：意谓不必亲自到市场辛苦卖力。窥，观看。

㉓进醵（jù）：指聚餐。

㉔饶：指钱多。争时：预测行情买进卖出。

㉕贤人勉焉：贤哲之人也很愿意干这一行，如范蠡、子贡。勉，努力。

㉖是故本富为上，末富次之，奸富最下：冈白驹曰："本富，农种而富，坐而待收者是也；末富，以贾富者；奸富，奸巧斗智而富者是也。"本富，靠经营农业而发家。末富，靠经营工商业而发家。奸富，靠不正当手段而发家。

㉗亦足羞也：中井曰："苟有岩处奇士之行，则虽长贫贱无所羞，而太史公固不说之也。文义自周匝。后人辄生贬议者，不晓文义之故耳。"按，班固父子指斥司马迁"述货殖则崇势利而羞贫贱"，故中井氏为司马迁申说。

【译文】

俗话说："百里之外不贩卖柴，千里之外不贩卖粮。"在某地住一年，可以种粮食；住十年，可以种树木；住一辈子，那就得以道德声望来感化吸引人了。道德，就是指有人有钱。有些人虽然没有爵位俸禄，但他们实际的享受可以和有爵位俸禄的人相比，这就是通常所说的"素封"。有爵位的人靠领地上的租税过活，每年一户大约出二百钱。一个享有千户的封君能得二十万,他们朝见天子和互相来往交际的一切花销也都从这里头出。平民百姓中的农民、工人、商人,大体本钱一万可以得到二千文的利息,那么一个本钱百万的家庭一年也可以收入二十万了,租税和劳役费也要从这里头出。但他们吃穿方面的各种奢侈欲望,都可以得到满足。所以说凡能在陆地上放牧五十匹马,一百头牛,二百五十头羊,或是在草泽中养二百五十口猪,在水塘里养十二万斤鱼,在山上种一千棵树。安邑地区的一千棵枣树,燕、秦地区的一千棵栗树;蜀、汉、江陵地区的一千棵橘树,淮北、常山以南以及黄河、济水之间的一千棵楸树,陈郡、颍川一带的一千亩漆树,齐、鲁地区的一千亩桑麻,渭水流域的一千亩竹子,以及一个万户居民大城市郊区的一千亩亩产千钟粮食的土地,或是种植一千亩栀子茜草,外带一千亩生姜韭菜:那么这些人的收入都会和一个千户侯相等。但是这些致富的资本,不用到市场上去抛头露面,也不用去异乡异地四处奔波,只要坐在那里等候收成,既有隐士之名,家里又很富裕。如果有的人家庭贫困,双亲年老无法奉养,妻子孩子饿得有气无力,过年过节没法祭祀祖宗饮酒聚餐,平时连吃穿用度都混不上,到了这样如果还不自知惭愧,那可真是不堪一提了。所以没钱的人就得下苦力,钱不多的人就得多想办法,钱多的人要看时机看行情,这是基本规律。如今经营家业用不着做多么危险的事就能使生活富裕,所以有本事的人都努力去做。所以靠农业致富为上等,靠商业致富次之,以奸猾致富最卑鄙。自身没有隐士的操行,却长期处于贫困之中,还总是侈谈仁义,这种人也是够可耻的。

　　凡编户之民,富相什则卑下之,伯则畏惮之[①],千则役,万则仆,物之理也。夫用贫求富,农不如工,工不如商,刺绣文不如倚市门[②],此言末业贫者之资也[③]。通邑大都,酤一岁千瓮[④],醯酱千瓨[⑤],浆千甔[⑥],屠牛羊彘千皮,贩谷粜千钟,薪稿千车，船长千丈，木千章，竹竿万个⑦，其轺车百乘⑧，牛车千两⑨，木器髹者千枚⑩，铜器千钧⑪，素木铁器若卮茜千石⑫，马蹄躈千⑬，牛千足，羊彘千双，僮手指千⑭，筋角丹沙千斤，其帛絮细布千钧⑮，文采千匹，榻布皮革千石⑯，漆千斗，蘖麹盐豉千荅⑰，鲐鮆千斤⑱，鲰千石，鲍千钧⑲，枣栗千石者三之，狐貂裘千皮⑳，羔羊裘千石，旃席千具㉑，果菜千种㉒，子贷金钱千贯㉓，节驵会㉔，贪贾三之，廉贾五之㉕，此亦比千乘之家㉖，其大率也。佗杂业不中什二，则非吾财也。

【注释】

①伯：通"百"，相差百倍。畏惮：惧怕。

②刺绣文：代指工者之事。倚市门：指商贾之事。

③末业贫者之资：商业是改变贫穷的好途径。资，藉，依托。

④酤一岁千瓮：每年能酿造一千瓮酒。酤：一宿酿成的酒。底本原作"酤一岁千酿"，不成文理。《正义》曰："酿千瓮。"师古曰："千瓮以酿酒。"今改"千酿"为"千瓮"，与下文"千瓨""千甔"同例。

⑤醯（xī）酱：即指醋。醯，醋。瓨（hóng）：陶制瓶类，可受十升。

⑥浆：淡酒。甔（dān）：陶制容器，可受十斗。

⑦万个：万棵。《释名》云："竹曰个，木曰枚。"中井曰："船车竹木畜僮布帛，皆买卖之货，非蓄积。"

⑧其轺（yáo）车百乘（shèng）：中井曰："'其'字疑衍。"轺车，轻便的马车。百乘，百辆。

⑨千两：两，同"辆"。陈直曰："两汉轺车一乘值万，牛车每辆值二千。见《居延汉简》。"

⑩髹（xiū）：以漆漆物。

⑪钧：三十斤。

⑫素木铁器若卮茜千石:"素木铁器"下似有脱文,否则"素木铁器"与"卮茜"相量,似不伦。若,或。千石:每石一百二十斤。

⑬马蹄躈(qiào)千:指二百匹。躈,马的肛门,古代用以计马数。一说为牲畜的口。师古云:"蹄与口共千,则为马二百也。"

⑭僮手指千:指奴仆百人。陈直曰:"西汉初奴婢价值,小奴二人值三万,大婢一人二万,亦为约略之价。"

⑮帛:丝织物。絮:丝绵。

⑯榻布:师古曰:"粗厚之布也,其价贱,故与皮革同重耳。"

⑰糵麹:酵母。盐豉(chǐ):咸豆豉,调料。千荅:荅,应作"苔",同"瓵",瓦器,可受一斗六升。

⑱鲐(tái):海鱼名。鲞(jì):一种外形似刀的鱼。

⑲鲰(zōu)千石,鲍千钧:鲰,小杂鱼。鲍,咸干鱼。按,王念孙以为此六字当并作"鲰鲍千钧",可参考。

⑳狐貂裘:狐裘与貂裘。貂,用同"貂"。

㉑旃席:毛毯。千具:千张。

㉒果菜千种:种植水果蔬菜一千种。底本作"佗果菜千钟",梁玉绳曰:"'钟'乃'种'字之讹。《汉书》作'果菜千种'。"今据改。

㉓子贷金钱千贯:指每年可获千贯利息的债主。子贷金,放债所得的利息。

㉔节:截取。驵会(zǎng kuài):大市侩。师古曰:"侩者,合会二家交易者也。驵者,其首率也。"

㉕贪贾三之,廉贾五之:旧注皆谓此指商贾取利之数。应指"驵会"对商贾截取佣钱的比率。三之,或曰取其什三,或曰取其三分之一。

㉖千乘之家:泷川引中井曰:"即上文'千户之君'矣,故曰'此亦'。或云:'千乘,千户之讹。'"

【译文】

一个平民百姓,如果别人的财富是他的十倍,他见了人家就低一等;

如果人家的财富是他的百倍,他就畏惧人家;如果人家的财富是他的千万倍,他就成了人家的奴仆了,这是自然的道理。要想由穷变富,当农民不如当工匠,当工匠不如当商人,刺绣再好也不如去市场上卖货,所以说经商是穷人致富的重要途径。在一个四通八达的都市里,一年之内酿一千缸酒,一千缸醋,一千缸淡酒,屠宰牛羊猪一千只,或贩卖谷物一千钟,贩卖柴草一千车,有船只总长一千丈,木材一千棵,竹竿一万根,小型马车一百辆,牛车一千辆,木制漆器一千件,铜器总重一千钧,木头、铁器或栀子茜草一千石,马二百匹,牛二百五十头,羊、猪两千只,奴隶一百个,筋角丹砂一千斤,丝绸细布一千钧,带花纹的绸子一千匹,粗布皮革十二万斤,漆一千斗,酵母盐酱一千罐,海鱼一千斤,小杂鱼二万斤,干鱼三万斤,枣、栗三十六万斤,狐皮、貂皮一千张,羊羔皮袄十二万斤,毡席一千领,果菜千种,或放贷的本钱一千贯,或在市场上当经纪人,多者抽取三分之一,少者抽取五分之一的佣金,这些收入也和一个千辆兵车的大夫之家差不多,这是大概情形。从事其他杂业如果赚不到十分之二的利润,就都不值得干了。

　　请略道当世千里之中,贤人所以富者,令后世得以观择焉。

　　蜀卓氏之先①,赵人也,用铁冶富。秦破赵,迁卓氏②。卓氏见虏略③,独夫妻推辇④,行诣迁处。诸迁虏少有余财⑤,争与吏,求近处,处葭萌⑥。唯卓氏曰:"此地狭薄。吾闻汶山之下⑦,沃野,下有蹲鸱⑧,至死不饥。民工于市,易贾。"乃求远迁。致之临邛⑨,大喜,即铁山鼓铸⑩,运筹策,倾滇蜀之民⑪,富至僮千人⑫。田池射猎之乐,拟于人君⑬。

【注释】

　　①卓氏:即卓文君的家族,详见《司马相如列传》。

②迁：流放，强制搬迁。按，秦汉时打击工商业者，故可肆意摧残。

③见虏略：被秦人所掳掠。略，夺取，掳掠。

④辇：用人力推挽的车。

⑤诸迁虏：一道被迁的其他被虏略者。少有：略有。少，稍。

⑥葭萌：汉县名，治所在今四川剑阁东北。

⑦汶山：即岷山，在今四川松潘北。汉代设过汶山郡，治所在今茂汶
　　羌族自治县。

⑧蹲鸱：大芋，因其状如蹲伏的鸱，故云。

⑨临邛：汉县名，治所即今四川邛崃。

⑩即铁山鼓铸：陈直曰："《华阳国志·蜀郡临邛县》云：'汉文时以
　　铁铜赐邓通，假（借于）民卓王孙，岁取千匹，故卓王孙累巨万，邓
　　通钱亦遍天下。'可证卓王孙之富因邓通也，余因考西汉初期盐
　　铁为包商制。"

⑪倾：吸引，使之倒向自己。滇蜀：此指云南北部、四川南部一带地
　　区。当时滇池附近有古滇国，故人们习称云南为滇。

⑫僮千人：《司马相如列传》云"家僮八百人"。僮，奴仆。

⑬拟：相比，相当，差不多。

【译文】

请让我简要讲一讲我们国家当代那些能人致富的事例，让后世的人
得以观摩选择。

蜀郡卓氏的祖先，本是赵国人，靠冶铁致富。秦灭赵后，强迫卓氏家
族搬迁。卓氏遭到掳掠，只有夫妻二人推着车子，向指定的搬迁地前进。
那些同时被迫迁徙的人只要身边稍有点儿钱，都争着贿赂带队的官吏，
请求安置在稍近点儿的地方，定居在葭萌关一带。唯有卓氏说："这个地
方狭小贫瘠。我听说汶山之下是沃野，地里出产大芋头，可以充饥不致
饿死。那里的居民擅长做买卖，便于经商。"于是他们请求远走。他们
被安置在临邛，非常高兴，就在铁山下开炉鼓风，冶铁铸币，巧妙谋划，苦

心经营,成了滇蜀一带的首富,家里富到有奴婢千人。他们开田修池驰骋射猎的排场,简直和有领地的封君一样。

　　程郑,山东迁虏也①,亦冶铸,贾椎髻之民②,富埒卓氏,俱居临邛。

　　宛孔氏之先③,梁人也,用铁冶为业。秦伐魏,迁孔氏南阳。大鼓铸,规陂池④,连车骑,游诸侯,因通商贾之利⑤,有游闲公子之赐与名⑥。然其赢得过当,愈于纤啬⑦,家致富数千金,故南阳行贾尽法孔氏之雍容⑧。

【注释】

①山东:崤山以东,不知确系何国。

②椎髻:头发撮髻如椎。少数民族的发型。代指少数民族。《汉书·货殖传》作"魋结",义同。结,古"髻"字。魋,突出。椎,如椎立顶,亦突出。

③孔氏:其名不详。

④规陂池:修治堤堰池塘。规,审视,测量。陂,堤堰。

⑤游诸侯,因通商贾之利:言其于周游散荡中做买卖。

⑥赐与:以财物赠人。

⑦纤啬:小气、吝啬。

⑧雍容:仪容温文尔雅。

【译文】

　　程郑,是崤山以东地区强制搬迁来的,也从事冶铁,和当地的少数民族做买卖,富有的程度和卓氏差不多,也都住在临邛。

　　南阳孔氏的先辈是大梁人,以炼铁为业。秦灭魏后,把孔氏家族迁到了南阳。孔氏到南阳后大规模开展冶铁,赚了钱就修治坡塘堤坝,车马相连,与各国诸侯交往,于是从事商业活动而获利,有着游闲公子的出手阔绰和名气。但他所获得的经济利益超过开销,也远比那种吝啬的商人多,以至于家财多达几千金,所以南阳一带的商人在从事商业活动的时候都学习孔氏的华贵大度。

　　鲁人俗俭啬,而曹邴氏尤甚①,以铁冶起,富至巨万②。然家自父兄子孙约,俯有拾,仰有取③,贳贷行贾遍郡国④。邹、鲁以其故多去文学而趋利者⑤,以曹邴氏也。

　　齐俗贱奴虏,而刀闲独爱贵之。桀黠奴⑥,人之所患也,唯刀闲收取,使之逐渔盐商贾之利,或连车骑,交守相⑦,然愈益任之。终得其力,起富数千万。故曰“宁爵毋刀”⑧,言其能使豪奴自饶而尽其力。

【注释】

①曹邴氏:《汉书》无“曹”字。邴,姓,史失其名。

②巨万:也称“大万”,即今“亿”。

③俯有拾,仰有取:言其不从事无益活动,动则必有所得。俯,弯腰。仰,抬头。苏轼《答梁先》中“学如富贾在博收,仰取俯拾无遗筹”二句,即取意于此。

④贳(shì)贷:这里即指放债。贳,借贷。

⑤文学:汉时指学术、经术。

⑥桀黠:凶狠狡猾。

⑦守相:官名。郡太守及诸侯王国相之合称。郡太守与诸侯王国相皆为二千石,是地方上最高行政长官。

⑧宁爵毋刀:解法不一,《索隐》曰:“奴自相谓曰:‘宁免(奴)去求官爵邪?’曰:‘毋刀。’毋刀,相止之辞也。言不去,只为刀氏作奴也。”中井曰:“宣言‘毋宁爵,毋宁刀’,今各置一字耳。是相比拟

而言,若无轻重,然重刀之意自见。"按,依中井说,则"宁爵毋刀"之意为"或者任高爵,或者为刀奴"。或曰:"愿任高爵乎? 愿为刀奴乎?"

【译文】

鲁人风俗俭朴吝啬,而曹县的邴氏尤其厉害,他以冶铁起家,富到巨万。但他家的父子兄弟们有规定,只要弯腰就得拾点儿什么,只要仰头就得取点儿什么,他家放债经商足迹遍及各个郡国。邹、鲁因为这个缘故,大都放弃文献学术而去经商谋利了,因受曹邴氏的影响。

齐国的风俗历来轻贱奴仆,而刀闲独独爱护抬举他们。桀骜狡猾的奴仆,是一般主人所担忧的,唯有刀闲收取他们,让他们去贩卖鱼盐经商谋利,他们有的车马相连,排场盛大地去结交太守国相,越是如此刀闲越任用他们。最终他靠着这些人的力量发家致富,财产多达几千万。所以民间传说"宁可离开当官的主人也不能离开刀家",就是说他能让奴仆们得利而心甘情愿地为他效劳。

周人既纤①,而师史尤甚②,转毂以百数③,贾郡国,无所不至。洛阳街居在齐秦楚赵之中④,贫人学事富家,相矜以久贾、数过邑不入门,设任此等⑤,故师史能致七千万。

【注释】

①纤:俭啬,吝啬。

②师史:姓师,名史。

③转毂:运输的车辆。毂,指代车辆。

④街居:犹言如同十字街口一样处在某处。街,《说文》:"四通道。"

⑤设任:设职分任。

【译文】

洛阳人吝啬,而师史尤其厉害,他家有上百辆运输的车子,在各郡国经商,足迹无所不至。洛阳如同十字路口一样处在齐、秦、楚、赵之中,是天下的中心,穷人效法富人,互相夸耀长期在外经商、多次经过家乡里邑而不回家,能任用这样的人,所以师史积累的家财多达七千万。

　　宣曲任氏之先^①,为督道仓吏^②。秦之败也,豪杰皆争取金玉,而任氏独窖仓粟。楚汉相距荥阳也,民不得耕种,米石至万^③,而豪杰金玉尽归任氏,任氏以此起富。富人争奢侈,而任氏折节为俭,力田畜。人争取贱贾^④,任氏独取贵善^⑤。富者数世。然任公家约^⑥,非田畜所出弗衣食,公事不毕则身不得饮酒食肉^⑦。以此为闾里率,故富而主上重之。

【注释】

①宣曲:地名,具体不详,大致在长安昆明池故址之西。司马相如《上林赋》中有"西驰宣曲"之语;《正义》引张揖云:"宣曲,官名,在昆明池西也。"

②督道仓:王先谦引刘奉世曰:"督道者,仓所在地名耳。"督道,具体方位不详。《集解》引韦昭曰:"秦时边县名。"

③米石至万:米一石价值万钱。石,重量单位。一百二十斤为一石。

④人争取贱贾:底本作"田畜人争取贱贾",李笠谓此句"田畜"二字乃涉上文而衍,今据削。贾,同"价"。

⑤贵善:价钱贵而品种好。前文讲白圭经商有所谓"长石斗,取上种",即谓此。

⑥任公:师古曰:"任氏之父也。"陈直曰:"即任氏,师古说恐失之。"家约:给全家规定。

⑦公事:指给官府交纳租税等事。

【译文】

宣曲任氏的先人，曾当过看管督道仓的小吏。秦朝被推翻后，豪杰们都去抢夺金玉珠宝，而任氏单单把粮食储藏了起来。待至楚汉双方在荥阳对峙，百姓不能耕种，米价上涨到一万钱一石，于是豪杰手里的金玉珠宝就渐渐地都归任氏所有了，任氏因此开始富起来。一般的富人争相挥霍奢侈，而任氏却放下架子崇尚节俭，努力种田放牧。人们一般会争着买便宜货不顾质量，任氏却单单买好的不怕多花钱。就这样任氏家族一直富贵了好几代。但任家有规定，不是自家耕田放牧所得的衣食一律不用，公事没有办完就绝不能喝酒吃肉。他们用这来为乡里做表率，所以他们富有还能得到皇上的倚重。

塞之斥也①，唯桥姚已致马千匹②，牛倍之，羊万头，粟以万钟计。吴楚七国兵起时③，长安中列侯封君行从军旅④，赍贷子钱⑤，子钱家以为侯邑国在关东⑥，关东成败未决，莫肯与。唯无盐氏出捐千金贷⑦，其息什之。三月，吴楚平⑧。一岁之中，则无盐氏之息什倍，用此富埒关中⑨。

关中富商大贾，大抵尽诸田，田啬、田兰⑩。韦家栗氏⑪，安陵、杜杜氏⑫，亦巨万。

【注释】

①斥：开，指开拓疆域，使边塞向外拓展。

②桥姚：姓桥，名姚。已致：从而取得。已，通"以"。

③吴楚七国兵起：指七国之乱，事在景帝三年（前154）。事见《吴王濞列传》《绛侯世家》等。

④列侯：有封地的侯爵，如"留侯""绛侯"等。封君：此指列侯以外的有土封君，如关内侯与其他名号侯等。

⑤赍（jī）：指行人所带的物品钱财。子钱：为收取利息而出借的钱。又利息亦称子钱，即子金。

⑥子钱家：借钱的人，放债主。关东：函谷关以东，正是吴楚等举行叛乱以及中央派兵往讨之地。

⑦无盐氏：姓无盐，史失其名。

⑧三月，吴楚平：指吴楚之主力失败。

⑨富埒关中：似应理解为可与关中最豪富者相比。埒，相等，相比。《汉书》无"埒"字。

⑩大抵尽诸田，田啬、田兰：语略不顺，大体谓诸田之中以田啬、田兰最有名。

⑪韦家：汉邑名，其地不详。

⑫安陵、杜杜氏：《集解》引徐广曰："安陵及杜，二县名，各有杜姓也。"安陵，治所在今陕西咸阳东北；杜县，治所在今陕西西安东南。

【译文】

当汉朝开拓疆域对四夷用兵的时候，只有桥姚趁机经商，使家产发展到有马一千匹，牛两千头，羊一万只，粮食上万钟。吴、楚七国叛乱时，住在长安的列侯封君们都要从军出征，他们向人借钱，而放债的人却因为他们的封地在关东，而关东的胜败局势还不明朗，不愿借钱给他们。这时只有无盐氏拿出了千金借给他们，利息是平时的十倍。三个月后，叛乱被平定了。一年之内，无盐氏所得利息是本金的十倍，因此他的财富可与关中最富的豪族相比了。

关中地区的大富商，大致都是田家的，田啬、田兰最有名。此外韦家的栗氏，安陵、杜县的杜氏，家产也都有巨万。

此其章章尤异者也①。皆非有爵邑奉禄弄法犯奸而富，尽推理去就，与时俯仰②，获其赢利，以末致财，用本守之③，以武一切，用文持之，变化有概④，故足术也⑤。若至力农

畜,工虞商贾,为权利以成富,大者倾郡⑥,中者倾县,下者
倾乡里者,不可胜数⑦。

【注释】

①章章:显著、突出的样子。

②尽推理去就,与时俯仰:底本作"尽椎埋去就,与时俯仰",大失其
意。梁玉绳曰:"'椎埋'乃'推理'讹文,言推测物理也。"按,梁
说是,今据改。

③以末致财,用本守之:把经营工商赚的钱,靠从事农业守住。

④概:原则,法度。

⑤足术:值得讲说。泷川曰:"'术''述'通。"

⑥倾:为之倾动,倾斜。

⑦不可胜数:此类虽多,皆史公所谓"不足术也"矣,与前"故足术
也"对文。

【译文】

以上这些是最明显特别的例子。他们都不是有爵位俸禄的,也不是
靠着为非作歹发财的,他们都是靠着推测货物流通规律决定何去何从,
看准时机顺应时势,获得赢利,凭借经营工商业致富,又靠从事农业守住
财富,正如以武力夺得天下,而以文德守成治理国家一样,变化有法度,
所以值得称道。至于那些一般的靠着农业放牧,或是靠着开发山林湖
海,或是靠着做官掌权而发财的,大者独霸全郡,中者独霸全县,小者称
霸乡里的,那就多得数不过来了。

夫纤啬筋力①,治生之正道也,而富者必用奇胜。田农,
掘业②,而秦扬以盖一州③。掘冢,奸事也,而田叔以起④。博
戏,恶业也,而桓发用富。行贾⑤,丈夫贱行也,而雍乐成以

饶⑥。贩脂,辱处也,而雍伯千金⑦。卖浆,小业也,而张氏千万。洒削⑧,薄技也,而郅氏鼎食。胃脯⑨,简微耳,浊氏连骑。马医⑩,浅方,张里击钟⑪。此皆诚壹之所致⑫。

【注释】

①纤啬筋力:谓一方面要俭省,一方面要能吃苦出力。

②掘业:笨拙的职业。掘,《集解》引徐广曰:"古'拙'字。"

③秦扬:姓秦名扬,事迹不详。

④田叔:其人不详。汉初赵国有"田叔",与此无关。

⑤行贾:经商。

⑥雍乐成:雍州人姓乐名成,事迹不详。

⑦雍伯:姓雍名伯,事迹不详。

⑧洒削:指磨刀剪。洒,洒水于磨刀石上磨砺刀剑。削,以刀斜刮,使刀剑锋利。以此为业,类似今之铲剪磨刀者。《索隐》曰:"削刀者名洒削,谓磨刀以水洒之。"陈直曰:"'削工'谓治刀剪者;本文之'洒削'盖以磨刀剪为业者。"

⑨胃脯:煮熟羊胃(肚),加以调味,使成脯干。

⑩马医:专治马病的兽医。医马是一种方术,今列入"货殖",亦似不伦。

⑪击钟:即击钟佐食,也作鸣钟佐食。指贵族的生活方式。

⑫诚壹:心志专一。

【译文】

靠着省吃俭用不惜力气,这是兴家立业的正道,但是要发家致富一定得出奇制胜。种田务农,是最笨拙的致富方法,而秦扬却凭此成了一州的首富。挖坟,是犯法的事,但田叔却由此起家。赌博,是恶劣的行当,而桓发却因此致富。穿街走巷地叫卖,是男子汉看不上的行业,而雍州的乐成却因此发财。挑着担子卖油,是让人感到屈辱的,而雍伯却由此家致千金。卖浆水，是小本生意，而张家赚了一千万。锻剪子磨刀，是小手艺，而郅家由此列鼎而食。做肚干，可算是低微的，而浊家由此骑侍成群。当兽医，是门小手艺，而张里家击钟佐食贵比王侯。这些人都是靠着专心致志努力干获得了成功。

　　由是观之，富无经业①，则货无常主，能者辐凑②，不肖者瓦解。千金之家比一都之君，巨万者乃与王者同乐。岂所谓"素封"者邪③？非也？

【注释】

①经：固定，一定。

②辐凑：车之辐条四周聚合车毂。这里比喻聚集。

③素封：无官爵封邑而富比封君的人。张守节正义："言不仕之人自有田园收养之给，其利比于封君，故曰'素封'也。"素，空。

【译文】

　　由此看来，致富没有固定的职业，而货物也没有固定的主人，善于经营的就能积累财富，没本事的就会倾家荡产。家有千金就可以和一个都城的封君相比，财产上亿的人其享乐程度就和国王一样了。这难道就是人们通常所讲的"素封"者吗？不是这样吗？

【集评】

　　董份曰："迁《报任少卿书》自伤极刑，家贫不足自赎，故感而作《货殖传》，专慕富利，班固讥之是也。然其纵横自肆，莫知其端，与《游侠传》并称千古之绝矣。"（《史记评林》引）

　　赵汸曰："《货殖传》当与《平准书》参看，《平准书》是讥人臣横敛以佐人主之欲，《货殖传》是讥人主好货，使四方皆变其旧俗趋利。后人但谓子长陷于刑法，无财可赎，故发愤作《货殖传》，岂为知太史哉！"（《史

记评林》引）

　　曾国藩曰："自桑、孔辈出，当时之敝，天子与民争利。《平准书》讥上之政；《货殖传》讥下之俗。上下交争利，《孟子列传》所为废书而叹也。中唯'家贫亲老'数行，是子长自伤之辞。"（《会注考证》引）

【评论】

　　《货殖列传》是一篇表现司马迁经济思想，尤其是表现他对工商业问题观点的极其精彩的文章。它从社会发展的角度总结了历代工商业的发展状况，总结了不同经济区域的经济特点，并为许多卓越的工商业者立了传，钱锺书曾在《管锥编》中称之为"卓识巨胆，洞达世情，敢质言而不为高论，尤非常殊众也"，"于新史学不啻手辟鸿蒙"，给予了极高评价。

　　《货殖列传》与《平准书》是我国古代第一批进入科学领域的经济名著，是研究汉代经济问题的重要历史文献，而《货殖列传》尤为卓越。司马迁认为农、工、商、虞四个行业都是自然形成的，都有其存在与发展的必要性，突破了自战国以来形成的"重农抑商"传统，是具有划时代意义的"产业结构论"。早从战国时期的商鞅起，就开始鼓吹"重本抑末"，这个口号在秦汉时期被强调到了无以复加的程度。他们把工商业者定为二等罪犯，当兵服役、修长城，第一是征调监狱中的犯人，第二就是征调工商业者与其前辈曾经营过工商的人。其他还有种种歧视性的规定，不准进入仕途、不准骑马、不准穿戴绫罗等等。重农抑商是中国两千年来一贯的国策，私人工商业在中国历史上从来没有得到过自由发展，这是造成中国封建社会长期停滞的主要原因之一。直到司马迁死后的一千七百多年，大思想家顾炎武、黄宗羲等人才在清朝初期又提出了"工商皆本"的口号。列宁说："没有工商业人口的增加和农业人口的减少，资本主义是不可想象的。"恩格斯说："商人对于以前停滞不变，可以说由于世袭而停滞不变的社会来说，是一个革命的要素。商人来到了这个世界上，它应当是这个世界发生变革的起点。"（《马克思恩格斯全集》第二十五卷）他们对于商人活动的评价是多么高啊！司马迁这个异常重要的经济思想，一直被压抑了两千年。

司马迁希望让私人工商业自由发展、自由竞争，记载春秋以来成功工商业者的事迹，赞扬了他们的才干与智慧，这与汉武帝推行的官工官商制度，为打击、消灭私人工商业而采取算缗告缗政策，形成了鲜明对照。司马迁论述了农、工、商、虞四种行业的关系之后说："善者因之，其次利道之，其次教诲之，其次整齐之，最下者与之争。"他认为统治者对于社会上各行各业的发展，只能因势利导，而不能严加限制，更不能与民争利。所谓"与民争利"，即指汉代实行的禁榷制度和国家官办商业、工业而言，它对于生产力的发展，是多么严重的压制、摧残！过去人们讲汉代经济史，总是讲桑弘羊。桑弘羊是官工官商的代表，司马迁是反对桑弘羊的；司马迁的经济理论历来得不到较高的评价。时至改革开放的今天，如果结合我国的经济发展的历史来重新分析一下司马迁的《平准书》与《货殖列传》，我们便会异常欣喜地发现这两篇文章多么具有前瞻性！

司马迁还通过对先秦与西汉前期工商业者的实践，认识到"物贱之征贵，贵之征贱"，"贵上极则反贱，贱下极则反贵"的物价运动规律，这就是商品经济最基本的规律，这种经济规律的理论总结在当时是难能可贵的。《货殖列传》展现了工商业对国家社会的重要影响力，提出农、工、商、虞四者是"民所衣食之原"，对强国利民有着重大意义。他举齐国太公望通过发展工商业，使"人物归之，缫至而辐凑。故齐冠带衣履天下，海岱之间敛袂而往朝焉"，管仲通过发展工商业，使"桓公以霸，九合诸侯，一匡天下"，"是以齐富强至于威、宣也"，明确地指出国家的政治、军事、法律等具体条文的规定，都是为保证统治阶级经济利益服务的。这种论点与儒家侈谈"仁义""仁政"的理想主义、道家宣扬"无欲无求"的虚无主义相比，无疑更切合实际。

司马迁赞扬私人工商业者的卓越才能，赞扬他们对国家社会所做的贡献,他在作品中为先秦以及汉代的工商业者们树了碑、立了传,这是史无前例的。《货殖列传》首先赞扬了计然的商业理论,并说由于勾践实行了计然的这种章程,从而使越国取得了"国富,厚赂战士,士赴矢石,如渴得饮,遂报强吴,观兵中国,称号'五霸'"的效果。又说范蠡佐越灭吴后,自己感到还有用不完的才能,于是就一连换了几个地方去经商,结果到处发大财。他赞扬了白圭作为一个企业家的优秀品质和他的卓越才干,他引白圭自己的话说:"吾治生产,犹伊尹、吕尚之谋,孙吴用兵,商鞅行法是也。是故其智不足与权变,勇不足以决断,仁不能以取予,强不能有所守,虽欲学吾术,终不告之矣。"其中还写了蜀地的一个女手工业者寡妇清,可能是由于秦在统一六国的战争中得到过寡妇清的财力支援,所以秦始皇为她修了一座怀清台作为纪念。卓文君的祖上也是很有头脑、很有才干的手工业者。作品说他们"乃求远迁,致之临邛",他们"即铁山鼓铸,运筹策,倾滇蜀之民,富至僮千人。田池射猎之乐,拟于人君。"卓氏这种超人的见解才干,令人钦敬;卓氏这种开发大西南的功绩,也是不能忽视的。

　　《货殖列传》还高调肯定人们追求财富的合理性,揭示了财富占有对人的社会地位的决定意义,这是对儒家、对统治者灌输给老百姓的以言利为耻的思想的反拨。文中反复说道:"天下熙熙,皆为利来;天下壤壤,皆为利往。""贤人深谋于廊庙,论议朝廷,守信死节隐居岩穴之士设为名高者安归乎? 归于富厚也。""富者,人之情性,所不学而俱欲者也。"这就指出了追求财富、追求物质利益是所有人的本性,所谓"君子固穷""君子喻于义,小人喻于利",要么是既得利益者对一般老百姓的精神毒害,要么是潦倒失意者对于自己无能的遮羞布。文中还说:"凡编户之民,富相什则卑下之,伯则畏惮之,千则役,万则仆,物之理也。""人富而仁义附焉。"这就是说经济地位决定了人的社会地位,操纵着社会舆论。所谓"道德""正义"更多的时候不是独立于物质财富,而是纠缠在一起,甚至是依附于物质财富。司马迁在当时提出这样的观点是与官方舆论导向相违背的，显示出他实事求是的求实精神和极大勇气。班固在《汉书·司马迁传》中指责司马迁"述货殖则崇势利而羞贱贫"，只能说明他对经济问题的漠视与无知，以及他的顽固保守，与司马迁的境界不啻天壤之别。

太史公自序第七十

【释名】

　　本篇是全书的总论，作为《史记》一百三十篇的最后一篇，与《报任安书》一起成为研究司马迁生平思想和《史记》价值的最重要的历史文献。全篇可分为五个部分。第一部分，司马迁追考了自己的家世。先是追叙远祖至颛顼时代"司天"的重与"司地"的黎；继而写了唐、虞之际重黎氏的后代继续掌管这两方面的事务，并一直延续到夏、商时期；写了司马氏在周朝"世典周史"，以及在惠、襄之间因王室内乱而分散到三晋、卫、中山、秦的情形；还写了司马氏在汉代的情形，特别提及父亲司马谈"为太史公"，重新执掌天文地理，接续了祖先事业。第二部分，介绍了司马谈的生平、学术。通过全文引录《论六家要旨》，彰显了司马谈对各家学说的认识和评价。第三部分，司马迁记述了自己少年时代的生活经历和接受父亲遗嘱时的恳切情景。第四部分，记述了自己之所以要著《史记》的渊源，以及受刑后自己之所以能忍辱继著的动力来源。第五部分，是《史记》一百三十篇的叙录，司马迁一一交代了各篇的创作本意。

　　昔在颛顼①，命南正重以司天②，北正黎以司地③。唐、虞之际④，绍重黎之后⑤，使复典之，至于夏商，故重黎氏世序天地。其在周，程伯休甫其后也⑥。当周宣王时⑦，失其守而为司马氏^⑧。司马氏世典周史^⑨。惠、襄之间^⑩，司马氏去周适晋^⑪。晋中军随会奔秦^⑫，而司马氏入少梁^⑬。

【注释】

① 颛顼（zhuān xū）：古代传说中的帝王，被认为是"五帝"之一，黄帝之孙，事见《五帝本纪》。

② 南正重："南正"是官名，"重"为人名。司天：掌管观测天文星象。

③ 北正黎："北正"是官名，"黎"是人名。梁玉绳曰："此本《楚语》，然今本《国语》及经疏中所引皆作'火正'，《汉书》迁传同。"司地：掌管地面上的事务。郭嵩焘曰："司天属神者主日，司地属民者主火。南正向明以测日，火正顺时以改火，各据所用言之。"

④ 唐、虞：即唐尧、虞舜，古代帝王名。

⑤ 绍：继承。

⑥ 程伯休甫其后也："程"是国名，"伯"是爵名，"休甫"是人名。《索隐》曰："'重'司天而'黎'司地……二氏二正，所出各别……今总称程伯休甫是'重''黎'之后者，凡言'地'即举'天'，称'黎'则兼'重'，自是相对之文，其实二官亦通职，然休甫则'黎'之后也。亦是太史公欲以史为己任，言先代天官，所以兼称'重'耳。"据《楚世家》，"重黎"是一个人的名字，史公叙事两篇相互矛盾。

⑦ 周宣王：西周帝王，姬姓，名静，前827—前782在位。

⑧ 失其守而为司马氏：不再掌管"天""地"事务，而改为掌管军事。司马，掌管军事的官名。《诗·常武》有云："王谓尹氏，命程伯休甫，左右陈行，戒我师旅。"《毛传》曰："尹氏，掌命卿氏，程伯休甫始命为大司马。"

⑨ 司马氏世典周史：泷川曰："'世典周史'，未知何据。"中井曰："尝有为'司马'者，因氏焉，其后世不必司马。"

⑩ 惠、襄：周惠王，名阆，前676—前652在位；周襄王，名郑，前

651—前619在位。事见《周本纪》。

⑪去周适晋:《集解》引张晏曰:"周惠王、襄王有子穨、叔带之难,故司马氏奔晋。"

⑫晋中军随会奔秦:梁玉绳曰:"随会奔秦时未为中军将,史文以后官冠其名。"中军,"中军帅"的简称,春秋时晋国军队中的最高军事长官,往往也是晋国执政正卿。随会,也叫"士会",晋国大夫。

⑬少梁:古梁国,后被秦灭,改称少梁,在今陕西韩城南,后又改称夏阳。

【译文】

当初帝颛顼时,曾任命重为南正,掌管天文;任命黎为北正,掌管人事。尧、舜时期,又任命重、黎的后代继承前人的职务,一直延续到夏朝、商朝,所以重、黎这两个家族世代都是主管天地人事的。在周朝,程伯休甫就是他们的后代。到周宣王时,程伯休甫的后人才不再掌管天地人事而做了主管军事的司马,于是他们成为司马氏。司马氏从此在周朝世代掌管历史。在周惠王、周襄王之际,司马氏离开周国去了晋国。后来晋国的中军帅随会逃到秦国时,司马氏也逃到秦国的少梁。

　　自司马氏去周适晋,分散,或在卫①,或在赵②,或在秦。其在卫者,相中山③。在赵者,以传剑论显④,蒯聩其后也⑤。在秦者名错,与张仪争论⑥,于是惠王使错将伐蜀⑦,遂拔,因而守之。错孙靳,事武安君白起⑧。而少梁更名曰夏阳⑨。靳与武安君阬赵长平军⑩,还而与之俱赐死杜邮,葬于华池⑪。靳孙昌,昌为秦主铁官⑫,当始皇之时。蒯聩玄孙卬为武信君将而徇朝歌⑬。诸侯之相王⑭,王卬于殷⑮。汉之伐楚,卬归汉⑯,以其地为河内郡⑰。昌生无泽,无泽为汉市长⑱。无泽生喜,喜为五大夫⑲。卒,皆葬高门⑳。喜生谈，谈为太史公㉑。

【注释】

① 卫：西周初期建立的诸侯国。

② 赵：战国时国名。七雄之一。其国君本为晋国六卿之一，自周贞定王十一年（前458）始，与韩、魏先后瓜分范氏、中行氏、知氏，进而瓜分晋国，建立赵、韩、魏三国。

③ 相中山：为中山国的相，此处指司马喜。中山，古国名。春秋时我国北方少数民族白狄所建。在今河北正定东北。本称鲜虞，春秋晚年改称中山。战国初期建都于顾（今河北定州）。

④ 以传剑论显：凭借剑术而闻名。《索隐》曰："何法盛《晋书》及《司马氏系本》，（此以传剑论显者）名凯。"

⑤ 蒯聩：人名。《正义》引如淳曰："《刺客传》之蒯聩也。"王先谦引沈钦韩曰："《淮南子·主术训》：'握术剑锋以离，北官、司马蒯聩不使应敌。'非《刺客传》中人。"

⑥ 张仪：战国时纵横家。秦惠文王时任相国，主张"连衡"，详见《张仪列传》。

⑦ 错：司马错。司马错与张仪争论并为秦率兵灭蜀事，详见《战国策·秦策一》与《张仪列传》。

⑧ 白起：秦昭王时名将，善于用兵，为秦国向东方扩展建有卓越功勋，被封为武安君，详见《白起王翦列传》。

⑨ 夏阳：在今陕西韩城。

⑩ 阬：坑杀。长平：今山西高平西北。

⑪ 华池：村落名，在今陕西韩城西南，其地今尚有司马靳墓。

⑫ 主铁：即管理冶炼与铸造。

⑬ 蒯聩玄孙卬：《索隐》引《司马氏系本》云："蒯聩生昭豫，昭豫生宪，宪生卬。"武信君：即陈涉的部将武臣，被陈涉派出经营赵地，

到邯郸后，武臣遂自立为赵王，后被叛将李良所杀。事见《陈涉世家》。徇：巡行略地。

⑭诸侯之相王：即指灭秦后的项羽分封其部将与诸路义军首领为王，见《项羽本纪》与《秦楚之际月表》。

⑮王印于殷：司马印曾引赵兵平定了今河南的黄河以北地区（秦时称河内郡），又跟随项羽一起入关，因而被项羽封为殷王，都朝歌。

⑯汉之伐楚，印归汉：事在汉二年（前205）春。《高祖本纪》云：三月，"下河内，虏殷王，置河内郡"。

⑰河内郡：汉郡名，治所怀县（今河南武陟西南）。茅坤曰："太史公既自以系出司马错之后，而蒯聩以后当略；复插入司马印，以其显，不欲遗也。"

⑱汉市长：汉朝都城长安主管市场的官员。西汉长安有四市，各有长、丞，为左冯翊属官。

⑲五大夫：爵位名，原秦制，汉因之，为二十级中自下而上的第九级。

⑳高门：村落名，在今韩城西南，今芝川镇司马迁祠墓的西北方。

㉑太史公：盖时人对太史令这一职务的习称。汉时太常属下有太史令，秩六百石。李慈铭曰："太史公自是当时官府通称，固非官名，亦非尊加后世之称，史氏亦未尝有此官名也。……所有魏晋称中书令曰'令君'，唐称御史曰'端公'，皆不必为尊官也。"

【译文】

　　自从司马氏离开周国逃到晋国，这个家族就分散了，有的去了卫国，有的去了赵国，也有的去了秦国。去卫国的一支，其后裔曾做了中山国的相。去赵国的一支，后来以传授剑术闻名，战国时的蒯聩就是这一支的后裔。去秦国的一支后裔中有个名叫司马错的，曾与张仪争论，主张伐蜀，秦惠王支持他，派他领兵伐蜀，一举攻下了蜀地，于是就留下来在那里镇守。司马错的孙子司马靳是武安君白起的部将。这时候少梁已经改名叫夏阳了。司马靳和武安君白起在长平活埋了赵军四十余万人，后来和白起一同在杜邮被杀,葬在了华池。司马靳的孙子司马昌,在秦始皇时做秦朝的主铁官。后来在秦末大乱时,蒯聩的玄孙司马卬曾为武信君武臣领兵占领了朝歌一带地盘。后来项羽分封诸侯的时候,司马卬被封为殷王。刘邦由汉中杀回东向伐楚时,司马卬归顺了刘邦,他的领地成了汉的河内郡。司马昌的儿子叫司马无泽,司马无泽在汉朝当过长安集市上的市长。司马无泽的儿子是司马喜,曾爵为五大夫。司马昌、司马无泽和司马喜死后,都葬在华池近旁的高门原。司马喜的儿子叫司马谈,在武帝时代任太史令。

　　太史公学天官于唐都^①,受《易》于杨何^②,习道论于黄子^③。太史公仕于建元、元封之间,愍学者之不达其意而师悖^④,乃论六家之要指曰^⑤:

【注释】

①天官:天文学。唐都:汉代天文学家。汉武帝时曾参加制订"太初历"。

②杨何:西汉儒生。字叔元,汉武帝时以治《易》精湛被征,官至中大夫,事见《儒林列传》。

③黄子:西汉学者。又作"黄生"。研究黄老道家之学。景帝时任博士,曾与儒生辕固生争论于景帝前,认为汤武诛桀纣非受天命而为,"乃弑也"。司马谈曾从他学习道家学说。

④愍:可怜,忧虑。师悖:学习了一些错的东西。师古曰:"悖,惑也,各习师书,惑于所见。"

⑤要指:即"要旨",主要思想。

【译文】

　　司马谈曾向唐都学过天文,向杨何学过《易》理,向黄子学过道家的学说。他在建元到元封年间一直做太史令。他有感于当时好多学者不

清楚自家学派的基本思想而学习了错误的东西,于是就写了《论六家要旨》,文章说:

　　　　《易大传》①:"天下一致而百虑,同归而殊途②。"
夫阴阳、儒、墨、名、法、道德,此务为治者也,直所从言
之异路③,有省不省耳④。尝窃观阴阳之术⑤,大祥而众
忌讳⑥,使人拘而多所畏⑦;然其序四时之大顺⑧,不可
失也。儒者博而寡要⑨,劳而少功,是以其事难尽从;
然其序君臣父子之礼,列夫妇长幼之别⑩,不可易也。
墨者俭而难遵⑪,是以其事不可遍循;然其强本节用⑫,
不可废也。法家严而少恩⑬;然其正君臣上下之分⑭,
不可改矣。名家使人俭而善失真⑮;然其正名实⑯,不
可不察也。道家使人精神专一⑰,动合无形⑱,赡足万
物⑲。其为术也,因阴阳之大顺⑳,采儒、墨之善,撮名、
法之要,与时迁移,应物变化,立俗施事,无所不宜㉑,
指约而易操,事少而功多。儒者则不然,以为人主天下
之仪表也,主倡而臣和,主先而臣随㉒,如此则主劳而
臣逸。至于大道之要㉓,去健羡㉔,绌聪明㉕,释此而任
术㉖。夫神大用则竭㉗,形大劳则敝㉘。形神骚动,欲与
天地长久,非所闻也㉙。

【注释】

①《易大传》:即《系辞传》,这是最早专门解释《周易》的重要著作之
　一,相传为孔子所作,当前学术界否认此说,认为非一时一人所作。
②天下一致而百虑,同归而殊途:语见《易·系辞下》,作"天下同归

而殊途，一致而百虑"。

③直：只。

④省不省：有人读"省"为 xǐng，也就是明白不明白。也有人读"省"为 shěng，意即简明不简明。

⑤阴阳之术：阴阳家的学问，以邹衍为代表。陈子龙曰："太史公职在天官，故以阴阳序儒、墨之上。"

⑥大祥：过多地宣讲"祥瑞""灾异"。祥，祥瑞。如"景星""庆云""凤凰""灵芝"一类的征兆。也可把"祥"解释为"详"，"大详"即"过于繁琐"。

⑦使人拘而多所畏：褚少孙补《日者列传》有云："孝武帝时，聚会占家问之，某日可取妇乎？五行家曰可，堪舆家曰不可，建除家曰不吉，丛辰家曰大凶，历家曰小凶，天人家曰小吉，太一家曰大吉，辩讼不决。"于此可见一斑。

⑧序：排列，讲究。

⑨博而寡要：指儒家讲究一套不切实际的繁文缛节，《仪礼》是其典型代表。

⑩序君臣父子之礼，列夫妇长幼之别：儒家讲究"三纲"（君为臣纲，父为子纲，夫为妻纲）"五常"（父义、母慈、兄友、弟恭、子孝）等等，故云。

⑪墨者：以墨翟为代表的先秦时期的墨家人物。

⑫强本：指发展人口，增加劳动力。

⑬法家：以商鞅、慎到、申不害、韩非为代表的先秦法家人物。严而少恩：因为法家讲究执法不徇私情，故被儒家责为"严而少恩"。

⑭正君臣上下之分：法家比儒家更严苛地讲究尊君卑臣的等级制，而且不讲教化，专讲绳之以法。

⑮名家：以邓析、尹文、公孙龙为代表的先秦时期的名家人物。使人俭而善失真：由于名家过于讲究循名责实，讲究名分与实际的相

称,结果就使人们被虚名、迂礼所束缚,从而违背人的真实情感。俭,通"检",约束,限制。此指因拘于名分礼数,不敢实事求是。

⑯正名实:即循"名"责"实",要求"名""实"相副。

⑰精神专一:即《老子》《庄子》之"清静无为",所谓"养生""守中""抱一"等。

⑱无形:即老子所谓的"道"。指客观规律、客观法则。

⑲赡足:安定而备足。赡,通"澹",安定。

⑳因阴阳之大顺:吸取阴阳家所讲的"四时之大顺"。

㉑立俗施事,无所不宜:如前文所谓"俗之所欲,因而与之;俗之所否,因而去之",故无所不宜。

㉒主倡而臣和,主先而臣随:儒家一贯主张为君长者应身先士卒,起表率作用,如《论语》中有"其身正,不令而行;其身不正,虽令不从"等。

㉓大道之要:道家学说的基本原则。

㉔健羡:贪欲。健,亦"贪"。一说,健为刚强之意。羡,贪欲。

㉕绌聪明:不要让自己的眼睛、耳朵太好使。绌,通"黜"。

㉖任术:犹言"乘化",随外界形势变化而改变。

㉗神:精神,精力。

㉘形:身体,肉体。

㉙形神骚动,欲与天地长久,非所闻也:《老子》云:"治人事天莫若啬","长生久视之道"。又曰:"天地所以能长且久者,以其不自生。"

【译文】

《周易·系辞传》说:"天下人希望天下太平的愿望是一致的,但各自的思考角度是不同的;大家目标上是一致的,但各人所走的道路是不同的。"阴阳家、儒家、墨家、名家、法家、道德家,都是希望使天下得到治理的,只不过言论的角度和解决问题的途径不同,有的好一点有的差一些罢了。我曾经私下考察过阴阳家的学说,它过多地讲究祥瑞灾异而禁忌太多,使人们行为拘谨什么事都不敢做;但是它排列春夏秋冬的变化规律以及每个季节适宜做什么农活,这是不可忽视的。儒家讲究繁文缛节,使人得不到要领,费力多而功效少,因此它的礼仪规矩难以全部照做;但是它所讲究的君臣父子之间的礼节,夫妇长幼之间的规矩,是不可改变的。墨家过分地强调节俭使人难以照办,因此他们的主张不能被普遍接受;但是它所强调的发展生产节省开支,也是不可废弃的。法家办事严厉刻薄少恩;但是它划清君臣上下的等级名分,那是不可改变的。名家讲究名实相副使人们被虚名、迂礼所束缚,从而违背人的真实情感;但是它提倡的名实相副,也是不能不细思的。道家主张清静,能使人的精神专一,希望人的一切活动都符合客观规律,通过自己的清静无为使万事万物都获得满足。它的学说,吸取了阴阳家顺应四时变化规律的长处,采纳了儒家、墨家的优点,摄取了名、法家的精华,它随着时间和客观事物的变化而变化,顺着风俗人情采取措施,因此所做的任何事都恰如人意,它的道理简明而容易掌握,使人费力少而收效大。儒家就不一样了,他们认为国君是天下的表率,国君倡导臣下就附和,国君带头臣下就随从,这样一来,国君很累而臣下倒清闲了。道家学说的基本原则,就是去掉刚强和贪欲,眼不要太明,耳不要太聪,放弃一切人为努力而顺应外界的规律。精神用得过度就会枯竭,身体太累就要生病。如果把自己搞得精疲力尽,同时又想长生不死,这是没听说过的。

夫阴阳,四时、八位、十二度、二十四节各有教令①,顺之者昌,逆之者不死则亡。未必然也,故曰"使人拘而多畏"。夫春生夏长,秋收冬藏,此天道之大经也②,弗顺则无以为天下纲纪,故曰"四时之大顺,不可失也"③。

　　夫儒者以六艺为法④。六艺经传以千万数⑤,累世不能通其学,当年不能究其礼⑥,故曰"博而寡要,劳而少功"。若夫列君臣父子之礼,序夫妇长幼之别,虽百家弗能易也。

【注释】

①八位:与八卦相配的八个方向,即"八方"。十二度:即十二星次,天文术语,指黄道上以若干星官为标志的十二个区域,如"降娄""大梁""实沉"等。二十四节:即二十四节气。各有教令:指带有迷信成分的各种条规禁忌。

②大经:大纲领,大法则。

③故曰"四时之大顺,不可失也":李光缙引李廷机曰:"再叙六家,每家用一'故曰'字以终上文之意,不然则重叠矣。"

④六艺:指《诗》《书》《礼》《乐》《易》《春秋》六种儒家经典。

⑤六艺经传:六经的正文以及解释六经的各种著作。

⑥当年:泷川曰:"犹言'当生''当身'。"即今"一辈子"。

【译文】

　　阴阳家一年四季、八方位置、十二星次、二十四节气都有各种规定禁忌,说遵守这些规定禁忌就会万事昌盛,违犯它不死也会遭殃。其实不一定是这样的,所以说它"使人们行为拘谨什么事都不敢做"。至于春季萌芽,夏季生长,秋季收获,冬季贮藏,这是自然界的常规,如果不遵循它就失去了纲领法度,所以说它"排列春夏秋冬的变化规律以及每个季节适宜做什么农活,这是不可忽视的"。

　　儒家把《易》《礼》《书》《诗》《乐》《春秋》这六部书作为经典。这些书的原文和解释性著作总共有几千万字,几代人也不能通达这种学问，一辈子也不能弄清那些礼节，所以说它"讲究繁文缛节，使人得不到要领，费力多而功效少"。至于它所规定的君臣父子之间的礼节，夫妇长幼之间的规矩，那是无论哪一家都不能改变的。

　　墨者亦尚尧舜道，言其德行曰："堂高三尺①，土阶三等，茅茨不翦②，采椽不刮③。食土簋，啜土刑④，粝粢之食⑤，藜藿之羹⑥。夏日葛衣⑦，冬日鹿裘⑧。"其送死，桐棺三寸⑨，举音不尽其哀。教丧礼，必以此为万民之率。使天下法若此，则尊卑无别也⑩。夫世异时移，事业不必同⑪，故曰"俭而难遵"。要曰强本节用，则人给家足之道也。此墨子之所长，虽百家弗能废也。

【注释】

①堂：原指中堂，此指中堂的地基。

②茅茨不翦：以不加修剪的茅草覆盖屋顶。谓崇尚节俭，不事修饰。茨，以茅草苫屋。

③采椽不刮：用未刮削过的柞木作椽。《正义》曰："采取为椽，不刮削也。"王骏图曰："采，栎木，一名柞。然字书谓小木为采，于义较长。言以小木为椽，且又不刮削也。"

④食土簋（guǐ），啜（chuò）土刑：用陶碗吃饭，用陶杯喝水。刑，通"铏"，盛羹的器皿。师古曰："簋，所以盛饭也；刑，所以盛汤也。土，谓烧土为之，即瓦器也。"

⑤粝粢：底本作"粝粱"。王念孙曰："梁"应作"粢"。"'粢'与'粝'皆食之粗者。《李斯传》：'尧之有天下也，粢粝之食，藜藿之羹。'《韩非子·五蠹》：'尧之王天下也，粝粢之食，藜藿之羹。'皆其证也。"按，王说是，今据改。

⑥藜藿：野菜。藜，一年生草本植物，嫩叶可食。藿，豆叶。

⑦葛衣：葛布做的夏衣，麻布衣，贫者夏日所服。

⑧鹿裘：鹿皮做的大衣，贫者冬日所服。按，以上文字见于《韩非子·五蠹》。

⑨桐棺三寸：极言棺木简陋。《正义》曰："以桐木为棺，厚三寸也。"

⑩尊卑无别：按司马谈的言外之意，"卑"者可以如此，"尊"者应更排场一些。

⑪世异时移，事业不必同：《韩非子·五蠹》："世异则事异"，"事异则备变"，此用其意。

【译文】

墨家也推崇尧、舜的道德，说尧、舜的品德节俭："正房的地基只有三尺高，土台阶也只有三级，盖在房顶的茅草不修剪，杂木椽子也不刮削。用陶碗盛饭，用瓦盆喝汤，吃的是糙米饭，喝的是野菜汤。夏天穿葛布衣，冬天穿鹿皮袍。"他们殡殓死者，只用三寸厚的桐木棺材，送殡吊唁的人哭上几声就行了。教百姓们丧礼都按这个标准来办。如果让天下人都按着这个样子办，尊卑贵贱就没有区别了。世道、时代变化了，就不能要求人们永远遵循老法子，所以说他们"过分地强调节俭使人难以照办"。但是他们发展生产、减少开支的宗旨，则的确是使家家户户都富裕起来的最好途径。这是墨家的长处，是哪一家也不能否定的。

　　法家不别亲疏，不殊贵贱，一断于法，则亲亲尊尊之恩绝矣①。可以行一时之计，而不可长用也，故曰"严而少恩"。若尊主卑臣，明分职不得相逾越②，虽百家弗能改也。

　　名家苛察缴绕③，使人不得反其意，专决于名而失人情，故曰"使人俭而善失真"。若夫控名责实④，参伍不失⑤，此不可不察也。

【注释】

①亲亲尊尊：对亲者亲，对尊者尊。《索隐》曰："《礼》，亲亲，父为首；尊尊，君为首。"

②分职：职分，职位上下关系。

③苛察：苛刻细究。缴绕：纠缠。《索隐》引服虔曰：缴，谓烦也。又引如淳曰："缴绕，犹缠绕，不通大体也。"

④控名责实：即"循名责实"，按照事物的名称而寻求其实际内容。控，引，引申为按照。

⑤参伍：错杂排列，即相互验证比较。《集解》引晋灼曰："参错交互，明知事情。"

【译文】

　　法家不区分亲缘远近、地位高低，一切依法处理，那么爱亲人、尊尊长的美德就断绝了。它只能是行于一时的眼前之计，而不可以用来维持长治久安，所以说它"办事严厉刻薄少恩"。但是它抬高君权，抑制臣下，明确等级职责不准互相逾越的做法，也是任何一家都无法改变的。

　　名家过于纠缠琐碎细节，不识大体，使人不能回归各自的真实情性，它一切都是讲形式上的名，而扭曲了人的真情，所以说它"使人们被虚名、迂礼所束缚，从而违背人的真实情感"。至于名家主张循名责实，进行对证比较而不失实，这也是不能不重视的。

　　道家无为，又曰无不为①，其实易行，其辞难知。其术以虚无为本，以因循为用②。无成埶，无常形，故能究万物之情。不为物先，不为物后，故能为万物主。有法无法,因时为业;有度无度,因物与合③。故曰"圣人不朽,时变是守④。虚者道之常也,因者君之纲"也⑤。群臣并至,使各自明也。其实中其声者谓之端⑥,实不中其声者谓之窾⑦。窾言不听,奸乃不生,贤不肖自分,白黑乃形。在所欲用耳,何事不成?乃合大道,混混冥冥⑧。光耀天下,复反无名。凡人所生者神也,所托者形也。神大用则竭,形大劳则敝,形神离则死。死者不可复生,离者不可复反,故圣人重之。由是观之,神者生之本也,形者生之具也⑨。不先定其神形,而曰"我有以治天下",何由哉?

【注释】

①道家无为,又曰无不为:《正义》曰:"无为者,守清静也;无不为者,生育万物也。"

②因循:犹言"顺应"。

③有法无法,因时为业;有度无度,因物与合:郭嵩焘曰:"言道家之为术,亦自有法度,而不任法以为法,挈度以为度,一因物之自然,顺而序之,是以终归之无也。"

④圣人不朽,时变是守:王念孙以为"朽"字应作"巧",《汉书》作"巧"。师古曰:"无机巧之心,但顺时也。"

⑤虚者道之常也,因者君之纲:即上文"以虚无为本,以因循为用"。

⑥其实中其声:实际表现和说话相一致。端:正。

⑦窾(kuǎn):空虚。《集解》引徐广曰:"音'款',空也。"《汉书》作"款",师古引服虔曰:"款,空也。"王先谦曰:"言为心声,有实者为正言,无实者为空言。"

⑧混混冥冥:混沌不明貌。指天地元气之状。

⑨具：基础，物质因素。

【译文】

　　道家主张的是"无为"，也叫"无不为"，做起来是很容易的，说起来有点儿不好理解。它的学说是以讲究清静、虚无为基本点，以顺应客观形势为具体做法。因为它自己没有一成不变的形和势，所以它就能够适应一切外界事物。它既不超前，也不落后，所以它就能够成为万物的主宰。至于法、度，可以说有，也可以说没有，随着时间和对象的变化而变化。所以说"圣人是不弄机巧的，它只是把握形势的变化。虚无是大道的根本，顺应是君主治国的大纲"。群臣来到君主前，让他们各自表现。凡是行动和言论一致的就是"实事求是"，凡是行动和言论不一致的就是"说空话"。国君若能不听空话，那些奸伪之事就不会发生，是好是坏自见分晓，是白是黑也能一目了然了。那时再择贤而用，还有什么事情办不成呢？于是就与大道相合，混混沌沌浩博无涯。这样就能够取得光耀天下的辉煌业绩，最后又回到清虚无为的境界。一个人活着就是因为有精神，而精神依托的就是人的身体。精神用得过度就会枯竭，身体太累就要生病，精神和身体一旦分离人就会死亡。人一死就不能再生，精神一离开身体就不可能再回来，所以圣人特别注意养生。由此看来，精神是生命的根本，肉体是生命的基础。一个人如果不能先保养好自己的精神与形体，却说什么"我有治理天下的资本"，怎么可能呢？

　　太史公既掌天官，不治民。有子曰迁①。迁生龙门②，耕牧河山之阳③。年十岁则诵古文。二十而南游江、淮，上会稽④，探禹穴⑤，窥九疑⑥，浮于沅、湘⑦；北涉汶、泗⑧，讲业齐、鲁之都⑨，观孔子之遗风，乡射邹峄⑩；厄困鄱、薛、彭城⑪，过梁、楚以归⑫。于是迁仕为郎中⑬，奉使西征巴、蜀以南⑭,南略邛、筰、昆明⑮,还报命。

【注释】

①有子曰迁:王鸣盛曰:张守节云"司马迁字子长","按迁之字,《史记》自序及《汉书》本传皆不见,唯见《法言·寡见篇》《后汉书·张衡传》《晋书·干宝传》,《文选》载其《报任安书》亦著'司马子长',魏收《魏书》附收上书启亦称之。"

②龙门:山名,在今陕西韩城东北,山西河津城西北十二公里的黄河峡谷中,原称"龙门",也称"禹门"。《水经注》曰:龙门为禹所凿,广八十步,岩际镌迹尚存。

③河山之阳:即指龙门山之南。《正义》曰:"河之北,山之南也。"

④会稽:这里指会稽山,在今浙江绍兴南。《索隐》引《吴录》云:"本名苗山,一名覆釜,禹会诸侯计功,改曰'会稽'。"按,今浙江绍兴东南六公里有禹陵,背靠会稽山,面对亭山,前临禹池,有明人所书"大禹陵"三字。

⑤禹穴:传说为夏禹葬地,或说禹藏书之处。在今浙江绍兴东南会稽山麓禹陵南。现尚存清康熙五十一年(1712)所立"禹穴"二字碑。

⑥九疑:古山名。"疑"一作"嶷"。又名苍梧山。在今湖南宁远县南。相传为虞舜葬地。《索隐》引张晏曰:"九疑葬舜,故窥之。"曰:"寻上探禹穴,盖以先圣所葬处有古册文,故探窥之,亦搜采远矣。"

⑦沅、湘:即沅水和湘水。沅水自湖南西部流来,东入洞庭湖;湘水自湖南南部流来,北入洞庭湖。

⑧汶、泗:汶水、泗水。古汶水在今山东境内,流经今莱芜北、泰安南,至梁山南入济水。古泗水流经今山东泗水县、曲阜,南入江苏,汇入淮水。

⑨讲业:讲习儒家的学业。齐、鲁之都:齐都临淄,在今山东淄博临

淄；鲁都即今山东曲阜。

⑩乡射：古代的射礼。射礼前皆先行乡饮酒礼。《仪礼》有《乡射礼》篇。邹：邹县的峄山。《正义》曰："邹，县名。峄，山名。峄山在邹县北二十二里，地近曲阜，于此行乡射之礼。"

⑪厄困鄱、薛、彭城：史无明确记载司马迁在此有何"厄困"。鄱，《汉书》作"蕃"，即今山东滕州，春秋时邾国都城。薛，汉县名，在今山东滕州南。彭城，即今江苏徐州。

⑫过梁、楚以归：前言"彭城"即楚国，此又云"过梁楚"，似不宜再出"楚"字。梁是汉代的诸侯国，国都先后为今之山东定陶与河南睢阳（今商丘城南）。

⑬郎中：皇帝的侍卫近臣，上属郎中令。

⑭奉使西征巴、蜀以南：事在武帝元鼎六年（前111）。是年武帝平定西南夷，新设了武都、牂柯、越巂、沈黎、汶山五个郡，派司马迁前往考查，具体情况不详。巴、蜀，汉郡名，巴郡的治所江州，在今重庆西北；蜀郡的治所即今成都。

⑮略：行视，视察。邛：邛都，在今四川西昌东，当时为越巂郡的治所所在地。笮：笮都，在今四川汉源东北，当时为沈黎郡的治所所在地，后来并入蜀郡。昆明：古地区名，在今云南昆明西，当时属于归汉的滇王，后来设为益州郡，治所在今晋宁东北。

【译文】

司马谈做太史令时执掌天文，但不管民事。他的儿子叫司马迁。司马迁出生在龙门，曾在龙门山南耕田放牧。十岁时开始学习古文。二十岁开始南下游历，先到江、淮一带，之后登上会稽山，探访禹穴，又南下九疑山，然后乘船到过沅水和湘水；接着北上渡过汶水、泗水，在齐、鲁的旧都临淄、曲阜学习儒学，领略了孔子的遗风，还到邹县峄山参加过乡射；后来路经鄱县、薛县、彭城时吃过一些苦头，最后经过梁国、楚国回到了家乡。回来后不久就进京做了郎中，后来又奉命出使巴、蜀以南，到过邛都、笮都、昆明国，之后回京复命。

　　是岁天子始建汉家之封①，而太史公留滞周南②，不得与从事③，故发愤且卒④。而子迁适使反，见父于河、洛之间⑤。太史公执迁手而泣曰："余先周室之太史也。自上世尝显功名于虞夏，典天官事。后世中衰，绝于予乎？汝复为太史，则续吾祖矣。今天子接千岁之统⑥，封泰山，而余不得从行，是命也夫，命也夫！余死，汝必为太史；为太史，无忘吾所欲论著矣⑦。且夫孝始于事亲，中于事君，终于立身。扬名于后世，以显父母，此孝之大者⑧。夫天下称诵周公⑨，言其能论歌文武之德，宣周邵之风⑩，达太王王季之思虑⑪，爰及公刘⑫，以尊后稷也⑬。幽、厉之后⑭，王道缺，礼乐衰，孔子修旧起废，论《诗》《书》，作《春秋》，则学者至今则之⑮。自获麟以来四百有余岁⑯，而诸侯相兼，史记放绝⑰。今汉兴，海内一统，明主贤君忠臣死义之士，余为太史而弗论载，废天下之史文，余甚惧焉，汝其念哉！"迁俯首流涕曰："小子不敏，请悉论先人所次旧闻，弗敢阙⑱。"

【注释】

①是岁：即汉武帝元封元年（前110）。汉家之封：指汉朝的首次封禅活动。登泰山筑坛祭天称"封"，在泰山以南梁父山上拓土祭地称作"禅"。

②周南：古地区名。解释不一：一说为今河南陕州以东地区（《索隐》引张晏云）；一说为洛阳，即今河南洛阳东北（《集解》徐广引挚虞曰）；一说为偃师，《太史公行年考》说元封元年春正月武帝

行幸缑氏（今河南偃师东南）登崇高，太史公谈当亦扈驾至缑氏崇高间，或因病不得从，故留滞周南。

③不得与从事：不能亲自参与封禅活动。司马谈作为太史令，封禅活动是其职责所在，此处表达了不能参与封禅活动的深深遗憾。

④故发愤且卒：梁玉绳曰："此及下述谈语，不免失言。封禅之诬，君子嗤之，即《封禅书》亦深讥焉，而乃以其父不与为恨乎？《卮闻录》曰：'太史谈且死，以不及与封禅为恨；相如且死，遗《封禅书》以劝，当时不独世主有侈心，士大夫皆在以启之。'"

⑤河、洛之间：洛阳处于洛水之北，黄河之南。此处即指洛阳。

⑥接千岁之统：据《封禅书》，西周初年周成王曾登封泰山，后来秦始皇也封过泰山，汉朝不把秦朝看成一个王朝，所以说上继周朝。自周成王（前11世纪）到汉武帝元封元年，相隔九百多年，"千岁"是约举成数。

⑦吾所欲论著：即指写《史记》。

⑧"且夫孝始于事亲"六句：语本《孝经》。原文作："身体发肤，受之父母，不敢毁伤，孝之始也。立身行道，扬名于后世，以显父母，孝之终也。夫孝始于事亲，中于事君，终于立身。"

⑨周公：名旦，周文王之子，周武王之弟，先辅佐周武王灭商建周，又辅佐周成王将国家治理成盛世，事见《周本纪》《鲁周公世家》。

⑩邵：同"召"，即召公，名奭，周公之弟。成王年幼时，召公与周公共同辅佐成王，即前所谓"分陕"者是也。事见《周本纪》《燕召公世家》。

⑪太王：周文王祖父。即古公亶父。继承后稷、公刘的事业，发展农牧生产。商末，为周围戎狄侵扰，他率领族人迁居岐山南的周原，设置官吏，规划土地，营建城郭，奠定东进灭商的基础。武王即位后，追尊其为太王。王季：名季历，周太王之子，周文王之父，后被称为"王季"。

⑫公刘：相传为周朝之祖先。后稷之曾孙，务耕种，使行者有资，居者有蓄积，人民赖其善政。百姓怀之，纷纷来归。周道之兴从此开始。

⑬后稷：古周族始祖。相传为帝喾之子。其母姜嫄外出，偶履大人足印怀孕而生，以为不祥，一度将他遗弃，故名弃。好农耕，通稼穑之法，民皆仿效。尧时举为农师，教民耕种；舜时封于邰。周族认为他是最早种稷和麦的，因亦称"稷"。后世奉为农神。

⑭幽、厉：即周幽王、周厉王，皆为西周的昏君。

⑮则之：以孔子为准则。则，遵行。

⑯获麟：指春秋鲁哀公十四年（前481）西狩获麟事，相传孔子作《春秋》从此搁笔。四百有余岁：梁玉绳曰：获麟至元封元年，凡三百七十二年。

⑰史记放绝：指各国写的历史书丢失散乱。史记，此处泛指历史书。

⑱请悉论先人所次旧闻，弗敢阙：陈仁锡曰："叙到父子死别丁咛之际，郁结烦闷，不堪再读。"吴见思曰："句句转折，字字凄咽，断断续续，一丝两气，写临终语霭然凄然。"悉，尽，全。论，演绎，阐发。次，编排，排列。

【译文】

　　就在这一年，武帝第一次去泰山举行汉朝的封禅大典，而太史公司马谈随行到洛阳时因病不得不留下来，不能去参加，所以他万分遗憾致使病情加重生命垂危。正好他的儿子司马迁出使回来，在洛阳见到了父亲。司马谈拉着儿子的手流着眼泪说："我们的祖先曾经是周朝太史。更早的先人在虞舜、夏禹时代就有显赫的功名，主管天文。中途衰落，难道能在我们这里断绝吗？你如果能再当上太史令，那就是继承了我们祖先的事业了。当今皇帝接续千年来已经断绝的大典，到泰山去封禅，可我却不能跟从，这是命啊，这是命啊！我死后，估计你必定会做太史令；你做了太史令，千万不要忘记我想要写的著作。孝道开始于侍奉父母，中间层次是侍奉国君,终极表现是建立功名。使自己名扬后世,让父母也得到荣光,这才是最大的孝道。全天下的人们赞扬周公,主要因为他能够歌颂文王、武王的功德,宣扬自己和召公教化于天下,阐发了太王、王季的思想,并一直向上追溯到公刘,推尊始祖后稷。自幽王、厉王之后,王道缺失,礼崩乐坏,孔子整理了旧时的文献,振兴了已被时人废弃的礼乐,讲述《诗》《书》,撰写《春秋》,学者们至今还把它视为准则。从鲁哀公获麟孔子的写作搁笔到今天又有四百多年了,由于诸侯兼并战乱,当时的历史书都已散乱丢失。当今大汉兴盛,国家统一,明主贤君忠臣义士的事迹,我身为史官而不能把他们记入史册,使天下历史文献荒废,那是我最害怕的,你一定要好好记着这件事!”司马迁低头流着泪说:“我虽然不能干,但我一定要把您已经收集整理的资料,写成著作,绝不敢有所缺失。”

卒三岁而迁为太史令^①,绌史记石室金匮之书^②。五年而当太初元年^③,十一月甲子朔旦冬至,天历始改,建于明堂^④,诸神受纪^⑤。

【注释】

①卒三岁:指元封三年(前108)。迁为太史令:《索隐》引《博物志》曰:“太史令,茂陵显武里大夫司马迁,年二十八,三年六月乙卯除,六百石。”按,据此可知,司马迁的住所是长安“茂陵显武里”,亦可知司马迁生于前135年。

②绌(chōu):缀辑。《索隐》引如淳曰:“抽彻旧书故事而次述之。”又引小颜云:“绌谓缀集之也。”一说“绌”为阅读之意。王先谦引李慈铭曰:“绌,即‘籀’字,亦作‘抽’。《说文》:‘籀,读书也。’《方言》:‘抽,读也。’故亦曰‘抽绎’,言读而寻绎之也。”石室金匮:国家藏书之处。

③五年而当太初元年:意谓司马迁任太史令后的第五年是太初元
年(前104)。《正义》曰:"迁年四十二。"按,从元封三年到太初
元年相隔四年,若元封三年司马迁"二十八",则太初元年应是
"三十二",不是"四十二";若司马迁在太初元年是"四十二",则
元封三年则应是"三十八",不应是"二十八"。前后必有一误。
若司马迁在太初元年为"四十二",则是生于景帝中元五年(前
145)。这就是司马迁生于前145年说的主要依据。

④建于明堂:谓在明堂举行使用新历法的典礼。建,立,这里指颁
行。明堂,儒家传说的一种古代建筑,诸说不一。

⑤诸神受纪:《索隐》引虞喜《志林》云:"改历于明堂,班之于诸侯。
诸侯,群神之主,故曰'诸神受纪'。"受纪,即接受新历法。

【译文】

司马谈去世三年后司马迁做了太史令,他大量阅读皇家图书档案处
所收藏的图书档案。又过了五年,即太初元年,这一年的十一月初一是
甲子日,凌晨冬至,国家就在这个时候改行新历法,在明堂正式颁布,各
地的诸侯们都接受遵照实行。

太史公曰①:"先人有言②:'自周公卒五百岁而有孔子,
孔子卒后至于今五百岁③,有能绍明世④,正《易传》⑤,继
《春秋》⑥,本《诗》《书》《礼》《乐》之际⑦?'意在斯乎! 意
在斯乎! 小子何敢让焉⑧。"

【注释】

①太史公曰:王鸣盛曰:"自'太史公曰先人有言'以下,既叙父谈之
言,又与上大夫壶遂相往复,又自述遭李陵之祸、作《史记》事,凡
四称'太史公',皆自谓。"太史公,指司马迁自己。

②先人：即他的父亲司马谈。

③周公卒五百岁而有孔子，孔子卒后至于今五百岁：《索隐》曰：
　　"《孟子》称尧舜至汤五百余岁，汤至文王五百余岁，文王至孔子
　　五百余岁。"《正义佚文》："不言'文王'而言'周公'者，孔子是
　　述作设教之圣，故方于己。"梁玉绳曰："周公至孔子，其年岁不能
　　的知，恐不止五百岁；若孔子卒至太初之元，三百七十五年，何概
　　言五百哉？盖此语略取于《孟子》，非事实也。"

④有能：意即"孰能"。绍明世：继承并发扬古代圣世的事业。绍，
　　接续，继承。明世，政治清明的时代。

⑤正《易传》：因孔子作《易传》年代久远，传写讹误，故须订正而用之。

⑥继《春秋》：司马迁认为《春秋》是孔子所作，今欲效《春秋》写
　　《史记》，故曰"继"。

⑦本《诗》《书》《礼》《乐》之际：语略不顺，遵循儒家几部主要经典
　　的精神进行自己的著述。

⑧让：推辞，拒绝。

【译文】

　　司马迁说："先父曾经说过：'周公死后五百年出了孔子，孔子死后
到现在又有五百年了，有谁能写一部新的著作来继承发扬古代圣人的
事业，订正《易传》，接续《春秋》，依据《诗》《书》《礼》《乐》的本质意义
呢？'也许这个人就在这里吧！就在这里吧！我怎敢推让。"

　　上大夫壶遂曰①："昔孔子何为而作《春秋》哉？"太史
公曰："余闻董生曰②：'周道衰废，孔子为鲁司寇③，诸侯害
之④，大夫壅之⑤。孔子知言之不用，道之不行也，是非二百
四十二年之中⑥，以为天下仪表，贬天子，退诸侯，讨大夫⑦，
以达王事而已矣⑧。'子曰：'我欲载之空言，不如见之于行

事之深切著明也⑨。'夫《春秋》，上明三王之道⑩，下辨人事之纪⑪，别嫌疑，明是非，定犹豫，善善恶恶，贤贤贱不肖，存亡国，继绝世，补敝起废，王道之大者也。《易》著天地阴阳四时五行⑫，故长于变；《礼》经纪人伦，故长于行⑬；《书》记先王之事，故长于政；《诗》记山川谿谷禽兽草木牝牡雌雄⑭，故长于风⑮；《乐》乐所以立，故长于和⑯；《春秋》辩是非，故长于治人。是故《礼》以节人⑰，《乐》以发和⑱，《书》以道事，《诗》以达意，《易》以道化⑲，《春秋》以道义⑳。拨乱世反之正，莫近于《春秋》。

【注释】

①上大夫：大夫中居于上位者。《索隐》曰："遂为詹事，秩二千石，故为上大夫也。"壶遂：汉武帝时的天文学家，曾与司马迁一起参与制订"太初历"，事又见《韩长孺列传》。

②董生：董仲舒，西汉学者，汉武帝时的著名经学家，事见《儒林列传》与《汉书·董仲舒传》。王先谦引周寿昌曰："生，先生也，迁自居后学，故称'先生'。"

③司寇：职官名，主管刑狱之官。

④害：忌恨。

⑤壅：抑制，障蔽。

⑥是非二百四十二年之中：指以《春秋》这部书来褒贬春秋各国大事。《春秋》记事上起鲁隐公元年（前722），止于鲁哀公十四年（前481），前后共二百四十二年。是非，用如动词，意即"褒贬"。

⑦贬天子，退诸侯，讨大夫：泷川曰："《汉书》无'贬天子'三字。"李笠曰："三字衍，孔子作《春秋》，所以扶君抑臣，明上下之分，故曰'达王事'也，'贬天子'，非其义矣。"按，"贬天子"，或者是司马

迁对《春秋》的一种借题发挥,泷川、李笠等将其作为"衍文"看
待,恐非司马迁本意。

⑧达王事:表达儒家的"王道"理想,即"君君、臣臣、父父、子子"各
守其位的礼乐社会。

⑨见之于行事:即写成一部有人物活动和事件过程的历史书。深切
著明:深刻切实又清楚明白。著,明显,鲜明。

⑩三王之道:即前文的"王事"。三王,指夏禹、商汤、周文王与周武王。

⑪纪:伦理纲常。

⑫五行:指金、木、水、火、土。

⑬行:实践。

⑭牝(pìn)牡:意同"雌雄"。"雌雄"用以区分鸟类,"牝牡"用于区
分兽类。

⑮风:通"讽",讽谏。

⑯和:心态平和。

⑰节人:节制人,使人行动有礼。

⑱发和:抒发人的平和之气。

⑲道化:表现天地万物发展变化的状态。

⑳道义:告诉人们应该做什么。义,宜,应该。

【译文】

这时上大夫壶遂说:"过去孔子为什么要写《春秋》呢?"司马迁说:
"我听董先生讲:'周朝国势衰微,孔子做鲁国的司寇,各诸侯国因为害
怕鲁国强大对他们不利而嫉恨他,鲁国国内的大夫们也压制他。孔子知
道自己的主张不被采用,自己的措施无法实行,于是就写了《春秋》来褒
贬二百四十二年中的各国大事,给天下树立如何治国理政的、具有正反
两个方面意义的样板,通过批评无道的天子,贬退不守礼法的诸侯,声讨
犯上作乱的大夫,来表达自己的王道理想。'孔子说:'我想用抽象的理
论文章来发表意见,但那不如具体的历史事实更深刻切实、清楚明白。'

《春秋》这部书，上能阐明夏、商、周三代的王道政治，下能分辨人与人之间的伦理纲常，能使人消除怀疑，明辨是非，下定决心，它赞美善良、贬斥丑恶，褒奖贤人、谴责坏人，它主张留存那些几乎灭亡的国家，接续那些行将断绝的世系，它要修补残缺，振兴衰废，这些都是王道理想中的重大问题。《易》记载天地阴阳、四时五行，所以它擅长讲变化；《礼》用来调整人际关系，所以它擅长讲实践；《书》记载古代圣王事迹，所以擅长讲治国；《诗》记载山川谿谷、禽兽草木、公母雌雄等，所以它擅长讽谏；《乐》使人心情愉快，所以它擅长和美关系；《春秋》强调辨明是非，所以它擅长教人管理人。因此，《礼》是节制人的，《乐》是抒发平和之气的，《书》是指导政事的，《诗》是表达意愿的，《易》是讲求变化的，《春秋》则是告诉人怎么做才是正确的。一个国家，要想拨乱反正，没有比学习《春秋》更重要的了。

　　"《春秋》文成数万，其指数千①，万物之散聚皆在《春秋》②。《春秋》之中，弑君三十六，亡国五十二③，诸侯奔走不得保其社稷者不可胜数。察其所以，皆失其本已。故《易》曰：'失之豪厘，差以千里。'故曰：'臣弑君，子弑父，非一旦一夕之故也，其渐久矣。'故有国者不可以不知《春秋》，前有谗而弗见④，后有贼而不知⑤；为人臣者不可以不知《春秋》，守经事而不知其宜⑥，遭变事而不知其权⑦。为人君父而不通于《春秋》之义者，必蒙首恶之名；为人臣子而不通于《春秋》之义者，必陷篡弑之诛，死罪之名⑧。其实皆以为善，为之不知其义⑨，被之空言而不敢辞⑩。夫不通礼义之旨，至于君不君，臣不臣，父不父，子不子。夫君不君则犯，臣不臣则诛，父不父则无道，子不子则不孝。此四行者,天下之大过也。以天下之大过予之,则受而弗敢辞。故《春秋》者,礼义之大宗也^⑪。夫礼禁未然之前,法施已然之后;法之所为用者易见,而礼之所为禁者难知^⑫。"

【注释】

①《春秋》文成数万,其指数千:《索隐》引张晏曰:"《春秋》万八千字,此云'文成数万',字误也。"泷川引中井曰:"数万者,谓多也,此原矢口之语,初不用算计,故有不合也。"可供参考。

②万物之散聚皆在《春秋》:郭嵩焘曰:"'物'犹'事'也,'万物之聚散',谓会盟侵伐,散在诸国,合而聚之,其事皆可观,而其义皆可寻,下云'亡国''弑君'举其重者。"万物,即万事。散聚,犹言"成败""盛衰"。

③弑君三十六,亡国五十二:泷川曰:"《春秋繁露·灭国篇上》'弑君三十六,亡国五十二';《灭国篇下》:'弑君三十六,亡国五十二',盖史公依董生。"

④前有谗而弗见:句首应增"不者"二字读。谗,指谗臣,专门说人坏话挑拨离间的人。

⑤贼:贼臣,阴险、残忍的奸臣。泷川曰:"《春秋繁露·俞序篇》:'至于杀君亡国,奔走不得保社稷,其所以然,是皆不明于道,不览于《春秋》也,故卫子夏言"有国家者不可不学《春秋》"。'史公所本。"

⑥守经事而不知其宜:句首应增"不者"二字读。守经事,在正常情况下处理一般事务。经,正常。

⑦遭变事:遇到紧急情况。权:变通。

⑧必陷篡弑之诛,死罪之名:二句词语不顺,《汉书》将之合为"必陷篡逆诛死之罪"。

⑨其实皆以为善,为之不知其义:《正义》曰:"其心实善,为之不知

其义理,则陷于罪咎。"按,二句词语不顺,《汉书》将其改作"其实皆以善为之,而不知其义"。

⑩被之空言而不敢辞:遭受不实的罪名而不敢为自己分辩。师古引苏林曰:"赵盾不知讨贼,而不敢辞弑君之罪。"被,读"披",遭受。空言,不实的罪名。

⑪宗:根本。

⑫"夫礼禁未然之前"四句:见贾谊《陈政事疏》。泷川曰:"《大戴礼·礼察篇》同,盖古有此语,而史公用之也。"

【译文】

"《春秋》有几万字,其中的道理有几千条,万事的成败兴衰都在《春秋》之中。《春秋》记载了三十六起弑君事件,被灭的国家有五十二个,那些出奔逃亡不能保全自己国家的诸侯多得数也数不清。考察其所以如此的原因,都是由于失掉了治理国家的根本。所以《易》说:'失之毫厘,差以千里。'所以说:'臣弑君,子弑父,不是一朝一夕的缘故,是由来已久的。'因此说国君不能不读《春秋》,否则面前有谗臣他看不见,背后有坏人他也不知道;做大臣也不能不读《春秋》,否则在正常的情况下处理一般事务就不知道怎样做合适,遇到紧急情况也不知道采取怎样的应变措施。做国君、做父亲的如果不懂《春秋》,一定会蒙受带头做坏事的恶名;做大臣、做儿子的如果不懂《春秋》,一定会因犯上作乱的死罪而被诛杀。也许他们本心是想做好事,但由于不知道怎样做才符合道义,以至于被加上罪名时也不敢为自己辩解。不懂礼义的主旨,就会导致君不像君,臣不像臣,父不像父,子不像子。君不像君就会被侵犯,臣不像臣就会被诛杀,父不像父就没有道义,子不像子就不会孝顺。这四种行为,都是天下最大的罪过。把天下最大的罪过加在他身上,他也只有接受而不敢辩解。所以《春秋》是礼义的根本大典。礼义在坏事发生前加以制止,刑法在坏事发生后施以惩罚;刑法的作用容易看见,而礼义的作用却不容易了解。"

壶遂曰:"孔子之时,上无明君,下不得任用,故作《春秋》,垂空文以断礼义①,当一王之法②。今夫子上遇明天子③,下得守职,万事既具,咸各序其宜,夫子所论,欲以何明?"

【注释】

①垂空文以断礼义:通过《春秋》宣扬以礼义治国的思想。按,前文云"我欲载之空言,不如见之行事之深切著明也",以明《春秋》不同于"空言",现又以"空文"称《春秋》,前后矛盾。

②当一王之法:《儒林列传》云:"仲尼因史记作《春秋》,以当王法,其辞微而指博。"泷川曰:"史公既奉公羊说,故壶遂亦以公羊说问之。"

③夫子:犹言"先生",此称司马迁。

【译文】

壶遂说:"孔子的时代,在上没有英明的君主,在下贤人得不到任用,所以孔子作《春秋》,表明其以礼义治理国家的思想,将它作为一代圣王的法典。如今您在上遇到圣明的天子,在下自己也有官职,整个国家万事俱备,都安排得妥妥当当,您写这部书,准备干什么呢?"

太史公曰:"唯唯,否否,不然①。余闻之先人曰:'伏羲至纯厚,作《易》八卦②。尧舜之盛,《尚书》载之,礼乐作焉③。汤武之隆,诗人歌之。《春秋》采善贬恶,推三代之德,褒周室④,非独刺讥而已也。'汉兴以来,至明天子,获符瑞⑤,封禅,改正朔⑥,易服色⑦,受命于穆清⑧,泽流罔极⑨,海外殊俗,重译款塞⑩,请来献见者,不可胜道。臣下百官力诵圣德,犹不能宣尽其意。且士贤能而不用,有国者之耻;主上明圣而德不布闻,有司之过也。且余尝掌其官⑪,废明圣盛德不载,灭功臣世家贤大夫之业不述,堕先人所言,罪莫大焉。余所谓述故事^⑫,整齐其世传,非所谓作也,而君比之于《春秋》,谬矣^⑬。"

【注释】

①唯唯,否否,不然:言其欲言又止,进退失据的样子。

②八卦:指乾、坎、艮、震、巽、离、坤、兑。

③礼乐作焉:据《五帝本纪》,舜时曾命伯夷制礼,命夔作乐。

④褒周室:即通常所说的"尊王",此外孔子写《春秋》还有"为王者讳"的意图,也表现了对周天子的维护。

⑤获符瑞:获得了许多天降的吉祥征兆。符瑞,祥瑞的征兆,犹言吉兆。

⑥改正朔:指改用新历法。正朔,古代指一年的第一天。

⑦易服色:指车马、礼服、祭牲等都改换颜色。服色,古代每一朝代所定的车马祭牲的颜色。《礼记·大传》注:"服色,车马也。"疏:"'服色,车马也'者,谓夏尚黑,殷尚白,周尚赤。车之与马,各用从所尚之正色也。"按,秦时尚黑,汉时开始尚赤,后又改为尚黄。

⑧穆清:指天。王先谦引刘攽曰:"穆清,天也。"

⑨罔极:无边,没有止境。

⑩重译:意谓经过几重翻译。款塞:敲塞门。谓外族前来通好。款,叩,敲击。《集解》引应劭曰:"款,叩也,叩塞门来服从也。"

⑪尝掌其官:曾担任过太史令。按,据此语可知,司马迁此文乃作于担任中书令时。

⑫述故事:阐述以往的历史事件。述,指阐发前人已有的东西,与下文之"作(创作、创立)"对举。

⑬君比之于《春秋》,谬矣:司马迁本以继承孔子写《春秋》自任,今又责人不应比之《春秋》,可见其违心之情。凌稚隆引赵恒曰:

"此段有包周身之防，而隐晦以避患之意。"徐孚远曰："史公为此言，惧有'谤书'之祸也。"

【译文】

司马迁说："您说得对，但我不是这个意思。我听先父说过：'伏羲的时代最为纯厚，于是他作了代表当时文明的《易经》八卦。尧、舜时代的政绩与其禅让的盛事，《尚书》中都有记载，礼乐也在那个时代兴起。商汤、周武王的隆盛功业，诗人们也都热烈歌颂。《春秋》褒奖良善，贬斥邪恶，推崇三代的美好道德，推崇周王朝，并不只是讽刺而已。'大汉建国立以来，特别是到了当今英明的天子，获得了许多吉祥的征兆，又举行了封禅大典，颁行了新历法，改换了车马服饰的颜色，皇上受命于上天，恩泽流布到无边无际的地方，以至于数不清的海外不同风俗的民族，经过几重翻译前来归附通好，进贡朝拜。朝中的百官努力地歌颂圣德，但还是远远不能表达出自己的心意。士人贤能而不被任用，是国君的耻辱；天子圣明而德业不能广泛传播宣传，是主管官员的过错。我曾经做过史官，如果废弃圣明天子的盛德而使之得不到记载，泯没了功臣、世家、贤大夫们的事迹使之得不到论述，就是辜负了我父亲当年对我的嘱托，罪过没有比这更大的了。另外，我所说的只是记述历史往事，整理帝王、诸侯以及英雄豪杰们的家世、事迹，并不是像孔子那样的创作，您把我的书和《春秋》相比，那是大错特错了。"

于是论次其文①。七年而太史公遭李陵之祸②，幽于缧绁③。乃喟然而叹曰："是余之罪也夫！是余之罪也夫！身毁不用矣。"退而深惟曰："夫《诗》《书》隐约者，欲遂其志之思也④。昔西伯拘羑里，演《周易》⑤；孔子厄陈蔡，作《春秋》⑥；屈原放逐，著《离骚》；左丘失明，厥有《国语》⑦；孙子膑脚，而论兵法⑧；不韦迁蜀，世传《吕览》⑨；韩非囚秦，

《说难》《孤愤》⑩;《诗》三百篇,大抵贤圣发愤之所为作也⑪。此人皆意有所郁结,不得通其道也,故述往事,思来者⑫。"于是卒述陶唐以来⑬,至于麟止⑭,自黄帝始。

【注释】

①论次其文:即写作《史记》。论次,阐述,编排。

②七年:指司马迁自太初元年(前104)开始写《史记》,经过七年至天汉三年(前98)。太史公遭李陵之祸:指司马迁因议论李陵征匈奴兵败被俘事下狱,于天汉三年受宫刑事。王先谦引朱一新曰:"陵降在天汉二年冬,岂史公受刑以三年春与?"

③幽于缧绁(léi xiè):指身处牢狱。缧绁,捆绑犯人的绳索。引申为牢狱。刘知幾曰:"自叙'遭李陵之祸,幽于缧绁'者,自似同陵陷没,遂置于刑,令读者难得而详,赖班固载其与任安书,其事始明矣。"

④《诗》《书》隐约者,欲遂其志之思:泷川引冈白驹曰:"欲遂其志之思而不能显言,故隐约焉。"泷川引中井曰:"《诗》《书》,通举诸书之意,下文所列皆是。唯《尚书》于'隐约'无所当,是以意逆之可也。"隐约,含蓄隐晦。欲遂其志之思,意即想要表达真实的思想。

⑤西伯拘羑(yǒu)里,演《周易》:指周文王被殷纣王囚于羑里(今河南汤阴北)时,将《周易》八卦推衍成六十四卦,事见《周本纪》。西伯,即周文王。后人对此说多有怀疑。

⑥孔子厄陈蔡,作《春秋》:孔子曾有在陈蔡(今河南淮阳与上蔡之间)遭遇困厄及作《春秋》二事,但司马迁一定要将二事联系起来,并说成因果关系,此为行文之需要。

⑦左丘失明,厥有《国语》:《国语》的作者,旧说是左丘明,但司马迁乃曰"左丘失明,厥有《国语》",不知何据。

⑧孙子膑脚，而论兵法：孙膑被庞涓陷害而受膑刑，逃到齐国，后率齐师围杀庞涓于马陵道，并有兵法传世。事见《孙子吴起列传》。

⑨不韦迁蜀，世传《吕览》：吕不韦在任秦丞相时，曾召集宾客著述《吕氏春秋》，后因嫪毐事被秦王流放巴蜀，死于途中。见《吕不韦列传》。按，此云《吕览》之作在吕不韦迁蜀后，与事实不符。

⑩韩非囚秦，《说难》《孤愤》：韩非是战国末年韩国公子，其著作《说难》《孤愤》传到秦国后，受到秦王的极力赞赏。秦王喜爱韩非的才华，召他到秦国，后被李斯等所害。事见《老子韩非列传》。按，此处叙事顺序颠倒，只为证其"发愤著书"之说而已。

⑪《诗》三百篇，大抵贤圣发愤之所为作也：《诗经》内容相当丰富，但说其大抵都是"贤圣发愤"，不合事实。泷川引崔述曰："自文王、孔子以下凡七事，文王羑里之诬，吾固已辨之矣；孔子之作《春秋》，亦不在于陈、蔡；《离骚》《兵法》《吕览》《说难》之作，皆与本传之说互异；然则此言亦未可信也。"凌稚隆引董份曰："《吕氏春秋》盖不韦当国时作也，而云'迁蜀'；韩非《说难》盖未入秦时所著也，而云'囚秦'，古之文人取其意不泥其辞，往往如此。"此为司马迁愤激抒情之作，师其意即可。

⑫述往事，思来者：阐述历史往事，期待后来人能理解自己的思想。柯维骐曰："隐约之士意有所未遂，故或咏之为诗，或著之为书，以传于来世，如文王、孔子是也。屈原诸人，人品不齐，而事有先后，要皆受难离忧，文采犹足表见者也。"

⑬卒述陶唐以来：《索隐》曰："《史记》以黄帝为首，而云'述陶唐'者，按《五帝本纪赞》云：'五帝尚矣，然《尚书》载尧以来，百家言黄帝，其文不雅驯'，故述黄帝为本纪之首，而以《尚书》雅正，故称'起于陶唐'。"陶唐，指尧。

⑭至于麟止：到汉武帝在元狩元年（前122）获麟为止。《集解》引张晏曰："武帝获麟，迁以为述事之端，上纪黄帝，下至麟止，犹

《春秋》止于获麟也。"按,底本"卒述陶唐以来,止于麟止"下尚有"自黄帝始"四字,盖衍文。崔适曰:"当是旁记误入正文,《小序》云'维昔黄帝',即谓自黄帝始矣,此何待言?"今据削四字。

【译文】

于是司马迁开始对史料编排评论,写成文章。到了第七年司马迁遭遇李陵之祸,被关进了监狱。于是他伤心慨叹说:"这是我的罪过啊!这是我的罪过啊!我已经废毁再也不能有所作为了!"可是转念深思,又说:"《诗》《书》之所以写得含蓄隐晦,是为了能表达作者的真实思想。过去周文王被囚禁在羑里时,推行了《周易》;孔子在陈国、蔡国被困受苦时,写了《春秋》;屈原被流放,写了《离骚》;左丘氏双目失明,写了《国语》;孙膑受膑刑断了双腿,写了《兵法》;吕不韦被流放巴蜀,写了《吕览》;韩非在秦国蒙冤入狱,写了《说难》《孤愤》;《诗经》三百篇,大部分也都是圣贤们发泄愤懑写出来的。这些人都是因为有抱负得不到施展而心情郁闷,所以才通过写书来叙述往事,寄希望于后来的知音。"于是就叙述了上起唐尧,下至武帝获麟为止的历史,从黄帝开始。

维昔黄帝①,法天则地,四圣遵序②,各成法度;唐尧逊位,虞舜不台③,厥美帝功④,万世载之⑤。作《五帝本纪》第一。

维禹之功,九州攸同⑥,光唐虞际,德流苗裔;夏桀淫骄,乃放鸣条⑦。作《夏本纪》第二。

维契作商⑧,爰及成汤⑨;太甲居桐⑩,德盛阿衡⑪;武丁得说⑫,乃称高宗⑬;帝辛湛湎⑭,诸侯不享⑮。作《殷本纪》第三。

维弃作稷⑯,德盛西伯⑰;武王牧野⑱,实抚天下⑲;幽厉昏乱⑳,既丧酆镐㉑;陵迟至赧㉒,洛邑不祀㉓。作《周本纪》第四。

维秦之先，伯翳佐禹㉔；穆公思义㉕，悼豪之旅㉖；以人为殉㉗，诗歌《黄鸟》㉘；昭襄业帝㉙。作《秦本纪》第五。

始皇既立，并兼六国，销锋铸镶㉚，维偃干革㉛，尊号称帝㉜，矜武任力㉝；二世受运㉞，子婴降虏㉟。作《始皇本纪》第六。

秦失其道，豪桀并扰㊱；项梁业之，子羽接之㊲；杀庆救赵，诸侯立之㊳；诛婴背怀㊴，天下非之。作《项羽本纪》第七。

子羽暴虐，汉行功德㊵；愤发蜀汉㊶，还定三秦㊷；诛籍业帝㊸，天下惟宁，改制易俗。作《高祖本纪》第八。

惠之早霣㊹，诸吕不台㊺；崇强禄、产，诸侯谋之㊻；杀隐幽友，大臣洞疑㊼，遂及宗祸㊽。作《吕太后本纪》第九。

汉既初兴，继嗣不明㊾，迎王践祚㊿，天下归心；蠲除肉刑(51)，开通关梁(52)，广恩博施，厥称太宗(53)。作《孝文本纪》第十。

诸侯骄恣，吴首为乱(54)，京师行诛，七国伏辜(55)，天下翕然(56)，大安殷富。作《孝景本纪》第十一。

汉兴五世(57)，隆在建元(58)，外攘夷狄(59)，内修法度，封禅，改正朔，易服色。作《今上本纪》第十二。

【注释】

①维：发语词。

②四圣：指其后的颛顼、帝喾与尧、舜。遵序：遵照黄帝的秩序。

③不台（yí）：不乐。台，同"怡"，今文《尚书》作"舜让于德不怡"。

④厥：其，他的。美：用如动词，意即发扬光大。

⑤载：通"戴"，拥戴。

⑥九州：指冀、兖、青、徐、扬、荆、豫、梁、雍。攸：语气词。同：制度

相同,即统一。

⑦鸣条:古地名,有说在今山西运城东北,有人说在今河南封丘东,
也有说在开封东南陈留附近。

⑧契(xiè):舜臣,商朝的始祖。作商:使商朝兴起。作,兴起,振作。

⑨爰:于是。

⑩太甲:商朝的第五代王,成汤的嫡长孙。桐:古地名,诸说不一,有
说在今河南虞城东北,也有说即今之偃师商城。

⑪阿衡:伊尹所任的官号,即后世之宰相。

⑫武丁:商汤后的第二十三代帝王。说(yuè):傅说,商朝武丁时
相。相传他原是在傅险(亦作傅岩)地方从事版筑(即土木建筑)
的奴隶,武丁即位后,渴望得贤人辅佐,被选拔为相,遂以傅险为
姓,号曰傅说。在他辅佐下,武丁修德行政,天下大治,将商朝推向
全盛时期。

⑬高宗:武丁的庙号,因其能使商朝复兴,故称“高宗”。

⑭帝辛:即殷纣。湛湎:指沉迷于酒色。湛,同“沉”。

⑮不享:不朝拜,不拥戴。

⑯弃:舜臣,周朝的祖先。作稷:创始农业,并任主管农事的官。

⑰西伯:指周文王姬昌。他受商封为西伯,故又称“伯昌”。他是季
历之子。继位后敬老慈少,礼贤下士。先后得姜尚、闳夭、散宜生
等贤臣辅佐,改革政治,推行教化,争取民心,为诸侯拥护。

⑱牧野:古地名,在商朝国都朝歌(今河南淇县)的西南部。

⑲实:发语词。抚:安抚,统治。

⑳幽厉:即周幽王、周厉王。周厉王是西周后期的残暴君主,被国人
暴动所驱逐;周幽王是西周的末代君主,被曾侯联合犬戎攻杀。

㉑既丧酆镐:指西周灭亡。酆镐,西周时的都城。酆在今陕西西安
西南,古丰水西侧,文王所都;镐在今陕西西安正西,古丰水东侧,
武王所都。

㉒陵迟:逐渐衰落。赧:周赧王,东周末代君主。

㉓洛邑不祀:指东周灭亡。洛邑,东周都城,在今河南洛阳东北部。

㉔伯翳:一名"伯益",也叫"大费"。神话传说中人物。相传为秦、赵之祖先。尝辅助舜、禹平治水土,调驯鸟兽。舜赐姓嬴氏,并给予土地。

㉕穆公:即秦穆公,名任好,春秋时代秦国最有作为的君主,有人认为他是"春秋五霸"之一。任用百里奚、蹇叔等谋臣,国势强大,向东发展。思义:思念怎样做才算合适,即"后悔"。义,宜也。

㉖悼豪之旅:哀悼在崤山阵亡的秦国将士。梁玉绳曰:"'豪'乃'崤'之讹。"崤,山名,在今河南灵宝东南。秦穆公曾派兵袭郑,结果在崤山遭到晋军伏击,全军覆没。

㉗以人为殉:指秦穆公死时,以活人殉葬,包括子车氏的三个勇士。

㉘《黄鸟》:《诗·秦风》中的篇名,表现了作者对子车氏三勇士的悲悼与同情。

㉙昭襄业帝:指昭襄王为秦国统一大业奠定了基础。昭襄,即通常所称的秦昭王,名则。郭嵩焘曰:"'昭襄业帝'一句,语未尽,疑下有脱文。"崔适曰:"'禹''旅'为韵,无与'鸟'字为韵者,下文唯云'昭襄业帝',语不可解,脱误明矣。"

㉚销锋铸镰:销毁兵器铸镰为钟。据《秦始皇本纪》,当时销毁了从东方六国收缴的兵器后,铸成了十二个巨人形状的钟架立柱。

㉛偃:放倒,收起。干革:兵器与铠甲。代指战争。

㉜尊号称帝:意指兼古代"皇""帝"二字并用。

㉝矜:仗恃。

㉞受运:接受命运,意即继位为帝。

㉟子婴降虏:刘邦攻入关中,秦王子婴投降,秦朝灭亡。子婴,秦朝末代皇帝。

㊱豪桀:指陈涉、项梁、刘邦等各路义军首领。并扰:犹言并起。

㊲子羽：即项羽，名籍，字羽，也称子羽。

㊳杀庆救赵，诸侯立之：指项羽杀死宋义夺得兵权后，率军于钜鹿大破秦兵，诸侯慑服，尊其为“诸侯上将军”，于是项羽成了各路反秦义军的实际领袖。庆，通“卿”，此指宋义。他曾被封为“卿子冠军”。

㊴诛婴背怀：指鸿门宴之后，项羽杀死秦王子婴，又违背楚怀王的约定，自主分封。董份曰：“数语断项氏兴亡之原已尽。”

㊵汉行功德：此“汉”字指汉王刘邦。

㊶愤发蜀汉：指刘邦被封为汉王后，领有巴、蜀与汉中三郡。在其国都南郑（今陕西汉中）收合士众，委任韩信，又从南郑崛起杀回。

㊷三秦：古地区名。相当今陕西秦岭以北及甘肃东部地区。本为秦国故地。秦朝既亡，项羽三分其地，分别封章邯为雍王（都废丘，在今陕西兴平东南），司马欣为塞王（都栎阳，在今陕西临潼东北），董翳为翟王（都高奴，在今陕西延安东北），合称三秦。

㊸诛籍业帝：破杀项羽，成就帝业。籍，项籍，即项羽。

㊹惠之早霣（yǔn）：刘邦之子汉惠帝刘盈，因不满其母吕后的残忍，在位七年即抑郁而死。霣，同“殒”。

㊺诸吕不台（yí）：指刘邦死后，被吕后封侯、封王的吕产、吕禄诸人不为刘氏宗室与刘邦功臣“所悦”。台，同“怡”，悦。

㊻崇强禄、产，诸侯谋之：王念孙曰：“‘诸侯谋之’本作‘诸侯之谋’。之，是也，言吕后崇强禄产而谋刘氏，故下文即言‘杀隐幽友’也。‘谋’字古读若‘媒’，正与‘台’‘疑’为韵。且吕后称制之时，诸侯未敢‘谋之’也。”禄，吕禄；产，吕产。他们都是吕后之侄。吕禄封赵王，为上将，将北军。吕产封梁王，为相国，居南军。

㊼洞疑：恐惧、疑虑。董份曰：“‘洞’字恐是‘恫’字，盖传写之误耳。”

㊽宗祸：灭族之祸。此指吕氏宗族被诛灭。

㊾继嗣不明：指人们不清楚汉惠帝是否有亲生儿子。按，《吕太后本

纪》明确记载惠帝有亲生儿子,这里是大臣们另立新帝的借口。

(50)践祚(zuò):登基为帝。

(51)蠲(juān)除肉刑:免除残毁肢体的宫刑、刖刑、劓刑等,改为用棍子打。蠲除,免除。

(52)开通关梁:指解除国内各地区之间相互往来的限制。关梁,关隘,渡口。

(53)厥称太宗:庙号被称为“太宗”。按当时礼法,只有道德、功业可为后世楷模的帝王才能称“太宗”。

(54)吴首为乱:刘邦之侄吴王刘濞带头发动“七国之乱”。

(55)七国伏辜:指发动叛乱的吴、楚、赵、胶东、胶西、济南、菑川七国被朝廷的军队打败。

(56)翕(xī)然:服帖的样子。

(57)汉兴五世:汉兴以来的第五代皇帝,即汉武帝。

(58)隆在建元:指汉朝从建元(汉武帝第一个年号)开始进入了隆盛时期。

(59)外攘夷狄:指对外伐匈奴、南越、大宛、朝鲜等事。攘,击。

【译文】

缅怀往昔黄帝,依照天地的法则行事,其后的颛顼、帝喾、尧、舜四圣谨依传统,各自建立了法度;唐尧让位给虞舜,虞舜谨慎戒惧,发扬光大尧的功业;尧、舜的光辉事迹,留传万世。作《五帝本纪》第一。

禹有疏导江河之功,使九州安居乐业,光辉闪耀于唐虞时代,德泽流布后裔子孙;夏桀因淫逸骄奢,才被流放鸣条。作《夏本纪》第二。

契使商族兴起,到成汤建立商朝;太甲因暴虐被宰相伊尹放居桐宫,更显出伊尹隆盛的美德;武丁从苦役犯中得到了傅说,在他的辅佐下成为高宗;帝纣沉湎于酒色,失去诸侯拥戴。作《殷本纪》第三。

弃兴起农业,文王德业兴盛而封西伯;武王牧野一战,周朝统治全国;幽王、厉王昏乱,西周失去了酆、镐旧邦;逐渐衰落到赧王,东周最终灭亡。作《周本纪》第四。

秦的祖先伯翳，辅佐大禹有功；穆公深深反思，痛悼崤山之败；死去用活人殉葬，诗人作《黄鸟》责备。昭襄王开疆拓土，奠定统一之基。作《秦本纪》第五。

始皇继位为王，最终兼并六国，销毁兵器铸成钟镰，收起干戈铠甲不再发动战争，尊号称为始皇帝，专门崇尚武力；二世靠阴谋篡立为帝，子婴投降汉王做了俘虏。作《秦始皇本纪》第六。

秦朝丧失道义，英雄揭竿并起；项梁初建楚地义军，项羽接续反秦大业；夺取宋义兵权救赵钜鹿，诸侯拥立他为盟主；杀死秦王子婴背弃怀王之约，诸侯为此背离项羽。作《项羽本纪》第七。

项羽残忍暴虐，汉王刘邦实行德政；从蜀汉愤发创业，回师平定三秦；诛杀项羽建立帝业，天下开始太平，改定制度风俗一新。作《高祖本纪》第八。

惠帝过早病逝，诸吕不得人心；尊崇吕禄、吕产，图谋削弱诸侯；杀赵王如意幽杀赵王刘友，大臣恐惧疑虑，吕氏遂被诛夷。作《吕太后本纪》第九。

大汉开国不久，惠帝子嗣不明，迎来代王为帝，从此天下归心；肉刑宣告废止，四海道路畅通，广布恩泽教化，不愧人称"太宗"。作《孝文本纪》第十。

诸侯骄横恣肆，吴王带头作乱，朝廷兴兵诛讨，七国皆伏其罪，天下和平安定，百姓安居富足。作《孝景本纪》第十一。

大汉建国五代，本朝实为鼎盛，对外排斥夷狄，对内修正法度，举行封禅大典，改变历法，更换服色。作《今上本纪》第十二。

维三代尚矣^①，年纪不可考，盖取之谱牒旧闻^②，本于兹，于是略推，作《三代世表》第一^③。

幽厉之后^④，周室衰微，诸侯专政^⑤，《春秋》有所不纪；

而谱牒经略⑥，五霸更盛衰，欲睹周世相先后之意⑦，作《十二诸侯年表》第二⑧。

春秋之后，陪臣秉政⑨，强国相王⑩；以至于秦，卒并诸夏⑪，灭封地，擅其号⑫。作《六国年表》第三⑬。

秦既暴虐，楚人发难⑭，项氏遂乱⑮，汉乃扶义征伐⑯；八年之间，天下三嬗⑰，事繁变众，故详著《秦楚之际月表》第四⑱。

汉兴已来，至于太初百年⑲，诸侯废立分削⑳，谱纪不明，有司靡踵，强弱之原云以世㉑。作《汉兴已来诸侯年表》第五。

维高祖元功㉒，辅臣股肱，剖符而爵，泽流苗裔，忘其昭穆㉓，或杀身陨国。作《高祖功臣侯者年表》第六㉔。

惠景之间，维申功臣宗属爵邑㉕，作《惠景间侯者年表》第七。

北讨强胡㉖，南诛劲越㉗，征伐夷蛮㉘，武功爰列。作《建元以来侯者年表》第八㉙。

诸侯既强㉚，七国为从㉛，子弟众多，无爵封邑㉜，推恩行义㉝，其埶销弱，德归京师。作《王子侯者年表》第九。

国有贤相良将，民之师表也。维见汉兴以来将相名臣年表㉞，贤者记其治，不贤者彰其事。作《汉兴以来将相名臣年表》第十。

【注释】

①三代：指夏、商、周三代。尚：年代久远。

②谱牒：指战国时流行的记述氏族或宗族世系的书，如《帝王世纪》《竹书纪年》《帝系姓》等。

③作《三代世表》：此表名曰"三代"，其实上起"五帝"，中经夏朝、商朝，到周朝则只谱列至西周周厉王被逐，周召共和为止。在谱列西周诸帝的同时，还谱列了鲁、齐、晋、秦、楚、宋、卫、陈、蔡、曹、燕十一个诸侯国。梁玉绳以为此篇应标名"帝王世表"。

④幽厉之后：指幽王之后，即从平王开始的东周。因为厉王被逐后，有周召共和，又有"宣王中兴"，还没有"诸侯专政"。

⑤诸侯专政：指齐桓公、晋文公等诸侯霸主执掌号令天下。

⑥谱牒经略：指谱牒仅有纲领，记载简略。经，统绪，纲领。

⑦周世相先后：周朝诸事件的孰先孰后。

⑧作《十二诸侯年表》：名为"十二诸侯"，其实还有作为天下共主的"周"，和春秋末期始兴起的"吴"。

⑨陪臣秉政：如赵、魏、韩三家分晋，田氏篡夺姜姓齐国政权等。陪臣，指各诸侯国的大夫。各国诸侯对周天子称"臣"，各诸侯国的大夫对周天子称"陪臣"。

⑩强国相王：春秋前，只有周天子称"王"，各诸侯国国君只能称"公""侯"，楚国称"王"，是由于它地处南荒，不服王化。进入战国后，周天子更成为傀儡，各大国逐渐皆改号称王，最早互尊为王的是齐、魏两国。

⑪诸夏：华夏诸国，指韩、赵、魏、齐、楚、燕等。

⑫擅其号：指秦王自称"皇帝"，此外不再封"王""侯"。擅，专有。

⑬作《六国年表》：名为"六国"，其实还包括"秦"和"周"共八国的史事。

⑭楚人发难：指陈胜等带头起兵反秦。陈胜是阳城人，战国时属楚地；其起义地点大泽乡、都城陈县均在楚地。

⑮项氏遂乱：项羽接着实行暴政，如坑杀秦卒、火烧咸阳、诛杀义帝

等事。

⑯扶：仗，奉行。

⑰天下三嬗（shàn）：指国家政权三次变换，依次是陈胜、项羽、刘
邦。嬗，变化。

⑱《秦楚之际月表》：事实为由秦至楚，由楚至汉，不曰"秦汉"而曰
"秦楚"，可见司马迁对项氏之重视。

⑲汉兴已来，至于太初百年：由前206刘邦建汉，至汉武帝太初元年
（前104）共历102年。

⑳分：指一国分为数国。削：领地减少。

㉑强弱之原云以世：句子不顺，定有脱讹。郭嵩焘将上文"谱纪不
明，有司靡踵"与此七字连读，以为"此谓以其世之修短，而可以
推知其强弱之原，大抵强者先亡，而弱者犹可苟幸以图存也"。
录以备考。

㉒元功：犹言"元勋"，元老，功臣。

㉓昭穆：指宗庙里受祭祖先灵位的陈列次序。太祖居中，以下二、
四、六世居左，称"昭"；三、五、七世居右，称"穆"。

㉔《高祖功臣侯者年表》：前面《汉兴以来诸侯王年表》所载，有些
也是刘邦的开国功臣，二者的不同在于，前表所载都是封"王"
者，此表所载则皆为以功封"侯"者。

㉕维申功臣宗属爵邑：句子不顺。大意谓过去有些该封未封的功臣
和一些有功之人的家属、后代应受封者，遂封爵土给他们。

㉖强胡：指匈奴。

㉗劲越：指南越。

㉘夷蛮：指东越、西南夷以及朝鲜、大宛等。

㉙《建元以来侯者年表》：此表司马迁所作部分所列主要是汉武帝
时在对四夷用兵过程中立功封侯的人。

㉚诸侯：此处指刘姓子弟为王者。

㉛七国为从：指吴楚七国之乱。从，同"纵"，联合。

㉜子弟众多，无爵封邑：按过去的制度，只有嫡长子才能继承父位称王，其他弟兄没有资格。李笠以为"封邑"应作"邑封"，以与上文"从"字为韵。

㉝推恩行义：指汉武帝接受主父偃的建议，实行"推恩法"，让各诸侯王可分割土地，封其他儿子为侯。

㉞维：发语词。见：用如动词，即谱列。

【译文】

三代太邈远，年月不可考，只能依照谱牒旧说，大略排定顺序，作《三代世表》第一。

幽王、厉王之后，周室衰弱，诸侯各自为政，《春秋》记载不全；而谱牒只有大纲，五霸相继更替，为了解周代诸侯始末大致情形，作《十二诸侯年表》第二。

春秋之后，大夫专政篡权，强国彼此称王；及至秦国日益壮大，最终吞并华夏，收取各国封地，尊号称为皇帝。作《六国年表》第三。

秦朝推行暴政，陈涉首先起义，项羽实行暴政，汉王行仁义征伐天下；八年之间，号令天下者三次变更，事件纷繁，变故众多，所以详细制作《秦楚之际月表》第四。

大汉建立，到了太初年间已有百年，国内诸侯废立分合削减，当时的谱纪不大清楚，主管官员没法继续记载，诸侯世代的强弱变化也许可以辨析。作《汉兴已来诸侯年表》第五。

高祖时的开国元勋，都是心腹肱股大臣，朝廷与大臣剖符定爵，都希望永传子孙，诸侯后代忘本，胡作非为，有些惹得杀身夺爵。作《高祖功臣侯者年表》第六。

惠帝、景帝之间，对被遗漏的功臣及其亲属后代进行了追封，作《惠景间侯者年表》第七。

在北方征讨匈奴，在南方征伐强越，因为征伐夷蛮，使得许多将帅立下军功被封为侯。作《建元以来侯者年表》第八。

诸侯强大起来，七国共同造反，诸侯子弟众多，没有爵位封地，实行"推恩令"顾念亲情恩义，强国被削弱，恩德归于皇上。作《王子侯者年表》第九。

国家有贤相良将，都是国人表率。根据大汉建立以来的将相名臣年表，贤者记其功德，劣者列其恶迹。作《汉兴以来将相名臣年表》第十。

维三代之礼，所损益各殊务①，然要以近情性，通王道，故礼因人质为之节文，略协古今之变。作《礼书》第一。

乐者，所以移风易俗也。自《雅》《颂》声兴②，则已好郑卫之音③，郑卫之音所从来久矣。人情之所感，远俗则怀④。比《乐书》以述来古⑤，作《乐书》第二。

非兵不强，非德不昌，黄帝、汤、武以兴⑥，桀、纣、二世以崩，可不慎欤？《司马法》所从来尚矣⑦，太公、孙、吴、王子能绍而明之⑧，切近世，极人变。作《律书》第三⑨。

律居阴而治阳，历居阳而治阴，律历更相治，间不容翲忽⑩。五家之文怫异⑪，维太初之元论⑫。作《历书》第四。

星气之书，多杂禨祥⑬，不经；推其文，考其应，不殊⑭。比集论其行事，验于轨度以次，作《天官书》第五⑮。

受命而王，封禅之符罕用，用则万灵罔不禋祀。追本诸神名山大川礼，作《封禅书》第六。

维禹浚川，九州攸宁；爰及宣防⑯，决渎通沟。作《河渠书》第七。

维币之行⑰，以通农商；其极则玩巧⑱，并兼兹殖⑲，争于机利，去本趋末。作《平准书》以观事变⑳，第八。

【注释】

①所损益各殊务：语略不顺，大意谓为了解决不同问题总要适当增减。

②《雅》《颂》声：指《诗经》里"雅""颂"两部分音乐。

③郑、卫之音：指《诗·国风》里"郑""卫"两地的音乐。

④人情之所感，远俗则怀：《集解》引徐广曰："乐者，所以感和人情，人情既感，则远方殊俗莫不怀柔向化也。"远俗，鄙远殊俗之人。

⑤比《乐书》以述来古：《索隐》曰："言比《乐书》以述古来乐之兴衰也。"比，次。即编排、整理。来古，即往古。

⑥黄帝、汤、武以兴：《索隐》曰："黄帝有阪泉之师（以败炎帝），汤、武有鸣条、牧野之战而克桀纣。"

⑦《司马法》：书名。旧题司马穰苴作，不可信。据今人考证，为齐威王时诸大夫集古兵法而成，附穰苴于其中。又名《司马穰苴兵法》。《汉书·艺文志》著录为《军礼司马法》一百五十五篇。

⑧太公：指周武王开国元勋姜尚。孙：指春秋末期军事家孙武。吴：战国初期军事家吴起。王子：《集解》引徐广曰："王子成甫。"其人不详。

⑨作《律书》：《索隐》曰："此'律书'之赞而云'非兵不强'者，则此'律书'即'兵书'也。"按，《史记》中原有《兵书》，但已散失，《史记》中不存在单独的《律书》，而只有《律历书》。后人从《律历书》中摘录出音律部分，与保存下来的一小部分《兵书》佚文拼合成了《律书》，故"律书"正文与此处司马迁所云不合。

⑩"律居阴而治阳"四句：语出《大戴礼记·曾子天圆篇》。律，音律；历，历法。古人常将"历法"与"音律"相提并论。不容翲忽，来不得一丝一毫的错误。翲忽，中井曰："犹言'毫厘'也。"

⑪五家之文：《正义》曰："谓黄帝、颛顼、夏、殷、周五家之历。"佛异：乖异。佛，通"悖"。郭嵩焘曰："谓五家之文参差抵牾，不相通也。"

⑫维太初之元论：句子不顺。太初，汉武帝年号（前104—前101），

也用以称从此年施行的新历法。《正义》曰:"维太初之元论历律为是,故《历书》自太初之元论之也。"

⑬ 多杂机祥:多杂有侈谈人世祸福的成份。机祥,义同"吉凶"。机,祥。

⑭ 不殊:没有两样。

⑮ 天官:我国古代把相邻或相近的一些恒星组合在一起,并给予命名,这种恒星组合称"星官",也称"天官"。泛指天文、天象。

⑯ 宣防:官名,汉武帝堵塞住黄河在瓠子(今河南濮阳西南)的决口后,在那里修建了"宣防官"。至其命名之原,泷川引冈白驹曰:"或宣通之,或堤防之。"

⑰ 币:货币。行:流通。

⑱ 其极:其弊病的顶点。玩巧:投机取巧。

⑲ 兹殖:增益,增加。此指使钱财越滚越多。

⑳ 《平准书》:此篇叙述汉初至武帝时一百余年财政经济的发展变化和重要的财政经济政策,是我国史籍中最早的经济史专门著作。平准,指武帝时桑弘羊实施的一项国家调控物价的经济措施。

【译文】

三代之礼各异,增减互不相同,关键是既要贴近人的性情,又要合乎王道,所以礼总是根据人的生活实际而予以规范,以适应古今社会的变迁。作《礼书》第一。

音乐的制作与推行,是为移风易俗服务的。早在《雅》《颂》出现的时代,人们就已经喜爱郑卫之声了,可见郑卫之音对社会的影响有多么久远。能使人受感动的音乐,就能使远方殊俗之人怀德向善。编《乐书》是为了记载音乐自古以来的兴衰变化,作《乐书》第二。

没有军队,国家不能强大;没有仁德,国家不能昌盛,黄帝、商汤、周武王都是靠着武备兴盛起来的,夏桀、殷纣、秦二世又都是迷信武力而灭亡的,对于用兵怎能不谨慎呢?《司马法》的由来已经很久了,姜太公、孙武、吴起、王子成甫都能够继承《司马法》的精神并进一步发扬它,切合当前社会的实际,充分发挥了军事家的才略。作《律书》第三。

律在阴而治阳,历在阳而治阴,律历互相制约,不容许出一丝一毫的错误。五家历法各不相同,唯有《太初历》最为妥善。作《历书》第四。

占望星气的书,许多都夹杂着吉凶祸福的说法,不合常道;按照它的说法,考察它的效应,又往往的确相合。于是编排解释这些与天文有关的人事活动,取验于日月星辰运行的轨道与度数,将其记录下来,作《天官书》第五。

禀受上天之命而为帝王的人,很少有举行封禅典礼的,如果进行封禅,那一切神鬼精灵就能全部受到祭祀。现在我考察、遵照历代祭祀天地鬼神名山大川的礼节,作《封禅书》第六。

大禹疏浚江河,九州得以安宁;等到今上堵塞瓠子决口建造宣防宫的时候,又开凿了许多运输、灌溉的沟渠。因此作《河渠书》第七。

国家发行钱币,是为了便于农业、商业的沟通;但物极必反,投机取巧产生了,为了赚钱而相互兼并,以至于争相耍心眼、玩手段,弃农经商。作《平准书》第八以研究其形势的发展变化。

太伯避历,江蛮是适①;文武攸兴,古公王迹②。阖庐弑僚,宾服荆楚③;夫差克齐④,子胥鸱夷;信嚭亲越,吴国既灭。嘉伯之让⑤,作《吴世家》第一。

申吕肖矣⑥,尚父侧微⑦,卒归西伯,文武是师;功冠群公,缪权于幽⑧;番番黄发⑨,爰飨营丘⑩。不背柯盟⑪,桓公以昌,九合诸侯,霸功显彰。田、阚争宠,姜姓解亡⑫。嘉父之谋,作《齐太公世家》第二。

依之违之⑬,周公绥之⑭;愤发文德,天下和之;辅翼成王,诸侯宗周⑮。隐桓之际⑯,是独何哉?三桓争强⑰,鲁乃不昌。嘉旦《金縢》⑱，作《周公世家》第三。

武王克纣，天下未协而崩。成王既幼，管蔡疑之，淮夷叛之⑲，于是召公率德⑳，安集王室，以宁东土。燕哙之禅㉑，乃成祸乱。嘉《甘棠》之诗㉒，作《燕世家》第四。

管蔡相武庚㉓，将宁旧商；及旦摄政，二叔不飨㉔；杀鲜放度，周公为盟；太姒十子㉕，周以宗强。嘉仲悔过，作《管蔡世家》第五。

王后不绝，舜禹是说㉖；维德休明㉗，苗裔蒙烈。百世享祀，爰周陈、杞㉘。楚实灭之，齐田既起㉙。舜何人哉！作《陈杞世家》第六。

收殷余民，叔封始邑㉚，申以商乱，《酒》《材》是告㉛，及朔之生，卫顷不宁㉜；南子恶蒯聩，子父易名㉝。周德卑微，战国既强，卫以小弱，角独后亡㉞。嘉彼《康诰》㉟，作《卫世家》第七。

嗟箕子乎㊱！嗟箕子乎！正言不用，乃反为奴。武庚既死，周封微子㊲。襄公伤于泓，君子孰称㊳。景公谦德，荧惑退行㊴。剔成暴虐，宋乃灭亡㊵。嘉微子问太师㊶，作《宋世家》第八。

武王既崩，叔虞邑唐㊷。君子讥名，卒灭武公㊸。骊姬之爱，乱者五世㊹；重耳不得意，乃能成霸㊺。六卿专权㊻，晋国以耗。嘉文公锡珪鬯㊼，作《晋世家》第九。

重黎业之㊽，吴回接之㊾；殷之季世，粥子牒之㊿。周用熊绎[51]，熊渠是续[52]。庄王之贤[53]，乃复国陈；既赦郑伯[54]，班师华元[55]。怀王客死，兰咎屈原[56]；好谀信谗，楚并于秦。嘉庄王之义,作《楚世家》第十。

少康之子[57],实宾南海[58],文身断发,鼋鳝与处[59],既守封、禹[60],奉禹之祀。句践困彼,乃用种、蠡。嘉句践夷蛮能修其德[61],灭强吴以尊周室,作《越王句践世家》第十一。

【注释】

①太伯避历,江蛮是适:指太伯为让父亲传位给三弟季历,以便日后更顺利地传给季历之子姬昌(即日后的周文王),和二弟虞仲一起,避到江南,另外创立吴国。太伯,周文王的大伯父;历,季历,太伯的三弟,周文王的父亲。适,到。

②古公:名亶父,武王灭商即位后,追尊古公为"太王"。

③宾服:臣服。

④夫差克齐:夫差即位后即大破越国,但未将越国灭掉,而统兵北上伐齐,结果劳民伤财,埋下亡国之患。

⑤嘉伯之让:司马迁赞赏吴太伯让国,将其列为"世家"之首,同样,他称赞尧、舜禅让,故将《五帝本纪》列为"本纪"之首;称赞伯夷让国,故将《伯夷列传》列为"列传"之首。梁玉绳曰:"诸世家各摘一事以著作史之由,虽是举重言之,然岂因嘉一事而作乎?"凌稚隆引董份曰:"诸世家各摘一事,见太史公好奇。"

⑥申吕:为姜太公祖先的受封之地,舜时的诸侯国名,在今河南南阳附近。吕是太公祖先的姓氏,故太公姓"姜",亦有人谓之姓"吕"。肖:《集解》《正义》皆谓音"痟",即家国衰微。梁玉绳引顾炎武曰:"'肖'乃'削'字脱其旁耳,与《孟子》'鲁之削'同。"泷川曰:"枫、三本'肖'作'省'。""省","衰微"之意。

⑦尚父:即姜尚,因其年高功大,故武王尊称之"尚父"。侧微:低微,微贱。

⑧缪(móu)权于幽:于暗中筹谋划策。《索隐》曰:"缪,绸缪也。谓

太公为权谋于幽昧不明著,谓太公之阴谋也。"

⑨番番:老人头发黄白的样子。

⑩爰飨营丘:指姜尚协助周武王灭商后,被封于齐国,建都营丘(即后来所称的临淄)。

⑪不背柯盟:齐桓公与鲁庄公于柯(今山东阳谷东北)会盟,鲁国曹沫持匕首劫持齐桓公,迫使齐国退回所侵鲁国的土地。齐桓公被迫答应,后又想反悔,在管仲的劝说下最终兑现了诺言,从而赢得了诸侯们的拥护,详见《刺客列传》。锺惺曰:"推重管子,有眼。"

⑫田、阚争宠,姜姓解亡:阚止被齐简公宠信,田常惶恐不安,遂起兵攻灭阚氏,并弑简公,另立平公,从此姜氏政权遂落入田常手中。解亡,瓦解、灭亡。

⑬依之违之:指周武王死后,周成王年幼,周公执政,有的诸侯听从,有的诸侯作乱。

⑭绥:安定。

⑮宗周:以周王朝为自己的宗主,即拥戴周天子。

⑯隐桓之际:鲁隐公为惠公的庶长子,惠公去世时,嫡子桓公年幼,隐公暂且即位。原想等桓公长大后还国于他,桓公不明隐公心迹,乃发动政变将隐公杀死。

⑰三桓:由桓公的次子、三子、四子所形成的孟孙氏、叔孙氏、季孙氏三大家族,此三族从庄公时起世代执掌鲁权,鲁君逐渐成了三家的傀儡。

⑱《金縢》:《尚书》篇名。内容是歌颂周公。周武王病重,周公祈求以自身代替武王去死。事后史官将祈祷词写在典册上,放入金属匣子里,成王得此册书,了解到周公忠诚,甚为感动,从此改变了对周公的态度,故篇名取曰《金縢》。

⑲淮夷:指生活在今淮河下游一带的少数民族,也称"徐夷""九夷",西周初期曾随管、蔡一起反周。

⑳召公：名奭，周武王之弟，燕国的始封之君。率德：率先遵循德义。召公原与周公共同在朝辅佐成王，管蔡叛乱后，召公开始也怀疑周公，后经周公解释后，召公遂解除疑虑，与周公共同平定叛乱。

㉑燕哙（kuài）之禅：指战国中期燕王哙，因受其相子之的哄骗，贪禅让之名，让其位与子之，造成身死国破。后经燕昭王的努力，才使国家又稳定下来。

㉒《甘棠》：《诗经·召南》的一篇。周宣王时，召伯奉命到召南为宣王母舅申伯经营封地，时住处有甘棠树一株，他离去后，人们为怀念他而作此诗。

㉓管蔡相武庚：指武王灭商后，封商纣之子武庚于商都朝歌，管理商旧族。又担心武庚作乱，遂派管叔鲜、蔡叔度为武庚之"傅相"，以监督之。

㉔不飨：意即不服、不尊从。飨，通"享"，朝见。

㉕太姒十子：底本原作"大任十子"。大任，应作"太姒"，周文王之妃，周武王之母，其所生子十人为：伯夷考、武王发、管叔鲜、周公旦、蔡叔度、曹叔振铎、成叔武、霍叔处、康叔封、冉叔载。王骏图曰："大任，文王之母，季历妃也。文王之妃曰'太姒'，生伯夷考等十子者也。今曰'大任十子'，恐是'大姒'之讹。"今据改。

㉖说：同"悦"。

㉗休明：美好、圣明。休，美。

㉘爰周陈、杞：到周朝又封建了陈（今河南淮阳）、杞（即河南杞县）两个国家。

㉙楚实灭之，齐田既起：春秋末期，舜之后代的陈国虽被楚所灭，可是陈国后代的田氏却又在齐国发达起来了。按，篡齐国姜氏政权而代之的田常、田和家族，即陈厉公的后代。

㉚收殷余民，叔封始邑：管蔡、武庚之乱平定后，为了管理商朝的遗民，派康叔姬封在商都朝歌（今河南淇县）建立了卫国。

㉛《酒》《材》是告:指周公作《酒诰》《梓材》,告诫康叔要从商朝的灭亡中吸取教训。《酒》,《酒诰》;《材》,《梓材》。皆《尚书》篇名。

㉜及朔之生,卫倾不宁:梁玉绳曰:"言卫之倾危,由于惠公朔也。"指春秋前期的卫国国君卫惠公,当初因怂恿其父宣公杀太子伋后乃得立为太子。即位后,国人不服,由此数世变乱,卫国几乎亡国。朔,卫惠公之名。倾,倾危。

㉝南子恶蒯聩,子父易名:南子是春秋末期卫灵公的夫人,灵公太子蒯聩与她矛盾,她逼迫蒯聩出逃。灵公死后,由于蒯聩不在国内,蒯聩之子辄遂即位为君,是为出公。蒯聩不服,十二年后,借用外国势力将其儿子逐出,自己为君,是为庄公。三年后,庄公被逐,其子出公又回国即位。易名,意谓父子、君臣的名份颠倒错位。

㉞卫以小弱,角独后亡:指弱小的卫国亡在了其他大国的后面。角,最后一个小"君主"之名。

㉟嘉彼《康诰》:大概是指康叔能谨遵周公于《康诰》中的教诲之意,于是卫国以兴,故嘉之。梁玉绳曰:"诰乃书册,何嘉之有?"

㊱箕子:纣王的亲属,见纣王昏暴,劝阻不听;又不忍离之而去,遂佯狂为奴。

㊲武庚既死,周封微子:武庚与管蔡的叛乱被周公平后,周公将商朝遗民分为两部分,一半仍居朝歌,封其弟康叔治之,即所谓"卫";另一半封纣王的庶兄微子开治之,即所谓"宋",宋的都城在商丘(今河南商丘城南)。

㊳襄公伤于泓,君子孰称:指宋襄公在与楚成王的泓之战中讲仁义,不攻击渡河时与未列好阵的楚兵,结果自己被楚兵打败。受到君子的盛赞。《宋世家》之《集解》引《公羊传》曰:"君子大'不鼓不成列',临大事而不忘大礼,以为虽文王之战亦不过此也。"孰称,盛称,盛赞。

㊴景公谦德,荧惑退行:春秋末期宋景公在位时,荧惑(即火星)将

要运行到心宿位置,当时认为这是一种对国君不利的征兆。有人提出通过祈祷移灾于相或百姓或年景,宋景公不同意,宁愿自身承之。结果感动上天,荧惑偏了三度,在心宿旁擦过去了。

㊵ 剔成暴虐,宋乃灭亡:梁玉绳曰:"'暴虐灭亡'者'王偃',非'剔成君'也,疑'剔成'乃'王偃'之讹。"按,梁说是,剔成在位四十一年,无重大过错,非末代国君。剔成之弟名偃,继位后残暴不仁,诸侯皆称之为"桀宋",后乃被齐、魏、楚三国所灭。

㊶ 微子问太师:微子为纣王的庶兄。见纣王昏暴不可劝,乃向太师、少师求教,太师、少师劝其离开,于是微子离开了商都。

㊷ 叔虞邑唐:叔虞在唐邑建国。叔虞,周武王之子,周成王之弟,名虞,周成王时,被封于唐邑(今山西翼城西),为晋国的始祖。

㊸ 君子讥名,卒灭武公:西周后期,晋穆侯为长子取名"仇";为少子取名"成师",有人认为这种起名对长子不吉利。后来长子即位,为文侯;成师被封于曲沃,人称曲沃桓叔。春秋前期,曲沃桓叔的后代曲沃武公遂将文侯的后代消灭,篡夺了晋国。

㊹ 五世:指奚齐、卓子、惠公、怀公、文公五代,至晋文公立,晋国始安定。

㊺ 重耳不得意,乃能成霸:指重耳逃亡在外历经十九年,国内暴乱不休。后倚仗秦国势力杀回晋国,夺得政权,即日后成为"霸主"的晋文公。不得意,指文公即位前逃亡在外遭受的种种曲折磨难。

㊻ 六卿:指春秋后期晋国的六大家族范氏、中行氏、智氏、韩氏、赵氏、魏氏。六家又相互攻击,最后剩下韩、赵、魏三家,遂将晋国瓜分,各自立国。

㊼ 文公锡珪鬯(chàng):指晋文公在城濮之战中打败楚国,会诸侯于践土朝周,周天子赐文公大辂、彤弓、秬鬯、珪瓒,命文公为霸主事。珪,指玉璧。鬯,祭神用的香酒。

㊽ 重黎:相传是颛顼的后代,帝喾时为火正,主管祭祀火星,帝喾命

之曰“祝融”。

㊾吴回：重黎之弟。共工氏作乱，重黎诛之不尽而被杀，吴回接替重黎为火正。

㊿粥（yù）子：即粥熊，又写作“鬻熊”，商朝末期人，事周文王。牒：泷川曰：“从此世次可牒。”

(51)熊绎：粥熊的曾孙，周成王时被封于楚蛮，授以子男之爵。

(52)熊渠：生于周夷王、周厉王时，曾一度自己称王。

(53)庄王：名侣，春秋中期楚国国君，曾大破晋师于邲，有人认为他是“春秋五霸”之一。

(54)既赦郑伯：郑伯依附晋国，楚庄王伐郑，郑伯屈己逊言以对，楚庄王乃接受其求和，此邲之战的前奏。

(55)班师华元：意谓由于华元的活动而使楚国班师回朝。楚国因使者被杀而派子反率兵围宋，双方僵持五个月，都已弹尽粮绝。宋将华元出见子反，彼此相告以诚，庄王称赞他们的信义，遂令楚军班师。

(56)怀王客死，兰咎屈原：指楚怀王受秦昭王之邀入秦会谈，被秦昭王扣留，死于秦国。在此之前，屈原曾劝谏怀王不要上当，怀王的儿子子兰怂恿其父前去，结果子兰不但不自责，反而变本加厉地迫害屈原。

(57)少康之子：名曰无馀，为越王句践的祖先。少康为夏朝的帝王，其父荒淫亡国，少康发奋图强重建夏朝，史称中兴之主。《正义》引《吴越春秋》曰：“少康恐禹迹宗庙祭祀乏绝，乃封其庶子于越，号曰无馀。”

(58)实宾南海：宾，似当读为“滨”，邻近。

(59)鼋鳝与处：意谓无馀及其后代深识水性，以捕鱼为生。也可理解为他们与水边那些崇拜鼋鳝的部族和睦相处。鼋，大龟。

(60)封、禺：二山名，在今浙江德清，二山相距不远。

(61)能修其德：此处之“德”，实指司马迁敬佩其忍辱发愤、终得复仇的作为。

【译文】

太伯让国季历，逃到蛮夷之地；周文王、武王得以兴起，继承了古公亶父的事业。阖庐弑王僚自立，打败强楚使之屈服自己；夫差打败齐国，却杀死伍子胥用革囊裹尸沉入江底，听信伯嚭亲近越国，吴国终于被越所灭。我赞美太伯的让国，作《吴世家》第一。

中国吕国衰落，尚父出身寒微，后来投奔西伯，文王、武王尊崇为师；帮文王、武王暗中谋划，在灭商过程中功居群臣第一；年高德劭的尚父，被封在齐国，建都营丘。不违背柯邑之盟，齐桓公强大成了霸主，多次召集诸侯会盟，霸主的功业显于天下。到田常、阚止争权，姜氏齐国遂告解体。我赞扬尚父佐周的谋略，作《齐太公世家》第二。

周初诸侯有时顺从有时违抗，周公使之安定；力行礼乐治国，天下安乐太平；辅佐年幼成王，诸侯归依周室。隐公、桓公之际的夺位弑君，怎么会那样令人心惊？三桓争强分掌鲁政，鲁国公室衰落。我赞美周公《金縢》的故事，作《周公世家》第三。

武王灭亡殷纣，天下尚未安定就去世了。成王年幼继位，管叔、蔡叔怀疑周公，勾结淮夷叛乱，召公深明大义，协助周公安定周室，东方获得安宁。燕哙的禅让闹剧，造成了身死国破的祸乱。我欣赏《甘棠》对召公的赞美，作《燕世家》第四。

天子派管叔、蔡叔监督武庚，是为了管理殷商的遗民；周公在成王年幼时权且摄政，管、蔡不服，勾结武庚发动叛乱；周公东征杀死管叔、流放蔡叔，重封康叔、微子并与他们明誓结盟，文王夫人太姒生有十个儿子，由于有弟兄们的拱卫协助，周王室得以巩固安宁。我欣赏蔡仲的悔过自新，作《管蔡世家》第五。

有圣德的帝王的祭祀是不会断绝的，舜、禹的英灵会因为后代受封而高兴；由于他们的德行美盛，后裔也蒙受了恩泽。他们百代以后的子孙被周朝封在陈、杞二国。陈国虽然被楚所灭，但他的后代田氏又在齐国勃兴。舜是多么伟大啊，为此我作《陈杞世家》第六。

周公东征后收揽殷商遗民，封康叔管理他们，才开始建立卫国，周公作《酒诰》《梓材》，训诫康叔要牢记殷亡的教训。到惠公出生后害兄篡政，卫国遂变乱丛生，不得安宁；南子嫉恨蒯聩迫其出亡，出公、庄公遂乱了父子名分。周室日益衰落，战国七雄强盛，卫国因为小弱，君角反而最后灭亡。我欣赏《康诰》的谆谆告诫，作《卫世家》第七。

箕子啊！箕子啊！正言不被殷纣所用，自身反而成了奴隶。待至武庚叛乱被灭，周封微子于宋。宋襄公在泓之战中战败受伤，却深受世人称颂。景公愿自己承担灾祸，连火星也为之退避。至剔成君（应为王偃）暴虐无道，宋国才由此灭亡。我欣赏微子向太师的求教，作《宋世家》第八。

武王去世以后，成王将叔虞封在唐国。智者讥刺晋侯给儿子取名不当，果然后来大宗被旁系曲沃武公所灭。骊姬被献公宠爱，造成五代不宁；重耳遭谗出逃，最后成为霸主。后来六卿专权，晋国终被三家瓜分。我欣赏晋文公勤王而在践土接受赏赐，作《晋世家》第九。

重黎在远古创下赫赫功业，吴回接续了他的事业；传到殷商末世，从鬻熊开始有谱牒记录。周封熊绎于荆蛮，至熊渠发展壮大。庄王是一位贤能霸主，灭了陈国又听从劝谏将其恢复；郑伯诚心归服就赦免了郑国，华元以实相告就撤兵而还。怀王被骗死在秦国，子兰不反省自己劝怀王入秦，反而仇恨屈原；由于楚王喜欢奉承听信谗言，楚国终于被秦国所吞并。我欣赏庄王的仁义之举，作《楚世家》第十。

少康的后代，被封在南海，他们文身断发，以捕鱼鳖为生，与水边各部族和谐共处，他们世世守着封、禺二山，主管对大禹的祭祀。句践被夫差困于会稽，开始重用文种与范蠡。我欣赏句践作为一个夷蛮而能修德，能灭亡强吴而尊崇周天子，于是作《越王句践世家》第十一。

桓公之东，太史是庸①。及侵周禾②，王人是议③。祭仲要盟，郑久不昌④。子产之仁⑤，绍世称贤⑥。三晋侵伐，郑纳于韩⑦。嘉厉公纳惠王，作《郑世家》第十二。

维骥騄耳⑧，乃章造父⑨。赵夙事献⑩，衰续厥绪⑪。佐文尊王，卒为晋辅。襄子困辱，乃禽智伯⑫。主父生缚⑬，饿死探爵⑭。王迁辟淫⑮，良将是斥⑯。嘉鞅讨周乱⑰，作《赵世家》第十三。

毕万爵魏，卜人知之⑱。及绛戮干⑲，戎翟和之。文侯慕义，子夏师之⑳。惠王自矜㉑，齐秦攻之。既疑信陵㉒，诸侯罢之。卒亡大梁，王假厮之㉓。嘉武佐晋文申霸道㉔，作《魏世家》第十四。

韩厥阴德，赵武攸兴㉕。绍绝立废，晋人宗之㉖。昭侯显列，申子庸之㉗。疑非不信，秦人袭之㉘。嘉厥辅晋匡周天子之赋㉙，作《韩世家》第十五。

完子避难，适齐为援㉚，阴施五世㉛，齐人歌之。成子得政㉜，田和为侯㉝。王建动心，乃迁于共㉞。嘉威、宣能拨浊世而独宗周㉟，作《田敬仲完世家》第十六。

周室既衰，诸侯恣行。仲尼悼礼废乐崩，追修经术㊱，以达王道，匡乱世反之于正，见其文辞，为天下制仪法，垂六艺之统纪于后世㊲。作《孔子世家》第十七㊳。

桀、纣失其道而汤、武作，周失其道而《春秋》作。秦失其政，而陈涉发迹，诸侯作难，风起云蒸，卒亡秦族。天下之端，自涉发难。作《陈涉世家》第十八㊴。

成皋之台，薄氏始基㊵。诎意适代㊶，厥崇诸窦㊷。栗姬偩贵，王氏乃遂㊸。陈后太骄㊹，卒尊子夫㊺。嘉夫德若斯㊻，作《外戚世家》第十九^㊼。

汉既谲谋，禽信于陈^㊽；越荆剽轻^㊾，乃封弟交为楚王^㊿，爰都彭城，以强淮泗，为汉宗藩。戊溺于邪，礼复绍之^㉛。嘉游辅祖^㉜，作《楚元王世家》第二十。

【注释】

①桓公之东，太史是庸：指周幽王时，郑桓公采纳太史伯的建议，将郑国由陕西华州东迁到今河南新郑。后来周幽王被犬戎所灭，周平王无法在西方立足，只好改都洛阳，期间深得郑国的援助。郑桓公，周宣王之少弟，原封于今陕西华州（当时称"郑"）。庸，用，采用。

②侵周禾：平王东迁后，一直信任郑国，郑庄公为周之卿士参政。至桓王时，乃疏远郑国，郑庄公不平，抢收周国之麦，又抢其禾，两国关系紧张，直至引发繻葛之战。

③王人：周天子统治下的人。

④祭（zhài）仲要盟，郑久不昌：祭仲在郑武公时任大夫，庄公立，任正卿。庄公卒，他立太子忽，是为郑昭公。宋劫持并逼他逐忽而立公子突，是为郑厉公。郑厉公四年（前697），厉公怨其专横，欲谋杀他，事泄，厉公奔蔡。他复迎昭公。昭公被弑，他又先后立公子亹、郑子婴为君。他死后，厉公回国复辟。郑国前后乱了二十多年。要盟，被迫接受的盟约，指逐昭公、立厉公事。

⑤子产：春秋后期的郑国贤臣，曾历事简公、定公、声公，被孔子称为"仁人"。

⑥绍世：一连几代。绍，继承，连续。

⑦三晋侵伐，郑纳于韩：韩国对郑国不断侵伐，郑最后被韩吞并。三晋，指韩、赵、魏三国，也可单指某一国，这里指韩国。

⑧骥、騄耳：都是良马名。章：显，闻名。

⑨乃章造父：指造父驾车助周穆王平乱，被封于赵城。造父，周穆王的车夫，曾为周穆王驾车周游天下，还曾驾车迅速回国平乱。

⑩赵夙：赵衰之父，晋献公大臣。献：指晋献公。

⑪衰续厥绪：指赵衰继承了其父的传统，成为晋文公大臣。

⑫襄子困辱，乃禽智伯：智伯一向看不起赵襄子，并曾侮辱他。后赵襄子因不愿向智伯献地，被智伯率领韩、魏围困在晋阳（今山西太原南）。他派其臣张孟谈出城见韩康子、魏桓子，揭露智伯独霸晋国野心，晓以利害。周贞定王十六年（前453），赵、韩、魏联合，反击灭智氏，共分其地。襄子，春秋末晋国大夫，又称"赵襄主"，名无恤，又作"毋恤""太子毋恤"。赵鞅之子，为晋国六卿之一。赵鞅以其贤，废太子伯鲁而立之。是赵国的实际创造者。

⑬主父生缚：指赵武灵王被围困在沙丘宫。主父，即赵武灵王，在位期间，励精图治，亲自提倡胡服骑射，实行军事改革。先后攻灭中山，破林胡（今内蒙古呼和浩特附近）、楼烦（今山西西北部），拓地北至燕、代，建立云中、雁门等郡。周赧王十六年（前299）让位于幼子赵何，是为惠文王，自号"主父"，而封长子赵章于代，为安阳君。不久发生内讧，他被困饿死于沙丘宫。生缚，与事实不符，这里即指被困。

⑭探爵：探雀巢取其卵以充饥。爵，同"雀"。

⑮王迁：赵国末代国君。辟：邪恶。

⑯良将是斥：指赵王迁听信郭开的谗言，放弃重新启用廉颇，又诛杀良将李牧。

⑰鞅讨周乱：指赵鞅讨平周王子稷之乱，稳定了周敬王的王位。鞅，即赵鞅，赵简子，又称"赵简主"。春秋末晋国正卿。赵襄子之父。他为赵国的建立奠定了基础。

⑱毕万爵魏，卜人知之：毕万是晋献公大臣，以军功被封于魏。卜偃

根据这个人名中"万"的字,断定魏家族的后代必然昌盛。

⑲ 及绛戮干:绛,指魏绛,春秋后期晋悼公大臣。在诸侯盟会时,悼公的弟弟杨干乘车扰乱军阵,魏绛诛杀其车夫,以示严惩。

⑳ 文侯慕义,子夏师之:指文侯好礼义,喜儒术,曾受学于子夏等。文侯,魏文侯,战国初期魏国国君,在他即位的五十年间,魏国是当时最强的国家。

㉑ 惠王自矜,齐秦攻之:魏惠王是魏文侯之孙,他在位期间,被齐败于桂陵、马陵;与秦交战多次战败,遂失河西之地。从此国势大落。

㉒ 信陵:指信陵君魏无忌。曾于安釐王二十年(前257),窃兵符,杀晋鄙,败秦军,解邯郸之围。后任上将军,率五国兵败秦军于河外。不久魏王中秦反间计,夺其兵权。因以酒色自毁,忧郁而死。

㉓ 王假:魏国末代国君。王假三年,秦兵掘河水灌魏国国都大梁,魏国遂灭。厮之:泷川引冈白驹曰:"秦虏魏王假为厮养卒。"厮,奴仆。

㉔ 武佐晋文申霸道:指魏犨随文公出亡,又佐文公即位并成就霸业。武,指魏犨,谥"武子"。

㉕ 韩厥阴德,赵武攸兴:指韩厥营救赵氏孤儿赵武,后赵武又重新振兴了赵氏家族。韩厥,春秋时晋国正卿。即韩献子。韩万之玄孙。初任晋司马。周定王十八年(前589),与郤克等率军八百乘伐齐,击败齐军于鞌(在今山东济南),以功升为正卿。

㉖ 宗:尊崇。

㉗ 昭侯显列,申子庸之:指韩昭侯任用申不害实行变法,使韩国扬名于诸侯。显列,扬名于同列诸侯。庸,用,得以任用。

㉘ 疑非不信,秦人袭之:韩非是战国末期的韩国公子,在韩不受信任。后入秦搞反间,被秦国所杀。秦复出兵,遂灭韩。《老子韩非列传》说秦始皇爱其文,招之入秦,被李斯谮杀。

㉙ 厥辅晋匡周天子之赋:此事不详。诸家亦无说。

㉚ 完子避难,适齐为援:陈完是陈厉公的儿子,陈厉公死后,其弟即

位,陈完惧祸避难逃往齐国,改姓田氏,受到齐国的优待。完子,
对田完的敬称。

③阴施五世:指田完的五世孙田乞齐景公时已在齐国掌权,他以大
斗放粮,小斗收债的办法,暗中收买人心。阴施,暗中施德。

③成子得政:田常谥"成子",春秋末期齐国大夫。他杀简公、立平
公,开始独揽齐国政权。

③田和为侯:田和是战国初期的田氏家族首领,田常曾孙。自田和
起,田氏正式列为诸侯,姜氏之齐宣告结束。

③王建动心,乃迁于共:齐王田建听信其相后胜等投降派之言,长期
亲秦,不修战备;其他五国灭亡后,秦军击齐,他未战出降,齐国灭
亡,他本人也被迁到共邑(今河南辉县)。王建,田氏齐国末代国
君,又称"齐王建"。动心,指被投降派说动。

③威、宣能拨浊世而独宗周:齐威王、齐宣王父子是田氏齐国强盛时
的两代国君,当时周天子已成为傀儡,两代国君却都相当尊崇周
天子,说见《鲁仲连邹阳列传》。拨浊世,意犹"出污泥",独出于
浊世之上。

③追修经术:泷川曰:"枫本'追'作'退'。"

③统纪:传统,纲领。

③作《孔子世家》:梁玉绳曰:"史公叙孔子于'世家',以表尊崇之
义,盖谓有土者以国世其家,孔子以德世其家。"

③作《陈涉世家》:陈子龙曰:"三代以来,无以匹夫起兵者,自陈涉
创之。太史公比之汤、武、《春秋》,虽非伦乎,著所始则一也。"
按,司马迁将陈涉列入"圣人"之列,评价之高前无古人,后世对
此多有异说,详见《陈涉世家》。

④成皋之台,薄氏始基:薄氏又称"薄姬""薄夫人",文帝之母。早
年为刘邦姬妾,不受宠幸。一日,刘邦坐河南宫之成皋台,二位曾
与薄姬交好的宠姬于说笑中谈起她,刘邦遂召幸之,生文帝。始

基,给日后发达奠定了基础。

㊶ 诎(qū)意适代:指文帝的皇后窦氏原是吕后宫女。吕后将其分给诸王时,窦氏请求去赵国(今河北邯郸),被误送往代国(今山西平遥西南)。窦氏原本很委屈,不料在代国受到汉文帝宠幸,后来竟当了皇后。诎,委屈。

㊷ 厥崇诸窦:意谓窦皇后的几个弟兄也因其姊而得以发迹封侯。

㊸ 栗姬伉(fù)贵,王氏乃遂:栗姬曾是景帝宠妃,生子刘荣,被立为太子,称"栗太子"。她性妒,又与景帝姐长公主刘嫖不和。景帝妃王夫人想让自己的儿子为太子,乃与刘嫖联手设计陷害栗姬,故意暗中指使大行(礼官)奏请立她为皇后,景帝误认为她勾结朝官,觊觎皇后之位,栗姬遂失宠,其子太子刘荣被废,王夫人之子刘彻被立为太子。伉,同"负",仗恃。遂,遂心,得意。

㊹ 陈后:武帝之皇后。姓陈,名阿娇。景帝姊刘嫖之女。武帝为太子时娶为妃,即位后立为皇后。为人骄纵好妒,后以无子废,使居长门宫。

㊺ 子夫:即卫子夫,原为平阳公主家歌女,后被汉武帝宠幸,生太子刘据。时值陈皇后无子,武帝遂改立卫子夫为皇后。

㊻ 嘉夫德若斯:赞扬汉代的皇后们有如此的道德。夫,语气词。梁玉绳引范械曰:"汉五帝后妃,未闻有可嘉之德,且泛言'嘉德',不知所嘉何人,此语欠明。"

㊼ 作《外戚世家》:梁玉绳引范械曰:"后妃止宜在'列传',若谓世有封爵,不妨侪之'世家',亦应称'后妃世家',不当标题'外戚'。范史本王隐作'皇后纪',尤非。"

㊽ 汉既谲(jué)谋,禽信于陈:指刘邦用陈平之计,假称往云梦巡狩,在陈郡(今河南淮阳)袭捕了楚王韩信。谲,诡诈。禽,同"擒",捉拿,袭捕。

㊾ 越荆:犹言"楚越",泛指今江苏北部、中部一带。这一带原属项

羽，后属韩信，南近越人。荆，楚之别称。剽轻：彪悍而好战。

(50)乃封弟交为楚王：刘邦袭捕韩信后，以为楚民剽悍好战，需要特意控制，封其弟刘交为楚王，都于彭城（今江苏徐州）。泷川引中井曰："'为楚王'句疑脱一字也，上下皆四言，此不得独作三言。"弟交，刘邦之幼弟刘交。

(51)戊溺于邪，礼复绍之：刘交的孙子刘戊曾同吴王刘濞等共同叛乱，兵败自杀，于是朝廷改封刘交的小儿子刘礼为楚王，以继续刘交的王位。绍，继续。

(52)游：刘交的字。

【译文】

郑桓公能及早经营东方，是听了太史伯的建议。庄公侵夺周天子的庄稼，遭到周人的非议。祭仲被迫与宋人结盟另立国君，郑国数世不得安宁。子产仁义治国，后世称为贤人。战国时三晋前来侵伐，郑被韩国吞并。我欣赏郑厉公能助惠王归位，作《郑世家》第十二。

因为能训练好马，造父被周穆王封到赵城。赵夙侍奉晋献公，赵衰侍奉晋文公。由于赵衰辅佐晋文公尊王定霸，于是成为晋国的肱股大臣。赵襄子被智伯所辱，最终灭了智伯。武灵王被围困在沙丘宫，捉雀充饥终于饿死。赵王迁邪恶荒淫，弃用老将廉颇、杀害良将李牧。我欣赏赵鞅能讨平周乱，稳定敬王的统治，作《赵世家》第十三。

毕万受封于魏，卜人知道魏氏日后必会兴盛。魏绛斩了杨干的御者以申明军法，建议晋君与戎狄修好讲和。魏文侯行仁慕义，尊子夏为师。魏惠王因骄傲自大，接连被齐、秦所败。信陵君被安釐王所疑，众诸侯不再与魏国联合抗秦。最终大梁被灭，魏王假被俘。我欣赏魏武子能辅佐晋文公成就霸业，作《魏世家》第十四。

由于有韩厥的仗义协助，赵武才能重振赵氏家族。他使赵氏的血脉与爵禄得以延续，晋人全都尊崇他。韩昭侯重用申不害，在诸侯中名声显扬。后来的韩王怀疑韩非不用，遂被秦国所灭。我欣赏韩厥能帮着晋国扶助周室,作《韩世家》第十五。

　　田完避难,由陈国逃到齐国,一连五代都暗中向百姓恩施,受到齐人歌颂。田常开始专齐政,到田和时正式被列为诸侯。齐王建被说动降秦,最后被迁移到共县。我欣赏齐威王、齐宣王能在乱世尊崇周室,故作《田敬仲完世家》第十六。

　　周室已然衰落,诸侯恣意妄为。孔子伤悼礼崩乐坏,于是研究古代典籍学术,宣传王道,希望能使当时的乱世重回古代的淳正,他把自己的思想写进书里,目的是为治理国家树立法则。他把《诗》《书》《易》《礼》《乐》《春秋》定为经典,并使它们一直传下去。作《孔子世家》第十七。

　　夏桀、殷纣的无道引发了商汤、周武王的讨伐,周王朝的无道引起了孔子的作《春秋》。秦朝的无道引发了陈涉的起义,各地诸侯相继而起,风起云涌,最终灭掉了秦朝。天下朝代更替是从陈涉发难开始。作《陈涉世家》第十八。

　　高祖在成皋台上的偶然召幸,为薄氏后来的发达奠定了基础。由于委屈自己勉强去了代国,窦氏这才一门显贵。由于栗姬的恃宠任性,这才使王夫人得遂心意。陈皇后因骄横而失宠,最后卫子夫被立为皇后。我欣赏汉代的皇后们有如此的贤德,故作《外戚世家》第十九。

　　高祖使用诡计,袭捕了楚王韩信;因为楚越一带民风剽悍,所以封弟弟刘交为楚王,把都城改在彭城,以加强对淮泗一带的控制,以拱卫汉室。刘戊作恶叛乱身死,朝廷提拔刘礼继承楚国的王位。我欣赏刘交曾辅助高祖平定天下,故作《楚元王世家》第二十。

　　维祖师旅①,刘贾是与;为布所袭,丧其荆吴。营陵激吕,乃王琅邪②;怵午信齐,往而不归③,遂西入关④,遭立孝文,获复王燕⑤。天下未集,贾、泽以族,为汉藩辅。作《荆燕世家》第二十一。

　　天下已平,亲属既寡;悼惠先壮,实镇东土⑥。哀王擅兴^⑦，发怒诸吕，驷钧暴戾，京师弗许^⑧。厉之内淫，祸成主父^⑨。嘉肥股肱，作《齐悼惠王世家》第二十二。

　　楚人围我荥阳，相守三年；萧何填抚山西^⑩，推计踵兵^⑪，给粮食不绝，使百姓爱汉，不乐为楚。作《萧相国世家》第二十三。

　　与信定魏，破赵拔齐^⑫，遂弱楚人。续何相国，不变不革^⑬，黎庶攸宁。嘉参不伐功矜能^⑭，作《曹相国世家》第二十四。

　　运筹帷幄之中^⑮，制胜于无形^⑯，子房计谋其事，无知名，无勇功^⑰，图难于易，为大于细^⑱。作《留侯世家》第二十五。

　　六奇既用，诸侯宾从于汉^⑲；吕氏之事，平为本谋^⑳，终安宗庙，定社稷。作《陈丞相世家》第二十六。

　　诸吕为从，谋弱京师，而勃反经合于权^㉑；吴楚之兵，亚夫驻于昌邑，以厄齐赵^㉒，而出委以梁^㉓。作《绛侯世家》第二十七。

　　七国叛逆，蕃屏京师，唯梁为扞^㉔；偵爱矜功，几获于祸^㉕。嘉其能距吴楚，作《梁孝王世家》第二十八^㉖。

　　五宗既王^㉗，亲属洽和，诸侯大小为藩，爰得其宜，僭拟之事稍衰贬矣。作《五宗世家》第二十九。

　　三子之王^㉘，文辞可观。作《三王世家》第三十。

【注释】

①维祖师旅：泷川曰："维祖师旅，高祖兴兵也。"
②营陵激吕，乃王琅邪：刘泽是刘邦的同族，以军功被封营陵侯。刘

邦死后,吕后掌权,刘泽暗中指使人劝吕后封诸吕为王,自己亦趁机被封为琅邪王。激吕,即劝说吕后大封诸吕。

③怵(chù)午信齐,往而不归:齐王刘襄起兵讨诸吕,派将军祝午去琅邪,说要请刘泽为盟主,骗他来齐,遂将其扣押,接管了琅邪的军队。怵,骗,被骗。午,齐国将军祝午。

④遂西入关:刘泽被刘襄扣留后,假说可以入朝说服诸臣立刘襄为帝,刘襄信之,遂令其西入长安。

⑤遭立孝文,获复王燕:刘泽入朝后,当时诸吕已被诛灭,刘泽参与了拥立文帝之举,被文帝改封为燕王,国都即今北京。

⑥悼惠先壮,实镇东土:齐悼惠王刘肥,是刘邦庶长子,年龄最大。刘邦称帝后,刘肥被封为齐王。东土,即指齐国。

⑦哀王擅兴:齐哀王刘襄是刘肥之子,高祖之孙。吕后死后,率先起兵讨伐诸吕,首义之功甚大。擅兴,擅自起兵。

⑧驷钧暴戾,京师弗许:驷钧是齐王刘襄之舅。诸臣讨灭诸吕后,谋议立帝,有人建议立刘襄,刘泽、周勃等都畏惧刘襄英武,希望立一个便于掌控之人,遂托言刘襄的舅舅驷钧为人"暴戾",而予以否定。

⑨厉之内淫,祸成主父:汉武帝时,齐厉王与其姊通奸,又得罪了武帝的宠臣主父偃。汉武帝派主父偃督办,主父偃公报私仇,致使齐厉王自杀亡国。

⑩填抚山西:楚汉战争时,萧何留在关中,为刘邦镇守大本营,并调兵调粮供应前线。填,通"镇"。山西,崤山或华山以西,当时用以指关中(今陕西中部)地区。

⑪推计踵兵:按户籍征兵补充前线。计,户籍。踵,继续,补充。

⑫与信定魏,破赵拔齐:楚汉战争中,曹参是韩信的部将,曾先后跟随韩信破魏(今山西南部)、赵(今河北南部)、齐(今山东地区)。

⑬续何相国,不变不革:指萧何死后曹参接任相国,一切遵照萧何的

章程。后有成语“萧规曹随”。

⑭不伐功矜能:《老子》云:“不自伐,故有功;不自矜,故长。”这里变化其文。

⑮运筹帷幄之中:指大将在幕帐里筹谋作战策略。运筹,运用筹码进行计算,代指定计。帷幄,军中的幕帐。

⑯制胜于无形:无形之中就获得了胜利,极言用计之巧妙。《孙子·虚实篇》:“形兵之极,至于无形,人皆知我胜之形,而莫知我所以制胜之形。”

⑰无知名,无勇功:《孙子·形篇》:“善战者之胜也,无智名,无勇功。”

⑱图难于易,为大于细:《老子》:“图难于其易,为大于其细。”

⑲六奇既用,诸侯宾从于汉:极言陈平的计谋对刘邦统一天下的重要作用。六奇,《陈丞相世家》说陈平为刘邦“凡六出奇计”。诸侯,此指刘邦的功臣诸将。宾从,臣服。

⑳吕氏之事,平为本谋:谓周勃等大臣之所以能诛灭诸吕,陈平为本谋。而据《陈丞相世家》,陈平在吕后当权之际,讨好吕后,阿谀取容;当刘襄起兵后,利用了刘襄、刘章、灌婴等人的联合反吕之机,靠着自己旧有的威望,将诛诸吕之功归于自己。

㉑勃反经合于权:指周勃在得知刘襄起兵,派去平叛的灌婴与之联合后,果断在朝中发动政变,诛灭诸吕。反经,不合常规。经,常规,常道。权,变通。

㉒亚夫驻于昌邑,以厄齐赵:指平定“七国之乱”时,周亚夫率军东出后,不与吴、楚正面会战,而北驻昌邑(今山东金乡西北),以阻挡齐地胶东、胶西、济南、淄川的西进与赵国的南下。亚夫,周亚夫,周勃之子,汉景帝时的名将,因破吴楚叛军之功,位至丞相。

㉓出委以梁:词语不顺,意即“以梁委吴、楚”。

㉔唯梁为扞:诸侯中只有梁国是朝廷的捍卫者。扞,同“捍”,捍卫。

㉕偩爱矜功,几获于祸:梁孝王是汉景帝的胞弟,又特别受母亲窦太

后的宠爱,兼之破吴楚七国有功,故而骄纵越份,谋求继位,差点儿
送掉性命。

㉖梁孝王:名武,"孝"字是谥,梁国的都城为睢阳(今河南商丘城
南)。

㉗五宗:分别指汉景帝五个后妃所生的儿子,除汉武帝见于"本纪"
外,此处所载共十三人。

㉘三子之王:指汉武帝三个儿子被封为王,即封刘闳为齐王,封刘旦
为燕王,封刘胥为广陵王。

【译文】

从汉高祖起兵,刘贾便参与其中,被封为荆王;黥布造反时被黥布袭
击,刘贾兵败身死,丧失了荆吴的封地。营陵侯刘泽是凭着劝吕后大封
诸吕为王侯而被封为琅邪王;齐王刘襄起兵讨诸吕时,被齐将军祝午诱
骗到齐国而被劫持,便使用骗术脱身,向西逃到长安,正逢推立孝文帝为
天子之事,于是被文帝改封为燕王。在汉初天下尚未安定的时候,因为
刘贾、刘泽都是刘氏宗亲,遂被封王,成为大汉的藩辅。作《荆燕世家》
第二十一。

天下已经平定,高祖的亲属不多;悼惠王刘肥在儿子中年龄最大,
故而首封为齐王镇守东方。后来齐哀王刘襄擅自发兵西向,是由于诸吕
的把持政权意图造反。只因其舅驷钧残暴凶狠,未被大臣拥立为帝。厉
王与其姐乱伦,被主父偃检举而自杀。我欣赏刘肥作为汉朝的藩辅,作
《齐悼惠王世家》第二十二。

项羽将高祖围困在荥阳,楚汉对峙三年;萧何镇守关中,按户籍抽调
兵员补充前线,不断为前线运输粮食,并使关中的百姓们一心拥汉,痛恨
项羽。作《萧相国世家》第二十三。

曹参随韩信平魏、灭赵、灭齐,项羽的势力因此转弱。后来继萧何任
相国,谨遵萧何规章,不做变革,让百姓们获得安宁。我欣赏曹参的不居
功自傲,为他作《曹相国世家》第二十四。

运筹帷幄之中，战胜敌人于无形，张良善于用计谋解决问题；看起来好像没做出什么出名的大事，也没有什么战功，但能把一切烦难重大的问题解决在萌芽状态。作《留侯世家》第二十五。

六大奇计的使用，使诸侯服从汉室；诛灭诸吕之事，陈平本是主谋，终于稳定了刘氏的宗庙、社稷。作《陈丞相世家》第二十六。

诸吕互相勾结，阴谋削弱朝廷，周勃违反常道深通权变，发动政变诛灭诸吕而安定汉室。吴、楚七国之乱时，周亚夫屯兵昌邑，以阻挡齐、赵与吴、楚的会合，而暂时弃梁不救是用以消耗吴、楚。作《绛侯世家》第二十七。

吴、楚七国发动叛乱，梁国尽忠竭力护卫京师；事后梁王恃宠居功，差点儿遭祸被灭。我欣赏梁孝王能抗击吴、楚，作《梁孝王世家》第二十八。

景帝五个后妃的儿子都已封王，关系和睦融洽，诸侯无论大小都藩辅拱卫朝廷，各安其所，越分的事情很少发生了。作《五宗世家》第二十九。

当今皇帝策封三个儿子为王，诏书的文辞洋洋可观，为此作《三王世家》第三十。

末世争利，维彼奔义；让国饿死[①]，天下称之。作《伯夷列传》第一。

晏子俭矣，夷吾则奢；齐桓以霸，景公以治。作《管晏列传》第二。

李耳无为自化，清净自正[②]；韩非揣事情，循执理[③]。作《老子韩非列传》第三。

自古王者而有《司马法》[④]，穰苴能申明之[⑤]。作《司马穰苴列传》第四。

非信廉仁勇不能传兵论剑⑥,与道同符,内可以治身,外可以应变,君子比德焉。作《孙子吴起列传》第五。

维建遇谗,爰及子奢⑦,尚既匡父,伍员奔吴⑧。作《伍子胥列传》第六。

孔氏述文⑨,弟子兴业⑩,咸为师傅,崇仁厉义⑪。作《仲尼弟子列传》第七。

【注释】

① 让国饿死:指伯夷和叔齐兄弟饿死首阳山之事。叔齐不欲承父命为君,让国与其兄伯夷;伯夷亦不欲违父命而任此职,于是兄弟二人离开国土。二人又不满周武王伐纣,不食周粟,饿死于首阳山。按,司马迁将伯夷列于"列传"之首,与"本纪"首尧、舜,"世家"首吴太伯用意相同,皆歌颂"让"以批判后世之"争"。

② 李耳无为自化,清静自正:指老子主张"清静无为"。李耳,即老子,道家学派的创始人,著有《道德经》。

③ 韩非揣事情,循执理:韩非是法家学派的集大成者,著有《韩非子》。主张"时移则事异,事异则备变"。事情,事物发展之情。执理,即势理,形势变化之理。按,此篇名为"老子韩非",实则还有庄周、申不害等人。

④《司马法》:书名。旧题司马穰苴作,不可信。据今人考证,为齐威王时诸大夫集古兵法而成,附穰苴于其中。又名《司马穰苴兵法》。主要内容是讲军礼方面的内容。

⑤ 穰苴(jū):春秋时齐国将领。田氏,名穰苴。齐景公时得晏婴荐,任为将军。因以军法斩景公宠臣庄贾,又斩景公派遣为庄贾求赦者,齐国三军震动,士气大振。曾奉景公命退晋、燕之兵,夺回齐之失地,拜为大司马,故称"司马穰苴"。申明:发展,阐述。

⑥非信廉仁勇不能传兵论剑：王念孙引顾子明曰："此本应作'非信仁廉勇不能传剑论兵书'，'信仁'为一类，'廉勇'为一类，'剑论'与'兵书'对文，言非'信仁''廉勇'之人不能传此二术也。"传兵，传授兵法。论剑，论说剑术。

⑦维建遇谗，爰及子奢：指楚平王的太子建被楚国奸臣费无极谗害，连及太子建的太傅伍奢，亦被费无极谗害下狱。维，发语词。子奢，对伍奢的敬称。

⑧尚既匡父，伍员奔吴：指伍奢的两个儿子伍尚和伍员的事。楚平王让伍奢叫两个儿子入朝，伍尚听从召唤，入朝与父俱死；伍员不肯就范，逃往吴国，立志报仇。匡，救助，这里实即往从。

⑨述文：阐发前代文献如《诗》《书》《礼》《易》的意旨。孔子自称"述而不作"。

⑩兴业：发展儒学事业。

⑪咸为师傅，崇仁厉义：意谓孔门弟子都崇尚仁义，皆可学为世范，为人师表。咸，皆。

【译文】

末世众人争利，唯有伯夷赴义；让国而又饿死，为天下人所称颂。作《伯夷列传》第一。

晏子节俭，管仲奢侈；管仲辅佐齐桓公成为霸主，晏婴辅佐齐景公使齐国得到治理。作《管晏列传》第二。

老子主张无为、清净，任其自然，天下就会太平。韩非忖度人情物理，遵循形势变化而采取措施。作《老子韩非列传》第三。

远古帝王时代就有《司马法》，穰苴能发展运用它。作《司马穰苴列传》第四。

没有信、廉、仁、勇品质的人，是不能传授兵法、谈论剑术的，因为只有具有这些品质的人才能把"兵书剑论"运用得符合客观规律，战胜制敌。把这种道理用于对己可以修养身心，用于对外可以应变胜敌，君子可以据此测定某军事家道德人格的高低。作《孙子吴起列传》第五。

由太子建被谗害，牵连到伍奢。伍尚回朝救父，伍子胥奔吴报仇。作《伍子胥列传》第六。

孔子讲学著书，弟子受教传道，个个都成师表，崇尚仁义，激励节义。作《仲尼弟子列传》第七。

鞅去卫适秦[1]，能明其术[2]，强霸孝公，后世遵其法。作《商君列传》第八。

天下患衡秦毋厌[3]，而苏子能存诸侯[4]，约从以抑贪强[5]。作《苏秦列传》第九。

六国既从亲，而张仪能明其说[6]，复散解诸侯。作《张仪列传》第十。

秦所以东攘雄诸侯，樗里、甘茂之策[7]。作《樗里甘茂列传》第十一。

苞河山[8]，围大梁，使诸侯敛手而事秦者，魏冉之功[9]。作《穰侯列传》第十二。

南拔鄢郢[10]，北摧长平[11]，遂围邯郸，武安为率[12]；破荆灭赵，王翦之计[13]。作《白起王翦列传》第十三。

猎儒墨之遗文[14]，明礼义之统纪[15]，绝惠王利端，列往世兴衰[16]。作《孟子荀卿列传》第十四。

好客喜士，士归于薛[17]，为齐扞楚魏[18]。作《孟尝君列传》第十五。

争冯亭以权[19]，如楚以救邯郸之围，使其君复称于诸侯。作《平原君虞卿列传》第十六[20]。

能以富贵下贫贱，贤能诎于不肖，唯信陵君为能行之。

作《魏公子列传》第十七。

以身徇君㉑，遂脱强秦，使驰说之士南乡走楚者㉒，黄歇之义。作《春申君列传》第十八㉓。

能忍䛼于魏齐㉔，而信威于强秦㉕。推贤让位，二子有之㉖。作《范雎蔡泽列传》第十九。

率行其谋，连五国兵㉗，为弱燕报强齐之雠，雪其先君之耻㉘。作《乐毅列传》第二十。

能信意强秦㉙，而屈体廉子㉚，用徇其君，俱重于诸侯。作《廉颇蔺相如列传》第二十一。

湣王既失临淄而奔莒，唯田单用即墨破走骑劫㉛，遂存齐社稷。作《田单列传》第二十二。

能设诡说解患于围城㉜，轻爵禄，乐肆志㉝。作《鲁仲连邹阳列传》第二十三㉞。

作辞以讽谏，连类以争义㉟，《离骚》有之。作《屈原贾生列传》第二十四。

结子楚亲㊱，使诸侯之士斐然争入事秦㊲。作《吕不韦列传》第二十五。

曹子匕首㊳，鲁获其田，齐明其信㊴；豫让义不为二心㊵。作《刺客列传》第二十六㊶。

能明其画，因时推秦，遂得意于海内，斯为谋首。作《李斯列传》第二十七。

为秦开地益众，北靡匈奴，据河为塞㊷，因山为固，建榆中㊸。作《蒙恬列传》第二十八。

【注释】

①鞅去卫适秦：商鞅是战国中期卫国诸侯的后代，开始仕于魏国，不受重用。周显王八年（前361），秦孝公下令求贤，他闻令入秦，因孝公宠臣景监见孝公，提出变法主张，为孝公信重。秦孝公任用商鞅实行变法后，国力强盛。卫，春秋时的诸侯国，战国时已沦为魏国的小封君。

②明：发挥，运用。

③天下：指齐、楚、燕、韩、赵、魏等东方诸国。衡秦：东方诸国与秦国结盟联合对付其他国家。即"连衡"政策。这是战国诸国间联盟的一种形式。还有一种形式为"合纵"，即东方诸国之间的南北联合。毋餍：指秦国对东方诸国的蚕食没有满足。餍，饱，满足。

④苏子：指苏秦。提倡东方诸国"合纵"共抗强秦，曾一身佩数国相印。

⑤约从以抑贪强：即依靠合纵之策以抑制强秦。

⑥张仪：战国时纵横家。原周国人，入秦事秦惠王。为使秦国能将东方诸国各个击破而最先倡导"连横"。他终生为秦国效力，对秦国发展有重大贡献。

⑦樗（chū）里：人称"樗里子"，名疾。战国时秦国大臣。秦惠王异母弟。因家住渭南樗里（亦作"褚里"），遂以里为氏。初任左庶长，以战功封为严君。秦武王时任右丞相。昭襄王时助魏冉平定叛乱。多智，性滑稽，世人称为"智囊"。甘茂：原楚人，仕于秦惠王、武王、昭王朝，对秦国发展有重要的贡献。

⑧苞河山：指将今陕西、山西、河南交界的黄河、华山附近的区域包而取之。苞，通"包"。

⑨魏冉：战国时秦国大臣。秦昭王之舅，宣太后异父弟。魏冉五次出任秦相，在秦国的迅速扩张时期作用甚大。

⑩鄢郢：鄢为鄢邑，楚国别都，在今湖北宜城；郢为楚都，在今湖北荆州江陵。时人常以鄢郢连称。

⑪北摧长平：指白起曾在长平之战中大破赵兵四十余万。长平，韩邑名，在今山西高平西北。

⑫遂围邯郸，武安为率：白起因拔鄢郢而被封为"武安君"。长平之战后，白起曾建议乘胜进围赵都邯郸，被秦相范雎所阻。过后秦昭王又欲让白起率军进攻邯郸，白起认为时机不对而拒绝，昭王怒，贬之为卒，后又在杜邮赐其自尽。所以围攻邯郸时白起并非主帅。梁玉绳曰："武安因不肯攻邯郸，遂有杜邮之赐，何云'武安为率'乎？"

⑬王翦：战国末年秦国大将。为秦王政所重用，对秦的统一有大功。

⑭猎儒墨之遗文：涉猎以儒、墨两家为代表的诸家著作。猎，涉猎，吸纳。儒、墨两家学问在战国时被称为"显学"，这里以"儒墨"代指当时诸家学说。

⑮明礼义之统纪：阐发"礼"的学说体系，此句指荀况，荀况著有《礼论》。李笠曰："'猎儒墨遗文，明礼义统纪'二语，总孟、荀而言；下'绝利端'始专指孟子，'列兴衰'始专指荀子。"按，唐代韩愈写过《读墨子》，已较早地讲说儒、墨相互吸收之意。

⑯列往世兴衰：总结自古以来兴衰的历史教训。此又指荀况，《荀子》中有总结历史教训的《王制》《议兵》《强国》等篇。

⑰薛：齐邑名，在今山东滕州东南，战国中期为孟尝君田文的封邑。

⑱扞：抵御，屏蔽。

⑲争冯亭以权：指平原君赵胜贪图上党而引起秦赵长平之战事。冯亭是韩国将领，为韩国驻守上党。秦军断绝了上党与韩国的联系，韩王令冯亭降秦。冯亭不肯，而请降于赵。赵国有人认为这是冯亭转移秦国主攻方向，主张勿受其降，而平原君赵胜则劝赵王接受其降，于是引发秦兵伐赵。争，贪图。权，违背常规。

⑳虞卿：战国时人。名失传。游说于赵孝成王，被任为上卿，又以封邑在虞（今山西平陆），故号为"虞卿"。秦赵邯郸之战前后，他

几次向赵王献策,而赵王不用。在赵国上下弥漫着一片割地求和的投降论调中力主合纵抗秦。

㉑以身徇君:指春申君黄歇随楚国太子居秦时,能不顾自身危难设法帮助太子潜逃回国。徇,此处同"殉",为助成某事而不惜牺牲自己。

㉒驰说之士南乡走楚:讲说"纵""横"的游说之士纷纷来到楚国,意即使楚国的地位得到提高,被许多国家重视。乡,通"向"。

㉓春申君:黄歇的封号。

㉔能忍诟于魏齐:指范雎原来在魏国时,曾出使齐国,回来后,有人向魏相魏齐报告范雎向齐国出卖情报,魏齐大怒,几乎将范雎打死,又将其扔在厕所,任人便溺。

㉕信威于强秦:指范雎逃到秦国,游说秦昭王,深受信用,后成为秦相。信威,伸威,施展权威。信,通"伸"。

㉖推贤让位,二子有之:范雎任秦相十二年,因用人不善,致使秦军几次失败,深感危机;燕人蔡泽趁机入秦劝说范雎知难而退,范雎遂将相位让给了蔡泽。后有人说蔡泽的坏话,蔡泽辞职不干。说二人"推贤让位"并非事实,是拔高他们了。

㉗连五国兵:谓乐毅能联合五国,以燕将而兼统五国之兵。五国,指赵、韩、魏、秦、燕。

㉘雪其先君之耻:指乐毅率五国联军打败齐国,报当年齐宣王趁燕国"子之之乱"进攻燕国,几乎亡燕之仇。先君,指燕王哙。

㉙信意强秦:指蔺相如的完璧归赵与在渑池会上压制秦国的事迹。信意,能充分地按照自己的意志行事。信,通"伸"。

㉚屈体廉子:谓蔺相如以国家为重,对廉颇的挑衅一再避让。廉子,廉颇,战国后期的赵国名将。

㉛田单用即墨破走骑劫:在齐国绝大部分领土被燕人占领的情况下,田单被推为即墨(今山东平度东南)守将,巧妙地用火牛阵大

破燕军,并杀死燕将骑劫,收复失地,再造齐国。

㉜设诡说解患于围城:指鲁仲连在秦围邯郸时,以机智的雄辩驳斥
了辛垣衍的投降论调,表明"义不帝秦"的决心,伸张了正气,维
护了被侵略者的尊严,为东方抗秦联盟的形成奠定了舆论基础。

㉝轻爵禄,乐肆志:指鲁仲连在为赵国解除危机后,不接受平原君的
厚礼,并认为人要按着自己的心意生活,要活得潇洒。

㉞邹阳:西汉著名文学家。临淄(今山东淄博)人。景帝时与枚乘
等仕吴,以文学知名于世。吴王刘濞欲谋反,他上书规劝,吴王不
听。是时梁孝王喜招文人学士,乃离吴而为孝王客,遭梁臣羊胜
等诬陷下狱,写《狱中上梁王书》自辩,孝王乃释而用为上客。

㉟连类:打比喻。争义:表明意旨。

㊱结子楚亲:指大商人吕不韦视子楚为"奇货",与子楚亲近,并入
秦为之关说,终致在赵国作人质的子楚能够回秦即位,即庄襄王,
而吕不韦亦得为秦相,在秦吞并六国的过程中立有大功。子楚,
指秦昭王的孙子公孙异人。

㊲使诸侯之士斐然争入事秦:司马迁在《吕不韦列传》中只字未提
吕不韦对秦国发展的贡献,此处是对吕不韦的赞扬。斐然,原指
文采美丽,这里用以形容众多的样子。

㊳曹子匕首:曹子,即曹沫,也称"曹刿",春秋时鲁国将领。齐桓公攻
鲁,他三战皆败,庄公惧,献地求和。鲁庄公十三年,齐、鲁会盟于
柯(今山东东阿西南),他持匕首劫持齐桓公,迫使桓公退还鲁地。

㊴齐明其信:齐桓公被曹沫释放后欲毁约,但听从管仲的劝说,也考
虑到一个大国应讲信义,遂兑现了自己的诺言。

㊵豫让义不为二心:豫让是春秋末晋国人。初事范氏及中行氏。继
归智伯,受智伯尊宠。后韩、赵、魏三家灭智氏,瓜分其地。他誓
为智伯报仇,乃漆身吞炭,改姓换名,行乞于市,伺机刺杀赵襄子。
有人曾劝他先假意投降赵襄子以寻找时机,他认为那是"二心"

而不为。适襄子过桥，他伏于桥下，行刺未遂。被捕后直陈动机不讳，并求襄子解衣，拔剑斩衣雪恨，然后伏剑自杀。

㊶《刺客列传》：本传所写为曹沫、专诸、豫让、聂政、荆轲，凡五人。

㊷据河为塞：指蒙恬沿着今内蒙古河套一带的黄河修筑长城。

㊸榆中：古地区名，其地望历来说法不一：《索隐》引苏林说"在上郡"，即今陕西东北部一带；《正义》说为"胜州北河北岸"地，即今内蒙古河套东北岸；《索隐》引服虔云"金城县所治"，在今甘肃榆中县一带。这些地方曾被匈奴人所占有。

【译文】

商鞅离开卫国到了秦国，能以发挥运用法家学术，辅佐孝公富国强兵成为霸主，秦国后世始终遵循他的治国方法。作《商君列传》第八。

东方惧怕强秦连横而贪图诸侯国土，苏秦能保存诸侯，合纵六国抑制贪婪强横的秦国。作《苏秦列传》第九。

六国已经合纵为一，张仪通过申明他的"连横"之说，又瓦解了诸侯的合纵。作《张仪列传》第十。

秦国所以能侵削东方诸国称霸，是靠着樗里疾与甘茂的智谋。作《樗里甘茂列传》第十一。

包取崤山、黄河一带的土地，进而围困魏都大梁，让东方诸侯拱手臣服秦国，都靠穰侯魏冉的功劳。作《穰侯列传》第十二。

南拔楚国鄢郢，北破赵军长平，进而包围邯郸，都是武安侯白起为统帅；最后灭楚灭赵，靠的是王翦的谋略。作《白起王翦列传》第十三。

广泛涉猎儒墨诸家的著作，分析论证礼义之说以为纲纪，杜绝梁惠王的求利观念，总结自古以来的兴衰教训。作《孟子荀卿列传》第十四。

孟尝喜好宾客，宾客聚集在薛地，为齐抵御楚、魏。作《孟尝君列传》第十五。

听信冯亭游说争一时之利，招致长平军败邯郸被围，赴楚国请来救兵，使赵王仍旧名列诸侯。作《平原君虞卿列传》第十六。

能以富贵的身份礼待贫贱者，能以贤能大才礼待无能者，只有信陵君能做到。作《魏公子列传》第十七。

为主不顾自身，使楚太子和自己都脱离强秦，让游说之士南行投奔楚国，都靠黄歇的义行。作《春申君列传》第十八。

能忍受魏相魏齐的摧辱，到秦国为丞相盛极一时。能知难而退主动让出相位，范雎、蔡泽都获得了"推贤让位"的美名。作《范雎蔡泽列传》第十九。

能顺利实行谋略，联合五国之兵，为弱燕打败强齐报了仇，洗雪了先君的耻辱。作《乐毅列传》第二十。

能面对强秦实现自己的意愿，而对廉颇一再委曲求全，为国家不顾个人私利，两位英才都名重诸侯。作《廉颇蔺相如列传》第二十一。

齐湣王大败于乐毅逃离都城临淄逃奔莒城，田单凭借即墨击退骑劫，终于保存了齐国社稷。作《田单列传》第二十二。

靠正义与雄辩解邯郸之围，轻视爵禄，喜爱自由自在随心意行事。作《鲁仲连邹阳列传》第二十三。

用辞赋讽谏国君，反复比喻，表明意旨，《离骚》就是这样。作《屈原贾生列传》第二十四。

视子楚为奇货而与之亲近，待至入秦为相，使诸侯之士纷纷西向事秦。作《吕不韦列传》第二十五。

曹沫在盟会时用匕首劫持齐桓公，鲁国丢失的土地一举收回，齐桓公亦未反悔显示了信义；豫让为智伯行刺赵襄子，绝不做不忠于主上的二心人。作《刺客列传》第二十六。

能申明自己的谋略，能不失时机地辅佐秦王发展扩大，一统天下，使皇帝心满意足，论功劳李斯当数第一。作《李斯列传》第二十七。

为秦朝开疆辟土，在北方驱逐匈奴，沿黄河筑长城，依山形建要塞，在榆中设郡县守塞屯田。作《蒙恬列传》第二十八。

填赵塞常山以广河内①，弱楚权，明汉王之信于天下。作《张耳陈馀列传》第二十九②。

收西河、上党之兵，从至彭城③；越之侵掠梁地以苦项羽④。作《魏豹彭越列传》第三十。

以淮南叛楚归汉⑤，汉用得大司马殷⑥，卒破子羽于垓下。作《黥布列传》第三十一。

楚人迫我京索⑦，而信拔魏赵，定燕齐⑧，使汉三分天下有其二，以灭项籍。作《淮阴侯列传》第三十二。

楚汉相距巩洛⑨，而韩信为填颍川⑩，卢绾绝籍粮饷⑪。作《韩信卢绾列传》第三十三⑫。

诸侯畔项王，唯齐连子羽城阳⑬，汉得以间遂入彭城⑭。作《田儋列传》第三十四⑮。

攻城野战，获功归报，哙、商有力焉⑯；非独鞭策，又与之脱难⑰。作《樊郦列传》第三十五⑱。

汉既初定，文理未明⑲，苍为主计⑳，整齐度量，序律历㉑。作《张丞相列传》第三十六㉒。

结言通使㉓，约怀诸侯㉔；诸侯咸亲，归汉为藩辅。作《郦生陆贾列传》第三十七㉕。

欲详知秦楚之事，维周緤常从高祖平定诸侯㉖。作《傅靳蒯成列传》第三十八㉗。

【注释】

①填：通"镇"。常山：山名，在今河北曲阳西北；也是郡名，治所东垣（今石家庄东北）。河内：郡名，治所野王（今河南沁阳）。

②张耳、陈馀：二人为同乡，曾结为刎颈之交。陈胜起义后，张耳与

陈馀前往投奔,任校尉。后被秦将章邯围于钜鹿,张耳嫌陈馀援救不力,两人结怨。不久从项羽入关,被封为常山王。汉王二年(前205),为陈馀袭破,投汉反楚,与韩信率师破赵,斩陈馀,追杀赵歇。刘邦封张耳为赵王。

③收西河、上党之兵,从至彭城:此事指魏豹。魏豹,战国时魏国贵族。秦末农民起义时,从其兄魏咎投奔陈胜,陈胜立咎为魏王。后秦将章邯攻魏,咎兵败自杀,他逃奔楚,楚怀王以兵数千相助,得以复徇魏地,连下二十余城,遂自立为魏王。章邯攻赵,他率军与诸侯救赵。钜鹿大战后,又引精兵从项羽入关。汉王元年(前206),项羽改封他为西魏王,都平阳(今山西临汾西南)。楚汉战争起,降汉,从刘邦击楚入彭城。项羽大破汉军,他与刘邦退至荥阳,托言探视母病返国叛汉。不久为韩信击破俘虏,刘邦又令他守荥阳。后楚围攻荥阳甚急,汉将周苛怕他复叛,杀之。西河,此指今山西、陕西交界处的黄河,属于魏豹所管。上党,今山西晋东南地区,当时也受魏豹辖制。

④侵掠梁地以苦项羽:此指彭越。楚汉战争时,彭越率三万余人投刘邦,刘邦拜其为魏相国,命其掠定梁地(今河南东南部)。曾屡断项羽粮道,封建成侯。汉王四年(前202),与韩信等合兵击灭项羽于垓下(今安徽灵璧东南)。

⑤以淮南叛楚归汉:此指黥布。楚汉战争中黥布被随何策反投奔了刘邦。

⑥用得大司马殷:指楚汉战争后期,刘邦又通过黥布策动项羽的大司马周殷叛楚归汉,并率部参加围歼项羽的垓下之战,使项羽彻底覆亡。

⑦楚人迫我京索:楚汉战争初期,刘邦溃败于彭城后,双方主力遂相持于京、索一线,前后长达三年。京,秦县名,在今河南荥阳东南。索,古邑名,即今荥阳。

⑧拔魏赵，定燕齐：当刘邦与项羽相持于京索之际，韩信引兵先破魏国和赵国，接着使燕王韩广降汉，又东出破齐，至此项羽遂腹背受敌，最后又被韩信指挥的汉军围于垓下。在楚汉战争中刘邦之所以能获胜，韩信起了关键作用。

⑨巩：巩县（今河南巩县东南）。洛：洛阳（今洛阳市东北部）。

⑩韩信为填颍川：此"韩信"也称作"韩王信"，是六国时的韩国的后代，与前文讲的"淮阴侯韩信"不是一个人。楚汉战争初期刘邦封之为韩王，为刘邦镇守韩国的旧地颍川（今河南禹州）一带。刘邦称帝后，将韩王信改封于今山西北部，后由于想用和解的方法解决被匈奴围困的问题，被刘邦怀疑有二心，他大恐叛逃匈奴，共同击汉。

⑪卢绾（wǎn）：西汉初诸侯王。丰（今江苏沛县）人。少时与刘邦友善。秦末从刘邦起义于沛（今江苏沛县）。深受刘邦器重，恩宠过于诸将。项羽败亡后，又从刘邦击败燕王臧荼，封燕王，领其地。陈豨叛乱，刘邦派卢绾讨伐陈豨，陈豨派人说服卢绾，卢绾遂暗中与之联络以图自存。陈豨败，他惧诛逃入匈奴，被匈奴单于封为东胡卢王。不久病死于匈奴。

⑫《韩信卢绾列传》：此传还写了陈豨（xī）。陈豨于韩王信逃入匈奴后，被刘邦任为代相，将代、赵边兵。后被刘邦猜疑，遂起兵反汉，被刘邦讨平。

⑬齐连子羽城阳：诸侯起兵反秦时，齐地的义军首领是齐王的后代田儋，田儋被秦将章邯杀死后，其弟田荣继承其事。田荣因与项羽有矛盾，项羽封诸侯之时将齐地一分为三，田荣被排除在外。田荣遂首先举兵反项。项羽移兵伐齐，破杀田荣后，田荣之弟田横又从城阳（今山东鄄城东南）起兵反项，遂将项羽牵制于齐地。连，牵制。

⑭汉得以间遂入彭城：在项羽被牵制在齐地时，刘邦趁机率领诸侯

大军攻入了项羽的都城彭城。间,空隙,机会。

⑮《田儋列传》:实际写了田儋、田荣、田横兄弟三人。有井范平引锺惺曰:"观此,儋亦功臣也,看得有关目。"

⑯哙、商:樊哙、郦商,皆为刘邦的将领。他们在反秦朝、灭项羽中有大功,在汉初平定黥布、韩王信、陈豨等的叛乱中亦有大功。

⑰非独鞭策,又与之脱难:此指夏侯婴。夏侯婴曾为滕县县令,故又称"滕公""滕婴"。从刘邦起兵反秦,一生为刘邦驾车,故有"鞭策"之说;刘邦与项羽作战时多次面临绝境,亦靠夏侯婴帮其脱离险境。夏侯婴还曾救惠帝与鲁元公主得以脱险。

⑱《樊郦列传》:此篇写了樊哙、郦商、夏侯婴、灌婴四人。其正式篇名为《樊郦滕灌列传》

⑲文理:指国家的各种制度。

⑳苍为主计:张苍是刘邦的开国将领,刘邦称帝后,张苍负责管理财政收支方面的事务,汉文帝时为丞相。

㉑序律历:制定新的律则与历法。律,乐律,音律。古人按音阶高低分为六律和六吕,合称十二律。

㉒《张丞相列传》:此传是文帝、景帝、武帝时期几位丞相、御史大夫的合传,共写了张苍、周昌、任敖、申徒嘉四人以及其他几个为相者。

㉓结言:用言辞订约。

㉔约怀:与之结约,令其信任。怀,思念,感戴。

㉕《郦生陆贾列传》:此篇还写了平原君朱建。郦生,即郦食其(yì jī),与陆贾都是刘邦部下的谋臣与说客。郦食其以"狂生"姿态见刘邦,智下陈留,进夺取敖仓、扼守成皋、太行山、蜚狐口和白马津之计,后劝降齐国,因韩信袭齐而被烹杀。陆贾在高祖与文帝时两次出使南越,说服南越王赵佗归附汉朝。

㉖欲详知秦楚之事,维周缲常从高祖平定诸侯:此处文辞不顺,似有脱讹,且关于"周缲"亦事迹甚少,无足深道,此数语与传文大不

相称。秦楚之事,指刘邦破秦、破楚的过程。

㉗《傅靳蒯成列传》:傅宽、靳歙、周缫皆为刘邦的开国将领,傅宽功封阳陵侯,靳歙功封信武侯,周缫功封蒯成侯。

【译文】

张耳镇抚赵国扼制常山,进而扩展到河内,削弱了项羽的势力,向天下宣扬了汉王的信义。作《张耳陈馀列传》第二十九。

魏豹率西河、上党之兵,随高祖东进攻下彭城;彭越在梁地骚扰后方使项羽腹背受敌。作《魏豹彭越列传》第三十。

黥布以淮南之地叛楚归汉,汉又通过他策动楚大司马周殷归降,最后破项羽于垓下。作《黥布列传》第三十一。

项羽在京、索之间围困逼迫汉王,而韩信已灭魏灭赵,进而平定了燕、齐,使汉王控制了三分之二的天下,又在垓下彻底消灭了项羽。作《淮阴侯列传》第三十二。

楚、汉两军对峙于巩、洛、荥阳之时,韩王信占据颍川威胁项羽,卢绾则切断了项羽后方的粮道。作《韩信卢绾列传》第三十三。

诸侯背叛项羽,齐国首先起兵,将项羽牵制在齐地,汉王于是得以乘机攻进彭城。作《田儋列传》第三十四。

攻城野战,立功回报,樊哙、郦商出力很大;夏侯婴不仅为汉王驾车,还多次帮其逃出险境。作《樊郦列传》第三十五。

大汉刚刚建立,制度还不完善,张苍主管财政事务,统一了度量衡,修订了历法音律。作《张丞相列传》第三十六。

善于言辞屡次出使,说服诸侯归汉;众诸侯都与汉亲善,藩辅汉朝。作《郦生陆贾列传》第三十七。

要明白楚汉相争的详情,周缫常贴身侍奉高祖,了解平定诸侯过程中的各种情形。作《傅靳蒯成列传》第三十八。

徙强族^①,都关中^②,和约匈奴^③;明朝廷礼,次宗庙仪

法④。作《刘敬叔孙通列传》第三十九⑤。

能摧刚作柔，卒为列臣⑥；栾公不劫于埶而倍死⑦。作《季布栾布列传》第四十。

敢犯颜色，以达主义⑧；不顾其身，为国家树长画⑨。作《袁盎晁错列传》第四十一。

守法不失大理⑩，言古贤人，增主之明⑪。作《张释之冯唐列传》第四十二。

敦厚慈孝，讷于言，敏于行⑫，务在鞠躬⑬，君子长者。作《万石张叔列传》第四十三⑭。

守节切直，义足以言廉，行足以厉贤⑮，任重权不可以非理挠⑯。作《田叔列传》第四十四。

扁鹊言医⑰，为方者宗⑱，守数精明⑲；后世循序⑳，弗能易也，而仓公可谓近之矣㉑。作《扁鹊仓公列传》第四十五。

维仲之省㉒，厥濞王吴㉓，遭汉初定，以填抚江淮之间。作《吴王濞列传》第四十六。

吴楚为乱，宗属唯婴贤而喜士㉔，士乡之，率师抗山东荥阳。作《魏其武安列传》第四十七㉕。

智足以应近世之变，宽足用得人。作《韩长孺列传》第四十八㉖。

【注释】

①强族：世家豪族。

②都关中：刘邦称帝初期建都洛阳，后来迁往长安。

③和约匈奴：指与匈奴实行和亲政策。

④次：编订。

⑤刘敬：本名"娄敬"，因向刘邦建议受到刘邦喜欢，遂被赐姓"刘"。

⑥能摧刚作柔，卒为列臣：此指季布。季布原为项羽的勇将，项羽失败后，刘邦悬赏捉拿他，他藏到周氏家中，听从周氏之计卖到大侠朱家处为奴。朱家通过滕公夏侯婴说服刘邦赦免了他，拜为郎中。

⑦栾公不劫于埶而倍死：此指栾布。栾布与彭越友善，后辗转成为臧荼部下。及臧荼反汉被诛，他被俘。彭越闻之，将他赎回，任为梁大夫。不久高祖诛彭越，严令不准收尸，栾布出使回来，为彭越收尸，在被盛怒的刘邦下令烹杀时，仍直言为彭越辩冤。不劫于埶，即不畏权势。倍，通"背"，违背。

⑧敢犯颜色，以达主义：此指袁盎。袁盎曾劝谏汉文帝与宦者赵谈同车，又力诤使慎夫人与皇后异座等。以达主义，词语生涩，有人解释为"让君主的行为合于道义"，或可解释为"将自己合乎正义的思想表达给皇帝"。

⑨不顾其身，为国家树长画：此指晁错。晁错为巩固加强中央集权而力主削藩，明知此举会惹怒诸王侯，仍不计个人安危，终致以身殉职。

⑩守法不失大理：意即身为大理之职，能执法公平。此指张释之。张释之为廷尉，能依法处理案件，不阿顺皇帝之意。大理，古官名，汉代叫"廷尉"，国家的最高司法官。

⑪言古贤人，增主之明：此指冯唐。冯唐在文帝时为中郎署长。曾当众批评文帝不善用人，并以云中守魏尚有功而被免职为例，指出文帝有"赏太轻，罚太重"之失。文帝感悟，特令他持节复魏尚职，并任他为车骑都尉。

⑫讷（nè）于言，敏于行：语出《论语·里仁》："君子欲讷于言而敏于行。"讷，不善说话。

⑬务在鞠躬：意即处处小心，谨守礼节。《论语·乡党》："入公门，鞠

躬如也。"以上数句皆指万石君父子五人。万石君名石奋,并无实际功劳,只以行事恭谨官至九卿。有四子,皆以孝顺恭谨名,官均至二千石,父子五人合得万石,故景帝称他为"万石君"。

⑭《万石张叔列传》:此篇标题"万石君张叔",而实际还写了卫绾、直不疑、周文。张叔,即张欧,汉武帝时曾为御史大夫,办理案件以宽大为主

⑮厉贤:使贤者由此受到激励。厉,同"励"。

⑯任重权不可以非理挠:田叔在汉初因赵相赵午举荐,任赵郎中。在贯高谋刺刘邦一案中,赵王张敖被认为是主谋,田叔本不涉案,还是与孟舒等人冒死罪随张敖同往。谋反事查明,他被高祖任为汉中守。他为孟舒洗冤,使其为云中守。景帝时巧妙处理梁孝王派人刺杀袁盎一案,化解皇室危机。相鲁时用不伤鲁王面子的方法让鲁王偿还了强取的民财,规劝鲁王减少田猎。

⑰扁鹊:相传为黄帝时名医,此指战国初名医秦越人,医术高明,致使遭嫉被杀。

⑱方者:研习方药的人,即医生。

⑲数:数术,技术,这里指医道。

⑳循序:遵循、继承前辈的事业。序,通"绪",开端。

㉑仓公:指西汉文帝时的名医淳于意。

㉒维仲之省:仲,指高祖之兄刘仲。西汉建立后,高祖封刘仲为代王。匈奴攻代,仲弃国逃亡,废为郃阳侯。省,贬抑。

㉓厥濞王吴:刘仲的儿子刘濞,随刘邦平黥布有功,被刘邦封为吴王,国都广陵(今江苏扬州)。汉景帝时,刘濞联合楚、赵等七国作乱,被周亚夫平定。

㉔宗属:宗室与外戚。

㉕《魏其武安侯列传》:本篇写了魏其侯窦婴、武安侯田蚡及灌夫三人。魏其侯窦婴是窦太后的堂侄;武安侯田蚡是王太后同母异父

兄弟，武帝的舅舅。窦婴与灌夫友善。在权势之争中，窦婴与灌夫不敌田蚡，皆被杀害。

㉖韩长孺：韩安国，字长孺。初事梁孝王刘武，任中大夫。在平定吴楚七国叛乱时，他与张羽率军力战，使叛军不得过梁地。继任梁内史。在梁孝王僭越天子一事上为梁孝王分辩，取悦窦太后；在袁盎被刺一案，劝梁孝王交出主谋，暂时消弭了景帝与梁孝王之间的尖锐矛盾。武帝时官至御史大夫，因摔伤错过了拜相机会。后因反对与匈奴开战，又几次防守边郡失利，郁郁而终。

【译文】

刘敬建议将各地的豪门大族迁往关中，又劝高祖建都关中，与匈奴和亲结好；叔孙通制订了朝廷上使用的礼节和祭礼宗庙的礼法。作《刘敬叔孙通列传》第三十九。

季布能化刚强为柔和忍辱偷生，终于成为大汉名臣；栾布不屈服于强权，宁死不背旧主。作《季布栾布列传》第四十。

袁盎敢犯颜直谏，要让君主的言行合乎道义；晁错能不顾自身安危，为国家长治久安出谋献策。作《袁盎晁错列传》第四十一。

张释之做廷尉坚持依法判案，不阿从皇上意旨；冯唐讲述古代的用人之道，使皇帝更加英明。作《张释之冯唐列传》第四十二。

忠厚仁慈孝敬，不善言辞而行为殷勤，非常讲究恭谨守礼，堪称君子长者。作《万石张叔列传》第四十三。

有气节恳切率直，讲义气可称刚直方正，品行高足以激励贤人，位高权重能秉公而行，决不屈服于非理手段。作《田叔列传》第四十四。

扁鹊行医治病，是医家的祖师，他的医术精湛高明；后世的医生都遵循其法，不能改变，只有汉代的仓公可以说接近他的水平。作《扁鹊仓公列传》第四十五。

刘仲面对匈奴入侵弃国而逃被免去王爵，其子刘濞封为吴王，在大汉初建的时候，稳定了江淮地区。作《吴王濞列传》第四十六。

　　吴、楚叛乱的时候，皇亲国戚中只有窦婴贤能而礼贤下士，士人们都归心于他，他率兵驻守荥阳以抗拒山东作乱的诸侯。作《魏其武安列传》第四十七。

　　智慧足以应对近世变化，宽宏大度足以赢得人的好感。作《韩长孺列传》第四十八。

　　勇于当敌，仁爱士卒，号令不烦①，师徒乡之②。作《李将军列传》第四十九。

　　自三代以来，匈奴常为中国患害；欲知强弱之时，设备征讨，作《匈奴列传》第五十。

　　直曲塞③，广河南④，破祁连⑤，通西国⑥，靡北胡。作《卫将军骠骑列传》第五十一⑦。

　　大臣宗室以侈靡相高，唯弘用节衣食为百吏先⑧。作《平津侯列传》第五十二⑨。

　　汉既平中国，而佗能集杨越以保南藩⑩，纳贡职⑪。作《南越列传》第五十三。

　　吴之叛逆，瓯人斩濞，葆守封、禺为臣⑫。作《东越列传》第五十四。

　　燕丹散乱辽间，满收其亡民⑬，厥聚海东⑭，以集真藩，葆塞为外臣⑮。作《朝鲜列传》第五十五。

　　唐蒙使略通夜郎⑯，而邛笮之君请为内臣受吏⑰。作《西南夷列传》第五十六⑱。

　　《子虚》之事⑲，《大人》赋说⑳，靡丽多夸，然其指风谏㉑，归于无为。作《司马相如列传》第五十七㉒。

　　黥布叛逆，子长国之㉓，以填江淮之南，安剽楚庶民㉔。

作《淮南衡山列传》第五十八㉕。

【注释】

①号令不烦：指李广治军不重繁文缛节。

②师徒乡之：即受到士兵的爱戴。乡，通"向"。

③直曲塞：直取黄河一线的边塞。今内蒙古河套一带曾被蒙恬占
　据，在秦末战乱期间被匈奴夺去，卫青等伐匈奴后，又夺了回来。

④河南：今内蒙古河套一带黄河以南的大片地区。

⑤破祁连：指霍去病打到祁连山以西千余里，大破匈奴。

⑥通西国：指卫青、霍去病打败匈奴，打通了河西走廊，西域诸国与
　汉朝可以相往来。西国，此指西域。

⑦卫将军：即卫青，汉武帝时名将，官至大将军。骠骑：即霍去病，卫
　青的外甥，汉武帝时名将，官至骠骑将军。

⑧节衣食：指公孙弘生活俭朴。公孙弘是汉武帝时的儒生，以精通
　《公羊春秋》而位居宰相，封平津侯。为人谄佞，为司马迁厌恶的
　人物之一。

⑨《平津侯列传》：此传全称《平津侯主父列传》，除写公孙弘、主父
　偃外，还附写了徐乐、严安二人。《史记志疑》引有人曰："《匈奴
　传》后，即次以卫、霍、公孙弘，而全录主父偃谏伐匈奴书，史公有
　深意焉。"

⑩佗能集杨越以保南藩：赵佗为西汉时南越王。姓赵氏，名佗。真
　定（今河北石家庄）人。秦始皇时用为南海龙川（今广东龙川西
　南）令。二世时，命行南海郡尉事，故又名"尉佗"，亦作"尉他"。
　秦朝灭亡，即并桂林、象郡，自立为南越武王。刘邦以其平定南越
　有功，遣陆贾立其为南越王。高后时，又自尊号为南越武帝，发兵
　攻长沙边邑，取数县而去。吕后遣兵往击之，败归。南越因此以
　兵威胁汉边境，东西万余里，并称制，与汉朝等同。至文帝时，复

遣陆贾出使南越,他乃去帝号称臣。卒谥"武"。集杨越,即安抚南方的百越之地。杨越,《集解》引张晏曰:"杨州之南越也。"

⑪纳贡职:即给汉王朝进贡。职,也是"贡"的意思。

⑫葆守封、禺为臣:《索隐》曰:"言东瓯被越之攻,保封、禺之山。"意指汉武帝时,闽越人攻东瓯,东瓯人依"封、禺"(今浙江德清二山)为汉守土。葆,通"保"。此事不见于《东越列传》,不知《索隐》有何根据。

⑬燕丹散乱辽间,满收其亡民:指燕太子丹派荆轲刺秦王失败,秦击燕,攻拔其都城,太子丹逃到辽东,燕王杀太子丹。后燕国也被秦所灭,燕国一些不愿归秦的人逃入辽东;西汉初期,燕地连续战乱,许多亡命者也相继逃到辽东。卫满遂收聚、带领这些人进入朝鲜境内,自立称王,国都王俭(即今平壤市)。燕丹,战国时燕国末代国君燕王喜的太子,名丹。满,卫满。秦汉之际燕地人。

⑭聚海东:即指在朝鲜建国。

⑮葆塞为外臣:指吕后、文帝、景帝期间,卫满与儿子为朝鲜王时,都能向汉称臣,与汉和平共处。葆塞,保守自己的国界。

⑯唐蒙使略通夜郎:武帝建元六年(前135),唐蒙上书武帝通夜郎(今贵州遵义、桐梓一带)道,许之。乃拜为郎中将,将千人,往见夜郎侯多同,约为置吏,使其子为令,夜郎侯听其约。还报,乃置犍为郡。后唐蒙又与司马相如开通西南夷,发巴、蜀、广汉之卒数万人凿山通道千余里,以通巴蜀。略通,扩张、打通。夜郎,西南地区小国名,约当今贵州之西部、北部。

⑰邛筰:汉时西南夷邛都、筰都两名的并称。约在今四川西昌、汉源一带。后泛指西南边远地区或少数民族。

⑱西南夷:当即西夷和南夷。汉时对分布在今甘肃南部,四川西部、南部,贵州西部、北部,云南和西藏昌都地区诸少数民族的泛称。

⑲《子虚》之事:指司马相如的名作《子虚赋》与《上林赋》。

⑳《大人》赋说：指司马相如的作品《大人赋》，描写想象中的神仙遨游仙界与四方的情景。

㉑风谏：通过委婉曲折的方式，规劝皇帝。

㉒司马相如：西汉文学家。字长卿，蜀郡成都（今四川成都）人。原名犬子，因慕蔺相如而更名。善辞赋。

㉓子长：刘邦的儿子刘长，在淮南王黥布被刘邦讨灭后，被封为淮南王，都寿春（今安徽寿县）。

㉔安：镇抚、稳定。

㉕淮南、衡山：汉初的两个诸侯国。刘长被刘邦封为淮南王，至文帝时因谋反被发配四川，死于途中。后来文帝又封刘长的儿子刘安为淮南王、刘赐为衡山王（都邾，今湖北黄冈西北）。至武帝时刘安与刘赐都因谋反被诛灭。

【译文】

抗敌勇猛，仁爱士卒；号令简易不烦，士卒衷心爱戴。作《李将军列传》第四十九。

从古至今，匈奴时常成为中原地区的祸患；为了探求匈奴强弱发展变化的历史，提供或防御或征讨的参考意见，作《匈奴列传》第五十。

卫将军直取河套之敌，收复了河南地区；霍去病大破匈奴于祁连山，从此汉与西域相通，北方之敌一蹶不振。作《卫将军骠骑列传》第五十一。

大臣皇亲竞相奢侈靡丽，丞相公孙弘却以衣食节俭成为百官的表率。作《平津侯列传》第五十二。

大汉平定中原后，赵佗能安抚杨越称王南越，成为汉朝南部的屏障，向汉进贡。作《南越列传》第五十三。

吴王刘濞领头叛乱，东瓯将其斩杀，保守封山、禺山，为大汉臣民。作《东越列传》第五十四。

燕太子丹曾率众逃到辽东避难，卫满收容了这些逃亡者，屯聚海东，在朝鲜建国,他安集了朝鲜的真藩诸部,在塞外称臣于汉。作《朝鲜列传》第五十五。

唐蒙建议经略西南通夜郎,邛、筰之君愿意内附,请朝廷为之派遣官吏。作《西南夷列传》第五十六。

《子虚赋》《大人赋》一类作品,辞藻华丽,铺陈浮夸,但目的还是在讽谏皇帝,劝他们回归无为,不要沉迷于游猎求仙,伤己劳民。作《司马相如列传》第五十七。

黥布叛乱身死,刘长被封淮南,镇守江淮之南,安抚剽悍的楚地百姓。作《淮南衡山列传》第五十八。

奉法循理之吏①,不伐功矜能,百姓无称,亦无过行。作《循吏列传》第五十九②。

正衣冠立于朝廷,而群臣莫敢言浮说,长孺矜焉③;好荐人,称长者,庄有溉④。作《汲郑列传》第六十。

自孔子卒,京师莫崇庠序⑤,唯建元、元狩之间⑥,文辞粲如也⑦。作《儒林列传》第六十一⑧。

民倍本多巧⑨,奸轨弄法⑩,善人不能化,唯一切严削为能齐之⑪。作《酷吏列传》第六十二⑫。

汉既通使大夏⑬,而西极远蛮,引领内乡⑭,欲观中国。作《大宛列传》第六十三⑮。

救人于厄,振人不赡⑯,仁者有乎;不既信⑰,不倍言,义者有取焉。作《游侠列传》第六十四⑱。

夫事人君能说主耳目⑲,和主颜色,而获亲近,非独色爱,能亦各有所长⑳。作《佞幸列传》第六十五㉑。

不流世俗,不争势利,上下无所凝滞㉒,人莫之害,以道之用。作《滑稽列传》第六十六㉓。

齐、楚、秦、赵为日者㉔，各有俗所用㉕。欲循观其大旨㉖，作《日者列传》第六十七㉗。

三王不同龟，四夷各异卜㉘，然各以决吉凶。略窥其要㉙，作《龟策列传》第六十八㉚。

布衣匹夫之人，不害于政，不妨百姓，取与以时而息财富㉛，智者有采焉。作《货殖列传》第六十九㉜。

【注释】

①奉法循理：遵照章程，按常规办事。

②循吏：即"奉法循理"之吏，与"酷吏"不同，与吴起、商鞅、晁错等勇于变革之吏亦不同。

③长孺矜焉：汲黯以端庄严肃闻名。汲黯，字长孺。汉武帝时任东海太守，以清静治民，大有政绩，召为主爵都尉。好黄老之术，常直言切谏，反对汉武帝的多欲政治。

④庄有溉：指郑当时为人有气节。底本原作"壮有溉"，不知所云。"壮"字应作"庄"，郑当时字"庄"，与上文"长孺矜焉"皆以名字对举。溉，通"概"，气节。

⑤庠序：古代乡学名称。《孟子》赵岐注："殷曰庠，周曰序。"这里用以指京城的太学。

⑥建元、元狩：汉武帝的两个年号，建元为前140—前135；元狩为前122—前117。

⑦粲如：犹言"粲然"，辞采美丽的样子。

⑧《儒林列传》：本篇记载了儒家各种"经典"的师承渊源和汉代一些重要儒生的生平履历。

⑨倍本多巧：指背离质朴的本性而变得奸诈狡猾。倍，通"背"。

本,本性。

⑩奸轨:同"奸宄",违法作乱。《说文》:"外为盗,内为宄。"

⑪一切:犹今"断然"。严削:严厉制裁。

⑫《酷吏列传》:本传载汉代"酷吏"十人,其中九个为汉武帝时人。

⑬大夏:当时西域国名,约当今之阿富汗东北部与塔吉克斯坦一带。汉代张骞首次奉汉武帝之命到达此处,从此大夏、大宛、康居、大月氏等国开始与汉代相互往来。

⑭引领内乡:意即倾慕、向往汉朝。引领,伸长脖子,急切盼望的样子。乡,通"向"。

⑮《大宛列传》:记载了张骞通西域、西域诸国概况以及李广利伐大宛的过程。大宛,古西域国名。王治贵山城(今乌兹别克斯坦卡散赛。一说在今塔吉克斯坦苦盏)。领地在今中亚费尔干纳盆地。

⑯振人不赡(shàn):在人衣食不足时给予救济。振,救济。不赡,衣食不足,这里即指危难。

⑰不既信:不失信。王念孙曰:"《方言》《广雅》并云:'既,失也。'"

⑱《游侠列传》:此传记载了汉代游侠朱家、剧孟、郭解等人,是司马迁一篇深有感慨的抒情文字。

⑲说主耳目:让主子听到好听的,看到好看的,从而取悦主子。说,同"悦"。

⑳能亦各有所长:本文所写汉代诸帝的男宠,除李延年精通音乐外,其他人并无其他技能。

㉑佞幸:以献媚取宠。

㉒上下无所凝滞:意即与上下之间没有任何矛盾、摩擦。

㉓《滑稽列传》:此篇所写是帝王身边有思想、有正义感的一些侏儒、俳优。

㉔日者:古代占候卜筮的人。

㉕各有俗所用:词语不顺,大意谓不同地区各有其不同的风俗和占

卜方式。

㉖循观：遍观，通览。

㉗作《日者列传》：由司马迁的论赞，可知本传应是一篇有关日者的
　　多人类传，而现在却叙述了司马季主一个占卜者的故事，而且形
　　式有如辞赋，应该不是司马迁原作。

㉘三王不同龟，四夷各异卜：意即不同时代和地区用作占卜工具的
　　材料各不相同。三王，这里指夏、商、周三代。

㉙窥：窥探，探求。

㉚作《龟策列传》：《索隐》曰："其书既亡，无以知其异。今褚少孙唯
　　取太卜占龟之杂说，词甚繁芜，不能剪裁，妄加穿凿，此篇不才之
　　甚也。"龟策，龟甲和蓍草。古代占卜之具。

㉛取与以时：指看准时机买进卖出。取与，买与卖。息：生，繁衍。

㉜《货殖列传》：司马迁专门为从事工商业的商人所立的一篇类传。
　　货殖，谓经商营利。

【译文】

为官奉职守法，不自夸功绩才能，尽管没有百姓称颂，但他们也从来
不犯错误。作《循吏列传》第五十九。

衣冠端庄地站在朝堂，群臣都不敢夸夸其谈，汲黯就是这样的正直
严肃；郑当时喜爱荐贤举能，被人称为"长者"，有气节。作《汲郑列传》
第六十。

自孔子去世后，京师不重视学校教育，只有到了建元、元狩之间，朝
野上下才文采灿然。作《儒林列传》第六十一。

当人们都背离质朴而变得奸猾，坏人横行为非作歹，善良的人无法
感化他们，必须采取断然措施，绳之以法。作《酷吏列传》第六十二。

大汉与大夏通使以后，西方极远的国度都向往汉朝，想瞻仰中国的
风采。作《大宛列传》第六十三。

救人于危难之中，帮人于穷困之际，这是仁者的表现；不失信，不食

言,侠义者也有可取之处。作《游侠列传》第六十四。

侍候帝王能让他耳目愉悦,高高兴兴,自己也获得宠幸,富贵尊荣,他们不光姿容秀美,还有各自擅长的本领。作《佞幸列传》第六十五。

既不随波逐流,也不与人争权夺利,地位不高却能周旋于上下之间毫无障碍,由于能够遵循世俗之大道,他人也无法加害于自己。作《滑稽列传》第六十六。

齐、楚、秦、赵各地都有从事占测时日以定吉凶的日者,他们因地区风俗不同而各有各的占测方式。为了弄清他们的究竟,作《日者列传》第六十七。

三代占卜的用龟不同,四方占卜的方式也各异,但都能判断吉凶。为了探寻其大致情形,作《龟策列传》第六十八。

一个平民,既不触犯法律,也不妨害百姓,单凭看准时机做买卖而发财致富,智者也认为有可取之处。作《货殖列传》第六十九。

维我汉继五帝末流①,接三代绝业②。周道废,秦拨去古文,焚灭《诗》《书》③,故明堂石室金匮玉版图籍散乱④。于是汉兴,萧何次律令⑤,韩信申军法⑥,张苍为章程⑦,叔孙通定礼仪,则文学彬彬稍进⑧,《诗》《书》往往间出矣⑨。自曹参荐盖公言黄老⑩,而贾生、晁错明申、商⑪,公孙弘以儒显⑫,百年之间⑬,天下遗文古事靡不毕集太史公⑭。太史公仍父子相续纂其职。曰:"於戏!余维先人尝掌斯事,显于唐虞,至于周,复典之,故司马氏世主天官⑮。至于余乎⑯,钦念哉⑰!钦念哉!"罔罗天下放失旧闻⑱,王迹所兴⑲,原始察终,见盛观衰,论考之行事⑳。略推三代,录秦汉,上记轩辕,下至于兹。著十二本纪,既科条之矣㉑。并时异世,年差不明,作十表。礼乐损益,律历改易㉒,兵权山川鬼神㉓,

天人之际㉔,承敝通变㉕,作八书。二十八宿环北辰,三十辐共一毂㉖,运行无穷,辅拂股肱之臣配焉,忠信行道,以奉主上,作三十世家。扶义俶傥㉗,不令己失时,立功名于天下,作七十列传㉘。凡百三十篇,五十二万六千五百字㉙,为《太史公书》㉚。序略㉛,以拾遗补艺,成一家之言,厥协六经异传,整齐百家杂语㉜,藏之名山,副在京师㉝,俟后世圣人君子㉞。第七十㉟。

【注释】

①继五帝末流:意谓排列在五帝及其子孙的序列之后。司马迁认为夏、商、周都是黄帝的后代,故此所谓"末流"即谓周朝之末。

②绝业:中断的事业。

③焚灭《诗》《书》:秦始皇三十四年(前213)下令焚毁所有民间的《诗》《书》经典。

④明堂石室:指古代国家的藏书之处。金匮玉版:藏在金柜里的重要文件。玉版,《集解》引如淳曰:"刻玉版以为文字。"

⑤萧何次律令:《汉书·刑法志》"高祖初入关,约法三章曰:'杀人者死,伤人及盗抵罪。'蠲除烦苛,秦民大悦。其后四夷未附,兵革未息,三章之法不足以御奸,于是相国萧何捃摭秦法,取其宜于时者,作律九章。"次,编订。

⑥韩信申军法:《汉书·艺文志》兵家权谋类载有《韩信》三篇。并云:"汉兴,张良、韩信序次兵法,凡百八十二家,删取要用,定著三十五家。"申,阐述。

⑦章程:指历法、音律及度量衡等方面的制度而言。

⑧文学:指人们的知书守礼。

⑨间:意即"时而""不时地"。

⑩曹参荐盖公言黄老:指曹参尊黄老学派的学者盖公为师;后为相国时,在全国范围内推行黄老的"无为而治"。盖公,秦国隐士。喜欢黄老的言辞。

⑪贾生、晁错明申、商:梁玉绳曰:"史公言贾生'明申商',与晁错并称,似未当。"申、商,申不害、商鞅等法家学问。

⑫公孙弘以儒显:指公孙弘以通《公羊春秋》而位至丞相,封平津侯。

⑬百年之间:自刘邦建国(前206)至司马迁为太史令(前108),历时九十八年。

⑭靡不毕集太史公:泷川曰:"枫、三本无'公'字,《汉书》无'太史公'三字。"按,无"公"字略胜,盖谓天下遗闻古事皆集于太史府。

⑮世主天官:《索隐》曰:"知天文星历之事为天官,且迁实'黎'之后,而'黎'氏后亦总称'重黎'。以'重'本司天,故太史公世掌天官。盖天官统太史之职。"天官,古代官名。专事研究日月星辰与五大行星运动、变化,推本古今终始,观察时事变异,探讨天文、人世间大小各种相应关系的学问。

⑯至于余乎:意即"难道能让它在我这里断绝吗",因语急而省。

⑰钦念哉:犹今嘱咐"好好记着"。钦,敬,郑重。

⑱罔罗:同"网罗",意即广泛收集。

⑲王迹所兴:语气欠完整,意即要考察历代圣王事业是怎样发达起来的。

⑳论考之行事:意谓从历史人物的实际行动来对勘考查。《报任安书》云:"仆窃不逊,近托于无能之词,网罗天下放失旧闻,考之行事,稽其成败兴坏之理,凡百三十篇,以欲以究天人之际,通古今之变,成一家之言。"可与此相参照。

㉑著十二本纪,既科条之矣:意谓《史记》以十二"本纪"开头,这是《史记》的大纲。司马迁心目中的本纪,是纲纪天下政治之意,要把当时在政治舞台上起过主导作用的中心人物立为本纪,目的在

纪古今政权兴亡及帝王成败。故项羽并非皇帝，吕后也非天子，司马迁皆将之列入本纪。科条，王先谦曰："科分条列，大纲已举也。"

㉒律历改易：不同朝代，所使用的律度与历法各不相同，《历书》即为此而作。

㉓兵权：讲历代兵家之事。据学者考证，《史记》中原有《兵书》，后散佚，部分内容保留在现在的《律书》里。山川：指《河渠书》，讲水利水害。梁玉绳曰："史有河渠而无地理，《河渠》一书岂足以概'山川'哉？"鬼神：指《封禅书》，讲祭祀天地鬼神。

㉔天人之际：指《天官书》，讲天文。汉人称研究天道人事相互关系的学问为"天人之际"。

㉕承敝通变：指《平准书》。按，以"承敝通变"四字概"平准"，似欠准确。

㉖二十八宿环北辰，三十辐共一毂（gǔ）：北斗居中，众星环绕着它，像许多车辐都归于车毂一样，比喻众臣辅佐天子。二十八宿，指我国古代天文学家把周天黄道（太阳和月亮所经天区）的恒星分成二十八个星座。此处代指众星。北辰，即北极星。共，通"拱"，支持，护卫。毂，车轮中心用以穿轴的部位。

㉗扶：遵循。俶傥（tì tǎng）：同"倜傥"，潇洒，不拘小节的样子。

㉘七十列传：梁玉绳曰："史公《自序》在七十列传中，《索隐》本作'太史公自序传'是也。"司马贞《索隐》："列传者，谓叙列人臣事迹，令可传于后世，故曰列传。"此乃司马迁所独创。

㉙五十二万六千五百字：梁玉绳曰："余三番计之，字数都不能合，因今本《史记》历经后人增删，非史公之旧。增者犹可辨其伪，删者无从得其真，如《朱建传》述平原君谏淮南王反事，云'语在黥布语中'，而布传无之；《滑稽传》叙淳于髡以隐说齐威王事，云'语在《田完世家》中'，而世家无之，皆裁割未尽者。"

㉚《太史公书》:《索隐》曰:"桓谭云:'迁所著书成,以示东方朔,朔署曰"太史公"。'则谓'太史公',是朔称也。亦恐其说未尽,盖迁自尊其父著述,称之曰'公'。或云迁外孙杨恽所称,事或当尔也。"钱大昕曰:"子长述先人之业,作书继《春秋》之后,成一家言,故曰'太史公书'。以官名之者,承父志也;不称'春秋'者,谦也。班史《艺文志》:《太史公》百三十篇,冯商所续《太史公》七篇,俱入《春秋》家。而班叔皮亦称为'太史公书',盖子长未尝名其书曰'史记'也。'史记'之名,疑出魏晋之后,非子长著书之意也。""史记"作为司马迁著作之专名,始于东汉后期,见《东海庙碑》《执金吾丞武荣碑》等。

㉛序略:二字上下不连,疑有脱误。其大意或谓"编排古往今来之史实大略",以与下文"以拾遗补艺,成一家之言"相连贯。

㉜厥协六经异传,整齐百家杂语:指《史记》的材料,是从"六经异传""百家杂语"中加以取裁的。王先谦曰:"协,合也,言稽合同异,折衷取裁。"《正义》曰:"异传,谓如丘明《春秋外传》《国语》、子夏《易传》、毛公《诗传》《韩诗外传》、伏生《尚书大传》之流也。"

㉝藏之名山,副在京师:谓正本藏在名山,副本留在京师。师古曰:"藏于山者,备失亡也,其副贰本乃留京师也。"《索隐》曰:"《穆天子传》云:'天子北征至群玉之山,河平无险,四彻中绳,先王所谓策府。'郭璞云:'古帝王藏策之府。'则此谓'藏之名山'是也。"

㉞俟后世圣人君子:语气欠完整。王念孙曰:"'俟后世圣人君子'本作'俟后圣君子',哀十四年《公羊传》曰:'制《春秋》以俟后圣,以君子之为,亦有乐乎此也。'史公之语,即本乎此。"李光缙引王世贞曰:"余读《太史公自序》欲藏其书于名山大川,夫名山大川即不朽,何至深闭而长遏之使等于土石?吾思通于鬼神而俗不晓,声等于金石而价莫售,吾不能及吾身以自致其知于世,而

欲凉凉焉求千百岁已藏之山而发之，希觊于必不可测之人而使之知，此事极迂，而其致极惨激可念也。"

㉟第七十：意谓此《太史公自序》是第七十篇。泷川曰："自'维我汉继五帝末流'以下，史第七十《自序》序。"按，就其固有格局看，此段文字应为《太史公自序》的小序；然就其内容看，有些话显然超出了《太史公自序》的范围。陈仁锡曰："太史公百三十篇小序，盖源本于《尚书》百篇序，《逸周书》七十篇序也。"

【译文】

想我大汉继承五帝的遗风，上接三代的统业。自从周朝衰败，秦朝废弃了东方文字，焚毁了《诗》《书》等古代典籍，因此明堂、石室、金匮等处所收藏的珍贵图书都散失损坏了。汉朝开国后，萧何整理法令条文，韩信重述兵法，张苍拟就章法和程式，叔孙通制定礼节和仪式，于是学术风气渐开，《诗》《书》等古籍也渐渐重现了。从曹参推荐盖公专讲黄、老的学问后，贾谊、晁错也发扬申不害、商鞅等法家的学问，公孙弘因为懂得儒家的学术而显名朝廷。这一百年中间，天下已发现的遗文古事，都集中在太史公的府第。太史公父子两代相继总领这一职务，老太史令司马谈说："唉！回想我们先人曾掌管这一事务，在唐、虞时很有名气，到了周代又主管这一职务，可以说司马氏世代主持天官。难道能在我们这里断绝吗？你要好好记着啊！好好记着啊！"于是司马迁尽量搜集天下散佚的文献，帝王大业的建立，要推考其所以然，详察它的结果，在极盛的时候要观察它日渐衰落的原因，再从历史人物的实际行动来对勘考查。约略推考三代，记录秦、汉，最早从黄帝开始，直到现在，作十二本纪，科别条举，纲目都具备了。由于同一时代而世次不同，年代先后不易明了，于是作了十表加以谱列。为了探讨有关礼乐制度的减少或增加，律度历法的创新或更改，兵机权谋、山川形势、鬼神祭祀、天和人的关系，以及各种事物的发展演变，作了八书。二十八宿环绕着北斗，又譬如车轮，三十根辐条环集在同一毂上，方能不断地运转。天子的辅佐大臣,也是这样,他们忠实守信,坚守臣道,以奉事主上,作三十世家。扶持正义,张扬大节,抓住时机,立功于天下,作七十列传。全书总共一百三十篇,五十二万六千五百字,名为《太史公书》。次序大略,用来收拾散佚,弥补缺漏,成为一家之言。协和六经传记,整齐百家杂说,正本藏在名山,副本放在京师,留待后世圣人君子。为此作了这列传的第七十篇《太史公自序》。

太史公曰:余历述黄帝以来至太初而讫^①,百三十篇^②。

【注释】

①历述黄帝以来:底本原作"述历黄帝以来",语意不顺。泷川引中井曰:"'述历',当作'历述'。"今据正。至太初而讫:到汉武帝太初年间(前104—前101)结束。讫,结束,终止。

②百三十篇:即一百三十篇。班固曰:"十篇缺,有录无书。"师古引张晏曰:"迁没之后,亡《景纪》《武纪》《礼书》《乐书》《兵书》《汉兴以来将相年表》《日者列传》《三王世家》《龟策列传》《傅靳列传》。元成之间,褚先生补缺,作《武帝纪》《三王世家》《龟策》《日者传》,言辞鄙陋,非迁本意也。"《索隐》曰:"《景纪》取班书补之;《武纪》专取《封禅书》;《礼书》取荀卿《礼论》;《乐书》取《礼乐记》;《兵书》亡,不补,略述律而言兵,遂分历述以次之。《三王世家》,空取其策文以缉此篇,何率略且重,非当也;《日者》不能记诸国之同异,而论司马季主;《龟策》直太卜所得占龟兆杂说,而无笔削之功,何芜鄙也。"

【译文】

太史公说:我记述的历史上起轩辕黄帝,下至当今皇帝太初年间,共一百三十篇。

【集评】

颜师古曰:"《自序》一卷总历自道作书本意,篇别皆有引辞,云为此事作某本纪,为此事作某年表,为此事作某书,为此事作某世家,为此事作某列传。子长此意,盖欲比拟《尚书序》耳,即孔安国所云'《书序》,序所以为作者之意也'。扬子云著《法言》,其本传亦传《法言》之目篇,篇皆引辞,云'撰某篇',亦其义也。及班孟坚为《汉书》,亦放其意。"(《匡谬正俗》)

吕思勉曰:"书之有序,其义有二:一曰序者绪也,所以助读者使易得其端绪也;一曰序者次也,所以明篇次先后之义也。《史记》之《自序》、《汉书》之《叙传》,既述作书之由,复逐篇为之叙列,可谓兼此二义。"(《史通评·内篇序传》)

牛运震曰:"《太史公自序》者,盖太史公自序所以作《史记》之本旨也。凡后人作序,皆撰而冠诸书之简端;《太史公自序》则附于一部《史记》之后,盖此篇所载,太史公世谱家学之本末俱在焉,如自作列传者,故不得不列于六十九传之后。而又概括作书之本旨,分标诸篇小序,凡一切纲领体制,莫不于是灿然明白,此太史公教人读《史记》之法也。开端《五帝纪赞》曰'好学深思,心知其意',正欲人于此篇留意耳。须读此篇深沉有得,然后可读纪、传、世家;读纪、传、世家而不得其解,仍于此篇求之,正如《周易》之有《系辞》,《毛诗》之有《小序》,皆关一书之体要,不可轻易看过。《自序》高古庄重,其中精理微指更奥衍宏深,一部《史记》命脉俱见于此,太史公出格大文字。"(《史记评注》)

李景星曰:"盖《自序》非他,即史迁自作之列传也。无论一部《史记》总括于此,即史迁一人本末亦备见于此。其体例则仿《易》之《序卦传》也,《诗》之《小序》也,孔安国《尚书》百篇序也,《逸周书》之七十篇序也。其文势犹之海也,百川之汇,万派之归,胥于是乎在也;又史迁以此教人读《史记》之法也,凡《史记》之大纲细目莫不于是粲然明白。未读《史记》之前,须将此篇熟读之;既读《史记》以后,尤须以此篇精参之。文辞高古庄重,精理微旨更奥衍宏深,是史迁一生出格大文字。"
(《史记评议》)

【评论】

本篇追叙了司马迁始自颛顼以来的遥远家世,其中有一部分是无需推究的传说,但也有一部分是与司马迁有重要关系的资料。司马氏的祖先在周朝的程伯休甫之前,一直是"世序天地";直到程伯休甫,开始时还是继承祖业,以"序天地""典周史"为业。到周宣王时代,程伯休甫免去了"序天地""典周史"的职务,而改为掌管军队、掌管武事。程伯休甫是西周宣王时代的名人,周宣王六年(前822)程伯休甫被宣王任命为主管邦国九法的大司马,征讨东方淮夷之乱,在平定叛乱恢复统一的征战中建立事功,成为辅佐宣王中兴的一代名臣。《诗·大雅·常武》第二章说:"王谓尹氏,命程伯休甫:'左右陈行,戒我师旅。率彼淮浦,省此徐土。不留不处,三事就绪。'"赞颂了程伯休甫的卓越战功。从此,程伯休甫"大司马"的官号便开始成为司马氏家族的姓氏。后来司马氏出过司马错、司马靳这些军事家;也出过司马昌、司马无泽这些主管国家工商业的经济人才,这对于司马迁的知识构成是非常重要的。司马迁在《史记》中写了许多军事家的传记,写了许多战略、战术问题,写得是那样真切;他还写了《平准书》《货殖列传》这样的经济学篇章,钱锺书称赞《货殖列传》为"新史学的手辟鸿濛者"(《管锥编》),这一切都应该说与他的祖先、家学对他的影响有关。

本篇全文引录的司马谈的《论六家要旨》,是汉代学术思想史上的杰作,对先秦的儒、墨、道、法、名、阴阳六家学派的思想宗旨一一进行了分析述评。司马谈的学术立场基本上是属于道家,但他对儒家学说的认识是极其准确的。他十分精确地指出了儒家的"列君臣父子之礼,序夫妇长幼之别",在巩固既得利益秩序、维护封建统治上的重要作用。这一点是非常难得的。在先秦的各个学派中,以明确的纲领表现出其为当代统治者效力的是儒家与法家。它们的目标与责任都是维护等级制，维护既得利益；但在具体操作上儒家是进行思想麻醉，法家是进行行动上的强制规范。法家的残暴是世人皆知的；而儒家的本质却很难让人看清，因为它的表面掩盖着一层温文尔雅的美丽慈祥的外衣。令人惊奇的是司马谈在一针见血地指出儒家本质的同时，也指出了儒家在进行具体操作上所表现出来严重弊病，这就是"儒者以六艺为法。六艺经传以千万数，累世不能通其学，当年不能究其礼，故曰'博而寡要，劳而少功'"。也正是由于儒家的这种弊病，使得它在春秋末期，在战国以及楚汉时期，曾一度被中央与地方各级统治者所摒弃。司马谈对儒家的这种评价，对司马迁有直接影响。司马迁对于先秦儒家的某些治世方略，以及对儒家人物的积极奋斗精神都有很好的评价与描写，但他对儒家那些虚伪、迂腐、繁琐的行为与说教的厌烦，也是时常流露于《史记》的叙事与描写之中。如在《孔子世家》中，当齐景公欲任孔子以要职时，齐国宰相晏婴阻拦齐景公说："夫儒者滑稽而不可轨法；倨傲自顺，不可以为下；崇丧遂哀，破产厚葬，不可以为俗；游说乞贷，不可以为国。自大贤之息，周室既衰，礼乐缺有间。今孔子盛容饰，繁登降之礼，趋详之节，累世不能殚其学，当年不能究其礼。君欲用之以移齐俗，非所以先细民也。"晏婴是司马迁《史记》中的理想人物，在某种程度上可以视晏婴为司马迁的代言人，晏婴的这段话基本上可代表司马迁的真实思想。

本篇中的"迁生龙门，耕牧河山之阳。年十岁则诵古文。二十而南游江、淮，上会稽，探禹穴，窥九疑，浮于沅、湘；北涉汶、泗，讲业齐、鲁之都，观孔子之遗风，乡射邹峄；厄困鄱、薛、彭城，过梁、楚以归。于是迁仕为郎中，奉使西征巴、蜀以南，南略邛、笮、昆明，还报命"等数句，是司马迁自述其生平经历的重要段落，但后人解读时却存有诸多分歧。

关于其中"耕牧河山之阳"一句，我们认为是应该包括下一句"年十岁则诵古文"，直到年二十岁的"南游江淮"以前。有人认为"年十岁则诵古文"就已经是离家到了京城，所以才能遇到治古文的前辈名人。

照这样说司马迁的"耕牧"就完全成了八九岁以前的童稚之所为了。"童稚"何得庄严地称做"耕牧"? 至于孩童时期的读书认字,也不必想得那么严重,非得投入于耆老鸿硕的专家之门。

关于司马迁何时"仕为郎中",王国维以为应在元鼎元年(前116),司马迁三十岁。张大可以为应在元狩五年(前118),司马迁年二十八岁。至于司马迁是通过什么门路仕为郎中的,王国维说"其何自为郎,亦不可考"。司马迁自己说:"仆赖先人绪业,得待罪辇毂下。"有人据此以为就是"承其父荫"。但从现有文献得知,在当时可以荫其子、弟为郎者,必须是爵秩在二千石以上的高官。司马谈为太史令,远远不够那个级别。有人说司马谈管的是"天文星历",汉武帝当时正醉心于祈求长生,造仪封禅,司马谈的职务与擅长正好为汉武帝所用,因而得蒙格外施恩。这种推测有无道理先不说,只要看过《封禅书》就可以知道,司马迁对于怂恿汉武帝从事这一行当的肖小,是深恶痛绝的,他们父子岂能也走这条路? 当时也有人通过上书金马门,获得召见进言或进献文章等等,这些就与司马迁自己所言不搭界了。我们只好跟着王国维也说"不可考",不再肆意推测了。

关于司马迁"奉使西征巴、蜀以南,南略邛、筰、昆明",是以何种身份、为何事而长途往返的问题也存有歧解。这里要讨论的问题是"西征""南略"四个字究竟该怎样讲。有人认为是指讨伐叛乱、扩展地盘。如张大可说:"元鼎六年春,武帝命驰义侯遗率巴蜀之兵平定西南夷,以为牂柯、越嶲、沈黎、汶山、武都五郡。司马迁奉命监军,并设郡置吏。"袁传璋说:"元鼎六年春,汉王朝在平定南越后,武帝下令征越的一支未及参战的部队'征西南夷',平定那里的叛乱,同时委任一名使者监护驰义侯遗出征,这名从郎官中选拔出来代表皇帝的使者便是司马迁。"并说:"在一年多的时间里,司马迁代表朝廷随军巡视并安抚巴蜀以南新近开辟的五郡少数民族聚居地区,不仅圆满地完成了武帝托付的军政任务,而且实地考察了西南夷地区的民族历史、地理物产、民俗风情,以及与周边外国如身毒（今印度）的商贸交通。"这时的司马迁是以什么身份、什么级别的职务从事这项工作的呢？袁传璋说："司马迁极有可能被武帝临时赐予比二千石的中郎将官衔代表皇帝建节出使。"张大可认为应该是像司马相如那样，以千石的郎中将身份出使，"奉命监军"，并"设郡置吏"。其实，以上说法都是从误解、推测、想象而来，都找不到任何具体的旁证。汉武帝时的郎官，以"郎中将"或"中郎将"的身份奉朝命出国、或奉命到国内某地区执行某种专项任务的事情的确有，如苏武先是为郎，后为栘中厩监，被加以中郎将的身份为使者，遣送被汉军俘获的匈奴人；又如当汉代官僚唐蒙为开发西南夷而在巴蜀地区大肆兴调人力物力，而搅得民怨沸腾、社会动荡时，汉武帝是派了身为郎中的司马相如，让他以郎中将的身份代表朝廷去谴责唐蒙，以安抚巴蜀民众。这种派遣低级别的官员，临时以较高级别的身份出使，都是有明确的专项任务，让他们去解决专项问题的。他们都不像司马迁这样是"西征巴、蜀以南，南略邛、筰、昆明"，区域范围很广，而具体任务又并不明确、并不专一。而细读《西南夷列传》，也找不到司马迁去西南夷究竟负责了什么任务，会见了什么官员，解决了什么问题等等。张大可、袁传璋二位所说的司马迁为驰义侯当监军，与之率军平叛云云，也在《西南夷列传》中找不到任何司马迁的影子。而且驰义侯是在且兰人的叛乱一开始，就和犍为郡的太守一起被且兰人杀了，后来八校尉率领的军队平定了且兰人的"叛乱"，在那里设立了牂柯郡，丝毫也不见有什么"监军"的影子。况且八校尉平定且兰，只是西南夷大片地区中的一小片，和司马迁所说的"西征巴、蜀以南，南略邛、筰、昆明"相比，也太不成比例了。而且八校尉的平定且兰是在南夷，也与汉王朝在广大的西南地区设立五个郡的事情无法一概而论。尤其是这新设立的五个郡中的汶山与武都二郡，根本不在"巴、蜀以南"，而是在巴、蜀的西北或大北方，根本不在司马迁"西征巴、蜀，南略邛、筰、昆明"的范围之内。因此说司马迁此行的任务是"奉命监军与设郡置吏"是不能令人相信的。

　　司马迁在写《樊郦滕灌列传》《张释之冯唐列传》《田叔列传》等篇的时候,凡是遇到与他自己相关的人与事时,总要借机说上几句与他本人的关系;而写《西南夷列传》时,如果这里有许多与司马迁本人密切相关的人与事,而他又是为此做出了重要贡献的,那他怎么会反倒不置一词了呢? 再说,如果司马迁这时真的曾以"中郎将"或"郎中将""建节出使",这可是他们司马家两辈子从没有遇到过的荣宠。试看他在写到司马相如"建节出使",路过蜀郡老家时,"蜀太守以下郊迎,县令负弩矢先驱,蜀人以为宠。于是卓王孙、临邛诸公皆因门下献牛酒以交欢。卓王孙喟然而叹,自以得使女尚司马长卿晚"云云,于是一副"范进中举"般的艳羡之情跃然纸上。如果司马迁自己真有这一刻,他会在整部《史记》中只字不提吗?

　　我们认为"奉使西征巴、蜀以南,南略邛、筰、昆明"这段文字中的"西征",意同"西行";"南略",意同于"南行经过"。司马迁这里的"奉使",意即"奉命"或"奉命出行",不能够说成为庄严的"奉诏出使",更不能说成为"建节出使"。司马迁这次出行要去的地方是"巴、蜀以南",直至"邛、筰、昆明",实际上几乎是包括了《西南夷列传》所说的西夷与南夷的全部。范围如此宽广,又没有具体要解决、要处理的某一个或某几个专门问题,因而只能理解为这是汉武帝派司马迁到西南夷地区去帮他客观、全面地了解那里的总体情况。说起西南夷,这已经是让汉武帝操心劳神几十年的一个烂摊子,一大块吃不下、又放不下的烫手的热山芋了。早在他刚即位不久的建元六年(前135),他就在唐蒙、司马相如等人的怂恿下,着手开发经营这个地区,开始很不顺利,而且当时朝廷又正在筹备着解决北方的匈奴问题,为了避免两条战线同时用兵,于是把开发西南夷的问题暂时停了下来。到又过了十几年后的元狩年间(前122—前117)北方对匈奴的战争已经取得了决定性胜利,而张骞又通使西域回来,对汉武帝有所进言,于是汉武帝遂第二次经营开发西南夷。到元鼎年间(前115—前111),随着汉王朝对南越、东越的相继用兵,同时在西南夷也取得了相当可观的胜利。其标志就是在今广东、广西一带设立了南海、苍梧、郁林、合浦、交阯、九真、日南、珠崖、儋耳九郡。在西南夷设立了武都、牂柯、越巂、沈黎、汶山五郡。前后经历了二十多年，许多事情反反复复、七嘴八舌，光有各地区、各部门长官上报的情况，汉武帝不能相信；他还要了解更多的、更真实的第一手的情况。于是他派出了以司马迁为首的一个低级别的、半公开、半隐秘的情报小组。朝廷没有让他们去宣布什么政策法令，也没有让他们去插手解决什么地方政府或军队中的任何问题。他们只能带着眼睛去看，带着耳朵去听，但没有权力随便说话、随便行动。他们可以接触西南夷地区各方面的官员和汉族与少数民族的各色人等，但最后也仍是只听不说。所以他们回朝后也是只向汉武帝汇报，而无权向他人、向社会随便泄露。而司马迁的身份在出差前是郎中，回来后仍是郎中，不久变成了太史令，在爵秩级别上也正好相应。

　　本篇描写了司马迁接受其父临终遗嘱的情景。司马谈言语恳切，句句动人，这是构成日后司马迁忍辱发愤、百折不挠地写《史记》的动力之一。本篇还写了司马迁创作《史记》的目的，以及司马迁本人对自己写《史记》的高度评价。"自周公卒五百岁而有孔子。孔子卒后至于今五百岁，有能绍明世，正《易传》，继《春秋》，本《诗》《书》《礼》《乐》之际？意在斯乎！意在斯乎！小子何敢让焉。"他充满信心，毫不客气地要做孔子第二，周公第三。孔子写过《春秋》，司马迁也要写一部"《春秋》第二"的《史记》。他写《史记》的目的是以评述孔子《春秋》的方式表述出来的："孔子知言之不用，道之不行也，是非二百四十二年之中，以为天下仪表，贬天子，退诸侯，讨大夫，以达王事而已矣。"孔子何曾贬过天子，司马迁是拉大旗作虎皮，为自己在《史记》中批判现实，批判统治者找依据而已。他又说《春秋》有多么重要，为君为臣，为父为子都不能不读，否则一定要犯大错，遭大难，将其称作"礼义大宗"。强调《春秋》的重要，无异于强调《史记》的重要，在这里，司马迁明确地举起了"批判"

的大旗,可以说向世人宣布了自己创作《史记》的宗旨,也就是要借记录史事表明对世事的看法,"成一家之言",就像《春秋》"上明三王之道,下辨人事之记"一样,目的是阐明"王道之大者"。本来说到这里,写作《史记》的动机已经讲得很清楚了,但司马迁又加上壶遂与自己的一问一答,似乎全部否定了自己前面刚说的话,这是因为在武帝时期,已经不是诸子时可以人人畅所欲言的时代了。司马迁是想批判,是想褒贬,但绝对话语权却不掌握在他手里,而在最高统治者手里,拿"圣明"武帝朝与春秋乱世相比,罪莫大焉。所以司马迁痛快地抒发了豪情之后,也不得不低下头恭恭敬敬地表明自己的写作旨趣,不是孔子的"褒贬"而是意在"歌颂",对于这段记叙,我们认为其中像"废明圣盛德不载,灭功臣世家贤大夫之业不述,堕先人所言,罪莫大焉"是司马迁的真实想法,但其主要目的还是为了掩饰自己太过直露的对于《史记》以"批判"为主的创作主旨的表白。

　　本篇和《报任安书》一样,叙述了司马迁遭遇李陵之祸、忍辱著书的过程。司马迁在《报任安书》中详述了李陵之祸,并说自己处以宫刑以后在当时遭到了几乎所有人的鄙视和辱骂,这给他造成了巨大的精神折磨,"是以肠一日而九回,居则忽忽若有所亡,出则不知其所往。每念斯耻,汗未尝不发背沾衣也"。然而司马迁没有因此意志消沉,放弃人生目标,而是奋力跳出了人生苦境,提出了他的影响深远的生死观,即"人固有一死,死有重于泰山,或轻于鸿毛,用之所趋异也"。这为司马迁立志忍辱著书、创作一部当代《春秋》提供了强大的精神支撑。司马迁在本篇和《报任安书》中,均提到一批传世名作如《周易》《春秋》《离骚》《国语》《孙膑兵法》《吕氏春秋》等,其作者均曾遭遇人生苦难,且均能战胜挫折而发愤著书。司马迁的"发愤著书"说,强调了作者对人生苦难有无切实体悟,是他能否创作出传世名作的重要前提;说明了传世名作的深刻性往往源自其作者对人生苦难的正视与超越。

　　司马迁在本篇还介绍了《史记》的规模、体例,以及每篇写作的主旨。李景星说："盖《自序》非他，即史迁自作之列传也，无论一部《史记》总括于此，即史迁一人本末，亦备见于此。其体例，则仿《易》之《序卦传》也，《诗》之《小序》也，孔安国《尚书》百篇序也，《逸周书》之七十篇序也。其文势犹之海也，百川之汇，万派之归，胥于是乎在也。又史迁以此篇教人读《史记》之法也。凡全部《史记》之大纲细目，莫不于是粲然明白。未读《史记》以前，须将此篇熟读之；既读《史记》之后，尤须以此篇精参之。文辞高古庄重，精理微旨，更奥衍宏深，是史迁一生出格大文字。"(《史记评议》)

后　记

　　几年前,中华书局请韩兆琦先生做"三全本"《史记》,先生自觉年事已高,又为奖掖后学,让我们几个学生来完成这项工作,他自己则作为幕后指导,为我们把关。

　　先生研究《史记》数十年,已经取得了极大成就,但他仍然充满热情,不断探索,孜孜以求。在力作《史记笺证》出版之后,先生的近作《点赞·志疑——〈史记〉研读随笔》新见迭出,代表着当代《史记》研究顶尖的学术水准。

　　接到这个任务,我们深感责任重大。作为韩先生的学生,我们从学生时代就在先生的指导下研读《史记》,并参与了《史记笺证》部分篇目的撰写。毕业后这二十余年,我们始终追随先生,聆听教诲,收获新知,不断深化着对《史记》这部百科全书的认识,在撰写"三全本"《史记》时全面吸收了先生的研究成果。先生不仅不辞辛劳审读了全部书稿,还提醒我们要反映出更多的新观点、新思路,让这部书呈现出新面貌。

　　现在呈现在读者面前的这部"三全本"《史记》,原文以中华书局点校本二十四史修订本《史记》为底本,有以下几个鲜明特点:

　　第一,它是真正的《史记》全文注译本。以往的《史记》注译本对史表多只选表序加以注译,对表的正文部分往往略去或注而不译,此次我们对十篇史表做了全面翻译,不仅表序,对表的正文也配合注释做了白话翻译，并且为不误导读者，对表中的错误之处在译文后都括注出正确内容。

第二，它的注释详细丰富。注释除一般的字词解释之外，一是注重吸收各家研究成果，校正《史记》原文记载的歧异错讹之处；二是吸收各家评点，对《史记》所涉之人物事件加以评述，揭示隐含意味，益人神思。同时注意注释虽详而不琐碎，以明白晓畅为准。

第三，我们为《史记》一百三十篇都做了较为详细的评析。为了使这一部分更为充实，我们丰富了"三全本"的体例，将评析分为三部分，篇前的"释名"主要解释篇题，讲清本篇结构和主要内容；篇末先有"集评"，从众多古人对该篇的评论中选择精彩的加以展示；最后是"评论"，是我们对本篇各方面问题的分析探讨，包括对其思想性、艺术性的理解，对具体事实的辨析，对人物事件的评价，以及一些重要文字校勘等。我们希望通过这些评析使读者们对《史记》有更深更新的认识，也希望以此为读者们研读《史记》提供一些线索和提示，激发读者进一步深入探讨《史记》的热情。

现在"三全本"《史记》已经完成，我们希望能如先生所愿，将近年来新的研究成果反映出来。同时，我们在学习中有些心得，也不揣鄙陋，展现出来，请方家读者不吝赐教。

陈曦　周旻

2022 年 8 月 20 日

中华经典名著
全本全注全译丛书
（已出书目）